2012

白下年鉴

BAIXIA YEARBOOK

南京市白下区地方志编纂委员会 编

中国文史出版社

图书在版编目(CIP)数据

白下年鉴．2012 / 南京市白下区地方志编纂委员会编．-- 北京 ：中国文史出版社，2012.9
ISBN 978-7-5034-3502-7

Ⅰ．①白… Ⅱ．①南… Ⅲ．①区(城市) -南京市-2012-年鉴 Ⅳ．①Z525.31

中国版本图书馆CIP数据核字(2012)第215400号

白下年鉴(2012)

责任编辑： 吕潇潇
封面设计： 魏 涛

出版发行： 中国文史出版社
社　　址： 北京市西城区太平桥大街23号　邮编：100811
录　　排： 南京正阳印品包装有限公司
印　　装： 南京顺和印刷有限公司
经　　销： 全国新华书店
开　　本： 889×1194　1/16
印　　张： 21
字　　数： 771千字
印　　数： 001～500册
版　　次： 2012年9月北京第1版
印　　次： 2012年9月第1次印刷
定　　价： 130.00元

南京市白下区地方志编纂委员会

主　任：曹永林

副主任：汪祥明　刁海捷

成　员：井晓方　崔宗泽　刘为民　张　燕　吴春生
黄永青　蔡　嘉　薛　磊　徐仁彪　李海岩
翟英俊　李　慷　徐　梅　冯　泉　孙　丽
王有海　张　毅　李元淮　刘　琪

办公室主任：刘　琪

《白下年鉴（2012）》编辑部

成　　员：崔宗泽　刘为民　张　燕　吴春生　刘　琪
曹薇薇　王红霞　蒋凌云

主　　审：汪祥明　刁海捷

主　　编：刘　琪

副 主 编：曹薇薇

责任编辑：王红霞　蒋凌云

彩页设计：曹薇薇　魏　涛

封面设计：魏　涛

摄　　影：祝鲲鹏　刘　军

《白下年鉴（2012）》审稿人

（以姓氏笔画为序）

丁尚先　丁晓军　刁海捷　方　丹　王　慧　王文强

王龙江　王洛峰　王洪星　王常海　车明军　冯　泉

叶国华　石　凯　关海宁　刘　凡　刘　莉　刘　琪

刘广春　刘建美　吕正祥　孙小忠　朱秀平　吴舟放

吴春生　张　晖　张　源　张　雷　张亦民　张佳军

张明俊　张峥嵘　张振荣　李元淮　李克平　李翔翔

杜浦生　杨春燕　杨晓健　杨晓燕　汪丽丽　汪晓琼

汪祥明　沈　颖　邱建陵　陈　燕　陈　燕　陈　勇

庞宝林　林　吉　祁寿康　郁险峰　郑焕强　采　飞

金　明　姜　宸　施　忠　洪新元　胡　颖　胡　华

唐　宁　夏东宁　徐　梅　徐仁彪　殷晓魏　聂其旺

郭智林　顾国斌　崔宗泽　曹永林　黄　琴　彭媛媛

葛一新　翟英俊　裴清海　樊京京　薛　磊　薛凤冠

编纂说明

一、《白下年鉴》是在中共白下区委和区人民政府领导下，由白下区地方志编纂委员会主办，区地方志办公室、区档案局承编的综合性地方年鉴。自1990年创刊，逐年编辑出版。2012年版《白下年鉴》为第23卷。

二、2012年版《白下年鉴》以邓小平理论和“三个代表”重要思想为指导，贯彻落实科学发展观，坚持改革开放，坚持为“三个文明”建设服务的方针，全面、系统、翔实地记载白下区的政治、经济、文化和社会发展的历史进程，为扩大开放，为各级领导决策提供可靠的参考资料，也为续修《白下区志》积累史料。

三、2012年版《白下年鉴》记述时限为2011年1月1日—12月31日。特载内容时限为2012年3月。

四、2012年版《白下年鉴》采用分类编辑，以类目、分目、条目组成基本框架结构，部分类目下增设副分目，全书以条目为主要载体。条目标题统一用黑体字并外加“【】”标明。全书共列801个条目，配以地图、照片、表格。全鉴信息资料采用“目录”、“索引”形式检索。

五、2012年版《白下年鉴》所选文章均由有关单位提供或确定专人直接撰稿，经各级领导审阅后定稿，成书前反馈各部门、各有关单位审核。《大事记》从区委办公室、区政府办公室所编《白下信息》摘编，《统计资料》分别由区统计局、教育局、民政局、财政局、人力资源和社会保障局、文化局、卫生局、人口普查办公室、公安分局提供，驻区部分工业及商业企业、高等院校、医院等资料由相关单位提供，《文件选编》经区委保密局审核，《附录》资料主要由区委宣传部提供。

六、彩页插图及文字均由各有关单位直接供稿并审核。

9月30日，省委书记罗志军（右一）视察白下区农副产品平价直营店

7月9日，省委常委、南京市委书记杨卫泽（右二）视察白下高新技术产业园区孵化企业

12月6日，市委副书记、市长季建业（右一）视察白下区社区管理工作

8月9日，市人大常委会主任陈家宝（左一）视察石门坎卫生院

4月21日，市委常委、副市长郑泽光（中）视察白下区妇女儿童工作

12月6日，市委常委、宣传部部长徐宁（中）调研白下文化产业工作

9月6日，全国妇联副主席孟晓驷（右二）参观甘熙故居

5月11日，民政部领导视察白下区和谐社区标准制定工作

12月21日，白下区党政代表团参观苏州工业园区

10月26日，第四届中国留学人员南京国际交流与合作大会白下专场开幕

9月10日，紫金（白下）科技创业特别社区成立

8月16日，白下区人大代表视察全区安全防范工作

9月16日，白下区人大常委会调研全区保障性安居工程建设情况

3月16日，白下区人大常委会举办组成人员培训会

10月9日，白下区政协委员视察白下高新技术产业园区工作

12月2日，白下区政协委员视察老旧住宅小区出新工程

5月24日，白下区政协召开十届20次常委（扩大）会议

9月19日，白下区召开创新型城区建设动员大会

4月27日，白下区政府与南京航空航天大学开展科技成果对接活动

2月26日，白下区东部片区重大项目开工典礼

9月6日，首届中国云计算与应用大会
在白下区召开

8月6日，江苏省智能交通产业技术创新联盟
在白下高新技术产业园区揭牌

10月27日，白下区举办清华人才交流会

10月29日，白下区召开加强社会建设和服务共建共享和谐幸福城区大会

10月10日，新街口商务楼宇社区服务中心成立揭牌

6月3日，白下区启动新街口欢乐购活动

9月25日，新街口时尚嘉年华启动

7月20日，白下区召开外地驻宁商会联谊会

4月8日，南京市重点工程·金鹰三期等项目
开工奠基仪式

12月6日，白下区召开南京"中国好人"微博群开通仪式

5月6日，白下区第四届凡人风尚展演活动

8月25日，白下区止马营社区"最美大妈"薛明秀获见义勇为先进个人称号

6月23日，白下区举办纪念建党90周年党史、区情知识竞赛

1月13日，白下区举行青奥会会旗传递仪式

10月23日，白下区举行第十三届运动会

4月24日，白下区举行“百企千岗”招聘会

12月1日，白下区政府赴涟水开展捐赠活动

5月14日，白下区残疾人就业创业实训基地揭牌

12月24日，南京市红十字惠民医院门诊大楼落成

9月29日，南京市首家“惠民药房”试点基地在白下区益丰大药房光华门店揭牌

2011年，工商行政管理局白下分局定期开展蔬菜安全检测工作

3月31日，全国和谐社区建设示范城区指导标准工作座谈会在白下区召开

2月9日，国务院食品安全整顿考核组检查验收白下区食品安全工作

3月5日，白下区举办学雷锋宣传服务月广场活动

4月27日，白下区举办“牵手送爱心·为民办实事”推进会

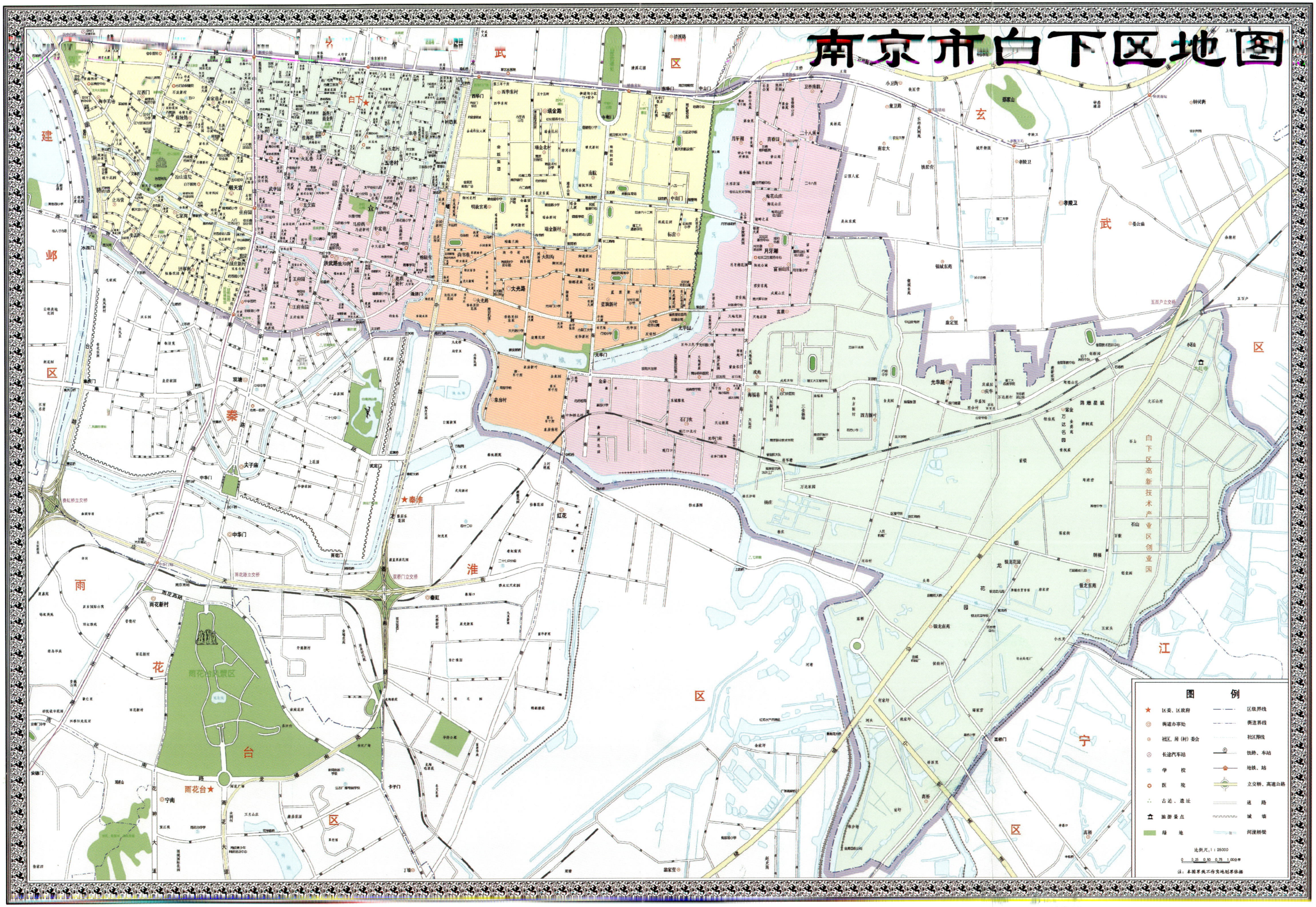

白下区人民政府　　73603 部队联合编制

目　录

政法·军事

经济调控与监督

文 化

卫 生

街 道

光荣榜

统计资料

文件目录选编

文件选编

附　录

索　引

特 载

坚定创新驱动 实现发展转型
为又好又快推进现代化建设而努力奋斗

——中国共产党南京市白下区第十次代表大会报告

2011 年 7 月 23 日

陈 勇

2011 年 7 月 23 日，中共白下区委书记陈勇在区第十次党代会议上作报告。

各位代表、同志们：

现在，我代表中共南京市白下区第九届委员会向大会作报告。

这次大会的主要任务是：回顾总结区九届一次党代会以来的工作，研究确定今后五年全区的奋斗目标和主要任务，选举产生中共南京市白下区第十届委员会和中共南京市白下区纪律检查委员会，团结带领全区广大党员和干部群众，坚定创新驱动，实现发展转型，为又好又快推进现代化建设而努力奋斗！

过去七年工作回顾

区九届一次党代会以来的七年，区委以科学发展观为统揽，坚持从白下实际出发，认真贯彻落实中央和省市要求，不断完善发展思路。区九届一次党代会确立“富裕白下、文明白下、法治白下”奋斗目标和“富民立区、商贸强区、科教兴区”发展战略。市委、市政府“三个发展”①意见出台后，区委提出“打造五大中心，建设品质白下，实现全面跨越”的目标和思路。党的十七届五中全会召开后，区委科学谋划“十二五”发展，确立建设现代化服务型中心新城区总体目标定位和“创新驱动、商贸富区、科教强区、品质提升、文明和谐”五大战略。七年来，区委围绕既定发展战略，解放思想、真抓实干，圆满完成各项目标任务，率先建成全面小康社会。

经济发展水平不断提升。2010 年地区生产总值、财政总收入、社会消费品零售总额分别是 2004 年的 2.2 倍、2.6 倍、2.3 倍。服务业优势持续巩固。2010 年服务业增加值占地区生产总值比重为 85.5%。新街口先后被评为中国著名商业街、全国百城万店无假货示范街区。先后建成水游城、南京国际金融中心、新百·南京中心等重大服务业项目。新街口金融商务区、白下高新技术产业园区、创意东八区成为省级现代服务业集聚区；高新技术产业规模壮大。白下高新技术产业园区成为省级开发区，硅谷（南京）创新创业基地落户园区，建成、在建载体总面积

① “三个发展”：转型发展、创新发展、跨越发展。

达110万平方米。全区拥有高新技术企业28家，院士工作站2家；经济发展环境日益优化。完善重大项目推进制度，选派干部进驻企业服务，分类助推企业升级，积极开展政企、银企对接活动。建成区投资促进中心，招商信息平台投入使用。

民生保障力度不断加大。七年累计投入42.73亿元用于民生建设，占区级财政累计支出的57.9%。居民人均可支配收入从12028元上升到29430元。就业创业工作持续加强。出台《加快推进自主创业促进就业试行办法》，加大就业创业指导、培训和援助力度，七年累计实现就业再就业15万人次，基本建成充分就业区；社会保障水平不断提高。加大企业职工"五险合一"②征缴力度，基本养老、基本医疗、失业保险覆盖率达98.7%。出台《白下区特殊困难群众救助办法》等4项救助政策③，街道全部建立社会救助服务中心。建成经济适用房110万平方米，安置困难群众1.4万户；教育卫生事业加快发展。全力推进教育布局调整和资源优化整合，幼儿教育、职业教育形成品牌，素质教育特色鲜明，被评为省教育现代化先进区。白下惠民医疗模式在全国产生影响，建成区公共卫生应急中心，社区卫生服务实现全覆盖，形成高效快捷的"15分钟健康服务圈"④；区域环境品质日益改善。完成新一轮城市总体规划修编，基础设施建设步伐加快，扎实推进主次干道整治、小区出新、绿地建设、雨污分流等工程，城市功能不断完善。全面实施大城管综合管理体制，城市管理水平进一步提高。

和谐社会建设不断深入。深入开展文明城市创建活动，制订并实施《白下区文明和谐城区建设三年纲要》，地区文明程度得到提升。群众性精神文明创建活动广泛开展，各届"南京好市民"评选中白下居民总数列全市区县首位，涌现出社区好医生续广军、好市民于葆林和张定华等全国有影响的优秀代表人物。文化事业繁荣发展，形成"民俗嘉年华"等品牌节庆活动。和谐社区建设标准成为省地方标准，全国和谐社区标准化研究工作组落户白下。全区57个社区全部创建成市级和谐示范社区，蓝旗新村社区被评为全国和谐社区。深入推进"平安白下"、"法治白下"创建活动，"大调解"、"大防控"体系不断完善，扎实开展不稳定因素及突出问题排查化解工作，及时消除各类安全隐患，荣获省信访稳定工作先进单位、省法治县（市、区）创建先进单位等称号。

党的建设不断加强。制订出台《区委关于进一步加强议事决策制度建设的意见》等一系列文件，区委常委会自身建设得到加强。支持人大、政协履行职责，注重发挥统战和群团工作优势，区委统揽协调作用充分发挥。以完善落实区委理论学习中心组制度为重点，各级党组织学习制度进一步完善，"新视野讲坛"在全国产生积极影响。扎实开展党代会常任制试点工作，积极构建"五项机制"⑤，不断扩大党内民主，"党代表进选区"工作得到中央领导高度关注。选派街道优秀机关干部担任社区党组织书记，淮海路社区党委"公推直选"工作在全国产生影响，探索形成非公企业党建工作"沃尔玛经验"。深入开展党员先进性教育、学习实践科学发展观和创先争优活动，基层党组织的战斗堡垒作用和共产党员的先锋模范作用得到充分发挥。深化干部人事制度改革，规范干部任用提名制度，推行区管正职干部区委全委会票决、副职干部区委常委会票决、后备干部"双推双考"⑥、科级干部竞争上岗。党风廉政建设坚持惩防并举，有效服务保障发展，区纪委、监察局被省委、省政府表彰为全省纪检监察先进集体。

各位代表、同志们，回顾七年来的实践，白下的发展经历了不平凡的奋斗历程，取得了较为丰硕的发展成果，获得全国和谐社区建设示范区、全国爱国拥军模范单位、全国科技进步先进区、全国社区教育实验区、全国残疾人工作先进区、全国科普示范区、全国孝老爱亲模范区等荣誉。七年来的成就，是省市委、省市政府正确领导的结果，是全区广大党员和干部群众艰苦奋斗的结果，是历届班子打下的基础以及老同志关心支持的结果，是社会各界共同参与的结果。在此，我谨代表中共南京市白下区第九届委员会，向所有为白下发展作出贡献的同志们、朋友们和驻区单位以及解放军、武警官兵表示衷心的感谢，并致以崇高的敬意！

七年的成就来之不易，必须倍加珍惜。在肯定成绩的同时，我们也清醒地看到，发展中还存在不少困难和问题：经济持续增长的后劲和动力不足，现代化、国际化水平不高，民生保障、环境整治、信访维稳等任务仍然艰巨繁重，干部队伍进取意识、创新意识、服务意识有待进一步增强，推动科学发展的能力有待进一步提高。这些问题需要我们认真研究，采取有力措施，切实加以解决。

今后五年发展的总体要求

今后五年是白下转型发展的战略机遇期，是实现跨越发展

②"五险合一"：养老、医疗、失业、工伤和生育五项社会保险合一。

③四项救助政策：《白下区特殊困难群众救助办法》《白下区特困人员医疗救助办法》《白下区城市"三无"人员保障办法》《白下区严重危害社会治安精神病患者救助办法》。

④"15分钟健康服务圈"：辖区居民从居住地步行10—15分钟，即可享受高效快捷、综合便利的社区卫生服务，实现"小病不出社区、大病及时转诊、康复返回社区"的目标。

⑤"五项机制"：实行党代会年会制，建立明晰的党代会与全委会、常委会的权力和责任机制；实行党代表任期制，建立充分发挥党代表作用的促进与保障机制；扩大和发展党内民主，建立规范完善的党内决策、执行和监督机制；密切与党员群众的联系，建立民意通畅的反应和处理机制；着力增强党代表的政治素质和能力，建立不断提升党代表水平的推进机制。

⑥"双推双考"：组织推荐和民主推荐，考试和考察。

⑦"四个第一"：人才第一资源、教育第一基础、科技第一生产力、创新第一驱动力。

的攻坚期，是率先基本实现现代化的决胜期。从宏观环境来看，国家扩大内需战略将进一步增强消费需求对区域经济的拉动，江苏全面实施创新驱动战略，南京提出全力聚焦“四个第一”⑦、走“创新驱动、内生增长、绿色发展”之路，亚青会、青奥会等重大活动的举办，麒麟生态科技园、南部新城功能板块的加快推进，为白下经济社会又好又快发展创造了难得机遇和良好环境。从中心城区发展的阶段性特征和一般规律来看，人均地区生产总值超过5000美元后，传统生产要素对经济发展的贡献呈递减趋势，中心城区土地、资源、环境的要素约束进一步趋紧，同质化竞争不断加剧。中心城区走出困境，必须破除依靠要素驱动、投资拉动的传统增长模式，让科技、人才成为经济发展的主动力，走依靠科技的发展道路。从白下发展的内在动因和迫切要求来看，传统商贸流通业优势正在减弱，现代服务业提速发展不快，经济转型升级任务艰巨，实现经济快速可持续发展压力巨大。与此同时，白下作为中心城区，区位优势明显，城市功能完善，商贸商务发达，科教文化繁荣，为集聚以科技、教育、人才为主要内容的创新要素，推动科技创新创业提供了有利条件。目前，各地新一轮以拼抢创新要素为核心的竞争日益激烈，我们必须切实增强危机感、紧迫感，认清形势，扬长避短，抢抓机遇，抢占先机，走出一条具有白下特色的创新驱动之路，努力在全市“三个争第一”⑧中实现科学发展率先、改革创新争先、和谐稳定领先。

今后五年工作指导思想是：以邓小平理论和“三个代表”重要思想为指导，深入贯彻落实科学发展观，围绕现代化国际性人文绿都和中国人才与科技创新名城的城市定位，以创新驱动战略为统领，突出科技创新创业，主攻创新型服务业，加强社会建设与服务，把白下建设成为科技创新创业活跃、古都历史文化彰显、现代都市气息浓郁、国际化新形象初显，群众更具幸福感和归属感的创新型城区。

今后五年发展主要目标是：率先基本实现现代化，向更高水平现代化迈进。具体目标为：2014年，完成基本现代化各项指标。2015年，全社会研发投入占地区生产总值比重达4.5%，人力资本投资占地区生产总值比重达17%，人才资源总量⑨超过20万人，科技进步贡献率达60%以上；实现地区生产总值、地方一般预算收入、社会消费品零售总额指标翻一番，服务业增加值占地区生产总值比重达95%；居民收入实现倍增，环境质量综合指数达88分以上，公众安全感满意度达93%以上。

为确保实现上述目标，我们必须把握好六条原则：

一要坚持把党委领导政府主导作为建设创新型城区的坚实保障。区委要加强整体谋划，统筹推进，不断创新发展理念、思路、举措，政府要营造创新环境，服务创新主体，发挥好市场在资源配置中的基础性作用，形成区委领导、政府主导、街道为主体、部门为保障、全社会共同参与的创新驱动工作格局。

二要坚持把创新驱动作为推动区域全面转型的核心战略。将创新驱动贯穿于经济社会发展的全过程、全领域，要有“功成不必在我任”的境界，不贪一时之功，不图一时之名，持之以恒地推进创新驱动。以科技创新创业为核心，以项目建设为支撑，主攻创新型服务业，持之以恒地推动经济转型。以保障改善民生为重点，加强社会建设，创新社会管理，提升社会服务水平，持之以恒地推动社会转型。

三要坚持把人才引领作为实现区域全面转型的关键支撑。人才是引领经济社会发展的第一资源。坚持人才引领、人才优先的战略举措，营造尊知重才、宽松和谐的人才发展环境，集聚科技创新创业人才，培养创新型党政干部，重点吸引领军型科技创业人才、新兴领域创新创业人才和高层次经营管理人才，最大限度激发各类人才创新动力、创造活力和创业热情，走出一条以人才引领转型发展的新路子。

四要坚持把提升现代化国际化水平作为区域全面转型的主导方向。牢牢把握现代化国际性人文绿都核心区定位，结合区情实际，抢抓科技创新带来的机遇，推动服务业高端化和现代化发展。深入挖掘历史文化底蕴，大力发展现代都市文化，提升中心城区现代化人文品质。高水平规划，高标准建设，进一步完善城市功能，大力提升主城国际化水平，着力加快东部地区现代化进程。

五要坚持把改革体制机制作为激活创新要素的强大动力。坚决破除一切不利于创新驱动、不利于人才发展、不利于科技创新创业、不利于推进发展转型的体制机制，建立健全有利于创新要素集聚、有利于科技创新创业、有利于行政效能提升、有利于公共服务优质的体制机制。加快对国有资产管理体制的改革，更好地激活发展动力。

六要坚持把群众利益作为区域全面转型的出发点和落脚点。充分发挥群众在推动发展转型中的主体地位，深入群众、尊重群众、依靠群众，充分激发群众推进创新驱动的积极性、主动性和创造性。扎实做好服务群众工作，切实做到想问题、作决策、办事情着眼于群众福祉，自觉接受群众监督，把群众认可作为检验发展转型成果的标准，让白下群众更有幸福感、归属感。

今后五年的主要任务

今后五年，我们要以创新驱动战略为统领，推动区域全面转型，又好又快推进现代化建设。

一、加快创新要素集聚，推动科技创新创业

把科技创新作为实施创新驱动战略的关键环节，把科技创业作为科教与人才资源向现实生产力转化的核心环节，通过实施高层次科技创业人才集聚行动、科技创新创业载体建设行动、科技创业企业培育行动、科技创新创业服务机制建设行动“四大行动”，全面激发科技创新创业活力，建设创新型城区。确保到2015年实现高层次人才占比、高新技术产业总产值两个

⑧“三个争第一”：南京的科学发展、改革创新、和谐稳定要在全省争第一。

⑨人才资源总量：指党政人才、企业经营管理人才、专业技术人才、高技能人才、农村实用人才、社会工作人才资源数量之和。具体指具有中专以上学历，或具有技术员以上专业技术职务(资格)人员数量之和。

“翻一番”，发明专利授权总量、在孵科技企业数、科技服务业总收入三个“翻两番”。

实施高层次科技创业人才集聚行动。坚持人才引领，实施人才优先发展战略，落实“五优先”推动人才工作，将我区建设成人才集聚特区。优先保证人才投入，设立1亿元人才工作专项资金用于高层次创新创业人才的引进和培育，支持企业人才引进项目。优先引进高层次人才，实现由招商引资向招才引智转变，优先吸引掌握前沿技术、有成功创业经历的高端人才、研究团队到白下创业。实施“321”人才计划，到2015年，引进海内外科技创业人才300名，培养科技创业家20名，集聚国家“千人计划”和省“双创计划”人才10名。优先为高层次人才做好服务，在提供医疗保险、配偶安置、子女入学、人才公寓等生活配套服务的同时，为高层次人才事业发展提供创业扶持、政策保障、公共服务，创造良好的事业发展环境。优先支持高层次人才创业，发挥政府主导作用，全方位、全过程支持人才创业，给予启动资金、创业场所、金融财税、成果推广等各方面扶持，创造公平公正的市场环境。优先为高层次人才创业提供平台，建设各类创新创业平台，优先集聚人才；公共服务、技术、教育科研平台优先满足高层次人才。

实施科技创新创业载体建设行动。实施“245”计划，构建“2个核心科技创新创业基地，4个大学科技园，5个战略性新兴产业创新中心”，建立“创业苗圃+孵化器+加速器”孵化模式。到2015年，全区建设孵化器、加速器、中试用房及相应配套设施等100万平方米，通过市级认定孵化器4个。2个核心科技创新创业基地：建设中航科技城航空科技创新创业基地；建设以白下高新技术产业园区为龙头，都市产业园成多点布局的科技创业基地。依托中航科技城、白下高新技术产业园区建设两个科技创业特别社区。4个大学科技园：加快推进南京理工大学科技园、南京航空航天大学科技园、江苏省经贸职业技术学院科技园、南京工业职业技术学院科技园建设。5个战略性新兴产业创新中心：发挥南京航空航天大学、中国电子科技集团第二十八研究所、中国电子科技集团第五十五研究所、江苏华东地质建设集团、南京市测绘勘察研究院等技术优势，组建5个战略性新兴产业创新中心。

实施科技创业企业培育行动。进一步引导和激励各类人才创办科技企业、发展科技产业。到2015年，培育科技创业企业1000家，其中重点培育100家，辅导上市科技型企业5—8家。扶持科技型中小企业技术创新和管理创新，推动企业真正成为创新需求、研发投入、技术开发和成果应用的主体。积极推进政产学研合作，促进技术合作和成果转化。支持企业建立工程技术研究中心、博士后研究工作站、院士工作站，促进各类创新要素向创新型企业集聚。到2015年，建成企业技术中心30家、工程技术研究中心30家、科技公共服务平台10家。

实施科技创新创业服务机制建设行动。着力营造有利于创新创业的环境，为科技创业提供卓越服务。完善创新创业相关配套政策，制定科技创业特别社区建设、科技创业人才引进、科技创业企业培育等政策。建立科技创新创业工作考核评价机制，引导全区上下将各类资源向科技创新创业倾斜。建立服务科技创业的人力资源、技术支撑、法律咨询等公共服务平台。完善政府各类企业服务、信息平台，为企业提供专业化、个性化服务。探索科技金融服务新模式，构建科技金融服务体系。筹资5000万元设立“白下区科技创业种子基金”，引导社会投资人设立“天使基金”；筹资5000万元设立“白下区科技创业投资引导基金”，吸纳社会资本放大科技创业投资基金；引进各类股权投资基金，到2015年规模突破100亿元；发挥各类融资性担保机构、小额贷款公司作用，力争形成30亿元资本金规模，每年为中小企业提供50亿—80亿元规模的融资需求。

二、主攻创新型服务业⑩，构筑服务经济高地

全力构建以服务经济为主导的现代高端产业体系，以创新型服务业为主攻方向，加快建设全省现代服务业中心标志区，实现由商贸大区向创新型服务业强区转变。到2015年，创新型服务业增加值占服务业增加值比重达30%，生产性服务业增加值占服务业增加值比重达60%。

着力提升新街口核心竞争力。坚持优化提升、功能完善、环境再造、项目支撑的发展思路，全力推动新街口现代服务业集聚区建设，继续引领全省现代服务业发展。推动功能布局优化完善，着力建设核心商务区，完善商务、金融、休闲、旅游、文化等功能，实现多业态复合，多功能互补，成为全省高端商贸商务、金融服务、总部经济核心区和都市旅游购物首选地。推动环境建设水平提升，有效整合新街口地上地下空间资源，高标准实施景观建设，构筑精致人性化空间，增加步行休憩和绿色区域，积极化解交通组织矛盾。推动高端化、国际化、时尚化发展步伐，鼓励重点商贸企业引入国际化经营管理模式和新型商业业态，引入高端商品、时尚品牌；引进有国际影响力的企业和机构；引进培育名品展示、高端论坛等感知世界、展示时尚、引领潮流的平台与载体；新建一批高端商贸商务设施，大力发展集购物、休闲娱乐为一体的新型城市综合体。推动电子商务发展，培育金鹰、中央、三胞、新百等电子商务领军企业，大力发展细分领域的专业电子商务企业，建设“网上新街口”、“智慧新街口”公共信息服务平台，力争2015年新街口网络销售额达到400亿元，成为全省重要的电子商务企业集聚地。

着力推进服务业优化升级。促进服务业与科技创新深度融合，大力发展生产性服务业。依托白下高新技术产业园区、中航科技城科技创业特别社区建设，重点发展新一代信息技术、智能交通、航空科技等创新型服务业；积极发展金融业，培育江苏银行总部、华泰证券总部等2—3个金融要素市场，在巩固银行、保险、证券等传统金融业优势的同时，引进风投、私募、担保等非银行金融机构，不断壮大创业投资、股权投资等基金规模，着力完善金融服务功能；加快发展咨询、会计、法律、代理、教育培训等商务服务业，不断提升发展层次和整体竞争力；重点引

⑩ 创新型服务业：现代服务业的高端和核心部分，以服务为表现形态，服务手段更先进、服务内容更新颖、科技含量和附加值更高的新兴服务业态，是服务业中最具创新活力的产业。

入创意设计、动漫游戏、数字出版、演艺娱乐等行业，加快文化创意产业发展。促进服务业与消费升级深度融合，大力发展生活性服务业。用信息化和现代经营模式提升传统商贸流通业，焕发现代商业魅力；把握消费升级趋向，积极引入具有带动力的企业和商品，着力提升消费能级；不断拓展养老托幼、社区服务、健康服务等家庭服务业新领域，推动连锁化、品牌化、规模化经营，增强城市的便民利民功能。促进商旅文深度融合，大力发展文化旅游休闲产业。突出都市文化旅游、历史文化旅游特色，将白下打造成重要都市休闲旅游目的地；突出区域特色，强化商贸旅游功能、文化休闲功能，依托朝天宫、甘熙故居等资源，加快朝天宫古都文化、熙南里历史文化、杨公井演艺文化等特色街区建设；积极引入国内外知名酒店宾馆、餐饮企业和娱乐休闲企业，提升都市休闲旅游产业品质。

着力加快产业更替。坚持把项目建设作为白下创新发展、转型发展，实现产业层次提升的生命线，加快推进金鹰三期、苏宁电器广场、太平南路沿线杨公井、江苏饭店等地块项目建设，全力突破重大服务业项目。制定产业引导政策，以楼宇和商业商务街区为重点推进产业更替。推进低端产业“腾笼换凤”，建设一批精品楼宇、专业楼宇，提高楼宇单位面积经济贡献率，五年新增属地纳税亿元楼宇5幢，5000万元楼宇5幢。推动太平南路、莫愁路等街区产业更替，积极引导传统的经营形态转换为现代的经营形态。推动光华门片区城市商业副中心建设。突出培育本地服务业品牌企业，打造一批在全国、全省有重要影响力的龙头企业。五年培育10家以上营业收入超100亿元的总部型企业，力争超500亿元的2家。重点引进一批国际跨国公司、国内100强企业集团的地区性总部和研发中心、采购中心、结算中心。

三、提供优质社会服务，追求全面和谐幸福

以保障改善民生为根本，以维护和谐稳定为基础，大力加强社会建设，提升社会服务水平，加快建设群众更具归属感的幸福城区，确保白下社会建设工作走在全国同类型城区前列。

坚持富民优先导向。围绕五年实现居民收入倍增目标，不断拓宽增收渠道，积极推动就业惠民、创业富民、保障安民。以提高工资性收入为基础支撑，健全就业服务网络，针对不同群体就业要求和地区发展需求提供政府服务，实现充分就业，到2015年实现再就业6.8万人，确保有就业愿望的困难人员和困难家庭大学生100%实现就业；扩大工资集体协商覆盖面，实现工资稳步增长。以提高经营性收入为新增长点，实施全民创业计划，鼓励个体民营经济发展，大力支持群众创业；高度重视发展民营经济，支持引导民营经济做大做强；确保2015年居民经营性收入占收入比重达15%。以提高转移性收入为重要补充，完善基本社会保险制度，到2015年基本养老、基本医疗、失业等社会保险覆盖率达100%；创新慈善、社会救助、社会福利衔接机制，低保和边缘困难群体救助率动态保持100%，确保全区群众都能体面尊严地生活。

发展优质公共服务。进一步增强社会服务功能，最大程度满足群众需求。以提高教育教学质量为核心，加快教育领域改革和资源整合步伐，完善幼儿教育保障体系，优质均衡推进基础教育，集聚优质资源，打造高中和职教名校，提升学习型城区建设水平，将白下建设成为高水平的现代化教育强区。以提高医疗卫生服务能力为目标，加大基层医药卫生体制和医疗改革力度，放大公共卫生、惠民医疗、社区卫生品牌优势，满足群众多样化医疗卫生和健康需求。完善居家养老、社区养老、机构养老“三位一体”的养老服务体系建设，完成7个街道居家养老综合服务中心建设，到2015年全区养老床位达5000张。加快保障性安居工程建设，到2015年新增经济适用房面积100万平方米。

夯实基层管理基础。理顺区、街道、机关部门、社区、驻区单位在社会建设和管理中的职责，建立责任、人员、服务“三下沉”的网络型基层社会管理机制；健全社会服务产品有效供给和资源共享机制，建立无偿、有偿和行政服务、志愿服务、社会服务互动互补的多元化供给机制；完善重心下移、信息畅达、多方互动、项目管理、标准服务的机制。以建设管理有序、服务完善、文明祥和的幸福社区为目标，以提升社区服务能力为突破口，完善社区党组织、社区组织和社会组织的多元治理模式，全面推行“1+X”服务标准[11]，开展分类差异化服务，更好地满足社区各类人群需求。完善“一委一居一站一办”[12]的社区管理体制，实施“一网协同、一专多能、一站共享、一库多用”等行动计划[13]，扎实推进社区网格化、扁平化、精细化管理，形成以居民幸福满意为导向的白下社会工作模式。确保2015年全部社区达到省级和谐社区标准。

构筑平安和谐环境。以“和谐稳定争第一”为目标，进一步深化“平安白下”建设，完善应急管理、食品药品和安全生产监管机制，努力创造安全、稳定、和谐的社会环境。不断探索群众参与和谐社会建设的新途径、新办法，进一步激发广大群众的创造力，形成各种利益群体各尽所能、各得其所、和谐相处的良好局面。完善密切联系群众机制，深入推进领导干部下基层和机关干部联系群众工作。完善群众诉求处理反馈机制，加大领导干部接访、下访、约访力度，切实发挥好“12345”等平台作用。完善社会稳定风险评估机制，对涉及群众切身利益的重大事项做到事事必评。完善矛盾排查调处机制，健全多层次、多渠道的“大调解”工作机制，有效化解社会矛盾。

提高区域文明程度。积极开展以“迎青奥、讲文明、树新风”为主题的系列活动，深化文明城市创建，不断提升区域公共文明指数。着力培育体现先进性、时代性、群众性的典型，深入开展“凡人风尚”展演等宣传活动，有效扩大先进典型的影响力和

---

⑪“1+X”服务标准：白下特色的社区服务标准化模式，“1”是社区常规服务，“X”是各社区的特色服务。

⑫“一委一居一站一办”：是指社区党组织、居委会、管理服务站、综治办。

⑬“一网协同、一专多能、一站共享、一库多用”等行动计划：明确负责每个网格的责任团队，打造全科型服务队伍，建立街道、社区共享的孵化型、总部型社会服务载体，健全融人口、资源、经济、管理、项目、安全为一体的信息库。

感召力，大力弘扬爱国守法、明礼诚信、团结友善、敬业奉献的精神，凸显社会主义核心价值体系的引领作用。开展形式多样的“四德”⑭教育宣传活动，扎实做好未成年人思想道德建设和社会志愿者服务工作，不断提高广大群众的思想道德素质和文明素养。积极培育奋发进取、理性平和、开放包容的社会心态，深入开展各种教育引导活动，最大限度地凝聚社会共识、促进社会和谐。

四、提升环境文化品质，塑造现代城市新形象

加快推进老城区有机更新，加快东部地区现代化进程，全面提升城市建设与管理水平，努力塑造精致空间、厚重文化、清新生态、品质生活的现代化国际化新形象。

高起点推进东部地区现代化。抢抓东部地区成为南京主城东部发展中心区域的机遇，按照现代化国际化定位，坚持规划先行，以科技、智慧、低碳为主题，建设以高新技术产业为主导的城市片区。高标准、高质量推进以路网建设为主的基础设施建设，高起点、高水平规划建设学校、医院、商业、文化休闲等公共配套设施，更加注重教育、卫生等优质资源向东部地区倾斜，提升东部地区人居生态环境。

高水平推动城市有机更新。将塑造现代化国际化形象与保护古城风貌、维护城市肌理结合起来，做好老城南历史建筑的保护开发，以项目建设带动城市有机更新，实现区域功能完善升级。抢抓青奥机遇，深入实施城市环境综合整治“三个提升”⑮行动计划，加快推进老旧小区改造出新，高标准增设配套设施。以完善设施功能、提升环境品位、缓解交通拥堵为重点，完成主次干道和支街支巷整治出新，实现“道路景观化”和“街景精致化”。高标准规划绿地建设，完成月牙湖六期等绿地建设，绿化覆盖率达48%，绿色社区达70%以上。加速推进危旧房改造，力争2015年完成危旧房片区改造。

高品位彰显区域文化特色。深入挖掘六朝、明朝、民国时期的历史文化精髓，彰显白下历史人文特色。加大对朝天宫、太平天国壁画馆、午朝门等历史遗存的保护力度，做好“中国雕版印刷技艺”、昆曲等非物质文化遗产的保护传承。修缮开发好名人故居等历史文化建筑，充分发挥历史文化价值。构建开放、包容、和谐、互动的多元文化格局，切实提升区域文化软实力。整合时尚、国际元素，提升商贸旅游、休闲娱乐的文化内涵，形成引领潮流的现代都市文化。引导全社会形成“敢于冒险、勇于创新、宽容失败、崇尚竞争”的科技创新创业文化，为白下创新发展提供精神动力。以广场文化为载体，社区文化为依托，实施公共文化品牌战略和文化精品工程，大力建设丰富多彩的群众文化，满足群众多样性文化需求。

高标准组织城市综合管理。不断完善城市管理长效机制，推进技术信息化、装备现代化、管理网格化，提高城市管理精细化水平。创新管理结构和模式，加强老旧小区管理，实现无物管小区物业管理全覆盖。推进垃圾收运模式改革，完善全覆盖清扫保洁机制，建设清洁家园。加大环境保护力度，实施“蓝天行动计划”，全面推行“绿色施工”，加强建筑工地和渣土车管理，有效控制城市扬尘。实施“清水行动计划”，开展黑臭河流治理，完成全部河道整治和主次干道、支路雨污分流，整体提升区域水环境质量，促进生态环境不断改善。

今后五年党的建设

坚定创新驱动，实现发展转型，又好又快推进现代化建设，关键在党。全区各级党组织和广大党员必须适应创新驱动要求，更加注重能力建设，坚持服务创新推动发展；更加注重作风建设，坚持求真务实敢干负责；更加注重强化宗旨意识，坚持发展依靠群众、发展为了群众，以改革创新的精神加强党的建设，为白下新一轮科学发展提供坚强组织保障。

一、把各级领导班子建设成组织推进创新驱动的坚强领导集体

要以区委领导班子为核心，大力加强各级领导班子建设，使各级领导班子成为组织实施创新驱动的坚强领导集体。把区委班子建设成坚强领导核心。坚持以党的最新理论成果、最前沿的科学知识武装头脑，带头建设学习型领导班子，带头坚定理想信念，带头解放思想开阔视野，带头树立更高发展标杆，带头提高推动创新驱动能力，组织领导全区各级大胆创新、积极实践。坚持议大事、把方向、谋全局、抓落实，坚持民主集中制，不断加强常委会的自身建设，促进区委科学决策民主决策。深化党代会常任制试点工作，探索党代表作用发挥的新途径，稳妥推进党务公开，积极发展党内民主。坚持总揽全局、协调各方，支持区人大、区政府、区政协围绕中心开展工作，充分发挥人大代表、政协委员联系各族各界作用，有效整合纪检、组织、宣传、统战资源，充分发挥群团工作优势，团结带领全区上下合力推进创新驱动。街道部门领导集体要建设团结和谐的班子，讲大局、讲原则、讲宽容、讲协作，不断增强班子的凝聚力。要建设开拓创新的班子，善于正确领会上级最新要求，勇于开拓、敢于创新、勤于实践，不断增强班子战斗力。要建设善解难题的班子，善于破除制约创新驱动的各种障碍，攻坚克难勇挑重担，不断提升班子执行力。

二、把干部队伍建设成推进创新驱动的骨干力量

要以全新的人才观统领干部队伍建设，教育引导干部在创新驱动的实践中做贡献。把实践创新驱动作为第一导向。在推进创新驱动中培养、发现、检验和使用干部，旗帜鲜明地鼓励创新、允许失误、宽容失败，不拘一格选贤任能，大胆选拔谋划创新驱动有思路、推动创新驱动有举措、实践创新驱动有成果、群众公认度高的干部。把提高能力作为第一目标。不断提高干部能力培训的针对性，有效解决干部在创新驱动中的知识恐慌、本领危机，帮助干部开阔眼界、开阔思路、开阔胸襟。坚持在基层一线锻炼干部，在问题集中、矛盾突出、环境复杂的工作领域锻炼干部，不断提高干部处理疑难问题、解决突出矛盾、应对复

⑭“四德”：社会公德、职业道德、家庭美德、个人品德。

⑮“三个提升”：提升城市市容环境、提升城市功能品质、提升城市人居质量。

杂局面的能力，加快建设一支执行力强、善于破解难题、敢于担当的干部队伍。把树立务实创新作风作为第一追求。大力开展“三解三促”⑯活动，创新活动形式，突出分类指导，把活动成效体现在听民声、顺民意、解民忧、促和谐上，体现在集思广益、破解难题、推动发展上，体现在务实创新、真抓实干、转变作风上。加大督查力度，健全完善效能督查、民生督查、项目督查“三位一体”的大督查机制。大力弘扬同舟共济、勇于负责、敢于碰硬、争创一流的精神，引导各级干部出实招、重实干、办实事。把推动创新驱动的成效作为第一标准。以创新驱动实绩和群众认可为标准，进一步完善领导班子和干部考核评价机制，坚持日常考核、年度考核和专项考核相结合，不断完善考核评价体系。强化考核结果运用，以工作成效评价干部，引导干部埋头苦干、开拓创新、务求实效。

三、把基层党组织和党员队伍建设成推进创新驱动的生力军

加强新时期党的基层组织建设和党员队伍建设，要着眼发挥各基层党组织和广大党员在推进创新驱动中的生力军作用，真正把基层党组织的战斗堡垒作用和党员的先进性，体现在推进创新驱动、实现转型发展上。要以创先争优为抓手，使党建工作更好地服务保障发展大局。突出实施创新驱动，促进社会和谐的主题，以建立党组织目标管理责任制、实行党员承诺制等形式，服务创新驱动，争当先进基层党组织和优秀共产党员。充分发挥党组织和党员示范引领作用，以窗口单位和服务行业为重点，创群众满意窗口、优质服务品牌、优秀服务标兵，带动群团组织、带动身边群众，在全区形成创先争优的生动局面。要增强基层党组织凝聚力和战斗力。深入推进“强基工程”，以实施创新驱动、推动区域发展转型为目标，完善基层党组织建设工作机制，发挥服务保障作用。探索建立街道社区区域化党建工作新机制，完善基层社会管理服务体系，提升社区党组织服务群众水平。加强楼宇、商圈、园区内新经济组织党建工作，实施“公信力”工程，实现党组织对新社会组织的有效覆盖和管理，促进“两新”组织⑰健康快速发展。充分发挥机关党组织在转变作风、服务发展中的示范作用，建设务实高效、群众满意的服务型机关。要焕发党员队伍创新激情。完善党员发展、教育管理、关爱激励和监督评议等工作机制，不断赋予新时期党员先进性的新内涵，有效激发党员队伍创新活力。创新党员分类教育管理、党员先锋示范、党员志愿服务等工作，引导全区党员增强争先进位意识，提高工作标杆，焕发创新激情，投身创新实践。

四、深入推进党风廉政建设服务保障创新驱动

全区各级党组织要把党要管党、从严治党贯穿于创新发展的全过程，不断提高各级干部拒腐防变的能力，努力保持党员干部队伍的纯洁性，以良好的党风政风取信于民，更加有力地服务保障创新驱动。营造服务创新驱动的良好环境。要把服务保障创新驱动战略的实施纳入反腐倡廉建设整体规划，引导党员干部聚焦创新驱动，形成创新受鼓励、创业受扶持、创优受尊敬的良好氛围。要建立监督检查机制，健全作风和纪律保障机制，构建查处惩戒机制，为创新创业提供宽松优质的环境。要创新监督的着力点和方法，严格监督，严肃问责，确保创新驱动战略得到不折不扣落实。扎实推进反腐倡廉建设。全面建设惩防体系，大力加强反腐倡廉教育、监督、预防、惩治和制度建设，把反腐倡廉教育贯穿于党员干部培养、使用、管理全过程，贯穿于服务创新驱动的全过程，贯穿于服务群众服务社会的全过程，筑牢干部拒腐防变的思想道德防线。围绕风险排查、制度构建、预警处置、责任追究等环节，以领导干部和重点岗位的监督为重点，切实加强风险预警监督制度建设，构建有效预防的工作机制。严肃查办违法违纪案件，不断完善惩治有力的工作机制，提高党风廉政建设科学化水平，营造风清气正的发展环境。

各位代表、同志们，过去的七年，我们用团结务实、艰苦奋斗，换来了白下发展的新变化。进入创新驱动发展的新阶段，白下人民对我们寄予了新希望。让我们紧密团结在以胡锦涛同志为总书记的党中央周围，在省市委、省市政府的坚强领导下，团结带领全区广大干部群众，以敢为人先的大气魄，奋勇开拓的大手笔，克难攻坚的大干劲，昂首迈步新征程，走出创新驱动、发展转型的新路子，在新的起点上开创白下科学发展新局面！

⑯“三解三促”：了解民情民意、破解发展难题、化解社会矛盾，促进干群关系融洽、促进基层发展稳定、促进机关作风转变。

⑰“两新”组织：新经济组织和新社会组织。

南京市白下区人民代表大会常务委员会工作报告

——南京市白下区十七届人大一次会议

2012年3月27日

白下区人大常委会副主任　王洪星

2012年3月27日，白下区人大常委会副主任王洪星在区十七届人大一次会议上作报告。

各位代表：

我受区第十六届人大常委会的委托，向大会报告工作，请予审议。

过去四年工作回顾

区第十六届人大常委会任期的四年，是全区人民积极应对挑战、攻坚克难，实现经济社会又好又快发展的四年，也是区人大扎实工作、努力进取，各项工作取得明显成效的四年。四年来，在中共白下区委的领导下，区人大及其常委会以邓小平理论和“三个代表”重要思想为指导，深入学习实践科学发展观，贯彻落实党的十七大及历次全会精神，坚持党的领导、人民当家作主和依法治国有机统一，围绕中心、突出重点，认真履行宪法和法律赋予的职责，为保障和促进我区经济社会全面协调发展作出了应有贡献。本届以来，共召开常委会会议34次，主任会议56次，开展执法检查4项，作出决议、决定81项，发出审议意见书42份，依法任免国家机关工作人员311人次。

一、牢固树立大局观念，发挥人大职能作用，着力推动经济平稳较快发展

区人大常委会始终把促进科学发展作为人大工作的首要任务，主动融入大局，积极依法作为，凝心聚力推动全区经济平稳健康发展。

保障重大决策落实。常委会坚持抓大事、议大事、决大事，依法审议决定重大事项，及时作出《关于全面推动“打造五大中心、建设品质白下、实现全面跨越”的决议》，将区委九届七次全会的决策部署通过法定程序转化为全区人民的共同意志，动员全区上下为实现“三个发展”目标任务团结奋进。围绕“十二五”规划编制开展专题调研，广泛征求代表意见，区人代会依法审查，作出决议批准规划，代表广泛宣传，合力推进“十二五”目标任务的全面实施。区第十次党代会，确立白下新一轮发展思路、发展定位和发展路径，常委会认真贯彻，结合审议区政府半年工作报告，督促政府进一步打破思维定势、路径依赖和体制束缚，全力推动创新型城区建设。坚持党管干部和人大依法任免的有机统一，进一步完善、规范人事任免程序，坚持任前法律知识考试、拟任职发言和颁发任命书制度，强化被任命干部的法制意识、公仆意识和发展意识。听取区政府机构改革方案备案报告，支持政府优化组织结构，为科学发展提供组织保障。

推动经济转型发展。常委会围绕发展的重要问题和关键环节，寓支持于监督之中，着力促进提升区域经济发展的质量和效益。专题听取审议区政府保增长、保民生、保稳定工作情况汇报，建议政府积极应对复杂的经济形势和困难，努力在转变发展方式中形成白下发展的新优势，推动我区经济在更高层次上又好又快发展。重大项目建设具有龙头带动作用，常委会高度关注，实施持续监督，每年组织具有经济和建设工作经验的常委会组成人员和人大代表深入建设现场进行视察调研，2010年主任会议听取西中东片重点项目建设情况汇报，2011年常委会会议对全区重大经济项目建设情况进行专项审议，分析问题，寻求对策，跟踪问效，有力推动全区重大项目建设取得突破性进展。科技创新是经济发展的核心动力，常委会听取审议专项工作报告，建议政府在政策扶持、机制完善、资金投入、人才引进等方面加大工作力度，全力推动创新型经济的快速发展。常委会抓住服务企业这一关键环节，深入企业调研，邀请驻区企业人大代表列席常委会会议，提出具体明确、针对性强的审议意见，并在主任会议上专门对区政府落实审议意见的情况进行跟踪问效。常委会还对区政府工商行政管理工作进行审议，全区服务企业意识进一步增强，服务举措更加务实，服务成效更加明显。注重发挥代表助推经济发展的智力优势，分别组织代表就推进新街口商圈发展和“推动产业转型升级，全力构建现代服务业产业体系”开展专题调研，形成高质量的调研报告，提供有益参考。

深化计划预算审查。常委会加强对计划预算执行情况的动态监督、全程监督。通过听取审议区政府“十一五”规划中期评估报告，有力保障发展的连续性和规划目标任务的全面实现。提前介入年度国民经济发展计划和财政预算编制工作，按时审议计划、预算执行情况，严格审查批准计划、预算调整方案，强化预算执行过程的监督，增强计划、预算执行的刚性约束力。听取审议区经济适用房一、二期建设项目资金使用管理情况专项工作报告，支持区审计局对专项资金支出情况进行审计，切实抓好审计问题的整改落实。积极支持政府推进财政管理改革工作，促进依法理财，科学理财，提高财政资金的使用效益。参加全区经济运行分析会，列席区政府常务会议，密切关注经济运行态势，进一步增强经济监督工作的针对性和实效性。

二、牢固树立群众观念，关注百姓切身利益，着力促进民生持续改善

区人大常委会始终把保障和改善民生作为人大工作的出发点和落脚点，坚持以人为本、民生为先，着力推动解决群众最关心、最直接、最现实的利益问题，不断提升群众的幸福感和满意度。

促进民生重点问题解决。常委会抓住涉及面广、社会关注度高，群众反映强烈的热点难点问题，作为监督重点，听取区政府提高城镇居民人均可支配收入情况汇报，审议质量技术监督管理工作，组织人大代表对创业就业、物价工作等民生热点问题进行专题调研，督促政府大力实施“居民收入倍增计划”，加大对困难群体的就业援助和创业扶持，缓解价格上涨对低收入群体生活的影响。对加快中小学教育发展、社区教育、公共卫生服务体系建设、社区卫生服务机构运行机制改革以及计生、体育等工作进行监督，推动政府着力提升教育、卫生等社会事业水平，让人民群众享受到公平、完善、优质的公共服务。针对老龄化问题日趋严峻的现状，进行视察调研，听取工作报告，推动政府加快完善养老服务体系建设，切实促进“老有所养”。每年对区政府民生实事目标落实情况进行跟踪检查，督促解决惠民医院门诊楼建设、居家养老服务中心建设等一批关系百姓切身利益的实际问题。

促进区域环境品质优化。常委会针对白下区城市建设管理的重要工程和薄弱环节，有计划、有重点地进行监督，促进区域整体环境和居民居住品质的不断提升。听取审议区政府生态文明现代化城区建设专项工作报告，要求政府在讲求经济效益的同时，坚持走环境优良、生态和谐的科学发展之路。加强对全区保障性安居工程建设工作监督，深入调研视察区经济适用房建设、危旧房改造以及小区出新等工程，走访了解租房补贴发放情况，督促政府统筹协调好城市发展和安居房建设的进度，加大力度，切实改善低收入困难家庭的住房条件。对城市基础设施建设与改造、雨污分流工程进行实地考察，督促区政府紧贴民生需求，在安居便民的前提下不断推进城市建设。听取审议区政府城市长效综合管理改革专项工作报告，结合全市推行“两站一中心”物业管理改革，对老旧住宅小区物业管理工作进行监督，开展道路街巷整治出新管理专题询问，推动区政府进一步理顺部门关系，完善长效管理机制，营造良好的城市管理氛围，为居民群众提供一个更加整洁、有序、宜居的生活环境。

促进社会矛盾纠纷化解。常委会始终把做好信访工作与了解社情民意，维护社会稳定结合起来，进一步规范信访程序，热情接待来访群众，做好政策解释、心理疏导等工作，防止矛盾激化升级，加大督办力度，协调“一府两院”解决群众的合理诉求。本届以来，共接待群众来信来访220余件次，切实做到登记、接访、责任落实、回复4个100%。常委会及时关注影响和谐稳定的新情况、新问题，组织视察市场监管工作和甲型H1N1流感防控工作，听取防范和处置邪教问题、平安宗教活动场所创建工作情况汇报，督促政府积极应对，妥善化解各类社会矛盾和问题。

三、牢固树立法制观念，强化监督工作实效，着力推进“法治白下”建设

区人大常委会始终把推动民主法制建设作为人大工作的根本任务，着力促进依法行政、公正司法，积极发展基层民主，推进依法治区进程。

保证法律法规贯彻实施。常委会在执法检查工作中，既注意对区政府及其职能部门贯彻实施法律法规情况进行检查监督，又注重维护广大人民群众特别是弱势群体的切身利益，收到良好的法律效果和社会效果。深入开展安全生产法执法检查，使人大代表反映多次的8家单位重大安全隐患问题得到较好整改，督促区政府在全市率先开展高层建筑安全隐患排查专项工作，得到省市领导的充分肯定。在食品安全法执法检查中，对区域内食品行业进行明察暗访，找准薄弱环节，督促政府通过联合执法，弥补监管过程中的缝隙，更加注重对市民身边的小作坊、流动摊点的监管，为群众营造放心、安全的食品环境。并向市人大建议制定相关地方法规，建立统一、规范、高效的食品安全监管体系。对南京市城乡居民最低生活保障条例进行执法检查，建议政府将基本救助与各类专项救助以及社会慈善有机衔接，加大对特殊困难群众的帮扶。结合文明城市创建加强娱乐场所管理条例执法检查的跟踪回访，促进白下区娱乐场所的健康发展。常委会还听取了区政府贯彻实施劳动合同法、兵役法情况汇报。认真开展规范性文件备案审查工作，制定具体的实施办法和工作流程，本届以来，对区政府16件规范性文件进行建档备案审查，进一步促进政府依法行政。

加强对司法工作的监督。专题听取审议区法、检两院开展“社会矛盾化解、社会管理创新、公正廉洁执法”三项重点工作、规范司法行为工作情况报告，推动法检两院强化职能意识，着力解决影响社会稳定的突出问题；强化机制创新，健全和完善与政府、街道和社区的联络机制；强化监督效果，进一步提升干警队伍素质。对区法院司法民主化建设、区检察院刑事检察、区公安分局劳教聆询等工作进行监督。坚持代表旁听法院庭审这一有效司法监督方式，本届以来，共组织市区人大代表415人次旁听21例案件庭审。积极支持检察院开展“检察工作开放日”活动，深化检务公开，促进司法机关进一步规范司法行为，公正廉洁执法。

推进基层民主法治建设。普法是建设法治白下的基础性工作，常委会对区政府“五五”普法规划中期实施情况、“五五”普法验收以及“六五”普法规划情况进行监督检查，听取创建“法治江苏合格区”工作情况汇报，依法作出关于加强法制宣传教育的决议，积极推动“六五”普法教育工作深入开展。常委会对区政府开展社区民主自治建设、社区矫正、社区警务工作情况进行监督，推动政府加强和创新基层社会管理，听取社区居委会换届选举工作情况汇报，组织代表监督选举过程，有序推进基层民主政治建设。

四、牢固树立服务观念，保障代表依法履职，着力发挥代表主体作用

区人大常委会始终把发挥代表主体作用作为人大工作的重要基础，进一步拓宽思路，创新方法，不断完善代表工作机制，增强代表工作实效。

强化服务保障。及时举办监督法、选举法、代表法等法律法规和人民代表大会制度相关内容的学习培训，印发《区人大代表履职手册》《人大知识问答》等学习资料，为代表依法履职打牢基础。坚持代表接待日、代表工作联系点和常委会组成人员联系代表等各项制度，使常委会与代表的联系经常化、制度化。通过资料寄送、网站发布、短信通知等多种形式和途径，及时全面向代表通报常委会和“一府两院”重要会议精神和重要工作情况，为代表知政、议政、督政提供保证。

丰富代表活动。采取代表自主选择与常委会邀请相结合的方式，本届以来，共有区人大代表281人次列席常委会会议，会后专门征求列席代表意见建议。积极组织代表参加常委会视察、调研、执法检查和旁听庭审等活动，支持代表参与全区重大问题决策、行风监督、机关作风评议、信访事项核查等工作。发挥街道人大工委作用，扎实推进“一个载体，两项制度”建设，积极开展“人大代表在选区”主题活动，本届以来，共组织132名区人大代表向选民述职，485人次区人大代表参加接待选民活动，充分发挥代表在推进基层民主与社会和谐中的积极作用。开展代表持证视察试点工作，不断丰富代表参政、督政有效途径。发挥各行各业代表的智力优势，努力提高代表专题调研的质量和实效。

加强建议督办。建立完善常委会领导重点督办、人代联委统筹督办、工作委分类督办、代表参与督办的工作机制。每年选取事关经济社会发展的重大问题和影响人民群众切身利益的热点问题列为重点建议，实行常委会领导和政府领导重点督办。采取现场视察、邀请代表参与督办过程等多种形式，充分发挥代表在督办工作中的作用。积极推动建议承办部门与代表面对面沟通，抓好代表建议办理答复情况的反馈工作。区政府进一步完善代表建议网上办理系统，及时跟踪建议办理进度，提高办理工作效率和质量，代表建议办成率逐年提高。本届以来，代表提出的432件建议、批评和意见已全部按期办结，满意和基本满意率100%，办成率从66%上升到72%，逐步实现代表建议办理工作由答复型向落实型转变。

抓好换届选举。常委会把坚持党的领导、充分发扬民主和严格依法办事贯穿于换届选举工作全过程，针对首次“实行城乡按相同人口比例选举人大代表”的新情况，及早谋划，加强指导，精心组织，依法操作，圆满完成全区人大代表换届选举任务，选举产生区第十七届人民代表大会代表225名，广大选民也经历了一次社会主义民主政治建设的实践。新一届人大代表的结构得到进一步优化，更好地体现了先进性、代表性和广泛性，为做好新一届人大工作打下了良好基础。

五、牢固树立责任观念，加强常委会自身建设，着力提升人大工作水平

区人大常委会始终把加强自身建设作为人大工作的重要保证，主动适应新形势、新要求，与时俱进常抓不懈，不断提升依法履职能力和整体工作效能。

加强能力建设。坚持政治思想领先，业务能力过硬，开展新一轮解放思想大讨论和深入学习实践科学发展观活动，树立积极作为，勇于担当的思想观念，把人大工作放在全区工作大局中谋划和推进，服务大局、服务发展能力有新的提高。积极推进学习型机关建设，每年举办常委会组成人员培训班，并结合议题，有针对性地进行相关法律法规和专业知识学习，熟悉人大工作规则、程序和方法，不断增强依法履职能力和水平。以地方人大设立常委会30周年为契机，召开理论研讨会，加强人大工作理论和应用对策研究，承办全国十二城区人大工作联席会，积极学习借鉴兄弟城区的经验做法，为推动工作提供理论和业务支持。

加强制度建设。坚持用制度规范和保障依法行使职权，常委会对历届工作制度进行全面系统的梳理，结合实际工作，对制度体系进行了充实完善，制定常委会组成人员守则等5项工作制度，并对常委会议事规则等6项工作制度进行修订，同时指导街道人大工委建立完善代表学习、代表接待选民等各项制度，形成了会议、监督、人事任免、代表工作、内部管理等一系列制度，使我区人大及其常委会工作制度体系更加科学完整，推进人大工作的制度化、规范化、程序化。

加强作风建设。结合开展“创先争优”、“社情民意联系日”活动，推动党员树立积极向上的精神状态，立足本职发挥先锋模范作用。弘扬求真务实精神，围绕全区的中心工作和人民群众普遍关心的问题，深入开展调查研究，进行公开接待、实地走访，了解民情，集中民智，帮助解决实际困难。认真落实党风廉政责任制，保持团结协作、廉洁自律的良好形象。

加强效能建设。常委会加强与“一府两院”的沟通协调，形成各自充分发挥职能，在相互支持中合力推进工作的良好局面。优化组织结构，单设民族宗教侨台事务工作委员会，及时调整充实人员力量。坚持每季度召开街道人大工作例会，加强对街道人大工委的领导和工作指导。坚持集体行使职权，注重发挥集体智慧，议事质量不断提高。创新完善监督、代表等工作机制和方式方法，进一步增强工作实效。充分利用白下人大网站，及时公布人大和“一府两院”重要工作，增强人大工作的透明度。制订《常委会会议会务工作流程和责任分工》,提高会务组织的精细化水平,整体协调能力和工作效率得到新的提高。

在总结本届常委会工作取得成绩的同时,我们也清醒地看到,面对新形势、新任务、新要求,常委会的工作还存在一定的差距,主要是:跟踪监督工作机制还不够完善,监督的刚性和力度还有待进一步增强;联系代表还不够经常、全面,代表活动的实效还需要进一步提高;常委会自身建设和对街道人大工作的指导也有待进一步加强等。这些问题需要我们在今后的工作中不断加以改进。

各位代表,区十六届人大及其常委会任期届满,较好地履行了宪法和法律赋予的职责。四年的工作实践使我们深切体会到,坚持和完善人民代表大会制度,做好地方人大工作,应努力坚持5个"有机统一":

第一,坚持党的领导与履行人大职权的有机统一。坚持党的领导是人大工作必须始终遵循的重大政治原则,也是人大工作不断取得进步的根本保证。本届任期内,区人大常委会认真贯彻区委《关于进一步加强和改进人大工作的意见》,把贯彻落实区委重大决策部署的鲜明态度和严格履行人大职权的工作规范结合起来,自觉把党的领导贯穿于人大依法履职的全过程,坚持党委决策与人大决定的有机统一,党管干部与人大依法任免的有机统一,通过对"一府两院"工作的依法监督,保证区委重大决策部署的有效落实,使人大工作始终与区委中心工作同心、同向、同力。实践证明,本届常委会的工作进展顺利,富有成效,展示了人大应有的地位和作用,与区委加强对人大工作领导,大力支持人大常委会依法行使职权是分不开的,也是常委会始终坚持和依靠党的领导的结果。

第二,坚持推进发展与改善民生的有机统一。发展经济是改善民生的根本途径,改善民生是发展经济的根本目的。本届以来,常委会始终坚持把促进科学发展作为人大工作的第一要务,把改善保障民生作为人大工作的出发点和落脚点,在推动经济指标增长时,更加关注民生幸福。在议题安排上,既注重选取关系白下经济发展的重要问题,又紧紧抓住人民群众关注的热点难点问题,在审议发展计划和预算安排时,要求政府将更多的财力、精力用于保障改善民生,使发展成果更多的惠及百姓。通过人大的工作促进经济发展与改善民生的协调推进。实践证明,只有坚持推进发展和改善民生的有机统一,人大工作才能与经济社会发展大局相适应、相协调、相促进,人大工作才能找准位置和着力点,更加贴近群众意愿,得到群众支持和信任,才能充分体现人民代表大会制度的本质属性。

第三,坚持监督与支持的有机统一。监督既是一种制约,也是支持促进"一府两院"改进工作。本届以来,常委会以监督为基本手段,以支持为根本目的,既敢于监督又善于监督,既严格按照监督法严肃认真地履行监督职权,抓住"一府两院"工作重点增强监督工作的刚性,又讲究监督的方式方法,考虑宏观环境和"一府两院"工作的现实条件,加强沟通协调,支持促进"一府两院"工作。实践证明,只有坚持监督和支持的有机统一,才能充分体现人大与"一府两院"工作目标的一致性,使人大监督成为统一思想、凝心聚力、推动工作的过程,才能充分发挥监督优势,切实增强监督实效。

第四,坚持代表执行职务与开展人大工作的有机统一。人大代表是人民代表大会的主体,是人大及其常委会正确行使职权的力量源泉和重要基础,人大代表主体作用发挥的程度,直接决定了人大及其常委会的工作水平和工作成效。本届以来,常委会紧紧依靠代表开展工作,把发挥代表作用贯穿于人大工作的始终,支持和规范代表依法执行职务。四年来,全区人大代表在大会召开期间,认真审议各项报告,表决各项决议,积极提出议案建议。在闭会期间,主动申请列席常委会会议,积极参与常委会组织的视察、调研、执法检查和旁听庭审等工作,使人大常委会履行职能的民意基础更加广泛。代表们以各种方式密切联系人民群众,广泛了解民意,为民排忧解难,赢得了群众更多的信赖和支持。实践证明,人民选出的人大代表能够充分反映广大人民群众的意志和愿望,担当起宪法和法律赋予的神圣职责,只有充分发挥好人大代表作用,人大及其常委会的工作才能充满活力,具有坚实的基础,才能切实有效地保障人民当家作主。

第五,坚持依法履职与开拓创新的有机统一。人大工作必须按照法律赋予的职权和规定的程序严格依法办事,人大工作也要解放思想、与时俱进、创新发展。本届以来,常委会正确处理好依法和创新的关系,在依法的前提下,积极探索创新方式方法,如在监督工作中首次就道路街巷整治出新管理工作开展专题询问,促进了常委会和政府之间的有序互动,问出了百姓心声,答出了政府诚意,增强了监督刚性。在代表工作中,尊重代表的自主性,年初将全年常委会议题安排发给代表,代表结合自身工作和专长选取各自关注的议题,申请列席常委会会议,有效提高了代表列席常委会会议的积极性、广泛性和实效性。专门开通短信服务平台,与白下人大网站联动,将人大常委会和"一府两院"的工作情况更加充分、迅速地通报给代表。采取互动式学习方式,增强常委会组成人员学习培训的实效。实践证明,只有在宪法和法律范围内稳妥推进工作,同时根据形势发展和工作需要,积极研究新情况,开拓新思路,寻求新方法,人大工作才能在创新中提高,不断取得新的进展。

各位代表,过去的四年,在区委的正确领导下,区人大常委会做了大量的工作,较好地完成了历史赋予的使命,这是区人大常委会组成人员认真履职,全体区人大代表共同努力的结果。也是区政府、区法院、区检察院积极配合,区政协和社会各界大力支持的结果。在此,我谨代表区第十六届人大常委会,向关心、支持、帮助人大工作的全体同志和各界朋友表示衷心的感谢!

今后工作的建议

当前白下区正处在加快建设群众更具幸福感和归属感的创新型城区,率先基本实现现代化的关键时期,面对新形势、新任务,坚信新一届区人大常委会,必将更好地凝聚代表的智慧和力量,担当起历史的重任,继往开来,开创人大工作新局面。

建议新一届区人大常委会在今后工作中坚持党的领导、人民当家作主和依法治国有机统一，按照"聚焦建设创新型城区，率先基本实现现代化中心，突出追求全面和谐幸福主线，彰显代表主体作用，增强履行职能实效"的工作思路，更加积极有效地履行好宪法和法律赋予的各项职责，为白下的经济社会新发展作出新贡献。

建议2012年重点做好以下几方面工作：

一、聚焦中心，坚定不移地以推动创新型城区建设为第一要务。进一步提高人大保证区委重大决策部署落实的能力和水平。围绕区委"建设创新型城区，率先基本实现现代化"的重大决策部署，适时作出相关决议、决定，以共同的目标凝聚全区之力，同创率先大业，形成创新型城区建设的强大合力。依法行使人事任免权，选任思路好、能力强、实绩优、群众拥护的干部，并注重监督考量干部推进科学发展的能力和开拓创新抓落实的工作实绩，营造想干事、会干事、敢干事、干成事的良好氛围。紧扣实施创新驱动战略"四大行动"计划的目标任务和总体要求，选准议题，加强过程监督，强化跟踪问效，集中力量进行有深度的专题调研，提出富有前瞻性、建设性的意见建议，促进政府着力解决制约创新发展的突出问题，在发展创新型经济和服务型经济上取得突破性进展。

二、突出主线，持之以恒地促进民生改善追求全面和谐幸福。充分发挥人大密切联系人民群众的优势，把改善民生、增进民利、保障民权，共建共享和谐幸福城区放在更加突出的位置。加强对新型社会管理体制机制运行情况的跟踪调研和监督，督促政府在法治的框架内，学习上海杨浦区"一线工作法"，积极探索，加快建立具有白下特色的网格化社会管理新模式；抓住社会管理和城市品质建设中群众关注的热点难点问题，综合运用审议专项报告、执法检查、专题询问、工作评议等方式，督促政府在关键领域、重要层面和薄弱环节上下足工夫、务求突破，打造惠民品牌，增进群众福祉，切实提高居民群众的幸福感和满意度。深化对司法机关监督，推动解决司法领域中普遍性的问题和社会领域中的突出问题，维护社会稳定和社会秩序，进一步提高司法公信力。深化人大信访工作，认真办理群众来信来访，进一步将工作重心下移，组织人大机关干部落实"社情民意联系日"网格化服务，坚持代表接待日、"人大代表在选区"活动，畅通民意表达渠道，使人民群众的诉求能够及时、有序地得到反映，引导群众妥善处理各类矛盾。

三、彰显作用，创新规范并举提升代表工作水平。做好新代表任职的基础性培训工作，为当好代表，正确行使职权打牢基础。督促"一府两院"及时向代表通报重要工作情况，增强白下人大网站与代表和市民群众的互动，切实把保障代表知情权的各项措施落到实处。加强和改进代表在闭会期间的活动，坚持代表自主选择和常委会邀请相结合的方式，邀请代表列席常委会会议，参加常委会组织的视察、调研、执法检查和旁听法院庭审等工作，扩大代表对常委会工作参与的广度和深度。健全代表建议意见办理机制，在引导代表提出高质量建议的同时，加大督办力度，狠抓办成率的提高。深入扎实推进"一个载体，两项制度"建设和"人大代表在选区活动"，积极探索，为代表联系群众、履行职责提供更加有效的平台，促进代表积极投身"三争一创"实践活动，立足岗位争作为、比贡献、做表率，主动配合党委和政府多做团结鼓劲、凝聚人心的工作，及时把区委的决策和人大、政府的工作部署传达到社会方方面面。充分发挥人大代表人才荟萃、智力集中的优势，激发代表关心、支持和融入白下发展的热情，积极出实招，献良策，为推动创新型城区建设聚智出力。引导代表主动融入"一核多元"社区管理体系，动员、引领群众依法有序参与基层自治，为加强和创新社会管理奠定基础。

四、增强实效，与时俱进加强自身建设夯实履职基础。以能力建设为重点，举办新一届人大常委会组成人员培训班，并借助"新视野讲坛"、"干部在线学习"等平台，用党的最新理论成果、最前沿的科学新知识武装头脑，克服"知识恐慌"和"本领危机"。创新思维方式，研究运用法治的理念，民主的理念，权力的理念来谋划和探索如何发挥好人大职能作用的新思路、新途径、新方法，增强开拓创新能力、服务发展能力、依法办事能力和群众工作能力。以制度建设为保障，结合实际工作需要，对制度体系进行修改完善，并严格落实各项制度，规范履职行为。以作风建设为动力，根据区委统一部署，深入开展"三争一创"实践活动，坚持工作高标准、高追求，树立新的更高的标杆，努力做到"干事有激情、做事高标准、遇事敢负责、处事能坚韧"，进一步转变工作作风，把开展调查研究，作为各项工作的基础环节和必经程序，使常委会的工作更加顺应民心、反映民意、服务民生。注重提升机关效能，在抓落实上下工夫，采取"项目化分解，节点式推进"的方式，细化职责明确分工，提高办文办会和办事水平，实现新一届人大工作的良好开局。

各位代表，回顾过去，我们倍感欣慰；展望未来，我们充满信心。坚持和完善人民代表大会制度，推进民主法制建设，任重道远，需要一届接一届，坚持不懈，奋发努力，我们坚信，新一届人大常委会在中共白下区委的领导下，在人大代表的共同努力和全区各界的大力支持下，一定能肩负起全区人民的重托，为加快建设群众更具幸福感和归属感的创新型城区，率先基本实现现代化作出新的更大的贡献！

政府工作报告

——南京市白下区十七届人大一次会议

2012年3月26日

白下区人民政府区长 曹永林

2012年3月26日，白下区人民政府区长曹永林在区第十七届人大第一次会议上作政府工作报告。

各位代表：

现在，我代表白下区人民政府，向大会报告本届政府过去四年的工作，对今后五年和今年的工作提出建议，请予审议，并请各位政协委员和其他列席人员提出意见。

过去四年工作回顾

区第十六届人大一次会议以来的四年，是白下抢抓机遇克难奋进、各项工作成果丰硕的四年。面对复杂多变的宏观形势和自身转型发展的双重挑战，我们在市委、市政府和区委的正确领导下，深入学习实践科学发展观，突出创新驱动，狠抓产业升级，优化城市功能，着力改善民生，圆满完成"十一五"各项目标任务，实现"十二五"发展良好开局。

四年来，区域经济平稳较快发展，社会保持和谐稳定。地区生产总值年均增长12%，2011年达324.4亿元；地方一般预算收入年均增长13.1%，2011年达30.1亿元。社会消费品零售总额年均增长16.5%，2011年达477.1亿元，占全市17.9%。全社会固定资产投资累计实现342.6亿元，其中第三产业投资占比达94.3%，居全市前列。40件96项为民办实事项目全面完成。全区58个社区均达市级示范标准，其中20个社区创成省级和谐示范社区。连续四年被评为"省最安全城区"。四年里，区政府荣获各类国家级荣誉14项、省级荣誉30项。

一、加快转变经济发展方式，科技创业创新实现突破

我们准确把握区域转型发展大势，全面启动创新型城区建设并实现良好开局。科技创业人才快速集聚，2011年启动白下"321"人才计划①，当年引入国家"千人计划"②、省"双创计划"③人才在内的领军型人才52名，位居城区首位。创业载体建设强力推进，依托白下高新技术产业园区，在全市率先成立紫金（白下）科技创业特别社区，启用国际人才孵化器，形成示范引领效应；联合金城集团、南航大、8511所等10家央企、高校和科研院所，规划共建瑞金科技创业创新街区，陆续启动南工院—金蝶大学科技园、5311厂信息产业园、中航科技城等项目，形成协同创新效应。企业自主创新能力增强，2011年全社会研发投入占地区生产总值的2.8%。四年来，高新技术企业从9家发展到41家，省级以上"三站三中心"④增至50家；发明专利授权量新增1173件，年均增长115%；区级科技经费累计投入1.6亿元，年均增长24%。科技创业服务体系基本成型，投融资、公共技术、社会中介、政务服务平台初步完善。

二、调整优化经济结构，服务型经济发展提速增效

我们坚持提升传统产业、扶持主导产业、发展新兴产业，加快现代服务业比重提升、结构优化。2011年年底，二、三产比例为13.4:86.6。其中，现代服务业增加值占地区生产总值比重达31.1%，四年提升3.7个百分点。金融业多元化发展，金融法人机构数量增至80余家，占全市四成以上；社会融

① "321"人才计划：白下"321"高层次科技创业人才集聚行动计划，即到2015年，引进海内外领军型科技创业人才300名，培养科技创业家20名，集聚国家"千人计划"和省"双创计划"创业人才10名。

② 国家"千人计划"：中央人才工作协调小组实施的"海外高层次人才引进计划"。

③ "双创计划"：江苏省高层次创新创业人才引进计划。

④ "三站三中心"：研究生工作站、博士后科研工作站、院士工作站和技术中心、工程中心、工程技术研究中心。

资担保机构发展到17家，占全市近1/4；2011年组建小额贷款公司4家，数量居城区之首；新增股权投资基金8亿元。软件业务收入四年增长6.7倍，2011年达59.2亿元。服务外包执行额四年增长7.8倍，2011年达8879万美元。文化创意产业占地区生产总值比重达8.05%，2011年实现增加值25.5亿元。高端商贸商务业保持增势，四年增加营业面积220万平方米，建成属地税收超亿元楼宇2幢。传统商贸业信息化改造步伐加快，中央商场淘宝商城、“畅游体育”等项目上线运行，“网上新街口”电子商务平台全面启动。总部经济快速发展，四年引进东亚银行等总部企业50多家。区域上市企业发展到12家，拟上市企业5家。

三、着力普惠民生保障民利，社会建设和管理全面进步

我们坚持民生为本、富民优先，不断加大民生投入，提升群众幸福感和满意度。四年来，区级财政累计投入民生事业34.7亿元，占财政总支出的61.7%。居民收入稳步提升，城镇居民人均可支配收入年均增长12%，2011年达32964元。就业创业卓有成效，四年新增就业9.2万人，援助困难人员再就业8500人，扶持创业5060人，实现创业带动就业3.9万人，各项指标全市领先。社会保障更广覆盖，城镇居民基本养老、基本医疗、失业保险覆盖率达98.7%，1983年以来被征地人员全部纳入社保体系。居民住房水平提升，人均住房面积增至34.29平方米，四年建成保障性住房8300套，累计安置7000余户，提供廉租房340套。社会救助体系更加完善，通过分类施保、临时救助、慈善捐助、应急救助，低保及低保边缘困难群体实现救助全覆盖，四年累计投入救助资金1.5亿元，救助20万人次。爱老助老扎实推进，居家养老、机构养老、社会养老相结合的社区为老服务体系建立健全，新增养老床位2126张。教育事业优先发展，新建学校5所，实施13所学校抗震加固工程，教育办学条件全面改善。一批中、小、幼教育品牌发展放大，居民享受普惠优质教育。公共卫生优化服务，惠民医院新门诊综合楼投入使用，社区卫生服务中心整体提档升级，“15分钟健康服务圈”⑤基本形成。社区医疗全面实行基本药物制度，药品价格平均下降30%，累计向居民让利4400万元。文体事业蓬勃发展，“都市文化节”、“和谐白下大戏院”等文化惠民工程深入人心，“文化配送”⑥实现经常化，全区出新改造82处全民健身点。社会管理创新模式，初步建立立体化服务、扁平化管理、多渠道参与的网格化社会管理新格局。“平安白下”、“法治白下”建设扎实推进，人民群众对社会治安满意率保持在98%以上。食品药品监管、安全生产、质量监督、价格调控和治乱减负工作不断加强。区级投入近8000万元，全面兑现计划生育各项奖励政策。计划生育率达99%以上。与此同时，民族、宗教、侨务、对台工作取得新成效，妇女儿童事业实现新进展，民防、红十字会、档案工作获得新成果，双拥共建、国防后备力量建设得到新发展。

四、致力科学规划建管统筹，城市环境质量优化提升

我们立足拓展框架、完善功能、彰显特色、贴近民生，高标准谋划、高水平推进城市建设和环境再造。经过四年的努力，全区“五横十三纵”路网总体成型，东部地区交通条件有效改善。河道水系全面治理，新建改造泵站5座，完成蓝旗街等11个积淹水片区管网改造和14个片区、97条街巷雨污分流工程。城市面貌不断更新，实施城市环境“三个提升”⑦行动计划，整治中山东路、中山南路、解放路等主次干道景观，出新改造游府西街、丰富路等街巷150余条，累计出新小区46个，市容街景更加美观。城市管理网格化初见成效，占道经营和违法建筑得到有效管控。环卫保洁水平不断提升，路面机扫率达50%，在建康路、大光路、水游城地区实现生活垃圾直收直运。各街道物管办和“两站一中心”⑧挂牌运行，全区可封闭小区物管覆盖率达95%以上。加强水、声、气环境综合治理，生态环境持续向好，区域环境质量综合指数保持在82分以上。市级绿色社区发展到26家，月牙湖街道建成全市首家绿色街道。城区绿化覆盖率达32.8%。白下特色鲜明、宜居宜商的现代化核心城区形象初步显现。

五、不断转变职能提升效能，政府运转更加依法透明高效

我们认真执行法律法规和人大各项决议，自觉接受人大的法律监督、工作监督和人民政协、民主党派的民主监督。四年来，共办理各级代表委员建议提案1080件，办成率稳步提升。实施新一轮街道管理体制改革和政府机构改革，累计清理行政权力事项619项。进一步健全公共财政体系，科学编制、规范执行财政预算，行政单位公用经费支出逐年下降。强化行政权力网上公开透明运行和行政电子监察，健全目标考核、项目推进、工作督查等机制，行政执行力明显提高。“12345”政府服务呼叫中心⑨工单诉求办理综合满意率全市领先。抓机关作风转变，切实为居民群众服务，2011年底全面启动“社情民意联系日”活动，区街机关公务人员每月走进社区，已累计走访居民12280人次，接到居民诉求2075件，现场解决1963件。

各位代表！回顾过去四年的工作，我们深感成绩来之不易。这是在市委、市政府和区委坚强领导下，历届区委、区人大、区政府、区政协同心同德、努力工作的结果，也是全区人民和衷共济、拼搏进取的结果。在此，我谨代表区人民政府，向工作和生活在本区，在各条战线上辛勤劳动、无私奉献的全体白下人民表示崇高的敬意！向给予政府工作有效监督、有力支持的人大代表、政协委员，向各民主党派、工商联和社会各界人士，向区域内高校、科研院所、企业和驻区部队，向离退休老领导、老同志，向所有关

⑤“15分钟医疗服务圈”：辖区居民从居住地步行10–15分钟，即可享受高效快捷、综合便利的社区卫生服务，实现“小病不出社区、大病及时转诊、康复返回社区”的目标。

⑥“文化配送”：根据居民需求，向社区、文化广场等提供图书、演出、服务等公益文化产品，让居民就近享受公共文化服务。

⑦“三个提升”：提升城市市容环境、提升城市功能品质、提升城市人居质量。

⑧“两站一中心”：物业管理矛盾投诉调解站、物业应急维修服务站、物业管理服务中心。

⑨“12345”政府服务呼叫中心：政府建立的公开电话综合服务平台，按照“统一受理、分类处理、限时办结、过错问责”和“谁主管、谁负责，谁办理、谁答复”以及“首接负责制”的原则，办理群众诉求事项和政风行风媒体监督单位提出的意见和建议。

心和支持白下发展的同志们、朋友们,表示衷心的感谢!

四年来,我们始终坚持科学发展、创新发展,以思想解放、观念更新为先导,破除传统发展模式的束缚,不断探索实践中心城区转型发展规律,确立了建设创新型城区的发展方向;始终坚持优势带动、科学规划,着力推进科技、教育、人才等软资源转化为现实生产力,集约利用土地、资本等硬要素,找到了应对资源环境约束、推动可持续发展的路径;始终坚持以人为本、执政为民,把改善民生贯穿政府工作的全过程,与居民群众共建共享发展成果,增强了全区上下推动科学发展的凝聚力;始终坚持争先赶超、真抓实干,提升竞争标杆,勇于竞争制胜,在各项工作中创特色、树品牌,锤炼了抓落实、抓推进的意识和本领。所有这些,既是过去四年白下取得成绩的集中体现,也是未来五年发展必须坚持的宝贵经验。

各位代表,白下正站在新的发展起点,肩负新的使命。在总结成绩和经验的同时,我们也清醒地认识到,白下经济社会发展仍然存在不少困难和问题:创新型城区建设的体制机制有待进一步完善,科教人才资源优势向产业优势转化效率不高;财政增收与政策性支出的缺口不断加大,民生投入受财力不足的制约严重;城市建设还不平衡,主城老旧小区改造任务较重,东部地区现代化建设还需加快;政府服务水平和工作效率还需进一步提升,个别部门、少数人员存在工作效率不高、执行力不强的问题。我们必须通过艰苦细致的工作、坚持不懈的努力,加快解决这些问题。

今后五年目标与任务

各位代表,今后五年,是白下转型发展的关键期,也是率先基本实现现代化的决胜期。我们面临的仍是机遇与挑战并存的局面。宏观上,科技进步和产业创新催生新的经济增长周期,我国经济社会长期向好的形势没有改变,但发展的不确定性和复杂性正在加大;微观上,空间资源的制约始终没有解除,产业转型升级的压力长期存在,我区发展面临的制约因素没有改变。

在困难叠加的时期,加快发展就是争先越位的良机。审视白下,我们已经进入增长动力结构的重塑期。一是白下区以服务业为主导产业的经济构成,符合产业结构调整优化的方向和预期,在新一轮转型发展中,可以释放更大潜力;以消费为支撑的经济形态,具有良好的抗波动性,与国家鼓励发展的方向相一致。二是白下区坚持创新驱动战略,大力推进人才引领、科技创业,有利于加快产业调高调优,推动经济发展转型。三是白下区大力推进创新型城区建设,为白下在更高平台集聚整合资源、开展竞争合作打开了空间。我们正迎来以创新驱动、转型发展为战略主线,以创新型经济和服务型经济为主攻方向的重大机遇。未来五年,只要我们凝心聚力、知难而进,就一定能抓住机遇,实现创新转型,开创白下科学发展的全新局面。

今后五年工作的指导思想是:坚持以邓小平理论和"三个代表"重要思想为指导,全面落实科学发展观,紧紧围绕率先基本实现现代化目标,坚持创新驱动、转型发展,壮大区域综合实力,显著提升创新能力,持续改善社会民生,着力完善城市功能,推进经济、社会、文化和生态文明建设全面协调发展,把白下建设成为古都历史文化彰显、现代都市气息浓郁、国际化形象初显,人民群众更具幸福感和归属感的创新型城区。

今后五年经济社会发展的主要目标是:2014年,全面完成基本现代化各项指标。2015年,完成"十二五"规划确定的目标任务。到2016年,通过五年的努力,地区生产总值、社会消费品零售总额、地方一般预算收入、居民人均可支配收入实现翻番,服务业增加值占地区生产总值的比重达95%以上,全社会研发投入达30亿元以上,区域综合实力进入长三角同类城区先进行列,建成全省率先基本实现现代化标志区。

一、构建区域创新体系,建设中国人才与创业创新名城先导区

坚持"先行先试、率先突破",在全市科技创业创新发展中继续走在前列。

加快集聚优势资源。重点集聚优势人才和技术,提升资源转化效率,不断增强核心竞争力,建设全省人才高地和科技创业中心。集中引进掌握核心技术、拥有发明成果、符合白下产业定位的领军型人才团队。到2016年,集聚领军型人才350名,引进、培育科技创业企业1200家,扶持8—10家科技型企业上市。全力发展"三站三中心",五年内拥有企业技术中心、工程研究中心、工程技术研究中心达60家以上,实现大中型企业研发机构目标建有率100%。

加快建设创业载体。构建"一核两区多园"[⑩]的科技创业创新空间体系。到2016年,基本完成紫金(白下)科技创业特别社区建设,瑞金科技创业创新街区初具规模,全区新增创业载体面积达100万平方米以上。立足规划引领、合理布局,新建一批科技服务、电子商务、信息产业等特色园区,加速集聚高端项目、高端客户、高端人才,推动科技创业全面发展。

加快推进协同创新。深化产学研合作机制,加强技术转化利用,促进研发成果、实用技术与企业、产业紧密对接。通过政府引导、市场化运作,激活区内高校、科研院所、大型国企的科技创业创新能量。不断健全开放共享的创业服务平台体系,引进一批高水平、专业化科技服务机构。到2016年,建立大学科技园4家,建立战略性新兴产业创新中心5家,培育孵化高新技术企业、创新型企业100家以上。

二、优化完善功能布局,打造全省现代服务业标志区

实施新一轮土地更新、产业更替,对区域综合功能、业态布局等重新规划调整,推动服务业提质增量。

大力优化空间功能布局。倾力打造新街口现代服务业集聚区,建设商贸商务发达、总部经济汇集,高端化、国际化、时尚化的城市中心区。倾力打造紫金(白下)科技创业特别社区,以白下高新技术产业园区为核心,推进周边11平方公里区域功能优化和产业升级,形成主城东部科技创业创新集聚区。倾力打造瑞金科技创业创新街区,配合创业人才需求,引入高端服务业态,把瑞金路及周边地区建成老城产业更替的示范区。

---

⑩ "一核两区多园":一核:新街口金融商务区。两区:特别社区和瑞金科技创业创新街区。多园:与高校、院所、企业共建的都市产业园及楼宇特色产业园。

大力实施支柱产业升级。构建“2+3+3”现代产业体系⑪。优化发展核心产业。集中引进各类金融机构总部，发展金融要素市场、金融创新业务和科技金融服务，建设全省中央金融商务核心区；提档升级商贸业，向高端化、总部式、综合体方向发展，实现新街口千亿级产值目标。加速发展优势产业。商务服务业增加值力争年均增长20%；大力发展软件业及服务外包，建成全省服务外包示范区；积极扶持文化创意产业，力争到2016年，文化产业增加值占地区生产总值比重超过10%。大力培育新兴产业。五年内电子商务平台销售额力争突破500亿元，实现“网上再造新街口”目标。集聚智能交通、云计算等新一代信息技术产业龙头，集中高端研发设计产业，支持江苏省交通规划设计院、莱斯电子公司等一批骨干企业上市。

大力发展总部经济。制定总部经济和楼宇主导产业发展规划，着力培育本区总部企业，扶持龙头企业上市；着力吸引国内外500强企业总部、分支机构及研发、销售、采购中心等落户，提升服务业产业能级。打造特色产业楼宇，引入重点产业龙头项目，发挥产业集聚效应。到2016年，营业收入超百亿级企业集团发展到10家，其中500亿元级总部集团2家，建成属地纳税亿元楼宇10幢，5000万元楼宇10幢。

三、着力保障和改善民生，共建共享幸福都市标杆区

以人的全面发展为导向，加快实施幸福都市指标体系，大力促进民生现代化，提升人民群众的幸福感和归属感。

不断提高社会事业水平。加快教育领域改革和布局调整，实现资源合理配置，确保区域群众享受普惠优质均衡的教育服务。推进医疗卫生创新发展，放大公共卫生、惠民医疗、社区卫生品牌优势，满足群众多样化健康需求。建立惠民医疗慈善基金，对低保及低保边缘群体住院治疗提供托底保障。打造富有实效的公共文化服务体系，在东、中、西部分别规划公共开敞空间，集中布局文化、休闲、体育等功能设施，提升综合服务功能。推进社区健身场所建设，积极组织全民健身活动，形成“10分钟体育健身圈”⑫。

不断创新社会管理服务。建立区、街、社区三级服务中心，完善网格化管理格局，全面推行“1+X”模式⑬社区服务标准化。加大社区硬件投入，健全各类社会组织，推动公共服务均等化建设，五年内实现省级和谐社区全覆盖。进一步深化“平安白下”建设，完善交通消防、食品药品、安全生产等监管机制，杜绝发生重大安全事故。完善群众诉求处理反馈机制，切实发挥“社情民意联系日”、“12345”政府服务呼叫中心等平台作用，有效化解社会矛盾，创造安全、稳定、和谐的社会环境。

不断完善社会保障体系。大力促进充分就业，重点帮扶大学生、困难人员和特殊群体就业，确保困难家庭应届毕业生100%就业，动态消除“零就业家庭”⑭。切实提高居民收入，突出企业职工、中低收入人群、困难家庭增收。提升产业层级和就业层次，增加工资性收入；推进创业带动就业，增加经营性收入；建立社会保障资金动态增长机制，增加转移性收入，确保实现居民收入五年倍增目标。推进社会保障提标扩面，到2016年，基本养老、医疗、失业等社会保险覆盖率均达100%，基本解决低收入家庭住房困难问题。完善社会救助机制，五年实现社会救助高水平全覆盖。探索社会化养老新路径，提高老年人健康水平和生活质量。推进残疾人社会保障和服务体系建设，促进残疾人状况改善和全面发展。

四、提升人居环境质量，建设国际性人文绿都核心区

抓住南京承办青奥会的历史机遇，加快推进老城区有机更新和功能再造，不断提高城市建设管理水平，塑造现代化中心城区新形象。

完善城市综合功能。高起点推进东部地区现代化，加快完善道路网络，与麒麟新城、南部新城有效衔接；配套教育、卫生、文体、商业等功能设施，建设主城东部商业副中心。高水平组织老城区环境改造，分片实施雨污分流和街巷拓宽，基本完成成片危旧房改造，全面完成剩余97个老旧小区出新整治，明显提升区域环境质量。高标准改善交通环境，配合轨道交通建设，大力发展公共交通，合理配建停车设施，增强城区交通组织和疏导能力。

落实城市长效管理。坚持建管统筹机制，在推进技术信息化、装备现代化、管理网格化的基础上，实现精细化管理，不断提升城市长效综合管理水平。逐步实施环卫设施更新提档，到2016年，道路机扫率达90%以上，全面推进生活垃圾分类收集、清洁直运。逐步消除积淹水片区，提升区域防汛应急能力。探索街道“两站一中心”托管与业主自管自治相结合的物业管理模式，到2016年，实现住宅小区管理全覆盖。

注重绿色生态建设。规划建设以明城墙—东南护城河风光带、绕城公路绿带和秦淮新河—土城头百里风光带为主体，点缀块状绿地、公园，以景观道路绿化带为补充的绿色生态体系，不断提升城市绿化品质。结合老旧小区出新，增加小区内部庭院绿地。到2016年，全区绿化覆盖率达48%以上。开展黑臭河流、空气质量等专项治理，环境质量综合指数达到88分以上。

彰显历史人文魅力。构建“一线一片一带多点”⑮的历史文化保护利用格局，积极推动一批承载城市文化功能的重大项目建设，努力建设彰显南京传统文化特色的核心示范区。培育发展熙南里、朝天宫等历史文化街区，打造“江南七十二坊”产业园。加快规划利用民国建筑风貌区，改造提升金陵刻经处等宗教场所周边环境，保

⑪ “2+3+3”现代产业体系：其内涵是指优化提升金融业、商贸业两个核心产业，加速发展商务服务业、软件和服务外包业、文化创意业三个优势产业，大力培育电子商务、新一代信息技术、研发设计三个新兴产业。

⑫ “10分钟体育健身圈”：是指居民在城区以正常速度步行10分钟左右、直线距离在800至1000米，就有一处可供开展健身活动的场馆、场地或设施。

⑬ “1+X”模式：白下特色的社区服务标准化模式，“1”是社区常规服务，“X”是各社区的特色服务。

⑭ “零就业家庭”：南京市城镇居民家庭中，在法定劳动年龄内（在校学生、现役军人、内退人员、办理提前退休人员除外）有劳动能力的家庭成员，均进行了失业登记，且无一人就业的家庭。

⑮ “一线一片一带多点”：一线，中山东路—汉中路皇家文化线；一片，以明清文化为主的熙南里、朝天宫片区；一带，以太平南路为轴向两侧延伸的民国文化带；多点，区域其他历史文化遗迹。

护和传承“中国雕版印刷”等世界非物质文化遗产。

五、加快政府效能建设，打造最佳科技创业服务区

坚持把优化政府服务、增强创新能力作为创新驱动、发展转型的重要抓手，建设科技创业创新首选地。

创造最佳服务体系。以“全程无忧、按需服务”为目标，建立健全以公共技术、投融资、信息、中介服务和人才安居服务“五大平台”为主体的公共服务体系，为企业提供引进、落地、成长为一体的全程立体式服务。着力构建科技金融服务体系，缓解中小企业融资难问题。到2016年，各类融资担保机构、小额贷款公司资本金规模突破30亿元，每年为企业提供50亿—80亿元融资规模。

营造最优创业环境。贯彻落实市“科技九条”政策措施，突破高校院所、大型企业与政府互动融合的关键环节，释放社会科技创业能量，支持各类科技人才、技术成果向地方经济建设领域转移、转化。深化紫金（白下）科技创业特别社区建设，针对创业人才、新兴产业不断完善平台功能，健全“创业苗圃—孵化器—加速器”体系，建设成为南京创业成本最低、创业服务最好、创业成功率最高的特别社区之一。

打造高效执行政府。积极实施重大行政决策公众参与、专家论证、集体讨论决定等制度，不断提升决策科学水平。强化执行效率，建立科学合理的绩效考核、督查、激励机制，充分调动机关干部工作积极性。组织公务员赴先进地区挂职、培训，提升推动科学发展的能力。主动接受人大、政协监督，建立面向社会、企业、居民的网络服务平台，促进权力阳光运行，努力提升政府的公信力。

2012年政府主要工作

2012年是落实率先基本实现现代化目标任务第一年，也是全面完成“十二五”规划，建设创新型城区的攻坚之年。按照区第十次党代会的总体要求，2012年白下区经济社会发展的主要预期目标是：地区生产总值增长11%；服务业增加值增长12%；地方一般预算收入增长12%；全社会固定资产投资85亿元；社会消费品零售总额增长15%；实际利用外资1.1亿美元；居民人均可支配收入增长12%。

2012年一季度即将过去，完成全年预期目标时间紧迫、任务艰巨。我们必须鼓足干劲、争分夺秒，勇担重任、敢于负责，切实抓好4个方面工作：

一、聚焦科技创业转型升级，全力加快创新型城区建设

致力于加快发展创新型经济和服务型经济，持续提升区域产业发展水平。

突出科技创业创新，构建科技创业高地。加大招才引智力度，完善特别社区海外引才平台，面向高校院所建立引才网络，深化主导产业引企揽才，不断扩大引才实效。全年再引进领军型科技创业人才40名以上，加快人才项目注册落地。加速创业创新载体建设，紫金（白下）科技创业特别社区全年开工建设30万平方米产业载体与配套用房，竣工交付20万平方米。智能交通产业研究院、云计算应用技术示范基地、LG白电研发中心、南理工创新大厦等9个科技载体年内投入使用。瑞金科技创业创新街区加快中航科技大厦、南工院—金蝶大学科技园、5311厂信息产业园二期等项目建设进度。年内全区新增孵化器面积4万平方米。加快培育科技企业，组建孵化器专业运营公司，重点培育高新技术企业、创新型企业、技术先进型服务企业等，形成竞争能力强、成长性好的科技企业群体。

突出产业转型升级，提升服务业发展能级。聚力提升优势产业。加快发展电子商务业，支持重点商贸企业进入移动互联产业，投入运营“网上新街口”、“会购商务”等信息平台；引导光华科技园转型提档，大力引进电子商务、物联网、信息服务龙头企业。以项目建设支撑商贸业高端化发展，加快中城国际广场、金鹰三期、苏宁电器广场等一批重点服务业项目建设，加强购物、餐饮、休闲等多样化业态和多层次品牌建设，打造全省购物消费和商务活动首选地。集聚各类金融要素，发展多元化金融服务，加快建设省级科技金融基地。加速发展新兴产业。以新一代信息技术产业为重点，重点发展智能交通、云计算产业，大力引进系统开发能力强、拥有自主知识产权的骨干企业，增强集成创新能力。扶持发展文化创意产业，大力发展文化传媒、出版设计、艺术娱乐等重点行业，推进商旅文结合，打造一批文化高端消费区。提升招商引资水平，大力发展总部经济，提高内资引进质量，优化外资利用结构，年内培育、认证总部企业20家，新增属地税收亿元楼宇2幢、5000万元楼宇3幢。加大中小企业扶持力度，鼓励和支持非公有制经济发展。

突出平台机制再造，优化创业创新环境。强化区行政服务大厅科技创业服务功能，为企业提供绿色通道、按需服务。推进科技金融服务体系及中小企业投融资服务平台建设，为全区科技企业提供不少于5亿元的投融资担保服务。深化政产学研合作，与区内外高校、科研院所、企业建立定期对接机制，帮助企业争取各级科技项目经费和产业扶持资金。共建科技创业创新平台，大力引进和建立省部级以上检测中心（实验室），建成2个大学科技园、2家战略性新兴产业创新中心；增聘一批创业导师，扶持创业产品实现市场推广，形成全程服务、全面覆盖的服务体系。

二、聚焦民生改善社会和谐，提升居民幸福感和归属感

深化社会建设管理服务的内涵，着力打造富民、惠民、安民品牌，不断提升居民幸福感和归属感。

进一步提升社会管理水平。以建设“全国社区管理和服务创新实验区”为契机，探索开放型公共参与模式。建立社区网格化和扁平化管理服务机制，大力发展社会组织，为居民提供多样化服务。建成7家街道市民服务中心，全面承接原社区承担的行政职能，让居民“进一个门，办所有事”，形成“15分钟社区服务圈”。创建省级和谐示范社区9家，完成第五届社区居民委员会换届选举。力争全区90%街道、90%社区达到市“平安街道、平安社区”标准，创建省“最安全城区”。畅通社情民意表达渠道，矛盾纠纷调解成功率达95%以上。进一步做好弱势群体法律援助工作，办理法援案件400件以上。加强食品药品、安全生产等综合监督管理，落实安全责任，健全突发事件应急处理机制，确保全区不发生重特大安全事故。

进一步提高社会保障质量。促进就业创业，实施“无忧乐业”工程，对困难群众提供精细化、长效化就业帮扶，做到“三全、三适、三包”⑯。全年培育自主创业者1400人，创业带动就业1.1万人，新增就业1.28万人。创新养老服务格局，建设区居家养老服务中心，集成援助呼叫、助餐、助医、助购等综合服务，打造白下“虚拟养老院”⑰，全面提升为老服务质量和效益。建设AA级社区居家养老中心14个，全年新增养老床位450张，其中医疗康复型养老床位200张。扩大社会救助，以“全面覆盖、逐步提升”为目标，针对本区居民出台民生保障特别政策，实现慈善救助、社会救助、社会福利有机衔接，保证各类边缘困难群众体面尊严生活。

进一步优化社会服务功能。促进教育事业优质均衡发展。创办全市首家教育惠民服务中心，完善从幼儿教育到高等教育全覆盖的助学体系。扩大名校带动效应，积极探索幼教人园机制改革创新，切实保障教育公平。完成东部现代化高中规划设计和用地划拨，实施府西街小学等校舍抗震加固工程。按照省市统一部署，深入推进医改工作。实施红十字医院二期改造工程，出新止马营、淮海路两家社区卫生服务中心。加快文体事业发展。实施区图书馆提档升级工程，建设一批惠民小剧场，全年举办各类惠民演出1000场次。实施“10分钟体育健身圈”工程，确保覆盖率达50%。全区出生政策符合率达98%以上，全面兑现各类计划生育政策。

三、聚焦建设宜居城区，大力优化提升城市环境

启动实施“千日行动计划”，进一步优化城市功能布局，全面提升环境质量和人居品质。

加快推进城市建设。开展东部地区、新街口商圈、太平南路城市设计和光华门商业副中心等项目策划，以高水平规划引领城区建设。完成石杨路中段、长巷西街道路拓宽，出新整治大清河、尚书里等30条背街支巷，推进李府街拓宽改造，进一步完善区域路网。以“人性设计、生态保护、精细管理”为原则，实施月牙湖公园一期、郑和公园环境提升改造，全面更新环境建设的理念、方法和措施。改造红旗泵站、白甸泵站，完成午朝门遗址公园河段清淤及整治出新，推进河道有效治理。强化城市建设基础保障，稳步推进房屋拆迁与征收工作，确保完成夫子庙站等地铁三号线沿线站点拆迁，集中精力解决南捕厅、大阳沟30号、仓巷等地块房屋拆迁与征收问题。

不断加强城市管理。开展“四大行动”⑱，突破重点区域综合管理难题，明显提升窗口地区市容管理成效。逐步完善配套功能，完成光华新村、抄纸巷等5座公厕和八号路垃圾中转站改造。加强停车设施建设和管理，按照“五高五低”⑲原则，提高停车设施运营效率，缓解静态交通压力。完成市政养护单位改制，优化市容环境管控网络，提高市政管养水平，努力实现“新违建零增长，老违建负增长”。稳步推进宜居工程，实施朝天宫地区8个老旧小区出新和九条巷、张公桥等25条街巷雨污分流改造。完善街道“两站一中心”管理，努力解决小区物管问题，全区可封闭小区物业管理覆盖率实现100%。生活垃圾分类收集覆盖率达20%。

着力提升环境质量。配合全市环境建设重点工程实施，持续改善区域环境面貌。实施“清水”计划，完成安江河、内秦淮河中段2条黑臭河流整治，月牙湖、护城河水质达标率80%以上。推进“蓝天”计划，强化工地扬尘、渣土车量管控，开展餐饮业提档升级专项整治，建成2条餐饮污染控制示范街区，环境质量综合指数达85分以上。实施城建惠民工程，加大城中村、危旧房改造力度，加快推进观门口、大阳沟30号、四方巷等地块项目；逐步实施老旧高层电梯改造和置换。高标准建设一批定向公共租赁房，实现保障房五期北扩和六期续建工程竣工交付，全年完成安置1900套。

四、聚焦作风转变效率提升，进一步提升行政执行力

扎实履行政府职能，深入推进改革创新，为经济社会发展营造良好政务环境。

全面提升工作效率。以效率为导向，全面强化服务承诺、首问负责、限时办结等制度，减少会议文件，简化行政流程，切实提高政府的执行力和公信力。完善激励考评机制，加强政策执行和任务落实情况督查，督促部门集中精力抓落实。扎实开展“社情民意联系日”活动，深入群众了解民情，切实在加强服务中改进社会管理，着力解决广大群众和企业反映突出的问题。

大力推进改革攻坚。深化改革创新各项重点工作，构建权责一致、区街一体的经济社会管理体制，建设公共服务型政府。推进简行政强街道强园区，落实责任、人员、服务“三下沉”，实现为民服务职能向街道市民服务中心集中。推进财政、国有资产资源管理体系改革，加快形成促转型、优配置的新型财政体系，强化国有资本收益管理，提高财政资金使用效益。推进社会管理体制创新，探索创新社会组织培育、人口管理服务、矛盾预防化解等管理体制机制，全面提升服务民生工作水平。

严格规范依法行政。按照法定权限用权履职，完善重大决策的规则和程序。自觉接受人大和政协监督，认真办理议案、建议和提案，进一步改进政府工作。推进阳光行政，完善行政权力网上公开透明运行，从今年开始，政府重大事项审计结果将全面公开。提高依法行政水平，推进部门行政负责人出庭应诉工作，对行政败诉的部门主要负责人予以问责。加强电子政务系统建设，办好政府门户网站，不断优化政务环境、投资环境。切实加强廉政建设。严格落实党风廉政建设责任制和责任追究制，严肃查处各类违法违纪案件。坚持严格教育、强化管理，切实加强公务员队伍建设，树立为民务实清廉的良好形象。

各位代表！我们正在迈上新的历史征程，美好前景催人奋进。让我们按照市区党代会精神指引，在上级党委政府和中共白下区委坚强领导下，抓住机遇，开拓创新，以更大决心和勇气全面推进白下创新型城区建设，为率先基本实现现代化而努力奋斗！

---

⑯“三全、三适、三全”：全方位服务、全过程指导、就业困难人员全覆盖；三适：适合的行业、适宜的岗位、适当的薪酬；三包：包培训、包推荐、包上岗。

⑰“虚拟养老院”：通过网络服务平台，按照老年人的服务需要，上门为老年人提供服务。

⑱“四大行动”：清洁白下行动、环境综合治理攻坚行动、新街口商圈标志性形象行动、民生服务行动。

⑲“五高五低”：即路面停车收费高，地下停车收费低；中心区停车收费高，非中心区停车收费低；白天停车收费高，夜晚停车收费低；大车停车收费高，小车停车收费低；长时间停车收费高，短时间停车收费低。

中国人民政治协商会议
南京市白下区第十届委员会常务委员会工作报告

——政协白下区第十一届委员会第一次会议

2012年3月25日

政协白下区委员会主席 陈 斌

2012年3月25日，政协白下区委员会主席陈斌在政协白下区第十一届委员会第一次会议上作工作报告。

各位委员：

我受政协南京市白下区第十届委员会常务委员会的委托，向大会作工作报告，请予审议。

第十届政协工作回顾

自2007年12月区政协第十届第一次会议召开以来，区政协在中共白下区委的领导下，全面贯彻落实科学发展观，牢牢把握团结和民主两大主题，坚持“崇实、务本、创新、服务”的工作原则，突出促进“两个率先”、“三个发展”的工作主线，切实发挥协调关系、汇聚力量、建言献策、服务大局的作用，在推动我区政治建设、经济建设、社会建设、文化建设和生态文明建设中发挥了积极的作用。

一、紧扣中心，为促进经济发展建言献策

第十届政协始终关注国际国内经济发展动向，全面把握经济发展的新特征，围绕我区传统商贸流通业提档升级、现代服务业提速发展、促进经济转型升级、实现经济快速可持续发展等，发挥政协优势，深入开展协商议政，为区委、区政府提供决策参考。着力促进传统支柱产业提档升级 。围绕我区加快商贸流通业的提档升级，建设业态先进、规模领先、购物环境舒适的区域性商贸中心，实现商贸流通业由传统业态向现代业态的转变开展调研，形成《关于我区商业街发展的现状与对策》《关于新街口商圈在转型发展中推进结构优化的调查与建议》的调研报告和《关于发展新街口总部经济，建设千亿级现代服务业集聚区的建议》《关于鼓励电子商务公司加快发展的建议》等30多件提案。常委会特别重视新街口商圈的发展，专门听取了关于新街口商圈在转型发展中推进结构优化情况的通报，并就如何促进新街口商圈的提档升级进行协商讨论，建议要加强对新街口商圈的管理，使之成为全方位、多功能、广辐射、高效益的现代服务业集聚区；要大力打造周边环境，解决服务功能不完善、公共配套设施缺乏、停车难等问题，使之成为一个有机整体，较大地促进了我区传统商贸流通业的转型升级。着力促进新兴产业提升发展。围绕《国务院关于加快培育和发展战略性新兴产业的决定》以及省、市出台的新兴产业倍增计划，深入中航科技城、白下高新园区及科融数据、通用电器等企业进行调研，对我区新兴产业发展情况进行认真梳理，形成《整合区域科技资源，推动白下创新发展》《对进一步扶持我区科技企业发展的建议》等调研报告，对白下区科技资源利用和科技企业发展中存在的问题，进行了分析，提出了相关的对策。第十届第三十二次主席会议还专门听取了白下区新兴产业发展情况的通报，提出了对新兴产业要加强政策研究、政策宣传；要对白下区创业初期的企业进行扶持，制定和细化适合的扶持政策，并抓好政策落实的督查；要结合白下的实际，重点抓好智能交通和航空研发，使之成为白下创新型经济新的增长点等建议，在一定程度上推动了白下区“智能交通”创新基地和中航科技城的建设。着力促进现代服务业提速发展。围绕现代服务业的发展，第十届政协组织委员、专家、学者及社会各界人士召开专题座谈会，分别就“加快现代服务业发展”、“全区软件产业发展”、“服务外包企业发展”、“都市型产业园区建设”、“文化旅游产业发展”等10多个专题，进行了协商讨论，提出了数十条意见和建议。针对白下区软件产业发展现状，委员们提出了要制定软件产业发展阶段性的目标措施；要重视软件人才队伍建设；要进一步关注和扶持软件产业重点企业的发展；要认真研究白下区软件产业发展中存在的困难和问题，并制定相关政策，为企业提供资金、信息、技术等方面的支持，对白下区现代服务业的提速发展起到了较好的促进作用。着力促进招商引资工作进一步完善。区政协高度重视招商引资工作，将之视为促进白下区经济快速复苏的重要方面。紧紧围绕区重点项目推进、楼宇招商、园区招商等重点工作和“金洽会”、“招商月”等重大活动，就白下区招商引资工作的优势、定位和面临的困难，提出了“招商、固商并举，推动白下经济发展”、“加大招商引资力度，拓展招商引资思路”等一系列意见建议，得到了区政府和相关部门的高度重视。第十届20次常委会议还专门就白下区招商引资工作进行协商讨论，提出了白下区招商引资工作应该重点关注的几个方面：一是要进一步摸清家底，统筹布局，精心包装，明确定位；二是要细化分类，明确重点，先易后难，有序推进；三是要多措并举，超前谋划，长短结合，讲求实效；四是要拓展思路，引进人才，搭建平台，提高效益，有效地促进了白下区招商工作机制体制的进一步完善，使招商引资工作在服务区域发展上取得了较好的成绩。

二、关注民生，为幸福城区建设履行职能

以人为本，民生为重。第十届政协始终树立社会公平、正义、共享的发展理念，紧紧围绕我区劳动就业、社会保障、收入分配、教育卫生、居民住房、安全生产等民生方面的问题，将全面改善民生、实现人民群众共享发展成果作为履职方向，为建设幸福城区主动作为，贡献力量。充分发挥视察调研在缓解民需中的基础作用。第十届政协以来共开展委员视察活动68次，确定调研课题35个。围绕城市建设和城市管理工作，形成《关于对月牙湖环境综合整治的建议》《〈国有土地上房屋征收与补偿条例〉实施后对我区拆迁工作的影响及建议》等一系列调研成果，直接促进了十字河、安江河、月牙湖北湖水环境的综合整治；加快了区城市管理数字化建设，有效提升了全区城市管理水平；为建设保障性安居工程、切实解决拆迁户的实际困难，更好地推进拆迁工作提供了参考。围绕加强素质教育、完善教育布局以及加强全区的幼儿教育工作等，提出了“加强传统文化教育，提高青少年思想道德素质”、“完善投入机制，促进白下幼教发展”等数十条建议，得到了区政府及相关部门的重视；围绕卫生事业的发展，在委员们的积极建议下，促进了惠民医院的建设、社区卫生服务功能的完善，对缓解群众看病难、看病贵起到了一定作用；围绕就业问题，就构建白下区就业人才市场、为金陵中专开展再就业培训搭建平台等都提出了可操作性的建议，取得了较好的效果。充分发挥提案工作在化解民忧中的促进作用。始终把提案作为为民办实事的重要抓手，通过组织学习培训、调研视察和召开政情通报会等，让委员更好地了解区情、社情、民情，从而提出高质量的提案。在区政府、区政协领导督办，专委会督办、联合督办和各承办单位共同努力下，《帮助中小企业解决融资难，为中小企业建立信息服务平台》《关于所有公园广场向市民以及公益性组织免费开放的建议》等500多件提案得到办理落实，对解决群众困难，促进经济社会发展起到了重要作用。充分发挥社情民意信息在反映民意中的载体作用。通过在街道政协设立社情民意联系点、配齐配强社情民意信息专干、定期召开社情民意征询会、提案内容二次发掘、向委员约稿等手段，共编报社情民意信息92期，其中《建议尽快出台手机充电器以及有线耳机手机端接口的国家标准》等9期被全国政协采用，《建议加强对南京市高层建筑电梯的安全管理》等58期被省市政协采用，《对我市道路景观整治工作的几点建议》等12期被市区领导批示。充分发挥街道政协工委在体察民情中的桥梁作用。充分发挥街道政协工委联系群众广泛和直接服务辖区内委员的优势，通过组织委员进社区等活动，体察民情，了解民意，并通过收集整理，形成意见建议，提请有关部门研究解决。瑞金路街道政协工委为了让委员们更好地了解社情民意，将辖区内21名委员分成7个联络组，与7个社区对接；月牙湖街道政协工委多次组织委员召开社情民意征询会，收集整理了数十条信息，为街道党工委、办事处全面掌握情况、科学决策、推进工作起到了积极的作用。

三、协调关系，为构建和谐白下凝心聚力

构建和谐社会，是率先基本实现现代化的关键所在。第十届政协始终紧扣团结民主两大主题，把发扬民主、增进团结，协调关系、化解矛盾，凝聚人心、汇集力量作为促进和谐白下的着力点。重视党派作用，营造合作氛围。加强与各民主党派、团体和无党派人士的团结合作。定期召开民主党派、工商联负责人座谈会，高度重视并认真办理民主党派、工商联和无党派人士的提案，坚持把民主党派的提案作为重点提案进行督办，抓好落实。通过每年举办“白下区各界人士迎春联谊会”、“白下区各界人士中秋国庆茶话会”等活动，加强与各党派、团体的联谊交流，积极营造团结和谐的氛围。维护民宗权益，加强团结联系。区政协领导班子利用每年的少数民族的节日及宗教活动日，多次前往辖区宗教活动场所看望宗教界人士和委员。同时，通过组织委员视察、走访委员等形式，与宗教界人士进行座谈交流，宣传党的民族宗教政策。针对我区民族宗教大区的特点，进行深入的调研和走访，形成《关于城郊宗教工作的调研》《关于少数民族流动人口管理工作的调查与建议》等调研报告和《关于进一步规范我市清真饮食食品市场秩序的建议》《对切实维护我区宗教场所周边环境的建议》，得到了市区领导的高度重视。适应形势要求，促进社会管理。适应经济社会发展新形势新要求，围绕全区安全生产监管、“五五”普法、社区矫正、“国家级社区标准化试点”工作和“民主法治示范社区”建设等开展调研，先后听取了关于国家级“社区服务标准化项目”试点终期评估工作准备情况的通报和关于全区平安创建工作情况的通报，并进行了协商讨论，同时，还就强化政府在社会管理中的公共服务职能、推动社会管理模式扁平化进行了探讨，提出了意见建议。推动文化建设，彰显白下魅力。通过组织委员参与讨论白下区文明和谐城区（文化）建设目标，调研和视察文化旅游以及白下中东部地区文化产业发展情况等，有力地推进了杨公井演艺文化街区、熙南里金陵风尚历史文化街区、朝天宫西街古玩文化街区建设，促进了社区文化基础设施和社区文化人才队伍的建设。充分发挥政协文史资料存史、资政、团结、育人的重要作用，编辑出版了以“白下区非物质文化遗产”和“新街口”为主题的两辑《白下文史》。

四、精心谋划，为创新政协工作增添活力

第十届政协坚持在继承中汲取智慧，在工作中创造新意，精心设计，大胆运作，不断创新政协工作。量化委员履职要求。第十届政协以开展提交一份提案、反映一条社情民意、参加一次调研视察、撰写或参与讨论一篇调研报告、为群众办一件实事的“五个一”活动，对委员进行量化考评，以增强委员参加活动的主动性和积极性，充分发挥委员在履行政治协商、民主监督、参政议政职能中的主体作用。创新委员管理机制。一是建立了主席联系常委、常委联系委员制度，以便于及时了解委员们工作学习和生活情况，与委员们保持经常性联系。二是加强了对委员的管理和考核。制订、修订《政协南京市白下区委员会全体会议、常委会议及委组活动请假的规定》《政协南京市白下区委员会关于区政协委员管理的暂行规定》等规章制度，进一步规范、完善了对委员的考核机制。同时，常委会根据委员的工作变动情况，及时对委员进行了增补和调整。精心打造工作载体。一是增设了3个例会。以党派、工商联负责人会议，促进党派、工商联提出高质量的集体提案；以提案委全体委员会议通报往年的提案办理情况和研究新一年的提案工作，并向委员发出《提案征集参考目录》，引导委员积极撰写提案；以定期召开反映社情民意信息工作例会，促进各街道社情民意信息工作更好地展开。二是在街道政协工委设立了提案工作联络点，聘请了联络员，广泛征集提案线索。三是在各街道政协工委设立了社情民意联系点，及时征集社情民意信息。探索政协工作向基层延伸。2010年7月，我区在全市率先组建了街道政协工作机构。经过不断的探索和精心运作，全区七个街道政协工委组织委员履职的思路更加开拓、工作经验更加丰富、工作特色逐步形成。一年多来，各街道政协工委积极围绕政协委员履职活动的要求，以“三会两联”（社情民意征询会、街道政情通报会、专题座谈会，联系社区、联谊活动）为履职平台开展活动，根据各自的特色，打造亮点，取得了明显的成效。五老村街道政协工委组织委员开展牵手困难人群活动。洪武路街道政协工委组织委员参加“街道经济工作形势分析会”，就商贸流通、金融服务、商务服务、文化演艺、酒店旅游等5个支柱产业的发展提出意见建议。大光路街道政协工委开展“委员为辖区事业献力量”活动，涌现了定期到社区进行法律服务的杨永华委员；主动资助2名特困家庭失学儿童的倪俊委员；举办失聪儿童联谊会的陈卉委员等，得到了群众的好评。瑞金路街道政协工委组织委员为街道招商引资出力。月牙湖街道政协工委组织委员就民营经济发展、企业人力资源、企业劳动关系、居家养老服务等情况进行走访调研，积极出谋划策，促进企业健康发展。光华路街道政协工委组织委员对辖区商贸流通业发展情况进行了专题调研，形成《关于光华路地区商贸流通业发展情况的调研报告》，得到了街道党工委、办事处领导的充分肯定。朝天宫街道政协工委利用“挚友之家”、“党派社区服务工作站”等平台，向委员们介绍街道各项工作开展情况，提高政务公开透明度，确保委员有效地进行民主监督，受到了省市区领导的关注，省委统战部领导还专门对社区统战平台如何发挥党派成员、政协委员作用进行了走访调研，给予了充分肯定。

五、求真务实，为加强自身建设固本强基

第十届政协始终按照《中共中央关于进一步加强中国共产党领导的多党合作和政治协商制度建设的意见》和《中共中央关于加强人民政协工作的意见》的要求，以中央、省、市、区政协工作会议精神为指引，坚持求真务实的工作原则，积极探索政协事业发展的客观规律，政协自身建设得到了进一步加强。积极引导，委员队伍建设显著加强。高度重视委员的学习和培训工作，通过报告会、专题讲座、政情通报、短期培训、提案办理座谈会等形式，组织委员学习中共中央有关会议精神以及人民政协理论，进一步增强委员的理论素养，同时也使委员更好地知情明政。依托会议、调研、视察等履职载体，充分发挥委员的界别优势和专业所长，就全区各方面的工作进行协商讨论。建立委员履职考评机制，推动履行职能制度化、规范化、程序化建设，促进了我区政协委员在各自岗位上展示出良好风貌。夯实基础，政协专委会工作实效不断提升。切实加强专委会自身建设，规范设置了6个专门委员会，并成立了委员联络科，配齐、配强干部。充分发挥专委会联系部门、联系委员的优势，围绕常委会和主席会议的工作部署，加强做好委员培训、走访座谈、调研视察、提案、反映社情民意信息、文史征集等经常性工作。常委会不断加强专委会与党政部门的沟通，与各民主党派、工商联的协作，与上级政协专委会的交流。四年来，各专委会根据自身的特点，先后对白下区重大项目建设、楼宇经济、环境保护、社区建设、小区出新、经济适用房建设、基础教育、基层卫生、禁毒工作等涉及经济社会的方方面面，进行了专题视察调研，形成调研报告28篇，得到了区委、区政府和有关方面的高度重视，有力地推动了相关工作的开展。狠抓落实，政协机关工作水平和保障能力明显提高。坚持以政协机关“三化”建设为抓手，进一步强化机关日常管理规范，出台《政协机关形象建设规范》等10余项工作制度。健全完善了政协例会、文件办理和重大活动分工协作机制，加强政协机关、街道政协工委与政协委员之间的联系，积极引导委员了解、参与白下区的经济社会发展。成功召开了全区政协工作会议，进一步明确了区政协工作的方向、思路和任务，促进了区政协机关工作水平的提高。以建设学习型政协机关为目标，通过举办形势报告会、专题学习会，认真学习统一战线理论、政党理论和民主政治理论；邀请省、市政协专家、学者进行授课，使政协理论学习蔚然成风。第十届政协以来共发表《加强自身建设，提升履职实效》《协商民主的困惑与价值》等理论文章20多篇。

各位委员，第十届政协所取得的成绩，主要得益于中共白下区委的正确领导，得益于上级政协的具体指导，得益于区政府及各部门的大力支持，得益于区政协领导班子的开拓创新、精心运作，得益于广大政协委员履行职能的责任感和使命感，得益于社会各界的关心和支持。在此，我谨代表政协南京市白下区第十届委员会常务委员会向关心支持政协工作的区委、区政府表示崇高的敬意！向所有为第十届政协工作付出辛勤劳动和无私奉献的委员们、同志们和朋友们表示衷心的感谢！

四年来，我们虽然取得了一些成绩，但还存在着一些不足：一是对政协理论的学习研究还需要进一步深入；二是委员的履职能力和履职实效还需要进一步提高；三是区政协机关的自身建设还需要进一步加强。

第十届政协工作的主要体会

第十届政协的工作实践，使我们对做好政协工作有以下几点体会：一是必须加强党的领导，充分彰显党组核心作用。必须坚持中共白下区委对区政协的领导，确保政协工作始终坚持正确的方向。要积极发挥政协党组的领导核心作用，深化民主集中制，强化班子的团结。要坚持做到根据区委、区政府的中心工作和重点工作来安排每年常委会、主席会议题和调研视察课题，坚定不移地把区委的决策部署贯彻到政协全部工作中去。在中共白下区第十次代表大会闭幕后，区政协在第一时间内，通过各种形式和途径向广大政协委员及各界人士传达了有关会议精神，使"坚定创新驱动，实现转型发展"的理念更加深入人心，使党的主张成为各民主党派、无党派人士、人民团体和各界人士的广泛共识。二是必须把握主题，汇集力量。团结和民主是人民政协的两大主题，是人民政协的本质特征和优良传统，也是人民政协的组织优势和政治优势。把握好团结和民主，不仅有利于增强政协在人民群众中的感召力、凝聚力和影响力，更有利于充分发挥人民政协爱国统一战线组织的作用，协调社会各个方面的关系，汇集参加政协的各党派、各团体、各阶层和社会各个方面的力量，维护和谐稳定的政治局面，同心同德、群策群力，为白下区经济社会发展作贡献。三是必须围绕中心，服务大局。围绕区委的中心工作和重大决策、部署，为白下发展大局服务，既是政协履行职能的首要任务，又是政协工作促进党政科学民主决策的重要举措。这不仅是衡量政协工作成效的一个重要标准，更是政协工作有所作为的集中体现。四是必须关注民生，履职为民。实现和维护广大人民群众的根本利益，是政协工作的出发点和落脚点。人民政协作为党和政府联系各方的桥梁、纽带，必须始终把人民群众的利益放在首位，深怀爱民之心，多办利民之事；发扬人民政协密切联系群众的优良传统，了解民心、体察民情、关注民生，积极协助区委、区政府为人民群众排忧解难。五是必须适应发展，不断创新。政协工作只有不断创新，才能不断开拓发展，才能永葆生机活力。为此，要不断适应时代发展对人民政协要求，与时俱进地创新工作思路和工作领域，创新工作内容和工作方法，拓展政协工作的广度和深度。

对第十一届政协工作的建议

"建设创新型城区，率先基本实现现代化"对区政协第十一届委员会提出了新的更高的要求。第十一届政协既面临着新机遇，也肩负着新的使命。为此，建议新一届政协要以科学发展观为指导，围绕中共白下区第十次代表大会和区委十届五次全体（扩大）会议提出的奋斗目标和主要任务，在坚定创新驱动、加快率先基本实现现代化建设上凝聚智慧、汇集力量，为白下经济社会率先发展，实现全面跨越作出积极贡献。

一、围绕中心，把建设创新型城区作为履职的第一要务

未来五年，是白下转型发展的战略机遇期，是实现跨越发展的攻坚期，是率先基本实现现代化的决胜期。区政协新一届常委会要在建设创新型城区中发挥人才荟萃、智力密集优势，准确把握白下发展大势，紧贴创新驱动，凝心聚力，建言献策。重点围绕全区率先基本实现现代化的"五大工程"，深入研究政协履行职能的新思路、新方法、新举措，着眼长远，找准问题，认真思考适合白下区发展的有效路径，搞好多层次的协商议政，切实做到参政参到点子上、议政议到关键处，不断提高促进率先科学发展的能力和水平。要积极搭建政协信息平台、委员知情平台和反映民意的平台，通过政治协商完善民主决策程序，通过民主监督加大工作落实力度，通过参政议政增强加快发展活力，切实把政协组织建设成党委、政府的"智囊团"和"参谋部"，促进创新型城区建设的新突破。

二、团结民主，把凝心聚力作为履职的重要使命

紧紧围绕团结和民主两大主题，着力为创新型城区建设凝聚人心、汇集力量，进一步促进各党派、无党派人士的团结合作。坚持民主协商、平等议事原则，自觉维护好政协委员和政协各界别履行职责的权利，鼓励政协委员和政协各个界别畅所欲言，各抒己见，并及时把他们的意见建议反映给党委、政府及有关部门。要密切关注社会热点难点问题，积极协助党委、政府做好协调关系、理顺情绪、化解矛盾、增进共识的工作，大力促进政党关系、民族关系、宗教关系、阶层关系、群众关系的和谐，不断增强人民政协的凝聚力、感召力和影响力。切实为巩固和发展民主团结、安定和谐的政治局面做好服务。

三、以人为本，把民生改善作为履职的基本职责

要大力推动全区科技创新创业活跃、古都历史文化彰显、现代都市气息浓郁、国际化新形象初显，群众更具幸福感和归属感的创新型城区建设。立足政协自身工作实际，大力开展"三争一创"实践活动、机关干部与困难群众"牵手行动"和"社情民意联系日"活动，切实关注民生、从基层群众最关心的热点难点问题入手，及时把人民群众的呼声和意愿反映给党委和政府，促进群众上学、就业、看病、住房等方面问题的解决，使党委、政府的决策更好地体现群众的利益和愿望。进一步促进社会管理和服务创新，把畅达民意作为履职为民的"着力点"，积极为群众排忧解难，维护其合法权益、合理诉求，营造公平正义、和衷共济的社会氛围。

四、完善机制，把加强自身建设作为履职的有力保障

政协组织要切实履行职能、发挥作用，必须自觉适应新形势、新任务的要求，不断健全机制体制，全面加强自身建设。要不断健全和完善各项工作制度，大力推进委员队伍、专门委员会和街道政协工委的制度化、规范化、程序化建设，积极开展政协界别活动，使界别在政协整体工作中充分发挥作用，努力提高政协工作的质量和效率。要创新思路、更新观念，不断改进工作方式，拓宽联系渠道，继续搭建好提案工作联系点、社情民意联系点等工作平台，为更好地发挥作用创造条件，营造环境，提供舞台。要充分发挥政协全委会议、常委会议、主席会议、各专委会、各街道政协工委以及政协机关等各个层面的作用，形成多层次、全方位、高效率的运作机制，以上海市杨浦区政协为标杆，狠抓工作执行力的提升，努力建设学习型、服务型、创新型政协机关。

各位委员，展望未来，白下经济社会将更加繁荣，白下的人民将更加幸福，白下政协将更有作为。我们相信，第十一届政协一定能够承前启后，继往开来，在中共白下区委的领导下，团结一心，积极履职，为推动白下政协工作的创新发展，为完成中共白下区第十次代表大会提出的各项任务和主要目标，推进白下群众更具幸福感和归属感的创新型城区建设，作出新的更大的贡献！

专 文

关于白下区率先实现基本现代化研究报告

陈 勇 曹永林 徐中潞 孙小忠

第一章 引 言

一、调研背景

江苏省第十二次党代会报告明确提出要又好又快推进“两个率先”，全面建成更高水平小康社会，开启基本实现现代化新征程。可以说，基本实现现代化已在全省吹响了号角，也即将在新的起点上开启崭新的局面。《江苏省国民经济和社会发展第十二个五年规划》中也提出，到2015年，全省要全面建成更高水平的小康社会，要为2020年全省基本实现现代化打下具有决定性意义的基础。此外，在南京市第十三次党代会上，市委书记杨卫泽指出，今后5年，既是南京转型发展至为重要的时期，也是率先基本实现现代化攻坚决战的时期，更是南京建设现代化国际性人文绿都的关键时期。因此，在省、市又好又快推进“两个率先”的全面部署下，在市委、市政府对全市包括区县发展的一系列有关率先基本实现现代化的指示下，白下区紧密结合实际，查找薄弱环节，创新思路举措，展开工作局面，积极动员各部门、各街道为率先基本实现现代化目标而努力奋斗。

按照南京市率先基本实现现代化指标体系的要求，根据白下区的实际情况，围绕率先基本实现现代化的理论、内涵及实践，展开了深入的调研，制定符合白下区实际情况的考核体系，探索基本实现现代化的主要路径和保障措施。在此调研报告中，对白下区率先基本实现现代化的相关问题进行初步探讨。

二、调研意义

基本实现现代化既是达到世界中等发达国家水平的一个指标，又是我国实现社会主义现代化的一个新的阶段。从全面小康走向基本实现现代化，标志着我国经济社会全方位进步和提升的开始，使我们前进的方向更加明确，目标更加聚焦，任务也更加艰巨。

1.理论意义。按照传统的经济社会发展模式，国内（地区）生产总值是考核各级政府绩效的一个重要标志，而国民生产总值的迅速增长却导致了人与自然之间、人与人之间、城乡区域之间、经济与社会发展之间的严重失衡和矛盾加剧。率先基本实现现代化，是具有时代特征、南京特色、白下特点的现代化，是全面提升物质文明、政治文明、精神文明、生态文明水平的现代化，是坚持以人为本、促进共同富裕、社会全面进步和人的全面发展的现代化，是促进“经济发展、科教先进、文化繁荣、生活富裕、社会和谐、环境优美、民主法治、人本文明”的现代化。

2.实践意义。目前，白下区正面临着从全面小康向基本实现现代化的转型，也正在面临着老城区改造难度加大、产业体系发展不均衡、区域空间发展梯度化、区域社会结构二元化、人口老龄化、环境资源紧缺等各种问题。因此，要在借鉴其他省、市率先基本实现现代化先进经验的基础上，在南京市率先基本实现现代化指标体系的引领下，以创新驱动为基本动力，以“人才引领、科技创业”为内源动力，加快构建现代产业体系，加快创新型城区建设步伐，注重经济社会的协调发展，打造新的竞争优势，提升综合实力，实现经济、人口、资源、环境的可持续发展。

三、调研问题

在全省基本实现现代化的内涵下，在南京市根据自身特色制定现代化指标的框架下，白下区需要根据自身禀赋特点，立足于放大优势、转化劣势，以更高的标准和水平来诠释区域率先基本实现现代化的内涵。因此，根据白下经济社会发展现状及白下现有基础优势、薄弱环节、机遇挑战，如何探索出一条富有自身区域特色的现代化道路，如何打造出一个以“产业发展高端化、空间形态生态化、工作环境优质化、功能设施国际化、文化品质特色化、居民生活舒适化”为主导的幸福城区，成为了白下目前迫切需要研究的问题。研究的主要方面体现如下：

1.白下率先基本实现现代化的理论基础是什么？

2.白下率先基本实现现代化的指标体系如何设定？

3.白下率先基本实现现代化的基础优势和薄弱环节分别表现在哪些方面？

4.白下率先基本实现现代化的实现路径有哪些？

5.白下率先基本实现现代化的措施及政策保障有哪些？

四、调研方法

区县率先基本实现现代化指标体系的设定在于以此为导向，推进白下区基本实现现代化的实践工作，因此，建立科学的现代化指标体系框架和评价标准，制定合理的监测体系和保障措施也是非常有必要的。本调研采用理论分析与实证研究相结合的方法，对白下区率先基本实现现代化指标进行分析、预测，并积极探索率先基本实现现代化路径、方法，提出相应对策和保障措施。

第二章 基本概念与相关研究

一、概念界定

关于现代化及基本实现现代化，各学者、专家有不同的理解，无论是各省、市的政府工作报告，还是党代会的重要研究内容，现代化都成为了热议的话题。对江苏省而言，其现代化进程是从区域开始的。因此，对于"现代化"、"区域现代化"、"基本实现现代化"、"率先基本实现现代化"的概念有必要在此阐述清楚。

1.现代化。一般来讲，现代化是经济社会发展的一种概念，最先进的、最优秀的、最发达的就是现代化的。它不仅是一个历史过程，也是一种特定历史阶段的发展状态或标志。诺贝尔经济学奖获得者西蒙·库兹涅茨的现代增长理论把一国的经济增长进入现代增长阶段称之为现代化。具体而言，现代化是指以创新为动力，以工业化、城市化、民主化为标志，在经济、社会、政治、文化等方面的全方位进步和提升的过程。从发达国家走过的路程来看，现代化没有最佳模式，只有理性选择。对我国而言，现代化过程一方面与城市化进程密切相关，即指通过优化城乡空间和布局，发挥城市的聚集效应和辐射功能；另一方面，现代化过程与信息化进程密切相关，即顺应知识经济的发展趋势，大力推进以信息技术为主要标志的科技革命，在经济社会发展中获取高知识和技术含量的财富。

2.区域现代化。区域现代化，是指在一个特定地理区域或行政区域范围内出现现代性并进而实现经济社会发展的目标或过程。一个省、部分市县的现代化都属于区域现代化的范畴，具体来说，有三种表现形式。第一种是跨国性的地缘概念，如环太平洋地区、东亚地区等区域概念；另一种是一国内部的大地缘概念，如长三角地区、珠三角地区、苏南地区等市县的综合；还有一种则是市辖区县的小区域概念，如苏州昆山、无锡江阴等县级市。而在本调研中，我们要讨论的则是更小范围内的区域，具体到南京市区县实际情况，即指白下区率先基本实现现代化研究。当然，某个区域毕竟是在一国、某省或某市范围内的，因此在确定区县基本实现现代化的标志性指标时要明确与国家、省、市现代化指标标准的区别和联系，也就是区分出区县的共性指标和个性指标。其中，共性指标是指地理范围内各区县都必须达到的指标，个性指标是指与一个地区或区域的产业结构、经济社会文化发展相关的指标，在制定的时候需要因地制宜，保持自己的特色。

3.基本实现现代化。基本实现现代化所要强调的是"基本"一词，首先，它是指在数量上的一种限制。根据南京市及白下区率先基本实现现代化指标体系中对"基本"的解释，可以从以下四个方面来理解。第一，基本实现现代化目标的人口数量，必须超出整个实施区域总人口的85%；第二，基本实现现代化目标的国内（地区）生产总值比重，必须超过整个实施区域国内（地区）生产总值总量的85%；第三，基本实现现代化指标体系中所包括的全部基础要素，按照权重标准化后要素达标比例不小于80%；第四，实施现代化的整个区域，其基尼系数应保持在0.2—0.3之间。其次，"基本"一词还体现为质量上的限制。一是指在发展水平上，要以中等发达国家为参照系。目前在世界银行分类当中，人均国内（地区）生产总值排名在20位到40位的国家可视为中等发达国家，比较有代表性的如以色列、韩国等，南京要按照中等发达国家水平来设定基本现代化，来谋划基本现代化指标和目标值。二是体现在发展内容上，要以经济发达、科教领先和人民生活水平提高为主，社会发展、民主法治、文化建设、生态文明需同步跟进。

4.率先基本实现现代化。率先基本实现现代化要强调的是"率先"一词，从字面意义来理解，指先行一步，而我国区域发展不平衡的国情也决定了中国现代化实现过程要相应采取"区域推进"、某些地区"先行一步"的方式。就如邓小平同志提出共同富裕有先有后，允许一部分地区先富起来一样，无论是全面小康还是基本实现现代化，在区域推进上也是有先后的，先行一步的区域对其他地区会具有明显的带动作用和导向作用。针对江苏的实际情况，"率先"可在三个方面来体现。第一，整体推进上争率先。省第十二次党代会把"率先基本实现现代化指标"专门作为党代会文件的一个附件来提交党代会讨论，并通过每年监测考核来实施推进。第二，实现时间上争率先。2020年江苏要率先基本实现现代化，这是指要在全国范围内争率先，而作为江苏经济"领头羊"的苏南地区则要在全省范围内争率先。第三，创新探索上争率先。省党代会指出江苏省率先基本实现现代化要以创新发展为动力，率先推动经济发展方式转变，率先探索区域现代化建设新途径。

二、已有研究

现代化（Modernization）这个名词，最早出现在第二次世界大战后的美国，它是人类社会发展的一个历史过程和历史范畴，19世纪后期开始的工业革命标志着人类历史从传统社会向工业社会过渡，现代化进程也由此开始。

1.国外相关研究。伴随着农业社会向工业社会的转变，从

20世纪50年代后期开始，西方学者便对现代化现象表示了极大的关注，并在60年代—70年代形成热潮。

(1)现代化由来。国外对于现代化的研究，早期较有影响的著作是美国麻省理工学院的社会学教授丹尼尔·勒纳1958年所著的《传统社会的消逝，中东的现代化过程》。他在书中指出，只有摆脱"传统"，"现代"才有可能出现。早期较有影响的学术会议是于1960年在日本箱根举行的"现代日本"国际性学术会议，此次会议认真而系统地讨论了现代化的有关问题，并提出了现代化的8项指标。之后，各国学者又在此基础上对现代化作了研究和阐述。从研究方向上来看，主要有政治学方向、经济学方向、社会学方向、人文学方向和制度学方向；从代表性观点来看，主要有上世纪60年代末以后崛起的、以探索现代化和工业化后社会发展为对象的"后现代化理论"，上世纪80年代西方学者提出的、利用人类智慧去实现经济发展和生态进步的"生态现代化理论"，1986年德国学者提出的"再现代化理论"以及1998年我国学者何传启提出的"第二次现代化理论"。对于现代化的内涵，基本可以概括为：现代化是指现代社会发生的社会和文化变迁的历史现象，是发展中的社会为了获得发达的工业社会而经历的文化与社会变迁的全球性过程，主要包括学术知识的科学化，政治的民主化，经济的工业化，社会生活的城市化，思想领域的开放化，文化的人本化。总体而言，这些理论的演进反映了由经济现代化向社会现代化、由物质现代化向人文现代化转变的基本趋势。

(2)现代化指标体系研究。关于现代化指标体系，国际上最早用来考核参照的主要是由美国社会学家英格尔斯所提出的社会现代化指标，他通过调查各种不同类型国家的经济社会情况，简明扼要地提出了现代化的10项指标，并给出了相应的对照值，这种指标体系被誉为是一种很有参考价值、简便易行的目标法评价指标体系，并很快在国际上流行起来。此外，专家总结指出，现代化的标准主要是经济社会高度发展、人口城市化进程和非农化过程的结束，以及中产阶级成为社会的中坚，人民生活质量大幅度提高，生态环保实现平衡，并建立起合理的政治制衡体制、成熟的市场经济体制、完善的社会保障体系。在此基础上，之后的现代化指标体系基本上都是从经济发展、社会进步、人民生活、生态环境等方面来进行分解和设置的，而随着经济社会的发展，"人"的因素和"以人为本"的观念被提到了新的高度，"人的现代化"和"公民满意度"也逐步纳入到指标体系中来。

2.国内相关研究。近年来，国内开展了一系列对基本实现现代化的相关研究，较为发达的北京、深圳、广州等地的研究起步较早，并取得了一定成果。"十一五"期间，江苏省对基本实现现代化的研究也日渐深入，并出现了一些具有代表性的地区，如昆山、江阴等苏南市县。在11月份召开的江苏省第十二次党代会上，有关"率先基本实现现代化"的讨论成为了会议的一个热点话题。

(1)我国现代化研究成果。中国的现代化思想由来已久，早在1953年，毛泽东同志就指出中国现代化的核心是工业化，之后各届领导人也相继对现代化进行了阐述。邓小平同志的三步走战略明确了我国将在2050年达到中等发达国家水平，并基本实现现代化；1993年江泽民总书记在视察广东时提出，希望广东省朝着率先基本实现现代化的目标而奋斗；胡锦涛总书记在2004年对江苏进行视察时，针对江苏未来的发展提出了"六个更加注重"；江苏省委十一届十次党代会以总书记讲话为指导提出的"发展更科学"、"社会更和谐"、"文化更繁荣"、"生态更文明"、"人民更幸福"，为江苏的基本实现现代化注入了新的要素，成为了江苏基本实现现代化的科学内涵。基于国内对基本实现现代化研究的兴起，中科院中国现代化研究中心主任何传启在其《现代化报告2006》中，对全国34个地区1970年到2003年33年的社会现代化状况进行了评价和阐述，提出了中国现代化发展的战略路径和政策建议。2010年，国务院批准了《长江三角洲地区区域规划》，明确了"到2020年长三角地区要在全国率先基本实现现代化"；江苏省"十二五"规划中也提到，到2015年全省要全面建成更高水平小康社会，苏南等有条件的地方在巩固全面小康成果的基础上率先进入基本现代化，人民群众普遍过上更加宽裕安康的生活，为2020年全省基本实现现代化打下具有决定性意义的基础。省委省政府对全省包括苏南发展的一系列指示，为南京率先基本实现现代化指明了方向。根据省、市的统一部署，南京市的各个区县作为基层单位，理应顺时应势，承担起特殊阶段的重要使命。

(2)我国基本实现现代化的特点。综合各省、市现代化建设的实践进程，江苏基本实现现代化有几个较为显著的特点。第一，动态性。随着时代的变化，反映经济、社会、生态等各方面的指标都有所改变。"以人为本、循序渐进、积极作为"和"当前可承受、未来可持续"为原则的民生幸福导向已成为目前衡量现代化的重要标准。在省第十二次党代会上热议的《江苏省基本实现现代化指标体系》更符合时代发展的特点和要求，并更多地涉及了"人"的全面发展，即更多民生指标被纳入，更加强调努力建设人民安居乐业、社会和谐稳定的幸福江苏。第二，综合性。目前，国内(地区)生产总值已不是衡量经济社会发展的唯一指标，而是更加突出结构优化、产业升级上的经济发展，并更加注重民众幸福感的提升，对现代化的评价也从经济、社会、文化、政治、环境等各方面综合体现。第三，针对性。各城市的市情不同，各地区的区情也有所差异，因此根据自身实际情况制定合适的率先基本实现现代化指标体系及相应措施保障更有必要。在《江苏省基本实现现代化指标体系》中，"高新技术产业产值占规模以上工业产值比重"、"自主品牌企业增加值占国内(地区)生产总值比重"、"和谐社区建设水平"等指标均体现了江苏个性，南京市的指标体系也加入了"新增世界500强和中国500强企业研发机构数"、"软件和信息服务业收入"等城市个性指标。第四，信息化。江苏省率先基本实现现代化将着力体现以信息化带动现代化、加快软件和信息服务业、提升城市信息化服务水平、加强信息网络建设等方面的特色。综上所述，基本现代化的实现在不同的时代，不同的阶段，不同的区域体现出了符合自身发展的不同特点，我们需要根据自身特色，以高视野、高标准、高水平来诠释率先基本实现现代化。

(3)我国现代化指标体系研究。从率先基本实现现代化提出以来,长江三角洲地区、珠江三角洲地区就开始了有关基本实现现代化的研究,北京、深圳、杭州、苏南区县等地也取得了大量的成果。"十一五"期间,江苏省成为全国第一个提出一套省级层面的衡量基本实现现代化指标体系的省份,为各市、县实现现代化指明了方向。与此同时,按照党中央提出的"东部沿海有条件的地区率先基本实现现代化"的战略要求,苏南地区将其现代化目标概括为经济发达、科教先进、文化繁荣、生活富裕、社会和谐、环境优美、民主法治、人本文明八个方面,并制定了相应的率先基本实现现代化指标体系。结合现代化理论研究的主流和城市特征,南京市现代化指标体系以省基本实现现代化指标体系和国家"十二五"规划中的指标体系为蓝本,适当添加了体现南京现代化的特色指标,以经济现代化、人的现代化、生态现代化为主要方向,以城市功能的全面提升为主要支撑,从经济发展、民主法治、文化繁荣、社会进步、生态环境等方面制定了率先基本实现现代化的目标任务进程。具体到南京市各区县而言,又添加了符合区县特色的个性指标,体现了区域现代化因地制宜的特点。

第三章 白下区率先基本实现现代化水平分析

一、白下区率先基本实现现代化内涵分析

从城市现代化的实践探索来看,现代化在不同角度的着力点各有不同。因此,在全市率先基本实现现代化的内涵框架下,白下区需立足自身特色,放大优势、转化劣势,以更高的标准和水平来诠释率先基本实现现代化。即:白下区应积极适应国内外的新形势新变化,顺应人民过上更好生活新期待,以邓小平理论和"三个代表"重要思想为指导,深入贯彻落实科学发展观,围绕现代化国际性人文绿都和中国人才与科技创新名城的城市定位,以创新驱动战略为统领,突出科技创新创业,主攻创新型服务业,加强社会建设与服务,把白下建设成为科技创新创业活跃、古都历史文化彰显、现代都市气息浓郁、国际化新形象初显,群众更具幸福感和归属感的创新型城区。为南京市率先基本实现现代化提供具有鲜明特色的实践样本。

1.*白下区率先基本实现现代化理论支撑*。按照我国学者何传启提出的第二次现代化理论,城市现代化遵循现代化的一般规律。白下区作为南京商贸商务中心,承担着南京国际化先导区的使命,理应为全市现代化提供参照样本,引领全市现代化进程。白下的现代化以经济发展、社会进步、人民生活、生态环境等领域的全面提升为主要方向,以人的幸福发展为核心,以城区功能的提升为目标,以城市发展主体与载体的飞跃为着力点。其理论支撑主要从经济、社会、文化、生态现代化以及人的现代化五个方面来体现。

(1)经济现代化。经济建设、发展生产力是统帅一切的核心,因此经济现代化在整个现代化体系中占据核心与基础地位。从理论上来分析,广义的经济现代化是一个历史过程,它既是生产模式、核心技术、主导产业、基本结构、基本制度和基本观念等内容的转变过程,又是劳动生产率和国民收入的持续增长过程,还是追赶、达到和保持世界经济先进水平的国际竞争过程。白下区经济现代化的过程可以通过创新型城区的创建来实现,主要表现为:积极聚焦现代服务业发展领域,优化提升金融业、商贸业两个核心产业;加速发展商务服务业、科技服务业、文化创意业三个优势产业;大力培育电子商务、新一代信息技术、研发设计三个新兴产业,构建以创新为驱动,以总部经济为龙头,以金融业和商贸业为基础,以现代服务业为主体,具有白下特色的产业集聚发展新格局,切实增强经济发展的活力和动力。

(2)社会现代化。社会现代化指通过提升城市化和城市现代化水准,促进经济社会一体化。其四大目标是公平、安全、和谐、稳定;三股动力是社会推力(经济增长、科技进步等),社会拉力(文化变迁、全球化等),社会压力(人口、环境变化等)。白下区的社会现代化过程可以通过四个方面来实现。一是集中力量发展社会生产力,增强城区经济实力,为调节和处理社会阶层的利益矛盾提供基础,使中产阶级结构比重不断扩大,贫困阶层人数减少,实现社会稳定。二是加强民主法制建设,协调各阶层的利益矛盾,使城市立法反映社会发展的需要和广大民众的要求,实现城区有序发展。三是健全社会保障制度,扩大社会保障覆盖面,完善失业保险制度,扩大社会保障基金来源,加强有效管理。四是推进收入分配制度改革,整顿和规范分配秩序,加大收入分配的调节力度,重视解决城市中部分社会成员收入差距过分扩大的问题。以共同富裕为目标,扩大中等收入者的比重,提高低收入者收入水平。

(3)文化现代化。文化现代化是指遵循继承优秀传统文化与弘扬时代精神相结合的原则,融合西方文化文明及科学思维方法,不断提高思想道德素质和科学文化素质。文化建设相对于经济发展、人民生活等来讲更加抽象,制定此指标的意义在于通过这种方式,引导城市走出一条经济社会文化和谐发展的特色路径。白下区的文化现代化应该按照中央和省市关于繁荣文化的指示和精神,结合文化创意中心城区的打造,在率先基本实现现代化进程中,探索文化现代化建设指标。首先,应以高素质人才引进和培育为导向,通过深化教育管理体制和办学体制改革,鼓励多种形式办学,培育各类人才,同时适当设置人口流入门槛,吸引高素质人才流入。其次,应加强文化事业建设,繁荣新闻出版、影视传媒等各项事业,加强文化馆、图书馆和青少年活动场所等文化设施建设,积极推进相关文化产业发展。通过文化熏陶促进人的全面发展。

(4)生态现代化。生态现代化的概念是德国学者胡伯在20世纪80年代提出来的,其核心内容是以发挥生态优势推进现代化进程,实现经济发展和环境保护的双赢。建设生态现代化,既要把经济增长与环境保护综合起来考虑,把生态建设看成是发展之义、发展之举,又必须走可持续发展之路,加快推进发展模式由先污染后治理型向生态亲和型转变,决不能以牺牲环境为代价来换取一时的发展。白下区生态现代化的一般要求是改善城区自然环境、提高生态效率,实现结构生态化、制度生态化和观念生态化。具体来说,应树立正确的生态现代化的观念与方法,将传统的治理、恢复的路径向"预防"上转变,充分认识到

生态现代化不仅是自然环境的改善、生态效率的提高，还应包括制度与观念的生态化转变。同时，白下还要以生态城区、生态建设为导向，努力提高城区的可持续发展能力。

（5）人的现代化。人是现代化的主体和动力，是实现现代化的根本因素，是现代化制度和经济增长赖以长期发展并取得成功的先决条件。人的现代化要求突出以人为本的发展理念，一方面要求个体的人需具备社会所必需的精神特质，包含观念的现代化、能力本位、信任关系、重视社会平等、接受与适应社会变革、心理健康等；另一方面要求群体的人需具备文化素质提高、平均预期寿命增长、人口结构合理、规模适度等特征。白下区人的现代化应着力于实现人与社会的和谐，增加对各项社会事业、生态资源、环境建设的投入，特别是加大对社会管理、公共卫生方面的投入；应着力于实现人与人之间的和谐，建立相互尊重、理解、信任和关心的良好人际关系，树立人力资源是第一资源的观念，尊重劳动、尊重知识、尊重人才、尊重创造，突出以人为本，抓住人的现代化的核心和本质。

2.白下区率先基本实现现代化优劣势分析

（1）基础优势。白下作为中心城区，区位优势明显，城市功能完善，商贸商务发达，科教文化繁荣，为集聚以科技、教育、人才为主要内容的创新要素，推动科技创新创业提供了有利条件。主要表现为以下几个方面：一是经济形态优势。白下作为南京主城区之一，在经济形态上体现为整体非农经济，产业比重中服务经济所占比重很高，并伴随着生产性服务业的快速发展，初步呈现出发达服务经济形态。新街口金融商务区、白下高新技术产业园区、创意东八区已成为省级现代服务业集聚区，集聚区数量居全省区县之首。此外，在公共教育、卫生、人口、文化等方面，社会事业发展速度与发展水平均达到较高的层次，社会结构与社会形态呈现后工业社会的初步特征。二是科教资源优势。白下区内有南京航空航天大学、中国电子科技集团公司第五十五研究所、中国电子科技集团公司第二十八研究所、江苏省交通规划设计院等高等教育科研单位，也有省中医院等重量级医疗资源以及主城唯一的省级高新科技园区。目前，全区有高新技术企业32家，省级认定的企业技术中心3家，科技创新能力正在不断提高。此外，园区众多品牌和创新平台的设立，不但为园区一区多园的发展提供了空间和政策支撑，而且为园区未来成为南京市乃至长三角一个重要的科技创新基地奠定了坚实的基础。三是地理区位优势。白下新街口区域的中心商圈正从以商业为主的功能混合阶段向专业功能分区的综合功能阶段发展过渡。“十一五”期间，南京国际金融中心、新世纪广场、长发国际等22幢商务楼宇建成，使白下的新街口区域新增商贸商务面积达80万平方米。在金融业方面，江苏银行、华泰证券、南京银行的集团性总部，以及中国银行江苏分行、中国农业银行江苏分行、建设银行江苏分行、东亚银行南京分行等银行的地区性总部也相继落户。与此同时，白下还在传统百货零售业的基础上，延伸出了相关餐饮、娱乐配套服务，以及相关文化产业、都市旅游资源。

（2）薄弱环节。白下发展优势明显，发展基于凸显，但存在的问题和薄弱环节也不容忽视。在薄弱环节方面，主要表现为：一是老城改造难度加大。白下区一直是南京的主城区，但中心城区公共基础设施不足、配套服务功能不强、空间资源有限等问题已严重制约了白下城市品质与功能的提升。此外，道路网络功能协调性不足、道路设施空间资源不足造成了部分路段严重拥堵，整个区域交通负荷过重，导致交通供给与需求的矛盾十分突出。再者，白下中心城区商业空间的传统业态形式导致了购物环境的单调和雷同，加上缺乏外部的绿化和公共空间，对整个购物、旅游环境和商业氛围产生了负面影响。二是产业体系发展不均衡。从白下的产业形态来看，农业经济基本没有，工业比重很低，除去白下高新技术产业园，产业空间主要表现为商业街区。然而，服务经济为主体的经济结构并没有为白下区催生出以“白领”为主要构成的社会结构，相反由于服务经济本身出现的二元化特征，带来了社会结构的分化。除去各家大型高档商业场所，中心商业街区严重缺乏能够与现代商贸商务业相呼应的品牌店、旗舰店、专业店，产业体系的不平衡导致了整个商业街区的鱼龙混杂、参差不齐。三是区域空间发展不均衡。白下区在整体城市空间上表现为扁平狭长，区域内涵盖了南京最繁华的商业区，最高档的城中住宅区，最大面积的老小区，同时还有城乡结合区域。不同的片区展现出了不同时代的文明特征，与周边区域相比，东部地区在人口密度、地均产出、财政收入等各方面都相对落后，竞争压力较大。在公共设施的配套上，东部地区的城市道路体系也支离破碎，次干路与支路不足，断头路多，无法有效分散车流。此外，由于管理主体多元、交通分割等原因，白下高新科技园区的规划建设与绕城公路西部的主城和生活区联系不足，这就导致了其对区域整体带动作用不明显及产业区功能单一，造成了资源的浪费。四是区域社会结构二元化。白下区服务经济比重高，产业类型上表现出两极化，尤其体现在服务业比重最高的商贸流通业。在新街口区域，高档商业百货林立，同时在各街巷、老小区内还广泛分布着大量传统零售业态。此外，在分布的范围与分布的数量上，大量传统零售业态的空间相对陈旧，从而导致城市管理的难度较大。再者，白下东部地区是南京市主要的政策性住房建设区，虽然住房建设发展迅速，但公共服务设施建设滞后。整个区域范围内复杂的人口构成导致社会问题突出，也影响了区域整体的投资环境。

二、白下区率先基本实现现代化指标体系分析

1. 白下区率先基本实现现代化进程测算及其实现度分析。根据区县率先基本实现现代化进程测算表（共44个指标子项），剔除现代农业发展水平、农村居民人均纯收入、农村家庭住房成套率、公共交通服务水平、农村和谐社区建设率、林木覆盖率、村庄环境整治达标率等不考核白下区的指标，剩余36个指标子项，权重综合总分为82分。在计算得分的过程中，以南京市进程测算表中确定的目标值为依据，将无法考核和暂无数据的人均地区生产总值、城镇家庭住房成套比例、每万劳动力中研发人员数、每千人国际互联网用户数、Ⅲ类以上地表水比例、城镇绿化覆盖率这六项指标用市指标均值代替，最终算得白下区2010年指标总分为66.31分（见表1），除以指标权重，现代化实现程度为80.9%（全市2010年测算的现代实现程度为77.61%）。

2.白下区年度监测综合考核表分析

白下区年度监测综合考核表(表 2)是南京市根据率先实现现代化指标,结合区县的不同条件,设立分层次、分类型,适合区县特色的考核指标体系。通过分类考核的方式,发挥区县特长,以实现区县基本现代化。

3.白下区率先基本实现现代化指标体系构建

白下区率先基本实现现代化实现度的测算是以市目标值及市设定的权重为依据的(表 1 已计算得出),但进程表还未充分体现白下区基本实现现代化的个性及特殊性。因此,白下区率先基本实现现代化指标体系基本参照了现代化进程测算表和白下区年度监测综合考核表,更多结合了市考核区的指标和白下区的个性特色,删除了不符合白下区情况的指标,替换了无法统计的指标。最终形成的指标体系由 53 个指标子项构成,分成两大类:一类是共性指标(32 个子项),占 60%;另一类是个性指标(21 个子项),占 40%。值得一提的是,指标体系中的个性指标结合了符合白下实际的经济发展任务、民生保障工作、和谐社会建设、党建工作,综合了创新型城区建设、基本实现现代化目标、现代产业体系构建等内容,将个性指标设置为重点功能载体建设、主导产业发展、优势产业发展、社会建设发展四个部分,以充分体现白下个性,彰显白下特色。指标体系如表 3 所示。

三、白下区率先基本实现现代化薄弱指标分析

根据白下区率先基本实现现代化共性指标,对照南京市基本实现现代化指标体系,以南京市 2015 年目标值、白下区 2010 年实现程度,以及 2011 年数值为依据,指标体系分成预期能够实现的指标、优势指标和薄弱指标 3 个部分(见表 4)。

根据统计,白下区率先基本实现现代化指标体系中预计可实现的指标子项为 20 项,优势指标子项为 9 项,薄弱指标子项为 3 项。其中,薄弱指标主要表现在服务业增加值、城镇居民人均可支配收入、城镇绿化覆盖率 3 个方面。在此,我们对其进行重点分析。

1.服务业增加值

按照南京市基本实现现代化进程测算表及南京市对白下区的区县考核表,白下区 2015 年服务业增加值占国内(地区)生产总值比重为 95%,即 2015 年白下区服务业增加值需达到 570 亿元(见表5)。

但是,从白下区近几年服务业发展趋势来看,2015 年实际可能完成的总量为 512 亿元左右,实际可能增幅均处于 18%以下,要实现 2015 年目标值,则需要达到 20%左右的增幅。现有增幅与实际增幅之间差距较大(如下图),较难实现。

十二五服务业增加值预计增幅比较

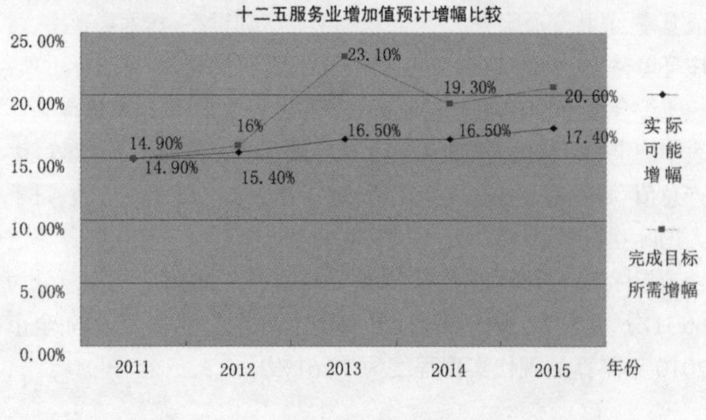

主要原因表现在以下几个方面:第一,由于受到空间、资源等条件的制约,传统商贸流通业优势正在减弱,白下现代服务业提速发展不快,经济转型升级任务艰巨,实现服务业增加值大幅提高压力巨大。第二,按照产业发展的规律,科技载体、新兴产业的发展培育、集聚需要一个过程,服务业增加值的提高也是一个循序渐进的过程,集聚效应不可能在短期内就见效。第三,服务业比重的提高要求服务业发展速度快于其他产业,而从宏观环境来看,今年工业增长是经济危机以来增长最快的一年,服务业中以往较快的房地产业由于政策因素,全市、全省都出现了较大下滑,如果政策性制约在未来持续存在,仍然将影响服务业发展的速度。

2.城镇居民人均可支配收入

白下区城镇居民人均可支配收入 2010 年为 29430 元,按照现在每年 12%的增长速度到 2015 年只能达到 52327 元,离市目标 55000 元尚有一定距离。从人均可支配收入结构看,首先,工资性收入一般占人均可支配收入的 60%以上,比重最高,但“十一五”期间白下区工资收入比南京市城镇居民工资性收入平均增幅低 0.6 个百分点,工资性收入的拉动性不足。其次,经营性收入的提高成为近年来全市人均可支配收入增长的主要动力之一,而白下区经营性收入比重低、增幅慢,“十一五”期间年均增长仅 3.2%,占可支配收入的 3.6%,这主要是由于白下区自主创业的人数和创业成果不高,创业经营主要集中在商业、餐饮等低端领域,同时东八区文化创意园、南理工科技园等高端创业集聚地的发展也比较滞后。

此外,从现代化进程测算表区县对比情况来看,在中心城区中,白下区人均可支配收入 2010 年实现度比玄武区低 1.9 个百分点,比鼓楼区低 2.6 个百分点(详见下图)。

2010 年全市及中心城区城镇居民人均可支配收入实现度比较

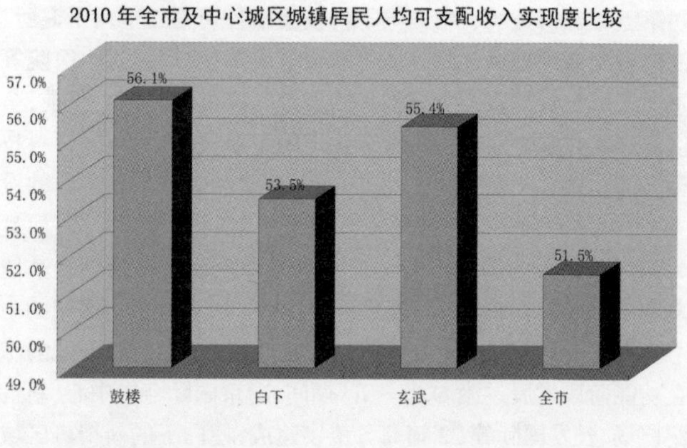

3.城镇绿化覆盖率

白下区一直是南京的主城区,服务经济比重高,城区以现代商贸业、商务服务业、金融业、科技服务业、信息技术产业等为主,是现代服务业集聚区,写字楼林立,商业街区广泛分布,但是绿地建设覆盖较少,缺乏林地、公园、绿化等设施,因此绿化覆盖率成为了白下的薄弱环节。

根据中心城区的对比显示,白下区的绿化覆盖率比鼓楼区低31%,比玄武区低 69.9%,且低于全市平均水平。如下图:

2010年全市及中心城区城镇绿化覆盖率实现度比较

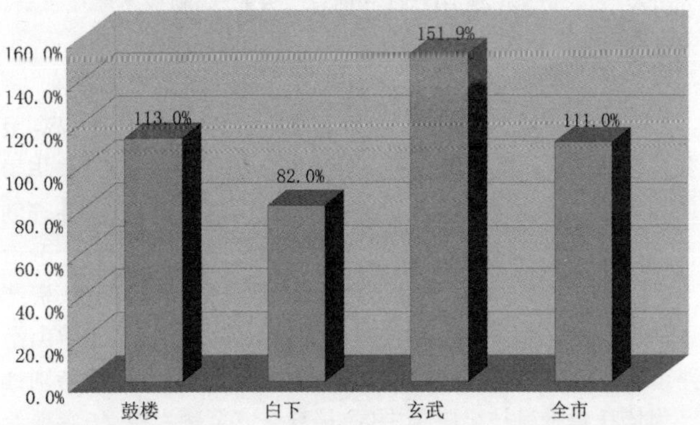

白下作为率先基本实现现代化的中心城区，理应增强自身危机感、紧迫感，充分认识到自身的薄弱环节与发展不足，认清形势，扬长避短，抢抓机遇，抢占先机，走出一条具有白下特色的创新驱动之路，努力在全市"三个争第一"中实现科学发展率先、改革创新争先、和谐稳定领先，向更高水平现代化迈进。

第四章 白下区率先基本实现现代化路径分析

一、加快推进科技创新驱动，建立区域创新体系

充分利用白下区建设创新型城区的契机，以抢占新一轮经济和科技竞争的战略制高点为目标，坚持以科技创新为核心推进全方位创新，集聚创新型人才、建设完善创新创业载体、培育科技创业企业、搭建创新服务平台、创新体制机制，形成区域创新体系，以此实现各类创新要素在辖区内的效集聚，促进科教资源向创新资源转化。以研究与发展经费支出的增长、自主品牌企业增加值的提高、工程技术研究中心数的增加来促进经济增长方式的转变、增强科技创新驱动力。

1.引进培养高层次科技创新创业人才

一是外部引进人才，增加企业活力。大力开展招才引智工作、推进白下"321"高层次科技人才集聚计划，重点引进电子商务、新一代信息技术、设计研发等战略性新兴产业领域和科技服务业等重点领域的科技人才；依托现代服务业集聚区、紫金(白下)科技创业特别社区、大学科技园、创新中心等载体，引进领军型科技创业人才及科技创业家；加大海外高层次人才引进力度，适时组织境外人才招聘活动，积极做好引进人才的跟踪管理和后续服务工作，加强对引进人才的集成支持。

二是内部培养人才，提高劳动力素质。通过政策支持、环境改善、平台搭建、社会氛围营造等措施，抓好拔尖人才培养工程，在辖区内选拔有科技创新创业潜力的人才重点培育；采取职业教育、技能培训的方式帮助企业职工提高素质，增加高技能劳动力比重；充分利用辖区内教育资源充裕的优势，探索"创新在高校、创业在园区"模式，鼓励人才在高校、园区之间双向流动，培养研发与创业能力兼备的复合型人才，促进人才与产业的融合。

三是建立人才评价激励机制。把握不同领域创新型人才的特点和成长规律，改革和完善人才评价方法，鼓励创新型人才以专利、发明、技术、资金等要素投资入股并参与分配，完善重实绩、重贡献的薪酬激励机制；对从事应用研究和技术开发的科技人才，重在考核其技术创新与集成能力，以及获得的自主知识产权等；对于从事实验技术和条件保障的科研辅助人才，重在考核其为研发活动提供的服务水平、工作质量；对从事管理和服务的科技管理人才，重在考核其管理水平和服务能力与效率。

2.加快推进创新创业载体平台建设

一是加强科技创新创业基地建设。依托白下高新技术产业园区以及瑞金路街道，建设高新园区科技创业基地和中航科技城创新创业基地，并在高新园区科技创业基地内倾力打造紫金(白下)科技创业特别社区；在基地内建设科技创业孵化器、加速器、中试用房、配套服务设施以及特色产业园。

二是加强成果转化载体建设。

——大学科技园。按照大学校区、科技园区、公共社区"三区融合、联动发展"的思路，依托高校优势学科集成创新资源，按照"孵化器+加速器+产业园"模式，区校合作开展大学科技园建设、促进科技成果转化与产业化；重点建设南京理工大学科技园、南京航空航天大学科技园、南京工业职业技术学院大学科技园、江苏经贸职业技术学院大学科技园。

——产业创新中心。采取"产业技术研究院+学科型公司"的院地、校地结合模式，建设产业创新中心，促进高校院所优势学科知识技术化、核心共性技术工程化，加快技术成果产业化进程；重点建设通用航空产业创新中心、智能交通创新中心、航空科技产业创新中心、城市地下空间管理与控制创新中心、微电子产业创新中心。

三是加快创新创业服务载体建设。实施"跃升"和"孵鹰"两大计划，建立预孵化—创业孵化—加速孵化的全程孵化服务链，打造创业苗圃—孵化器—加速器的完整孵化服务载体；根据各街道都市产业园区、企业集聚区的发展定位，选择建立综合型、专业型孵化器；按照"创业导师+专业孵化+创业投资"服务模式，营造适合科技创业的局部优化环境，提高创新创业企业的成活率和成功率；重点将南京工业职业技术学院大学科技园、解放军第五三一一厂紫荆大厦以及高新园区里的国际人才创业大厦、云计算中心、孵化大楼等5个创业载体建设成为市级科技企业孵化器。

3.发挥自主创新主体作用，加快科技创业企业培育

一是培育科技创业企业。发挥载体集聚功能，吸纳整合区域创新资源，通过打造研发、孵化、试制等功能完备的产业载体，提供良好的公共服务和专业服务，大力扶持培育科技企业快速成长，打造一批规模成长型企业和行业龙头企业；重点培养有R&D活动的大中型工业企业，如江苏金陵机械制造总厂、南京轻工业机械厂、金城集团、工艺装备厂、南京乐金熊猫有限公司等；大力引进符合重点产业发展方向的世界500强和中国500强企业研发机构，提升区域科技企业规模实力。

二是增强自主创新能力。鼓励企业引进国内外先进技术装备，引导企业不断增加研发经费投入，大力开展技术改造，努力实现从引进、消化吸收、再创新转向自主创新，从面向自身发展

转向引领行业发展；支持企业建立工程技术研究中心、企业技术中心、工程中心，鼓励重点企业与高校、科研机构共建企业院士工作站、博士后科研工作站等多种形式的技术联盟，促进各类创新要素向创新型企业集聚，帮助企业特别是创业企业和中小企业开发新产品，优化产品结构，提高市场竞争力。

三是实施名牌带动战略。按照“政府培育、企业自主、市场运作、政策扶持”的原则，扶持科技型中小企业技术创新和管理创新，鼓励、引导和推动企业创建名牌产品和争创著名、驰名商标，鼓励品牌型、规模型、成长型企业入驻科技创新创业基地，形成一批拥有自主知识产权和知名品牌、具有核心竞争力的创新型企业。

4.构建创新服务体系，营造良好的创新环境

一是加强基础工作，促进创新创业需求与资源在第一时间对接。首先、建立区街挂包人才、企业、项目制度，采取零时差约访、定期走访、随来随访、及时回访以及召开各界座谈会、联谊会等方式，全方位第一时间掌握在人才创业、企业发展、项目推进中的个性化需求，建立“一户一档”式需求档案。其次，全面梳理辖区内可控资源、社会资源、在建资源和可置换资源，做到产业定位清、区域规划清、载体信息清、企业变动清，建立完整的招商资源数据库。最后，发挥区投资促进中心平台的枢纽作用，园区、各街道引进的人才、企业、项目能就地在园区、街道落地的，直接进行服务对接；引进后因产业定位、载体限制等原因不能就地落户的，由区投促中心在全区范围内提供资源信息供人才、企业比选，实现需求与资源的有效对接。

二是建立创新创业服务平台。其一，建立政务服务平台。为人才提供一对一“保姆式”服务，为创业投资企业提供“全程式”代理服务，为项目提供“按需式”办理服务，以满足企业、人才和项目的需求为目标，以建设开放式政务服务为重点，着力提高行政效率和服务水平，减少行政审批项目，提高政府服务效能，推进审批、许可、监管的快速高效衔接。其二，建立专业技术平台。引导大学、研究所利用现有的国家工程研究中心、国家重点实验室、省部级重点实验室，以及驻区企业的“院士工作站”、“博士后工作站”和高端技术实验平台，向全区企业开放大型科学仪器、分析检测设备，提供技术服务、检测等开放性专业服务，为科技创新创业企业发展提供专业技术服务。其三，建立科技金融平台。创新财政支持科技金融投入方式，建立以科技创业种子基金、创投基金（公司）、科技小贷公司等为支撑的区级科技金融服务平台，提高财政资金使用效益；通过政策引导、资金参股和风险补偿等手段，培育和引进一批担保机构、小额贷款公司、融资租赁公司等新型金融机构，鼓励各类创业投资基金集聚。其四，建立政策服务平台。细化和落实国家、省市创新发展相关政策，积极争取省市各类政策扶持，制定出台各类专项扶持政策，逐步形成较为完善的政策体系。

二、加快推进产业转型升级，构筑现代产业体系

继续深化主城区以发达服务经济形态为主导的产业体系，依托南京市传统商贸金融区的地位，配置和优化自身资源、发挥和放大区域优势，抢占生产性服务业、高新技术产业和新兴产业发展的新高地，以产业带和产业集群作为现代产业体系的空间载体和产业载体，以发展楼宇经济带动总部经济和税源经济为抓手、以培育上市企业为重点加快推进产业现代化。围绕率先基本实现现代化经济发展指标体系，突出软件和信息服务业、高新技术产业发展，实现服务业跨越式发展，具体从以下几个方面推进：

1.以服务经济为主导，重点培育 2+3+3 高端产业体系

一是优化提升金融业、商贸业 2 个核心产业，全面提高服务质量和档次。在金融业方面，推动江苏银行、南京银行、华泰证券等金融机构发展壮大；加快准金融机构建设，重点推进创投基金（公司）、科技小贷公司、小额贷款公司建设；丰富金融衍生品市场，发展金融法人总部机构、产权交易、风险投资、资产评估、投资咨询等行业；加快建设优质载体，以洪武路、中山南路金融特色街为中心打造中央金融集聚区，以科技创业特别社区为依托建设科技金融集中区，培育东方金融大厦、华泰证券大厦等金融要素市场。在商贸业方面，推动新街口传统商贸中心高端化升级，打造集聚“精品商贸服务区”、“高端商贸商务休闲区”的市级商业中心；着力改善大量传统、低端零售业过于分散的空间格局，以三山街、光华门、胜利村为依托打造地区级商业副中心，促进现代消费领域的开拓和发展，提高消费对经济增长的贡献率；以信息化和现代化经营模式促进商贸流通业加快发展、加快建设“网上商城”，解决实体店拓展困境。

二是加速发展商务服务业、科技服务业、文化创意业3 个优势产业。在商务服务业方面，突出培育至善教育、国旅联合等本地服务业品牌企业，打造一批在全国、全省有重要影响力的龙头企业；加强商务服务业载体建设，推进研发服务中心（会所）、国际健康大酒店等商务服务业重点项目；引进跨国公司、国内 100 强企业集团的地区性总部和销售中心、采购中心、结算中心，国内外知名的商务服务机构；以中山东路、汉中路、太平南路为重点打造商务集中区，发展企业管理服务、咨询与调查、法律服务、职业中介服务、旅游业等企业。在科技服务业方面，重点培育江苏省交通规划设计院有限公司等骨干科技服务企业与机构；着力建设紫金（白下）科技创业特别社区、中航科技城创新创业基地、金蝶—南工院、浪潮—解放军第五三一一厂等具有专业特色的科技服务业集聚区；依托科技园区，重点培育、集聚一批从事科技企业孵化、科技信息咨询、科技金融、知识产权、检验检测等科技服务的企业和机构；推进园区高科技人才创业中心，海事学院科技创新园，园区科技创业研发孵化综合楼项目建设。在文化创意业方面，充分发挥乐博乐器、悦明科技、汉恩动画等骨干企业的支撑、带头作用；着力打造新街口文化产业圈，提档升级东八区创意产业园，形成文化创意企业群体；重点建设明皇宫遗址公园、熙南里历史风貌街区和朝天宫古都文化片区，培育一批特色鲜明、有一定规模和竞争力的龙头企业和文化产业示范基地，打造文化产业特色区，着力提高文化产业增加值。

三是大力培育电子商务、新一代信息技术、研发设计 3 个新兴产业。在电子商务业方面，扶持金鹰、新百、大洋、中央、畅游体育、大贺会购、德客城等领军型企业建立完善门户电子商务平台；充分发挥新街口众多著名商业企业的品牌效应，利用线下门店的信用优势，大力推广第三方专业化电子商务平台及开放式移动电子商务平台，推进“智慧新街口”、“网上新街口”等综合信息服务平台建设；打造以电子商务为特色的光华科技

园等都市产业园，提升城区商圈在都市圈、省际层面的首位度。在新一代信息技术业方面，加快发展云计算服务和物联网应用，发展壮大杰迈视讯、云创存储、长天智远等龙头企业，培育形成一批云计算、物联网软件和运营服务重点企业；重点突破云计算和物联网关键核心技术，拓展服务应用市场，鼓励在政府公共服务、城市管理等领域开展示范应用；扶持通用电气、一丹软件等企业上市，快速提升业内知名度及产业规模，形成一批在全国范围拥有较高知名度的服务提供商。在研发设计业方面，坚持设计创新和技术创新相结合，围绕南京市战略性新兴产业发展重点，以培育莱斯信息技术公司为引领，发挥在智能交通、航空研发领域的技术优势，大力培育智能交通、航空研发等产业；以紫金（白下）科技创业特别社区、中航科技城科技创新创业基地为中心，以“解放 1948”工业设计园等园区为支撑，重点以金城集团、中国电子科技集团公司第二十八研究所、江苏省交通规划议院等企业院所为龙头，发展软件产品研发和指挥系统研发。

2.以现代服务业集聚区为支撑，形成规模效应

一是明确服务业集聚区功能与布局。以江苏省鼓励发展的 6 种现代服务业集聚区为方向，着力打造以新街口为核心、特色街区为依托，功能配套、布局合理、能够辐射南京都市圈乃至长三角地区的现代服务业集聚区；按照区域规划与产业功能定位，在新街口等城市中心地区重点建设中央商务区，在重点开发园区布局建设科技创业园、软件园和物流集聚区，在东部地区布局建设综合物流集聚区。

二是优化服务业集聚发展空间与环境。借助区域工业企业“退二进三”，充分盘活城区闲置土地资源发展服务业集聚区；运用信息技术和先进管理理念整合资源，推动集聚区建设由规模扩张转向质量提升；充分利用省、市级服务业引导资金，重点建设集聚区的公共服务平台，如公共信息网络、公共实验平台等，提高集聚区整合资源和集约发展的能力；大力促进金融保险、现代物流、软件及服务外包等生产性服务业向集聚区集中发展。

三是提升服务业集聚发展质量。重视集聚区招商引资工作，吸引高质量龙头企业、总部企业入驻，释放集聚效应，形成产业高地，打造特色园区；以培育省、市级现代服务业集聚区为目标，发挥辖区内新街口金融商务区、白下高新技术产业园和南京世界之窗创意产业园三个省级现代服务业集聚区的示范效应，重点打造光华科技产业园、熙南里街区、浪潮—解放军第五三一一厂、金蝶—南工院 4 个特色园区并作为首批市级现代服务业集聚区重点培育对象。

3.以楼宇经济为抓手，带动区域经济现代化

一是整合楼宇资源、实施产业置换。对辖区内现有 103 幢商务楼宇仔细梳理分析，对长期空置楼、烂尾楼以及一些可供开发商务楼宇的重要成熟地块进行全面的调查摸底；盘活存量资源、实施腾笼换鸟战略，对资金运转困难的，长期闲置的，定位不明、功能不清、产出效益低下的商务楼宇进行产业置换、经营转向、整体包装和重新招商，提高楼宇对税源经济的贡献率。

二是打造特色楼宇、建立楼宇经济产业链。挖掘楼宇经济空间的特色与功能，建立楼宇经济产业链组织，吸引与主导产业密切联系的产业集聚，完善配套服务设施，为楼宇经济核心产业的发展提供支持；引导楼宇内企业加强横向联系，促使入驻的企业相互关联，形成行业特色和产业集聚，营造资金流、信息流充裕的楼宇产业发展环境。

三是大力发展以楼宇为载体的总部经济。充分发挥辖区内金鹰国际集团、江苏汇鸿国际集团等总部企业对周边现代服务业的带动作用，鼓励辖区内其他规模企业向总部型发展，根据企业需求加强相关协调服务；积极引进国内外知名企业的营销总部、研发总部、财务总部以及现代服务业企业总部，努力实现楼宇企业总部化，增强楼宇经济的档次与辐射力，将世界 500 强、国内 100 强、央企或上市公司等大型企业作为重点招商资源。

四是加强楼宇经济载体建设。改善现有楼宇商务区环境，促进智能化和信息化，完善商务、文化休闲配套设施，加强道路、停车设施改造，重点改造新街口、大行宫等商务中心区；加快金鹰三期、苏宁电器广场、水平方地块等楼宇项目建设，以项目带动功能调整和业态置换，分流低层次商业活动，置换零星商业和居住空间，拓展新的楼宇载体空间；依据区位资源条件，明确每个楼宇项目的产业定位，使项目、产业、招商紧密衔接，坚持地块资源优先向主导产业、实业型企业、总部型企业倾斜。

4.以上市企业培育为重点，为产业发展提供资金支持

一是建立中小企业信息资源库。以实地走访、召开信息通气会及银企对接会等方式全面了解辖区中小企业情况，了解中小企业发展状况及融资需求；组织中小企业参加相关上市政策培训课程，保证有上市融资需求的中小企业都能及时了解企业改制上市有关政策法规和程序；促进辖区内中小企业和相关中介机构建立有效沟通机制，进行上市咨询和磋商。

二是梯度推进企业上市。对符合产业政策、业绩优良、成长性好、拟上市的优秀企业，协助其制订上市发展规划和近期工作计划，按“一企一策”协助企业制定上市策略，提供上市前的辅导服务和资金扶持，推动企业成功上市，如优先培育扶持莱斯、维格娜丝、省交通规划设计院、江苏银行等优质企业上市融资；对有上市意愿但尚不具备上市条件的企业，可邀请有关证券公司举办若干重点培训班进行上市推荐培育期和上市辅导培育期培训，引导其创造条件争取上市融资，如推进乐博乐器、安泰投资、火网软件等企业上市；对离上市要求较远的企业，引导企业提升主业竞争能力，作为企业上市储备资源培育。

三是组织优质中介服务团队，多渠道多形式推进企业上市。加强与中介机构、证券主管部门的沟通、协调，加强对企业的全面指导和帮助，为企业上市创造良好的外部条件；保持与上级业务和证券监管部门的联系，加强对上市保荐、财务顾问、审计评估、法律服务等资本市场中介机构执业情况的跟踪和了解，建立相关诚信和执业档案，为上市后备企业聘请中介机构提供咨询和便利，降低企业上市成本，提供优质服务。

三、加快推进幸福城区建设，完善民生保障体系

率先基本实现现代化是人的现代化，着眼于人的生活质量的提高，着眼于人的幸福指数的提高。白下区面临着流动人口数量多、从事低端生活性服务业人员比重高、弱势群体比重大等一系列实际问题，随之而来的是较高比例的居民在收入水平、住房水平、受教育水平、医疗消费能力等方面均处于较低层次，这些情况正成为阻碍白下区率先基本实现现代化、妨碍居民幸福指数提高的短板。对此，必须从以下几方面着力加强民生保障建设，以弱势群体幸福感的提升带动区域群众整体幸福感的提升。

1.实施居民收入倍增计划、提高居民收入水平

提高居民收入、实现倍增是白下区民生现代化的第一要义，也是打造幸福城区的应有之意。面对白下区老龄化问题严重、中低收入家庭所占比例偏高、居民家庭收入增速缓慢、居民平均受教育程度较低、从业者职业低端化严重的现状，白下区必须在继续实施稳步增加居民工资性收入、经营性收入、财产性收入、转移性收入等传统措施的同时，采取更具针对性的特色增收举措，即把提高低收入阶层的收入作为工作的重中之重，有劳动能力的鼓励创业帮助就业，无劳动能力的加大帮扶力度，以此促进收入整体水平的提高。

一是抓好就业、提高居民工资性收入。一方面，通过产业结构优化升级，逐步提高中等薪酬行业在产业结构中所占比重，即从以贸易服务为主转向以生产性服务业、创新驱动的现代服务业为主，以管理人才、技术人才、创新型人才的增加带动全区工资性收入的提高；实施事业单位绩效工资改革；扩大中小企业工资集体协商建制率，建立健全工资增长机制，确保工资性收入稳步增长。另一方面，针对白下区情，加大就业援助力度。建立人企交流机制，以岗位补贴、社保补贴等手段鼓励企业优先招用城镇困难群体；实施"无技能就业培训计划"和"阳光工程"，提高劳动者素质与职业技能、促进劳动力供求双方有效对接；充分发挥公益性岗位作用，侧重对困难家庭大中专毕业生、"隐性失业"人员及刑释解教人员的安置，引导失业人员转变就业观念，通过再就业实现增收；采取"宽进快出"的激励措施，鼓励低保人员积极就业增收。

二是扶持创业，提高居民经营性收入。一方面，重点支持科技创业创新，全力推进紫金特别社区、中航科技城和大学科技园等各类创业载体建设，为创业者提供良好发展空间；进一步完善政策扶持、创业培训、创业服务一体化的创业工作体系，增强创业培训的针对性和实用性；加大对创业带动就业的资金扶持力度，完善创业服务体系建设，提高创业成功率和稳定率。另一方面，针对白下区情，鼓励、扶持有劳动能力的下岗失业人员和待业的大中专毕业生广辟创业门路，宜工则工、宜商则商，落实税费减免等扶持政策；在鼓励居民从事餐饮、零售业创业的同时，帮扶提高创业层次，带动就业。

三是引导投资、提高居民财产性收入。拓宽增收渠道，鼓励拥有两套以上住房的居民，通过出租、转让等获得收益；引导居民将资金投向规范化的债券、股票、基金、保险、不动产投资等领域，或通过间接融资方式，将资金投向回报率较高的行业，理性规避投资风险，最大限度分享投资收益，使财产性收入成为居民增收的重要增长点；落实对个人投资理财的税费减免等政策，逐步提高财产性收入在居民收入中的比重。

四是加强保障、提高居民转移性收入。一方面，加大财政转移支付力度，逐年提高养老、失业保险和低保金的发放标准，促进基本保障型向福利普惠型转变；建立健全退休人员基本养老待遇的正常调整机制。另一方面，针对白下区情，建立部门联动机制，保障老弱残人员在乘车、游览、文体、医疗和尊老金等方面的福利和优惠落实，多渠道帮助老弱残人员增收；细化落实党员干部、志愿者与特困家庭结对帮扶措施，有效提高特困家庭生活水平；倡导有能力的居民结对帮扶社区弱势群体，提高弱势群体获得赠送、赡养、社会救济等收入的机会。

五是改善人口结构、缩小居民收入差距。着力提升社区居住品质、打造优质教育品牌、加强基础设施及配套设施建设、营造积极创新创业的社会氛围，吸引区外人才到白下落户、就业、创业；以产业转型升级为契机，多渠道提高户籍人口受教育程度、职业技能，引导其转向高技术含量的高端职位，增加高收入人口比重。同时，积极发挥税收、捐助等制度对居民收入和财富的调节功能；加强法制与慈善宣传，调动成功企业家的积极性，呼唤社会责任，鼓励乐善好施，主动帮扶弱势群体改善生活，落实"提低、调高"的分配原则，缩小差距。

2.推进住房保障惠民工程、提高家庭住房成套比例

一是加快保障性住房建设进度。建成杨庄六号地块、经济适用房五期北扩和六期南扩等项目；提高廉租房配比率，解决低保无房户的廉租住房和低收入家庭住房困难问题；以公租房为依托，拓展住房保障内涵，贯通廉租房、公租房、人才房的政策渠道，构建全新的住房保障体系。

二是加大危旧房片区的改造力度。辖区内老旧小区较多，全区共有成片危旧房地区70多处，近8000户，占地40万平方米，需加快危旧房片区改造。根据老城区不同区位、地段，按照点、线、面的不同分类进行危旧房及城中村改造，坚持保护与利用、更新与复兴相结合的方针，保护历史文脉，控制和提升老城空间品质。

三是加强老旧小区的物业管理质量。将物业管理融入到街道、社区管理中统筹考虑，巩固物业管理矛盾投诉调解站、街道物业应急维修服务站、街道物业服务中心"两站一中心"建设；整合辖区内物业服务资源，引进市场化管理体制，加强监管，提升管理水平；对出新后的小区，尽量让其纳入正常的管理规范；对无物业管理的小区，具备封闭管理条件的，发动居民，成立"业主委员会"和"管委会"，加强自治管理；对零散小区，由街道物业管理中心进行巡岗管理，搞好基本服务。

3.实施健全教育体系工程、提高居民受教育水平

一是提升基础教育品质。幼儿教育方面，按照"优化公办园，发展民办园，提升集体园"思路，提升办园层次和水平，启动"科学育儿0岁—3岁婴幼儿早期发展示范基地"计划，制定并实施0岁—6岁婴幼儿早期教育规划。小学教育方面，坚持走继续拓展优势、开展特色教育、提高教学质量之路。加快东部地区小学建设，推进西部地区小学资源整合，依托名校带动普通校共同发展。中学教育方面，打造优质初中，建设全市有广泛影响的品牌学校；整合全区高中资源，重点建设1所现代化的综合改革高中和2所特色学科改革高中。职业教育方面，加大扶持力度，扩大职业教育生源数量，提高生源质量，增加职业教育投入，逐步实行中等职业教育免费制度。

二是完善助学保障工作机制。按照"政府统筹、部门协作、财政支持、多方筹资"的原则，建立完善从学前教育到高中阶段教育15年全覆盖的政府助学体系；完善大学生助学贷款项目，实施爱心圆

梦助学计划，资助区贫困家庭大学生顺利完成学业，实现困难学生资助政策的全覆盖，着力提升区内居民受教育水平。

三是加强继续教育体系建设。充分利用各级各类教育资源，完善面向全体居民的教育和培训网络；支持民办学校和培训机构创新办学体制和育人模式，努力提高质量、办出特色，满足群众多样化、多层次的教育需求；重点提高社区教育覆盖面、丰富社区教育课程和资源，培养社区教育服务志愿者，增加社区教育投入。

4.实施惠民医疗慈善工程、提高医疗资源千人指标

一是完善公共卫生服务体系。全面提升应对突发公共卫生事件和预防控制重大疾病的能力；以学科人才、体制机制、服务管理等内涵建设为重点，进一步加强全区公共卫生体系建设；重点理顺公共卫生机构的管理体制和运行机制，大力增强公共卫生专业队伍的技术水平和技术储备，建成上联市局、覆盖全区、功能完善、职责明确、反应灵敏、运转协调、持续发展的公共卫生体系。

二是完善社区卫生服务体系。按照“10分钟步行健康服务圈”要求，增设社区卫生服务站点，整合资源、优化卫生服务；筹建东部公共卫生分中心，强化公共卫生应急能力和重大传染病防范能力，充实东部地区公共卫生服务力量；把社区综合卫生服务工作重心从针对个体的单一医疗服务逐步向针对社区群体的预防保健服务转变，服务模式从被动等待病人上门向主动走进社区、走进家庭转变，服务过程要从断续的诊疗服务向连续的终生卫生保健服务转变；有计划开展家庭病床、户籍制保健、慢病管理、社区护理、热线电话咨询、健康教育、康复指导等形式多样的社区预防保健服务。

三是完善惠民医疗体系。进一步推进惠民医疗慈善化，尝试引入社会资本融入慈善医疗事业；力争实现对低保人群基本医疗的免费服务，实现基本药物制度在社区卫生服务机构的全覆盖；免费为有需求的贫困残疾人配发基本辅助器具和进行家庭无障碍改造。

5.实施社会保障救助惠民工程，提高困难群体幸福感

一是构建新型社会救助体系。建立以生活救助为基础，专项救助为辅助，社会互助为补充，慈善帮扶相配套的与区情民情相适应的新型社会救助体系；搭建社会救助工作平台，在各街道建立社会救助中心的基础上，实现部门参与、民政扎口、社会救助中心救助管理的新模式，将救助资源统筹安排、统一管理，有效的实现社会救助无缝隙、全覆盖。

二是提升社会保障水平。完善社会保险制度，建立退休人员基本养老保险金、失业保险金增长机制，扩大基本医疗保险受益面，提高基本药物医疗保险支付水平；建立与居民收入增长相适应的居民医保筹资标准和财政补助标准动态增长机制；完善物价上涨临时生活补贴联动机制。

三是积极发展慈善事业。重点培育和扶持一批规模较大、影响力强、公信度高、具有示范和辐射作用的慈善机构，创新慈善项目运作，实现慈善救助制度化、爱心捐赠网络化、物资调剂信息化、善款使用公开化，为困难群众按需提供爱心帮扶和爱心互助服务，实现社会慈善在民生领域的有效供给。

四是促进养老服务体系发展。加快养老机构发展，鼓励通过公办民营、民办公助、医养结合等形式兴办养老服务机构，满足不同层次、不同类型的养老服务需求；健全养老服务体系，促进建立以居家养老为基础、社区服务为依托、机构养老为支撑、信息服务为辅助，投资多元化、管理规范化、队伍专业化的社会养老服务体系；提高养老服务专业化、规范化、社会化水平，放大“银发家园”、“银发餐桌”、“松鹤驿站”等养老服务品牌效应；加强养老服务队伍建设，采取购买服务、资金补助、提供场所等政策措施，引导和鼓励社会组织、家政服务企业参与居家养老服务，培育和发展为老服务社会组织和志愿者队伍；探索推行“虚拟养老院”，开发开通集援助呼叫、助餐、助洁、助医、助行、助购为一体的“一键通”系统。

四、加快推进社会建设，创新社会管理体系

白下区作为传统的中心城区，城市功能完善、商贸商务发达、科教文化繁荣、社会建设和社会管理有良好的基础，但同时，也存在流动人口、困难群体、弱势群体、特殊人群数量多，危旧房、城中村面积大等特点，利弊两面反差明显，给辖区社会建设和社会管理提出了更现实、更严峻的课题。立足区情实际，目前白下区在社会发展方面率先基本实现现代化的重点工作即是通过有效的社会管理与高水平的社会服务来提高公众安全感、建设和谐社区。

1.畅通民意表达渠道、排查化解社会矛盾

一是建立健全民意表达渠道。将通过信访、社情民意联系日、12345平台等各类平台所反映出来的群众意见，予以定期排查、梳理，坚持经常性排查与集中排查相结合、区域性排查和行业性排查相结合、及时发现问题。

二是加强群众权益协调保障工作。建立完善公众听证、专家咨询论证制度，健全民主决策程序，充分发挥“两新”组织中党群组织作用，优先在“两新”组织内部化解矛盾。

三是建立专业化加社会化的化解工作机制。建立完善矛盾纠纷“大调解”工作平台，切实发挥各类专业机构和社会组织的作用，通过协调关系、疏导思想、理顺情绪、帮办实事、解决困难等方式，有效促进各类社会矛盾纠纷化解。

2.加强治安管理、打造和谐平安软环境

一是进一步加大对人员密集场所、重点要害部位、案件多发区域的人防、物防、技防等各种资源投入，编织街道路面、治安卡口、居民住宅、单位内部、阵地控制5张防控网络；以技防小区、技防家庭、技防场所建设为重点，积极构建技术更加先进、体系更加完善、管理更加科学、应用更加有效的科技防范格局。

二是完善群防群治工作。完善落实“十队联防”、“红袖标工程”、“星级物管评定”等举措，打造具有白下特色的治安防范新模式；在继续抓好平安街道、平安社区创建活动的同时，深入开展平安校园、平安医院、平安道路、平安工地、平安网络、食品安全六项系列创建活动，积极打造“平安白下”新品牌。

三是完善特殊人群管理服务工作。加强对社会闲散青少年、涉毒人员的帮教管控、心理疏导和分类服务工作，强化对高危人群管理；加强刑释解教人员出监(所)评估、安置帮教等工作的“无缝对接”，降低矫正对象重新违法犯罪率；继续完善“家庭、学校、社会”三结合的未成年人违法犯罪教育、挽救和管护工作机制，降低在校生违法犯罪率。

3.重点加强流动人口的服务管理工作

建立健全社区网格化管理的实有人口动态管理机制，把以证管人与以房管人、以业管人结合起来，全面实施流动人口居住管理、公共服务和社会保障"一证通"制度，在科技园区、企业内部，大力推广"三集中"（集中住宿、集中管理、集中服务）和流动人口"星级化、标志化、一袋式"服务管理模式，各街道利用市民服务中心平台，探索"新市民互动服务站"建设。

五、加快推进生态环境建设，形成可持续发展体系

白下区地处市区核心地段，随着城市化进程的加快，城区规模迅速扩大、区域人口快速增加、城市生产方式和生活方式发生转变，给生态环境建设带来巨大压力。主要包括：汽车尾气和城市施工扬尘造成的大气污染、生活生产规模扩大带来的水污染，服务业集聚带来的产业节能等问题。目前，应着力从以下几方面加强生态环保工作，建立绿色宜居白下。

1.加强污染治理工作

一是要加大空气污染治理力度。加强对施工、拆迁工地和渣土运输车辆的管理，建立落实车辆驶出工地的清洗制度，全面控制二次扬尘；推进机动车尾气达标治理；建立餐饮油烟在线平台监控，重点监测控制餐饮企业集聚街区的油烟污染。

二是加大水污染治理力度。以月牙湖整治为重点，带动区内其他河道整治；加强河道的清淤、整治和经常性管养；重点强化沿河两侧污水截流，建立比较完善的排水、引水和污水处理体系，基本消除污水下河的现象，形成"排水畅通、景观和谐、人水相亲"的城市水环境。

三是加大产业废物污染与节能减排工作。强化危险废物和放射源环境管理，安全处置辖区医疗单位医疗废弃物、工业危险废弃物；加强产业集聚区建设，促进资源集约利用；鼓励企业及时进行设备升级改造、采用节能型设备，降低耗能。

2.加强城市环境建设

一是架构绿色网络体系。通过沿河沿路绿带建设、公园广场绿块建设、社区小区基层绿地建设等条、块、点的建设，形成带块贯通、星罗棋布的"水清、流畅、岸绿、景美"的立体绿化景观，改善绿地分布和居民可达性，重点建设"明城墙、东南护城河风光带"以及"绕城公路—明外郭遗址风光带"。

二是突出基础设施建设。以建立高效、完善、功能配套齐全的城市基础设施系统为目标，重点加快道路网络体系建设、合理设置停车场，缓解社会及居民的"停车难"问题；实现东部地区垃圾中转站全覆盖，建立健全城区生活垃圾分类收集处理制度。

三是科学设置配套设施。采取分散与集中相结合的办法，逐步实现社区服务、文化体育健身设施、菜场、社区医疗卫生设施、物业管理、劳动保障、就业培训、社会救助等社区配套，充分发挥其便民性的功能。

四是继续加快小区出新改造。加快升州路、仓巷、大光路等地区破旧片区的改造，提升朝天宫、甘熙故居、明城墙风光带等历史片区环境的保护和改造，继续实施一批立面出新、平改坡改造工程，加快实施老旧住宅小区治安防范工程，抓好支街支巷改造和环境整体出新，提高居民居住质量。

第五章 白下区率先基本实现现代化体制机制保障

一、加强组织领导

区委、区政府成立由区主要领导任组长、分管领导任副组长、相关部门主要负责人为成员的全区率先基本实现现代化推进工作领导小组。领导小组下设办公室，具体负责指导协调、督查落实推进率先基本实现现代化的各项工作，建立统筹有序的推进秩序。领导小组每季度定期召开工作协调会，研究解决率先基本实现现代化进程中的重大问题，把握各部门负责发展指标的时序进度，部署阶段性重点工作。各部门制定详细的工作计划和实施意见，有步骤地积极推进，关注国内外发展趋势，不断学习吸收先进城市和发达地区的工作经验。

二、构筑政策体系

加快建立完善有利于推进率先基本实现现代化的体制机制和政策体系。对国家、省和市出台的相关政策措施进行全面梳理和整合、协调、对接，确保用足用好。针对率先基本实现现代化进程中出现的新情况、新问题，深入开展调查研究，重点围绕发展现代服务业、保障和改善民生、加强社会建设和社会管理等方面，抓紧制定完善并有效落实加快构建现代产业体系行动纲要、民生幸福行动计划、社会管理创新行动计划等相关政策。

三、建立目标倒逼机制

为确保率先基本实现现代化目标的顺利实现，通过详细分解工作目标任务，建立目标倒逼机制，进一步明确责任、形成压力、激发动力、拓展思路、提高效能与整体执行力，实现工作成果最大化。其一，以任务倒逼责任，即以任务分解倒推各级责任（领导责任、直接责任等），将率先基本实现现代化的目标任务分解倒推到相关区领导、部门、园区和街道，各责任单位一把手负总责、抓好落实工作，形成全员责任链，实施全面捆绑，"一荣俱荣、一损俱损"，牵一发而动全身，督促上下级加强协调配合，齐心完成目标；其二，以目标倒逼进度，即以率先基本实现现代化目标任务为起点，倒推每年、每季度、每月、每旬、每周直至每天的序时进度，在全区各个层面建立健全以日保旬、以旬保月、以月保季、以季保年的目标控制体系，促进年度各项工作目标的全面完成；其三，以督查倒逼落实，即加强过程性、动态性的督促检查，以通报、奖惩等手段推进任务落实，纠正执行偏差，提高质量效率，保障目标任务的顺利实现。

四、建立绩效考核机制

定期对各单位率先基本实现现代化工作落实情况进行统计分析和综合考评，并将考核评价结果记入党政领导班子、直接责任人的绩效档案，作为领导班子调整和干部选拔、奖惩的重要依据。目标考核遵循"严考核、重激励"原则，强化约束激励机制，对表现出色的个人、目标超额完成的单位，按等次给予奖励；对未完成目标任务及排名末位的单位，责令向区委、区政府书面报告原因，并视其情况给予诫勉谈话或通报批评，同时，严格实施责任倒查，对因工作拖延影响单位目标实现的个人予以问责。

表 1 白下区基本实现现代化进程测算表(按 36 个指标子项测算)

序号	指标名称		单位	省目标值(市目标)	权重	2010 年	2011 年	2015 年	2010 年实绩	得分
1	人均地区生产总值		元	100000	5.0	47333	53167	100000	47.33	*3.19
2	服务业增加值占 GDP 比重		%	53(56)	3.5	85.4	87.1	95	161.13	3.50
3	消费对经济增长贡献率		%	53(56)	3.0	85.4	87.1	95	100.00	3.00
4	城市化水平		%	68(83)	3.5	100	100	100	100.00	3.50
5	R&D 经费支出占 GDP 比重		%	2.8(4.5)	3.5	2.24	2.45	4.6	80.00	2.80
6	高新技术产业产值占规模以上工业产值比重		%	45(50)	3.0	51	55	75	113.33	3.00
7	自主品牌企业增加值占 GDP 比重		%	15	3.0	8	9.1	15.3	53.33	1.60
8	万人发明专利拥有量		件	12	2.0	7.06	9.28	29.15	58.83	1.18
9	人均预期寿命		岁	78	5.0	77.47	77.47	77.47	99.32	4.97
10	城镇居民人均可支配收入		元	55000	2.5	29429.5	32961	55000	53.51	1.34
11	城镇家庭住房成套比例		%	95	1.5				92.63	*1.39
12	每千人国际互联网用户数		个	1000	2.0				18.70	*0.37
13	社会保障水平	城乡基本养老保险覆盖率	%	98	0.8	97.5	98.0	100	99.49	0.80
		城乡基本医疗保险覆盖率	%	98	0.8	97.5	98.0	100	99.49	0.80
		失业保险覆盖率	%	98	0.8	97.5	98.0	100	99.49	0.80
		城镇保障性住房供给率	%	98	0.8	97	97.2	98	98.98	0.79
		每千名老人拥有机构养老床位数	张	30(40)	0.8	22	26	40	73.33	0.59
14	每千人拥有医生数		人	2.3(2.7)	2.0	2.50	2.55	2.90	108.70	2.00
15	主要劳动年龄人口平均受教育年限		年	12.2(12.4)	5.0	13.0	13.5	15.5	106.56	5.00
16	人力资源水平	每万劳动力中研发人员数	人年	60	2.0				0.00	*2.00
		每万劳动力中高技能人员数	人	600	2.0	450	480	650	75.00	1.50
17	基尼系数		—	<0.4	2.0	0.339	0.339	0.337	100.0	2.00
18	党风廉政建设满意度		%	80	2.0	90	90	90	100.00	2.00
19	法治和平安建设水平	法治建设满意度	%	90	1.5	81	85	90	90.00	1.35
		公众安全感	%	90	1.5	88	89	93	97.78	1.47
20	城市和谐社区建设达标率		%	98	2.0	50	80	100	51.02	1.02
21	文化产业增加值占 GDP 比重		%	6	2.0	7.89	7.99	9.00	131.50	2.00
22	人均拥有公共文化体育设施面积		m^2	2.8	2.0	1.531	1.531	2.120	54.68	1.09
23	单位 GDP 能耗		吨标煤/万元	0.5	5.0				100.00	1.00
24	主要污染物排放强度	单位 GDP 化学需氧量排放强度	千克/万元	<2.0	1.0	1.2000	1.0350	0.4980	100.00	1.00
		单位 GDP 二氧化硫排放强度	千克/万元	<1.2	1.0	0.0086	0.0074	0.0034	100.00	1.00
		单位 GDP 氨氮排放强度	千克/万元	<0.2	1.0	0.3850	0.3310	0.1590	100.00	1.00
		单位 GDP 氮氧化物排放强度	千克/万元	<1.5	1.0	0.0057	0.0049	0.0022	100.00	1.00
25	空气质量优良天数比例		%	95	3.0	85	85	95	89.47	2.68
26	III 类以上地表水比例		%	60	3.0				70.00	*2.10
27	城镇绿化覆盖率		%	40(45)	1.5				0.00	*1.50
					82.0					66.33

注:目标值一栏带()的市目标值是中共南京市委第 64 号文设置的南京市目标值,此表中的实现度仍按南京市下发的进程测算表分析,带 * 的指标得分数表示暂未统计或白下区无法统计的用市值代替的指标。

表 2　　白下区年度监测综合考核表（区县考核）

分类	序号	指标名称		单位	指标权重	2010 年实际	2011 年预计	备注
共性（60%）	1	人均地区生产总值						
		考核指标	地区生产总值	亿元	1	279	319	
			★地方一般预算收入	亿元	4	26.9	31.4	
			全社会固定资产投资	亿元	2	94	85	市
	2	服务业增加值占 GDP 比重						
		考核指标：★服务业增加值		亿元	5	240.7	278	
	3	软件和信息服务业收入（南京市特色指标）		亿元	4	39.8	55	市
	4	消费对经济增长贡献率						
		考核指标：社会消费品零售总额		亿元	1	409.6	475.1	市
	5	R&D 经费支出占 GDP 比重						
		考核指标：本级一般预算支出中科学技术支出比例		%	2	2.8	3	市
	6	工程技术研究中心数（南京市特色指标）		家	2	1	1	市
	7	新增世界 500 强和中国 500 强企业研发机构数（南京市特色指标）		家	2		1	市
	8	自主品牌企业增加值占 GDP 比重						
		考核指标：新增自主品牌企业数		家	2		3	市
	9	万人发明专利拥有量						
		考核指标	发明专利申请量	件	1	1155	1550	市
			发明专利授权量	件	2	327	430	市
	10	★城镇居民人均可支配收入		元	5	29429	32961	市
		增加考核指标：新增就业人数		人	2	15925	17700	市
	11	每千名老人拥有机构养老床位数						
		考核指标：养老机构新增床位		张	2		450	市
	12	主要劳动年龄人口平均受教育年限		年	3	12.66	12.77	市
	13	每万人劳动力中研发人员数						
		考核指标	领军型科技创业人才	人	3		18	市
			科技创业家培养数	人	2		3	市
			千人计划创业创新人才集聚数量	人	2		1	市
			研发人员数	人	1			市
		每万劳动力中高技能人员数		人年	1			市
	14	公众安全感		%	3	88	89	市
	15	城市和谐社区建设达标率		%	3	50	80	市
	16	城市和谐社区建设达标率		%	3	7.89	7.99	市
	17	城区生活垃圾分类收集覆盖率（南京市特色指标）		%	2			市
个性（40%）	18	主导产业发展	商贸商务属地纳税亿元楼宇	栋	5	2	3	
			商贸商务业实现税收收入	亿元	5	12	14	
			金融业新引进各类金融机构数	家	5	3	4	
			新一代信息技术（电子商务、智能交通、物联网、云计算）收入	亿元	5	25	35	
	19	重点功能载体	新街口金融商务省级现代服务业集聚区营业收入	亿元	5	210	248	
			新街口金融商务省级现代服务业集聚区投资	亿元	5		8	
			紫金（白下）科技创业特别社区投资	亿元	5		6	
			紫金（白下）科技创业特别社区新增载体面积	万平方米	5		8	

注：加★指标为核心考核指标。

表3 白下区率先基本实现现代化考核指标体系(53个指标子项)

类别	序号	指标名称		单位	目标值	2010	2011	2015	2010实现程度
共性指标	1	地区生产总值		亿元	600	279	319	600	46.5
		一般预算收入		亿元	53.2	26.9	31.4	53.2	50.6
		全社会固定资产投资		亿元	80	94	85	80	100
	2	服务业增加值		亿元	570	240.7	278	570	42.2
	3	社会消费品零售总额		亿元	860.3	409.6	475.1	860.3	47.6
	4	本级一般预算支出中科学技术支出比例		%	4.5	2.24	2.45	4.6	80.00
	5	高新技术产业产值占规模以上工业产值比重		%	45	51	55	75	100
	6	自主品牌企业增加值占GDP比重		%	15	8	9.1	15.3	53.3
	7	万人发明专利拥有量		件	12	7.06	9.28	29.15	58.83
	8	人均预期寿命		岁	78	77.47	77.47	77.47	99.32
	9	城镇居民人均可支配收入		元	55000	29429.5	32961	55000	53.5
	10	社会保障水平	城乡基本养老保险覆盖率	%	98	97.5	98	99.5	99.5
			城乡基本医疗保险覆盖率	%	98	97.5	98	99.5	99.5
			失业保险覆盖率	%	98	97.5	98	99.5	99.5
			城镇保障性住房供给率	%	98	97	97.2	97.8	99
			每千名老人拥有机构养老床位数	张	30(40)	22	26	40	73.3
	11	每千人拥有医生数		人	2.3(2.7)	2.5	2.55	2.9	100
	12	主要劳动年龄人口平均受教育年限		年	12.2(12.4)	13	13.5	15.5	100
	13	人力资源水平	领军型科技创业人才	人	77	30	55	77	39
			科技创业家培养数	人	4	4	4	4	100
			千人计划、双创人才集聚	人	3	1	2	3	33
			每万劳动力中高技能员数		600	450	450	650	75
	14	党风廉政建设满意度		%	80	90	90	90	100
	15	法治和平安建设水平	法治建设满意度	%	90	81	85	90	90
			公众安全感	%	90	88	89	93	97.8
	16	城市和谐社区建设达标率		%	98	50	80	95	51
	17	文化产业增加值占GDP比重		%	6	7.89	7.99	9.0	100
	18	主要污染物排放强度	单位GDP化学需氧量排放强度	千克/万元	2.0(<1.0)	1.2000	1.0350	0.4980	100
			单位GDP二氧化硫排放强度	千克/万元	< 1.2	0.0086	0.0074	0.0034	100
			单位GDP氨氮排放强度	千克/万元	< 0.2	0.3850	0.3310	0.1590	53
			单位GDP氮氧化物排放强度	千克/万元	< 1.5	0.0057	0.0049	0.0022	100
	19	城镇绿化覆盖率		%	40(45)	32.8	32.9	33.3	0.00
个性指标	20	重点功能载体建设	新街口金融商务省级现代服务业集聚区营业收入	亿元		210	248		
			新街口金融商务省级现代服务业集聚区投资额	亿元			8		
			紫金(白下)科技创业特别社区投资	亿元			6		
			紫金(白下)科技创业特别社区新增载体面积	万平方米			8		
			文化遗产挖掘、修缮、推进数	个					
			文化产业街区挖掘、修缮、推进数	个		14			
	21	主导产业发展	商贸商务属地纳税亿元楼宇	栋		2	3	10	
			商贸商务属地纳税五千万元楼宇	栋					
			商贸商务业实现税收收入	亿元		12	14		
			总部型企业数	个				10	
			金融业新引进各类金融机构数	个		3	4		
	22	优势产业发展	科技服务业收入	亿元				20	
			总部型和连锁型文化企业数	个					
			文化创意产业营业收入	亿元				120	
			新街口电子商务业销售额	亿元				400	
			新一代信息技术业收入	亿元				100	
			研发设计业收入	亿元				85	
	23	社会建设发展	公益创投项目	个					
			街道市民服务中心建成率	%					
			社区志愿者注册率	%					
			社会领域党组织覆盖率	%					

注：括号内的指标是中共南京市委第64号文设置的南京市目标值，在此标注。在个性指标设置的过程中有部分指标还有待商榷，并且2010—2015个性指标数值的确定与权重设置还需与部门进一步商议，在此仅列出现代化需要实现和需要努力的个性指标和部分指标值。

表 4 **各类指标分布表**

序号	预计可实现的指标	优势指标	薄弱指标
1	地区生产总值	高新技术产业产值占规模以上工业总产值比重	服务业增加值
2	一般预算收入	每千人拥有医生数	城镇居民人均可支配收入
3	全社会固定资产投资	主要劳动年龄人口平均受教育年限	*城镇绿化覆盖率
4	社会消费品零售总额	科技创业家培养数	
5	本级一般预算支出中科学技术支出比例	党风廉政建设满意度	
6	万人发明专利拥有量	文化产业增加值占 GDP 比重	
7	自主品牌企业占 GDP 比重	单位 GDP 化学需氧量排放强度	
8	人均预期寿命	单位 GDP 二氧化硫排放强度	
9	城乡基本养老保险覆盖率	单位 GDP 氮氧化物排放强度	
10	城乡基本医疗保险覆盖率		
11	失业保险覆盖率		
12	城镇保障性住房供给率		
13	每千名老人拥有机构养老床位数		
14	每万劳动力中高技能人员数		
15	领军型科技创业人才		
16	千人计划、双创人才集聚		
17	公众安全感		
18	法治建设水平		
19	城市和谐社区建设达标率		
20	单位 GDP 氨氮排放强度		

注：薄弱指标中加*号的指标在区县综合考核表中已不属于对于白下区年度监测的范围

表 5 **未来五年服务业增加值发展**

年份	实际可能总量(亿元)	实际可能增幅(%)	完成目标所需总量(亿元)	完成目标所需增幅(%)
2011	278	14.90	278	14.90
2012	321	15.40	322	16.00
2013	374	16.50	396	23.10
2014	436	16.50	473	19.30
2015	512	17.40	570	20.60

大事记

1 月

5 日 政协南京市白下区第十届委员会第四次会议在区机关五楼大会堂开幕。200 余名政协委员出席会议，区各民主党派基层组织负责人、区机关有关部门负责人列席会议，区委、区人大、区政府、区纪委全体领导及区检察院主要领导，各街道政协工委主任应邀参加会议。区委书记陆平贵到会祝贺并讲话。区政协主席陈斌代表政协白下区第十届委员会常务委员会向大会作工作报告。区政协副主席吴建雄受十届区政协常委会委托向大会作提案工作报告。

6 日 南京市白下区第十六届人民代表大会第四次会议在区机关五楼会议中心开幕，来自全区各行业的人大代表、列席和邀请人员 500 余人参加会议。代区长曹永林作《政府工作报告》，报告总结回顾 2010 年政府工作。

6 日 全省首家由企业创办的诗画院“江南诗画院”在白下区光华创意园挂牌成立。

6 日 区总工会“建立社区工资集体协商指导站，推进工资集体协商工作”项目获全省厂务公开民主管理创新实践成果二等奖。

7 日 副市长郑泽光一行到白下区检查文化场所安全工作。

8 日 区妇联组织驻区女企业家开展“献爱心、送温暖”资助贫困单亲母亲活动。

10 日 白下区惠民医疗慈善化创新举措受到社会关注，中央人民广播电台《新闻和报纸摘要》栏目首条播放“南京惠民医院率先开展慈善医疗的创新实践”专题报道，香港《大公报》整版刊载《创中国慈善医疗“南京模式”，南京市红十字医院首开内地慈善医疗先河》。同时，南京市惠民医院还作为内地唯一慈善单位，应邀参加“两岸四地慈善文化论坛”，并作汇报，受到与会企业家、慈善家和爱心人士关注。

12 日 区纪委编印《党风廉政制度汇编》，该汇编分为法律法规、廉洁从政、监督管理、追究惩处、规范市场、其他综合 6 大类，共辑入中央，省市区反腐倡廉规章制度 59 项。

13—24 日 白下区举行“相聚五环旗下，迎接青奥盛会”——南京市奥林匹克会旗传递活动。

15—16 日 国家文物局博物馆专家组组长吕济民到区考察市博物馆、朝天宫古玩市场、市民俗博物馆、金文云锦艺术研究院，听取副区长车明军关于区情及文化发展情况的介绍，吕济民对白下区文化遗产的有序保护给予肯定。

18 日 区司法局组织律师深入农民和外来务工人员较集中的光华路街道银龙花园，向白下区域居民和流动人口宣传有关征地拆迁、土地纠纷、讨要工资等方面的法律法规，并接受法律咨询，同时发放各类法制宣传资料 1000 余份。

20 日 区委召开九届三十九次全体(扩大)会议。

22 日 区委统战部、区工商联组织开展“光彩事业社区行”活动。全区 210 家民营企业与社区困难居民结对扶贫，共提供就业岗位 1039 个，提供技能培训 1699 人，并向困难群众捐赠款物 234 万元。

25 日 区政协第十届第三十次主席会议召开。

25 日 区投资促进中心正式投入使用。该中心位于区政府行政服务中心 3 楼，面积近 800 平方米，设有招商信息发布厅、招商洽谈接待室、招商项目推介厅、会议室、公共办公区。区招商信息平台并网开通，该信息平台包含区商务楼宇、地块开发、都市园区等招商项目的基本资料、招商意向及资源导航地图，对外发布各类招商项目、投资信息、优惠政策、区域规划和经济发展战略。

25 日 南京市大学生创业教育与实训研讨会在兰翎就业创业园举办，10 家大专院校、10 家创业实训基地的代表以及相关部门领导应邀参会。

26 日 最高人民检察院检察长曹建明一行在省政法委书记林祥国、省检察院检察长徐安、南京市市长季建业、市政法委书记刘志伟、市检察院检察长葛晓燕、白下区委书记陆平贵等陪同下，参观区检察院荣誉室、廉政宣传栏，了解该院案件管理中心案件管理流程及机构设置情况，观看案件管理网络系统软件演示，并详细询问案件管理重点关注的案件、流程管理、涉案款物管理等情况。

26 日 白下区开始兑现持证退休企业职工一次性奖励金，首批兑现 22844 人，共 8223.84 万元，其中区级财政承担 4934 万元。

29 日 元旦、春节期间，白下区组织开展以“情暖白下、共享阳光”为主题的“暖冬行动”。全区筹集慰问资金 1087 万元，救助慰问 1.9 万户 3.1 万人。

31 日 区药监局专项检查辖区 8 个“安全用药服务点”工作。

2 月

1 日 金鹰三期拆迁项目全面完工。该项目北临汉中路，西靠螺丝转弯路，东临金鹰国际商城，南靠金鹰国际花园，占地面积2536.8平方米，拆迁面积4326平方米，涉及被拆迁居民83户、工企单位2家。

1日 副省长史和平一行检查新街口中央商场节前安全工作。

2日 副市长徐珠宝带队检查新街口商贸区烟花爆竹有限开禁工作。

9日 白下区举行续广军、黄和平、李培清先进典型事迹报告会。

9日 全市第一家公立性康复专科医院在白下区白下医院挂牌成立。

10日 白下区召开机关作风建设暨党风廉政建设大会。区各套班子领导，区机关各部门、各系统、各街道科以上干部以及区党风监督员、特邀监察员500余人参加会议。

11日 副市长李琦一行来到白下区环北市场，就打击侵犯知识产权和制售假冒伪劣商品开展专项检查。

15日 区文化局联合区公安分局经侦大队、洪武路派出所和光华路派出所，组织开展打击侵犯知识产权和制售假冒伪劣商品行为的专项行动。此次行动出动执法人员30名，警车4台、文化行动执法车2台，累计收缴涉嫌盗版音像制品21773张，其中侵权盗版音像制品14101张。

17日 区文化局在郑和公园举办第三届民俗嘉年华活动。此次活动是白下区率先在全市将元宵节活动与非遗工作结合起来，主要通过非遗项目展示、技艺表演、民间手工艺展示等形式，突出文物保护主题，增强百姓非物质文化遗产保护意识。

18日 区政协召开第十届第十九次常委会议。审议确定区政协2011年常委会议和主席会会议议题，2011年调研课题及15件重点提案，各专委会、各街道政协工委2011年工作计划，并听取提案委关于第十届第四次会议提案收集、立案情况汇报。

20日 区就业管理中心与大光路街道劳保所联合举办以“保障民工权益，促进城乡和谐”为主题的广场咨询和现场招聘活动。15家用人单位提供600余个工作岗位，67人与用工单位达成就业意向，300余名外来务工人员就社会保险、劳动维权等方面进行政策咨询。

22日 市委书记朱善璐，市委常委、市社会建设工委书记许慧玲一行到白下区石门坎社区卫生服务中心和区老年公寓，就加强和创新社会管理工作进行专题调研。

24日 区文化局启动李鸿章祠堂大小照壁抢救性维修工作。李鸿章祠堂位于白下区四条巷77号，建于清光绪二十七年(1901年)，占地8784平方米，为市级文物保护单位。

25日 白下区启动2011年全区污染源普查动态更新调查工作。

25日 区十六届人大常委会召开第四十次主任会议，讨论确定2011年区人大常委会工作要点及2011年区人大常委会会议、主任会议议题。

28日 省政协社会法制委员会主任吴汝信一行6人参观市博物馆、金陵刻经处。

3 月

2日 江苏省科学技术协会党组书记、常务副主席徐耀新一行在市科协副主席沈平陪同下，考察白下区后标营小学“三模”(空模、海模、车模)科技活动场所、月牙湖街道富丽山庄社区国家级青少年科学工作室和社区科普大学。

4日 截至2010年年底，全区共有预算单位142家，其中行政单位53家，事业单位89家。财政供养人员15281人，其中在职6999人，离退休8282人。在职人员中，行政单位1639人，事业单位5360人；离退休人员中，行政单位684人，事业单位7598人。

4日 区人力资源和社会保障局、区总工会、区妇联联合举办“庆‘三八’架金桥，春风送岗位”下岗失业女性专场招聘会，51家企业单位提供400余个岗位，120多位失业人员与单位达成就业意向。

5日 “学雷锋，迎青奥，讲文明，树新风”——白下区学雷锋宣传服务月活动启动仪式在新街口正洪广场举行。

5日 区商务局联合市旅游园林局、南京晨报社在汉中门广场举办以“品质旅游、诚信旅游、文明旅游”为主题的旅游服务进社区活动。

6日 区人民防空办公室在已建和在建民防工程安装“标志牌”和“指示牌”，便于市民在应急情况下准确识别和及时使用人防工程。

7日 市政协副主席王建华一行6人到白下区视察指导工作。

8日 市环保委员会带领由市委组织部、市纪委、市经委和市环保局等单位专家组成的考核小组，检查考核白下区的区长环境保护工作目标完成情况。

8日 省、市、区三级知识产权局联合在辖区内金润发、苏果超市开展打击侵犯知识产权和制售假冒伪劣商品专项行动。

9日 由江苏省交通规划设计院有限公司等参与完成的“千米级斜拉桥结构体系、设计及施工控制关键技术”项目获国家科学技术进步一等奖。

12日 区投促局开展驻区日企在日本总部地震受灾情况摸底工作。

13日 由省、市消费者协会主办，区政府协办，南京新百承办的“消费与民生”国际消费者权益日咨询服务活动在新街口正洪广场举行，102家厂家、商家参加活动。

15日 南京生命源医药实业有限公司落户白下高新技术产业园区。项目占地约0.57公顷，总投资8000万元，主要建设公司总部及其管理中心、营销中心。

16日 副市长李琦一行视察白下区科巷菜场。

16日 白下区召开全国和谐社区标准化研究工作组专家研讨会，探讨《全国和谐社区建设示范城区(市)指导标准(试行)》，并提出修改意见。

16日 市委政法委副书记、市综治办主任李积平一行调研白下区政法综治基层基础工作。

16日 白下区启动2011年全区综合整治餐饮业环境污

染工作。

17 日 区政协召开第十届第三十一次主席会议，政协领导视察全区食品、药品监管情况并听取区药监局有关工作情况通报。

17 日 市民政局局长陈学荣率队考察白下区颐年老年康复中心、军休六所、金泰社区居家养老服务中心、瑞金新村社区等单位工作情况。

18 日 白下区召开被征地人员社会保障工作大会。

20 日 市委书记朱善璐一行视察朝天宫街道堂子街地区，了解堂子街地区经营业态和棚户区人口分布状况，查看朝天宫西街古玩店、堂子街旧货交易市场、堂子街雨污分流出新工地和石鼓路西段棚户区，并与周围群众就改善人居环境、道路绿化、秦淮河整治等问题进行交流。

22 日 省、市科协全国科普示范城区检查组一行 7 人，检查验收白下区创建 2011—2015 年全国科普示范城区工作情况。

23 日 国家无障碍立法调研组到白下区检查调研残疾人无障碍建设工作，走访慰问月牙湖街道残疾人家庭，检查残疾人家庭无障碍设施建设情况，询问了解无障碍设施进家庭落实情况。

25 日 白下区开展公开选拔区管领导干部工作。

25 日 区政协召开提案工作会议，通报第十届第四次会议提案收集、立案情况。

26 日 区文化局和区公安分局治安大队联合执法，突击检查辖区电子游戏机室，取缔位于朝天宫西街 75 号的 1 家无证游戏机室。此次检查出动执法人员 13 名，警车 2 台，文化市场执法车辆 1 台，收缴电子赌博机 28 台。

28 日 民建南京市委在白下区成立总支部，下辖 3 个支部，有 67 名会员。

29 日 区第十六届人大常委会召开第二十三次会议，听取审议区司法局局长王明华受区政府委托所作的关于"五五"普法验收和"六五"普法规划情况的报告，讨论决定有关人事任免事项。

29 日 市供销合作总社与江苏天盾农副产品有限公司合作，在白下区金城大厦建立"南京区域名特优农副产品购销平台"，主要从事菜市场连锁经营、名特优农产品展销与批发、农产品物流配送等业务。该平台以打造关乎民生的优质"菜篮子工程"为目标，通过建立从田头到餐桌的农产品质量安全控制和保证体系，为市民提供安全放心、价格合理、品种齐全的农产品，同时也提供就业岗位。

31 日 白下区妇女儿童委员会召开"十二五"妇女儿童规划意见征询会，听取部分人大代表、政协委员、中共代表、民主党派、宗教界人士及专家学者对区"十二五"妇女儿童发展规划(征求意见稿)的意见和建议。

4 月

6 日 区委召开九届四十次全体会议。

8 日 市委常委、副市长郑泽光一行专题调研白下区文化工作，走访区图书馆、郑和公园文化广场及郑和纪念馆、乐博琴行和月牙湖街道文化站，听取区文化事业和文化产业发展情况汇报。

9 日 市委书记杨卫泽到白下区蓝旗新村社区，了解社区概况、社区建设和社区服务等情况，实地查看社区关工委、图书馆、文体娱乐厅、爱心互助超市和允德乐龄居家养老服务中心，并就社区用房、社工福利待遇、社区老年化服务等问题进行交流。

9 日 白下区公开选拔处级领导干部笔试在区委党校举行，通过资格审查的 77 人参加考试。

10 日 白下区召开专题会部署中小学、幼儿园和老年公寓应急管理工作。

11 日 白下区红十字会在南农大开展宣传无偿捐献造血干细胞活动，现场有 50 人采样入库。

12 日 2010—2011 学年，区教育局累计资助家庭经济困难的普通中、小学和幼儿园学生 1313 人 59.14 万元。2010 年，累计发放中等职业学校助学金 2593 人 192.20 万元，免家庭经济困难学生学费 185 人 29.94 万元；发放江苏省生源地信用助学贷款 37 人 51.96 万元。

13 日 南京市暨白下区 2010 年退役军人专场就业推荐会在区人力资源市场举办。45 家用人单位提供 800 余个岗位，1000 余名符合条件的南京籍退役士兵参加选择，有 260 余名退伍军人与用人单位达成初步就业意向。

13 日 白下区志愿者唐静文成功为 1 名白血病患者捐献骨髓干细胞，成为白下区第一例干细胞捐献者。

13 日 月牙湖街道流动人口管理率先实行出租屋星级管理和出租大户自我管理模式。

14 日 《白下区国民经济和社会发展第十二个五年规划纲要》编制完成。全文共分 5 个篇章，明确全区未来 5 年发展的总体目标与主要任务。

14 日 首届"南京市小学教师专业发展日"活动在南京市游府西街小学举行，来自全市各区县 200 余名校长观摩了活动。活动展示全市各所名校在教师专业发展过程中的优秀做法和成功经验。

15 日 白下区邀请南京证券副总裁范慧娟、投资银行部高级经理何品杰等专家，对驻区 30 余家企业开展"新三板"上市培训工作，促进驻区创新型中小企业积极利用多层次资本市场，获得更高的发展平台。

16 日 根据区公开选拔处级领导干部笔试成绩产生的 7 个公选职位 36 名考生参加面试。此次面试试题全程委托市考试中心命制，采取现场答辩方式，着重考察应试者的政策理论水平和综合分析、组织协调、决策创新等能力。面试期间，对考生实行全封闭管理，并由区纪委全程监督。

19 日 白下区召开"不放心"高层建筑火灾隐患挂牌督办工作部署会。会议围绕全区 44 幢"不放心"高层建筑火灾隐患进行专题布置，明确隐患整改责任分工。

20 日 光华路街道采取多项措施做好确保辖区 8000 余名新、老被征地人员保障工作。

20 日 中国科协青少年科技中心主任李晓亮一行到月牙

湖街道富丽山庄社区进行调研，视察社区名人苑、科普画廊、青少年科普工作室、科普阅览室和科普示范楼栋，听取有关社区科普工作情况汇报。

20日 市委常委、政法委书记刘志伟调研白下区司法行政工作，实地查看区司法行政服务中心，听取区司法行政工作情况汇报。

20日 白下区统计局开展区第一次全国水利普查工作，制定普查工作方案和进度安排，召开部署会议对全体普查对象进行集中培训，就普查表填报工作提出要求。

21日 国家教育部发展规划司基建管理处处长林志华、联合国儿童基金会教育官员陈学峰博士，在江苏省教育厅及南京市教育局相关领导的陪同下，视察南京市第一幼儿园整体文化环境建设。

21日 市档案局党组书记张颖一行4人到白下区检查、指导档案工作。

21日 副市长郑泽光视察瑞金新村社区妇女儿童工作。

22日 白下区召开加快推进新街口（白下）金融商务区发展座谈会。

24日 由区委组织部、区科技局、区人力资源和社会保障局、白下高新园区联合主办的“2011年南京·白下百企千岗高层次人才招聘会”在南京航空航天大学体育馆举行。134家单位推出招聘岗位约2600个，3000余名求职者进场，向用人单位递交个人材料1692份，意向达成录用协议近800人。

24日 国家人口和计划生育委员会纪检组长勾清明率队视察白下区计划生育工作。

25日 朝天宫地下停车场投入试运营。该停车场建筑面积5500平方米，设置131个车位，有效缓解朝天宫周边停车难问题。

26日 区委书记陆平贵率队赴深圳专程拜访、考察有意向到白下区投资的深圳企业总部。

26日 区政协召开第十届第三十二次主席会议，听取区发改局关于促进新兴产业发展相关政策制定情况的通报，并进行讨论。

26日 第四届“和谐白下大戏园·扬剧展示年”系列活动在郑和公园举行。

26日 南京捷诺环境有限公司环境与可靠性检测中心顺利通过CNAS（中国合格评定国家认可委员会）实验室认定，并通过DILAC（国防科技工业实验室认可委员会）现场评审，成为白下高新产业园区首家符合国际标准化组织（ISO）及国际电工委员会（IEC）认定《检测和校准实验室能力的通用要求》的检测实验室。

27日 全国科普示范城区检查组长刘国民率队检查验收白下区创建2011—2015年全国科普示范城区工作情况。

28日 区物价局年审全区142家收费单位（其中：教育系统83个，卫生医疗单位30个，其他单位29个），合格率100%。2010年，全区行政事业性收费额44869.29万元，比2009年增加6988.56万元，上升18.44%。

29日 白下区联合南京航空航天大学组织开展科技合作协议签字仪式暨科技成果转化对接活动。

29日 区第十六届人大常委会召开第四十二次主任会议，听取区物价局局长王龙江受区政府委托所作的《区政府关于物价管理工作情况的汇报》。

5月

3日 深圳茂业集团董事局主席黄茂如一行到白下区考察。

4日 市政府副秘书长、信访局局长孔祥勇一行到白下区调研信访积案化解攻坚暨百日集中整治工作。

4日 白下区召开社区检察室成立大会。

5日 区综治办、区教育局、区卫生局、公安分局组成联合检查组，检查全区中、小学校及幼儿园校园周边治安环境、技防监控、消防通道、食堂公共卫生等情况。

5日 光华路街道开展“村财街管”工作。

5日 国家人口和计划生育委员会人事司司长金小桃率“强基提质”调研组到白下区考察，听取白下区部门联动、密切配合、互通信息的服务、管理、宣传“一体化”模式介绍，了解区婚姻登记及人口老龄化情况，实地查看月牙湖街道世代服务站。

5日 由区物价局、月牙湖街道、江苏春辉农业开发有限公司联合组织开展的“惠民蔬菜进社区、价格服务暖人心”活动在富丽山庄社区启动。春辉农业开发有限公司将蔬菜生产企业生产的14个品种的3000余公斤新鲜蔬菜，以低于市场20%至40%的价格向社区居民直接销售。

6日 白下高新技术产业园区投资担保公司、南京百业投资担保有限公司、南京元通投资担保有限公司、江苏薛氏高盛信用担保有限公司、江苏广厦投资担保有限公司等16家注册资金5000万元以上企业通过全省融资性担保机构资格审查，获得经营许可证。

8日 区环保局开展医疗危废处置专项检查行动，检查63家医疗单位医疗危废管理制度的落实、库房设置、处置规范等，依法查处11家存在标志不规范、没有设置危废暂存库房、管理台账零乱等问题的医疗单位。

9日 白下区完成2010年规范性文件清理后的文件修订工作，修订《白下区专职社区工作者工资补贴待遇标准调整办法》《白下区特殊困难群众救助办法》等4项规定。

10日 中山门社区以“喜迎青奥，欢庆建党90周年，弘扬七彩社区文化”为主题，举办“七彩文化驿站”首届艺术节暨和谐大戏园文艺展演活动。

10日 区民办教育管理办公室在辖区22家民办教育单位组织开展督导、评估和检查工作，进一步规范民办教育办学行为，促进民办教育事业健康发展。

11日 国家民政部基层政权与社区建设司副司长王金华视察蓝旗新村社区服务和劳动保障及全国和谐社区标准制定进展情况。

13日 白下区组织2010年下半年以后新提拔区管干部进行集体勤政廉政谈话。

14日 白下区开展第二十一个“全国助残日”活动。区委、区政府向纳入低保的地区重度残疾人捐赠彩电319台，向贫困家庭残疾人捐赠轮椅等辅具452件，向区育智学校捐赠2万元康复器材。

15日 白下区完成第六次全国人口普查工作。该次普查以2010年11月1日零时为标准时点，初步汇总数据显示，全区常住人口602031人。其中，五老村街道72886人，洪武路街道109394人，大光路街道78482人，瑞金路街道75754人，月牙湖街道70551人，光华路街道84108人，朝天宫街道110856人。

16日 团市委书记郑玲玲调研瑞金新村社区志愿服务工作。

16日 白下区举办为期2天的中共党外后备干部培养对象专题培训班，邀请专家教授作“新世纪新阶段统一战线理论与方针政策”、“多党合作基本知识与新世纪新阶段党外干部肩负的责任”等专题辅导，18名党外后备干部培养对象参加培训。

17日 白下区引进的吴小聪等8名高层次人才接受市“紫金人才计划”评审考察。

18日 由市纪委、市委组织部组成的市委督查组到白下区检查指导严肃换届纪律工作。

18日 阜宁县优质生态农产品直销门店进驻白下区。

18日 白下区召开“小金库”专项治理工作会。会议通报2年来全区“小金库”专项治理工作情况，并对当年继续深化和推进“小金库”治理工作作动员部署。

19日 “白下区残疾人就业创业实训基地”挂牌成立。该基地以兰翎就业创业园为依托，建筑面积13000平方米，集技能培训、介绍就业和扶持创业为一体，主要面向全市各类残疾人特别是重度残疾人，开展就业创业实训工作。

19日 朝天宫街道联合区科协、科技局及省中医院，在汉中门广场举办以“携手建设创新型城区”为主题的第二十三届科普宣传周活动。

20日 市机构改革评估检查组评估白下区2010年度政府机构改革工作情况。

20日 沃尔玛超市、向阳渔港大酒店等10家单位完成“千百”诚信计量企业申报工作。

20日 白下区红十字会联合市红十字会、市邮政局、市血液中心等单位，在新街口万达广场举办“感谢您，赠送生命礼物的使者”暨南京市无偿献血个性化小全张邮票首发仪式。

21日 白下区四方新村社区在其辖区内四方新村小学举行防震演习活动。学校以班为单位，由民防老师对学生讲解防震知识并开展疏散演练。

23日 区政协召开第十届第三十三次主席会议，听取区经济和信息化办公室关于区软件产业发展情况的通报，并进行协商讨论。

24日 区政协召开第十届第二十次常委(扩大)会议，听取区投促局关于白下区招商引资工作情况的通报，并进行协商讨论。

26日 白下区召开“智慧新街口”移动商圈项目调研论证座谈会，听取项目实施单位打造以“智慧新街口”移动商圈为主的公共信息服务平台项目情况介绍，并围绕引导新街口地区商家参与移动商圈电子商城建设、搭建相关网站满足居民消费休闲需求、提升政府对新街口省级现代服务业集聚区的管理水平和产业集聚等问题进行了交流。

28日 副市长徐珠宝到蓝旗新村社区，调研公安“车管进社区”工作进展情况。

30日 市委书记杨卫泽到南京市第一幼儿园考察幼儿教育工作。

31日 区第十六届人大常委会召开第二十四次会议，听取审议区卫生局局长李元淮受区政府委托所作的《关于加强公共卫生服务体系建设工作情况》的汇报；讨论决定有关人事任免事项；听取和评议市人大代表孔宝安、蒋勤的述职报告。

6月

1日 白下区启动市级免费孕前优生健康检查试点工作，该项目为育龄群众提供包括免费孕前筛查、体格检查、临床实验室、影像学等22项医学检查。

2日 白下区全面启动预算外资金纳入预算管理工作。

2日 区民防办完成5000个“应急救援包”发放工作。

3日 白下区推动“两型(学习型党组织、学习型领导班子)”建设的成功做法被作为典型在全市推广。

4日 2010年度全市“紫金人才计划”拟资助人选名单公示，白下区共有6名来自海内外的高层次人才入围，提前完成2011年度市人才工作考核指标。

6日 区长曹永林一行应邀实地考察江苏华厦融创集团无锡公司，重点考察无锡公司2个商业综合体项目。

10日 白下区召开公务用车专项治理部署工作会。会议明确白下区公务用车治理范围，分动员部署、清理纠正、重点检查、建章立制4个清理阶段，并明确各阶段责任主体、目标任务、工作程序和时限要求。

11日 区人防办加强地区防空警报器建设，在五老村街道新设1台电动警报器，并升级改造全区10台电声警报器，提高信号接收效果和警报覆盖率。

12日 人力资源和社会保障部副部长信长星、中残联副理事长程凯一行在副市长陈维健的陪同下，视察白下区残疾人工作。实地查看麦秆画、动漫等残疾人实训工作室和残疾人创办的“何留课堂”、“家福印象工作室”及作品展示厅，并与残疾人朋友交谈。

14日 受市委组织部委托，国家统计局南京市调查队到白下区开展党委换届暨组织工作满意度民意调查，抽取44家区机关部门、4个街道20个社区共计175人填写调查问卷，内容包括调查对象基本情况、对组织工作和组工干部综合测评、对县乡党委换届工作专项测评、对组织工作分项调查等4个方面。

14日 双麒路五百户段出新改造工程竣工。该工程西起星海路与双麒路交叉口，向东穿越五百户桥涵洞至高铁涵洞口，长约550米，宽12米，实施内容包括道路出新改造、排水、路灯和人行道改造。有效缓解该地段汛期易积水难题，并为周边居民的出行提供方便。

15日 白下区食品药品监督管理局等单位联合组织开展

打击食品非法添加和滥用食品添加剂专项行动。检查734家单位,取缔无证无照食品小作坊6家,销毁违法使用食品添加剂水产品500余公斤。

15日 南京市第六中学地下民防工程进场施工。该工程位于白下路193号市第六中学内,总投资5000余万元,建筑面积10790平方米,建有地下两层,平时为停车场,战时为二等人员掩蔽部和物资库,为白下区重大民生工程。

18日 新管办组织驻区22家重点商家企业,开展商圈高层楼宇防火、人员应急疏散、火情发生后组织施救及自救等安全常识培训工作。

20日 南京信风网络科技有限公司落户白下高新技术产业园区。该公司是一家民营高科技公司,是经江苏省信息产业厅认定的软件企业,注册资金1100万元。

23日 区政协组织委员视察白下区安全监察工作,听取区安监局近年来安全生产监管工作情况的通报,实地察看环北市场、麦乐迪等场所消防整改情况。

27日 区档案局做好机构改革中撤并单位档案进馆工作,成立区机构改革撤销部门档案接收工作领导小组,研究制订《关于做好全区机构改革撤销部门档案接收工作的指导意见》,并召开机构改革变动部门档案处置工作会,就全区机构改革撤销部门档案移交、接收工作进行部署。6家单位4194件档案接收进馆。

28日 区政协召开第十届第三十四次主席会议。听取区商务局关于全区服务外包产业发展情况通报,并进行协商讨论。

28日 区第十六届人大常委会召开第四十四次主任会议,听取区住房和建设局局长徐仁彪受区政府委托所作的关于雨污分流工程工作情况的汇报,听取区发展和改革局局长裴清海受区政府委托所作的关于服务区域企业,推进经济发展审议意见落实情况的汇报。

29日 区委召开庆祝中国共产党成立90周年大会。

29日 新街口商业步行区首获"中国重点示范都市商圈"荣誉称号。

30日 4—6月,区人防办全区民防工程开展年度年检工作。清理3起在民防工程内存放可燃气体和2起堆放杂物、封堵人员安全疏散通道问题,及时消除安全隐患,完成民防工程年检任务。

30日 南京市市委常委、纪委书记龙翔走访慰问瑞金新村社区老党员李百兰。

30日 市法院党组书记胡道才一行调研区法院工作,实地参观立案大厅、办公场所及安检通道,听取全院审判执行工作基本情况、存在问题及审判方式探索等汇报。

30日 南京市被征地人员享受城镇社保待遇发放仪式在月牙湖街道富丽山庄社区举行。

7月

2日 区委书记陈勇会见旅英中国工程师协会理事长阴祖华博士及其团队,并就"华侨华人(海归南京)创业城"项目进行会谈。

2日 区食品药品监督管理局监督检查全区基本药物配送企业及实施基本药物制度医疗机构。截至6月底,累计监督抽样基本药物128批次,药品合格率达99.2%,完成全区2011年上半年基本药物监督抽样工作。

5日 白下区召开"创新驱动、转型升级"专家座谈会,市社科院院长叶南客等专家对白下区创新驱动、转型升级思路及举措进行指导。

5日 头条巷、二条巷2座公厕及火瓦巷闺奁营垃圾中转站完成改建并投入使用,水游城周边地区垃圾直收直运工作全面实施。

6日 区纪委、监察局开展"百企走访"集中督察,重点调研走访辖区金鹰国际集团、江苏银行、苏宁置业、亚弘房地产等20家企业。

6日 江苏华厦融创集团总部研发项目落户白下高新技术产业园区。

7日 日本山田电机株式会社执行董事桑野正光一行访问白下区。

8日 区第十六届人大常委会召开第二十五次会议。决定免去张立新、曹长玺、车明军的南京市白下区人民政府副区长职务,并报白下区第十六届人民代表大会第五次会议备案;决定任命孙小忠为南京市白下区人民政府副区长;决定接受陆平贵辞去白下区第十六届人民代表大会常务委员会主任、代表职务的请求,并报白下区第十六届人民代表大会第五次会议备案;同意免去徐蓉的白下区人民检察院检察员职务。

12日 区纪委、区教育局、团区委合作,针对中小学生不同年龄知识结构,编印20000册(中小学生各1套)融知识性、趣味性、实践性于一体的暑期"廉洁"主题作业,发放到全区所有中小学生手中。

13日 市药监局党组书记、局长唐富春一行到白下区专题调研餐饮环节食品监管职能交接工作。

14日 区政协社会法制委组织委员视察刘长兴餐饮有限公司、LG熊猫电器有限公司,听取企业工会关于实施工资集体协商情况的汇报及区总工会关于实施工资集体协商、构建和谐劳动关系工作情况的通报并进行协商讨论。

14日 市委常委、副市长郑泽光看望慰问月牙湖街道大学生志愿者和特教站的孩子们。

18日 白下区召开全区防汛工作紧急会议,部署防范应对强降雨工作。

18日 省卫生厅专家组一行7人到白下区评审验收创建省社区中医药工作先进单位工作,听取区创建工作汇报,考察部分社区卫生服务机构,并与区卫生、发改等8个部门进行访谈,专家组肯定区社区中医药工作开展情况,授予白下区"江苏省社区中医药工作先进单位"称号,并推荐至国家中医药管理局,参加全国社区中医药工作先进单位评选。

19日 区委召开九届四十一次全体会议。

19日 市物价局局长徐宁率13个区县物价局局长到淮海路派出所人民调解办公室,参观指导价格争议调解工作。

19日 市档案局局长梁洁一行4人到区调研指导档案管理和利用工作。

20日 白下区启动"爱心助学圆梦计划",资助对象为户籍在白下区、2011年起被高校正式录取(经省招办确认)的低收入家庭(低保家庭和低保边缘家庭)大学生,助学时限为入学当年起至大学毕业。

20日 白下区邀请17家外地驻宁商会举行"创新发展、合作共赢"联谊活动。

20日 白下区在育智学校举办第五次"全国特奥日"活动暨"白下区特奥运动训练基地"揭牌仪式。

20日 白下区园林绿化管理所完成地铁三号线白下段大行宫站、常府街站、夫子庙站和四象桥站4个施工点树木移植和养护工程。整项工程历时3个月,出动大型吊车46台次、货车112台次、升降车24台次、挖掘机20台次、人员600余人次,移植法桐44棵、香樟3棵,伐除腐朽濒临死亡树木3棵。

22日 区政协召开第十届第三十五次主席会议,听取各街道政协工委关于发挥委员主体作用,开展政协工作情况的汇报。

23—25日 中共白下区委召开第十次党代会。

25日 区委召开十届一次全体会议。陈勇当选区委书记。

25日 驻区的南京合谷科技有限公司、南京乐博乐器有限公司、南京龙虎网络传播有限公司、江苏大众书局图书文化有限公司等16家企业获2011年度全市文化产业发展846万元专项资金资助。

28日 市人大常委会副主任金实一行到石门坎社区卫生服务中心调研医改工作。

28日 区第十六届人大常委会召开第二十六次会议,听取和审议区审计局局长邱建陵受区政府委托所作的《关于2010年白下区财政预算执行及其他财政收支情况的审计工作报告》和区财政局局长叶增生受区政府委托所作的《关于2010年白下区财政决算草案的报告》;决定批准2010年白下区财政决算;听取区委常委、区政府常务副区长孙小忠所作的《关于白下区政府2011年上半年工作情况的汇报》;听取和审议区发展和改革局局长裴清海受区政府委托所作的《关于白下区2011年上半年国民经济和社会发展计划执行情况的报告》;听取和审议了区财政局局长叶增生受区政府委托所作的《关于白下区2011年上半年财政预算执行情况的报告》。

29日 区政协召开第十届第二十一次常委会议,分别听取区政府关于上半年国民经济和社会发展计划执行情况及下半年工作意见的通报,区文明委关于上半年全区文明和谐城区(文化)建设工作情况及下半年工作意见的通报,并进行协商讨论。

8 月

1日 白下区完成外商投资企业联合年检工作,161家外商投资企业参加联合年检,参检企业投资总额12.3亿美元,注册资本6.89亿美元,销售收入258.6亿元。其中制造业企业42家,占企业总数26%;服务业企业119家,占企业总数74%。

2日 区委书记陈勇率队赴港参加苏港现代服务业合作推介会。

3日 白下区组织7个街道,对区住建局、公安分局、工商分局等8家具有行政执法职能部门的基层站所和政务服务窗口开展"向服务对象述职,接受群众评议"活动。

4—6日 中央宣传部《学习的力量》摄制组到淮海路社区拍摄中共基础委员会公推直选专题。

6日 江苏省智能交通产业技术创新战略联盟落户揭牌仪式在白下高新技术产业园区举行。

6—7日 白下区14个社区参加"南京建设人民幸福城市"问卷调查。

8日 白下区开展第二次地名普查完善工作。

9日 市人大常委会主任陈家宝、副主任金实、秘书长刘爱平等在市委常委、常务副市长沈健陪同下,视察石门坎社区卫生服务中心。

9日 白下高新技术产业园区与南京银行签约,率先推行科技金融服务新模式。

9日 户部街—常府街—瑞金路—后标营路综合整治工程竣工。工程西起洪武路,东至白下与玄武区界,长约6000米,总投资2.7亿元;施工内容包括干道整治、绿化提档升级和杆、管线下地等。

10日 省总工会副主席杨星云、市总工会副主席闵慧等一行慰问白下区100余名环卫女职工。

10日 区质监分局完成辖区10家大型超市、餐饮企业诚信计量建档工作。

11日 南京自动化研究院副院长王荣兴一行4人考察白下高新技术产业园区。

16日 市委常委、副市长郑泽光,市政府副秘书长刁仁昌等一行到白下区鸿国实业集团调研。

17日 白下区召开科技创业特别社区工作现场推进会。

17—20日 全国文明城市测评考核组对南京市进行全国文明城市的复查考评。白下区新街口商业街区、金鹰国际购物中心、朝天宫博物馆、张府园社区等近30个点接受实地考察,月牙湖街道月牙湖社区、光华路街道银龙东苑社区、朝天宫街道张府园社区接受问卷调查。

18日 区政协召开第十届第三十六次主席会议,听取区教育局关于全省首批义务教育优质均衡改革发展示范区创建情况的通报。

20日 市人大代表视察调研大光路街道劳保所,听取劳保有关工作情况汇报,询问创业就业、小额贷款、社会化服务、失业人员失业金申领等方面的问题。

23日 白下区"人才与科技创新"专题培训班正式开班,邀请中央人才工作协调小组人才发展战略研究专家、上海市公共行政与人力资源研究所名誉所长沈荣华就人才工作作首场讲座。

23日 区第十六届人大常委会召开第四十七次主任会议,听取区政府关于体育工作情况的报告、关于防范和处理邪教问题工作情况的汇报。

26日 "最美大妈"薛明秀获"见义勇为积极分子"称号。

27日 区委选派15名年轻干部赴上海市杨浦区开展2个半月的挂职锻炼。

29日 市长季建业一行视察调研白下区东部地区，视察高新园区部分驻园企业，察看双麒路改造、石扬路拓宽等工程，听取白下区整体工作情况汇报。

30日 白下区投入10万余元换代升级区档案馆馆藏温湿度自动监控系统。

30日 区第十六届人大常委会召开第二十七次会议。听取审议区城市管理局局长朱建军受区政府委托所作的关于道路街巷整治出新管理工作情况的报告，并进行专题询问；审议通过《南京市白下区人民代表大会常务委员会关于加强法制宣传教育的决议》；听取和评议市人大代表林慧敏、古新的述职报告。

31日 由国务院法制办公室副主任袁曙宏、南京市市长季建业担任组长的《南京市城市综合管理立法研究》课题组在白下区召开"公共秩序管理"专题调研会议。

9月

1日 白下区启动2011年度"金秋助学、圆梦计划"活动，共发放助学款20.71万元、资助困难职工（农民工）子女201人。

1日 区药监局（食品药品安全监督所）拉网式检查辖区17家建筑工地食堂工作。

5日 由白下区政府和白下高新技术产业园区承办的首届"中国云计算技术与应用大会"在第七届中国（南京）国际软件产品博览会上受到社会各界广泛关注。

6日 白下区通过省级知识产权区域示范工作考核验收。

7日 全国妇联副主席孟晓驷一行参观甘熙故居内的明清建筑、民俗艺术陈列，观看甘氏名人家谱展览，民俗艺人的现场手工艺表演，肯定白下区精心打造旅游特色街区、彰显厚重历史文化的非物质文化遗产保护性开发方式。

8日 市督查办公室专项督察白下区贯彻落实市科技创新"1+8"文件情况。

8日 市人口和计划生育委员会主任姬桂玲一行到白下区调研人口计划生育工作。

9日 江苏金蝶软件有限公司组建江苏省智慧企业管理软件工程中心，成为白下区首家省级工程中心。

10日 紫金（白下）科技创业特别社区建设启动仪式在白下高新技术产业园区举行，省委常委、市委书记杨卫泽为特别社区揭牌并讲话。

12日 白下区楼宇经济调查工作正式启动，调查了解全区楼宇基本情况、入驻企业情况及楼宇产出情况。

14日 瑞金路街道工商联首家社区商会在中山门地矿大厦成立。

15日 区政协召开第十届第三十七次主席会议，听取区民政局关于国家级"社区服务化标准项目"试点终期评估工作准备情况的汇报，并进行协商讨论。

16日 白下区"金秋经贸洽谈会暨重大项目签约发照仪式"在水游城假日酒店举行。

17日 区委党校成立由骨干教师组成的宣讲团，深入街道社区和驻区企业宣讲区第十次党代会精神。

19日 白下区召开创新型城区建设动员大会。会上，区长曹永林，区委常委、常务副区长孙小忠，区委书记陈勇作讲话。区各套班子主要领导，区机关各部门、各系统、各街道全体负责人和部分机关干部，各垂直管理部门负责人，部分区内外高校、科研院所及驻区企业负责人1300余人参加会议。

21日 区委书记陈勇做客龙虎网直播间，就白下区未来5年"建设创新型城区"的目标举措和发展蓝图，以及居民关心的教育、医疗、住房、城市建设和管理等方面的热点问题与网民进行在线交流。

22日 区委召开十届二次全体会议。

22日 白下区2011年度公开招考录用公务员工作结束，11名应届毕业生和社会在职人员被录用。

23日 省档案局副局长项瑞荃带领档案安全保密工作检查组检查白下区档案安全保密工作。

23日 区妇联在淮海路社区举办"创业就业·姐妹同行"导航活动暨淘淘巷商业管理有限公司妇委会成立大会。

26日 区政协召开第十届第二十二次常委会议。会议听取区政府办公室关于提案办理工作情况的汇报。

27日 区第十六届人大常委会召开第二十八次会议，听取审议区发展和改革局局长裴清海受区政府委托所作的《关于重大项目推进工作情况》的报告；听取审议区政府办公室副主任、法制办主任孙丽受区政府委托所作的《关于区十六届人大第四次会议代表建议办理情况》的报告；决定任命夏东宁为南京市白下区人民政府副区长。

28日 区委在严格考察的基础上，研究确定9名年轻干部分别担任街道、白下高新技术产业园区担任见习主任助理。

30日 省委书记罗志军、市委书记杨卫泽一行到白下区月牙湖街道苜蓿园社区龙圣农副产品平价直营店，视察节日市场的蔬菜供应情况。

10月

7日 美中友好促进会、美中经贸文化交流协会会长张政权一行考察紫金（白下）科技创业特别社区。

7日 白下区在全市率先成立惠民药房试点基地，该基地设在江苏益丰大药房连锁有限公司南京光华门店。

8日 《白下年鉴（2010年）》获中国出版工作者协会年鉴工作委员会主办的第五届全国年鉴编校质量检查评比一等奖。

8日 维格娜丝时装股份有限公司、长天智远交通科技有限公司获得南京市企业技术中心认定。

8日 吴良材、中央商场、新百、宝庆银楼、绿柳居等5家省市名牌企业，经商务部认定成为"中华老字号"。

9日 市大学生创业园建设工作现场会在白下区召开。

9日 白下区4名企业科技人员被命名为南京市第九批

中青年行业技术学科带头人。

10日 白下区召开“社情民意联系日”工作部署会。

10日 白下区成立新街口商务楼宇社区服务中心。

10日—11月30日 白下区开展2011年人口变动情况抽样调查。

11日 由南京莱斯信息技术股份有限公司牵头的江苏省智能交通产业技术创新战略联盟正式揭牌成立。43家联盟成员单位将融合各类创新资源,加快技术创新成果的转化,形成从研发、系统集成到典型应用示范的创新价值链,以及涵盖智能信息、智能管理、智能芯片等其他智能产业的产业集群。

12日 白下区召开廉政风险防控工作动员大会, 市委常委、市纪委书记龙翔,市纪委副书记赵友春,市纪委常委、秘书长周鲁宁,区委书记陈勇、区长曹永林和区四套班子相关领导出席会议。会上,区委常委、区纪委书记杨春燕对全区廉政风险防控工作进行动员部署,下发《关于在全区开展廉政风险防控工作的实施意见》等文件。

12日 白下区工商联会员陈光标、刘正云获首届“江苏慈善奖”最具爱心慈善捐赠楷模。

16日 白下区申报的以金城集团有限公司为龙头的 “摩托车出口基地”被市出口创新基地建设领导小组认定为“南京市摩托车出口创新基地”。

16日 白下区完成2011年度区重点工程之一的小火瓦巷48村拆迁工程。

18日 市人大代表白下组专题调研白下区创业就业工作。

18日 白下区启动长巷西街拓宽改造工程。该工程南起光华路,北至纬六路与东苑路交叉口,长约490米,工程总投资6300万元。实施内容包括前期拆迁、杆线迁移与下地、道路、绿化等。

19日 区人防办和五老村街道相关负责人员赴溧水县晶桥镇就人口疏散工作与当地民防部门进行对接。

20日 白下区召开高层次科技创业人才项目评审会。

20日 白下区全面启动党政群机关和事业单位中文域名注册申报工作。

22日 省残联在白下区开展新一轮残疾人状况监测试点工作。

22日 由区委副书记苏宇红带队,副区长张雷、夏东宁以及机关部门、街道负责人共22人赴上海市杨浦区参加以“创新创业人才与区域转型发展”为主题的第五届杨浦发展国际论坛会议。

23日 江苏新浪互联信息服务有限公司正式入驻创意产业园。

24日 中航科技城创新创业基地召开管委会第一次全体会议。会上,管委会办公室汇报了基地概况、推进情况、下一步工作重点以及需要部门协调解决的问题。各成员单位提出了相关建议。区领导陈勇、苏宇红、孙小忠到会并讲话。

24日 国家档案局调研组视察蓝旗社区卫生服务中心和月牙湖社区卫生服务中心居民健康档案管理情况。

24—28日 白下区开展环评和“三同时”执法专项检查,检查辖区内158家企业,重点现场抽查46家企业;对在检查中发现问题5家企业下达限期整改通知书,其中立案查处2家。

24日 九三学社白下区支社成立,该支社有社员16人。

25日 区机构编制委员会办公室启动机构编制实名制信息采集工作。

26日 乐博乐器有限公司、省演艺集团有限公司、南京城建历史文化街区开发有限公司等10家企业11个项目,获2011年度省文化产业发展专项引导资金补助1184万元。

26日 白下区与上海市杨浦区开展招商对接活动。

26日 第四届中国留学人员南京国际交流与合作大会召开,白下区40余人参会。紫金(白下)科技创业特别社区设展位进行现场推介,并在“智慧城市与移动互联网”沙龙活动中做专题推介。近80名海外归国创业留学人员应邀参加“第四届‘留交会’白下宣传推介会”,清华大学宿大庆博士的金融软件开发设计等8个人才创业项目签订落户协议书。

27日 白下区在南京市第三高级中学(文昌校区)校园内建设地震应急避难场所。

27日 “心系老年—孝心工程”推广活动启动仪式暨首场大课堂活动在月牙湖街道富丽山庄社区举行。全国妇联老干部局局长崔淑惠等领导及来自全市6个项目点的代表150余人出席活动。

28日 区委召开十届三次全体会议。

28日 区第十六届人大常委会召开第五十次主任会议,听取区法院、区检察院关于“社会矛盾化解、社会管理创新、公正廉洁执法”三项重点工作情况的汇报。

28日 白下区月牙湖社区卫生服务中心成功创建国家级社区卫生服务示范中心。

28日 南京市太平南路金银珠宝业商会正式成立。

28日 2011年版《白下年鉴》出版发行。

29日—11月3日 白下区在美国“硅谷”和加拿大多伦多举办两场海外高端人才招聘会,12人签约意向性合作协议。

29日 白下区“国家级社区服务标准化试点”项目通过由国家标准委、省发改委、省民政厅、省质监局和省社科院的领导和专家组成的考核评估组验收。

30日 月牙湖街道先行推进垃圾分类试点工作。

30日 白下区推进事业单位岗位设置工作, 全区128家事业单位,有116家完成岗位设置工作,其中110家完成岗位实施工作,并兑现岗位工资。

30日 市人力资源和社会保障局在白下区美发行业开展工时工价定额标准试点工作。区人力资源和社会保障局抽取辖区内60家美发企业(含个体)单位,并发放区美发行业工时工价调查表。

31日 白下区建中中医院志愿者戴平成功捐献造血干细胞,为白下区第2例干细胞捐献者。

11 月

1日 白下区通过全国“灭蟑、灭鼠先进城区”复查。

2日 省政协副主席、省委统战部部长罗一民率民主党派、工商联及无党派人士十余人,在省、市两级检察院主要领导和区委书记陈勇,区委常委、政法委书记车明军的陪同下,到区检察院视察案件监督管理工作。

2日 区司法局会同区教育局、区检察院、区法院、区公安分局、团区委、区妇联、区关工委等单位,检查、考核全区中学2010—2011学年"法制双优"创建工作。

3日 白下区首次开展行政执法案卷互评互查活动,全区13个行政执法部门参加。各行政执法部门分别从主体、程序、实体、依据、内容、案卷归档等方面对抽查的18件行政执法纸质案卷进行审查和评议,并围绕行政执法中的疑难问题展开交流讨论。

3日 白下区内的南京泛成生物化工有限公司、南京科迪尔国际贸易有限公司、南京富吉安鞋帽有限责任公司、南京辉恒纺织服装有限公司等4家外贸企业入选市国际知名品牌。

4日 省委常委、市委书记杨卫泽,市委常委、常务副市长沈健,市委常委、市委秘书长刘以安,副市长徐锦辉等领导在市国税局局长沈中立陪同下,视察白下区国家税务局办税服务厅,看望慰问窗口工作人员。

4日 白下团区委启动青奥会(亚青会)首批专业志愿者招募工作。

4日 《白下丛书》编纂工作正式启动。丛书分为《人物春秋》《史迹名胜》《地名掌故》《老字号寻踪》《诗文荟萃》5册,每册10万字左右。计划2012年3月完成《白下丛书》部分稿件组稿工作,7月出版2册丛书,2013年上半年完成丛书的全部出版工作。

5日 白下区首家科技小额贷款有限公司——南京市三宝科技小额贷款有限公司开业,公司设在南京理工大学国家大学科技园,是全市首批通过省金融办公室筹建审批,第三家正式开业的科技小额贷款公司。

5日 区人力资源和社会保障局在江宁大学城江苏经贸职业技术学院举办2012年毕业生招聘会,148家参会单位,提供2700多个就业岗位,4000余名理工类专业毕业生参加,近3500名毕业生递交求职意向。

6日 区质监分局对辖区内食品生产加工企业和食品生产加工小作坊开展食用油专项检查,出动执法人员15人次,检查食品生产企业2家,食品生产加工小作坊2家,未发现违法行为。同时该局还对外公布24小时投诉举报电话,鼓励社会公众举报在生产加工环节中使用"地沟油"等违法行为。

8日 中共南京市委社会建设工作委员会督查白下区社会建设工作目标执行情况,督察组查看区红十字医院门诊大楼建设工地、光华路街道社会救助中心及大光路街道蓝旗新村社区。

8日 市残联党组书记、理事长谢德俊一行调研白下区残疾人工作。

10日 白下区代表南京市接受中国残疾人联合会"长江高科助残就业项目"检查,中残联检查组一行考察白下区全国自强模范、聋哑青年何留创办的"何留工作室"和"白下区残疾人就业创业实训基地",肯定白下区"长江高科助残就业项目"落实工作。

10日 区统计局完成服务业字典库更新维护工作,此次共更新维护全区4100余家服务业单位统计系统,其中更新530家单位,注销停业249家单位,新增大中型服务业单位53家。

12日 中国陶行知研究会中学教育专委会第十一届学术年会在白下区举行。

13日 白下区和南京大学合作的课题——《新型社区管理和服务研究》被省科技厅、市科技局、区科技局分别列入江苏省、南京市和白下区2011年科技发展计划(软科学研究)项目。

16日 市人口和计划生育委员会主任姬桂玲一行到白下区考评2011年度人口和计划生育目标责任执行情况。

17日 区第十六届人大常委会召开第二十九次会议,通报区委关于换届选举工作的意见;审议通过关于换届选举问题的决定;任命白下区换届选举委员会组成人员;讨论决定有关人事任免事项。

19—21日 召开全区工作务虚会。

21日 区委召开十届四次全体会议。

22日 白下区第一批选派干部赴上海市杨浦区挂职锻炼工作结束。

22日 区药监局联合区教育局完成2011年学校和托幼机构食堂食品安全监督量化分级管理工作。量化评定辖区76家学校食堂,其中A级单位25家、B级单位38家、C级单位13家。

23日 市委常委、政法委书记刘志伟一行到白下区调研指导工作,考察瑞金新村社区"五有五无"社区创建活动情况和五老村街道社会管理创新试点工作。

24日 省委常委、市委书记杨卫泽一行调研白下区文化产业建设情况,走访金陵刻经处、甘熙故居和熙南里金陵历史风尚街区,调研午朝门明故宫遗址。

28日 大华大戏院维修改造开工。

28日 区机构编制委员会办公室完成全区57个机关部门及150家事业单位的机构编制实名制信息采集,经过二轮数据初审和区委组织部、区人社局的复审,上报的采集信息通过市编办的审查验收并入库。

29日 区第十六届人大常委会召开第三十次会议,听取和审议《关于南京市城乡居民最低生活保障条例执法检查情况的报告》;听取和审议区政府《关于加快中小学教育发展工作情况的报告》;讨论通过关于白下区人民代表大会换届选举工作的实施意见;审议通过《关于白下区第十七届人民代表大会代表名额分配的决定(草案)》。

29日 白下区召开新街口商务楼宇社区和商茂世纪广场商务楼宇社区党委成立仪式,市委常委、组织部部长徐金万和区委书记陈勇共同为商务楼宇社区党委揭牌。

29日 市档案局党组书记张颖一行4人到区档案局考核争创全市档案系统"文明单位"工作。

30日 区委召开十届五次全体(扩大)会议。

30日 京奥港集团以5.32亿元竞得白下区酿酒总厂地

块，拟开发总建筑面积约 3.8 万平方米的高档住宅。同时，注册资金 1 亿元人民币的南京京奥港房地产开发有限公司在大光路街道注册成立。

30 日 南京城建历史文化街区有限公司以底价 3.72 亿元购得白下区南捕厅三期项目地块。

12 月

1 日 市政府副秘书长、市信访局局长孔祥勇到白下区调研指导信访工作。

6 日 南京"中国好人"微博群开通仪式和"南京市道德模范故事汇"社区巡演活动在白下区举行。

6 日 市委常委、宣传部部长徐宁调研白下区文化产业工作，走访南京会购信息科技有限责任公司、乐博乐器有限公司、明日科技有限公司等重点文化企业，听取"新浪江苏"项目进展情况和乐博乐器有限公司上市的筹备情况汇报。

8 日 由区委书记陈勇题词、区政协负责编纂的白下文史第十九辑——《新街口》正式出版发行。

8 日 区残联被南京市政府残疾人工作委员会授予"南京市残疾人就业工作先进单位"。

8 日 白下区完成餐饮业环境污染综合整治工作，建成"建邺路、石鼓湾""一街一区"餐饮污染控制示范街区，完成 15 家规模(1000 平方米)以上餐饮企业的在线监控安装工作，确保联网正常运行。

12 日 市政府副秘书长孙宁率市平安、法治创建检查考核组到白下区开展平安、法治创建工作年终检查考核。

13 日 白下高新技术产业园区获全省唯一的"军民融合科技创新示范园"。

15 日 区委常委、政法委书记车明军率区委政法委、区信访局、区司法局、区公安分局、区维稳办等部门领导赴淮安市考察学习。考察团一行学习参观淮安市电子信访服务中心，现场观摩电话、短信、网络、视频等多种受理群众信访方式的演示，听取淮安市关于开展"阳光信访"及政法维稳工作的情况介绍，并就办信监督、涉法涉诉信访、处置群体性信访事件等问题同淮安市领导进行交流。

16 日 区法院通过档案工作五星级测评。

16 日 南京市白下区国家税务局杨晓丽被评为"2011 年度南京市用户满意服务明星"。

17 日 市安全生产考核组检查白下区安全生产工作。

18 日 白下区"321 引进计划"申报工作取得阶段性成果。截至 12 月 15 日，全区共组织 102 人提交申报材料，根据申报公告，有 41 人可直接进入综合评审。

18—22 日 紫金(白下)特别社区在第十四届中国留学人员广州科技交流会上，通过设立展位、参加专题论坛，重点围绕特区主导产业方向，与近百名电子信息领域海外人才进行交流洽谈，取得积极成果。

19 日 市统计局局长徐翠华一行调研白下区综合数据管理平台工作。

22 日 人力资源和社会保障部调解仲裁管理司副司长王振麒、全国工商联法律部副部长白莲湘等一行 5 人调研指导白下区非公企业劳动争议预防调解工作，实地视察新街口商圈劳动争议调解委员会工作。

24 日 省委常委、市委书记杨卫泽在省、市、区机关领导陪同下，到白下区为瑞华慈善医院揭牌。

26 日 区第十六届人大常委会召开第三十一次会议，审查批准白下区 2011 年国民经济和社会发展计划部分目标调整方案和白下区 2011 年区级财政预算调整方案，并作出相关决议；听取审议区发展和改革局局长裴清海受区政府委托所作的《关于白下区 2011 年国民经济和社会发展计划执行情况及 2012 年国民经济和社会发展计划(草案)的报告》；听取审议区财政局局长宗宁虎受区政府委托所作的《关于白下区 2011 年财政预算执行情况及 2012 年财政预算(草案)的报告》；讨论决定有关人事任免事项。

28 日 区第十六届人大常委会召开第三十二次会议，决定接受薛彦龙辞去南京市白下区第十六届人民代表大会常务委员会委员的请求，讨论决定有关人事任免事项。

概 览

人口与区划

【地理位置】 白下区位于南京市中部，是南京市中心城区之一，地处南京市交通、商贸、金融、信息、文化娱乐最密集的地区。全区面积27.76平方公里。区界为：东以仓波门、高桥门、上坊门一线为界，与江宁区接壤；南以秦淮河、运粮河西口、建康路、升州路为界，与秦淮区毗邻；西以外秦淮河中心线为界与建邺区相连；北以汉中路、中山东路、宁杭公路为界，分别与鼓楼区、玄武区交界。

【行政区划】 2011年，白下区下辖7个街道办事处：五老村街道、洪武路街道、大光路街道、瑞金路街道、月牙湖街道、光华路街道、朝天宫街道。全区有社区居民委员会58个。其中：五老村街道5个、洪武路街道10个、大光路街道6个、瑞金路街道7个、月牙湖街道9个、光华路街道10个、朝天宫街道11个。

白下区人民政府位于南京市太平南路69号。区政府办公室电话：025-84556603。

【人口】 依据白下区统计局统计，2011年，全区总户数160013户，户籍总人口462451人，户均人口2.9人，其中男性231857人，女性230594人，性别比（女=100）为100.55%；60岁以上人口90036人，占总人口比重19.4%。出生人口3773人，出生率8.15‰，死亡人口2614人，死亡率5.65‰，自然增长率为2.50‰。人口密度为每平方公里16659人。人口分布：五老村街道20013户，56096人；洪武路街道30928户，94483人；大光路街道22070户，59669人；瑞金路街道20114户，77137人；月牙湖街道16304户，44837人；光华路街道15081户，38548人；朝天宫街道35503户，91681人。

【交通】 区内交通便捷。南北向的干道有中山南路、洪武路、中华路、太平南路、长白街、龙蟠中路、龙蟠中路隧道、解放路、御道街、苜蓿园大街、友谊河路、银龙路、双麒路、王府大街、莫愁路、汉西门大街、虎踞南路；东西向的干道有中山东路、汉中路、淮海路、石鼓路、秣陵路、户部街、常府街、瑞金路、后标营路、白下路、建邺路、大光路、光华东街、紫金路、象房村路、建康路、升州路、光华路、石杨路等。贯穿或经过区内的公路有沪宁高速公路、宁杭公路、104国道、绕城公路等。经过辖区的公交线路有：1、2、3、4、5、7、9、13、16、17、18、21、23、25、26、27、29、30、31、33、34、35、36、37、38、40、41、43、44、46、47、48、49、51、52、55、58、59、60、65、75、80、81、82、83、84、87、89、90、93、95、99、100、104、109、110、115、118、120、121路。地铁线路有：1号线、2号线。郊区线路有：南金、新林（新善）、中六线等。夜间线路有：801、802、804、805、807、808、813、814、816、817、818、820等路公共汽车。区内国际航空、东方航空、上海航空、南京航空等航空公司的营业网点遍及各主要干道，省民航票务中心坐落在瑞金路东端，有民航班车直达南京禄口国际机场。1、13、17、33、36、59、游1、801、808、813、817等路公共汽车直达南京火车站，16、18、21、804、游4等路公共汽车直达南京火车西站，31、34、游4等路公共汽车直达中山码头南京港口，1、13、25、30、33、35、38、304、游1、801等路公共汽车到达玄武湖公园和中央门长途汽车总站，2、58等路公共汽车直达长途汽车东站，9路、游1路公共汽车直达中山陵，2、16、49、游2、游4、33、49等路公共汽车直达雨花台烈士陵园，35、40等路公共汽车直达红山动物园，7、37、41、48、83等路公共汽车经停莫愁湖公园，306路公共汽车直达奥体中心。

（区地方志办公室）

经济和社会发展

【白下区2011年国民经济和社会发展奋斗目标】

一、综合指标

1.地区生产总值增长12%，力争13%，其中服务业增加值增长14%，力争15%。

2.地方一般预算收入增长10%，力争13%。

3.全社会固定资产投资完成90亿元。

4.社会消费品零售总额增长16%，力争17%。

5.服务外包执行额8000万美元，力争8500万美元；外贸出口额60亿美元；实际利用外资1亿美元。

6.软件业务收入增长50%；年专利申请量达到2450件、发明专利713件、专利授权量670件。

7.环境质量综合指数保持在82分以上。

8.实施工业污染物总量控制，完成市下达的节能减排任务。

9.城镇居民人均可支配收入增长

11%，力争12%。

二、主要任务

1.加快产业优化升级

推动现代服务业提速发展。全面落实发展现代服务业各项措施。大力发展电子商务，扶持苏果网上电子商城、会购信息服务平台建设；完成新百商店提档升级，推动友谊国际购物中心整体改造；金陵尚府水晶街、熙南里三期项目实现开街；新引进银行保险地区性总部机构2—3家，组建两家小额贷款公司；实现南京国际金融中心、新百·南京中心等楼宇招商面积10万平方米以上；培育和引进总部型企业10家；加强城际互游合作，旅游总收入增长20%。

大力实施千企创新升级计划。扶持并实现2—3家重点企业上市。完成乐金熊猫公司扩产搬迁，LG白电研发中心落户；熊猫通信工业园二号厂房投入使用。

新引进企业属地纳税率100%，交税率80%以上；新增税源占当年税收比重5个百分点以上；区域重点楼宇属地纳税率较上年度提高15个百分点以上。

新增私营企业1800家，新增注册资本26.5亿元。

2.加快科技创新发展

建设军民两用科技示范园，引进军转民成果转化项目2项；推进智能交通产业研究院建设，引进智能交通产业相关企业3—5家，打造智能交通特色产业品牌。

培育高新技术企业7家，其中通过认定3—5家。新引进软件企业11家。新增市级以上技术（或工程技术研究）中心企业1家。创成市级以上名牌产品5个以上，获得市政府质量奖企业1家。

引进海外领军人才或项目3—5个，引进高层次创新创业人才10名。

创建全国科技进步先进城区、全国科普工作示范城区。

3.加快重大载体建设

加快新街口现代服务业集聚区建设。开工建设金鹰三期、杨公井、北首巷、胡家巷等地块项目；加快建设江苏银行总部大厦、苏宁电器广场、财富中心等项目；规划建设石鼓路养生街。

完成中航工业科技城整体规划，启动一期机电总部大厦项目建设。

高新技术产业园区开工建设30万—40万平方米产业载体与配套服务用房，实现26万平方米主体封顶，竣工交付14万平方米；完成6—8个地块招商项目，并确保按期开工建设，力争引进1个投资额达5亿—10亿元的项目；园区5%配套用地挂牌上市。

积极推进都市产业园区建设。"解放1948"工业设计园主楼工程完成正负零。实施工业职业技术学院、5311厂、海事学院等项目6万平方米园区改造；光华科技园实现一期招商；规划推进工艺装备厂、轻工机械厂等地块项目。

4.提升城市功能和现代化水平

加快东部地区基础设施建设。制定并实施东部地区整体发展规划；做好区文化体育活动中心、东部公共卫生分中心规划工作。完成石杨路中段、长巷西街拓宽改造，实施绕城公路城市化改造石杨路匝道建设；建设红旗泵站，完成十字河河道清淤、白甸泵站进水涵工程。

加大主城环境综合整治。完成建邺路—白下路—大光路、朝西街、淮海路–秣陵路—石鼓路综合整治；实施一批雨污分流改造项目；拓宽改造西大阳沟；实施仓巷东二、西一片区，地铁3号线，大光路解放南路西北角拆迁；建设大光路与解放南路路口绿地。改造光华新村、明御河前、郑和公园、白衣庵等4座公厕；推进垃圾直收直运方式，取消锦绣坊地面垃圾中转点；提高机扫作业率，主次干道机扫率达50%；深入开展爱国卫生运动，完成"除四害"工作市场化运作。月牙湖、内秦淮河水质主要污染物控制在小康社会考核指标范围内；创建1条餐饮业污染控制示范街；新增1家市级绿色社区；新创4家市级绿色市场。

5.提升社会事业发展水平

创建江苏省义务教育优质均衡改革发展示范区。金陵中等专业学校创建国家级高水平示范性中等职业学校；完成六中行知馆翻修、一幼金陵尚府幼儿园装修；完成石杨路寄宿制中学规划与设计工作；培养或引进省、市级名特优及骨干教师30名以上。

创建省、市中医特色社区卫生示范区。创建一个省级社区卫生服务示范中心；按照省市统一部署，实施社区卫生机构核编、人员定岗工作，社区卫生机构实施绩效工资；经营性公共场所实施卫生监督量化分级管理率达80%。

丰富群众文体生活。全年举办各类文化展演超百场，举办白下区旅游节庆系列活动（新街口旅游节、民俗文化旅游节、品质旅游进社区活动）。推进甘家大院创AAAA级景区；完成李公祠大小照壁维修。出新改造10个全民健身点，创建体育特色小区2个；举办白下区第十三届运动会。出版、发行《白下区志》（1986~2005）。

6.提升民生保障水平

打造示范创业园1个，成功培育自主创业者950名，创业带动就业6000人；完成市下达的社会保险扩面征缴和城镇居民医疗保险参保任务；做好海外留学人员创业服务工作，"白下留学人员创业基地"挂牌；新增个体工商户2800家。

完成大阳沟30号地块、四十八村地块危旧房改造项目拆迁并开工建设。

创建省级和谐示范社区2个；完成4家社会组织服务功能提升目标；规划新建瑞金路街道社区服务中心；建成区防灾减灾物资储备库；完成"国家级社区服务标准化项目试点工作"终期评估。

全区计划生育率达99%以上；建立国家"金人工程"区级人口计生信息资源数据库；推进流动人口计划生育公共服务均等化，流动人口服务管理率达90%以上。

构建区残疾人居家安养、日间照料、寄宿托养"三位一体"的服务网络；打造2个"省级残疾人托养示范机构"。

7.提升服务型政府建设水平

完成区"十二五"总体规划纲要及各专项规划编制。

建立健全公共服务平台。建设白下区中小企业公共服务平台；推进政府信息公开，完善政府门户网站建设，推进电子政务建设和应用；完善"12345"政府服务呼叫中心。

完成省市依法行政考核指标。深入开展社会治安综合治理工作，创建省"最安全城区"；全区90%街道、90%社区达到市"社会治安综合治理平安街道、平安社区"目标；公众安全感达96%以上。实现信访总量平稳可控，杜绝发生有较大影响的信访事件。社会矛盾纠纷调处成功率达95%；扩大对弱势群体法律援助覆盖面，办理法律援助案件330件以上；制订并落实《关于在全区公民中开展法制宣传教育的第六个五年规划》；创建1个省级优秀司法所。

加强安全生产综合监督管理，全区实现"四无"（无重大因工伤亡事故、无重大设备事故、无重大火灾事故、无重大交通事故）目标，企业职工亿元地区生产总值生产安全事故死亡率0.004，千人重伤率控制在0.17以内。

强化对区属国有企业监管，出台白下区国有企业监管办法，探索国有企业公司化改造和战略重组的新途径；推进区商务系统改制工作，完成2—3家商贸企业改制。

做好白下区第六次全国人口普查数据录入、审核、上报等工作，确保差错率控制在国家规定的范围内。完成市价格调控和治乱减负目标责任制。

三、重点项目

1.建设江苏银行总部大厦

2.建设苏宁电器广场

3.开工建设金鹰三期

4.开工建设杨公井地块

5.开工建设北首巷地块

6.开工建设胡家巷地块

7.开工建设和园饭店地块

8.开工建设金基尚城

9.开工建设酿酒总厂项目

10.开工建设LG白电研发中心

11.开工建设省交通规划设计院总部

12.开工建设三才软件科技大厦

13.开工建设智方智能研发中心

14.开工建设华典总部研发大楼

15.开工建设万邦研发中心

16.开工建设锋晖科研生产基地

17.开工建设斯坦德物联网大厦

18.开工建设首屏服务外包研发大楼

19.开工建设东显科研大厦

20.开工建设"解放1948"工业设计园

21.开工建设工业职业技术学院软件园

22.开工建设浪潮软件园

23.建设财富中心

24.建设安品街项目

25.建设公园路159号项目

26.建设莱斯科研生产基地

27.建设熊猫通信工业园

28.建设必得综合楼

29.建设南理工教育科研大厦

30.建设光电产业大厦（4号楼）

31.建设南京市建筑设计院总部

32.建设汇鸿集团分部大厦

33.开工建设杨庄六号地块

34.开工建设仓巷危旧房改造项目

35.开工建设大阳沟30号危旧房改造项目

36. 开工建设四十八村危旧房改造项目

37.开工建设月牙湖六期绿地

38.开工建设红旗泵站

39.建设红十字医院新门诊综合楼

40.建设经济适用房五期北扩项目

41.建设经济适用房六期南扩项目

42.建设长巷西街拓宽改造项目

43. 实施绕城公路石杨路匝道改造项目

44.实施石杨路西延项目

45.实施朝西街综合整治项目

46.实施西大阳沟综合整治项目

47.实施地铁三号线沿线拆迁项目

48.实施雨污分流改造项目

49.实施小区出新项目

50.实施主次干道整治项目

四、为民办实事

1.全面贯彻市里出台的解决民生问题有关政策，落实提高"老军工"、"老知青"、"老职工"生活困难补助；提高退养社区居委会主任等部分群体生活待遇；提高被征地人员社会保障水平。

2.新增城镇单位就业11150人，实现再就业6150人，帮助困难人员实现就业1500人；开展各类职业培训、就业技能培训1万人以上。

3.经济适用房五期北扩项目主体封顶、六期南扩项目完成地上5层，安置1600套。

4.实施学校抗震加固工程；建成银龙花园五期小学、银龙花园六期幼儿园；发放幼儿教育助学券。

5.惠民医院门诊楼竣工并投入使用，启动整体规划二期工程；社区卫生机构全面落实国家基本药物制度。

6.开展免费孕前优生健康检查工程，检查率达80%以上；发放企业退休职工计划生育一次性奖励。

7.建成1家街道居家养老服务中心，新增养老床位450张。

8. 规划建设区残疾人托养中心；每个街道建立1个残疾人托养服务机构；救助特困残疾人家庭600户。

9.实施17个老旧小区出新整治。

10. 全区2万平方米以上无物管小区物业管理覆盖率达95%。

以上指标若低于市级目标，以市下达目标为准；市级建设的项目，以市正式立项为准。（区发展和改革局）

【白下区2011年国民经济和社会发展计划执行情况】

一、2011年计划执行情况

2011年，全区坚持以科学发展观为指导，积极适应国内外形势新变化，围绕率先基本实现现代化主题，深入开展"三争一创"活动，加快推进创新型城区建设，着力构建现代产业体系，着力完善提升城市功能，着力保障和改善民生，顺利完成了年初人代会确定的经济社会发展各项计划任务，实现了"十二五"发展良好开局。白下区被市委、市政府评为2011年度完成全市经济社会发展目标先进单位。

1.区域经济保持稳步增长。面对复杂严峻的国内外经济形势，面对各种矛盾和困难，不断调整应对措施，实现了各项主要经济指标平稳较快增长。全年实现地区生产总值324.4亿元，可比价增长12%，其中服务业增加值实现280.7亿元，占地区生产总值比重达到86.6%，比2010年提高1个百分点。实现地方一般预算收入30.1亿元，同比增长13.1%。实现全社会固定资产投资额91.1亿元。实现社会消费品零售总额477.1亿元，同比增长16.5%。完成实际利用外资1.02亿美元，服务外包执行额8879万美元。城镇居民人均可支配收入达到32964元，同比增长12%。

2.科技创业创新快速推进。全面落实创新驱动战略，实施《白下区建设创新型城区五年行动纲要》和高层次科技创业人才集聚行动、科技创业创新载体建设行动、科技创业企业培育行动、科技创业创新服务机制建设行动“四大行动”。大力推进“321”人才计划,2011年引进国家“千人计划”、省“双创计划”人才在内的领军型人才52名,位居江南八区首位。大力实施“245”载体计划,加快创业创新载体建设,以白下高新技术产业园区为核心的紫金(白下)科技创业特别社区在全市率先挂牌,成立中航科技城创业创新基地管委会。高新技术产业园区开工建设45万平方米产业载体与配套服务用房,实现38万平方米主体封顶,竣工交付12.7万平方米;南京工业职业技术学院金蝶产业园、5311厂现代信息产业园等园区建设全面推进;光华科技园一期招商引进企业60余家。加快科技型企业培育,全年培育科技创业企业58家,新培育认定高新技术企业13家;新增市级以上企业技术中心、工程研究中心、工程技术研究中心6家;全年专利申请总量达4588件、发明专利申请量达1550件、专利授权总量达1650件。

3.产业转型升级步伐加快。全力打造以服务经济为主导,以创新型服务业为主攻方向的现代服务业中心标志区。全年新开工重大项目24个,在建重大项目11个,实际总投资达31.64亿元;金鹰三期、苏宁电器广场、中城国际广场、和睿大厦、江苏银行总部大厦、水平方、财富中心等项目建设进展顺利。新街口省级现代服务业集聚区实现营业收入396亿元,同比增长47%;“中国·江南七十二坊”成为市级现代服务业集聚区。积极培育电子商务领军企业,推动传统商贸业提档升级。会购信息服务平台获国家服务业引导资金扶持,三胞集团“网上新街口”项目完成规划和企业注册,中央商场、“畅游体育”电子商务平台上线运行。商贸设施提档升级加快,新百商店完成出新改造,友谊国际购物中心整体改造推进顺利;金陵尚府水晶街、熙南里三期项目实现开街。积极构建科技金融服务体系,引进弘瑞成长基金等一批股权投资企业,与多家金融机构、创投风投达成科技金融服务战略合作;筹建4家小额贷款公司,3家实现当年开业,科技小贷公司数量居全市区县前列;莱斯电子、维格娜丝、省交通规划设计院三家拟上市企业已报证监会审核。大力发展软件产业,软件和信息服务业收入实现59.2亿元,新引进软件企业25家,新增“双软”认定企业6家。大力开展招商选资,培育和引进总部型企业,中外运长江公司、日本山田电机南京商贸有限公司等11家区域性总部企业落户我区;全年新增注册资本500万元以上企业148家,资本金总额达28.19亿元。

4.民生保障工作力度加大。社会事业重点项目积极推进。完成六中行知馆、一幼金陵尚府幼儿园装修,建成银龙花园五期小学、银龙花园六期幼儿园,完成校舍抗震加固改造2万平方米,惠民医院门诊楼竣工并投入使用。按照省市统一部署,全面推进医改工作,实施社区卫生机构核编、人员定岗、社区卫生机构绩效工资,国家基本药物制度进一步落实。积极做好就业和社会保障工作,全年新增城镇单位就业人员11710人,实现再就业6302人,救助困难人员就业1998人;打造兰翎示范创业园,成功培育自主创业者2293名,创业带动就业14321人。加快保障性住房建设,经济适用房五期北扩项目主体封顶,杨庄六号地块项目开展桩基施工;四十八村地块危旧房改造项目当年完成拆迁并开工建设。完善养老服务体系,全年新增养老床位457张,常青树老年公寓开业,建成光华路街道居家养老服务中心。提高社会救助水平,7个街道均建立1家残疾人托养服务机构,基本实现特困残疾人救助全覆盖。

5.城市功能品质不断提升。东部地区基础设施加快建设。实施石杨路中段拓宽改造,银龙东苑社区创建为市级绿色社区,新增海福巷农贸市场等6家市级绿色市场。主城环境综合整治全面推进。实施地铁3号线沿线站点拆迁,完成明御河前、郑和公园2座公厕改造,完成45幢老旧小区房屋屋面整治;推进运行垃圾直收直运方式,取消锦绣坊地面垃圾中转点,机扫作业率提高,实现主次干道机扫率达50%。成功创建建邺路一条街和石鼓湾餐饮集中片区两个餐饮业污染控制示范街区。完成李公祠大小照壁维修。出新改造10个全民健身点,创建体育特色小区2个。

6.服务型政府建设成效明显。推进政府信息公开,完善“12345”政府服务呼叫中心,群众诉求办理电子考核综合得分列全市第一。深入开展社会治安综合治理,创建省“最安全城区”,全区100%街道、91%社区达到市“社会治安综合治理平安街道、平安社区”目标,被评为平安南京建设先进区。实现信访总量平稳可控,全年未发生有影响的信访事件,积案化解量位于全市前列。社会矛盾纠纷调处成功率达98%。扩大对弱势群体法律援助覆盖面,办理法律援助案件470件以上。强化对区属国有企业监管,出台《白下区国有企业监管办法》、《政府债务管理实施意见》,探索国有企业公司化改造和战略重组的新途径。推进区商务系统改制工作,三星饮服公司完成改制并实现良好运营。

总体上看,2011年国民经济和社会发展计划执行情况取得了较好成绩,但面临的困难和挑战依然较多。面对严峻的宏观形势,经济不稳定不确定因素增多,部分市场化运作的重大项目实施难度加大;产业转型升级步伐仍需加快;中心城区所面对的民生改善任务仍然较为繁重。 (区发展和改革局)

【白下区2011年财政预算执行情况】

2011年,全区财政工作在区委区政府的正确领导下,在区人大的监督和支持下,坚持以科学发展观为统领,紧紧围绕全区经济社会发展战略和财政收支目标,不断创新治税理财思路,优化财税收支结构,提升财政服务能力,顺利完成了区十六届人大四次会议确定的财政收支任务,为全区实现“十二五”良好开局作出了积极贡献。

1.开源节流,实现年度财政收支平衡

2011年,全区地方一般预算收入完成30.1亿元,比2010年同口径增长13.13%,其中税收收入实现27.69亿元,比2010年同口径增长13.27%,占地方一般预算收入92%;非税收入实现2.41亿元,比2010年增长11.6%,占地方一般预算收入8%。

2011年,全区总财力25.29亿元,其中区级财力17.29亿元,市级专项转移支付8亿元。区级财力17.29亿具体构成为：2011 年地方一般预算收入 30.1 亿元，减上划省市收入 12.91 亿元，加 2010 年结余 0.1 亿元。

2011 年，全区财政总支出 25.26 亿元，其中区级支出 17.26 亿元，比 2010 年增长 15.84%；市级专项转移支付支出 8 亿元。全年财政收支相抵结余 300 万元，实现当年财政预算收支平衡。

2.统筹兼顾，推动经济社会协调发展

着力保障转型战略实施。安排各类科技创新创业专项资金 4200 万元，用于科技创新载体建设、科技成果转化、企业自主创新能力提升以及创新型经济发展；安排各类产业转型升级专项资金 7000 万元，支持高新技术产业、现代服务业、文化产业以及总部型经济发展；安排资金 1000 万元设立区科技创业种子基金。

着力保障民生重点支出。安排资金 7050 万元，用于扶持劳动者自主创业，大学生和困难人群就业，下岗失业人员和城市新增劳动力职业技能培训以及政府购岗人员补贴；安排资金 3900 万元，用于城乡医疗救助，发放城镇居民养老补贴、困难家庭的物价上涨临时生活补贴、80 周岁以上老人“尊老金”，提高居民最低生活保障标准，落实被征地人员保障政策等；安排资金 2100 万元，发放低收入住房困难家庭的租赁补贴和教师住房补贴；安排资金 5300 万元，用于军队离退休老干部安置、退役士兵自谋职业补助和无军籍职工生活补贴。

着力保障社会事业发展。教育投入 60400 万元（其中预算安排 54300 万元），用于保障教师绩效工资发放，完善义务教育经费保障机制，健全家庭经济困难学生政府资助政策体系；卫生投入 13300 万元，主要用于推进医药卫生体制改革，国家基本药物制度，提高居民医保水平，健全基本公共卫生服务经费保障机制；文体事业投入 1050 万元，主要用于推动建立具有白下特色的文化产业体系，支持特色文化广场建设和特色群众文化活动开展。

着力保障区域环境提升。安排资金 3280 万元，用于道路改造、街巷整治、小区出新等民生工程；安排资金 1385 万元，用于垃圾分类改革试点、老旧小区物管、数字化城管、城市管理考核和老旧高层住宅消防整改工作；安排资金 410 万元，用于落实“环保优先”战略，加大节能减排投入。

3.强化管理，促进财政保障能力提升

深化预算编制改革。加强部门预算基础信息库建设，完善人员、资产等基础信息；细化行政单位公用经费支出定额；加强项目支出管理，在运用政府收支分类科目基础上，根据项目用途，将全区项目支出细分为 18 类，促进预算信息公开工作的顺利实施。

推进国库集中支付改革。在总结第一批改革试点工作经验的基础上，扩大国库集中支付试点单位范围，2011 年 12 月第二批 13 家试点单位上线运行集中支付业务。

加强预算外资金管理。按照财政部的统一要求，将部门原纳入财政专户管理的非税收入（不包含教育收费）全部纳入预算管理，共涉及全区 65 家预算单位 4 大类收入项目，全年共缴入国库资金 1.53 亿元。

强化政府采购监管。通过网上公示采购信息、网上随机抽取评审专家、网上公示采购结果等方式，提高政府采购流程的透明度。2011 年政府采购总量为 2.11 亿元，比采购预算节约资金 3264 万元，资金节约率为 13.39%。

提高国有资产监管水平。出台《白下区行政事业单位国有资产管理实施意见》和《白下区行政事业单位资产配置标准》等管理办法，开展行政事业单位经营性资产集中管理试点工作，逐步提高国有资产利用效益和经营收益。

实施政府债务监管。制定《白下区政府债务管理实施意见（暂行）》，规范政府债务举借、使用、偿还和担保行为，进一步防范和化解政府债务风险。

回顾过去的四年，白下区财政工作围绕中心，服务大局，充分发挥财政职能作用；积极应对国际金融危机的严峻挑战，努力保增长、调结构、惠民生、促和谐；坚持解放思想，开拓创新，不断完善公共财政体系，全区财政工作取得新成绩。主要表现在：一是财政收入规模不断扩大。全区地方一般预算收入由 2007 年的 18.2 亿元增加到 2011 年的 30.1 亿元，年均增长 13.4%。二是财政保障能力不断增强。区级财政支出由 2007 年的 10 亿元增加到 2011 年的 17.26 亿元，年均增长 14.62%。公共财政投入结构明显优化，全区民生支出由 2007 年的 5.4 亿元增加到 2011 年的 11 亿元，民生支出占一般预算支出的比重由 2007 年的 54%增加到 2011 年的 64%，提高了 10 个百分点。三是财政管理水平不断提高。部门预算、国库集中支付、政府采购、非税收入管理等各项改革向纵深推进；财税、国资管理水平得到进一步提升。

在看到成绩的同时，我们也应清醒地认识到当前财政运行还面临着一些突出的矛盾和问题：一是财政收入实现高基数上的持续稳定增长的难度不断加大；二是财政供养人口多，刚性支出不断增加，财政收支矛盾更趋突出；三是财政工作保障创新型城区建设的能力还有待提升；四是国有资产管理水平和国有资本运营能力还有待提高。对此，我们将高度重视，认真研究，采取有力措施切实加以解决。 （区财政局）

【白下区 2011 年文明和谐城区（文化）建设工作目标】

2011 年全区文明和谐城区建设和文化建设工作，要认真贯彻落实党的十七大和十七届四中、五中全会精神，坚持以邓小平理论和“三个代表”重要思想为指导，深入贯彻落实科学发展观，加快文明和谐城区建设，全面完成《白下区文明和谐城区建设三年纲要》，进一步提升区域文明程度和市民综合素质，全力推动经济社会发展实现新突破，开创“十二五”发展良好局面，为“打造五大中心，建设品质白下，实现全面跨越”提供强大的思想保证、精神动力和舆论支持。

一、打造廉洁高效的政务环境

1.加强理论学习与宣传。学习贯彻科学发展观和十七届五中全会精神；发挥“新视野”讲坛、区委理论宣讲团和基层理论学习教育载体作用，区委中心组和各街道、系统工委中心组理论学习不少于 10 次；利用基层党政校、社区宣传栏等阵地，组织政策形势教育、图片展览等，全年不少于 30 次。

2.加快推进党务、政务、局务公开。认真贯彻全国及省市党务公开电视电话会议精神，深化党务公开有效形式，建立党务公开考评机制；加强区政府门户网站更新维护，完善网上办事和政民互动栏目，做好文化资源、旅游资源、招商信息、新街口商圈和高新园区等栏目，制定网站考核管理制度和内容保障制度；建立区“12345”政府服务呼叫中心平台；推进医院、学校、社区居委会等单位办事公开。

3.严格做到依法行政。开展行政执法案卷评查，动态调整维护各项行政权力事项；加强执法人员和执法证件管理，落实重大行政处罚案件备案制度，规范行政执法行为。

4.提升政府行政效能。推进全区各部门、街道行政效能建设，全年不少于10项工作；运用行政效能监察、绩效审计、“权力阳光”电子政务系统等方式，强化政府绩效管理，群众对党政机关行政效能满意度达90%以上。

5.自觉接受各类监督。接受区人大及其常委会的法律监督、区政协的民主监督以及新闻舆论、网络媒体、人民群众的社会监督；做好建议提案办理工作，办结率达100%。

6.加强反腐倡廉教育。做好反腐倡廉宣传教育规划，建立内控防范机制；落实党风廉政建设责任制，推进惩防体系建设；完善区纪委、监察局派驻机构的工作机制；在有条件的非公企业组建党的纪律检查工作机构1—2个；发挥社区纪委作用；推进社会廉洁教育体系建设；争创2个市级廉政文化示范点，1个省级廉政文化示范点，发挥党代表监督职能，人民群众对反腐倡廉工作的满意度达90%以上。

二、维护公正公平的法治环境

7.强化法制宣传教育。创建“法治城区”、“无邪教地区”，制订并落实《关于在全区公民中开展法制宣传教育的第六个五年规划》，利用“18社区法律讲坛”开展法制宣传“六进”活动，加强对五类重点普法对象的法制宣传教育工作，全年开展送法进社区活动100场以上；深化对社会公众的反邪教宣传教育，人民群众对防范和处理邪教工作的知晓率达85%以上。

8.加强基层民主政治建设。加强基层党、团、工会及妇女组织建设，规模以上非公企业单独建党、建团率动态达100%，独立基层工会组织数量增加15%；新建基层妇女组织推进率达20%；创建省、市级民主法治示范社区和单位，开展区级民主法治单位创建活动。

9.保护公民合法权益。规范劳动监察行政执法行为，全年劳动监察结案率达90%以上；侵犯残疾人合法权益事件投诉率低于1.5起/万户，为贫困残疾人提供法律援助率100%；驻区建会企业集体协商建制率、工资集体合同签订达到80%以上，驻区建会企业女职工权益专项集体合同签订率达100%；全区虐待、不赡养老人案件发生率低于2起/万户。

10.完善法律援助体系。加强法律援助知晓率的宣传，扩大对弱势群体的法援覆盖面，全年办理法援案件330件以上；创建1个省级优秀司法所；社会矛盾纠纷调处成功率达95%；完善安置帮教信息网络平台建设，重新犯罪率控制在3%以下。

11.维护社会安定有序。创建省“最安全城区”，全区90%街道、90%社区达到市“社会治安综合治理平安街道、平安社区”标准；“技防街道”达100%，“技防小区”达到90%以上；加强高层建筑公共安全预警处置工作，构筑“1+3”安全监控工作体系；开展“无邪教地区”创建工作，重点打好“三年教育转化攻坚与巩固工作整体仗”，无邪教街道创建合格率达100%；加强信访基层基础建设，强化初信初访源头化解，完善各级领导干部包案处理突出信访问题制度，按照“四个一批”的要求，解决各类矛盾纠纷；人民群众对社会治安的满意率达96%以上。

三、营造规范守信的市场环境

12.强化政府市场监管。深化全区药品零售药店“安全信用等级评定”工作，完善企业诚信档案，实行动态管理；餐饮业卫生监督量化分级管理率达100%，经营性公共场所实施卫生监督量化分级管理率达80%。

13.推动社会诚信建设。加大价格诚信建设力度，推进明码标价向明码实价的转变；开展“诚信服务月”、“三信三优”、“诚信之星”、“劳动保障诚信企业”等评选活动，培育劳动保障诚信企业30家，集体合同报审率达100%，在280家企业中推行工资集体协商；人民群众对政府诚信满意度达90%以上。

14.规范窗口行业服务和提升窗口地区环境面貌。建立健全新街口地区共管机制，实施街区全方位和全天候管理，推进商圈内企业明码标价向明码实价的转变；开展“创文明行业，建满意窗口”达标竞赛活动，开展服务品牌创建推广、“价格服务进社区”等活动，人民群众对窗口服务行业满意度达85%以上。

四、培育健康向上的人文环境

15.加强社会主义核心价值体系建设。在纪念建党90周年、辛亥革命100周年等重要节庆日、纪念日，开展群众性爱国主义宣传教育活动；开展“迎青奥、讲文明、树新风”、“做彬彬有礼南京人”活动；在清明节、端午节、中秋节、春节等传统节日，组织“我们的节日”主题文化活动。

16.深化“学习型城区”建设。加强学习型党组织、学习型领导班子建设；推行公务员网上在先线学习，合格率达100%。利用市民学校、社区科普大学等学习型组织，举办各类市民学习教育培训班；组织第二届“白下区社科普及宣传周”、第十六届“白下读书节”、第十届“白下学习节”活动、开展白下“学习之星”评比活动。

17.深化社会志愿服务活动。壮大志愿者队伍，打造1—2支特色巾帼志愿者队伍，1—2个团建工作、志愿服务工作示范点，完成“青春闪亮新街口”服务站出新，做好志愿者招募、培训、管理工作；深化“百万空巢老人关爱志愿服务行动”，弘扬“老吾老以及人之老”道德风尚。

18.加强未成年人思想道德建设。强化青少年法制宣传教育，创建“法治双优”学校，举办中小学生科技节、青少年科技创新大赛；开展“四自”教育进校园活动，举办家庭教育巡回讲座，实施“春蕾圆梦工程”；深化“做一个有道德的人”教育实践活动，开展“我与青奥共成长”等活动；推进“无邪教校园”、“未成年人零犯罪社区”创建，编印《中小学生暑假道德实践作业》；开展白下区第五届师德标兵和师德先进个人评比表彰活动。

19.加强社区文体阵地建设。出新改造10个全民健身点，规划建设区文化体育活动中心；引导社区文化基础设施升级，创建2—3个市级社区文化活动室示范点，街道建有1—2个市民文化广场；街道文化共享工程基层服务点覆盖率100%。

20.推进文化产业发展。认真落实全市文化发展绩效考核工作；推荐4—5个文化产业项目申报省、市级文化产业发展扶持资金；培育南京乐博乐器有限公司、南京合谷科技信息技术有限公司等骨干文化企业；推进杨公井演艺文化街区、熙南里金陵风尚历史文化街区、朝天宫西街古玩文化街区建设。

五、建设安居乐业的生活环境

21.深化和谐社区建设。完成国家级“社区服务标准化”试点终期评估；创建省级和谐示范社区2个；举办“和谐社区，喜迎青奥”、“全民动起来，青奥更精彩”等群众性文化活动；推进“青春健康”工程“五进”活动，青春健康知识普及率达90%以上；社区卫生服务中心100%纳入城镇职工医疗保险定点机构，创建一个省级社区卫生服务示范中心，建立全市首家惠民药店，100%街道建立安全用药服务点，人民群众对社区卫生服务满意度达80%以上。

22.完善社会保障体系。建成1个街道居家养老服务中心，新增床位450张；100%街道建立残疾人托养服务机构，打造2个“省级残疾人托养示范机构”；开展“四进家庭”康复服务活动，完成50户贫困残疾人家庭无障碍设施改造；全年救助特困残疾人家庭600户，安置残疾人就业100人，职业技能免费培训200人；建成区防灾减灾物资储备库；规范劳动监察行政执法行为，全年劳动监察结案率达90%以上。

23.改善市民居住环境。完成石杨路东延（二期）、长巷西街、西大阳沟拓宽改造；完成洪武路—中华路、朝西街、淮海路—秣陵路—石鼓路干道综合整治；实施17个小区出新工程和一批雨污分流改造项目；完成经济适用房五期北扩项目和六期南扩项目；加强住宅区物业管理纳入城市管理大平台工作，无物管小区物业管理覆盖率达95%；整合城管系统资源，完善城市管理长效机制，提高机扫作业率，主次干道机扫率达50%，积极探索垃圾收运新模式；深入开展爱国卫生运动，争创省级健康教育示范社区。

六、维护可持续发展的生态环境

24.开展创绿活动。开展“绿色社区”创建活动，创建1个市级“绿色社区”；创建1条餐饮污染控制示范街；创建市级绿色市场4家；建设大光路与解放南路路口绿地、月牙湖五期西延绿地建设；完成明御河公园、月牙湖一期等绿地提档项目。

25.保护水环境。开工建设红旗泵站（或肖家盘泵站），完成白甸泵站进水涵工程，十字河清淤工程；月牙湖、内秦淮河水质主要污染物控制在小康社会考核指标范围内。

七、开展扎实有效的创建活动

26.提高公共文明指数工作。全面做好全国文明城市复查迎查工作；完成省、市组织的公共文明指数测评工作，保持“双考评”成绩位于城区第一方阵位次；不断完善公共文明指数测评相关工作机制，委托第三方定期对重点责任部门和街道进行公共文明指数测评；针对创建重点难点问题，适时开展专项整治；问卷调查群众满意度指标达88%以上。

27.开展文明和谐小区创建活动。认真落实《白下区文明和谐城区建设三年纲要》，深化文明和谐小区创建活动，发挥示范特色小区的作用，年内在全区老旧居民小区中创建5—8个示范文明和谐小区、5—8个先进文明和谐小区；人民群众对文明城区、和谐社区创建工作支持率达80%以上，对和谐创建活动满意率达75%以上。

28.拓展“四进社区”活动。“四进社区”活动覆盖率达80%以上；深入开展食品药品“四走进”宣传活动；争创全国科技进步先进城区，全国科普工作示范城区，打造2—3家社区示范科普大学，组织全国科普日活动，定期更换科普画廊；争创国家社区教育示范区，100%街道建立社区教育学院分院；完善区域卫生信息化系统和社区居民健康档案。

29.开展文明家庭创建活动。开展“五好文明家庭”、“文明楼（院）”和“平安家庭”创建活动，举办“家庭文化四季主题”活动，社区“妇女之家”建站率100%，市民对家庭美德的知晓率达80%。

30.开展群众性特色文化活动。举办“第三届民俗嘉年华”、“第四届和谐白下大戏院”、“第十七届白下都市文化节”、“第十三届街道团队艺术展演”、“第十五届白下读书节”等品牌文化活动，全年各类文化展演活动达100场以上；创作各类艺术作品不少于600件，其中30%作品在市级以上发表、演出和展出；出版2011年版《白下年鉴》和2册白下地情系列丛书。

31.培育宣传各类先进典型。开展“我推荐、我评议身边好人”活动，选树第三届南京市“道德模范（群体、个人）”、2011“感动南京”年度人物、第十届“南京好市民”等各类文明典型；打造2—3个市级典型；举办第四届“凡人风尚”——文明典型事迹展演活动；做好南京市“五一”双奖评选工作，宣传劳模事迹，弘扬劳模精神；开展第八届白下“率先之星”评选活动。

32.加强社会舆论宣传。强化与媒体沟通联系，举办新闻发布（通气）会20场次，组织各类宣传报道1600条次，重点专题报道80条次，制作各类电视专题片和宣传片10部；提高应对网络舆论的水平，加强网络舆情的监控，完善网络发言人制度，加强网评员队伍建设。

（中共白下区委宣传部）

【南京市白下区2011年社会主义政治建设工作目标】

2011年全区社会主义政治建设工作的指导思想是：深入贯彻党的十七届五中全会精神，坚持以科学发展观为统领，紧紧围绕全区中心工作，全面加强和改善党的领导，发扬人民民主，推进依法治区，不断加强制度建设，完善决策机制，加强制约监督，为白下“十二五”发展开好头、起好步提供坚实保障。

一、关于党的建设

1.贯彻落实党的十七届五中全会精神。充分发挥“新视野”讲坛、区委中心组理论宣讲团和基层理论学习教育载体作用，坚持以党的最新理论武装全体干部，教育引导各级干部全面深刻把握党的十七届五中全会精神。以学习型党组织、学习型领导班子建设为目标，制订《白下区2011年建设学习型城区工作要点》，深化各类学习型组织建设。

2.深化常任制试点工作。认真做好区委换届工作。探索党代表换届选举的新形式，实行普通选举与公推直选相结合的选举方式。继续推进"党代表在选区"工作模式，进一步完善"党代表在选区"组织架构，创新工作载体，建立"党代表在选区"工作长效机制。加大党代表集中培训力度，组织党代表调研视察，促进党代表了解地区情况、履行代表职责。

3.探索扩大基层党内民主。探索规范基层党组织议事决策方式，加强对街道工委议事决策的监督和检查。认真贯彻《关于党的基层组织实行党务公开的意见》，全面推进党务公开工作，健全党务公开责任制，探索党务公开问责制。

4.加强干部队伍建设。完善科学民主选拔机制，建立主体清晰、程序科学、责任明确的干部选拔任用提名制度。加大竞争性选拔力度，探索推行差额推荐、差额考察、差额酝酿、差额表决的选拔干部办法，确保好中选优，优中选强。大力实施干部综合素养提升工程，继续"白下讲坛"、"白下论坛"教育，有计划选派干部到一线锻炼，提高干部科学发展的能力和水平。

5.深入开展"创先争优"活动。以"五个好"党组织和"五带头"党员为目标，进一步深化"牵手行动"，促进各级党组织和党员积极履职、发挥作用、争创一流。切实加大对各类先进典型的选树力度，全力营造创先争优的浓厚氛围。

6.加强基层党组织建设。抓好《社区党组织三年工作规划纲要》的贯彻落实，探索街道社区区域化党建工作机制，促进社区党组织服务群众、促进和谐。制定并落实机关党组织目标管理责任制和党员承诺制实施办法，深入推进机关党员志愿者服务队规范化建设。拓展非公企业党建工作活动载体，开展非公企业党建工作示范点创建活动，探索总结外资企业、改制企业、商务楼宇等各类非公企业党建工作模式。实行党员分类教育管理考核，落实党员发展票决制，建立《入党积极分子推选和发展对象确立预审制》等制度，不断完善党员发展工作。

二、关于人民民主权利建设

7.发挥人大及其常委会作用。支持人大充分依法履行职能，就经济社会发展中的重大事项作出决议决定。深入贯彻落实《监督法》，重点对事关经济发展、群众切身利益和社会普遍关注的问题及法律法规实施情况进行监督。探索和创新代表工作方式方法，密切沟通联系，重视发挥代表作用。

8.支持人民政协充分履行职能。支持政协围绕全区中心工作开展调查研究，积极参政议政、建言献策。不断完善民主监督机制，探索和完善政治协商的内容和形式。

9.维护人民群众民主权利。认真做好社区服务标准化试点工作，提高社区服务规范化水平，不断拓展社区居民自治新内涵，建立健全民情恳谈会等"四会"制度，畅通社情民意反映、受理、解决和反馈的渠道。完善"白下区社区在线"网，广开社区居民互动渠道，扩大参与度。

10.开展各类维权活动。积极开展劳动保障诚信企业评选活动，培育劳动保障诚信企业30家。在150家企业中开展工资集体协商。全年劳动监察结案率90%以上，劳动争议结案率90%以上，独立基层工会组织数量增加15%，新建基层妇女组织推进率达20%。

三、关于爱国统一战线建设

11.促进民族宗教领域和谐稳定。全面落实党的民族宗教政策，积极开展新一轮民族团结模范城市创建活动，加强少数民族流动人口服务和管理，全力维护宗教领域稳定和谐。

12.加强统战工作体制机制建设。建立民主党派与政府部门对口联系制度、与社区共建制度，促进多党合作事业持续发展。完善统战工作绩效考核和督查机制。

13.做好统战基层基础工作。以社区统战"五有"建设为重点，打造社区统战工作品牌，提高工作水平。完成党外代表人士人才库建设，做好工商联、侨联、台联换届工作。

四、关于平安法治建设

14.强化法制宣传教育。制定"六五"普法规划，继续开展法制宣传"六进"活动，全年开展送法进社区活动百场以上。加强对五类重点普法对象的法制宣传教育，深入推进"法治双优"学校工作，完善学校、家庭、社会三位一体的青少年法制教育体系。

15.切实推进司法公正。深化司法体制改革，加强法官、检察官队伍建设，保证审判、检察机关依法独立公正地行使职权。加强律师队伍建设。

16. 深化综治和平安、法治创建活动。深化"平安家庭"、"平安校园"、"平安企业"等系列平安创建活动。扎实推进社会治安综合治理和"平安白下"创建工作，全区90%街道、90%社区达到市"平安街道、平安社区"目标。全区刑事案件破案率45%以上，八类刑事案件破案率85%以上，公众安全感达96%以上。年办理法律援助案件330件以上。

17.完善社会矛盾纠纷"大调解"机制。落实信访工作责任，完善信访工作突发事件应急预案和处置机制，坚持区领导接访、下访工作制度，深入开展机关下访活动，信访积案化解率达80%以上，进京访积案100%化解。一般社会矛盾纠纷调解成功率95%以上，复杂疑难社会矛盾纠纷调解成功率90%以上。

五、关于阳光政务建设

18.推进服务型政府建设。按照机构改革"三定"方案，理顺部门职能与权限，完善行政管理体制，规范行政权力运作。建立完善行政问责制度，完善区政府门户网站及部门、街道子网站。创优政务服务环境，深化政务公开，设立"12345"政府服务呼叫中心。

19.推进权力阳光运行机制建设。制定权力阳光运行工作长效机制，对权力阳光运行业务系统进行优化升级，强力推进行政执法办件网上单轨运行。积极开展民主评议政风行风活动。

20.大力推进科学民主决策。加强行政决策程序建设，推行依法科学民主决策。扩大公众对政府决策的参与，对涉及群众切身利益的重大行政决策，通过举办"听证会"等形势，广泛听取公众意见。

21.强化监督检查。加强对产业结构调整、规范和节约用地、自主创新、节能减排、资源节约和环境保护等方面政策执行情况的监督检查。加强对财政资金、民生支出、重大投资项目的审计监督。加大对领导干部的经济责任审计力度，提高任中审计比重，扩大审计范围。开展重点领域、重点部门、重要环节突出问题专项治理，规范中介机构服务行为。

22.加快推进各类改革。加快推进教育资源整合。全力推进商贸、城建系统企业改革改制。深入推进卫生体制改革。

六、关于反腐倡廉建设

23.加强对各级干部的管理教育。坚持区领导、纪委、组织部领导与区管领导干部谈心活动，坚持领导干部述职述廉述访、信访告诫、函询等制度。严格执行个人有关事项报告等制度。将党员干部廉政教育纳入干部教育总体规划，通过案例剖析开展警示教育。坚持新提任区管领导干部勤政廉政谈话制度，明确工作职责、明确勤政要求、明确廉政规定。认真抓好区管干部述职述廉述法、离任审计、考核反馈等制度落实。畅通电话举报、信访举报、网上举报渠道，积极发挥群众监督、舆论监督的作用。

24.建立健全干部制约监督机制。贯彻实施《党内监督条例》。拓宽监督渠道，增强监督合力，加强对领导干部的监督和问责。进一步发挥党代会和党代表监督作用。加强廉政档案动态管理。

25.加强党风廉政建设督促检查。稳步推进派出派驻机构统一管理工作，建立健全派出派驻机构职责及各项工作制度，健全对派出派驻部门领导班子和主要领导干部监督的措施和制度，加强对所在部门、街道党员干部执行党风党纪和廉洁自律各项规定的监督检查。

（中共白下区委办公室）

12月30日，中共白下区委召开十届五次全体（扩大）会议

党政机关

中共白下区委

【概况】 2011年，中共白下区委认真贯彻中共十七届五中全会精神和省、市委要求，科学谋划“十二五”发展，全区上下解放思想、锐意进取、扎实工作，经济社会发展和党的建设实现良好开局。经济实现平稳增长。全年实现地区生产总值324亿元，按可比价增长12%；地方一般预算收入30.1亿元，同比增长13.1%；社会消费品零售总额477亿元，同比增长16.5%；实际利用外资1.02亿美元，同比增长15%；引进注册资本500万元以上企业148家，其中千万元以上企业46家；软件业务收入达55亿元；年度确定29个新开工项目的开工率达83%，完成全社会固定资产投资91亿元。民生保障持续提升。实现城镇居民人均可支配收入32964元，同比增长12%；全年创业带动就业人数超过16300人；教育资源整合取得突破性进展，南京市第三高级中学、南京市第六中学组建新南京市第三高级中学，4所小学组建教育集团，荣获南京市高中教学绩效评估一等奖；成功创建全国社区中医药工作先进单位，月牙湖社区卫生服务中心成为全市首家国家级社区卫生服务中心，瑞华慈善医院揭牌；完成国家级社区服务标准化项目试点工作，投入3500余万元用于特殊、困难群体救助，新增养老床位457张；完成户部街、常府街等干道整治工程，开工建设经济适用房五期北扩和杨庄6号地块项目，完成1626套经济适用房安置。社会保持和谐稳定。注重从源头上预防和减少社会矛盾，出台加强信访工作、领导干部接访下访约访等意见，建立区领导每日接访制度，一批群众反映强烈的信访问题得到妥善解决。公安“清网行动”受到省公安厅通报表扬，完成全国“两会”等重要时期的保障任务。精神文明建设成效明显，为南京市顺利通过全国文明城市复查作出突出贡献，2人被评为国家级“中国好人”，7人被评为省市级先进典型。党的建设不断加强。成功召开区第十次党代会，顺利完成区委换届。围绕纪念建党90周年，开展系列主题活动。加大部门、街道干部交流轮岗力度，选拔一批素质好、能力强的干部走上区管领导岗位，选派17名年轻干部担任部门和街道见习主任助理。在全省首创成立新街口和商茂世纪广场商务楼宇社区党委。实施纪检监察派驻统一管理，创新权力监督管理体制的新模式。以“三比三促三争当”（比能力，促进思想解放，争当开拓创新的标兵；比业绩，促进转型发展，争当实干创业的标兵；比形象，促进作风转变，争当服务创优的标兵）主题实践活动为重点，深入开展创先争优和“两型”（学习型党组织、学习型领导班子）组织创建活动，基层党组织核心作用和党员先锋模范作用进一步发挥。

更新发展理念、理清工作思路，创新驱动、转型发展成为发展主战略。通过安排领导干部学习讨论、深入驻区单位调研、赴先进地区实地考察和各种会议座谈交流，认真分析中心城区发展的一般规律和阶段性特征，立足白下发展实际，确立建设创新型城区的发展目标。积极开展省市区党代会精神宣讲活动，统一实施创新驱动核心战略的认识，全面展开工作布局。在实践中提高广大干部战略思维、创新思维、辩证思维能力，更加坚定全区上下创新驱动、转型发展的信心和决心。

立足长远布局、统筹谋划发展，创新型城区建设工作格局初步形成。召开创新型城区建设、加强社会建设和服务、“三争一创”（争当江苏科学发展、改革创新、和谐稳定“首位市”，创建江苏党的建设“先进市”）实践活动动员大会，确立科技创业创新、民生幸福行动、社会管理服务创新等行动计划，提出以上海杨浦区为学习追赶的标杆单位，全区上下初步确立区委领导、政府主导、街道为主体、部门为保障、全社会共同参与的创新驱动工作格局。

推进科技创业、致力产业转型，科技创业创新工作全面启动。大力发展创新型经济和服务型经济，加快紫金（白下）科技创业特别社区建设，推进特别社区规划，建立政务服务、公共技术服务和金融服务平台，形成招才引智的常态化机制。成立中航科技城管委会，建设以10个院所企业为主要载体的科技创业创新基地。实施白下高层次科技创业人才集聚行动，积极组织申报南京市“321”计划。

优化城市功能、彰显文化品质，城市规划和项目策划的意识不断加强。坚持规划先行、突出重点、统筹考虑，结合科技创业、文化建设、生态宜居等因素，积极开展全区控制性详细规划修编，启动新街口核心区、太平南路以及东部地区城市设计和策划，认真做好危旧房改造、文化城市功能为重点的项目策划，完善白下城市功能，提升城市区域的影响力。

创新体制机制、夯实基层基础，社会建设和服务得到加强。准确把握白下区社会工作的区情特点、阶段特征，注重顶层设计，立足于“三下沉、五整合”（人员、职能、权限下沉，整合职能、人员、经费、信息、考核），建立加强街道主体作用和社区基层基础建设的机制，网络化综合管理、网格化落实责任的扁平化管理模式初步建立，在五老村街道启动街道—社区综合改革试点。全面推行“社情民意联系日”活动，机关干部深入基层解决群众反映的问题1000余件。

着力锤炼队伍、狠抓执行落实，围绕中心推动发展的能力不断提升。围绕转换思路、调整状态、提升能力，抓好领导班子和干部队伍建设。大力弘扬同舟共济、勇于负责、敢于碰硬、争创一流的精神，区委带头加强自身建设，统筹协调、团结拼搏、务实干事。选派15名年轻干部赴上海杨浦区挂职锻炼。深入开展“三争一创”实践活动，引导街道、园区选定发展标杆，认真对标找差。加强执行力建设，建立大督察工作格局，确保各项工作得到有效落实。

【区委九届三十九次全会】 1月20日，中共白下区委召开九届三十九次全体（扩大）会议。区纪委常委会成员，区人大、政府、政协党组班子成员，区法院院长、区检察院检察长及全体区管正职干部列席会议。会议听取2010年度干部选拔任用工作情况，开展民主评议。

【区委九届四十次全会】 4月6日，中共白下区委召开九届四十次全体会议。2名委员请假，19名委员到会。全会讨论通过区委关于召开中共白下区第十次代表大会的决议（草案）。

【区委九届四十一次全会】 7月19日，中共白下区委召开九届四十一次全体会议。全会民主测评离任区委书记干部选拔任用工作情况；讨论区党代会常任制试点工作报告、区纪委工作报告；讨论区委、区纪委换届候选人预备人选；研究出席市第十三次党代会代表候选人预备人选；讨论《中国南京市白下区委关于贯彻落实“四个第一”，实施创新驱动战略，建设创新型城区的决定（草案）》；讨论区委工作报告，讨论通过区委关于召开中共白下区第十次代表大会的决议（草案）及日程。

【召开区第十次党代会】 7月23日—25日，中共白下区委召开第十次党代会，会议听取和审查中国共产党南京市白下区第九届委员会工作报告；听取和审查中国共产党南京市白下区纪律检查委员会工作报告；审议通过《中国共产党南京市白下区委员会关于贯彻落实“四个第一”，实施创新驱动战略，建设创新型城区的决定（草案）》；审议通过白下区党代会常任制试点工作报告；审议通过党费收缴、使用和管理情况的报告；选举中国共产党南京市白下区第十届委员会；选举中国共产党南京市白下区纪律检查委员会；选举出席中国共产党南京市第十三次代表大会的代表。

【区委十届一次全会】 7月25日，中共白下区委召开十届一次全体会议。27名委员全部到会。纪委委员、部分党代表列席。会议选举区委常委、副书记、书记；讨论通过区纪委常委、副书记、书记；新当选的区委书记陈勇讲话。

【区委十届二次全会】 9月22日，中共白下区委召开十届二次全体会议。会议推荐第十三届市委委员、纪委委员候选人初步人选。

【区委十届三次全会】 10月28日，中共白下区委召开十届三次全体会议。会议研究有关干部工作并票决。

【区委十届四次全会】 12月21日，中共白下区委召开十届四次全体会议。会议研究有关干部工作并票决。

【区委十届五次全会】 12月30日，中共白下区委召开十届五次全体（扩大）会议。区四套班子领导、区纪委委员、区部分党代表及有关方面负责人列席会议。会议通过区委工作报告和区纪委工作报告；通过区委、区政府《关于率先基本实现现代化的决定》。

【召开全区工作务虚会】 11月19日—21日，区委书记陈勇、区长曹永林率区四套班子领导及各部门、各街道负责人约140人赴无锡、苏州参观学习科技创业创新、老城保护性改造、现代服务业、创新社会管理等方面的经验做法；听取上海杨浦区创新型城区建设、无锡科技人才引领、扬州彰显文化品质等方面经验介绍。11月26日—27日，全体参会人员对标找差，谋划2012年工作思路、目标和举措，部分参会人员进行交流发言。

【省委书记、省人大常委会主任罗志军视察区农副产品平价店】 9月30日，省委书记、省人大常委会主任罗志军在省委常委、市委书记杨卫泽及省、市、区三级有关部门负责人陪同下视察月牙湖街道苜蓿园社区龙圣农副产品平价直营店，视察节日市场的蔬菜供应情况。省委书记罗志军在详细询问蔬菜品种和价格并听取群众意见后指出，直营店的销售模式既畅通了农副产品的产销渠道、缓解农民的“卖菜难”问题，又减少流通环节、降低销售价格、维护市场稳定，应该在各地区积极推广。

【省委常委、市委书记杨卫泽到区视察】 4月9日，省委常委、市委书记杨卫泽到白下区视察蓝旗新村社区、区老年公寓。市委书记杨卫泽一行询问蓝旗新村社区概况、社区建设和社区服务等情况，实地查看蓝旗新村社区关心下一代工作委员会、图书馆、文体娱乐厅、爱心互助超市和允德乐龄居家养老服务中心，参观区老年公寓食堂、医务室、活动室和起居室，了解老人生活起居情况和需求，交流社区用房、社工福利待遇、社区老年化服务等问题。市委书记杨卫泽充分肯定蓝旗新村社区工作及区老年公寓的服务工作。区领导陆平贵、单正薇、徐中潞陪同视察。

【省委常委、市委书记杨卫泽到区为特别社区揭牌】 9月10日，紫金（白下）科技创业特别社区建设启动仪式在高新技术产业园区举行。省委常委、市委书记杨卫泽为特别社区揭牌并讲话。市委书记杨卫泽要求，白下要以紫金（白下）科技创业特别社区揭牌为新起点，紧密结合自身实际，努力汲取国际先进经验和国内其他城市的有益探索，在特区的功能体系、运行机制、人才建设等方面，保持先行先试、敢闯敢试的劲头；白下要注重放大特区转型示范效应，使紫金（白下）科技创业特别社区能够真正成为推动和引领白下区乃至全市产业转型升级的重要力量,为全市科技创业特别社区建设带好头、做示范;白下要自觉解放思想、勇于开拓创新,确保既定的各项特殊政策逐一落实到位,推动紫金(白下)科技创业特别社区又好又快发展。市领导刘以安、罗群,区四套班子领导出席仪式。

【省委常委、市委书记杨卫泽调研区文化产业工作】 11月24日,省委常委、市委书记杨卫泽一行调研区文化产业发展情况。实地走访市级文化产业基地金陵刻经处、甘熙故居和熙南里金陵历史风尚街区,调研午朝门明故宫遗址。市委书记杨卫泽充分肯定该区大力发展文化产业的做法,希望白下进一步做好南捕厅历史文化街区、世界非物质文化遗产中国雕版印刷、明故宫遗址的保护与利用,充分发挥历史文化资源优势,彰显南京古都底蕴和特色。市领导郑泽光、刘以安,市委常委徐宁,市政府办公厅、市委宣传部、市文广新局、市宗教局、市文化集团负责人和区委书记陈勇、区长曹永林等陪同调研。

【省委常委、市委书记杨卫泽到区为慈善医院揭牌】 12月24日,江苏省首家为低保群体提供免费基本医疗服务的公立医院——瑞华慈善医院正式挂牌,省委常委、市委书记杨卫泽,副市长许仲梓出席仪式并揭牌。市委书记杨卫泽充分肯定白下区惠民医疗工作所取得的成效并指出:白下的医疗惠民工程在全市树立了标杆,是全国有影响的品牌,今后要继续以服务群众为中心,加快医院整体规划工程建设,注重提高服务能力和技术水平,不断探索慈善医疗创新实践,丰富工作内涵,将这项民生幸福工程发扬光大。区委书记陈勇致辞,区长曹永林、区政协主席陈斌、区人大常委会副主任王洪星等领导及省市卫生系统相关负责人出席仪式。 (徐 谦)

组织工作

【概况】 2011年,白下区有中共组织18个党(工)委,其中16个工委、2个党委。基层党组织979个,其中44个基层党委、71个党总支、864个党支部。党员总数27956名,其中:女党员11355名,占党员总数40.6%;35岁以下党员5878名,占21.0%;大专以上学历党员14793名,占52.9%;离退休党员15455名,占55.3%;社区党员17061名,占61.0%;非公有制企业中党员4564名,占16.3%;机关党员2463名,占8.8%。

完成区委换届工作。制订《关于产生中国共产党南京市白下区第十次代表大会代表的意见》,明确党代表的名额、比例、条件、产生程序等,严格按照时间节点有序推进各项准备工作。试点开展公推直选党代表,扩大差额选举的比例和范围,完成220名区第十次党代会代表选举工作。召开区第十次党代会,完成区两委委员(区委委员和区纪委委员)、常委、书记、副书记和市第十三次党代会代表的选举工作。

进一步提升干部队伍领导科学发展能力。按照创新型城区建设要求,坚持德才兼备、以德为先,选拔“想干事,会干事,能干事,干成事”的干部。坚持民主、公开、竞争、择优的选任机制,遴选出8个处级领导岗位面向全市公开选拔,通过竞争上岗产生科级干部110名。推行差额推荐、差额考察、差额票决等办法,全年提拔区管正职领导干部10名、区管副职20名,交流54名,9名干部晋升副处级非领导职务,区管领导班子结构进一步优化,干部队伍活力进一步激发。创新干部培养途径。开展干部培训,举办中共十七届五中全会精神、白下“十二五”规划、人才与科技创新等专题培训。选派15名干部赴上海杨浦区挂职锻炼,市委书记杨卫泽肯定该做法。加大区街机关年轻干部交流力度,选派17名年轻干部分别到部门和街道任见习助理。严格干部考核管理。以创新驱动实绩和群众认可为标准,坚持日常考核、年度考核和专项考核相结合,进一步完善领导班子和干部考核评价机制。对全区55家单位、323名区管干部进行全面考核,1936名机关干部、“两代表一委员”(人大代表、党代表、政协委员)、企业以及群众代表参加民主测评,1182人进行个别谈话,较为全面掌握区管领导班子运行和区管干部整体作用发挥情况。组织42名新提拔干部进行集体勤政廉政谈话,组织区管干部报告年度个人有关事项,经济责任审计13名区管正职干部。

人才优先发展格局逐步形成。努力健全人才管理体系、创新人才发展机制、优化人才服务环境,大力引进和培育高层次科技创业创新人才。加强人才工作组织领导。成立科技创新与人才队伍建设领导小组,下设区人才办与领军型科技创业人才引进计划办、科技创业家培养计划办2个专项办公室,形成区委组织部牵头抓总,各相关职能部门和街道、园区联动协作的工作格局。加强人才工作队伍建设,结合政策要求对街道、园区工作人员开展集中培训,提升人才工作业务能力。加快完善人才工作机制。出台《白下区高层次科技创业人才集聚行动计划》和考核办法,明确今后五年全区引才指标任务,按部门、街道分解落实责任,构建分级负责、整体联动的目标责任体系。颁布引才计划实施细则,进一步形成具有较强吸引力和可操作性的政策体系。积极拓展引才渠道。组团参加第四届中国留学人员南京国际交流与合作大会、第十四届中国留学人员广州科技交流与合作大会等知名引智平台招才引智活动,对接留学人员创业项目和技术合作项目143个,80名海外归国创业留学人员实地考察白下高新产业园区。开展“走进高校、走进科研院所”活动,深入南京大学、南京东南大学、南京航空航天大学、南京理工大学及中国电子科技集团公司第二十八研究所(南京)等驻宁高校院所洽谈合作,建立人才科技合作意向。积极部署开展人才计划申报,3名人才参加国家“千人计划”答辩;4人入选省“双创计划”;38人入选市“321”引进计划。

基层党组织活力不断增强。以创先争优活动为统领,进一步完善基层党组织工作制度体系,不断扩大党的工作覆盖面和实效性。全面推进创先争优活动。按照围绕中心、服务大局的要求,在推进各项工作的落实中深化创先争优活动。组织开展“三比三促三争当”(比能力,促进思想解放,争当开拓创新的标兵;比业绩,促进转型发展,争当实干创业的标兵;比形象,促进作风转变,争当服务创优的标兵）主题实践活动，实施为民办实事工程，全区917个党组织提出承诺事项5813件，21269名党员作出承诺事项89329件，办结率98%。组织开展纪念建党90周年12项系列活动，加强典型培育，涌现出淮海路社区党委、“续广军团队党支部”、何留等一批省市先进典型。探索区域化党建工作模式。制订《白下区创新城市基层党组织建设行动计划》，在大光路街道工委、马府街社区党委试点先行，探索街道“大工委”、社区“大党委”工作模式，构建区域化党建格局。以社区为主阵地，建立“一核四会六家园”（以社区党组织为核心，建立社区议事监督会、共建联席会、群团联络会、居民联系会等四个载体，形成覆盖社区各类人群的群众工作网络，实施以“关爱”、“美观”、“文明”、“平安”、“和睦”、“维权”等“六个家园”为主要内容的幸福和谐社区建设）社区党的群众工作体系。探索“党组织建在商务楼宇社区上”的城市新型党建模式，成立新街口、商茂世纪广场等两个商务楼宇社区党委。加强基层党建工作创新。按照社会管理创新要求，在全区建立“社区党委（总支）——片区（院落）党支部——网格（楼幢）党小组”三级网络，推行党员分片包干制，实现组织网络和群众工作的全覆盖。加强服务型基层党组织建设，成立“爱心牵手党员志愿者服务队”，全区1500余名机关在职党员以“社情民意联系日”等为载体，深入社区基层为居民群众开展各项志愿服务。开展非公企业党组织组建工作“百日行动”，实施社会组织“公信力工程”，全年新成立非公企业党组织172家，社会组织党组织12家，党的工作覆盖面不断扩大。开展创新型城区建设、社会管理创新等专题培训，基层党组织书记能力素质有效提升。

深化党代会常任制试点工作。发挥省市党代会常任制试点区的优势，结合区委换届，制订《关于积极发挥区第十次党代会代表闭会期间作用的意见》。组织党代表开展“四议四促”（议重大问题决策、重要干部任免和重大项目推进，促科学发展；议工作思路、方法和机制，促改革创新；议社会管理、民生幸福和综治平安，促和谐稳定；议班子、组织、队伍和作风效能，促党建先进）活动，邀请基层党代表列席区委全委会议、换届考察动员大会等重要会议，参加机关作风评议等重要工作，300余人次党代表列席街道工委会和社区党委会。组织党代表联系服务群众，全区建立58个“党代表社区工作站”，“党代表社情民意接待”成为常规化工作。

加强新时期老干部工作，落实老干部政治和生活待遇。完成党史资料的征编和编撰工作。加强组工干部教育管理和业务学习，开展“社情民意联系日”活动，进一步提升组工干部的能力素质和自身形象。（曹　静）

【召开干部选拔任用“一报告两评议”会议】 1月20日，白下区委召开全委（扩大）会议，对干部选拔任用工作进行“一报告两评议”。区委全委会委员，区人大、政府、政协领导班子成员，区机关部门和街道的主要领导以及部分党代表等120余人参加会议。区委书记、区人大常委会主任陆平贵主持会议，区委常委、组织部部长杨学忠作专题报告。会议民主评议2010年度干部选拔任用工作和选拔任用的区管正职领导干部以及部分管理人、财、物、执纪执法等重要部门的副职领导干部。（李文滨）

【公开选拔区管领导干部】 3月，白下团区委书记、团区委副书记、区教育局副局长、区投资促进局副局长、区人口和计划生育局副局长等6个区管领导岗位面向南京地区公开选拔；白下区委办公室副主任、区纪委党风廉政建设室主任2个职位面向区内公开选拔。通过自愿报名和组织推荐相结合的方式，77人报名并通过资格审核。经笔试、面试、差额考察等程序及区委常委会差额票决，6人走上处级领导岗位。

【举办2010年度军转干部培训班】 4月18日—20日，白下区举办2010年度军转干部适应性培训班，该培训班设“区情介绍”、“优化个人才能，适应地方工作”、“做好群众工作，维护社会和谐稳定”、“招商引资与区域经济发展”、“就业与社会保障”、“和谐社区建设实践”等6场专题讲座，组织观看党风廉政教育纪录片以及参观社区。39名军转干部参加培训学习。

【举办学习中共十七届五中全会精神暨区“十二五”规划纲要轮训班】 4月27日，白下区举办中共十七届五中全会精神暨区“十二五”规划纲要轮训班开班动员及专题讲座。邀请省委党校教授孙月平及南京大学教授张京祥、王红扬讲课，全体区管干部、区基层党组织负责人460人参加轮训。该轮训班为期3天，采取个人自学、集中授课、分班次轮训、讨论总结等方式进行。区委常委、组织部部长杨学忠作开班动员。

【举办党外后备干部培养对象专题培训班】 5月12日—13日，白下区举办中共党外后备干部培养对象专题培训班，邀请市委统战部、市社会主义学院有关领导及市委党校教授作“新世纪新阶段统一战线理论与方针政策”、“多党合作基本知识与新世纪新阶段党外干部肩负的责任”、“当前宏观经济形势”、“领导方法和艺术”专题辅导，18名党外后备干部培养对象参加培训。（袁　媛）

【组织新提拔区管领导进行集体勤政廉政谈话】 5月13日，区委副书记、区纪委书记徐中潞，区委常委、组织部部长杨学忠与2010年以后新任命的42名区管干部进行集体勤政廉政谈话。组织观看电教片《贪欲使他走向了深渊——宋勇腐败案件警示录》，4名新提拔领导干部代表作表态发言，全体新任命干部签订廉政承诺书。

【开展党委换届暨组织工作满意度民意调查】 6月13日，国家统计局南京市调查队到白下区开展党委换届暨组织工作满意度民意调查，通过对组织工作和组工干部综合测评、对县乡党委换届工作专项测评、对组织工作分项调查等，了解干部群众对组织工作和组工干部，特别是对干部选拔任用工作和区委换届工作的满意度。调查采取随机抽样、问卷调查方式，在全区抽取44个机关部门、4个街道、20个社区，175人填写调查问卷。（李文滨）

【区管领导干部年度考核工作】 8月—9月，白下区组织开展区管领导干部年度考核工作，考核区机关部门、街道和区属城建开发单位58个领导班子及287名区管领导干部，其中区管正职95人、区管副职192人，全面了解区管领导班子工作运行情况和整体功能发挥情况，并将民主测评情况与年度创新型城区建设目标任务完成情况、区管干部履行职责情况相结合，综合考核评价区管领导干部，共评选区管优秀公务员69人、不定等次3人。 （张 敏）

【选派干部到上海市杨浦区挂职锻炼】 8月，白下区选派首批15名干部赴国家创新型试点城区——上海市杨浦区开展为期3个月的挂职学习锻炼。区委书记陈勇亲赴杨浦区协调挂职事宜。区委以“学习借鉴、思想提高、能力锻炼、指导工作”为目标，学习杨浦区在人才引领、科技创新、园区建设、社会建设、服务保障、政策思路研究等方面的先进经验。省委常委、市委杨卫泽书记在挂职小组撰写的《上海市杨浦区建设创新型城区的主要经验及启示》上作批示予以肯定。 （袁 媛）

【选调机关干部到街道、园区工作】 9月，白下区经过考察、综合比选，确定17名年轻干部赴街道、园区担任见习助理。9月28日召开的选调干部培训会上，区委副书记苏宇红到会并讲话，区纪委与选调干部进行廉政谈话。 （刘 敏）

【举办区街机关新任科(室)长专题培训班】 10月28日—29日，白下区举办区街机关新任科(室)长专题培训班，邀请区副巡视员伏健章、河海大学教授金林南、市委党校副教授王建莲、市委某办公室综合协调处范晓明处长作专题辅导，2名区管领导干部就如何当好一名科长作经验交流。区街机关143名新任科(室)长参加培训。 （袁 媛）

【开展区管副职干部年度实绩申报、公示工作】 2011年，白下区根据《区管领导班子和领导干部考核办法》，在区管副职干部中开展工作实绩申报、公示工作。区管副职干部填写《履职效能情况登记表》，概要介绍全年完成工作情况，并利用单位告示栏、电子屏、网站等平台进行公示，接受群众监督，结合群众意见，修改完善《履职效能情况登记表》，进行自我评价打分。所在单位领导班子根据区管副职干部履职情况以及群众满意度评价，在集体讨论、综合权衡的基础上，给予单位打分。履职效能情况作为年底区管副职干部考核评优的重要依据。 （张 敏）

【招才引智工作】 2011年，白下区通过平台引才、机构引才、合作引才、以才引才等多种方式，加大人才引进力度。组团参加中国留学人员广州科技交流会等引智平台招才活动，在第四届南京“留交会”上对接留学人员创业项目143个，80名海外归国创业留学人员实地考察白下高新产业园区。在境外重点区域设立招才引智窗口，与美国北加州清华校友会、美国南大湾区校友会、中海创(南京)科技发展有限公司等留学生协会和中介机构签订引才协议，建立长期合作关系。开展“走进高校、走进科研院所”活动，深入南京大学、东南大学、南京航空航天大学、南京理工大学以及中国电子科技集团公司第二十八研究所等驻宁高校院所洽谈合作，建立人才科技合作意向。组织高层次科技创业人才联谊活动，加强沟通，立足现有人才扩大引才渠道。部署开展人才计划引进申报，集聚5名国家“千人计划”专家，4人入选省“双创计划”，38人进入市3000人引进计划，4人入选市200人培养计划。 （徐莉莉）

【召开爱心牵手党员志愿者服务队誓师大会】 5月4日，白下区召开“爱心牵手党员志愿者服务队”誓师大会，成立扶贫帮困、环境维护、法律援助、医疗卫生和宣传教育等5支机关党员志愿者服务队。会议由区委副书记、区纪委书记徐中潞主持，区委常委、宣传部长汪祥明，区副巡视员伏健章出席会议。区机关各部门、各街道主要领导、党组织书记，各社区党组织书记，部分党员志愿者服务队队员240多人参加会议。区委常委、组织部部长杨学忠部署爱心牵手党员志愿服务活动，区领导向党员志愿者服务队授队旗，5支服务队分别做公开承诺。区委书记陆平贵到会并讲话。 （颜 艳）

【开展迎接建党90周年系列活动】 2011年，白下区开展迎接建党90周年系列活动。以“牵手送爱心，为民办实事”为主题，成立机关党员志愿者服务队，为社区居民群众开展扶贫帮困志愿服务。实施社区党组织为民办实事工程，指导各社区党组织落实创先争优活动要求，确定并公开承诺10件为民服务实事。建立何留课堂培训基地，帮助残疾人优秀党员何留设立免费技能培训、实践基地，促进其回报社会，扩大典型影响力。举办青年党团员演讲比赛，围绕“激扬青春，创先争优，我与‘十二五’共成长”，引导青年党团员立足本职，创先争优。立足“创先争优，我为社区做什么”，开展社区党员“互动式”教育，引导社区党员在和谐社区建设中发挥先锋作用。组织新发展党员集体承诺宣誓。6月23日，邀请《群众》杂志社总编周毅之作专题党课，回顾中国共产党90年的奋斗历程和基本经验。全体区管干部、全区基层党组织负责人约420人参加听课。开展“党代表讲党史”活动。组织部分党代表到社区，开展党史教育。走访慰问老党员、困难党员及遗属。召开纪念建党90周年大会。举办《党的光辉照我心》专场文艺演出。 （吴克非）

【召开纪念中国共产党成立90周年大会】 6月29日，中共白下区委召开纪念中国共产党成立90周年大会。区四套班子领导及部分老领导，区机关各部门主要负责人，各党(工)委党政主要领导、分管书记，党政办主任、组织、宣传、纪检干事，全体党代表和部分基层党组织负责人约500人参加会议。会议表彰10个先进基层党组织，10个学习型党组织、学习型领导班子建设工作先进单位、先进集体，10名优秀共产党员，10名优秀党代表，10名优秀党务工作者和10名学习型党组织、学习型领导班子建设工作先进个人，观看《党的光辉照我心》专场文艺演出。会议由区长曹永林主持。区委书记陈勇到会并讲话。 （张阳阳）

【市、区领导走访慰问老党员、困难党员】 6月30日，市委常委、市纪委书记龙翔走访慰问瑞金路街道瑞金新村社区和大光路街道蓝旗新村社区，向2位老党员和困难党员送上慰问信和慰问金。区委书记陈勇，区长曹永林，区委常委、区纪委书记杨春燕陪同走访。“七一”前后，区委常委和区相关领导分别走访慰问14名基层老党员和生活困难党员，送去党的关怀和温暖。（吴克非）

【完成区第十次党代会代表选举工作】 6月15日，白下区召开党代表选举工作会议，具体部署区第十次党代会代表名额分配、选区划分、选举形式、选举程序和代表选举相关工作。全区各基层党组织通过宣传栏、板报、上门入户走访、致党员一封信等多种形式，宣传召开区第十次党代会的意义和重要性，认真做好党员思想发动。全区18个党(工)委，共划分107个选区，其中确定12个选区开展“公推直选”党代表试点工作。6月15日—7月12日，共选举产生220名区党代表。其中各级领导干部132名，占60%；各类专业技术人员44名，占20%；区级以上先进模范人物40名，占18.2%；其他4名，占1.8%。大专以上文化程度的213名，占代表总数的97.2%；45岁以下代表123名，占55.9%；妇女代表86名，占39%；少数民族代表4名，占1.8%。

【试点开展公推直选区第十次党代会代表】 2011年，白下区选择12个试点选区开展公推直选党代表工作，通过党组织推荐、党员群众联名举荐和个人自荐三种方式公开推荐代表候选人提名人选，由党员投推荐票，由居民群众、社区内各级人大代表、政协委员、驻区单位党组织代表等投信任票进行民主推荐，召开党员(代表)大会直接选举产生30名党代表，占第十届党代表总数的13.6%。7月8日，召开公推直选党代表观摩会，观摩五老村街道工委淮海路选区公推直选党代表选举大会，南京市委组织部领导、公推直选党代表试点单位的相关负责人参加观摩。

【开展区第十届党代表初任培训】 9月—10月，白下区举办2次区第十届党代表初任培训讲座。邀请江苏省委党校党史党建教研部主任、教授董连翔，副主任、教授刘长江作“贯彻落实‘七一’重要讲话精神，提高党建工作科学化水平”和“党内民主的发展与发挥党代表作用”辅导报告。将党代表培训与全区干部教育培训相结合，组织全体党代表参加人才与科技创新、市第十三次党代会精神宣讲等专题讲座。通过学习，使党代表增强代表意识，理解党代会常任制基本知识，明确发挥作用的方式和要求，为党代表在任期内履行好职责打好思想和理论基础。（王云慧）

【开展“三比三促三争当”主题实践活动】 9月13日，白下区印发《关于在全区各级党组织和党员中开展“三比三促三争当”主题实践活动的通知》，组织全区各级党组织和广大党员，以“比能力，促进思想解放，争当开拓创新的标兵；比业绩，促进转型发展，争当实干创业的标兵；比形象，促进作风转变，争当服务创优的标兵”为主题，以实施“六个一措施”为重点，即：开展一场主题讨论、组织一轮“组团式”学习、培育一批党建创新品牌项目、作出一项为民服务公开承诺、开展一次“立体式”测评、开展一系列评比表彰活动，促进全区各级党组织和广大党员进一步增强服务发展和服务群众意识，激发热情干劲，投身创新型城区建设实践。（颜 艳）

【开展“三争一创”实践活动】 11月18日，白下区召开“三争一创”(争当南京科学发展“率先区”、改革创新“争先区”、和谐稳定“领先区”，创建党的建设“先进区”)实践活动动员大会。部署“三争一创”实践活动，区长曹永林主持会议，区委书记陈勇动员部署。市长季建业到会并讲话。区委先后制订《关于成立白下区开展“三争一创”实践活动领导小组的通知》《中共白下区委关于开展“三争一创”实践活动的意见》《中共白下区委关于建立区委常委、副区长“三争一创”实践活动联系点制度的通知》《区委“三争一创”实践活动领导小组办公室各工作组成员及职责分工》文件，加强制度规范。（张阳阳）

【开展非公企业建党“百日行动”】 9月—11月，白下区开展以规模以下非公企业党组织组建工作为重点的“百日行动”。区委组织部及时下发活动通知，督促各街道工委摸清工作底数，明确组建目标，因地因企制宜，采取单独组建、分片划区联建、行业企企联建等方式分类推进工作，以月度例会、进度通报、业务辅导等形式推动工作落实。“百日行动”期间，该区新成立非公企业党组织172家，其中单独组建党组织111家，联合组建党组织61家，全区非公企业党组织覆盖率达63%，完成目标任务。

【成立商务楼宇社区党委】 2011年，白下区针对新街口地区商务楼宇“两新”(新社会、新经济)组织和人才、信息资源密集的情况，探索“党组织建在商务楼宇社区上”的城市新型党建模式，成立新街口、商茂世纪广场两家商务楼宇社区党委。新街口商务楼宇社区党委隶属五老村街道工委，下辖党支部7个，党员总数146人。涵盖中山东路以南、羊皮巷以北、洪武路以西、中山南路以东区域内包括新百南京中心、万达广场等12幢商务楼宇，覆盖企业近1700家。商茂世纪广场商务楼宇社区党委隶属区委直属工委，下辖党总支1个，党支部3个，党员77名，覆盖企业近200家。为更好地整合区域资源，商务楼宇社区党委聘请政府职能部门、街道经济服务、驻地大企业等部门和单位的人员担任兼职委员，凝聚区域共建力量助推楼宇经济的发展。市委常委、组织部部长徐金万，区委书记陈勇、区长曹永林出席商务楼宇社区党委成立仪式。（王 泳）

【开展“社情民意联系日”活动】 10月，白下区开展“社情民意联系日”活动，区委组织部全体干部每月两次利用半天工作日深入大光路街道光华园社区，通过进民家、访民情、解民忧，截至12月底，走访和接待党员群众340人次，收集意见建议189条，已办结188条，办结率99.5%，群众满意率100%。群众送来感谢信和“人民公仆为人民，排忧解难办实事”锦旗。（赵志村）

老干部工作

【概况】 2011年，白下区有离、退休老干部336人。其中，区属离休干部268人，市管退休干部21人，易地安置老干部47人。区属离休干部中，企事业单位老干部有200人，老干部遗属93人。

白下区老干部工作，以落实老干部“两个待遇”（生活待遇、政治待遇）为主线，以稳定老干部队伍和发挥老干部作用为目标，探索新形势下做好老干部工作的新思路、新举措，加强部门自身建设，做好老干部服务管理工作，确保老干部队伍的和谐稳定，为全区经济和社会事业的发展做出贡献。是年，老干部局被市委组织部、市委老干部局评为“先进集体”，2人被评为“全市老干部工作先进个人”，该局《对社区老干部“四就近”服务情况的调查》被省委老干部局评为调研论文三等奖。区机关退休党支部、五老村街道离退休党支部、洪武路街道龙王庙社区离退休党支部、大光路街道大阳沟社区离退休党支部被市委组织部、市委老干部局评为“五好离退休干部党支部”，洪武路龙王庙社区离退休党支部被省委组织部、省委老干部局评为“五好离退休党支部”。

【落实老干部政治待遇】 2011年，中共白下区委老干部局抓好老干部党支部建设。加强对老干部党支部工作的指导，坚持规范的学习制度。在征求老干部党支部书记、委员意见基础上，帮助党支部制定全年学习以及开展支部活动的计划。为老干部党支部开展工作创造条件、提供服务，确保活动场地、支持老干部支部的活动经费。

坚持每月机关、街道系统和易地老干部“例会”制度、支部组织活动制度、市区两级情况通报会制度、专场学习辅导制度；坚持领导干部联系老干部制度，为全区老干部免费订阅《银潮》杂志，为区原四套班子老领导征订《中国老年报》《南京日报》《金陵晚报》，保证老干部及时学习和了解国际国内形势。区老干部活动中心订阅各类报纸杂志达50余种。

及时组织老干部学习中共十七届六中全会、省、市两级党代会和区第十次党代会精神，按照“创先争优”活动考核细则，在离退休干部党支部中开展争创“五好”离退休党支部和“四好”离退休干部党员活动。

【落实老干部生活待遇】 2011年，中共白下区委老干部局研究探索老干部医疗方面出现的新情况和新问题，加强与涉老部门的联系和协调，切实解决好老干部看病就医、住院以及医药费报销中遇到的困难和问题。督促、落实离休干部市级医疗统筹经费。为离休干部无工作遗属办理审核职工医保卡和申请办理在外地住院、看病等有关工作。全年到市医保中心为老干部无工作遗属报销看病、住院费用2.8万元。

进一步落实区属企事业单位离休干部住房（提租）补贴和一次性3000元目标奖，为离休干部遗属落实新的生活补贴标准。3月，对全区62名企业单位离休干部补发16个月住房（提租）补贴费和一次性目标奖32.9万元；5月，为6名享受军队工资待遇的离休干部落实补发公勤费4万元；11月，为6名军队退改离的离休干部落实补发军粮差价和服装费。

坚持走访慰问制度。组织各级各类走访慰问离休干部和四套班子老领导、生病住院老干部以及常年卧床不起的老干部慰问工作。发放老干部特需费、退休干部活动费、电话费、烤火费、高温费、国庆中秋、元旦春节走访慰问费等。为逢五逢十和80岁以上的老干部祝寿。组织全区离休干部和四套班子老领导一年一度的体检工作。为80岁以上的老干部安装“安康通”紧急呼叫系统。

【特色主题活动】 5月，中共白下区委老干部局组织区机关离休老干部和四套班子老领导一行50余人赴苏州、上海参观考察；6月，组织参加“全市老干部纪念建党90周年”文艺汇演，获最佳表演奖、最佳优秀奖和最佳组织奖；组织40余名老干部参加市委老干部局组织的“与党心连心、同呼吸、共命运”征文活动，其中15篇获“最佳征文奖”；10月，组织四套班子老领导一行30余人赴广西参加红色之旅，组织党员老干部重温入党誓词。全年组织老干部开展室内“五项比赛”（麻将、扑克、乒乓球、象棋、台球）2次；与玄武区老干部举行棋牌友谊赛2次；老人节期间，组织开展全区老干部大型游艺活动；组织老年大学学员和老干部书画协会会员到工厂、学校、社区、军营，开展义务表演、宣讲政策法规、送书画、写春联、展览收藏精品、慰问、开办义务书画培训班等活动。

【利用社区资源做好离退休干部服务管理工作】 2011年，中共白下区委老干部局以大阳沟社区和南京航空航天大学社区为试点单位，开展“四就近”（就近学习、活动、得到关心和照顾、发挥作用）工作。该局与江苏省有色金属华东地质勘查局沟通商讨，成立离退休服务社区化试点工作领导小组。利用社区资源，合作共建，创新打造离退休干部社区服务“1234”的总体工作模式，即“围绕一个中心，开展两方共建，打造三条绿色通道，搞好四个就近服务”，对双方的责任和义务做了明确的规定。4月8日，白下区大阳沟社区与江苏省有色金属华东地质勘查局老干部处共同试点离退休干部社区“四就近”服务揭牌仪式在江苏省有色金属华东地质勘查局举行。江苏省委老干部局局长顾汉萍、江苏省有色金属华东地质勘查局局长邵毅，白下区委书记陆平贵参加揭牌仪式。

【老干部活动中心】 2011年，区老干部活动中心为老干部例会、区机关离退休支部活动、关心下一代工作委员会会务活动、老年大学、书画协会、区机关退休协会及其他相关会议，提供保障和服务70余次。请医疗保健专家开办专场保健讲座4次，医疗签章398次。开展书画小组活动及笔会36次，老干部室内五项比赛及与玄武区老干部友谊赛各2次。保障老干部棋牌、歌舞、乒乓球、阅览室等12个活动室正常开放，每天安排1—2个小组轮流开展桌球、歌舞、书画、象棋、扑克等活动。

【关心下一代工作委员会工作】 2011年，区关心下一代工作委员会（以下简称区关工委）围绕建党90周年开展纪念活动。组织区、街、社区关工委以“学党史、颂党恩、跟党走”为主题，开展思想道德教育，推进校外教育辅导站建设，开展科普知识教育和科技实践活动，帮助失足青少年回归社会。举办纪念建党90周年全区“朵朵葵花向太阳”——白下区少儿书画展和诗歌征集活动，动员“老党员”、“老干部”以亲身经历，歌颂中国共产党的伟业。是年，区关工委和总参南京干休所关工委被评为全省关心下一代工作先进集体，张府园社区、蓝旗新村社区关工委被评为全市“六好”示范社区关工委。4人被评为全省关心下一代工作先进个人。

健全工作机制。以“五老”（老干部、老战士、老专家、老教师、老模范）为队伍，一站（校外教育辅导站）为依托，两团（关爱工作团、思想道德教育讲师团）为基本队伍，发挥三员（网吧义务监督员，问题青少年帮教员，校外教育辅导员）作用，开展各项活动。校外教育辅导站在创建文明城市活动中初显功效。校外教育辅导站（含科技小阵地）建设进入新阶段，电脑、投影仪、空调机和科技设备、器材的投入，改善了校外教育的面貌。区关工委一方面受惠于市里的资助，一方面加大了自身的投入，全年绿色网吧的社区达标15家。

科技教育活动成为校外辅导站的重要内容。全区继“特教站机器人工作室”、大光路“人文课题组”、张府园“红领巾检测站”、明故宫苑、瑞金新村等社区的绿色网吧外，石门坎社区“假日艺校”、标营社区的航模制作等社区辅导站的科技活动，成为社区少年儿童最乐于参加的活动。区关工委会同区文明办、教育局等9个部门，出台《关于进一步加强和规范全区校外教育辅导站建设的实施意见》。12月，区关工委会同区文化局联合召开“网吧义务监督工作总结表彰会”。配合有关部门，开展创建未成年人零犯罪社区活动，在全区中学开展“双优”（优先预防青少年违法犯罪、优先维护青少年合法权益）检查评比。

【老年大学】 2011年，白下区老年大学拥有常务副校长、副校长、办公室主任、管理员等专职工作人员4人，在校教员9名，在校学员300余名。该校坚持“增长知识、丰富生活、陶冶情操、欢度晚年”办学宗旨，课程设置行书班、篆书班、篆隶研修班、山水画班、花鸟画提高班、花鸟画基础班、文学班、民族舞班、形体舞班等共11个班。6月，该校与江宁区老年大学、雨花老年大学共同举办《庆祝中国共产党建党九十周年书画联展》。10月10日，区委老干部局、区老龄委主办，区老年大学、区老干部书画协会承办《庆祝全国第二个“敬老月”老年书画作品展览》在白下区举行。12月，在南京美术馆举办《师生书法联展》，纪念辛亥革命100周年。龙年春节前夕，校领导和部分学员在郑和公园内开展为群众写春联、送福“字”活动。

【书画协会工作】 2011年，区老干部书画协会举办五次书画展。5月，举行庆祝中国共产党建党90周年书画笔会；6月，举办《白下区庆祝中国共产党建党90周年诗书画展》；9月，在南京梅园新村纪念馆举办由梅园新村纪念馆主办，梅园老年书画协会、白下老干部书画协会、钟山印社承办的《庆祝中国共产党成立九十周年和纪念辛亥革命一百周年老年书画篆刻联展》；10月，举行纪念辛亥革命100周年书画笔会；12月，在南京美术馆举办《白下区纪念辛亥革命100周年暨第七届六人书画联展》。展出朱德其、陈洪夫、周长琪、胡大顺、盛爱华、韩巨林等6人书画作品。 （蒋玉梅）

宣传工作

【概况】 2011年，白下区宣传工作贯彻落实中共十七大及十七届四中、五中、六中全会和省、市、区党代会精神，围绕中心、服务大局，突出重点、开拓创新，各项工作扎实推进、富有特色、成效明显，为实现“十二五”良好开局，建设群众更具幸福感和归属感创新型城区提供思想文化保证。

理论武装工作成效明显。深化区委中心组理论学习。继续发挥“新视野”讲坛作用，围绕创新型城区建设、文化建设等重点战略，邀请知名专家教授开展专题辅导，全年举办“新视野”讲坛18场次。围绕贯彻中共十七届六中全会及省、市、区党代会精神，成立宣讲小分队，深入机关、街道、学校、社区等单位开展宣讲活动。深化学习型党组织、学习型领导班子建设。全年致力于挖掘、培育“两型”（学习型党组织、学习型领导班子）组织建设工作的先进典型和特色做法，表彰首批“两型”组织建设工作先进单位、先进集体和先进个人。区“两型”组织建设作为典型在全市推广。深化理论研究与调查工作。完成“两型”组织建设和“文化为魂”等区委重点调研课题；协助中共中央宣传部拍摄“学习的力量”专题纪录片南京专辑；组织“南京国际形象调查”；参加省、市纪念建党90周年理论研讨，四篇论文获省市一、二、三等奖。

文明创建工作特色彰显。文明创建“制度化”。进一步强化文明创建工作领导机制和长效管理机制，加强重点部门和街道创建考核，完成全国文明城市复评，为南京市通过复评做出贡献。做好全市公共文明指数测评迎查和区级每季度的公共文明指数测评工作，推动区域文明创建。基本完成《白下区文明和谐城区建设三年纲要》各项指标，提升区域文明和谐程度。文明活动“常态化”。以“迎青奥、讲文明、树新风”为主题，开展奥林匹克会旗传递系列活动；以“学雷锋宣传服务月”为载体，深入开展交通协勤、帮困助老等各类文明实践和志愿服务活动。不断加大文明和谐特色小区创建力度，推动16个居民小区创出特色，进一步提高群众的幸福感和归属感。文明典型“品牌化”。进一步扩大“凡人风尚”文明典型事迹展演活动规模，不断增强先进典型感染力和影响力。在全市开通“中国好人”微博，举办“南京市道德模范故事汇”社区巡演。2人入选“中国好人榜”，4人入选“江苏好人榜”，续广军获南京道德模范称号，何留、何烈胜、薛明秀获提名奖，10人入选“南京好市民”，白房报修中心被命名为“南京市服务品牌”。道德建设“阵地化”。全面推进未成年人思想道德建设，建成社区未成年人文化活动中心、校外辅导站、绿色上网中心和心理咨询室等四个阵地，不断完善学校、家庭、社区“三位一体”育人机制。深入开展主题教育活动，游府西街小学合唱团获“童心向党”红歌大赛全市一等奖、全省特等奖，8名学生入选“百名美德少年”，1名学生入选“十大美德少年标兵”。

主题宣传教育氛围浓厚。组织策划全区纪念建党90周年系列活动，举办“红心向党”歌咏比赛、“红色经典新唱响”革命样板戏、党史区情知识竞赛等大型庆祝活动。组织参加全市红歌会并获优胜奖，组织机关干部、社区干部和中小参观全省纪念建党90周年大型图片展，组织社区群众参加大型纪录片《辛亥革命》首映式，唱响“五好”(中国共产党好、社会主义好、伟大祖国好、改革开放好、各族人民好)时代主旋律。围绕省、市、区党代会精神和“建设创新型城区，提升群众幸福感和归属感”战略目标，突出中心工作，全方位、多角度地开展宣传报道。全年各类媒体宣传报道白下1733条次，其中，中央媒体报道6条次，省级媒体报道677条次，头版报道119条次，制作电视专题片10部。围绕典型宣传弘扬新风尚。在成功选树宣传全国重大典型社区好医生——续广军的同时，挖掘推出南京最美大妈——薛明秀、信访好干部——李培清、省级先进——淮海社区党委等一批先进典型，社会反响强烈。围绕舆情引导掌握主动权。进一步完善舆情管理工作机制，第一时间掌握媒体网络舆情，第一时间正确引导社会舆论。全年受理网络问政信息97条次，编印《白下网络舆情周报》45期，《白下舆情快报》44期。

文化建设发展实力增强，白下区连续4年获“南京市文化产业发展先进区县”。完成区文化体育艺术中心和区图书馆改建工程，新建数字图书馆，区图书馆通过国家一级馆复评。实施文化共享工程，实现7个街道全覆盖，光华路街道文化站被评为南京市首批示范性文化站。大幅提升文化产业实力。实现文化产业增加值26亿元，占地区生产总值比重超过8%，支柱产业作用日益凸显。加大文化企业扶持力度，促成南京乐博乐器有限公司与市文化投资集团合作；完成文化产业发展专项资金申报，申请市级扶持资金597万元，省级扶持资金1184万元；南京乐博乐器有限公司获“南京市文化产业示范基地”称号。特色品牌逐步显现。举办首届新年广场音乐会、第四届和谐白下大戏园、第十七届白下都市文化节、第十三届社区文艺团队展演、新街口时尚嘉年华等大型品牌文化活动，丰富群众业余文化生活；民俗嘉年华、周末相声会、白下读书节等特色文化演出深受群众喜爱，全年完成文化惠民演出200余场。白下区连续四年获南京市“文化产业推进奖”。

发挥区社会科学界联合会智囊作用。围绕创新型城区建设、实施创新驱动战略，召开专家咨询会，为白下区中航科技城创新创业基地建设、商贸集团现代服务业发展和中医文化街区整体打造等决策提供参考。走访白下区社会科学界联合会（以下简称区社科联）所有理事，了解掌握区域内社科资源，及时沟通情况开展工作。召开区社科联一届三次常务理事会议。举办“倡导生态文明　共建美好家园”——白下区第二届科普宣传周暨全国科普日广场宣传活动，开展群众性宣传咨询活动30余场次，区社科联被评为市“社科工作先进单位”。

【举办先进典型事迹报告会】 2月9日，白下区举行区委中心组理论学习暨先进典型事迹报告会。宣讲南京市重大先进典型：社区好医生续广军，2010年度“中国好人”、白下区国税局办税服务厅值班长黄和平，白下区2010年度“有功个人”、12年扎根信访战线的区信访局副局长李培清等3人事迹。区委理论学习中心组成员及列席人员、区管中层以上领导干部，各街道、各系统、区机关各部门部分干部以及该区2010年度“南京好市民”代表约500人参加报告会。

【宣传续广军先进事迹】 1月，中共中央宣传部通知，要求加大对白下区银龙东苑社区医生续广军先进事迹在全国的宣传力度。2月13日，新华社播发报道他尊重病人、关爱病人，面对重症精神病患者袭击挺身而出保护病人及同事却不幸殉职的典型事迹。中央电视台“新闻联播”、《人民日报》《光明日报》《经济日报》、中央人民广播电台“新闻和报纸摘要”等媒体陆续刊(播)发他的先进事迹；中国共产党新闻网、人民网、新华网、网易、雅虎等门户网站和优酷、酷6等视频网站予以跟进，广大网友自发在百度贴吧、新浪博客、博客中国、青岛论坛等网络社区上表达敬意之情，在全国产生广泛影响。续广军是白下区银龙东苑社区卫生服务站全科服务团队队长，工作2年来投身基层医疗卫生事业。他不计得失，不为名利，刻苦钻研，谦虚好学，把所有精力都奉献在为人民服务的本职岗位上。2010年11月19日上午，续广军在上班时，被精神病患者刺伤，终因伤势过重，医治无效不幸去世，年仅28岁。

【举办区宣传干部培训班】 4月19日，白下区举办宣传干部培训班。特邀南京大学新闻传播学院副教授巢乃鹏、市委宣传部网络宣传中心主任刘斌作《重大公共突发事件的新闻处置》《网络社会的舆情信息收集、分析和引导》专题讲座。培训班创新教学模式，在全区首次模拟公共突发事件新闻发布会现场，并邀请市委党校教授戴维点评学员表现。各街道、各系统、区机关各部门分管领导和宣传信息员近80人参加培训。

【开展纪念建党90周年系列活动】 2011年，白下区制定《关于开展纪念建党90周年系列活动的通知》，围绕纪念建党90周年这一主题，组织开展12项系列活动。召开白下区纪念中国共产党成立90周年庆祝表彰大会，举办系列专题党课，开展送优秀影视作品进社区活动，举办“红心向党”歌咏比赛、“红色经典新唱响”革命样板戏展演、纪念建党90周年诗歌书画展等大型庆祝活动。制作《白下区纪念中国共产党成立90周年“红心向党”系列活动掠影》画册。组织机关干部、社区居民群众和中小学生约2万人，参观省市纪念建党90周年主题展馆、雨花台烈士陵园、梅园新村纪念馆等爱国主义教育基地。各街道、社区开展各类广场文艺活动，制作标语横幅200条，制作大型户外广告宣传牌2块，为建党90周年营造氛围。

【市检查组检查区基层宣传文化队伍建设工作】 7月4日，由市委宣传部牵头、市委组织部、市编办、市发展和改革委员会、市财政局、市人力资源和社会保障局等6部门组成的联合检查组到白下区检查基层宣传文化队伍建设情况。听取该区贯彻落实《关于加强地方县级和城乡基层宣传文化队伍建设的若干意见》的工作情况，实地检查大光路街道文化站和蓝旗新村社区宣传文化队伍建设及工作开展情况，检查组肯定区基层宣传文化队伍建设工作。

【《学习的力量》摄制组拍摄社区党委公推直选专题】 8月4日—6日，湖南电视台摄制组受中宣部委托拍摄电视片《学习的力量》，集中展示部分省市建设学习型政党的经验做法。白下区淮海路社区党委公推直选作为典型参与此次拍摄。区委宣传部指导五老村街道和淮海路社区积极参与，全程保障摄制组拍摄工作，全面展示该区在夯实基层党组织建设，深入推进"两型"组织建设的典型经验。

【"最美大妈"薛明秀获"见义勇为积极分子"称号】 8月26日，《南京日报》刊发《84岁老太太从4楼坠落，58岁大妈伸手相接》报道，在社会上引起强烈反响，很多市民称其为"最美大妈"。区委宣传部及时协调相关部门启动评选薛明秀"见义勇为积极分子"认定程序，并推选她为"中国好人"候选人。区委常委、宣传部部长汪祥明在区精神文明建设指导委员会办公室和区见义勇为基金会负责人陪同下看望薛明秀，并向她颁发见义勇为证书和奖金。

【区委书记陈勇走进龙虎网直播间与网民交流】 9月21日，区委书记陈勇走进龙虎网直播间，就白下区未来五年"建设创新型城区"目标举措和发展蓝图及居民关心的教育、医疗、住房、城市建设和管理等方面问题与网民进行一个小时的在线交流。开展网络问计、问需、问政活动是响应市委号召，发挥广大网民参政议政的积极作用，征求网民对白下未来五年发展和新一届区委工作的意见和建议，共同推动白下科学发展的举措。 （尹 东 王晓伟）

统战工作

【概况】 2011年，白下区统一战线工作围绕全区中心工作，发挥统一战线政治优势、人才优势和资源优势，深化统一战线服务、联络和宣传教育体系建设，做到统战工作重心向全区重点领域聚集、统战力量向全区重点领域汇集、统战政策措施向全区重点领域落实、统战创新向全区重点领域拓展，努力形成"广泛凝聚力量，服务发展有力，'五大关系'（政党关系、民族关系、宗教关系、阶层关系和海内外同胞关系）和谐，充满生机活力"的统一战线工作新格局。

加强统一战线代表人士队伍建设。围绕中国共产党建党90周年，开展"同心同行"系列活动，在民主党派人士、无党派人士、少数民族人士、宗教人士、非公有制经济人士、港澳台和海外代表人士中开展以理想信念、共同目标、核心价值等为主题的统一战线学习教育培训工作。协助民主党派完成换届和基层组织的改选工作，完成区工商联、侨联、台联换届。以留学归国创业人员、科技创新创业人员、新的社会阶层代表人士为重点，完成驻区大单位、大专院校、科研机构、园区党外代表人士调查和推荐工作。按统一战线"六支队伍"（民主党派人士、无党派人士、少数民族人士、宗教人士、非公有制经济人士、港澳台和海外代表人士）建设的标准要求，培训570多名党外人士，完成市委组织部、市委统战部对全市各区县三分之一政府部门必须配备党外干部的要求。

服务全区的经济发展。建设统一战线建言献策平台，组织中国国民党革命委员会（民革）、中国民主同盟（民盟）、中国民主建国会（民建）、中国民主促进会（民进）、中国农工民主党（农工党）、中国致公党（致公党）、九三学社、台湾民主自治同盟（台盟）等8个民主党派在白下区的基层组织与政府部门建立对口联系制度，落实区工商联与政府部门联席会议制度，组织4次调研，提交建议60多条。建立非公企业常态走访服务机制，开展"进百企、结百对、助百户"活动，召开构建新型和谐劳资关系交流会和银保企对接活动，为企业发展提供帮助。建立白下区商会企业信息交流平台，举办在宁异地商会白下对接会，成立太平南路黄金珠宝行业商会和地矿大厦珠宝商会，建立区域性、行业性商会11家，参与引进项目11个，协助实现税收回归落地4500万元。

推动社会管理创新。开展"民族团结进步"和"平安寺观创建"活动。建立七家湾民族工作示范社区，以拆迁少数民族和流入少数民族工作为重点，建立完善管理服务机制和矛盾协调机制，化解纠纷17起。落实宗教活动场所联席会制度，制订《白下区平安宗教场所创建实施方案》，建立完善宗教活动场所内部管理制度，落实属地管理工作责任制，全区8个宗教活动场所全部通过市、区两级省平安宗教场所达标检查，其中2个国家级、1个省级先进宗教活动场所。召开统一战线创新社会管理工作研讨会，探索新形势下做好社区统战工作的途径，建立"有组织、有制度、有队伍、有活动、有实效"的"五有"社区统战工作模式，形成社区统战工作平台29个，近5000名统战成员参与社区活动，1000多名非公经济人士走进社区参与光彩事业献爱心活动，捐款、捐物600多万元，1600多户居民受益，进一步增强社区工作活力和凝聚力，为社区建设提供支持。

拓展海外统战工作渠道。开展全区侨情调查、内地港澳台同胞情况调查，针对留学人员和留学归国人员逐年增多的新情况，将海外人才联络服务工作纳入全区海外统战工作重点，开展留学人员和留学归国人员的联络服务工作，建立和完善归侨侨眷、港澳同胞、海外华侨和台资企业等信息库。推进全区人才创业基地建设，支持海外人才和留学归国人员到区创业，引导海外留学人员和留学归国人员有序参与全区政治生活，推动经济发展，做好海外留学归国人员到区兴办企业的服务工作。做好对台专项工作，落实与台湾新北市永和区开展经济、文化等领域的交流方案。开展对台教育文化交流，为落户该区的台侨资企业协调等劳资纠纷8件。

提升统战工作水平。出台《关于进一步提高工作绩效，增强行政执行力的意见(试行)》。开展对统战新问题的研究，全年拟定12个调研课题，开展调研工作，提高全体干部对统一战线发展面临的新形势新问题新情况认识的能力。开展统战宣传，强化与统战成员互动平台建设，白下统战网站投入使用。

【召开社区统战工作交流会】 12月1日，区委统战部召开社区统战“五有”(有组织、有制度、有队伍、有活动、有成效)建设工作交流会，区各街道统战员、统战干事和社区书记、统战工作者150余人参加会议。会议总结社区统战“五有”建设工作，表彰16家“五有”建设优秀社区，大光路街道、瑞金路街道标营社区、月牙湖街道月牙湖社区交流工作经验，区政协副主席、区委统战部部长靖传华到会并讲话。

【民主党派基层组织与政府有关部门开展对口联系】 2011年，白下区出台《白下区政府关于有关部门与区民主党派、工商联开展对口联系工作的意见》，进一步发挥各民主党派、工商联参政议政、民主监督的作用，促进全区经济、政治和社会发展，民革、民盟、民建、民进、农工党、致公党、台盟白下总支(支部)及区工商联与区环保局、区教育局、区发改局、区住建局、区卫生局、区城管局、区民政局和区投促局分别建立对口联系，明确对口联系工作的内容、形式及工作要求，相关政府部门主要领导亲自抓，明确专人负责日常工作，不断推进对口联系工作制度化、规范化、常态化。全年组织联合调研4次，20多人次参与政府相关部门组织的全区性检查活动。

【召开创建平安宗教活动场所经验交流会】 12月14日，白下区召开创建平安宗教活动场所经验交流会，总结创建平安宗教活动场所工作，基督教圣保罗教堂、净觉寺等6个宗教活动场分别作经验介绍。市民族宗教事务局副局长纪勤出席会议并讲话。是年，全区8个宗教活动场所全部通过省平安宗教活动场所达标验收，基督教圣保罗堂、伊斯兰教净觉寺获全国先进，基督教莫愁路堂获省先进。

【完成区侨联、台联换届工作】 12月28日，白下区召开第六届归国华侨联合会和第五届台胞台属联合会代表大会。会议通过第五届侨联、第四届台联所作工作报告，总结区侨、台联工作取得的成绩和经验，对今后5年的工作提出要求。大会选举产生区第六届侨联25名委员和第五届台联15名理事，南京杰迈视讯科技有限公司董事长穆科明当选为区第六届归国华侨联合会委员会主席，区文化馆馆长钟萍当选为白下区第五届台胞台属联谊会理事会会长。区委常委、组织部部长刘凡到会并讲话。

【“光彩事业社区行”行动】 2011年，白下区继续开展光彩事业社区行活动，通过点面相结合、短期资助和长期帮扶相结合、企社共建与企户结对相结合的办法，众多民营企业、统战成员和志愿者走进社区，关注民生，奉献爱心。以建立爱心基金，组建志愿者服务队，提供就业岗位，组织技能培训等形式，为社区困难群体提供帮扶，受到居民赞誉。南京泰晳工贸科技发展有限公司“五个一”工程(每年捐助100个困难家庭、100个孤寡老人、100个下岗工人、100个失学儿童和100个残疾人)、“金翼181孙帼强帮困基金”、“华世博纪”爱心基金为统战成员的参与作出榜样。按落实社区结对、落实帮扶内容、落实帮扶形式、落实帮扶对象的要求，1000多名统战成员积极参与，全年捐款捐物600多万元，为1600多户(人)提供帮助。全年在光彩事业社区行活动中，80名地区民营企业先进典型受到表彰。

【加强经济统战服务机制建设】 2011年，区委统战部围绕区第十次党代会提出的高层次科技创业人才集聚行动、科技创新创业载体建设行动、科技创业企业培育行动、科技创新创业服务机制建设行动“四大行动”战略，重点加强经济统战服务机制建设，提高统一战线促进发展的能力。推进园区、街区、楼宇等区域性商会建设，成立太平南路黄金珠宝行业商会，谋划在以新经济组织为主体的经济园区、特色街区、重点楼宇建立商会组织。建立区非公企业经济信息服务平台，以区工商业联合会(以下简称区工商联)为依托，建立完善商会牵头组织、政府部门支持、非公企业参加、政企互动的经济信息服务平台，建立非公经济网站专栏。加强对非公经济人士的政治培养，以区工商联换届为契机，吸纳科技创新型企业和创新型服务业企业加入工商联，调整充实工商联(商会)领导班子。建立区、街、园区、行业商会互动服务机制，推进街道商会、行业商会建设，从法律法规、用工、融资、劳资关系等方面为驻区民营企业搞好服务。全年组织银企对接、法律知识讲座、专题培训等6场，为创新创业人才提供需求服务，为成长型发展型企业提供跟踪服务。

【开展“同心同行”系列活动】 2011年区委统战部以“同心”品牌为主题，引导统一战线成员围绕全区中心工作，为中共白下区第十次党代会各项战略的实施贡献智慧和力量。开展“同心：共同理想”活动，围绕建党90周年，召开统一战线各界代表人士座谈会，引导统一战线成员进一步坚定在中国共产党的领导下走中国特色社会主义道路的信念。举办统一战线主题征文、摄影、书法、绘画等活动。开展“同心：坚定信念”活动，在民主党派、工商联和无党派人士中开展树立和践行社会主义核心价值体系学习宣传活动。开展“同心：风雨同舟”活动，组织党外中青年骨干、非公经济人士“重走红色路”，重温历史，继承和弘扬老一辈党外人士与党风雨同舟的优良传统。开展“同心：履职奉献”活动，建立民主党派、工商联与政府部门对口联系工作机制，发挥民主党派、工商联参政议政、民主监督作用，促进决策科学化、民主化。开展“同心：建言献策”活动，组织统一战线成员调研区经济社会发展的重大课题，围绕“十二五”规划实施和第十次党代会提出的发展战略建言献策。

【开展创建“民族团结进步示范社区”活动】 2011年，区委统战部将创建“民族团结进步示范社区”工作作为街道社区统战“五有”达标创优的重点工作，以七家湾社区为基础，整合地区民族工作资源，打造以民族工作为特色的社区统战特色社区。宣传七家湾民族文化特色。挖掘七家湾传统回民文化，设立少数民族特色宣传栏，用传统文化展示民族团结、社区和睦的现实。开展“光彩社区行、牵手民族情”活动。组织7家辖区商会会员、社会爱心人士和部分驻区单位深入社区特殊人员家庭，开展“一对一”结对帮扶。南京泰晋工贸科技发展有限公司、富海装饰工程有限公司等民营企业参与。举办“向祖国问好、向党旗致敬”文艺演出。举办“民族团结大家庭、携手共促新繁荣”广场演出。开展“九九重阳服务日”活动，上门为回民敬老院的老人服务；为少数民族流动人员开展“政策、维权、协调、信息”咨询服务；开展“粽香飘驿站、民族一家亲”社区主题活动；为社区居民举办民族、宗教知识讲座4场。（洪新元）

机关工委工作

【概况】 2011年，中共南京市白下区委区级机关工作委员会（以下简称区机关工委）有党总支5个、党支部81个，其中在职支部70个、离退休支部11个，党员1801名。机关工会联合会下辖15个部门独立工会，1个机关直属工会（35个工会小组），会员1442人。团支部6个，团员71人。区机关工委以科学发展观和中共十七届五、六中全会精神为统领，学习贯彻落实省、市、区党代会精神，服务创新驱动，以创先争优和“三争一创”（争当江苏科学发展、改革创新、和谐稳定“首位市”，创建江苏党的建设“先进市”）实践活动为载体，坚持解放思想、开拓创新，用理论学习的成果推动机关党建工作，在基层组织建设、思想作风建设以及机关文化建设上取得新突破，为机关各项工作提供思想和组织保证。是年，区机关工委被评为区“五五”普法先进单位。

【强化学习教育】 2011年，区机关工委运用学习日、报告会、专题讲座、公务员学习网、机关工委网站等学习载体，打造多元化学习平台。结合时事政治和当前热点问题，制定每月学习计划，为机关党支部做好学习指导工作，并下发配套书籍。扩容升级区机关工委网站，增设网络电化教育，开通“网上论坛”和网上书屋等栏目，开通“网上留言”，交流学习心得，介绍学习方法，推荐学习资料，播出电教片百余部。开展普法知识竞赛和竞答活动，提升机关公务员依法治区、依法行政的工作能力。开展“树党员形象，建和谐白下”、“三抓三求树形象，机关党建走在前”等主题学习活动，组织机关干部参观“今日江苏——庆祝中国建党90周年大型摄影展”。组织参加市委组织部“‘海油杯’歌颂献给党”红色短信征集评选活动，编辑红色短信20条。在机关党组织和党员中开展纪念建党90周年征文活动，征集各类题材文章54篇，评出获奖作品19篇，其中一等奖3篇、二等奖6篇、三等奖10篇。开展“我为白下创新型城区建设献一策”活动，收到建议近百条。开展“社情民意联系日”活动，进一步推动和促进全区各级干部深入基层、联系群众工作。在文明城市测评和复查中，组织机关干部到7个街道所有社区、街面、农贸市场和14个交通协勤路口，进行卫生清理、街面巡查和文明劝导。组织120名机关干部参加南京市在中山陵音乐台举行的“伟大的先行者——纪念辛亥革命100周年大型民族音乐会”。

【夯实党建基础】 2011年，区机关工委探索新形势下做好机关党建工作的方式和途径，完善《白下区机关党建工作考核细则》，坚持每季度对机关党组织综合检查及专项抽查，在督查的基础上，实施片组管理，开展机关党建工作，进一步增强机关党组织之间的相互交流与合作，使基层党组织的创造力、凝聚力和战斗力进一步增强。以创建“五个好”（班子好、队伍好、业绩好、作风好、制度好）典型示范支部为载体，开展“五个好”党支部评比活动，用身边的事教育身边的人，营造人人学先进、个个争先进的良好氛围。按照区委部署，落实《关于进一步推进党务公开的实施意见》，制订并试行《机关党员行政领导定期向党员大会报告工作制度》，落实党员的知情权、参与权、表达权、监督权和评议权。开展建党90周年庆祝活动，举行庆祝建党90周年红歌会。做好区第十次党代会机关选区代表的酝酿、产生和选举工作。组织各单位开好民主生活会。深入推进党员志愿者服务活动。5月，白下区召开“爱心牵手党员志愿者服务队”誓师大会，组建扶贫帮困、环境维护、法律援助、医疗卫生、宣传教育等五支党员服务分队。

【开展“社情民意联系日”活动】 10月，白下区开展“社情民意联系日”活动，区机关工委认真组织计划，按照区委部署要求，周密实施。区四套班子领导带头下基层听民意、访民情、解民忧，为群众办事。区、街各部门认真组织，确保活动顺利开展。各职能部门认真办理交办的群众诉求。通过近3个月的实践，机关干部基本熟悉“社情民意联系日”的基本内容，程序步骤、解决问题的途径和方法。社区也知道怎么样来配合机关干部深入开展好“社情民意联系日”活动。各单位能处理好正常工作与开展“社情民意联系日”活动的关系，做到工作和活动两不误。各职能部门对交办单的回复率较高，按“12345”的做法，及时回复，想办法解决。机关工委与区督查办及时派人督查区、街机关干部“社情民意联系日”工作情况，与街道有关领导和社区书记、主任进行座谈，查看有关台账，调查机关干部深入群众、了解群众生活困难、对待群众反映问题的态度、现场处理问题的能力及协调相关责任单位解决群众合理诉求的做法，听取社区工作人员对开展“社情民意联系日”工作的意见和建议。通过“社情民意联系日”活动增强机关干部的群众观点、政策观念，提高做好新形势下群众工作的能力水平，增进与群众的感情，密切党群干群关系。

【机关作风建设】 2011年，区机关工委以开展深化“五服务”（服务企业、群众、基层、项目、人才）、“群众工作年”、“执行力提升年”和“三争一创”活动为重点，制订《关于加强机关思想作风建设提升执行力的意见》，认真抓好作风建设各项工作。深化“五服务”各项工作成效明显，机关执行力建设明显提升。召开加强机关思想作风建设大会，提升机关执行力，完善提升执行力的机制建设。抓好作风建设的督查工作。会同纪委、人社局，邀请作风建设监督员，开展劳动纪律、办公秩序、窗口服务等方面的督查。开展千人评议机关活动。从贯彻落实中共白下区第十次党代会精神、区街机关服务群众、服务企业、服务基层、服务项目、服务人才工作以及区委重大决策部署、重点项目推进、“12345”办理情况等方面进行综合评议，从回收的《评议表》看，群众对区街机关作风建设满意率83.55%，较2010年提高6.5%。认真落实年度工作目标和党风廉政建设责任制，完善反腐倡廉工作机制，深化机关党风廉政教育，加强机关党员干部反腐倡廉理论学习。在区机关开展“学习《廉政准则》，争做勤廉表率”主题教育和警示教育活动，发放《党风廉政建设制度汇编》《干部素养读本》等书籍280余册，以开展“党风廉政电教月”活动为载体，组织机关党员干部集中收看《勤廉风采》电教片。组织4个单位代表队参加市党纪条规知识竞赛，并取得好名次。

【加强群团建设】 2011年，区机关工委发挥“党建带工建、党建带团建、党建带妇建”作用，以开展创建合格“职工之家”、“巾帼文明示范岗”、“青年文明号”活动为重点，组织具有机关特色，适合机关特点的群众性团体活动，继续引导广大机关干部、青年、妇女立足本职岗位，争创一流业绩，形成奉献在岗位、拼搏在岗位、建功在岗位的良好氛围。全年组织2100余名机关干部参与国家文明城市创建交通协勤；开展“强健体魄，争创佳绩”的机关春季登山比赛，组织机关代表队参加区第十三届运动会乒乓球、篮球、羽毛球、广播操比赛，分别获得团体第一、第四、第七名的成绩。 （李承华）

党校工作

【概况】 2011年，中共白下区委党校（以下简称区委党校）坚持以邓小平理论和“三个代表”重要思想为指导，贯彻落实科学发展观，围绕白下区“实施创新驱动战略，建设创新型城区”和率先基本实现现代化的目标和任务，以“干部培训、理论宣讲、教学科研”为主线，发挥干部教育主渠道、理论宣讲主阵地作用。全年举办干部主体班5期，协助系统、部门办班16期，为驻区企业举办入党积极分子培训班3期；深入街道、社区和驻区单位开展宣讲40余场次；在省市以上刊物发表文章3篇。完成年度目标任务。 （谢珺）

【干部培训工作】 2011年，区委党校按满足组织需求、岗位需求、干部个人需求的要求，制定全年培训计划，突出学员主体地位；加强师资队伍优化，建立“多层次、宽领域”的专兼职师资库；通过电化教学、案例教学、情景模拟和研讨交流等教学手段，实现教学互动，增强培训工作的针对性、实效性。全年，举办各类主体班5期，培训干部600余人次。与机关部门开展各类专业理论培训16期，培训人员1600余人。 （刘静）

【教学科研工作】 2011年，区委党校选派4名教师参加省、市党校举办的师资和业务培训班，不断提高教师的理论素养和知识储备。组织集体备课5次，举办模拟教学授课8场，相互切磋、教学相长；加强与上级党校和其他党校交流。围绕区第十次党代会精神和区策区情与有关部门协作，联合开展课题调研，全年撰写调研文章15篇，其中在市以上刊物发表3篇。 （孙晶）

【理论宣讲工作】 2011年，区委党校围绕中共十七届六中全会、建党90周年、省、市、区党代会精神，积极开展主题宣讲活动，主动贴近基层，服务基层，成立由校领导组成的宣讲小分队，深入街道、社区、驻区企事业单位及区部分离退休老干部中开展会议精神解读、政策法规宣讲。运用多媒体教学、课堂现场提问互动、课后现场交流等形式，发挥课堂教学的辐射带动作用。全年，区委党校举办宣讲40余场次、受众4000余人次。 （陆璞玉）

党史工作

【概况】 2011年，白下区党史工作贯彻落实全国党史工作会议精神，围绕区委中心工作，结合纪念建党90周年，进一步加强党史工作宣传，发挥党史工作“资政育人”职能，为推动白下创新型城区建设和率先基本实现现代化提供组织保障。

【开展党史“六进”活动】 3月，白下区结合“社情民意联系日”、“千名党员进千户”、“牵手行动”等活动载体，利用社区离、退休老党员志愿者丰富经历，依托区党代表、机关党员干部等资源和优势，组织“党史进社区”、“党史进机关”和“党史进校园”等“六进”活动，开展服务基层的党史义务宣教活动。

【组织党史演讲比赛】 4月，白下区以“激扬青春，创先争优，我与‘十二五’共成长”为主题，开展全区青年团员建党90周年演讲比赛，组织获奖选手在全区开展巡回演讲。

【开展党史知识竞赛】 6月，白下区以“学党史，创先进，争优秀，我为白下做贡献”为主题，组织开展全区党史知识竞赛。通过笔试预赛，街道、系统党（工）委8个代表队参加决赛，南京电视台教科频道播放决赛实况。

【举办党史书画展】 6月，白下区以讴歌党领导下实现民族伟大复兴为素材，组织全区党员和群众创作一批优秀书法和美术作品，在区大礼堂进行为期一个月的展评。

【开展“读党史书、育社区人”主题实践活动】 9月，白下区总结推广月牙湖街道富丽山庄社区“党史书籍进社区”活动经验，在全区7个街道开展“读党史书、育社区人”主题实践活动，进一步加强党史宣传教育工作，充分发挥党史育人功能。 （吴克非）

区人大常委会

【概况】 2011年，白下区人大常委会贯彻落实区委九届八次党代会和区第十次党代会精神，依法履行宪法和法律赋予的各项职责，为推动全区经济社会等各项事业发展发挥地方国家权力机关的作用。全年召开常委会会议10次，主任会议14次，开展执法检查1项，作出决议、决定23项，发出审议意见书9份，任免国家机关工作人员62人次，完成区十六届人大四次会议确定的各项任务。

【区第十六届人民代表大会第四次会议】 1月6日—8日，白下区召开区第十六届人大四次会议，听取《政府工作报告》《关于白下区2010年国民经济和社会发展计划执行情况及2011年国民经济和社会发展计划草案的报告》《关于白下区2010年财政预算执行情况及2011年财政预算草案的报告》《白下区人大常委会工作报告》《白下区人民法院工作报告》《白下区人民检察院工作报告》，会议审议通过上述6个报告并作出决议。会议审查和批准《白下区国民经济和社会发展第十二个五年规划纲要》并作出决议。会议期间收到代表建议、批评和意见90件。

根据选举办法，会议选举曹永林为白下区人民政府区长，增补王国盛、张燕、陈芳、邵荣增、黄进为白下区第十六届人大常委会委员。

【区人大常委会会议】 3月29日，区第十六届人大常委会举行第二十三次会议。听取审议区政府《关于"五五"普法验收和"六五"普法规划情况的报告》。讨论决定有关人事任免事项。

5月31日，区第十六届人大常委会举行第二十四次会议。听取审议区政府《关于加强公共卫生服务体系建设工作情况的报告》。讨论决定有关人事任免事项。听取和评议市人大代表述职报告。

7月8日，区第十六届人大常委会举行第二十五次会议。决定免去张立新、曹长玺、车明军南京市白下区人民政府副区长职务；任命孙小忠为南京市白下区人民政府副区长。决定接受陆平贵辞去白下区第十六届人民代表大会常务委员会主任、代表职务的请求。

7月28日，区第十六届人大常委会举行第二十六次会议。听取审议区政府《关于2010年白下区财政预算执行及其他财政收支情况的审计工作报告》《关于2010年白下区财政决算草案的报告》《关于白下区政府2011年上半年工作情况的汇报》《关于白下区2011年上半年国民经济和社会发展计划执行情况的报告》《关于白下区2011年上半年财政预算执行情况的报告》。决定批准2009年白下区财政决算。

8月30日，区第十六届人大常委会举行第二十七次会议。听取审议区政府《关于道路街巷整治出新管理工作情况的报告》并进行专题询问。审议通过《南京市白下区人民代表大会常务委员会关于加强法制宣传教育的决议》。听取和评议市人大代表述职报告。

9月27日，区第十六届人大常委会举行第二十八次会议。听取审议区政府《关于重大项目推进工作情况的报告》《关于区十六届人大四次会议代表建议办理情况的报告》。任命夏东宁为南京市白下区人民政府副区长。

11月17日，区第十六届人大常委会举行第二十九次会议。通报区委关于换届选举工作的意见；审议通过关于换届选举问题的决定；任命白下区换届选举委员会组成人员。讨论决定有关人事任免事项。

11月29日，区第十六届人大常委会举行第三十次会议。听取审议区人大常委会执法检查组《关于南京市城乡居民最低生活保障条例执法检查情况的报告》；听取审议区政府《关于加快中小学教育发展工作情况的报告》。讨论通过关于白下区人民代表大会换届选举工作的实施意见，审议通过《关于白下区第十七届人民代表大会代表名额分配的决定(草案)》。决定接受葛一新辞去南京市第十四届人民代表大会代表职务，选举陈勇为南京市第十四届人民代表大会代表。

12月26日，区第十六届人大常委会举行第三十一次会议。审查批准白下区2011年国民经济和社会发展计划部分目标调整方案和白下区2011年区级财政预算调整方案，并作出相关决议；听取审议区政府《关于白下区2011年国民经济和社会发展计划执行情况及2012年国民经济和社会发展计划（草案）的报告》《关于白下区2011年财政预算执行情况及2011年财政预算(草案)的报告》。讨论决定有关人事任免事项。

12月28日，区第十六届人大常委会举行第三十二次会议。决定接受薛彦龙辞去南京市白下区第十六届人民代表大会常务委员会委员的请求。讨论决定有关人事任免事项。

【推动经济科学发展】 2011年，区人大常委将区人代会精神及"十二五"规划纲要拟成宣讲提纲，印发全体区人大代表，宣传白下"十二五"发展的总体目标、战略部署、重大举措等，推进"十二五"目标任务的实施。贯彻落实区第十次党代会精神，结合审议区政府半年工作报告，督促政府进一步打破思维定势、路径依赖和体制束缚，集聚和放大资源优势，努力解决制约创新发展的突出问题，推动创新型城区建设。监督全区重大项目建设，组织具有经济和建设工作经验的常委会委员和人大代表，深入项目现场视察调研，共同座谈，寻求对策，专题听取审议区政府重大项目推进工作情况报告，推动全区重大项目建设顺利进展。主任会议听取区政府服务区域企业，推进经济发展审议意见落实情况汇报，督促区政府有针对性地研究整改措施。

【促进民生持续改善】 2011年，区人大常委会多措并举，促进民生持续改善。听取审议区政府加快中小学教育发展工作、区政府加强公共卫生服务体系建设工作专项报告，听取区政府体育工作汇报，推动政府提升教育、卫生、体育等社会事业水平，让人民群众享受到公平、完善、优质的公共服务。听取审议区政府道路街巷整治出新管理工作专项报告，听取区政府雨污分流工作情况汇报，督促政府紧贴民生需求，科学规划，在安居便民的前提下不断推进城市建设，完善长效管理机制，优化提升区域环境品质。针对物价上涨、创业就业等民生热点难点，组织市、区代表调研，听取相关工作汇报，督促政府加大对困难群体的就业援助和创业扶持，缓解价格上涨对低收入群体生活的影响。督促检查区政府10项民生实事目标的落实情况，不断完善群众生活保障。

【维护社会稳定和谐】 2011年，区人大常委会进一步强化监督，促进依法行政、公正司法，维护社会稳定和谐。听取审议区政府"五五"普法验收和"六五"普法规划情况报告，作出关于加强法制宣传教育的决议，促进提升全区法治建设水平。听取区法院、检察院"社会矛盾化解、社会管理创新、公正廉洁执法"三项重点工作情况汇报，督促两院（法院、检察院）立足工作职能，进一步强化机制创新，提高队伍素质，不断增强司法行政的公信力。坚持代表旁听法院庭审制度，全年组织代表67人次旁听区法院4件案件庭审。及时关注各种新情况、新问题，听取防范和处置邪教问题工作汇报，加大信访督办力度，全年接待群众来信来访31件次。备案审查区政府规范性文件3件，进一步促进依法行政。

【开展执法检查】 2011年，区人大常委会执法检查《南京市城乡居民最低生活保障条例》，通过听取汇报、召开座谈会、实地察看、调阅资料档案、入户走访和问卷调查等方式，调研该区城乡居民最低生活保障工作，建议区政府将基本救助与各类专项救助以及社会慈善有机衔接，加大对特殊困难群众的帮扶，保证各项惠民政策落到实处。

【开展专题询问】 2011年，区人大常委会听取审议区政府道路街巷整治出新管理工作专项报告并首次开展专题询问，区住房和建设局、城市管理行政执法局、财政局、发展和改革局、文化局等7个部门到会参加答询，通过现场询问，督促政府进一步理顺关系，加强组织领导和部门协调，增强工作合力，共同推动白下区道路街巷整治出新管理工作的实施。

【开展代表专题调研】 2011年，区人大常委会贯彻落实新修订代表法，在征求代表意见的基础上，确定将物价问题作为代表专题调研课题，成立专题调研组，了解市场价格运行、物价管理、市场供给、市场监管等情况，分析研究物价形势对群众生活的影响，形成专题调研报告转交区政府。区政府向常委会提交书面研究处理情况报告，常委会办公室向区人大代表反馈并组织代表跟踪监督，提高代表专题调研的质量和实效。

【加强常委会效能建设】 2011年，区人大常委会坚持与时俱进，创新发展，进一步提高常委会整体工作效能。结合区政府新一轮机构改革，及时调整补充各工作委员会组成人员，明确细化各工作委员会职责，调整同"一府两院"的对口联系部门和单位。制定《区人大常委会会议会务工作流程和责任分工》，明确时间节点，细化工作责任，进一步提高会务组织的水平。创新监督方式方法，加强对审议意见落实情况的跟踪监督，组织开展专题询问，提高监督力度和实效。 （叶 倩）

代表建议、批评和意见办理

【概况】 2011年，白下区人大常委会坚持领导重点督办、人事代表联络工作委员会统筹督办、各工作委分工督办、代表参与督办的工作机制，及时掌握办理进度，推动办理工作的落实。适时组织代表视察建议办理情况，听取审议区政府建议办理工作情况报告，推动建议承办部门与代表进行面对面沟通，抓好代表建议办理答复情况的反馈工作。区政府进一步细化和完善建议办理工作责任制，明确分工，落实到人，狠抓建议办理工作实效。区十六届人大四次会议以来，代表提出建议、批评和意见90件已全部按期办结，满意和基本满意率100%，办成率71%。

【落实取缔或规范私人旅社的建议】 白下区人大代表吴海洁提出《关于取缔或规范西华东村私人旅社的建议》。群众多次向市区政府举报，区公安分局联合工商分局、瑞金路街道召开综合治理协调会，共议整治对策。5月，区公安分局调集警力，组成专项整治小组，启动西华东村调查摸底和整治准备工作。9月20日，公安分局组织力量，将西华东村小区内25个私人小旅馆和违规出租屋清除完毕，赢得该小区居民的好评。

【做好小区物业管理工作的建议】 白下区人大代表周丽提出《关于做好小区物业管理工作的建议》。2010年以来，市、区政府已就物业管理工作进行总体部署，启动物业管理体制创新工作，在街道设立物业管理办公室，将物业管理工作重心下移到街道，在街道设立"两站一中心"（即矛盾调解站、物业维修站和物业服务中心），要求各街道对属地物业企业建立相应考核机制。各街道"两站一中心"指导老旧小区，特别是出新后的小区尽快组织成立小区业委会，动员业主参与小区管理。2011年，白下区在全区每个街道选取2个小区试点开展"物管、车管"进小区工作。

【落实已售公房季节性维修及消排险费用的建议】 白下区人大代表诸绍林提出《关于解决已售公房季节性维修及消排险费用的建议》。区财政局结合该区公房售房款项管理情况，商讨明确售房款专户收缴、核算和使用的办法，并根据上级文件精神，设立专项维修基金，制定操作细则，保证费用落实到位。

【落实停车难的建议】 白下区人大代表何烈胜提出《关于解决停车难的建议》。公安部门按照全市"车管"进社区工作要求，针对全区现有泊位数难以满足居民停车需要的实际情况，通过开设夜间停车场的方式，进一步拓展停车资源，实现统一管理，统筹解决停车行车难题。 （叶 倩）

区人民政府

【概况】 2011年，白下区完成地区生产总值324亿元，按可比价增长12%。其中，服务业增加值完成280亿元，同比增长12.5%；完成地方一般预算收入30.1亿元，同比增长13.1%；实现全社会固定资产投资91亿元；实现社会消费品零售总额477亿元，同比增长16.5%；累计实际利用外资1.02亿美元；城镇居民人均可支配收入32964元，同比增长12%，完成全年各项目标任务，实现“十二五”良好开局。

经济走势持续强劲。金融业多元化集聚。新增十余家金融法人机构；社会融资担保机构发展到17家，占全市1/4；新建4家小额贷款公司，新增股权投资基金8亿元。传统商贸业信息化改造步伐加快，启动“网上新街口”项目运营，中央商场淘宝网上商城、智慧新街口项目上线运行。软件业发展迅猛，全年实现软件业务收入55亿元，比2010年增长38%；文化创意产业发展壮大，现有国家级文化产业示范基地1个，市级示范基地6个，全年实现增加值25.5亿元，占地区生产总值比重达8.05%。以人才科技引领创新发展。推进实施“高层次科技创业人才集聚”、“科技创新创业载体建设”、“科技创业企业培育”和“科技创新创业服务机制建设”四大行动计划，全面激发科技创新创业活力，为创新型城区建设提供有力支撑。实施白下“321”人才计划，聚集国家“千人计划”、省“双创计划”人才在内的领军型人才56名，引进海内外人才创业企业38家。加快创业创新载体建设。在全市率先挂牌紫金（白下）科技创业特别社区，以白下高新技术产业园区为核心，积极推进创新集聚区规划建设。紫金（白下）科技创业特别社区全年新开工孵化器及科技产业项目17个，总面积45万平方米，当年实现主体封顶38万平方米，竣工12.7万平方米。依托金城集团、南京工业职业技术学院、南京航空航天大学、中国航天科工集团八五一一研究所、解放军第五三一一厂等科研院所，成立中航金城科技城管委会，推进建设南京主城以航空机电、新一代信息技术为特色的创新创业基地。强化科技企业培育，全年培育科技创业企业80多家，培育高新技术企业15家；新引进软件企业11家，新增市级企业技术中心5家，省级技术中心4家。将46家企业纳入“千企升级”计划，信息化管理覆盖率达80%。加快项目推进步伐。全年安排73个重大经济项目，项目总投资超过600亿元，当年新开工项目24个，全社会固定资产投资达到90亿元。新建一批高端商贸商务设施，推动功能布局优化完善。金鹰三期、杨公井、北首巷、胡家巷、江苏银行总部大厦、苏宁电器广场、财富中心等项目建设进展顺利；新街口百货商店完成出新改造，友谊国际购物中心加紧整体改造；金陵尚府水晶街、熙南里三期项目实现开街。全年新增商贸商务面积达30万平方米。

【区域环境建设】 2011年，白下区推进基础设施建设。完善东部地区基础设施配套，完成石杨路中段拓宽改造，绕城公路城市化改造石杨路匝道建设正在推进。加快西部地区老城改造步伐，完成朝西街、堂子街等一批街巷综合整治工程；完成8个老旧小区出新、雨污分流及一批房屋屋面整治；加快危旧房和保障房建设，四十八村地块危旧房改造当年完成拆迁并启动建设，观门口地块危旧房改造正在完善规划。经济适用房五期北扩完成选房，六期南扩项目积极推进，完成1626套经济适用房安置。提升城区环境品质。累计审批新开工建设项目88个，环评执行率达100%。完成区域燃煤锅炉清洁能源改造，工业废水和废气实现稳定达标排放，全区1000平方米以上餐饮企业全部实现在线监控；加强十字河黑臭河流整治；全年新增绿地2万平方米。新增8家星级绿色社区和6家市级绿色市场。全区环境评分稳定保持在82分以上。提高城市管理水平。扎实落实城市管理网格化机制，城市环境综合考评居于全市前列。取消锦绣坊地面垃圾中转点，区域垃圾直收直运覆盖面达60%。加大城管设施设备投入，全区主次干道机扫作业率提升至50%。有序实施社区“六进”（车辆管理、境外人员管理、网络管理、危险及化学物品管理、物业管理、消防）工作，全区2万平方米以上无物管小区物管覆盖率达95%。继续加强违章建筑控制工作，处置、消化老违法建筑3万平方米，城市管理进一步优化。在月牙湖街道实施垃圾分类试点工作。

【社会事业】 2011年，白下区加大公共财政投入，全年将60%区级财政收入约10.8亿元投入民生事业，切实提升社会管理和服务水平，加快建设群众更具幸福感和归属感的创新型城区。统筹发展各项社会事业。加快整合教育资源。一批优质小学成立分校，游府西街小学御水湾分校、南京市第一幼儿园金陵尚府幼儿园正式启用；完善东部地区教育配套，建成银龙花园五期小学、银龙花园六期幼儿园；石杨路高中完成立项、规划等前期工作。稳步推进卫生事业。落实国家基本药物制度。惠民医院门诊楼竣工，全年惠民慈善医疗帮扶困难群体27万人，减免费用333万元。加快文体事业发展。推进甘熙故居创AAAA级景区，完成李公祠大小照壁维修；出新改造10个全民健身点，创建体育特色小区2个，全年举办文化惠民演出100余场。完成第二轮区志编纂任务。计划生育率保持在99%以上。大力实施民生实事工程。投入救助资金5453万元，救助4万余人次。为“老军工”、“老知青”、“老职工”增加生活困难补助，全面发放企业退休职工计划生育一次性奖励。实施政府购买幼教服务政策，为8816名儿童发放首学期幼教助学券881.6万元。积极推动居民增收，新增就业人员11710人，实现再就业6302人；成功培育自主创业者2293人，创业带动就业16300人。认真落实居民养老服务，政府为老人购买保险1981人，享受政府买单的居家养老服务280人，全年新增养老床位457张。在各个街道建立残疾人托养服务机构，累计救助特困残疾人1585人，基本实现救助全覆盖。

【区境优化提升发展环境】 2011年，白下区企业服务更加务实。深入研究引导发展的政策和举措，着力营造亲商利企的发展环境。建立政企沟通平台，有效组织银企对接，启动“千企升级计划”，全年财政安排和争取各类产业引导扶持资金1.2亿元。招商引资成效明显。设立区投资促进中心，组织金秋金贸洽谈会、重大项目洽谈会、软件博览会等多项活动，引进注册资本500万元以上企业148家。积极拓展招商网络，与发达国家和地区建立招商合作关系，与普华永道、毕马威等著名中介机构实现对接，区域招商体制机制日趋完善。政策环境更加优化。实施定期走访企业制度，为企业提供融资、租赁、人才等服务。区政府配套1000万元人才科技发展种子基金，有效推动科技创业企业发展。全区民营经济，占经济总量比重达70%。

【加快健全基层医疗卫生服务体系】2011年，白下区整合资源优化公共卫生服务。按照“10分钟步行健康服务圈”要求，增设社区卫生服务站点，加快筹建东部公共卫生分中心，强化公共卫生应急和重大传染病的防范能力。提供上门送医送药、慢性病常见病日常管理、健康知识宣教等24小时“家庭医生”医疗卫生服务，倾力打造全科团队服务品牌。提升社区健康服务。广泛开展中医特色医疗服务，建成全省首个全国社区中医药先进区。开展户籍制保健、慢病管理、社区护理等形式多样的社区预防保健服务，深度开发利用居民健康档案，实现居民健康档案建档率达95%。

【探索养老服务新模式】2011年，白下区实施“幸福晚年”工程，探索养老服务新模式，全力打造养老爱心品牌。以“乐龄之家”、“银发家园”、“银发会所”、“松鹤驿站”等一批传统品牌涵养更多的养老服务项目，发挥省级老年精神关爱示范点“金泰社区托老所”的示范作用，融入心理健康、保健咨询、文化娱乐等精神关爱内容，满足老年人多元化的服务需求。探索推行“虚拟养老院”。开通集援助呼叫、助餐、助洁、助医、助行、助购为一体的“一键通”系统，为老年人提供更加便捷、高效、全面的服务。发展社会养老服务机构。采取购买服务、资金补助、提供场所等政策措施，引导和鼓励社会组织、家政服务企业参与居家养老服务，培育和发展为老服务社会组织和志愿者队伍。增设养老服务医疗机构。新增依托医疗机构建立的老年康复照料中心和临终关怀医院2~3所，提升老年群体就医的幸福感和满意度。

【招才引智工作】2011年，白下区完善高端人才项目服务体系，为科技创业人才提供无障碍、一站式、个性化、全方位的项目申报和评审服务工作。围绕区域经济社会发展需要，重点整理搜集近年到白下区各引智单位申报的引智项目，建立“引智项目库”；重点搜集整理符合该区五大产业中心所需的高端人才，摸清高端人才的详细信息和国内聘请单位等内容，建立“高端人才库”，做好“两库”的对接服务工作，构建高效的人才项目供需链接。积极探索与高端人才建立联系的途径，与知名的猎头公司建立稳固的合作关系，邀请重点引进对象参加“高端人才白下行”活动，争取其到白下发展。健全园企校人才交流合作机制。建立健全人才工作例会制度，指导企业与国内外知名高校和科研院所合作，鼓励创新型人才以专利、发明、技术、资金等要素投资入股并参与分配，实现人才在园区、高校、企业之间合理流动。

【探索企业化、市场化运作模式】2011年，紫金(白下)科技创业特别社区探索企业化、市场化运作模式，推进孵化器运营企业化。落实“园区先行、制度先试”的举措，以白下321人才大厦(国际人才孵化器)为模板，加快引进高层次专业服务人才，组建孵化器专业运营公司，强化孵化器公共服务功能，整合优化政务服务、商务服务流程和内容。推进特别社区管理市场化。以物业公司、担保公司为试点，探索特别社区面向市场、自负盈亏、独立经营的管理模式，创造条件、推动特别社区管理规范化、服务标准化、经营市场化。推进中介服务社会化。推动社会中介机构以多种形式进驻特别社区，用较低的成本为初创企业提供法律、会计、人力资源管理、企业发展策划、市场预测等系列服务，解决企业成长中遇到的各种问题，提高初创企业的成功率。（刘 峰）

白下区12345政府服务呼叫中心

【概况】白下区12345政府服务呼叫中心(简称区“12345”)于2010年12月28日开通。至2011年11月30日，接收群众诉求9408件，回复9111件，回单率97%。其中按时回复8695件，按时回复率92%。退回重办975件，退回重办率11%。回访群众综合满意率81%，收到群众表扬45件。

【建立并完善群众诉求办理工作机制】2011年，白下区政府专题研究布置全区“12345”推进和督办工作，区领导多次调研并批示，要求“12345”成员单位提高认识，确保群众反映的问题事事有回音、件件有落实，提高群众满意率。出台《区“12345”政府服务呼叫中心运行和管理工作实施意见》《区“12345”政府服务呼叫中心成员单位考核评价暂行办法和实施细则》《区“12345”政府服务呼叫中心督查督办办法》《关于加强区“12345”群众诉求办理工作的通知》《区“12345”工作首接负责制实施办法(暂行)》，明确群众诉求办理规范和责任，完善沟通协调和快速反应机制，形成权责明晰、管理规范、流程优化的制度体系。区“12345”实行24小时响应机制，要求成员单位退单须在24小时之内，对咨询、求助类工单在1个工作日内回复，对投诉、建议类工单5个工作日内回复；实行全程联系市民制度，要求成员单位接收工单后至少3次沟通投诉人(受理时、办理时、办结时)，办理完结后，写明所有相关要素并报分管领导审批签字后方可回复区“12345”平台；实行二级会办机制，对疑难诉求，区纪委督查中心与“12345”平台牵头相关单位共同会商，落实承办和协办单位，个别问题请分管区领导协调，签发下派或会商共办，督查中心帮办并跟踪落实，保证及时响应与办理。

【督查督办工作】2011年，区“12345”政府服务呼叫中心把准办理环节、强化办理时效、盯紧办理过程、提升办理质量。9月，召开超期工单会办协调会，逐件研究超期工单，确定会办意见及完成时限，区“12345”、纪委督查中心跟踪催办，办结所有超期工单。10月，针对发回重办件较多的问题，区“12345”平台召集相关单位负责人，就发回重办并未回复市民工单逐件说明原因，提出整改措施。多次集中会办“12345”疑难复杂问题，交分管区领导签批复杂事项呈阅工单30余件，协调多部门合作，妥善解决仙菇园火锅店扰民、丽润坊温泉会所锅炉安全隐患、和学教育咨询公司收费纠纷等诉求。解决羊皮巷化粪池漫溢、建康路报亭超范围经营、御水湾小区道路坑洼等问题。区“12345”接到关于文思新村小区停车难的诉求后，会同督查中心，通过与街道、社区多方协调，把“12345”与“车管物管进小区”结合，成立自治物管小组，营造区域有序管理环境。11月7日，文思新村作为“车管物管进社区”试点小区接受南京新闻综合频道“东升工作室”采访。全年白下区问责处理2名科级干部，1名处级干部诫勉谈话。区督查中心介入处理疑难复杂问题或市民不满意工单200余件，协调相关责任部门会谈商讨群众诉求处理办法20余次。

【区“12345”三级平台投入使用】 10月1日，区“12345”三级平台投入使用，免除工单手工派发及回复的繁琐流程，大幅缩短工单流转时间，提升办理效率。区呼叫中心及各成员单位安装多部录音电话，升级电脑及网络，购买多功能一体机，促进群众诉求处理效率提升。初步实现建设信息平台、完善系统功能的目标。

【启动“回头办”工作】 11月，白下区启动“回头办”工作。区“12345”平台、纪委督查中心采用双重核查方法，对群众回馈不满意的工单“回头办”，督查组深入责任单位一线会办、督办、帮办，现场梳理分析“疑难杂症”，共同寻求化解方案。重新办理群众不满意工单800件，经过各成员单位落实解决，群众满意300多件。

【群众诉求办理队伍建设】 2011年，区“12345”工作人员学习相关的法律法规及有关民生政策，掌握相关知识，提升为民办事综合能力。9月，邀请市督查中心主任甘继勇授课，传授诉求办理经验，分析该区诉求办理工作现状，指出工单承办人员联系市民较少、工单回复内容不详细、不完整等问题。10月，举办区“12345”综合办理辅导培训，289人参加培训。通过邀请专家授课、组织业务培训，提高全区承办工作人员综合业务水平，为规范工单流转程序、提升诉求办理质量夯实基础。（彭 澍）

应急管理工作

【概况】 2007年12月，白下区成立突发公共事件应急管理委员会（简称区应急委），在区政府办公室设立区应急管理办公室（简称区应急办），负责全区应急管理的日常工作，构建全区突发公共事件应急管理体系。制订《关于进一步加强应急值班工作的通知》《关于贯彻落实国务院〈关于加强和改进突发公共事件信息报告工作的意见〉的通知》《白下区应急工作办法》等文件，建立和完善应急管理工作规章制度。2008年，制订《白下区突发公共事件总体应急预案》及自然灾害、事故灾难、公共卫生和社会安全事件等4个专项预案、27个部门预案、7个街道预案及相应社区预案，完成500多家规模以上国企及非公企业预案制订（修订）工作。成立区应急管理委员会和街道（部门）应急管理工作领导小组。在14个部门、7个街道建立信息员队伍，形成覆盖全区的应急管理工作网络。2010年，成立白下区综合应急救援大队，形成由区应急委统一领导，区综合应急救援大队和部门专业应急救援队相互配合的工作格局。

2011年，白下区应急管理工作贯彻上级关于应急管理工作的决策部署，强化日常管理，加强应急队伍建设，及时妥善处置突发公共事件2起。

【加强总值班室建设】 2011年，区总值班室配置上网电脑，更新录音电话机、传真机、电视机、微波炉，落实值班室生活用品每日更换制度，为值班人员创造良好的工作、生活环境；制订《关于加强重大事项报告的通知》，重申和明确突发公共事件报告的程序、方式、时限等内容；认真落实值班制度，在抓好日常值班和8小时外值班工作的基础上，重点落实重要时期、重大节假日区四套班子领导带班和区委、区政府相关领导应急值班制度，确保重要问题和突发事件及时处理。区应急办组织值班及信息报送工作培训，进一步规范全区值班和信息报告工作。全年区总值班室接受和处理各类信息1260余起，编制各类值班简报160余期，上报《白下值班专报》23期，做到重要信息无迟报、误报、漏报。

【加强人员培训和预案演练】 2011年，白下区加强应急管理人员培训和预案演练。全年组织各类人员培训18次，培训人数1300余人。组织各类演练28次，参加演练人员3700余人次。通过培训和预案演练，较好地普及突发事件防范及处置知识，提高相关人员的业务素质，锻炼队伍、完善预案、磨合机制，提高应急救援队伍快速反应、组织指挥和协同作战的能力。5月12日，区教育局在游府西街小学组织全校应急疏散演练，1000余人参加，市应急办和省、市相关部门领导到现场指导和观摩。

【加强队伍建设】 2011年，白下区印发《关于加强全区中小学、幼儿园及老年公寓应急管理工作的意见》，加大对全区中小学、幼儿园及老年公寓应急管理工作力度，推动全区应急管理工作全面发展。建立区级和街道综合应急救援队伍体系。加强区综合应急救援大队基础建设，探索区综合应急救援大队与区各专业应急救援队伍工作协调发展。全区组建9个区级专业应急救援队伍，分别是防汛抗旱、突发环境事件、突发卫生公共事件、突发安全生产事件、突发社会安全事件、突发交通事件、房屋抢修突发事件应急救援、黄埔民兵抗震应急救援连以及突发公共事件信息员队伍。加强应急处置专家组队伍建设。区及各部门在组建各突发事件应急救援队伍的基础上，相继成立由本单位（部门）专业人员组成的应急处置专家组队伍，指导本类突发事件处置工作，为现场处置工作指挥部领导指挥决策提供专业技术支持。是年，完成宝应县政府应急管理考察接待工作、国务院应急办到中国电子科技集团公司第二十八研究所（南京）视察应急装备生产工作、国务院应急管理调研组到南京市调研的汇报工作。

【应急处置】 2011年，白下区内发生影响相对较大的突发事件2起。3月10日12时20分，新街口洪武路（羊皮巷口）发生道路塌陷事件，在洪武南路西侧人行道上形成东西长约5米、南北长约10米，深约10米的深坑。区委、区政府主要领导在事发后5分钟内到达现场，在市政府应急办协调指导下，与市住房和城乡建设委员会、城市管理局领导和有关专家一起分析原因，研究对策，组织开展应急处置工作，迅速控制事态的发展。7月12日晚，绕城公路工地施工致城东南主供水管水管破裂事件，使银龙花园附近近万居民生活用水无法保障，市自来水公司连夜抢修，但终因施工地段低洼且积水严重，至13日上午仍无法修复，引发近百名群众在绕城公路聚集。事件发生后，区主要领导迅速安排部署，一方面安排区综合应急救援大队（区消防大队）紧急出动4辆消防车，区城管局调集5辆送水车应急送水，同时报请市政府应急办协调市自来水公司等相关部门进行应急供水和协调安排抢修工作；另一方面，组织公安民警和光华路街道综合应急队伍到达现场、开展群众工作，将聚集的居民向送水点引导，帮助维护现场供水秩序。区政府分别在银龙花园1、2、3、4期及附近地区设立7个供水点进行供水，稳定居民情绪，保证居民排队供水秩序。至7月13日13时30分，银龙花园及附近地区供水全面恢复。该两起事件因区委、区政府高度重视、认真处置，市、区相关部门配合，均得到妥善解决。（宋俊友）

社会事业发展工作

【概况】 2011年，白下区围绕建设幸福城区的总体要求，做好《中共南京市委关于坚持民生为先加强民生需求保障的意见》（宁委发〔2011〕50号）的落实工作，紧密结合区民生工作和社会事业年度目标，理清思路、创新方法，进一步发挥发展改革部门的综合管理、协调服务职能，努力提高服务水平和工作效能。

【制订出台民生幸福行动计划】 2011年，白下区在充分调研的基础上，根据省、市对民生工作的总体要求，结合白下实际和未来发展方向，制订出台《白下区民生幸福行动计划》，确立以人为本、民生优先的工作导向，打造富民、惠民、助民、安民、乐民品牌，整合民生服务资源，提供综合服务，提升民生幸福指数，为未来5年建设具有白下特色的民生幸福城区提供发展目标和实现路径。

【推进医疗卫生体制改革】 2011年，白下区依据省、市相关文件精神，制订出台《白下区基层医疗卫生机构综合改革实施意见》《白下区社区卫生服务中心机构设置和编制配备方案》《白下区基层医疗卫生机构改革经费补助暂行办法》《白下区社区卫生服务机构绩效考核办法（试行）》《白下区3家二级医院转型为社区卫生服务中心的实施方案》等5个文件，推进全区基层医院管理体制和人事、分配、药品、保障制度综合改革。制订《白下区基层医疗卫生机构综合改革推进工作方案》和工作流程，进一步明确成员单位职责和任务，形成各成员单位分工明确，各有侧重，协同配合，行之有效的工作机制，保障医改工作稳步推进。做好医改工作总结以及基层医疗改革综合评估材料数据的填报，建立并完善工作台账。全区社区服务中心基本药物制度建立，落实保障经费1000万元；机构核定编制数662人，实行总量控制、留有存量，9个社区卫生服务中心实际安排编制528名，人员分流工作将分步实施；绩效工资基础部分已发放到位，资金仍存在较大缺口。

【做好对口支援工作】 2011年，白下区与淮安涟水（红窑）和重庆市万州区开展对口支援工作。区发改局做好区委、区政府领导赴涟水对口支援及部门捐赠活动的协调和衔接工作，筹集各项扶持资金和捐赠物资并跟踪落实，做好对口支援工作的总结和上报工作。全年全区对口支援建设资金120万元，其中涟水县100万元、万州区20万元。

【加强民生实事目标管理】 2011年，白下区加强对民生实事目标的跟踪管理，按季编发民生实事项目执行情况通报，有效促进民生实事目标的全面完成。按照市统一部署，白下区与市签订《白下区"十二五"期间民生发展目标和主要工作任务责任状》，分解5年的年度目标；年底，南京市评估和考核区相关责任部门，有效推动区民生工作的健康发展。

【扶持社会事业项目】 2011年，白下区争取上级财政专项资金，支持、推动区各项民生项目的顺利实施。先后为光华路街道银龙翠苑社区服务中心建设、五老村小学和慧园街小学教学楼改造项目获取市级财政资金补助50万元。（张连枫）

国有资产管理

【概况】 2011年，白下区国有资产管理工作以"强化对区属国有企业监管，探索国有企业公司化改造和战略重组的新途径"为目标，不断创新国有资产监管思路，加强对区属国有企业的监管，切实履行好政府出资人的职责。是年，区国有资产监督管理办公室获市国有资产管理工作先进集体，市行政事业单位资产管理工作考核评比二等奖。

【加快国有企业体制机制转变】 2011年，白下区国有资产监督管理办公室通过理顺产权、企业改制等措施，调整部分国有企业的产权关系和企业性质，出资9600万元组建南京安厦危旧房改造开发有限责任公司。通过对国有企业公司化改造、资源整合、充实资本金等措施，逐步让区国有企业符合银行融资资质要求，具备走向市场的能力，同时运用现有项目资源和区行政资源，积极探索企业间资源互补、责任共担、利益共享的合作模式。协调杨庄6号地块项目公司组建、日常监管，协助项目融资2.9亿元；顺利推进八宝东街项目股权挂牌转让，确保这两个项目顺利开工建设。此外，梳理区内的可利用资源，参与推动海事学院等项目、老政府地块项目的前期论证和资本运作推进工作。与南京城建集团就南京市白下区危旧房开发公司的大阳沟项目进行合作。

【拓宽融资渠道】 2011年，白下区国有资产监督管理办公室加大对区属国有实体企业的资本注入，夯实公司实力，提升区属国企自身融资能力。注资南京光华房地产开发公司1.1亿元，提升企业自身的信用等级，获得浦发银行的贷款2.6亿；争取南京市工商银行保障房项目贷款3亿元，确保区重点民生工程的推进。研究保障性住房企业债券相关政策，完成区保障房企业10亿元债券的发行申报准备工作，为企业融资拓展渠道。

【提高国有资产监管水平】 2011年，白下区国有资产监督管理办公室先后拟订《白下区国有企业负责人经营业绩考核及薪酬管理办法》《白下区国有企业财务预算管理暂行办法》《白下区国有企业财务总监委派暂行办法》等文件，提升国有企业绩效管理水平。出台《白下区政府债务管理实施意见(暂行)》，规范政府债务举借、使用、偿还或提供担保行为，防范和化解政府债务风险。出台《白下区行政事业单位国有资产管理实施意见》和《白下区行政事业单位资产配置标准》等文件，进一步保障行政事业单位国有资产安全完整，推动国有资产的合理配置，实现国有资产高效利用。

【加大国有资产监管力度】 2011年，白下区国有资产监督管理办公室研究探讨行政事业单位经营性资产集中管理试点工作，和区教育局联合在教育系统开展经营性资产集中管理试点工作，取得初步成效。清理全区行政事业单位持有的股票账户并集中管理，确保国有资产保值增值和利益最大化。开展全区国有企业清产核资工作，全面摸清区属国有企业家底。集中组织区属国有企业财务人员进行专业培训，强化区属国有企业日常经营和财务管理规范意识。通过指导督促企业及时进行产权登记、资产评估、资产处置申报等工作，强化区属国有企业法律意识，夯实国有企业资产管理基础。

【妥善处理改制遗留问题】 2011年，白下区国有资产监督管理办公室严格把握政策，对区属企业改制方案、产权交易、剥离资产监管实施全程参与，并建言献策，促进改制工作规范进行。对中乔公司、悦华大酒店企业改制的资产产权界定、核销等方面严格把关，确保国有资产不流失，切实维护各方权益；及时做好对改制企业挂牌收益和股权转让收益等款项的上缴入库工作。全年，区国有资产监督管理办公室对三星公司挂牌收益和通明公司股权转让收益5052.9万元作为国有资产经营收益及时上交入库；对南京市白下区城镇建设综合开发总公司第四开发公司、南京永强建筑工程总队等改制企业遗留问题，积极与相关部门、个人沟通、协调，不激化矛盾，同时也最大限度维护百姓和相关部门的正当权益。（吉亚松）

信访工作

【概况】 2011年，白下区信访工作坚持用群众工作统揽信访工作，以信访积案化解、体制机制创新、矛盾纠纷排查为重点，以维护区域和谐稳定为目标，保障群众合法权益。不断开拓创新，完善信访工作绩效考核机制，制订《白下区信访工作绩效考核暂行办法》。做好重要时期信访维稳工作，妥善化解社会矛盾，为争创和谐稳定“领先区”奠定基础。全年开展10余次矛盾纠纷大排查工作，接到各类信息1500余条(份)，受理群众信访事项3789件(人)次，同比上升17%，信访事项办结率97.5%，领导批件办结率100%。其中：受理来信301件，同比上升32.6%；受理来访3488人次，同比上升16%，其中集体访60批835人次，同比批次下降35.5%、人次下降55.2%。是年，区信访局获2005—2009年全省信访系统先进集体；1人获“南京市维护职工权益十佳法律工作者”及“南京市五一劳动奖章”；1人获“全省信访系统优秀信访工作者”；1人获“南京市信访系统优秀办信员”。

【日常信访工作】 2011年，区信访局继续强化初信初访办理机制、落实首办责任制，全面规范信访事项办理、加强督查督办工作，有效遏制该区信访总量大幅上升的势态。制订《关于进一步加强新时期信访工作，努力促进社会和谐稳定的意见》《关于进一步加强全区信访工作的意见》，为做好新时期信访工作奠定基础。全面落实领导干部“三访”(接访、下访、约访)活动。从7月起，每天安排一名区领导干部接待群众来访，机关、街道领导干部与区领导接访同步，公开接待来访群众。制订《交办信访事项办理工作实施细则》，细化办理信访事项的操作程序、办理时限、办结标准等，促进信访工作规范化建设。进一步完善督办方式，采取“七必督”模式，即：上级交办和领导批示的必督、赴省到市集访的必督、重要时期进京上访的必督、新发进京上访的必督、有明确处理方案的必督、群众反映强烈的必督、工作不力或久拖不决的必督。全年完成中央、省督办信访事项4件，省、市、区领导交办、督办件7件，办结率100%。建立每周重要疑难信访事项区领导参与会办制度，明确会办意见，并以会办纪要的形式予以落实，促进重要疑难信访事项的处理。

【开展百日非访集中整治活动】 2月20日—5月31日，白下区开展进京非正常上访百日集中整治活动，进一步规范信访秩序，压降进京非访的高发势态。成立百日非访集中整治活动专项工作领导小组，区政府分管领导任正、副组长，下设立办公室和督查组，召集各类专题会办会议30多场次。百日整治活动中，市里向该区交办10个重点信访人员，已解决7个，无理信访事项终结1个，解决率80%。对于违法上访人员，公安机关加大依法打击力度，实施行政拘留7人，劳动教养2人。

【信访积案化解工作】 2011年，区信访局制订《关于在全区开展“信访积案化解攻坚年"活动的实施意见》,进一步转变观念,拓展思路,按照"三个不限"(不限原领导表态,不限原会办意见,不限原解决方案)的原则,采取联合会办、专题攻坚、听证评议、公信对接、困难救助、结案公证、通报讲评等方法步骤,推动一批信访积案的化解。全年省、市向该区交办重点信访个案45个、群体性事项7个。截至年底,解决29个,三级程序终结7个,六步法终结3个,涉法涉诉终结2个,精神病认定4个,化解率86.5%。另外,还解决23个区自查的重点信访问题。

【领导包案工作】 2011年,区信访局组织开展区领导包案工作,区四套班子领导共包案72个,其中事发该区的47个。截至年底解决39个疑难问题。包案领导亲自接待,认真听取汇报,组织会办,推动问题解决。该局充分发挥区信访工作领导小组、信访联席会议中心枢纽功能,定期会办领导包案问题,明确责任,明确处理意见,明确解决时限。对于重点信访问题,区包案领导专门组织会办,集中研究,集中处理,提高工作效能。全年区联席办、信访局牵头组织会办39场次,促进一批领导包案问题的处理。对于已明确的处理方案,督促相关单位抓紧落实,按期解决,杜绝矛盾上交和责任下滑。

【"一助一牵手"活动】 4月,区信访局启动全区信访干部与信访群众"一助一牵手"行动。成立专项工作领导小组,制订《白下区信访局干部与信访群众"一助一牵手"行动实施方案》,设计"一卡、一档、一表"("一卡"即信访干部与信访群众"联系卡",标注信访干部姓名、职务、联系电话及服务承诺内容;"一档"即信访群众基本情况和信访事项档案;"一表"即信访干部与信访群众结对牵手活动的实时记录)。要求信访干部对结对牵手的信访群众做到"六必清":信访群众基本情况清、信访群众家庭成员清、信访群众思想动态清、信访群众主要诉求清、信访群众服务需求清、信访群众活动范围清。截至年底,各级领导及信访干部与99名信访群众结对牵手。其中,市信访局16名信访干部与该区16名信访群众结对牵手,区四套班子25名领导与重点信访群众"一助一牵手",区信访局16名干部与该区16名重点信访群众结对牵手,区机关相关部门及直属单位、各街道领导及信访干部除对接好上级安排的结对牵手信访群众外,按照区域和职责分工分别与42名信访群众结对牵手。通过人结人、面对面、手拉手、心连心的结对牵手行动,倾听信访群众心声,代理信访群众事项,为信访群众办实事、做好事,让信访群众满意,当好基层帮手和领导参谋助手,为实现"和谐稳定争第一"做出贡献。

【信访队伍建设】 2011年,区委、区政府从洪武路街道调入1名见习局长助理,加强信访队伍。区信访局与区人力资源和社会保障局联合举办白下区信访工作业务培训班,区委常委、政法委书记车明军作培训动员,市信访局办信处处长王伟亚、省信访局信息中心周晨主任分别作专题讲座。区机关各部门、各街道、各直属单位分管领导、专兼职信访干部80多人参加培训。(杜　洋)

法制工作

【概况】 2011年,白下区法制工作贯彻国务院《关于加强法治政府建设的意见》和《省政府关于加快推进法治政府建设的意见》,围绕全区实施创新驱动、建设创新型城区的目标任务,深入推进该区依法行政工作,提高全区行政机关及工作人员的依法行政能力。进一步增强全区各部门领导及工作人员依法行政意识,提高政府依法管理经济社会事务和公共服务的能力。政府法制机构、队伍建设得到进一步加强,行政执法监督机制进一步完善,为保障全区经济和社会事业发展,促进社会和谐稳定发挥作用。是年,白下区获市重大行政处罚案件报备审查先进区县;区法制办公室获省2010—2011年县级政府法制工作先进集体、县级政府法制工作规范化建设示范单位、全省政府法制信息工作先进集体、市法制信息工作先进单位。

进一步规范法制机构建设。区委、区政府加强法制机构建设,完善机构设置,增强人员力量。将法制工作经费纳入财政预算,全年法制工作经费50万元。加强全区法制机构和队伍建设,构建政府法制工作网络体系,全区28个部门、7个街道和5个垂直管理单位分别明确法制工作机构、分管领导、法制员。

推进行政执法规范化建设。白下区加强执法主体、执法人员、执法行为、执法监督的规范化建设。全年完成683份行政执法证和监督证的发放、年审工作,实行行政执法人员和执法监督人员的动态管理。严格执行重大行政处罚审查登记及结果反馈制度。是年,审查重大行政处罚案件41件,重大行政处罚报备率100%。创新行政执法案卷评查工作方法,采取自查、集中互查互评与抽查网上案卷相结合的方式开展案卷评查工作。

发挥法制办公室的参谋助手和法律顾问作用。加强对经区政府批准的强制拆违具体行政行为的法律审核,全年审查强制拆除违法建设申请案件40件,参加违法建设强制拆除协调会4场。参与省、市组织的地方性法规、政府规章、规范性文件的立法论证,并提出修改意见。对区政府的合同、公文进行法律审核,为区政府重点工作出谋划策,提供法律服务。

积极防范和化解行政纠纷。进一步畅通行政救济途径,各类行政纠纷得到有效防范和化解。全年收到6件行政复议申请,2件通过协调申请人自愿撤回申请,1件不予受理,1件通过复议作出维持决定,另2件告知应向其他机关申请复议;区政府部门为被告的行政诉讼案件10件,原告自愿撤诉7件,开庭审理4件,行政首长出庭应诉4件,出庭应诉率100%。

【组织实施全区依法行政考核】 2011年,区法制办公室牵头对全区24个执法单位和11家非执法单位的依法行政工作进行考核。考核采取日常工作评分与年终综合考评相结合的方式。考核内容主要包括基本项目、专项项目、加分项目三大项，对各单位依法履行职责、遵守规范性文件管理规定、法制信息报送、行政首长出庭应诉等方面进行重点检查。考核结果在全区范围内进行通报，并对存在问题的单位进行书面反馈。经综合评定，考核结果排名前三位的执法单位为区食品药品监督管理局、卫生局、文化局，排名前三位的非执法单位为区科技局、监察局、瑞金路街道。

【法制信息工作获江苏省先进】 2011年，白下区依托区法制工作网络体系，加强政府法制信息的采编和报送工作，通过规范发文、专题培训和考核通报等措施，大幅提高全区法制信息的报送数量和采编质量。全年报送法制信息1470篇，被省法制信息网采用13篇，占全市各区县采用总量40.63%；被国务院法制信息网采用11篇，占全市各区县采用总量68.75%。

【完成规范性文件修改和专项清理工作】 2011年，区法制办公室完成2010年规范性文件清理后的文件修改任务，修改、重新制定规范性文件3件，改经区委发文的形式出台1件，其余13件经审查后废止。新出台的规范性文件按规定及时向市政府和区人大报备、并在区政府门户网站上向社会公开，规范性文件报备率、及时率、规范率达100%。依据《中华人民共和国行政强制法》开展创新政策与提供政府采购优惠挂钩以及征地拆迁有关规范性文件清理工作。

【推进全区城市房屋征收与补偿工作】 2011年，区法制办公室立足工作职能，服务全区中心工作，推进重点项目建设。全年收到强制拆迁听证申请2件，召开行政强制拆迁听证会2场；审查8件申请法院强制执行的房屋拆迁案件及大光路环境综合整治工程项目房屋征收补偿方案、征收决定和公告。学习、贯彻落实国务院《国有土地上房屋征收与补偿条例》，依法开展地铁三号线建设等重大项目的房屋征收与补偿工作。加强法制办公室与拆迁实施部门的沟通协调，强化业务指导，依法启动申请司法强制搬迁工作。

【开展法律知识培训】 2011年，区法制办公室以区委中心组学习和区政府常务会学习等形式落实领导干部学法制度，举办《国有土地上房屋征收与补偿条例》专题讲座。组织全区行政执法人员参加省政府法制办《中华人民共和国行政强制法》知识竞赛。全年组织区行政执法人员参加省法制办组织的法制讲坛4期、参加市法制办行政处罚案件档案管理培训班2期、举办《中华人民共和国行政强制法》培训2期。（刘季平）

机构编制工作

【概况】 2011年，白下区机构编制委员会办公室（简称区编办）围绕全区改革发展稳定大局，探索新形势下机构编制管理有效方式，完成全年各项工作任务。

注重建章立制，强化机构编制规范管理。印发《南京市白下区机关事业单位机构编制管理暂行办法》，对机构设立、撤销、人员编制管理及领导职数作了明确规定，机构编制管理做到有据可循；恢复建立机构编制委员会定期审议机构编制事项的工作制度，拟定《区机构编制委员会议事规则》，规范机构编制工作决策程序；建立机构编制协调配合工作机制，强化机构编制管理、组织人事管理与财政预算管理相结合协调配合机制，建立起既在职能上相互协调，又在工作机制上相互约束的编制、人员、经费三位一体的刚性控制机制。

适应区域发展要求，做好机构编制调整设置。根据区经济社会发展的需要，本着服务创新型城区建设宗旨，拟定区委社会建设工作委员会、区金融发展办公室、区督察工作办公室、区人才工作办公室等4家机构的设置方案。完成食品药品监管职能划转和机构编制调整的相关工作，明确餐饮服务环节食品安全监管由区卫生局划转到区药监局，组建区餐饮服务食品安全监督所，明确职责、人员编制、领导职数。对职责编制划转后的卫生监督所有关事项一并进行明确。

注重调查研究，探索体制机制改革新思路。强化调查研究，探索具有白下特色的体制机制创新办法。深入街道、部门开展简政放权、扩权强街的调研，了解其对机构编制工作的需求。参与区"进一步发挥街道主体作用"的改革工作。组织专人赴上海杨浦区编办、广州市编办等先行单位学习经验做法，为白下区街道机构设置提出合理化建议。全年提出21个部门的机构编制调整方案，经区编委会研究，调整部门内设机构14个，增核科级领导职数7名。

【巩固深化政府机构改革成果】 2011年，区编办对照"政府机构改革方案总体执行情况"8个方面的标准，通过下发通知、发放调查表、上门征求意见等方式，全面梳理和总结2010年政府机构改革工作，完成省市编制部门对区政府机构改革方案落实情况和部门执行"三定"（定内设机构、定职能、定人员编制和领导职数）规定情况的检查评估。针对梳理出的部门间分工协作不够协调、机构编制反弹的压力依然存在等方面的问题，加强督促检查，确保机构改革各项任务落到实处、取得实效。在此基础上，梳理和分析全区27家党群、政法部门及街道的名称、职能、编制、内设机构、实有人员等调整变化情况。

【推进基层医疗体制改革】 2011年，区编办在实地走访、广泛征求意见的基础上，严守编制标准，与区发改局、卫生局、财政局等部门商讨，按照"总量控制、余缺调剂、动态管理"的要求，根据各中心功能定位、职责任务、服务人口、服务范围等因素提出该区基层医疗卫生机构设置和人员编制核定方案，按照每万名常住人口配备11名基层医疗卫生机构人员的配备标准，核定9个社区卫生服务中心事业编制662名，比改革前减少62名编制，并空留20%机动编制为社区事业发展调节资源配置和引进专门人才提供空间。

【开展政务和公益域名注册普及工作】 9月，区编办在区相关部门开展"政务"和"公益"中文域名注册申报工作。区编办率先完成本单位域名注册工作，作出示范。严格把好注册单位机构名称审核关，核对有关信息，确保注册单位名称真实性和规范性，适时对该项工作的落实情况开展督促检查，按时完成域名注册管理工作任务。全年20家行政事业单位通过中文域名注册审批。

【完成机构编制实名制信息采集工作】 10月，白下启动机构编制实名制信息采集工作。在各主管部门把关的基础上，注意采集信息的严肃性、规范性、详实性，经过反复数据初审，注重与编制台账、编制文件、组织人力资源和社会保障部门台账相对照，提高信息采集的质量和水平，确保机构人员信息的准确性。截至年底，完成57个区机关部门及150家事业单位的机构编制实名制信息采集工作，摸清全区机关、事业单位实有人员底数及编制、领导职数的使用情况。在此基础上，调整机构编制台账，制作《区机关领导职数使用情况统计表》，为实行机构编制动态管理提供基础数据，为全面实施机构编制实名制管理奠定基础。

【开展事业单位登记年检工作】 2011年，区编办根据《事业单位登记管理暂行条例》《事业单位登记管理暂行条例实施细则》等规定，加强督促，通过电话、发催办单等形式加强调度，确保各事业单位在规定的时间内完成年检任务；按照“受理—审核—核准”3个程序对事业单位提交的年检材料把关，确保年检工作的质量。全年全区应年检事业单位143家，年检合格135家，延办年检5家，年检合格率94%，完成2010年事业单位年检工作。做好事业单位登记档案管理工作。及时整理归档2010年度160余份的登记、年检材料，不断规范事业单位档案管理工作。（王　瑜）

重大项目管理

【概况】 2011年，白下区把加快重大项目建设作为区域经济可持续发展的大事来抓，全力以赴抓好项目推进工作。按照早谋划、早启动、早开工、早收益的要求，区政府主要领导就带领区发改局、区住建局等相关部门着手编制全年区重大项目库。结合区发展实际，在深入调研、广泛征求意见、充分论证的基础上，经过区政府常务会、区委常委会讨论确立全区经济类重大项目67个，其中必成项目40个、力争项目7个、储备项目20个。其中中诚国际广场、金鹰三期和苏宁电器大厦项目被列为市级重大项目，市级重大项目数量居城区前列。7月，区发改局梳理全区的成熟投资项目，补充重大项目库，经区委、区政府研究，调整全区经济类重大项目为73个，其中：必成类项目40个，力争类项目12个，储备类项目21个。重大经济项目总投资额达到633.3亿元，其中当年计划投资额为93.9亿元。完成全区政府投资小型工程项目核准175项，总投资达2.05亿元。

【合理布局重大项目】 2011年，白下区依据项目建设“滚动式推进，不断补充更新项目库”的原则，以新街口现代服务业集聚区、中航科技城片区和紫金（白下）科技创业特别社区三大片区作为重大项目推进建设空间载体，根据不同的业态特点，确立不同的项目内容。新街口现代服务业集聚，突出提升传统商贸业，提速现代服务业；中航科技城突出发展研发设计业，增强科技创新能力，加快推进科技创新型产业项目；紫金（白下）科技创业特别社区突出科技服务和研发设计业，为高新技术产业发展提供具备综合服务功能的空间载体。

【完善重大项目推进机制】 2011年，白下区按照市委、市政府《关于加快推进重大项目工作的暂行办法》和《南京市重点项目推进工作考核表彰奖励办法》的总体要求，完善区重点项目推进工作工作机制，强化工作落实。在充分调研论证和兼收并蓄过去经验的基础上，先后制订完善《加快推进全区重大项目工作的暂行办法》《关于调整白下区重大项目推进建设领导小组的通知》《2011年全区重大项目推进管理工作机制》《2011年白下区重大经济项目推进工作考核表彰奖励办法》；强化区政府副区长挂包领办制度，与市相关部门沟通协调在重大项目中遇到的重点难点问题。明确项目推进责任单位、配合单位、责任人，逐月分解量化年度时序进度目标。通过制度和机制的完善，进一步明确和细化项目推进工作责任，强化项目推进节点要求，形成项目推进工作合力，提升全区重大项目推进工作。

【重大项目分类管理】 2011年，白下区充分发挥挂包领导在重点项目推进和破解瓶颈制约方面的作用，及时收集整理重点项目推进建设过程中存在的难点问题，以抓好新开工项目推进为着力点，对全区重大项目实施分类推进管理，不间断邀请市建委、规划、国土、房产等职能部门到区现场办公，帮助解决项目建设中遇到的重点难点问题。区发改局多次牵头组织召开专题协调会，协调解决项目推进建设过程中遇到的矛盾。至年底，全区29个年度新开工重大项目，开工21个；杨公井地块现建设中诚国际广场、金鹰三期、苏宁东地块现建设苏宁电器大楼3个市级重大项目达到年度时序进度要求。

【固定资产投资管理】 2011年，市政府给白下区下达的年度固定资产投资目标任务85亿元，区奋斗目标是90亿元。面对宏观经济形势给重点项目推进建设造成速度缓慢、固定资产投资新的增长点不多等不利因素，白下区采取有效措施，审视形势特点，强化职责落实，综合协调服务，强力破解难题，确保固定资产投资目标任务的完成。规范统计工作，上门服务全区固定资产投资归报单位，宣传统计工作政策法规和规定要求，组织街道统计助理业务培训，充分调动街道统计助理的工作积极性，进一步完善压力传导机制，形成齐抓共管良好态势；与区统计局一起，梳理全区正在归报项目，做好“拾漏补遗”工作，及时做好跟踪服务和补充统计工作，对政府投资的小型工程项目，做好打包统计上报工作；与统计局密切配合，走访调研既将开工的重点项目主体，了解项目具体开工时间，明确固投归报具体人员、报送时限和联系方法，并做好跟踪督促工作。全年完成固定资产投资91亿。

【召开区第三届经济顾问座谈会】 3月8日，区发改局牵头组织汇鸿分部大厦开工仪式暨白下区第三届经济顾问座谈会。区政府主要领导介绍该区经济和社会发展情况，对接洽谈白下区的资源项目，签订政企长期合作及双赢发展战略协议。省外贸进出口商会会长等19位经济顾问参加座谈，为推介白下区的资源项目，加快重点项目推进建设营造氛围，搭建平台。 （汤峰云）

体制改革工作

【概况】 2011年，白下区贯彻市第十三次党代会提出的全面实施综合改革工程的决策部署，落实市委进一步简政放权各项政策，在全区范围内开展综合改革调研论证和方案制订工作，在规定时间内财权事权匹配、税收属地等8项建议上报。增强科学发展的活力和动力，全区促进经济和社会事业又好又快发展。

【发挥街道主体作用】 12月13日，中共白下区委印发《关于进一步发挥街道主体作用的意见》，增强街道经济活力，建立区域党工委，整合各类资源，在党的建设、文化建设、城市管理、社会服务等领域实现"一体化"运作，为群众提供"一站式"服务，提高办事服务水平，使街道成为打造民生幸福的主阵地。针对社会发展新形势和存在的新问题，创新社会管理新机制，实现矛盾纠纷联调、社会治安联防、突出问题联治、重点工作联动、基层平安联创、社会管理联抓综合管理的目标，使街道成为促进和谐稳定的主力军。

【企业改制稳步推进】 2011年，根据区委、区政府关于企业改制工作谁主管谁负责的要求，原区企事业单位改制领导小组办公室(以下简称区改制办)，与区国有资产监督管理办公室、人力资源和社会保障局、工会等部门有关人员，在确保国有资产不流失、确保职工合法权益的前提下，依据有关文件精神拟定区商贸企业的改制实施意见。完成三星公司改制工作。参与商务系统中乔公司的改制工作并完成财务审计。参与城管系统养护单位的改制工作。截至年底，养护单位的财务审计、清产核资工作正在进行。

【处理改制遗留问题】 原南京永强建筑工程总队部分退休职工，自1998年从部队移交至地方以来，特别是南京市事业单位实施绩效工资文件颁布后，其部份退休人员不断到各级政府和军区联勤部上访，围堵市区政府和部队机关大门，强烈要求恢复事业单位身份，享受相关待遇。2011年，原区改制办与区信访局多次联合接待，依法答复，工作中抓住退休职工上访诉求症结，领会当时的文件精神，认真做好职工的思想稳定工作，在省、市、区重大会议中无集体上访事件发生。 （李乃荣）

政协白下区委员会

【概况】 2011年，政协白下区委员会贯彻落实科学发展观，把握团结和民主两大主题，坚持"崇实、务本、创新、服务"工作原则，围绕区委、区政府工作目标，促进"两个率先、三个发展"(率先全面建成小康社会、率先基本实现现代化，转型发展、创新发展、跨越发展)的工作主线，积极开展视察调研活动，推动区域经济建设；重视社情民意信息工作，及时反映群众呼声；以提案工作为重点，狠抓"五位一体"(民主党派和无党派、界别、专门委员会、委员队伍、政协机关)自身建设，进一步提高履职实效，为白下区经济社会全面发展发挥作用。

【政协第十届第四次会议】 1月5日—8日，政协白下区委员会召开第十届第四次会议。会议听取并审议区政协常务委员会工作报告和提案工作报告；列席区第十六届人大第四次会议，听取并讨论政府工作报告和其他有关报告；召开以"打造'五大中心'，建设'品质白下'，推动白下区经济社会又快又好发展"为主要内容的经济、社会发展两个专题座谈会；举行大会选举。选举闵会林为区政协第十届委员会秘书长，刘为民、李敏、李加光、陈锡波、郁险峰、梁勇勇为区政协第十届委员会常务委员；审议通过区政协第十届四次会议决议。中共白下区委书记陆平贵出席开幕式并讲话。

【政协第十届第十九次至第二十三次常委会议】 2月18日，区政协召开第十届第十九次常委会议，审议确定区政协2011年度常委会议和主席会议议题、2011年度调研课题、各专委会2011年度工作计划、各街道政协工委2011年度工作计划。听取提案委关于第十届第四次会议以来提案收集、立案情况的汇报，审议确定区政协2011年15件重点提案。

5月24日，区政协召开第十届第二十次常委(扩大)会议，会议听取区投资促进局关于白下区招商引资工作情况的通报和区文化局关于白下区"十二五"期间文化产业发展规划编制情况的通报，并进行协商讨论。

7月29日，区政协召开第十届第二十一次常委会议，会议分别听取区政府关于上半年国民经济和社会发展计划执行情况及下半年工作意见的通报，区文明委关于上半年全区文明和谐城区(文化)建设工作情况及下半年工作意见的通报，并进行协商讨论。会议还协商决定有关委员调整事宜。接受张坚、葛伟龙、饶志宇辞去区政协委员职务，同意增补张立新、姚广生、方璟、徐德平为区政协委员。

9月26日，区政协召开第十届第二十二次常委会议，会议听取区政府办公室关于提案办理工作情况的汇报，会议认为2011年的提案办理工作在政府的高度重视下，启动早，落实快，各位分管区长重点督办1—2件提案，各承办单位主要领导亲自上门或召开见面会和委员沟通，多措并举的落实办理要求，使提案办理的满意、基本满意率100%。会议还视察高新园区的科技型企业和在建载体项目，听取关于园区招商和项目建设情况的通报。

11月24日，区政协召开第十届第二十三次常委会议，会议听取区发改局关于2011年全区重大项目推进和民生目标及政策实施情况的通报，并进行协商讨论。会议协商决定有关人事安排。

【区政协举办全体委员培训班】 4月6日，区政协举办全体委员培训班，邀请江苏省政协理论研究会副秘书长丁泽生做“如何提高委员履职水平”专题讲座、邀请南京市民宗局副局长纪勤作“关于民族宗教工作形势”报告会，并组织委员交流发言履职体会和参观学习。

【区政协召开区第十届政协委员全体会议】 12月26日，区政协召开区第十届政协全体委员会议，总结区政协全年工作，表彰第十届优秀政协委员和2010—2011年优秀提案。区政协主席陈斌代表区政协第十届委员会常务委员会作2011年区政协工作情况的报告。5位委员进行大会发言，交流4年来的履职体会。区委书记陈勇、区长曹永林应邀出席会议。

【委员提案办理】 2011年，区政协第十届第四次会议以来，共收到提案143件(无会后办件)，经审查，立案143件。其中党派团体提案15件，委员联名提案40件，委员个人提案88件。按类别分为：城建城管类43件，占总数30%；社会事业类54件，占总数38%；综合经济类24件，占总数17%；其他方面(城市交通管理等)22件，占总数15%。与第十届第三次会议相比，提案数量有所下降，但质量有很大的提高。其中解决采纳的提案112件，占承办总数78%；逐步解决提案15件，占承办总数10%；作出解释的提案16件，占承办总数12%。所有提案均按要求办理完毕，满意率和基本满意率100%。 (樊 涛)

区纪律检查委员会

【概况】 2011年，白下区纪检监察工作贯彻落实区第十次党代会精神，围绕实现白下反腐倡廉建设走在全市前列、争创一流的总体目标，积极履行监督检查职能，加强对转变经济发展方式、创新型城区建设、保障和改善民生等政策措施落实的监督检查，维护政令畅通；强化勤廉教育，不断加强党员干部特别是领导干部勤廉建设，筑牢思想道德防线；深化源头防腐，全面落实党风廉政责任制，完善具有白下特色惩防体系基本框架；坚持以民为先，扎实开展纠风专项治理，健全维护群众利益工作长效机制。全年反腐倡廉各项目标任务落实到位，为促进白下科学发展、改革创新、和谐稳定提供政治保证。是年，区纪委、区监察局被省委、省政府授予全省纪检监察先进集体称号。

【服务保障创新驱动履行监督检查职能】 2011年，区纪委、区监察局制订出台《全区纪检监察组织服务创新驱动的实施意见》，以“维护政令畅通，提升执行能力，推动科学发展”为重点，提出5个方面16项服务保障措施。开展专项督察，紧扣建设创新型城区发展纲要和四个行动计划，对高新园区及7个街道开展创新型城区建设专项督察，现场督办全区40个重点项目，开展“百企走访”协调解决问题14个，重点督办“12345”政府服务呼叫中心热线办理中62件超期工单及800件不满意“回头办”工单，并对敷衍塞责、不作为的2名干部实施问责。区“12345”办理工单综合得分108.6分，在全市13个区县中排名第一。加强对文明城市创建工作的督察，发出书面督办整改菜单86份，编发《督察通报》7期，督促责任单位整改问题200余次。强化重点领域监督检查，对石杨路拓宽改造、内秦淮河综合整治、朝西街雨污分流等工程开展廉政监察；对全区房产租赁税代征缴纳及手续费管理使用、城市房屋拆迁项目、区属商贸企业改制、食品卫生安全、保障性安居工程项目建设等开展专项监督检查，提出监察建议26条，为政府节约资金1000余万元。深化工程建设领域专项治理，在全区推行政府投资建设工程“暂定价”材料和器具选购方式改革，组织开展交通、水利工程建设项目专项执法检查；出台《关于推进政府投资小型建设工程发包方式改革实施意见》和相关实施细则，全区小型建设工程全部通过电子发包系统实施承发包。

【开展勤政廉政教育】 2011年，区纪委、区监察局开展“弘扬党的传统，建设廉洁白下”主题廉政党课评比竞赛活动，组织观看廉政话剧、《老石话廉》电教片等200多场2500余人次；编印《党风廉政建设制度汇编》，编发《廉文荐读》12期1200余册；在《中国纪检监察报》《南京日报反腐倡廉专版》等主流媒体及纪检监察网站发表信息宣传文章500余篇。扎实推进廉政文化示范点建设，区法院、区国税局创建成为市级廉政文化示范点，区检察院创建成为省级廉政文化示范点。组织“建党90周年反腐倡廉知识竞赛”、“廉政公益广告创意征集活动”，放大“社区廉洁教育学堂”、“暑假廉洁作业”、“廉政大舞台”等廉政文化特色品牌效应。落实廉洁自律规定。认真执行《白下区上交礼金礼品登记与管理办法》，全年收到各级干部主动上缴礼金礼券、有价证券折合人民币54.54万余元；坚持落实领导干部专题民主生活会、重大事项报告、经济责任审计和廉政谈话等制度，全年领导干部述职述廉和重大事项报告400多人次，开展勤政廉政集体谈话50多人。加强领导干部监督。把组织监督和群众监督紧密结合，实施信访分类处理机制，及时捕捉苗头性、倾向性问题，提出信访建议16项，对区管干部实施信访监督7人次，发出信访监督函6件次；健全完善395名领导干部电子廉政档案系统，新聘36名党风联络员、特邀监察员，组织参与全区反腐倡廉目标分工落实和重大项目推进的督察，发挥民主监督作用。

【落实党风廉政责任制工作】 2011年，区纪委、区监察局制订出台《白下区2011年惩防腐败体系建设和反腐倡廉工作目标及责任分工》，将落实党风廉政责任制与推进惩防体系建设纳入各单位领导班子成员职责范围；组织召开反腐倡廉建设工作推进会，加强指导和督促检查。11月，区委主要领导亲自带队，对7个街道党工委落实党风廉政建设责任制情况开展重点检查考核。不断深化社区党风廉政建设。在58个社区全面推行党务、居务和财务“三公开”，共公开各种事项800余件，收集群众意见200多条，解决实际问题150余件。深入推进党务公开工作。坚持将党务公开纳入全区党风廉政建设中，印发《关于在全区机关党组织中实行党务公开的实施意见》，推进党务公开工作向区级机关延伸，初步形成区委统一领导，纪检、组织部门通力协作，各级党组织各负其责，广大党员积极参与的工作新格局，党务公开工作继续走在全市前列。

【开展专项治理工作】 2011年，区纪委、区监察局对国有及国有控股企业和社会团体开展"小金库"专项治理检查；创新药房托管改革新模式，出台《白下区区属医疗机构医用耗材集中托管工作的实施意见》，在全市药房托管工作会议上作专题介绍；严格公车使用政策规定和后续管理，完成党政机关公务用车问题专项治理。提升机关行政效能。以行政监察电子监控系统升级为契机，扎实推进行政权力阳光运行法制化、规范化、制度化建设；开展"效能建设年"活动，在全区设立8个行政效能监测点，聘请特邀联络员对机关部门及工作人员履行职责、廉洁从政、依法行政、办事效率等情况开展效能监督。做好群众投诉办理。完成34件行政效能投诉件的接待、取证、协调、回复，办结率100%。重点对群众反映强烈的护城河护栏维护、象房南村破损道路修复、堂子街二手车市场整顿等进行督查督办，对行政乱作为导致石门坎165号大面积违建形成的5名责任人实施问责处理。（施　忠　李晓英）

【探索实践派驻统一管理试点工作】 2011年，区纪委、监察局在全市城区启动纪检监察派驻机构统一管理试点，探索实现纪检监察工作管理体制的新突破。按照"整合力量、归口设置、分块派驻、统一管理"的原则，对全区纪检监察机构实施整合，成立3个纪检监察派驻工作室，分工联系7个街道、7个系统和38个机关部门，实现了纪检监察工作全区覆盖。研究出台"1+3"文件，即1个《派驻机构统一管理方案》和《工作室实施监督办法》《内部联系分工办法》《内部工作流程》等3个配套性文件，规范工作室运行机制，明确监督重点，建立起具有白下特色的监督体系。是年，纪检监察工作室在科级干部任用、教师招录、工程项目招投标、机关效能建设、政府信息公开等方面发挥出重要监督作用，受理或协助办理信访件119件，参加联系单位重要会议190次，开展重大事项监督92次，督促问题整改52条；走访基层181次，协调解决群众诉求43件。

（邢光敬　张明善　李　晖）

【创新大督察工作运行机制】 11月，白下区创新大督察工作运行机制，成立区督察工作办公室，建立集效能督察、民生督察、项目督察三位一体的"大督察"新机制。出台《关于加强全区督察工作的意见》《白下区党员和国家工作人员问责实施办法》《关于成立白下区督察工作领导小组的通知》《关于明确督察工作网络成员职责的通知》《白下区督察工作考核办法（试行）》等"2（综合性文件）+5（配套性文件）"督察工作制度体系，并汇编成册，实现督察工作运行高效规范。按照"全覆盖、全流程"的督察要求，实行月报、季报和专报制度，对各责任单位（人）的执行落实情况进行全程督察管理，全面提升全区各级行政执行力。制订《白下区首接首办责任制暂行办法》，把"问责问效"作为治理效能低下有力措施。对机关干部实行全员绩效考核，对重点项目、主要经济指标实行考核奖惩，将考核结果作为公务员年度考评、干部选拔任用及有关奖惩的重要依据，以考核促落实，强力推进区委、区政府各项目标任务的落实。（李艳宁）

【深化基层社区党风廉政建设】 2011年，白下区创新基层党风廉政建设方式和手段，区纪委、监察局率先开展城市社区勤廉指数测评工作，并在洪武路街道马府街社区进行试点，取得明显成效。白下区城市社区"勤廉指数测评"试点工作以现阶段城市社区各项工作目标为基础，以社区居民群众为测评主体，在测评指标设置上凸显勤政、廉政内容，重点考核社区领导班子服务群众能力和水平以及社区廉政建设情况，实现对社区领导班子勤政与廉政的双重监督；在测评组织运作上坚持阳光操作，公正公开，力求简便易行，便于群众真实直接地表达自己的想法，保障测评结果的真实性；在测评结果运用上，强化社区民主监督的刚性，将测评结果作为社区领导班子考核的重要依据，实施社区"勤廉绩效"评估，有效推动社区工作开展，深化基层民主建设。（吴　军）

【全面启动廉政风险防控管理】 2011年，区纪委、监察局积极推进岗位廉政风险防控机制建设工作，在五老村街道、区环保局、财政局、住建系统和卫生系统开展岗位风险防控管理试点基础上，率先在全市全面推进。召开全区岗位廉政风险防控动员大会，制订出台《关于在全区开展廉政风险防控工作的实施意见》，设计并下发个人、部门、单位的《廉政风险自查表》及《岗位廉政风险和等级目录》等表格，要求全区各部门、街道、单位按照"岗位定措施、部门定流程、单位定制度"的要求，结合自身实际，制定本单位贯彻《关于在全区开展廉政风险防控工作的实施意见》，梳理权力运行过程中的风险点，做好风险的评估分析，制定风险防范措施，建立廉政风险预警机制，把预防腐败责任落实到具体的岗位和个人，进一步深化对权力运行监督，有效预防违纪违法行为发生。白下廉政风险防控管理工作得到市委常委、市纪委书记龙翔的肯定。（邢光敬　张明善　李　晖）

【开展民主评议政风行风活动】 2011年，区纪委、监察局首次组织7个街道召开民主评议政风行风大会，对区住建局、公安分局、工商分局等10家具有行政执法职能部门的35个基层站所和政务服务窗口开展政风行风民主评议。召开街道和相关部门工作部署会议，制订《2011年白下区部分具有行政执法职能部门现场评议大会指导方案》《民主评议基层站所（服务窗口）政风行风问卷》等，明确工作要求，做好安排部署。现场评议大会在各街道举行，评议代表主要由人大代表、居民和企业代表、区政风行风监督员、居委会委员、街道干部等人员组成。整个评议活动组织严密，进展顺利，成效明显，各基层站所平均满意率达97%。认真做

好行风投诉件督促办理，全年办结群众投诉件43件。（欧阳健）

【继续保持查办案件高压态势】 2011年，区纪委、区监察局强化惩处力度，严厉查处违纪违法案件。重视信访举报投诉。全年受理群众信访举报178件次，其中实名举报97件次。加大实名举报办理力度，首次对实名举报人实施奖励。严格依纪依法办案，初核各类违纪违法案件线索20余件，立案查处白下区副食品公司原经理杨廷军、副书记黄历敏，白下医院原院长黄东源，白下房产经营公司会计陈洁等贪污、受贿等各种违纪违法案件18件18人，其中处级干部3人，移送司法处理4人，因工作失职渎职被追究责任7人；违纪金额在10万元以上4件，为国家和集体挽回经济损失200余万元。发挥办案治本功能，组织街道、机关部分干部参加案件庭审，"零距离"开展警示教育；认真剖析查办的典型违纪违法案例，编发案件通报，发挥出"查处一案，教育一片"的综合效应。（张晖 张杰）

【完成第十次党代会区纪委领导班子换届工作】 7月23日，中共白下区委召开区第十次党代表大会。区委常委、区纪委书记杨春燕代表区纪委向大会作工作报告，回顾总结近七年来全区党风廉政建设和反腐败工作，明确今后五年区党风廉政建设和反腐败工作重点，即以邓小平理论和"三个代表"重要思想为指导，坚持用科学发展观统揽全局，认真贯彻中央及省市关于党风廉政建设和反腐败工作部署要求，围绕加快科学发展大局，建立健全"监督检查创新、作风纪律严明、制度体系支撑、服务能力提升"四项保障机制，全力推动反腐倡廉建设与实施创新驱动，建设创新型城区，走在全市"三个争第一"前列的深度融合，全力保障区十次党代会确定的目标任务顺利完成，为白下又好又快推进现代化建设提供坚强保证。召开区纪委十届一次会议，选举产生新一届区纪委委员会和常委会。区纪委常委会由杨春燕、井晓方、刘为民、邢光敬、张明善、李晖、施忠等七人组成。（施忠）

机构设置及领导人名录

中国共产党白下区委员会

书　记　陆平贵(6月6日免)
　　　　陈　勇(6月6日任)
副书记　曹永林
　　　　徐中潞(6月21日免)
　　　　苏宇红(6月21日任,12月22日免)
常　委　陆平贵(6月6日免)
　　　　陈　勇(6月6日任)
　　　　曹永林　徐中潞(6月21日免)
　　　　苏宇红(6月21日任,12月22日免)
　　　　张立新(6月21日免)
　　　　孙小忠(5月27日任)
　　　　刘　凡(5月10日任)
　　　　杨春燕(5月10日任)
　　　　王有海(5月10日免)　汪祥明
　　　　曹长玺(6月21日免)
　　　　金　辉(6月21日免)
　　　　薛凤冠　车明军(6月21日任)
　　　　方　丹(5月10日任)
　　　　姜　宸(6月21日任)
正区级干部　单正薇
副巡视员　伏建章

区委办公室

主　任　宗宁虎
副主任　缪　挺(10月28日任)
　　　　邵金秀(12月21日任)
　　　　郁　忠(2月23日免)　张　毅
　　　　谢景荣　殷晓巍(4月26日任)
政策研究室主任　伏健章(12月21日免)
　　　　　　　　邵金秀(12月21日任)

信访局

局　长　吕正祥
副局长　孙智胜(12月21日免)
　　　　李培清　符建国(10月28日任)
　　　　姚　辉(10月28日任)

组织部

部　长　刘　凡(5月10日任)
副部长　史锦平(8月29日免)
　　　　陈　芳(8月29日任)
　　　　李克平(兼)

直属工作委员会

书　记　陈　芳(兼)
副书记　郁险峰

党代会常任制办公室

副主任　郭智林(10月28日免)

党史工作办公室

副主任　郭智林(10月28日免兼职)

人才工作办公室

主　任　王洛锋(10月28日任)

老干部局

局　长　李克平
副局长　栾永芬　李雪芳

宣传部

部　长　汪祥明
常务副部长　于　静(10月28日任)
副部长　杨晓健(12月21日免)　蔡　嘉

精神文明建设指导委员会办公室

主　任　杨晓健(12月21日免兼职)
　　　　于　静(12月21日兼任)
副主任　戴寒芳(10月28日任)

统一战线工作部

部　长　靖传华
副部长　赵志杰(12月21日免)
　　　　杨晓健(12月21日任)
　　　　黄永青　葛声祥

台湾工作办公室

主　任　黄永青(兼)

政法委员会

书　记　金　辉(6月29日免)
　　　　车明军(6月29日任)
副书记　崔宗泽　黄劲松

社会治安综合治理委员会办公室

主　任　黄劲松(兼)
副主任　张恒荣　吴敦鹏

610办公室

主　任　冯新民
副主任　车卫东

机构编制委员会办公室

主　任　汪晓琼

区级机关工作委员会

书　记　吴舟放
副书记　徐　红

党校

校　长　伏健章（12月21日任）
常务副校长　张明俊
副校长　李向杰　孙何华

中国共产党白下区纪律检查委员会

书　记　徐中潞（5月10日免）
　　　　杨春燕（5月10日任）
副书记　井晓方　刘为民
常　委　张明善　李　晖（7月25日任）
　　　　邢光敬（7月25日任）
　　　　施　忠（7月25日任）

第一纪检监察工作室

主　任　邢光敬
副主任　梁　军

第二纪检监察工作室

主　任　张明俊

第三纪检监察工作室

主　任　李　晖
副主任　王文炳

纪委办公室

主　任　施　忠（3月4日任）

宣传教育室

主　任　徐有勤（12月21日免）
　　　　何广阔（12月21日任）

信访室

主　任　张　杰

案件审理室

主　任　陈肖俊

执法监察室

主　任　徐立亚

纪检监察室

主　任　张　晖

党风廉政建设室

主　任　施　忠（3月4日免）
　　　　吴　军（4月26日任）

督察工作办公室

主　任　缪　挺（10月28日任）

白下区人民代表大会常务委员会

主　任　陆平贵（7月8日辞）
副主任　王洪星（8月30日明确为正区级）
　　　　谢德云　徐　靖
　　　　潘春雷（不驻会）
十六届人大常委会委员（按姓氏笔画为序）
　　　　王国盛　吴海洁　汪晓虹
　　　　张　燕　张卫宝　张景春
　　　　张登明　陈　芳　陈　燕
　　　　陈光标　陈新生　邵荣增
　　　　周　蓉　郑建宁　黄　进
　　　　黄　玲　彭媛媛　鲁世宗
　　　　臧　勤　黎　瑛　颜迪明
　　　　薛彦龙（12月28日辞）

人大常委会党组

书　记　陆平贵（7月7日免）
　　　　陈　勇（7月7日任）
副书记　王洪星　徐中潞（7月7日任）
成　员　谢德云　徐　靖　张　燕

人大常委会办公室

主　任　张　燕
副主任　高　焰

内务司法工作委员会

主　任　黄　进（12月28日免）
　　　　孙智胜（12月28日任）

财政经济工作委员会

主　任　鲁世宗（12月28日免）
　　　　黄　进（12月28日任）
副主任　徐　芳

环境资源城乡建设工作委员会

主　任　王国盛

教科文卫工作委员会

主　任　臧　勤

人事代表联络工作委员会

主　任　张登明
副主任　张厚南（12月28日任）

民族宗教侨台事务工作委员会

主　任　邵荣增

专职委员

薛彦龙（12月28日免）

白下区人民政府

区　长　曹永林（1月8日任）
副区长　张立新（7月8日免）
　　　　孙小忠（7月8日任）
　　　　曹长玺（7月8日免）
　　　　薛凤冠　焦　勇
　　　　车明军（7月8日免）
　　　　张　雷　刁海捷
　　　　朱建国　夏东宁（9月27日任）
副巡视员　何　伟

政府党组

书　记　曹永林
副书记　张立新（7月7日免）
　　　　孙小忠（7月7日任）
成　员　曹长玺（7月7日免）
　　　　薛凤冠　焦　勇
　　　　车明军（7月7日免）　张　雷
　　　　朱建国　裴清海　张　屹

政府办公室

主　任　张　屹（11月17日免）
副主任　孙　丽（兼）　顾国斌（兼）
　　　　吕正祥（兼）　周晓菁
　　　　王洛锋（10月28日免）
　　　　严　伟　聂其旺

外事办公室

主　任　张　屹(10月28日免兼职)

发展和改革局

局　长　裴清海

副局长　严　敬(兼)

　　　　梅惠敏(10月28日任)

　　　　邵金秀(12月21日免)

　　　　冯　泉(10月28日免)　佴永杰

　　　　葛　敏(10月28日任)

经济和信息化办公室

主　任　严　敬

副主任　严小娟

金融发展办公室

主　任　叶增生(10月28日任)

住房和建设局

局　长　徐仁彪

副局长　李金虎(10月28日兼任)

　　　　祁　红(兼)　雷经利

　　　　李　江　葛　敏(10月28日免)

　　　　苏少东

工委书记　邹建东(10月28日免)

　　　　　李金虎(10月28日任)

副书记　徐仁彪(兼)　潘建东

科学技术局

局　长　孙钢钦

副局长　任君伟(12月21日免)

　　　　樊京京(10月28日任)

　　　　肖常青　曾　涛

　　　　蒋元广　胡　颖

知识产权局

局　长　孙钢钦(兼)

教育局

局　长　庞中银

副局长　陈亚林(10月28日免兼职)

　　　　张　屹(10月28日兼任)

　　　　谢钰健　单程道

　　　　田家英(4月26日任)

工委书记:陈亚林(10月28日免)

　　　　　张　屹(10月28日任)

副书记:庞中银(兼)

　　　　朱一峰(10月28日免)

　　　　单程道(10月28日兼任)

监察局

局　长　刘为民(兼)

副局长　李艳宁

民政局

局　长　陈子琴(12月28日免)

　　　　翟英俊(12月28日任)

副局长　田大报(10月28日免兼职)

　　　　刘书迎　王　宁　曹金海

工委书记　田大报(10月28日免)

　　　　　陈亚林(10月28日任)

副书记　陈子琴(12月21日免兼职)

　　　　翟英俊(12月21日兼任)

　　　　郭智林(10月28日任)

社会建设工委

书　记　陈亚林(10月28日兼任)

司法局

局　长　王明华(11月17日免)

　　　　张亦民(11月17日任)

副局长　孙文虎（12月21日免)

　　　　郁　晖　汪宸枫

财政局

局　长　叶增生(11月17日免)

　　　　宗宁虎(11月17日任)

副局长　顾　洁(兼)　沈　颖

　　　　李　慷　黄　山

　　　　徐建红　江　涛(10月28日任)

国有资产监督管理办公室

主　任　沈　颖(兼)

副主任　黄　山(兼)

调研员　李清松(12月21日免兼职)

　　　　石　凯(兼)　刘建民(兼)

副调研员　刘秀刚(10月28日兼任)

人力资源和社会保障局

局　长　徐　梅

副局长　朱瑞风(12月21日免)

　　　　郭守利

公务员局

局　长　徐　梅(兼)

副局长　洪　涛

审计局

局　长　邱建陵

副局长　刘明来　刘树雨

统计局

局　长　祁寿康

副局长　梅惠敏(10月28日免)

物价局

局　长　王龙江

副局长　马京富　牛步登

安全生产监督管理局

局　长　王永强(12月28日免)

　　　　丁尚先(12月28日任)

副局长　王绪凯　张国华　丁　杰

投资促进局

局　长　于　静(11月17日免)

　　　　冯　泉(11月17日任)

副局长　杭庆生　史　话(4月26日任)

环境保护局

局　长　耿开梅

副局长　林　吉　徐天骄

城市管理局

局　长　朱建军(11月17日免)

副局长　刘　琪(兼)

　　　　王有海(10月28日任,主持行政工作)

　　　　刘怀江　夏为民　张树桐

　　　　罗　勇(10月28日任)

工委书记　刘　琪

副书记　朱建军(10月28日免兼职)

　　　　王有海(10月28日兼任)

　　　　曲　云

城市管理行政执法局

局　长　朱建军(11月17日免兼职)

副局长　刘　琪(兼)

　　　　王有海(10月28日兼任)

　　　　刘怀江(兼)

　　　　夏为民(兼)　张树桐(兼)

　　　　罗　勇(10月28日兼任)

商务局

局　长　刘俭荣(11月17日免)

井晓方（11月17日任）
副局长 樊京京（10月28日免兼职）
刘俭荣（10月28日兼任）
范爱华 杨元星 陈明强
工委书记 樊京京（10月28日免）
刘俭荣（10月28日任）
副书记 刘俭荣（11月17日免兼职）
井晓方（10月28日兼任）
金 明

旅游局

局 长 刘俭荣（11月17日免兼职）
井晓方（11月17日兼任）
副局长 刘俭荣（10月28日兼任）
范爱华（兼） 杨元星（兼）
陈明强（兼）

文化局

局 长 张振荣
副局长 朱 鸣（12月21日任）
徐 文 易忠宏

卫生局

局 长 李元淮
副局长 刘 莉（兼） 葛德华
沈 涛（10月28日任）
工委书记 刘 莉
副书记 李元淮（兼） 成建君

食品药品监督管理局

局 长 朱秀平
副局长 程燕莉（12月21日免）
吕鑫宗

人口和计划生育局

局 长 杨晓燕
副局长 庞玉梅（3月23日免）
蒋小青（12月21日任）

人民防空办公室

主 任 叶国华
副主任 陈宏生（12月21日免）
李清松（12月21日任）
吴义明

法制办公室

主 任 孙 丽

民族宗教事务局

局 长 赵志杰（12月21日免兼职）
杨晓健（12月21日兼任）
副局长 洪新元

侨务办公室

主 任 黄永青（兼）

档案局

局 长 刘广春
副局长 朱建华（12月21日免）
汪跃君（12月21日任）

档案馆

馆 长 刘广春（12月21日兼任）
朱建华（12月21日免兼职）

地方志编纂委员会办公室

主 任 刘广春（兼）

体育局

局 长 荆其中
副局长 陈 燕

南京新街口商业步行区管理办公室

主 任 张厚南（12月21日免）
薛 磊（12月21日兼任）
副主任 陈先平
刘秀刚（10月28日免）

南京白下高新技术产业园区管理委员会

主 任 夏东宁
副主任 顾 洁 朱 鸣（12月21日免）
张旭浩（12月21日免）
顾安国 祁兴文（10月28日任）
卓小牧（12月21日任）
工委书记 夏东宁（兼）
副书记 王文强

政协白下区委员会

主 席 陈 斌
副主席 朱从兵 吴建雄 靖传华
姜旭光 樊有维（不驻会）
熊 克（不驻会）
秘书长 闵会林（11月24日辞）
十届委员会常委（按姓氏笔画为序）
卫道兴 任秀珍 刘为民
刘洪辞 孙 文 杜仁平
李 敏 李加光 杨永华
肖 兰 汪晓阳 沈萌萌
张国宪 陈小夏 陈锡波
郁险峰 庞玉梅 赵志杰
恽华忠 姜亚军 倪国栋
郭 进 曹国盛 梁勇勇
韩伟忠 蔡 勇 薛 力
濮锦道

政协党组

书 记 陈 斌
副书记 张立新（7月7日任）
成 员 朱从兵 靖传华 姜旭光
闵会林（10月28日免）
吴春生（10月28日任）

办公室

主 任 闵会林（11月24日免）
吴春生（11月24日任）
副主任 马 娟

经济科技委员会

主 任 田大报（11月24日任）

教卫文体委员会

主 任 梁勇勇

城市建设委员会

主 任 李加光

社会法制委员会

主 任 陈锡波

提案委员会

主 任 郭 进

侨台民族宗教委员会

主 任 王明华（11月24日任）

总工会

主 席 徐 靖
常务副主席 葛一新（2月18日任）
副主席 吕学本（12月21日免）
杨金林（12月21日任）

共青团区委员会

书 记 王 慧（4月26日任）
副书记 王 慧（4月26日免）

杨　翔(4月26日任)

妇女联合会

主　席　陈　燕
副主席　孙晓红

残疾人联合会

理事长　翟英俊
副理事长　洪有喜

红十字会

会　长　车明军
常务副会长　汪丽丽

工商业联合会

主　席　吴建雄
常务副主席　赵志杰(12月21日免兼职)
　　杨晓健(12月21日兼任)
专职副主席　蒋　灵(12月21日任)
党组书记　杨晓健(12月21日兼任)

科学技术协会

主　席　任君伟(12月21日免兼职)
　　樊京京(12月21日兼任)

白下区人民检察院

检察长　薛　薇
副检察长　韩晓帆　缪　宏
　　汪新武　汪　睿
纪检组长　潘文艺(12月21日免)
　　杨树华(12月21日任)
政治处主任　杨树华(12月21日免)
　　关海宁(12月21日任)
检察委员会专职委员：
　　关海宁(12月21日免)　吴建忠

反贪污贿赂局

局　长　汪新武(兼)

检察院党组

书　记　薛　薇
副书记　韩晓帆
党组成员　缪　宏　汪新武
　　潘文艺　杨树华

白下区人民法院

院　长　王　睿
副院长　王金海　崔宗泽(兼)
　　陈　春　采　飞
纪检组长　刘克强(12月21日免)
　　徐有勤(12月21日任)
政治处主任　郭　磊
审判委员会专职委员　庄　奕
　　方建国

法院党组

书　记　王　睿
党组成员　王金海　刘克强　陈　春
　　采　飞　姚永明　文　冰
　　王燕静

五老村街道

工委书记　薛　磊
工委副书记　谢　翀(兼)
　　李金虎(10月28日免)
　　陈　明(12月21日兼任)
人大工委主任　薛　磊(兼)
人大工委副主任　仲　安
办事处主任　谢　翀
办事处副主任　陈　明
　　蒋小青(12月21日免)
　　居寿山
　　张永和(12月21日任)
　　法志强
政协工委主任　薛　磊(兼)
政协工委副主任　邹　明
人武部部长　周培红
副处级统战员　邹　明(兼)

洪武路街道

工委书记　吴春生(10月28日免)
　　吴　斌(12月21日任)
工委副书记　王　韬(兼)
　　蔡启钊(12月21日免兼职)
　　张佳军
　　张卫国(12月21日兼任)
人大工委主任　吴春生(11月17日免兼职)
　　吴　斌(12月28日兼任)
人大工委副主任　李　涛
办事处主任　王　韬
办事处副主任　蔡启钊(12月21日免)
　　张卫国(12月21日任)
　　周红专(10月28日免)
　　孙新妹(12月21日免)
　　朱　涛
　　李红玮(12月21日任)
　　严为龙(10月28日任)
　　郭　莅(10月28日免)
　　程建生(10月28日任)
政协工委主任　吴　斌(兼)
政协工委副主任　严为龙(11月24日免)
　　周红专(11月24日任)
人武部部长　张忠平
副处级统战员　施永胜

大光路街道

工委书记　邹建国
工委副书记　丁尚先(12月21日免)
　　郑焕强
人大工委主任　刘勇勇
办事处主任　丁尚先(12月21日免)
办事处副主任　蒋　夷　沈怀志
　　张卫国(12月21日免)
　　韩卫华　皇甫义
　　刘　宁(12月21日任)
　　吕宏伟
政协工委主任　邹建国(兼)
政协工委副主任　蒋　夷(兼)
人武部部长　朱元根
副处级统战员　朱元根(兼)

瑞金路街道

工委书记　耿开棋
工委副书记　彭媛媛(兼)
　　缪　挺(10月28日免)
　　刘　敏(10月28日任)
人大工委主任　耿开棋(兼)
人大工委副主任　王　飞
办事处主任　彭媛媛
办事处副主任　王道迎　叶　亿
　　易　龙　孙永江
政协工委主任　耿开棋(兼)
政协工委副主任　高　民(兼)
人武部部长　周万清
副处级统战员　高　民

月牙湖街道

工委书记　张亦民(10月28日免)
　　朱建军(10月28日任)
工委副书记　钱　新(兼)
　　张　晖　朱　樑(兼)
人大工委主任　吴国强
办事处主任　钱　新
办事处副主任　朱　樑

章　霞（12月21日免）
杨　斌　方　明
政协工委主任　张亦民（11月24日免兼职）
朱建军（11月24日兼任）
政协工委副主任　吕　浦
人武部部长　乔建民
副处级统战员　吕　浦（兼）

光华路街道

工委书记　吴　斌（12月21日免）
王国平（12月21日任）
工委副书记　王国平（12月21日免）
李翔翔
张旭浩（12月21日兼任）
人大工委主任　吴　斌（12月28日免兼职）
王国平（12月28日兼任）
人大工委副主任　王竹先
办事处主任　王国平（12月21日免）
办事处副主任　张旭浩（12月21日任）
张保国　杨　波
翁俊妹　龚　强
政协工委主任　吴　斌（11月24日免兼职）
李翔翔（11月24日兼任）
政协工委副主任　黄公民
人武部部长　王超明
副处级统战员　王超明（兼）

朝天宫街道

工委书记　陈慧男
工委副书记　徐曙光（兼）　王常海
人大工委主任　陈慧男（兼）
人大工委副主任　瞿明成（3月29日任）
办事处主任　徐曙光
办事处副主任　陶孝敏　胡毓敏
李红玮（12月21日免）
赵仁全
孙新姝（12月21日任）
陈新华
政协工委主任　陈慧男（兼）
政协工委副主任　陈　堃
人武部部长　徐随荣
副处级统战员　徐随荣（兼）

（组织部）

直属机构设置及领导人名录

南京市公安局白下分局

分局党委书记、局　长　朱建国
分局党委副书记、政　委　杜浦生
分局副局长　杨恒春（4月6日免）
陆俊斌（4月6日任）
张　蔚
分局纪委书记、监察室主任　陈　军
区维稳办副主任　吕　祥

（南京市公安局白下分局）

南京市白下区国家税务局

局　长　庞宝林
副局长　严　铀　陆　隽

（南京市白下区国家税务局）

南京市地方税务局白下分局

（7月7日机构名称更名为南京市白下地方税务局）

局　长　季志春（6月17日免）
朱　延（6月17日任）
副局长　王　芊（6月17日免）
何　欣（6月17日任）
王桂祥　丁晓军

（南京市白下地方税务局）

南京市工商行政管理局白下分局

局长、党组书记　陶洪亮
副局长：宋战美　谈永发
黄安勤（3月1日免）
李岩琇（3月1日免）
崔永元（3月1日任）
卞元清（3月1日任）
熊茂林（1月11日任）
纪检组长、副局长：刘建美

（南京市工商行政管理局白下分局）

南京市质量技术监督局白下分局

局长、党组书记　沈忠军
副局长　胡　华　杨克明

（南京市质量技术监督局白下分局）

人民团体

工　会

【概况】 2011年，白下区总工会下辖7个街道工会联合会（总工会）、7个系统工会联合会、1个园区工会工作委员会、4个直属工会；有635个基层工会，涵盖法人单位4315个，58个社区工会（联合会），142个外资企业工会。有工会会员60551名，其中女职工会员32030名，外来务工人员10458名，专职工会工作人员22名，工会协理员（专职工会干部）9名。

区总工会坚持党工共建，扩大工会组织覆盖面，深化建设模范职工之家活动，南京乐金熊猫电器有限公司工会被评为全国模范职工之家、省十佳基层工会；开展工资集体协商"百日要约行动"及"联合检查督导月"活动，全区签订区域性、行业性工资集体合同70份、覆盖企业2600家，惠及职工4万余人。开展劳动竞赛和职工科技创新竞赛活动，举办3期班组长素质提升培训班，组织190家企事业单位报名参加"安康杯"竞赛，率先在全市召开区"1+3"安全监控工作体系建设推进会，在32个重点监管单位推广。开展系列主题送温暖互动，搭建职业培训、再就业平台，开展各类专业技能培训班245次，积极推进创业小额贷款担保，为32名创业人员争取小额贷款245万元。发挥工会"大学校"作用，举办主题教育活动，发挥全区职工心理咨询服务"一站五室"（区职工心理咨询服务工作站和其下设的五个工作室）作用。举办"主人翁风采"基层工会主席论坛（女性专场），承诺为全区女职工办"十件实事"，建立3所女职工周末学校。

是年，区总工会获省工会帮扶工作先进集体、2010年度全省工会信息工作先进区总工会，2011年市工会调研和理论研究成果评选优秀组织奖、2011年度市工会新闻舆论宣传工作优秀单位、市总工会2010年度经审规范化建设工作一等奖、市第三届"金陵啤酒杯"紫金山登山大赛优秀组织奖等荣誉。

【职工生产保护工作】 2011年，区总工会开展"建功十二五、创新促发展"劳动竞赛和职工科技创新竞赛，举办各类劳动竞赛101场、6451人次，岗位练兵比武工种30余个、1241人次；征集优秀合理化建议意见226条、实施率63%，南京乐金熊猫电器有限公司研究所项目部1人获市"十大职工发明之星"称号；区地税局征收所等4个班组被市总工会命名为市级"工人先锋号"。注重在立功竞赛、科技创新、素质提升等实践活动中培育选树具有时代特征的先进典型，推荐评选全国"五一"劳动奖章获得者李建成和省劳动模范宋非、何烈胜以及市"五一"劳动奖章获得者徐悦、袁艳华、许真；召开"科学发展作表率，建功立业比奉献"全区庆"五一"先进模范代表座谈会，与区委宣传部联合主办"凡人风尚"——白下区第四届文明典型事迹展演；落实好劳模疗休养、免费健康体检、重大节日慰问等各类待遇，帮扶各类劳模162人次、慰问金额89761元；创建区环卫所等8个劳模创新工作室，与"劳模志愿者服务"活动相结合，在"五一"期间，国家第二个"敬老月"、"国际志愿者日"，组织三批30人次卫生系统的"劳模志愿者服务"活动，为100余名农民工、170名老年公寓的老人们送去"关爱农民工"和"送医敬老义诊服务"。 （吴玉喜）

【开展普遍建会"百日攻坚"行动】 3月28日，区总工会与区委组织部、区人社局、区发改局、区工商联联合制订《关于加强"党工共建"、推进"两个普遍"工作的意见》，召开全区组建工作会议，层层签订目标责任书，建立责任承包联系点制度、月通报制度、季度讲评制度和半年考核制度；指导各街道采取分片包干的形式，对新的非公企业法人数据库进行清查，全面掌握企业关、停、并、转情况，切实做到未建会企业"六清楚"（企业工会组织和工资集体协商制度建立的真实情况清、未建会的企业数量清、所处区位清、未建的原因清、拟建的时间和措施清）。7—9月，在全区范围内开展非公企业普遍建会"百日攻坚"行动的目标、步骤和要求，定人、定时间、定进度，抓好全面推进。举办推进"两个普遍"培训班，深入基层开展"两个普遍"专项调研，在月牙湖街道召开美容美发行业工会联合会成立大会现场观摩会，在瑞金路街道驻地企业南京一得人才顾问有限公司创建劳务派遣工"入会进家"示范点，以农民工、劳务派遣工为发展会员的重点，采取区域性、行业性工会和商贸楼宇工会等多种组建形式，力推25人以上非公有制企业建会，带动包括新经济组织、新社会组织在内的各类单位组建工会。9月22日，召开全区"百日攻坚"暨"两个普遍"工作经验交流会。是年，白下区新建独立基层工会122家，区域性、行业性工会联合会涵盖企业556家，新增会员10556人。 （郁云娅）

【职工文化建设】 2011年，区总工会以庆祝中国共产党建党90周年、纪念辛亥革命100周年、庆祝“五一”等系列活动为契机，以宣传“十二五”规划为重点，以“职工书屋”、“农民工书屋”为载体，深入开展“创建学习型组织，争做知识型职工”活动，运用读书节、读书月、读书会、读书征文、学习讲坛、专题讲座等多种形式，培育不同类型、各具特色的学习型团队和学习型班组，全年创建全国职工书屋示范点1个、市级职工书屋示范点5个。区总工会与区委宣传部、文化局等部门联合举办“红色经典新唱响”革命现代京剧样板戏广场演出、“劳动者之歌”职工文艺汇演、“红心向党”歌咏比赛等活动；选送6名职工选手参加市职工第四届《劳动者之歌》歌手大赛，获专业组美声唱法一等奖、业余组美声唱法一等奖和专业组民族唱法三等奖；与区体育局联办区职工第八套广播体操比赛、区第十三届运动会(职工部)比赛，举办庆“五一”、纪念南京解放62周年白下职工登山比赛；创办《白下工会》网站，开设19个一级栏目和39个子栏目。（杨金林）

【健全工会帮扶工作机制】 2011年，区总工会推进区职工援助服务中心规范化建设，打造区、街道、社区困难职工帮扶三级服务网络和区职工法律援助中心、“爱心超市”；通过举办“扶贫济困解难事、温暖和谐进万家”元旦、春节送温暖、金秋助学等主题活动，与区政法委、计生局部门联合开展“农民工平安返乡愉快过节”、“困难劳模关爱行”、“计生特困职工家庭暖冬”及夏季“送凉爽”等系列活动，累计走访慰问困难企业120多家，慰问困难职工（含农民工）11230户，慰问困难劳模163户，筹集发放慰问款物总额1522.226万元；依托区委党校、区人力资源市场培训中心、女性学堂和劳保所(站)等创业就业教育培训基地，开展各类专业技能培训班245次，参加培训的职工11055人，其中农民工700人，获得技术等级证书5743人，实现再就业8575人；为在白下区就业并加入工会组织的困难职工及外来务工人员办理“五免五减免”医疗优惠卡，为11710多名困难职工减免医疗费536万余元，为6374名外来务工人员减免医疗费40.96万余元；新增医疗互助保障会员2400多人次，为39名参加互助互济保障计划的身患重大疾病职工发放医疗救助金2.8万元；重点培育南京泰鼎安全技术有限公司、雅洁(苏州)超静科技有限公司为“市职工创新创业示范基地”。（解燕）

【发展和谐劳动关系】 2011年，区总工会始终坚持维权与维稳并重，区、街道、社区健全工会劳动争议调解委员会，规范区职工法律援助中心、街道职工法律援助站和社区职工法律援助分站建设，形成上下联动的工会维权三级网络体系，从源头上推动职工维权工作的深入开展，有效预防和化解用工单位和职工之间的纠纷。大力实施工会法治建设工程，指导创意东八区工会联合会建立法律援助站，组织开展“十二·四”法制宣传月活动，举办“六五”普法规划宣传教育和广场咨询服务。全年参与劳动争议仲裁案件30件、比2010年增加20%，办理援助案件9件、比2010年增加30%。（李茜）

【召开区总工会五届十四次全委（扩大）会议】 2月18日，区总工会举行五届十四次全委（扩大）会议，增补区总工会五届委员会委员、常委、常务副主席，区总工会常务副主席葛一新主持会议。区人大常委会副主任、区总工会主席徐靖作工作报告，表彰省模范乡镇（街道）职工之家、省模范职工之家和模范职工小家、市模范职工之家、市工人先锋号、区劳动关系和谐企业和优秀工会协理员，签订2011年度街道、系统工会工作目标责任书。区总工会第五届委员会委员参加会议，街道、系统工会主席和副主席及街道工会协理员、专职工会干部列席会议，副区长焦勇出席会议并讲话。（姜丽）

共青团

【概况】 2011年，共青团白下区委员会（少先队白下区工作委员会）有直属团组织35个，下辖团（总）支部530个。少先队大队部35个，专职团队干部68人。

2011年，共青团白下区委员会（以下简称团区委）履行共青团的四项基本职能（组织青年、引导青年、服务青年、维护青少年权益），坚持从团的事业和区域发展实际出发，完成各项目标任务。

加强基础建设。召开区第十三次团代会，选举产生新一届团区委领导班子。开展街道团组织格局创新工作，选配团工委兼职副书记35人，委员56人。全年新建非公企业团组织70家。加大团队干部培训力度，全年举办培训5场，轮训400余人次。举办全区辅导员风采大赛，推荐2名优秀辅导员代表南京市参加省辅导员风采大赛，并取得优异成绩。

办好主题活动。以迎青奥为主题，开展“迎新年，盼青奥”新年舞会、“迎青奥，‘四好少年’动起来”四格漫画创作、青奥会旗传递活动，“南京青奥会执行主席小顾问团”第三片区选拔活动，2名学生团员人选市级12人顾问团。以纪念建党90周年为重点，开展“激情红五月”活动，举办“我的青春别样红”企业青年红歌赛，“激扬青春、创先争优，我与‘十二五’共成长”青年党团员演讲比赛，“花儿朵朵向太阳”红领巾故事大王比赛系列活动。

突出服务职能。推进青年就业创业工作，新建金润发瑞金店、德兰集团、南京快易洁公司等基地10家，全区30个基地提供见习岗位200多个。青春关爱送温暖坚持不懈，全年捐助困难学生97名，累计资金2.54万元。全年发放圆梦奖助学金约1.6万元。新增“未成年人零犯罪社区”15家，创建率82.5%。在全区中学开展“珍爱生命 保护自我”禁毒防艾板报比赛。

提升品牌活力。深入推进青年志愿者行动，重点打造“青春闪亮新街口”志愿者服务站，初步形成“一站一品、一队一品”的志愿格局。实施“真情服务外来务工青年”系列活动，促成朝天宫民族小学等2所外来务工青年子女较集中的学校与社区、大学建立长期结对关系，结对率100%。继续强化《白下区中小学生暑假思想道德实践作业》品牌。青年代表何留，当选为“南京好青年”。南京市公安局白下分局团委“汤姆猫说防范”获江苏共青团运用新媒体引导青年创新案例一等奖。

【开展迎青奥会旗传递系列活动】 1月20日—22日，白下区开展系列迎青奥会旗传递。联合光华路街道、中国人民银行南京分行举办“青春火红暖社区 志愿真情耀光华”新春关爱活动，为12户困难居民和10名贫困中小学生送去价值5000元的慰问品和新年礼物；以“青奥我来奉献”为主题，以白下区城管行政执法大队争创2010年省级“青年文明号”为契机，倡导队员们向市民集体宣誓“以人为本、文明执法为青奥会贡献力量”；组织“青春闪亮新街口”服务站青年志愿者、石鼓路小学少先队员开展“红领巾祝福青奥”才艺展示活动，现场为市民、游客作画、写对联，表达青少年对青奥会的祝福。

【围绕纪念建党90周年开展红五月系列活动】 5月，白下区围绕纪念建党90周年，开展红五月系列活动：举行唱响红歌活动。按照分类推进的工作原则，针对企业青年特别是规模以上非公企业团员青年，举行“我的青春别样红”主题团日活动暨企业青年卡拉OK比赛，来自全区建筑、设计、商贸、服务等200余名企业青年参加次活动，团市委副书记王伟，区总工会主席、人大常委会副主任徐靖，副区长焦勇出席活动，并为获奖选手颁奖。举办“五四”表彰大会暨建党90周年“激扬青春 创先争优 我与十二五共成长”青年党团员演讲比赛，表彰全区2010年度“青年文明号”、优秀团干部、优秀团员等先进集体和个人，区公安分局团委获演讲比赛一等奖。举办“白下少年心向党”红领巾故事大王比赛，鼓励少先队员学党史、知党情，引导学生全面了解党的历史。

【举办白下区少先队辅导员风采大赛】 7月10日—9月27日，团区委、区教育局、区少年队工作委员会联合举办“白下区少先队辅导员风采大赛”决赛暨庆祝中国少年先锋队建队62周年活动。访次比赛经过笔试、面试、演讲、才艺展示等竞赛，光华东街小学、中山小学、游府西街小学获一等奖，五老村小学、御道街小学、朝天宫民族小学、秣陵路小学获二等奖，银龙花园学校、火瓦巷小学、瑞金北村小学、三条巷小学获三等奖。

【举办南京市“青奥小顾问团”第三片区选拔活动】 11月，南京市“青奥小顾问团”第三片区选拔活动在区少年宫举行。该片区由玄武区、白下区、秦淮区、建邺区等4个区组成，以“我眼中的南京”主题演讲和“青奥有我更精彩”风采展示两部分考察选手综合能力，挑选出8人进入市级选拔。该区金陵中等专业学校1人、南京市第三高级中学1人入选“市青奥小顾问团”，并受到南京青奥委执行主席、省委常委、市委书记杨卫泽的接见。

【召开共青团白下区第十三次代表大会】 12月25日—26日，白下区召开区第十三次团代会。全区各行各业的代表186人出席会议。大会总结区第十二次团代会以来的工作，确定今后3年该区共青团奋斗目标和主要任务：以“青年成长发展、青春建功、党的后备军建设”为统领，推进“思想引领、建功成才、关爱成长、强基固本”四项工程，提升共青团组织“引导力、贡献力、影响力、生命力”建设。选举产生共青团白下区第十三届委员会，在第十三届一次全委会上，差额选举新一届常务委员会及团区委书记、副书记。 （储 雪）

妇女联合会

【概况】 2011年，全区有妇联基层组织64个，其中街道妇联组织7个、社区妇联组织57个。机关、系统妇女委员会8个，新经济组织中妇女委员会17个，社区各类妇女组织86个，其他事业单位妇女委员会34个，另有一个由60家成员单位组成的地区妇女工作联谊会。

2011年，白下区妇女联合会（以下简称区妇联）坚持以创新驱动为统领，参与社会管理创新，不断优化社会服务，促进妇女创业就业、强化维权维稳、开展和谐创建、提升妇女素质。举办纪念“三八”系列庆祝活动，打造“家庭美德推广中心”四季主题文化活动。深化“巾帼建功”创建活动，冠名举办“商茂杯”羽毛球赛活动，开设“巾帼文明岗”负责人培训班，“巾帼建功”创建活动覆盖全区各企业、医院、学校、部队和机关的窗口服务行业。推进妇女创业就业，举办“春风送岗位”女性就业专场招聘会，完成妇女小额担保贷款目标任务，开办营业员和劳动技能培训班。关注未成年人健康成长，联合举办庆“六一”表彰大会和第六届“万达一春蕾”夏令营，开展少儿书画赛和亲子游艺活动，争取全国儿童基金会“让我玩”体育公益项目。履行妇女儿童工作委员会办公室职能，编制“十二五”妇女儿童发展规划，推动妇女儿童“两规”（妇女规划、儿童规划）列入全区经济社会发展总纲要；召开妇女儿童工作委员会工作会议，论证规划的科学性和可操作性。强化基层组织建设，完成20%的目标推进任务，继续完善妇联常执委轮值制度，并在全市推广。拓展“家庭驿站”功能，规范社区妇女议事制度管理，壮大巾帼志愿者队伍。是年，区妇女儿童工作委员会获江苏省实施妇女儿童发展规划先进集体，区妇联获江苏省家庭教育工作示范单位、江苏省妇联宣传工作先进单位、区2010年度社会治安综合治理平安创建先进集体、全区“五五”普法先进集体、“五个好”先进党组织等荣誉称号。

【举办庆祝“三八”节101周年表彰大会】 3月7日，白下区举办“群芳竞秀展风采，巾帼建功谱华章”纪念“三八”庆祝大会。区妇联执委、女企业家代表、机关、街道、社区等妇女代表近250余人参加。大会命名7个“零家庭暴力”社区、50户“平安家庭”示范户；表彰50户“五好文明家庭标兵户”、9幢“文明楼”、5个“文明楼院”、10个“巾帼文明岗”、10名“巾帼岗位明星”；为8名优秀创业女性发放“女性创业奖励资金”4万元。中央商场、白下地税分局、徐水兰等全国“巾帼文明岗、巾帼岗位明星”代表作交流发言。会后，13家单位选手进行卡拉OK男女对唱比赛。区四套班子相关领导出席会议。

【举办“家庭美德推广中心”四季主题活动】 2011年，白下区“家庭美德推广中心”继续推出四季主题文化活动，普及推广家庭美德20字（尊老爱幼、男女平等、夫妻和睦、勤俭持家、邻里团结），提升市民对家庭美德内涵知晓率。“春之家园美化节”，表彰10户“环保文明家庭”，展示低碳小制作、小创意作品，开设花卉、盆栽和盆景等展示，倡导“平安、和谐、绿色、健康”理念。“夏之欢乐邻里节”，以家庭红歌赛和邻里厨艺赛的形式，抒发群众爱党颂党之情，增进邻里间的融洽和谐。“秋之团圆亲情节”，开设亲子游艺项目，传播青奥文化理念、融洽家庭成员间的感情、增强团结协作意识，营造和睦温馨、互帮互助的家庭邻里氛围。“冬之温暖助困节”，搭建助困平台，发动女企业家们为贫困单亲母亲奉献爱心，提供帮扶。全年，全区参与四季主题活动的居民群众4000多人次。

【举办“巾帼文明岗”负责人培训班】 11月16日，白下区举办“巾帼文明岗”负责人培训班，全区各街道、系统妇联干部、区级“巾帼文明岗”争创岗负责人约50人参加培训。区妇联通报2011年度全区“巾帼建功”工作情况，表彰部分区级“巾帼文明岗”负责人；市妇联发展部部长尹霞作“巾帼文明岗”创建工作业务培训；“全国巾帼文明岗”——区地税分局作经验交流。

【开展“创业就业·姐妹同行”导航活动】 9月23日，白下区举办“创业就业·姐妹同行”导航活动暨淘淘巷商业管理有限公司妇女委员会成立大会。淘淘巷妇女代表、全区有创业就业和小额贷款意向的60余名女性参加活动。该活动以创业女性经验交流，妇女小额担保贷款政策推介，挂牌成立“白下区女性创业就业培训实践基地——淘淘巷指导站”等形式，宣传政策优惠、租金减免、项目扶持等举措，指导女性走上创业路。

【完善“家庭驿站”功能】 2011年，白下区不断完善“家庭驿站”调处家庭关系、服务家庭就业、指导家庭教育、建设家庭文化的四大功能，全面提升妇女社会参与程度。全区实现“家庭驿站”社区建站100%的工作目标。推进妇女议事会制度，做到两月一议、一事一议、要事随议；拓展巾帼志愿服务，全区有注册巾帼志愿者2.2万人，志愿者队伍106支；建立白下巾帼志愿QQ群，开展巾帼志愿在线服务。“社会妈妈关爱团”、“银发餐桌”等巾帼志愿团队成为全市巾帼志愿服务的品牌。

【召开“十二五”妇女儿童发展规划论证会】 3月31日，白下区妇女儿童工作委员会召开“十二五”妇女儿童规划意见征询会，听取部分人大代表、政协委员、中共代表、民主党派、宗教界人士及专家学者对白下区“十二五”妇女儿童发展规划（征求意见稿）的意见和建议。区妇儿工委办公室主任，区妇联主席陈燕介绍“十二五”妇女儿童规划编制过程及内容，与会人员联系工作实际，分析“十二五”妇女儿童发展规划中妇女就业、参政议政、教育文化、健康保健、社会保障、法律和环境等目标，建言献策。并就儿童的身心健康、校园及周边安全以及服刑人员等特殊群体子女的生活保障等问题提出具体意见和建议。

【承办市妇女儿童工作现场推进会】 4月21日，白下区召开《南京市“十一五”妇女儿童发展纲要和规划》终期评估暨妇女儿童工作现场推进会。市、区、县妇女儿童工作委员会成员单位相关领导70余人参加会议。区政府副区长、区妇女儿童工作委员会主任焦勇做白下区“十一五”妇女儿童发展规划实施情况汇报。市委常委、副市长、市政府妇女儿童工作委员会主任郑泽光，市政府副秘书长刁仁昌出席会议并讲话。与会人员视察区月牙湖妇女儿童健康中心、瑞金新村妇女儿童活动中心，区长曹永林、副区长焦勇等陪同视察。

【承办全国妇联“心系老年——孝心工程”推广活动启动仪式】 10月27日，全国妇联“心系老年——孝心工程”推广活动启动仪式暨首场大课堂活动在白下区月牙湖街道富丽山庄社区举行。全国妇联老干部局局长崔淑惠，全国心系系列活动组委会副主任刘小平，江苏省妇联副主席李蓁，南京市妇联副主席贾慧、区委常委姜宸及全市6个项目点的街道、社区的负责人，社区老年人代表150余人出席活动。会议为月牙湖、长江路等6个街道颁发“心系老年关爱之家”教育基地牌匾，赠送“孝心工程”宣传册和孝心大礼包。养生专家孙树侠教授现场交流《中老年养生保健》知识。（李南辰）

科学技术协会

【概况】 2011年，白下区科学技术协会（以下简称区科协）有7个街道科协，57个社区科普小组，19所社区科普大学，30所科普教育基地，其中省级科普教育基地5所，市级科普教育基地5所，区级科普教育基地20所。

区科协推进《全民科学素质行动计划纲要》（以下简称《纲要》）的组织实施，加大科学技术普及宣传力度。召开《纲要》暨防震减灾工作联席会议，举办第二十三届科普宣传周、科普日广场活动。在第三高级中学（文昌校区）新建地震应急避难场所，1人获第九届南京市“十大科技之星”提名奖。是年，白下区获“全国科普示范城区”称号，区科协被南京市科协表彰为“区县科协特色工作先进集体”，1人获2006—2010年省全民科学素质工作先进个人。

【省科协领导调研区科普工作】 3月2日，省科协党组书记、常务副主席徐耀新一行到白下区考察调研该区科普工作，市科协副主席沈平、尹聚杭、庄文辉，副巡视员周金京，区委书记陆平贵，正区级领导单正薇，副区长张雷陪同调研。调研人员考察市级科普教育基地后标营小学“三模”（空模、海模、车模）科技活动场所，月牙湖街道富丽山庄社区国家级青少年科学工作室和社区科普大学，听取区青少年和社区科普工作汇报。省科协党组书记、常务副主席徐耀新肯定白下区科普工作，希望区科协要继续发挥科普主力军作用，面向学校和社会开展科普宣传教育指导，开发学生的智慧潜能，培养和提高青少年对科技新知的探索和追求；进一步完善社区科普教育体系，提高社区居民科学素质，扩大科普工作的影响面。

【获"全国科普示范城区"】 4月24日，全国科普示范城区检查组，检查验收白下区创建2011—2015年全国科普示范城区工作。省科协巡视员吴国彬、副主席冯少东、市科协副主席沈平，正区级领导单正薇、副区长张雷陪同检查。检查组听取创建工作汇报，实地考察游府西街科普画廊、富丽山庄青少年科学工作室和社区科普大学、省级科普教育基地中山小学自然科学宫并检查科普工作台账。5月30日，白下区被中国科协正式命名为"全国科普示范城区"。

【召开区《纲要》暨防震减灾工作联席会议】 4月27日，白下区召开《纲要》暨防震减灾工作联席会议，约32人参加会议。会议通报2010年落实《纲要》工作情况及防震减灾工作目标、2011年《纲要》工作要点和第23届科普周活动计划；26家成员单位汇报本部门实施《纲要》、防震减灾及第23届科普宣传周活动安排；各成员单位与区政府签订防震减灾工作目标责任书。正区级领导单正薇、副区长张雷到会并讲话。

【区第二十三届科普宣传周广场活动】 5月14日，白下区第二十三届科普宣传周开幕式活动在汉中门广场举行。正区级领导单正薇致辞。省科协科普部部长刘福在、市科协副主席沈平、市地震局局长李晓村出席开幕式。现场展出省中医院的中医保健服务和宣传展板，省抗衰老协会专家为居民进行刮痧治疗与饮水健康咨询服务；区环保局、区卫生局、区安监局、区人口和计划生育局等单位提供环保、卫生、安全、计划生育等知识宣传折页和现场咨询；发放《市民防震手册》400本及其他科普宣传资料4000多份；朝天宫街道文化站开展群众文艺演出、科普知识竞赛和猜谜，900余人参与活动。

【举办科普日广场宣传活动】 9月23日，区科协、科技局、区社会科学联合会、瑞金路街道在明故宫苑社区广场联合举办第二届科普宣传周暨全国科普日广场宣传活动，市科协副主席庄文辉、区委常委宣传部部长汪祥明、副区长张雷出席活动仪式。市社科联副主席王道德和区社科联主席单正薇分别致辞。市、区领导向社区科普活动十佳示范家庭授证书和奖品，并各社区捐赠科普图书。科普日广场活动围绕"倡导生态文明 共建美好家园"主题，展出核辐射和食品安全知识展板，蓝旗医院和省抗衰老协会专家为居民现场进行刮痧治疗和健康咨询服务；市节能中心宣传使用节能产品，提升居民节能意识；逸仙桥消防中队和区科技局组织防灾减灾知识咨询；区药监局和先声药业瑞金路分店进行食品药品安全知识宣传；明故宫苑社区结合居民需求宣传五谷杂粮养生禁忌，天桐茶语进行现场茶艺表演；区计生局、区民防办等单位也参与了现场咨询和科普宣传；瑞金路街道文化站组织群众文艺演出，活动中发放《市民防震手册》300本及其他科普宣传资料2000多份，吸引400余人参观、体验和咨询。

【王龙获南京市"十大科技之星"提名奖】 10月25日，南京市第三高级中学（文昌校区）老师王龙经区科协推选申报，获第九届南京市"十大科技之星"提名奖，在2011年市科协年会上受到表彰。多年来利用课余时间开展青少年无线电活动，主持成立江苏省首家中学生业余电台，全国首支青少年地震应急无线电通讯分队。南京市第三高级中学（文昌校区）业余无线电台实现与国际空间站宇航员首次"天地对话"。牵头组织两岸四地青少年首次卫星通联等活动。多次指导学生参加全国和省级青少年无线电比赛，获得15次团体冠军，70多人获金、银、铜牌。他设计的科技活动方案获全国青少年科技创新大赛优秀设计方案二等奖，连续2次被评为全国青少年科技创新大赛优秀科技辅导员，翻译科普书籍《从零起步学电子》已三次再版。中央电视台特邀做客演播室，向全国电视观众做天地对话直播展示。南京市第三高级中学（文昌校区）业余无线电台为培训中学生的创新思维做出自己的特色，激发广大中小学生探索宇宙、热爱科学的兴趣和热情，成为普及科学知识的阵地。

【新建地震应急避难场所】 10月27日，区科技局、科协在南京市第三高级中学（文昌校区）校园内新建1处地震应急避难场所。学校建筑面积8000平方米，校园内生活设施齐全，遇到地震突发性自然灾害事故发生时，可容纳学生1437人，教职员工113人，周边五老村社区部分居民3783人实施紧急避难。（陶晓霞）

残疾人联合会

【概况】 2011年，白下区残疾人联合会（以下简称区残联）按市残联"创南京特色、树金陵品牌、在全省争第一、在全国创一流"的要求，以加快残疾人"两个体系"（社会保障体系、服务体系）建设为主线，围绕"强基固本抓重点、争创特色出亮点"的思路，抓各项工作落实。是年，区残联获"全国'十一五'残疾人康复工作先进单位"、"全省'十一五'残疾人工作先进区"、"2011年度全市残联工作有功单位"、"2011年度全市残联工作先进单位"、"南京市残疾人就业工作先进单位"、"南京市残疾人体育工作先进集体"等荣誉。

【残联组织建设】 2011年，区残联办理残疾人证395个。为探索实施残疾人"社区港湾"计划，本着先行先试的原则，在全区条件相对较好的30个社区设立"残疾人之家"。通过搭建"残疾人之家"平台，让残疾人在社区有活动场所、有交流空间、有诉求渠道、有归属感，使残疾人的事在社区有人想、有人帮、有人做，得到街道、社区的响应和支持。

残疾人专门协会日趋活跃，区残疾人活动中心每周有活动。聋人协会组织电脑培训班、重阳游园，参观皖南新四军军部等活动。盲人协会组织到南图听电影，全市盲人节"爱学习、爱生活"座谈交流会，开展象棋、扑克、乒乓球比赛。8月，肢残协会组队参加"南京市首届肢残人智力运动会"；智力、精神亲友协会主席进行走访慰问活动、召开亲友座谈会。通过活动，进一步营造全社会扶残助残氛围。是年，聋协被市残联评为优秀协会。

【残疾人保障体系建设】 2011年，区残联逐步建立以最低生活保障为重点，专项救助为补充、临时救助为辅助的残疾人社会保障体系。1031名残疾人纳入低保保障，465名无固定收入的重度残疾人享受低保标准的生活救助。

区残联、财政局、民政局联合出台《白下区低保家庭中重度残疾人重残补贴金发放实施办法》，为272名重度残疾人发放重残补贴13.4万元；为797名（593户）重残、老养残、一户多残和孤残等四类残疾人发放定期生活补助77.44万元；为68名生活不能自理的重度残疾人发放护理（托养）补贴16.12万元；为18名中、高等以上学历的残疾学生发放一次性助学补助金4.88万元；为55名高中和高等教育阶段残疾学生发放教育专项补贴13.06万元；为342名残疾车主发放燃油补贴10.6万元；为70名困难残疾学生和残疾人家庭子女发放"极第E卡通"70张；为10名残疾人学生发放"施宪纲爱心助学金"6000元；全年投入55.6万元用于残疾人节日慰问和临时救助。全区已有42.8%持证残疾人享受到各类保障政策，加上节日慰问和临时救助的残疾人达到60%以上。

【残疾人康复服务工作】 2011年，白下区残疾人康复工作形成以区康复中心为龙头，社区卫生服务中心康复室为骨干，社会各类康复机构为补充的残疾人康复服务网络。完成"社区卫生服务中心残疾人康复室"提档升级，全区8个社区卫生服务中心全部设立康复科，制订《社区残疾人康复大纲》，规范社区康复工作台账和服务内容，实现面积达标、设施齐全、服务完善、"十五分钟康复服务圈"的社区康复机构建设和布局，基本实现残疾人"人人享有康复服务"的目标。全年有17名白内障患者、156名精神病患者和43名残疾儿童享受免费康复服务；向贫困残疾人家庭免费发放康复器材18类452件，无障碍环境改造70户，提供康复指导5万多人次。

【残疾人信访维权工作】 2011年，区残联坚持下街道、社区调研残疾人事业工作，听取基层残联工作者的建议意见，倾听残疾人的心声，了解残疾人的真实需求。5月，区残联协同区司法局、区人力资源和社会保障局等部门成立"白下区残疾人法律救助工作站"。印制法律救助服务卡（集热线电话、救助内容、服务地址等内容）6000份发给辖区残疾人。10月13日，银龙花园社区1名智力三级残的残疾人被轿车撞伤，在军区总院救治，其监护人和肇事司机多次协商，没有达成赔偿共识，区残联领导第一时间赶到医院慰问，及时与交警二大队事故处理组联系，要求他们督促肇事者尽快给予赔偿，维护残疾人的合法利益。10月开始，每月两次，区残联全体干部深入光华路街道银龙花园社区落实"社情民意联系日"活动，宣传残疾人优惠政策，接待残疾人上访，慰问贫困残疾人，帮助解决社区残疾人的现实问题。区残联实行"理事长接待日制度"，每天有1名理事长和1名科长负责接待残疾人来访，做到件件有答复，事事有落实。全年接待来信来访28人次，办理"12345"事项11件，答复满意率100%；为2名已到退休年龄而养老保险未交到年限的残疾人支付养老金5万元；权利阳光运行网上登记188条。

【残疾人宣传文体工作】 1月28日，白下区举办2011年残疾人迎春联欢会，全区7个街道近100名残疾人代表参加联欢会。4月，区残联配合有关部门宣传区残疾人优秀典型何留、张海东事迹。5月14日，区残联举办第21次"全国助残日"暨庆祝白下区残联成立20周年广场活动。邀请省、市残联领导及区四套班子分管领导参加，副区长、区残疾人工作委员会主任张雷致辞，市残联党组书记、理事长谢德俊为"白下区残疾人就业创业实训基地"揭牌并讲话；省残联就业管理中心主任叶霆为"白下区残疾人法律救助工作站"揭牌。活动现场，区残联向319名纳人低保的重度残疾人捐赠彩电，向贫困家庭残疾人捐赠轮椅等辅具452件，向南京市育智学校捐赠2万元康复器材；南京兰翎人力资源有限公司向区残疾人捐赠名人字画。7月，区残联举办"庆祝建党90周年残疾人文化周"系列活动：组织残疾人观看《建党伟业》《建国大业》等影片及《今日江苏》大型摄影展；举办乒乓球、象棋、扑克牌比赛、卡拉OK、红歌演唱会等，800多名残疾人参加各类活动。7月20日，区残联举办第五次"全国特奥日"活动，市残联宣传文体处领导为"白下区特奥运动训练基地"揭牌。7—8月，区肢残协会组织部分残疾人进行中国象棋、国际象棋、围棋、桥牌等项目集训，组队参加（8月11日肢残人活动日）南京市首届残疾人智力运动会，1人获中国象棋中年组冠军。10月10日，区聋人协会组织部分残疾人参观安徽省泾县云岭新四军军部旧址纪念馆。

【残疾人就业工作】 3月，白下区投资30万元在"南京兰翎就业创业园"成立"白下区残疾人就业创业实训基地"，利用创业园资源和文化产业适合残疾人创业的特点，对有就业和创业需求的残疾人进行技能培训、就业指导、创业培育，并对残疾人生产的产品实行合同销售，以创业实训促进残疾人就业。该基地先后接待人力资源和社会保障部、中国残疾人联合会领导、港澳韩学者及市社会工作委员会领导的视察。首批26名残疾人在基地免费实训，其中3名残疾人进入中级培训，2名残疾人拥有自己的创业工作室。月牙湖街道手工坊的12名残疾人，在实训基地经过两个月的培训后，其编织作品由省残联推荐到新加坡、中国澳门地区参展。

2011年，区残联举办各类残疾人技能培训班6期，培训残疾人265人，其中28人取得职业技能证书；长江高科技能助残就业培训项目工作建档100人，完成入册率100%，其中90人取得资格证书；组织辖区内符合条件的22名残疾人参加全国盲人医疗按摩人员考试。为何留（听力一级残疾）发放创业扶持资金2万元。全年新安置残疾人就业102名，其中按比例就业93人，集中就业4人，自主创业5人。

【残疾人托养服务】 截至9月30日，白下区7个街道残疾人托养服务站全部建成并对外开放,其中,朝天宫街道残疾人托养服务站集日间照料和集中托养为一体。全区完善以居家安养为基础、日间照料为主体、集中托养为骨干的残疾人托养服务网络。区残联对全区符合托养条件的贫困家庭残疾人按居家护理、日间照料或集中托养分别给予相应的托养补贴。

【残疾人状况监测工作】 10月,白下区开展新一轮残疾人状况监测试点工作。11月,白下区新一轮残疾人状况监测工作正式实施。区残联与相关部门、街道多次开会研究部署,确保人员、物资、经费保障到位。经过一个多月工作,在大光路街道蓝旗新村监测区和五老村街道树德里监测区筛查出疑似残疾人70人,筛查率8.3%,上站检查率100%。经医师组评定定性12人,没有发现0~6岁残疾儿童,完成新一轮残疾人状况监测工作。监测期间,省残联理事长高晓平、副理事长、省残疾人状况监测办公室主任张建平、市残联理事长谢德俊、副理事长马兰等领导莅临指导,慰问监测员和部分监测对象,肯定白下区新一轮残疾人状况监测工作。 (陈少杰)

工商业联合会

【概况】 2011年,白下区工商业联合会(以下简称区工商联)以《关于加强和改进新时期下工商联工作的意见》和区第十次党代会精神为统领,发挥作用,履行职能,为地区经济社会建设和非公经济"两个健康"(促进非公经济健康发展、促进非公经济人士健康成长)提供服务。学习贯彻落实《关于加强和改进新时期下工商联工作的意见》。围绕建党90周年开展"同心同行"系列主题活动。积极参政议政,《招商固商并举,推动白下经济发展》《关于将振兴太平南路商业街纳入市区经济目标》提案列为重点督办提案。举办各界人士联谊会暨民营企业迎春联谊会。举办在宁异地商会白下对接会。召开构建企业和谐劳动关系座谈会。联合举办"银企"业务对接会。协助企业解决用工难矛盾,组织部分驻区民营参加民营企业专场招聘活动。协助企业参与各类经贸交流合作活动。强化基层商会建设。成立中山门地矿大厦黄金珠宝商会、太平南路黄金珠宝行商会。引导非公经济人士履行社会责任。召开区光彩事业社区行活动表彰大会和推进会。与区妇联联合举办爱心助学活动,捐资5000元。召开区工商业联合会第九次会员代表大会,完成区工商联换届工作。完成上规模民营企业调查统、民营企业履行社会责任调查统计、全国第三次民营企业军民两用高新技术及产品研发生产情况专项调查、协助市工商联开展民营企业引进海外人才需求调查工作的调研、完成"纳税大户"、"就业之星"调查统计上报工作。是年,瑞金路街道商会、洪武路街道商会分别通过市工商联优秀五星级基层商会和四星级基层商会考评验收。

【召开光彩事业社区行表彰大会】 1月25日,白下区召开光彩事业社区行表彰大会,区工商联会员代表、各街道商会、行业商会负责人约70人参加会议。会议总结2010年白下区光彩事业社区行工作,表彰该活动中的先进单位和先进个人。南京泰誓工贸科技发展有限公司等30家企业被授予"白下区光彩事业社区行先进单位"、15人被授予"白下区光彩事业社区行先进个人"。区政协副主席、统战部部长、区光彩事业促进会会长靖传华到会并讲话。

【召开光彩事业社区行推进会】 4月29日,白下区召开光彩事业社区行活动推进会,区工商联执行委员会委员,各街道商会负责人、各社区负责人及地区贫困家庭代表约170人参加会议。南京金陵建筑装饰工程有限责任公司、大光路街道商会、五老村树德里社区分别发言,交流光彩事业社区行活动体会及工作经验。区光彩事业促进会出资5万元,捐助50户地区贫困家庭。区政协副主席、统战部部长、区光彩事业促进会会长靖传华到会并讲话。

【开展"同心同行"系列主题活动】 6月,区工商联召开纪念中国共产党建党90周年座谈会,区工商联部分会员单位和新社会阶层人士参加。座谈会回顾中国共产党90年的历程和改革开放30年民营企业发展的心得体会。结合"七一"建党90周年,区工商联组织非公经济人士围绕贯彻执行中共多党合作政治协商制度,改革开放发展市场经济和非公经济人士参与社会公益活动事迹感想等主题,开展征文、摄影、书法、绘画活动。7月,区工商联组织部分地区民营企业家赴遵义参观学习,接受革命传统教育。

【举办外地驻宁商会白下对接会】 7月20日,白下区举办外地驻宁商会白下对接会,区工商联邀请浙江商会、晋商商会、莆田商会等17家外地驻宁商会参加活动。区长曹永林致辞,通报全区社会经济发展情况。区委书记陈勇介绍白下区以创新驱动为主题的经济工作思路。会后,与会者参观区投资促进中心、新百·南京中心和5311特色园区。市政协副主席王建华等出席活动。

【召开区工商联第九次会员代表大会】 12月29日,白下区召开工商业联合会第九次会员代表大会,区工商联会员代表、各街道、园区(行业)商会会员代表160余人参加大会。会议审议通过区工商联第八届执行委员会工作报告,表彰"光彩事业之星"和"优秀会员",选举产生区工商联第九届领导班子及出席市工商联第十四次会员代表大会的白下区代表。南京商茂投资集团股份有限公司董事长肖梅当选为第九届区工商联主席。市工商联副主席纪建军,区委组织部部长刘凡,副区长薛凤冠,区人大常委会副主任谢德云,区委统战部部长靖传华,区政协副主席、区第八届工商联主席吴建雄出席会议。 (蒋 灵)

政法·军事

政 法

【概况】 2011年，白下区政法工作围绕“三个争第一”目标（科学发展、改革创新、和谐稳定）和创新型城区建设，创新思路、突出重点、完善机制、强化措施，不断强化基层基础工作，深入推进“平安白下”、“法治白下”建设，维护全区和谐稳定，为全区社会经济发展提供有力保障。是年，白下区获南京市重大行政处罚案件备案审查工作先进区县等荣誉称号。

积极化解矛盾，维护社会和谐稳定。完善“大调解”组织机构，发挥区、街道两级社会矛盾纠纷调解中心、社区人民调解组织和专业调解组织的作用。全区排查化解各类不稳定因素和重大矛盾纠纷300余起，掌控重点人员60多人。建立“社情民意联系日”工作机制，各级机关干部下基层、走社区6150人次，收集群众各类诉求2078件次，已办结1800件次。制订《关于健全社会稳定风险评估和决策失误责任追究机制的实施意见》，完成21个市、区重点项目的风险评估。创新刑事涉案矛盾化解机制，评查各类涉法涉诉信访案件16件，妥善解决11件，结案率68.7%。

强化平安建设根基，推进社会管理创新。白下区出台《关于加强社会建设创新社会管理优化社会服务的意见》推行“网格化”和“扁平化”管理新模式。推进基层基础规范化建设，总结推广光华路街道、瑞金新村社区基层政法综治工作和创建工作经验做法。制订下发《关于在全区开展创建“五有五无”社区活动的意见》，指导社区分类帮扶，推进创建工作。与南京大学政府管理学院合作，开展“新型社区管理与服务”课题研究。

深化平安创建，增强公众安全感。开展“千幢楼设防”低成本改造工程，建设技防监控小区；开展24小时治安巡逻，加强防控；开展“平安守法”小区创建活动；制定《白下区加强社区流动人口服务管理工作意见》，实行流动人口服务管理规范化运作。强化特殊人群排查管控，与836名帮教对象签订帮教协议，教育转化在册414名邪教组织成员和1890名涉毒人员取得明显成效。2011年，全区破获各类案件2447起，破案率为50.9%，其中“八类”（杀人、抢劫、故意伤害、强奸、纵火、爆炸、投毒、绑架）案件86起，破案率为92.5%，破获故意杀人案件1起，破案率为100%。全区社会安全感达89%。

围绕工作重点，提升法治区水平。区公安分局制定并全面推行服务发展服务民生十项措施，利用流行网络语言宣传治安防范工作。区法院建立服务区重点项目建设领导小组和党组成员固定联系街道办事处工作机制，加强诉讼服务中心规范化建设，关注残疾人、低保户、农民工等困难群体的诉讼需求，加大司法救助力度，加大民生案件和积案的执行力度，提供更大程度的便民诉讼机制。区检察院将可能引发和激化矛盾纠纷、影响社会稳定和检察机关执法公信力的21种案件纳入风险评估预警机制的范围，分析总结五类重点案件中涉案矛盾纠纷处置方法。将监督工作与化解社会矛盾、维护辖区稳定相结合，在全市率先成立驻街检察室、检察工作站，《检察日报》报道该做法。强化法制宣传，制定出台“六五”普法规划，加强重点人员的普法教育，围绕全区重点建设开展法制宣传教育，保障市、区重点建设项目进程。全年组织各类法制宣传教育活动100余场，参加人数2万多人次。

【召开全区政法工作会议】 1月25日，白下区召开全区政法维稳暨信访工作会议。区委、区政府及区四套班子有关领导，全区政法、综合治理、信访干部和社区居委会主任近400人参加会议。会议由区委副书记、区长曹永林主持会议，传达贯彻全国、省、市政法工作会议精神，总结全区政法、平安建设、法治建设及维护稳定工作，部署2011年度工作任务。表彰2010年度综治平安创建、法治工作、反邪教工作、信访工作先进集体、先进个人。签订2011年度综合治理及平安创建、防范和处理邪教问题工作、信访工作、流动人口服务与管理、禁毒工作目标责任书，大光路街道、区住建局、区公安分局3家单位在会上发言。

【开展社区创建活动】 9月，白下区开展创建“五有五无”（有综治组织机构、有矛调维稳力量、有人防技防物防、有多元服务管理、有规范机制保障，无连续性侵财案件、无进京非访赴省集访等有影响信访事件、无重大民转刑案件、无违法犯罪活动聚集场所、无重大公共安全事故）社区平安创建活动，制订下发《关于在全区开展创建“五有五无”社区活动的意见》，指导社区进行分类帮扶，有效推进创建工作，开展专题调研，广泛听取基层和群众的意见，初步形成整体联动、协调互动、平安共保、和谐共创、责任共担、成果共享的平安创建机制。瑞金新村社区在创建活动中，结合自身特点，按照“自治、互助、共建、分享”工作理念，通过运行网格化、分类服务、“7+1”（社区党委、居委会、业主委员会、物业公司、社区民警、居民代表、政府有关职能部门和社区法律顾问)矛盾调解等管理创新模式,实现社区创建工作目标,其经验做法受到市委、政法委领导充分肯定。

【强化流动人口服务管理】 2011年,白下区创新社会管理,统筹社会资源,建立街道、社区流动管理工作机构。全区配有流动人口服务管理协管员358人,设置流动人口管理办公室11个,流动人口管理站57个。在流动人口密集、人员复杂的石门坎、四方新村、汉西门等地区建立流动人口服务管理中心站,在流动人口相对集中的用工单位实行双集中管理模式。全区流动人口登记率、办证率分别达96%和98%,房屋租赁户治安保证书签订率达100%。

【开展平安创建活动】 2011年,白下区制订下发《关于进一步深化全区系列平安创建活动的实施意见》,明确责任目标,形成"一家为主、多家参与、条抓块包、齐创共建"工作格局。为推动老旧小区创建提档升级,选择部分老小区开展"平安守法小区"创建活动。秣陵路101村、白玉兰公寓、卫桥南航等3个小区被评为"平安守法小区"。通过该创建活动,全区综治、平安创建质效得到全面提升。在综治、平安系列创建活动中成绩突出的3个街道、43个集体、51个社区和70名治安志愿者获区委、区政府表彰。

【推进社会管理创新】 10月,白下区出台《关于加强社会建设创新社会管理优化社会服务的意见》,确定以社区党组织为核心,以社区居委会为主体,以驻社区单位和群众组织为协同,社区社会组织为补充,社区居民广泛参与的"一核多元"社区管理服务体系。建立社区"一委一居一站一办"组织运行机制,推行"网格化"和"扁平化"管理新模式,实施责任片区和责任网格管理,街道为一级网格,社区为二级网格,所有工作人员全部分配到一、二级网格中,实行"一人多岗、一专多能、分片包干、责任到人",推进服务管理方式由条线式向组团式转变。建立权责一致的责任落实机制,对下沉的事务、人员、经费等进行统一考核、统一管理、统一调配。至年底,全区社区管理新机制在五老村街道试点运作,各项工作正在加紧推进。

【开展主题实践活动】 2011年,区政法机关组织开展"发扬传统、坚定信念、执法为民"主题实践活动。结合纪念建党90周年,在全体政法干警中开展革命传统和理想信念教育,组织开展"公正执法、一心为民"讨论活动,引导政法干警把服务群众贯穿于执法工作全过程,以创先争优促进政法队伍建设,把从严治警的各项纪律要求落实到位,解决工作中存在突出问题。主题实践活动分为动员部署、活动开展、总结验收3个阶段。通过开展主题实践活动,广大政法干警坚定理想信念,增强争先创优意识,提升为民执法理念,自觉公正廉洁执法,执法能力和执法水平明显增强,执法公信力和人民群众满意度明显提高,为维护社会和谐稳定、促进经济社会又好又快发展提供法治保障。 (金 维)

公 安

【概况】 2011年,白下区公安工作推进社会管理创新和侦查方式转变创新,全面提升公安核心战斗力和基层基础建设水平,开展"春雷行动"、"清网行动",实施"社区六进"(消防进社区、物管进社区、车管进社区、外管进社区、危管进社区、网管进社区)工作,加强警务信息化、打击专业化、防范社会化、队伍正规化、执法标准化建设,公安机关综合打防效能显著攀升,完成各项目标任务,确保了全区平安和谐。紧盯群众反映的热点、网络舆情关注的焦点问题,加大治安整治力度,组织开展"打盗车专项行动"、"打击赌博游戏机专项行动"和堂子街、光华路等治安重点地区的专项整治行动,推行重点线路实效巡防,全区刑事发案保持平稳态势。在全市公安工作绩效目标考核中,获全市公安机关绩效考核季度优胜红旗。是年,白下公安分局荣获集体二等功、2005—2010年全省公安执法优秀单位等荣誉;49人受到省、市表彰。

【维护社会稳定】 2011年,白下公安分局圆满完成43场次警卫安保工作,化解九龙商贸、科技园、宝庆银楼及尊铺广场经营纠纷等事件23起1800余人次;妥善处置"黄埔露灵滋案件"受害群众,市民"护树"行动,北首巷、侯家桥、胡家巷等地块拆迁安置矛盾等25批次群体性、突发性事件。确保在重大会议期间全区未发生影响稳定事件,始终保持平安和谐的良好局面。推进"公调对接"工作,前置调解网络,超前钝化矛盾。全年化解各类矛盾纠纷14722起,成功调解14455起,调解率高达98.2%。促进"民转刑案件"大幅下降,预防一批可能引发的群访集访事件。

【加强动态巡防】 2011年,白下公安分局加强动态巡防管控机制建设,为基层一线社区民警、治安巡逻民警配发移动信息采集终端和警务盘查通。以重点巡防线路为龙头,引导社会各方面力量,构建"时空化巡防"格局,深化巡防警务机制,提高动态治安防控能力。至年底,全区发生刑事案件5699起,同比下降9%。

【打击刑事犯罪】 2011年,白下公安分局全力打击故意伤害、强奸等暴力恶性犯罪,全区命案5发5破,"八类"案件(杀人、纵火、投毒、抢劫、强奸、绑架、爆炸、故意伤害)破案率达90%。先后突破公安部目标毒品案、"一二·九"跨省系列入室盗窃串案、"一·二〇"跨省流窜入室盗窃串案等一系列重大疑难案件,破获"一·二六"入室持刀抢劫案、"四二六"拦路持刀抢劫案、"一二·二〇"恶性绑架案、"三一〇"飞车抢夺串案等暴力犯罪案件。

【创新社会管理】 2011年,白下公安分局积极整合全区资源力量,进行重点攻坚,推进"社区六进"工作。以"物管进社区"牵动"社区六进"整体深化发展,有效解决老旧无物管小区管理力量、管理措施缺位问题。带动其他工作进入社区,形成白下特色,得到市领导充分肯定。该局在文思新村创新开展“危管进社区”的工作方法在全市推广。全区可防性案件大幅下降，事关群众切身利益、多发于社区的盗窃车内物品案件和故意毁坏车辆案件分别同比下降 36.7%和 45.6%，社区环境显著改善。实现消除一批危险隐患、解决一批交通难题、推出一批便民服务、形成一批亮点品牌的工作目标。

【和谐警民关系】 2011 年，白下公安分局深入推进“创先争优”、“大走访”开门评警系列活动，全局 741 名民警和辖区群众结对认亲，累计走访企事业单位 4156 家，走访群众 16813 户，召开社区群众座谈会 329 场次，征求解决意见建议 280 件，为 240 户困难群众送去价值 16 万元的慰问金和慰问品，收到群众表扬信及锦旗 189 封(面)。利用公安微博客，创新推出“凡客体”、“汤姆猫”微博说防范视频，取得良好成效，获省、市领导表扬。

【队伍作风建设】 2011 年，白下公安分局围绕纪念建党 90 周年，弘扬“忠诚、团结、求实、为民”的白下公安精神，深化文明窗口建设长效考评机制，分局队伍政风行风建设水平取得明显提升；开展季度“岗位明星”和条线标兵能手选树活动；加强常态化教育培训，通过每日法制一题、网上追逃、网上破案、图像侦查专题培训等多种形式，深化岗位练兵活动，有效提升一线民警执法素质和实战技能；严优并举抓好队伍管理，开展纪律作风争创“四无”(服务受理无推托、服务过程无差错、服务事项无积压、服务对象无投诉)活动；组织开展拔河、羽毛球、征文等活动，组建摄影协会、足球俱乐部等群众性文体组织。（陈　海）

检　察

【概况】 2011 年，白下区人民检察工作全面履行法律监督职责，依法打击各类刑事犯罪，批准逮捕 392 件 486 人，提起公诉 450 件 569 人。积极查办和预防职务犯罪，立案查处贪污贿赂和渎职侵权案件 12 件 14 人，为国家和企业挽回经济损失 700 余万元。强化法律监督工作，依法监督刑事侦查活动、法院审判活动、刑罚执行和监管场所管理活动。注重涉案矛盾纠纷的化解，做好检调对接和刑事被害人救助工作。积极推进“阳光检务”，加强代表委员联络和人民监督员工作，密切检察机关与人民群众的联系，不断延伸法律监督工作触角。组织开展“发扬传统、坚定信念、执法为民”主题教育实践活动和新一轮“解放思想、敢于创新、服务大局、争创一流”学习讨论活动，强化内部监督制约机制，从纪检监察、检务督查和案件管理等方面，不断推进科学化和规范化管理，努力打造一支“忠诚、为民、公正、廉洁”的检察队伍。在省市检察机关业务竞赛评比中，有 5 件案件被评为“十佳(精品)”案件，4 份优秀法律文书获得表彰。是年，区检察院获 2011 年度全国检察宣传先进单位、全国检察机关文明接待室、江苏省廉政文化建设示范点、白下区学习型党组织建设工作先进单位等 19 项荣誉，51 人次获个人表彰。

【依法打击刑事犯罪】 2011 年，区检察院受理审查逮捕案件 471 件 586 人，批准逮捕 392 件 486 人；受理审查起诉案件 493 件 618 人，提起公诉 450 件 569 人，出庭支持公诉 208 件。通过依法审查逮捕和审查起诉，严厉打击危害公共安全犯罪、严重暴力犯罪、涉众型经济犯罪、多发性侵财犯罪、毒品犯罪和其他严重危害人民群众生命财产的刑事犯罪活动，切实发挥执法办案在打击刑事犯罪、维护社会稳定方面的基础性作用，增强群众安全感。同时，针对辖区传统商贸业发达的地域特点，进一步加大打击制售假冒伪劣商品犯罪、侵犯知识产权犯罪和金融服务领域犯罪活动力度，维护区域市场环境，努力促进地方经济发展。

【查办贪污贿赂案件】 2011 年，区检察院领导带头深入一线、靠前指挥，发挥示范引领作用，注重提高查办案件的效率。加强对各执法办案环节的监督，通过规范管理、从严要求，狠抓案件质量，实现法律效果、社会效果和政治效果的有机统一。立案查处贪污贿赂案件 11 件 13 人，其中要案 2 件 2 人，大要案查办率为 100%，查结并移送起诉 8 件 10 人，挽回经济损失 307 万元，其中包括原南京市公安局警官艺术团负责人王某某受贿案等大案要案。区检察院查办的李某某行贿一案被评为全市“十大反贪精品案件”。

【推进反渎职侵权工作】 2011 年，区检察院坚持重大案件向上级院和同级党委请示报告制度，主动接受人大监督，加强与纪检监察、行政执法部门和其他司法机关的协作配合，积极尝试建立反渎职侵权联络员和线索有偿收集制度，着力解决在渎职侵权犯罪案件侦查中发现难、查证难问题。在依法查办案件的同时，高度重视渎职侵权犯罪预防工作。立案查处渎职侵权案件 1 件 1 人，挽回经济损失 400 余万元。组织白下区机关、南京海关及国税系统等 70 余家单位 2000 余人参观高检院反渎职侵权犯罪巡展，邀请省检察院专家为全区处以上干部举办反渎职侵权犯罪工作专题讲座。

【预防职务犯罪工作】 2011 年，区检察院积极构建社会化预防职务犯罪网络，推动反腐败工作体制机制创新。紧扣查处案件开展个案预防，深入发案单位开展警示教育，帮助分析发案原因，堵塞制度漏洞，发出预防检察建议 7 件，受到发案单位重视并采纳。利用区预防职务犯罪协会平台开展系统预防，通过组织预防业务培训，开展“争创无职务犯罪单位”活动等项工作，全面提高会员单位预防工作制度化、规范化和长效化水平，在全市“争创无职务犯罪单位”活动中，辖区内 4 家单位被评为“无职务犯罪先进单位”、7 家单位被评为“争创无职务犯罪单位活动先进单位”。针对工程建设等重点领域开展专项预防，联合有关建设单位纪检部门分别对辖区内 13 项重大建设工程进行职务犯罪预防，通过提供行贿档案查询、设立重大工程预防工作站，签订廉政监督合同等途径，强化对招投标、资金支付、施工管理和项目变更等 4 个重点环节的预防监督。

【强化法律监督工作】 2011 年，区检察院在办案中依法追捕 13 人(追捕后判 3

年以上有期徒刑4人），立案监督10件27人（监督立案后判3年以上有期徒刑7人），发出纠正违法通知20份，纠正遗漏起诉23人，纠正遗漏犯罪事实37起，提请抗诉2件。加强民事、行政诉讼活动监督，提请民事抗诉6件，发出再审检察建议2件，经法院再审改判4件。参与监管场所规范化管理和安全防范工作，建成与看守所联网监控系统并投入使用，监督减刑和假释呈报52人，参与联合安全检查9次，谈话教育在押人员172人次，通过检察建议将2名严重违规的社区矫正对象及时予以收监。

【化解涉案矛盾纠纷】 2011年，区检察院继续深化刑事案件涉案矛盾纠纷排查和风险评估工作机制，制定相关工作方案和实施细则，发挥该项机制信息共享、预警先行、内外联动和汇聚合力的功能。做到“三个结合”（化解矛盾与检调对接相结合、化解矛盾与刑事被害人救助相结合、化解矛盾与心理疏导相结合），促成李某某故意伤害案等5件轻微刑事案件当事人实现刑事和解；向特困被害人柏某某等23人发放救助金；对少数有偏激心理、情绪失控的涉案群众，除加强释法说理工作外，借助相关专业知识开展心理疏导，做好安抚工作。全年研判158件刑事案件，有效化解涉案矛盾102件，办理稳控案件56件，实现风险评估预警100%，涉检信访矛盾化解稳控100%。

【推进阳光检务】 2011年，区检察院积极推行阳光检务，向社会群众公开检察职能、办案程序及投诉渠道，举办2期“检察开放日”活动，邀请各街道、驻区企业代表和社区群众40余人到院参观，介绍工作、收集建议、宣讲法律。加强代表委员联络工作，院党组成员与驻区代表委员结对联系，主动上门走访，收集意见建议并认真落实反馈，每季度编发《情况通报》向代表委员送阅，多次邀请驻区人大代表、政协委员来院视察工作，主动向区人大、区政协汇报工作，接受监督。规范窗口接待工作，受理各类来信来访150件，办理刑事申诉案件6件、举报奖励8件，全面落实“检察长接待日”制度，妥善处理集体访、告急访。

【延伸法律监督触角】 2011年，区检察院在全市率先成立有独立编制和专职人员的派驻街道检察室—驻光华路街道检察室，并在辖区其他6个街道办事处设立检察工作站，聘请检察工作联络员，制订工作规范并组织相关人员培训，初步形成以派驻检察室为核心，6个街道检察工作站为支撑，全院各部门为依托的延伸法律监督工作体系。围绕检察监督职能，将街道和基层社区中影响群众生产生活、可能引发社会矛盾纠纷和违法犯罪的情况和问题，总结为国有资产管理、公共设施维护、职务犯罪举报等10个方面，集中进行系统摸底排查，收集监督线索，为基层社区创新管理工作献计献策。区检察院会同有关部门召开银龙东苑社区群众座谈会，通过以案说法，消除因一起恶性刑事案件引发的社区居民心理恐慌，并在《检察日报》上进行报道。

【加强内部监督】 2011年，区检察院加强纪检监察工作。组织落实领导干部一岗双责责任书的签订和考核，开展干警谈心谈话和节前廉政教育活动，结合“省级廉政文化示范点”创建工作，征集廉文警句，开辟廉政文化长廊，多方营造公正执法、廉洁从检的工作氛围。院纪检组坚持与自侦案件犯罪嫌疑人进行“一案一谈话”，逐案检查同步录音录像情况，确保干警公正、规范和文明执法。加强检务督察，严格日常管理，确保检令畅通、各项管理制度落到实处，每月督查车辆管理、值班制度、执行办案纪律、安全保密等重大管理事项。加强全院案件集中管理，发挥院案管中心职能作用，通过网上办案管理系统，全过程、动态监控和分级管理全院案件办理情况，定期开展案件质量综合评估，及时提示和纠正各种不规范的执法行为，提高办案质量和规范化水平。（范　林）

审　判

【概况】 2011年，白下区人民审判工作服务全区、转型发展、创新发展，积极把握法院工作与全区中心工作的结合点，以优化服务机制、创新工作方法、强化司法能力、提升矛盾纠纷化解成效为重点，深入推进社会矛盾化解、社会管理创新、公正廉洁执法三项重点工作，充分履行各项审判职能为白下区和谐、稳定、发展提供司法服务和保障。全年新收各类案件7875件，结案7944件。是年，区法院获集体三等功、市级廉政文化示范点等14项集体表彰，12位干警获个人表彰。顺利通过白下区争创无职务犯罪先进单位复核。

【刑事审判】 2011年，区法院致力创建全省“最安全社区”，围绕平安白下工作部署，通过刑事审判工作打击犯罪、帮扶帮教，着力推进全区治安防控网络建设。积极落实宽严相济的刑事政策，加强与公安、检察等部门的合作，严惩食品、药品安全等涉及群众切身利益的犯罪。严厉制裁故意伤害、抢劫、抢夺等暴力犯罪，准确适用刑罚。依法提前介入非法吸收公众存款、非法集资、诈骗等财产性犯罪，尽量减少受害人财产损失。严格按照《刑法修正案（八）》的规定，规范缓刑工作，促进司法行政机关和社区完善相关程序。注重开展刑事和解工作，加大帮扶及社区矫正力度，保护被害人权益，促进被告人改造与回归。全年新收各类刑事案件456件，审结430件，判处506人，缓刑134人，社区矫正12起，有力地维护区域社会治安稳定。

【民事审判】 2011年，区法院落实《关于为加快区域经济转型发展提供司法保障和服务的若干意见》以及服务白下区重点项目建设等措施，抓住与区域经济特色、创新转型发展密切相关的商事纠纷案件，以服务型司法为基础，在商贸领域推进司法服务联系网络建设，营造重商、亲商、护商环境。打造金融业司法服务品牌项目，促进金融纠纷案件高效化审理。将小额借款纠纷、信用卡纠纷等案件划归速裁组审理，调配业务骨干审理银行借款案件，进一步简化程序，强化金融企业的债权保护。审判执行工作以保障和改善民生作为出发点和落脚点，将审判工作与劳动仲裁、工会协调、妇联协调、消协调解以及民政保障相衔接，依法妥善审理劳动就业、社会保障、教育、医疗、住房、消费等领域纠纷案件，维护人民群众基本生活保障。全年审结各类商事纠纷案件1634件，劳动争议类案件507件，家事类纠纷414件，房产类纠纷898件，侵权类纠份797件，有效促进区域经济与社会发展。

【行政审判】 2011年，区法院坚持行政审判原则，重点加强合法性审查与行政争议的化解工作，努力实现行政审判法律效果与社会效果、政治效果统一。推行行政首长出庭制，促使行政机关负责人吸取经验和教训，增强依法行政的意识和能力。充分发挥行政诉讼协调机制作用，主动加强沟通，引导争议双方进行理性对话，消除对立，在查清行政行为是否合法基础上，督促行政机关主动纠正违法行政行为。加强释法工作，使行政相对方接受行政行为，有效解决行政争议。结合案件审理中发现的问题，主动向行政机关发送司法建议4篇。抽调业务骨干成立拆迁案件巡回法庭，配合重大项目建设，做好拆迁纠纷协调、调解工作。全年审结各类行政诉讼案件133件，行政非诉执行案件19件。

【执行工作】 2011年，区法院成立执行快速反应指挥中心，建立反规避执行长效机制，多次采取“专项执行”、“突击执行”等活动。健全协作型审执模式，充分发挥执行风险评估机制作用，通过判前评估执行条件、执行障碍、执行风险，实现重要信息共享、预警先行和程序联动。加大涉及民生案件执行力度，优先执行涉及群众基本生活和生存权利的民生纠纷案件。对确无财产可供执行的案件，通过执行救助金实施救助，帮助申请人解决实际困难。全年新收各类执行案1873件，执结1889件，实施执行救助225700元，执结率为98.59%，执行到位率为97.95%。

【强化大调解工作】 2011年，区法院主动依托区人民调解委员会，做好司法调解、社会调解与行政调解的资源整合和衔接工作，促进矛盾纠纷解决。将诉前调解工作室的重点调整为调解婚姻家庭类纠纷、物业管理纠纷、劳动争议纠纷及小额债务纠纷等案件，并在专业审判庭建立诉前调解工作协助指导制度，指派资深法官与人民调解员“一对一”结对指导。进一步加强10大联调平台运作，发挥区交警二大队、劳动仲裁委、派出所等联调单位作用，积极推行协助调解、委托调解、联合调解和调解协议确认机制，促进当事人诉外调解。贯彻落实“调解优先、调判结合”的司法政策，充分发挥调判组合优势，在案件审理过程中做到调解前置、调解优先。全年以撤诉方式结案的民事案件3553件，调撤率66.72%；诉前调解案件3742件，调解成功2439件。

【促进信访矛盾多元化解】 2011年，区法院加强信访信息收集整理工作，按照相关制度，分类处理信访件。制订《关于集中化解涉诉信访矛盾专项活动工作的实施细则》《关于妥善处理省法院批转的信访案件的通知》等规定，重点信访案件建立院长定期逐案过堂督办机制；院领导亲自包干、亲自化解进京访案件；跟踪、通报未及时化解的信访案件，做到诉求合理解决，生活困难帮扶到位。成功化解市法院交办的集中化解涉诉信访案件、3件区政府交办的集中化解涉诉信访案件、10件中央政法委员会交办的进京访案件。

【深化社会管理创新】 2011年，区法院加强司法群众工作，努力发挥审判工作在社会管理方面的积极作用。落实巡回审判、就地审判制度，通过就地开庭、宣判、以案释法等形式，提供便民诉讼机制。开展走访人大代表、政协委员，法官进社区、进企业以及社情民意联系日等活动，收集社会各界对法院工作的意见和建议。开展7次“法院开放日”活动，接待人大代表、政协委员和社会群众来院旁听案件庭审10余次。积极参与“六五”普法，围绕人民群众和社会各界关注的热点、难点法律问题，开展各种专题宣传活动9次，在各媒体刊载宣传文章200多篇，广泛开展法制宣传教育。

【加强队伍管理】 2011年，区法院积极组织全院干警开展“人民法官为人民”、“向陈燕萍同志学习”以及“群众观点大讨论”等活动，引导全院干警进一步巩固“公正、廉洁、为民”的司法核心价值观。以建设学习型法院为目标，加强常态性学习机制建设，通过院庭长单兵教练措施，实行法官教学、案例教学和现场教学，同时将审判经验交流、重点课题调研以及疑难案件研讨固定化、规范化，实现全院干警互帮互学，共同提高。坚持教育、监督、问责并重，注重廉政教育内容与形式的统一，完善审务督察和廉政档案制度，强化内外监督，党风廉政建设和反腐倡廉工作取得优异成绩。（蒋海英）

司法行政

【概况】 2011年，白下区司法行政工作以“打牢基础、强化管理、推进创新”为主题，推进“社会矛盾化解、社会管理创新、公正廉洁执法”，发挥职能作用，各项工作取得新进展。进一步健全全区各级各类调解组织网络，调处纠纷成功率达到99.62%。全年组织人民调解员培训4次，印发各种宣传图册6000多份、《中华人民共和国人民调解法》宣传笔1万支，开展专项宣传活动3次。深入开展普法教育活动，启动第六个五年普法教育工作，制订《关于在全区公民中开展法制宣传教育的第六个五年规划》，全年开展各类普法活动250余场。安置全区632名帮教对象，重新犯罪率均控制在2%以下。社区矫正工作规范有序，全年接收社区矫正对象136人，服刑期满并解除矫正109人，在矫人数229人，无一人脱管、漏管。法律服务工作取得新成效，全年组织律师事务所走访全区企业800多家（次），防止群体性突发事件49件，出具风险提示、法律建议56件，为企业挽回经济损失2.8亿元。区属律师事务所全年收费1656万元，同比增长31.2%；办案2530件；顾问单位326家。白下公证处累计办理各类公证7253件，业务收费210余万元。法律援助中心办理法律援助案件530件，其中刑事诉讼案件17件、民事诉讼仲裁案件349件、民事非诉调解案件164件。是年，区司法局获

"2011年人民调解宣传工作先进单位"、"全省刑释解教人员安置帮教工作先进集体"。

【市政法委书记调研区司法行政工作】 4月20日,市委常委、市政法委书记刘志伟,市司法局局长孙绵琪调研白下区司法行政工作,实地查看区司法行政服务中心,询问工作开展情况,充分肯定区司法行政工作所取得的成绩,赞扬白下区在人民调解、法律援助等工作中的创新举措,尤其是区司法局在化解纠纷过程中推行的"法宣先导,调解紧跟,法援护航,公证保障"工作理念、建立上下贯通、协调联动、合力合为的"一条线"式矛盾纠纷排查调处工作模式和人民调解员等级管理做法,认为该举措可进一步推动人民调解工作发展。

【人社部调研新街口商圈联合调解委员会】 12月22日,人力资源和社会保障部调解仲裁管理司副司长王振麟、全国工商联法律部副部长白莲湘等一行5人调研新街口商圈联合调解委会。调研组实地视察新街口商圈联合调解委员会工作情况,详细了解调委会为商圈小企业提供法律服务、法律保障等工作。副司长王振麒充分肯定调委会实行资源整合,将劳动仲裁、法律援助、公证、审判无缝式对接,"一站式"为企业和劳动者提供咨询和服务的模式。

【积极调处矛盾纠纷】 2011年,区司法局把排查化解矛盾纠纷作为重点工作,认真开展矛盾纠纷排查调处工作。深化矛盾纠纷网格化排查管理模式,提升管控矛盾纠纷水平,出台《南京市白下区社会矛盾纠纷网格化管理工作制度》《白下区社会矛盾纠纷网格化管理网格片长职责》及《白下区矛盾纠纷信息员管理办法》等项制度。开展矛盾纠纷集中排查6次,排查、调解重大矛盾纠纷211件,调处成功210件;调处区领导批转纠纷22件,"12348"法律援助服务专线转接件13件,部门委托件22件;全区各类调解组织受理纠纷9228件,调处成功9193件,调处成功率为99.62%,无一例因调处不当而激化。是年,新街口商圈联合调解委员会被市司法局表彰为"群众满意的窗口服务单位"。

【构建法律援助工作网络】 2011年,区法律援助中心先后成立区工会法律援助顾问团、区助残工作站以及区妇女儿童维权工作站等法律援助工作组织。区法律援助中心在区法院、区劳动争议仲裁中心、新街口商圈联合调解委员会、银龙花园经适房住宅小区设立法律援助窗口,由专业律师每天值班,保障"12348"法律援助服务专线电话接听。全年法律援助中心办理法律援助案件530件,其中刑事诉讼案件17件、民事诉讼仲裁案件349件、民事非诉调解案件164件。

【开展政风行风民主评议工作】 2011年,区司法局被列为区政风行风重点评议部门。5月13日,区司法局组织召开全区司法行政系统政风行风评议动员推进会,通过制定便民服务举措、设立服务指南、公示办事流程、收费标准、设置监督信箱和举报电话等方式,主动接受社会监督,推进作风建设和工作成效。11月30日,区司法局在月牙湖街道富丽山庄社区召开民主评议政风行风述职大会。区司法局局长作述职报告,十余名市民代表进行现场提问,局行风监督员针对司法局近年来政风行风建设情况进行发言。经过现场打分、统计,40位市民代表对区司法局政风行风建设工作满意度为96%。

【开展法制宣传教育活动】 2011年,区司法局制定机关公务员年度学法计划,做好"每月一法"的学习;组织全区19名新提拔领导干部任前法律知识考试;邀请专家开展公务员法制讲座2场;印发法制宣传挂图、法制宣传资料500余份,通过"18法制讲坛"等形式,开展各类普法活动250余场;深化全区中学"法制双优"创建和"法律伴随我成长"研究性学习活动以及暑期青少年法制宣传教育工作,编印《白下区暑假思想道德实践作业》,将法制教育内容纳入其中;组织开展"农民工学法周"活动,为农民工在进城务工、劳动保障、工资支付及日常生活中的涉法问题,提供法律咨询和服务。全年,接待农民工1500余人次,发放有关法律宣传资料20000余份,法制环保袋近2000个。 (史 蕾)

军 事

【概况】 2011年,白下区军事工作以新形势下军事斗争准备为牵引,聚焦主题主线,认真贯彻落实省军区、警备区党委扩大会精神,着眼扎实推进军事斗争准备,提升多样化军事任务能力,按照"实战化标准、常态化准备"思路和要求,狠抓工作落实,谋求科学发展,区后备力量建设保持良好发展势头。思想政治建设富有成效,有力推动党管武装,创新发展城市民兵组织建设,扎实开展首长机关和分队训练,积极开展兵员征集工作,进一步提高安全管理水平,深入开展全民国防教育,在服务经济社会发展中努力作为。组织民兵分队开展军事训练,先后完成8批次民兵预备役人员各类专业集训。是年,区人民武装部被省军区评为对台宣传先进单位,民兵应急队伍军事训练及新闻宣传工作先进单位。

【完成兵役征集工作】 6月,区人民武装部完成士官征集任务及学生报考军校政审等手续办理工作。11—12月,白下区成立征兵工作领导小组,开展义务兵征集工作。该部坚持把征兵工作作为一项政治任务,认真把好政治、身体、文化关。先后3次召开征兵工作专题推进会,现役干部深入各街道检查督导;进行宣传发动,充分利用政府网、短信平台、户外视频等载体大力宣传新《兵役法》和省市有关征兵政策规定。全区各街道张贴标语1680余张、悬挂横幅170余条、发放6800封致全区应征青年和家长的一封信。设立廉洁征兵监督小组,开展监督检查。坚持"六公开、四公布"(公开征兵政策规定、征接兵条件标准、征接兵工作人员名单、举报电话及举报信箱、违反征兵纪律人和事的查处结果;公布预征对象名单、上站体检青年名单、体检政审合格人员名单、预定新兵名单)增强征兵工作透明度,主动接受应征青年、家长和社会监督。经过各级共同努力，白下区完成兵役征集工作，实现连续41年无责任退兵。《中国国防报》《人民前线》《新华日报》《南京日报》《扬子晚报》《现代快报》和省、市电视台等多家新闻媒体宣传报道白下区征兵工作。

【完成演示课目】 7月13日—8月1日，区人民武装部组织由各街道和黄埔公司组成的民兵抗震救援应急分队54名骨干，赴市国防教育训练基地，开展抗震救援课目演练。该部为确保演练效果，反复推敲演练方案，精心搭建抗震模拟场地，聘请地震局和省消防总队专家，认真研究抗震救援行动方案，组织民兵分队反复进行现场演练，圆满完成市委常委议军会演练任务，得到军地领导充分肯定。

【开展全民国防教育】 7月22日，区人民武装部结合“第十一个全民国防教育日”，开展全民国防教育活动。邀请著名军事专家、国防大学教授为全区科以上600余名干部作《国家周边安全形势》报告，报告从西藏、新疆、东海、南海、台湾等焦点和中美、中俄、中日、中朝、中印、中越、中缅等外部关系入手，深刻分析当前中国安全形势面临的现实危险、潜在危险和突出危险，激发全区干部爱国热情，浓厚支持国防和军队建设氛围。

【开展日常战备综合整治工作】 11月，区人民武装部开展日常战备综合整治工作，成立筹备小组，拟制整治方案，组织开展工程施工。进一步修订完善战备方案，细化战备标准，落实战备物资，进行战备方案与人员对接。规范战备制度，制作悬挂各类职责制度牌。投入经费近30万元，改造作战室和值班室，购置更换电脑、监控报警系统、完善视频会议系统和办公设施、战备器材，开通军用信息网，较好地提升日常战备工作，有效地推进日常战备工作的落实。

【完成民兵组织整顿】 2011年，区人民武装部针对防范突发性事件的应急处置和维护稳定执勤等非战争军事任务增多，在各街道应急分队基础上，把队伍建设向黄埔公司、解放军第五三一一厂等大中型企业延伸，分别组建成应急分队和抗洪抢险应急队伍，有效破解编、装、训、管、用脱节问题，完成民兵编组任务。民兵队伍科技含量得到有效提高，遂行多样化军事任务能力得到有效加强。（沈飞翔）

人民防空

【概况】 2011年，区人民防空工作以白下经济社会发展和人民防空建设为基础，开展创先争优活动，狠抓人防工程安全生产管理和警报器维护管理，顺利完成警报器鸣放工作，深入开展人防宣传教育，不断向机关、学校和社区延伸，先后组织两万余市民参观“南京市公共安全教育馆”，接受人民防空及公共安全教育。完成区级奋斗目标任务和市人防办下达的应急救援包发放、民防标示、标牌的安装工作。是年，区人民防空办公室被省人力资源和社会保障厅、省民防局评为省人民防空先进集体。（段　勇）

【完成人防工事年检工作】 4—6月，区人民防空办公室对辖区内80多万平方米、407个人防工程进行年度年检工作。年检工作贯彻《南京市人民防空工程年度检查及备案管理实施细则》，对照“安全生产月”要求，开展安全检查工作，及时处理人防工程在使用管理中存在不安全因素，清理3起在人防工程内存放可燃气体和2起因堆放杂物、封堵人员安全疏散通道问题，及时消除安全隐患。至年底，各人防工程的使用管理均保持平稳、安全状态。（傅湘权）

【做好应急救援包的发放工作】 5月，区人民防空办公室成立“应急救援包发放”工作领导小组，制订发放计划，召开专题工作会议，布署工作任务，从应急包调配、人员定岗定位、公开摇号公示、社区发放、跟踪管理等各个环节进行准备。6月2日，该办邀请纪检、新闻媒体、公证处、街道、社区代表80余人举行公开摇号，随机产生5000户家庭，并在白下区政务网和社区宣传栏上进行公示。6月9日，开始集中发放，至年底应急救援包发放到位，完成市下达的发放任务。（李彩霞）

【推进人防工作进社区活动】 7月，区人民防空办公室在五老村街道三条巷社区召开“人防工作进社区”现场会，全区7个街道人武部部长及21个社区主任参加。会议布署人防工作进社区具体任务，三条巷社区介绍该社区人防工作经验。区人民防空办公室定期和不定期组织人员到相关社区进行检查指导。至年底，完成34个社区的“人防工作进社区”工作，其中月牙湖、洪武路街道实现人防工作进社区全覆盖。（孙　峰）

【举办人防工程维护管理培训班】 7月，区人民防空办公室举办2期人防工程维护管理培训班，有98家工程管理单位和街道人防干事152人参加。该办邀请市人民防空办公室工程维护管理处和解放军理工大学的专家授课，通过讲解，公开讨论，集中解疑等方式，向与会人员进行人防工程基本特点、安全操作规程、基本用电常识等方面的培训，提高人防工程管理人员的业务能力。（李爱珍）

【做好人防标志牌安装工作】 7—12月，区人民防空办公室公开进行“人防标示、标牌安装工程”招、投标。该工程共投入23万元，制作、安装标志牌773套，指示牌918套。此工程为市民了解人防工程的方位、作用起到指引作用。（陶定宁）

城建·环保

城市管理

【概况】 2011年，白下区城市管理工作以科学发展为统领，坚持以人为本、为民服务，围绕提升长效管理水平，改革创新管理机制，完善考评体系，制订出台《白下区责任片区考核实施意见》和《白下区街道城市综合管理考核标准》，采取现场考核与问题整改率相结合的方法，减少街道之间基础不平衡的影响，提高城市管理考评的科学化程度。深化责任片区管理，加强环境综合整治，区域环境品质、市政基础条件、城管队伍作风得到明显提升。建立涉城市管理热线回复办理机制，全年办理投诉举报8562件，及时回复率100%，办结率97%，群众满意率91.5%。是年，白下区通过国家文明城市复查。区城市管理局获白下区"12345"政府服务呼叫中心优胜单位。

【综合整治市容环境】 2011年，区城市管理局开展清路治乱整治，完成王府大街、长白街、莫愁路等11条道路整治，累计拆除灯箱、道旗、标志等户外广告2788处6580平方米，全区楼顶户外广告牌拆除完毕。推行网格化巡防管理，全时段管控主要道路，完成建党90周年等一系列重要市容保障任务。加大城市管理执法力度，全年查处案件8976起，占道经营、倚门出摊、乱贴乱画等现象得到遏制，张公桥、堂子街等重点区域面貌得到改观。

【集中拆除违法建筑】 3月，白下区开展集中拆违行动，结合道路整治、小区出新和重点项目建设，全年累计拆违20万平方米，完成市政府下达的指标任务，拆除龙台大厦"印象金陵"、南京机床厂、大光路小学南侧等一批违章建筑。区城市管理局制订《白下区违法建设行政强制执行案件审核程序(暂行)规定》，设置标准化拆违执法流程。

【爱国卫生运动】 4月，区爱国卫生运动委员会开展第23个"爱国卫生月"系列活动，在全区7个街道组织普及健康素养基本知识与技能、医疗疾病义诊、中老年健身操、歌舞表演、卫生知识有奖问答、宣传板报展评等宣传活动，区爱卫会动员机关干部、驻区单位近千人开展"全民义务劳动日"活动，清理积存及生活垃圾285吨，卫生死角30处；5月，组织第24个"世界无烟日"活动，在卫生医疗单位、中小学中创建"无烟单位"。各街道公共场所及环境"除四害"工作全面市场化运作，专业化水平得到提高。

【组织防汛工作】 2011年，区城市管理局承担全区防汛组织工作，详细制订防汛工作方案和消险工作预案，配套建立汛期突发事件监测和响应机制。区城管局与区纪委联合检查，督促街道及有关部门整改易积淹水片区75个。7—8月，区城管局出动人员870人次、机械设备51台次，疏通、清理暂时积水9120余平方米，修补破损路面及坑洞2271平方米，移除险树50棵，全区安全度过汛期。

【应急工作】 11月15日，环卫系统退休职工因单位改制和绩效工资问题与市、区政府发生矛盾，部分退休人员干扰阻挠生活垃圾转运。区城市管理局启动环境卫生重大事件响应机制，组织各街道和城管大队开展垃圾清运工作。至11月17日，出动社会车辆20台、运送垃圾近1800吨，维护全区生活垃圾收运秩序，没有发生垃圾积存现象。

【队伍建设】 2011年，区城市管理局组织系统内单位开展"两型"(学习型党组织、学习型班子)组织建设，提高各级城管工作者行政效能。开展执法队伍作风整顿，组织全体执法队员脱产学习，加强依法执法、文明执法的能力，理性、平和的执法理念深入人心。加强市政养护队伍专业化培训，河道泵站实施规范化管理。加强协管员队伍规范化建设，为全区协管员配备统一服装和标志。(陆　兵)

环境卫生

【概况】 2011年，区环境卫生围绕"天天都干净"目标，优化保洁网络，更新车辆设备，提高保洁质量。全年清运各类生活垃圾24万余吨、建筑垃圾4万余吨，道路机扫率达到50%。

【环卫基础建设】 2011年，白下区完成头条巷、二条巷、明御河前、郑和公园4座公厕及闺奁营垃圾中转站改建工作。在水游城地区开展生活垃圾直收直运，取消锦绣坊生活垃圾地面中转点，该区彻底告别垃圾地面中转模式。全年更新环卫车辆设备20辆，道路机扫率达到50%。

【生活垃圾分类试点】 10月，区城市管理局在月牙湖街道的梅花山庄、中国电子科技集团公司第二十八研究所社区开展生活垃圾分类收集试点工作，覆盖3500户居民、67家商户及1所幼儿园。通过广场活动、登门入户等方式，提高居民群众的认知度和参与度。将居民垃圾分成厨余垃圾、可回收垃圾、有毒有害垃圾、其他垃圾四类，按照“家庭自分类——投放分类垃圾桶——电瓶车短驳——专用厨余垃圾运输车运输”分类收运流程。先后聘请督导员40名，新增厨余垃圾车2台、分类垃圾桶500个，向居民发放宣传册3850份、分类垃圾袋35万只。（陆　兵）

绿化建设

【概况】 2011年，区园林绿化管理工作以实现精细化管理为目标，加强绿地养护，加强行道树病虫害治理。全年整修绿地150万平方米，补植绿化苗木10万余株，摆花、换花42万盆。

【移植行道树】 3—6月，区城市管理局配合地铁三号线施工，出动600余人次、挖掘机20个台班、升降车24台班、大型吊车46台班、货车112台班，完成太平南路沿线44株梧桐树和3株香樟树移植，伐除3株无移植价值梧桐树，修剪太平南路、白下路、建康路、升州路等地段影响地面施工的行道树。（陆　兵）

市政养护

【概况】 2011年，区市政养护工作从建设型向管理型转变。5月20日，区市政工程管理所划转区城管局，工作重心从建设型向管理型转变，道路、管网的日常养护得到加强，全年修复路面约6万平方米，清理疏通管道142公里。

【修复文津桥段护栏】 9—10月，区城市管理局完成内秦淮河文津桥段沿河无主护栏修复工作。该工程由市城市管理局出资100万元。累计新建仿石材护栏700米，摊铺沥青路面300平方米，修剪树木40余株，清运周边垃圾杂物10车70吨。（陆　兵）

水环境建设

【概况】 2011年，白下区加强排水泵站规范化管理，加大河湖水面漂浮物捞力度，市政河道的管养水平明显提升。

【修复内秦淮河张公桥段沿岸护栏】 7月，由市城管局出资，区城管局组织实施修复内秦淮河张公桥段沿岸护栏工程，重建710米沿岸护栏，摊铺沥青路面300平方米，修剪树木40株。

【河道保洁】 2011年，白下区加强河道保洁和清理工作，清捞水面漂浮物580吨，清扫岸坡318360平方米，确保安全度汛。（陆　兵）

拆迁工作

【概况】 2011年，白下区房屋拆迁安置办公室（简称区拆迁办）主要负责区属范围内国有土地拆迁工作。全年区房地产拆迁有限公司（简称区拆迁公司）实施拆迁项目4个，征收项目3个；完成拆迁总面积4.75万平方米，其中住宅约2.75万平方米，非住宅约2万平方米，动迁居民468户，实现全部项目平安无事故；购买银龙花园、兴贤家园等地产权调换房30套，安置192套；开展南捕厅1、2、3号地块、金鹰三期等项目420余户居民经济适用房选房工作，切实有效解决被拆迁人住房问题，维护社会稳定。（唐　宁　夏　银）

【地铁三号线夫子庙站拆迁工作】 2011年，区拆迁办、区拆迁公司联合进行地铁3号线夫子庙站拆迁项目。该地块拆迁总面积为24206.1平方米。涉及居民权证户142户（户籍数172户），拆迁面积为8462.67平方米；涉及工企单位1家（南京天宇医疗器械总公司），拆迁面积为15743.43平方米。成立现场指挥部，提前做好各项准备工作。深入调研，按照各项动迁程序开展动迁工作，挨家逐户发放《拆迁公告》和《拆迁便民手册》；协助评估公司逐户细致开展评估工作；现场公示“拆迁许可证”和“拆迁红线”和《评估价格公示表》《拆迁工作流程图》《南京市政府相关文件》《经适房及中低价商品房申购指南》等文件。克服困难，多方位准备，全面做好新、旧动迁政策交替衔接工作。多方协调，确保资金落实到位、房源保障到位，落实中低价商品房源现房一处（双合园）、产权置换房期房和现房（银龙三期、五期、六期，兴贤佳园）、经济适用房源现房三处（西善花苑、板桥、翠岭银河），同时多渠道寻找各类二手房源，最大化满足被拆迁户的房源选择，全力推进项目进展。在项目推进过程中，及时调整工作思路，详细筛选重点人头，及时研究制定有效方案，有针对性地进行逐户细化、分化、感化，最终签署拆迁补偿协议。对于残疾、高龄等特殊困难户，采取人性化操作，人情化搬迁，为困难户开设“优先通道”，全力做好工企单位的动迁商谈工作。截至年底，完成140户居民拆迁工作。（刘敏蓉　陈　吉）

【解决遗留问题】 2011年，区拆迁办、拆迁公司开展“百日集中整治活动”，梳理、分析省市交办及自查重点人员，信访积案化解工作取得显著成效。区联席会议办公室登记在册的省交办重点人头包案14件，截至年底结案7件，完成区交办重点人头包案完成10件。（唐　宁　夏　银）

【开展廉政风险防范工作】 2011年，区拆迁办、拆迁公司进一步深化惩治和预防腐败体系建设，不断加强权力监督，按照“构筑惩治预防体系、打造廉洁高效白下”目标要求，拓宽从源头预防腐败的渠道，逐步建立健全廉政风险防控工作机制，推进惩治和预防腐败体系建设，增强全体人员廉政风险防控意识。（唐　宁　史　红）

开发公司

【白下区城市建设综合开发公司】 2011年，白下区城市建设综合开发公司主要承担大阳沟30号地块危旧房改造及小松涛巷地块拆迁任务。4月，完成小松涛巷项目拆迁任务，该项目占地面积12800平方米，拆迁居民395户，工企单位18家，拆迁住宅面积11197.88平方米，非住宅面积9136.87平方米。至年底，完成大阳沟30号地块危旧房项目58%拆迁量，该项目占地面积5.2万平方米，拆迁居民1360户，工企单位11家。（钱晓晖）

【南京光华房地产开发公司】 2011年，南京光华房地产开发公司认真贯彻区第十次党代会精神，围绕推进重大项目开展各项工作。克服资金困难，开拓新局面。注重工程安全生产，实现全年安全无事故南。12月底，经济适用房六期1300多户业主如期入住；五期北扩项目工程进展顺利(白靛地块)、六期南扩前期准备工作已全部完成(高桥地块)、四方新村剩余地块完成施工前的准备工作、杨庄六号地块合作建设项目顺利开展；物业管理进一步规范，服务进一步提升。加大遗留问题解决力度，成立专门科室处理解决2期验收办证工作。新增物业管理住户1500多户，全力打造物业管理品牌服务理念，物业管理服务质量进一步提升。（莫 瑾）

【南京庆盛房地产开发公司】 2011年，南京庆盛房地产开发公司根据区委、区政府加快危旧房改造工作指示精神，整体规划全区危旧房片区改造的工作。1—10月，南京庆盛房地产开发公司实施四十八村危旧房改造地块搬迁工作，完成非住宅类拆迁面积2218平方米、住宅类拆迁面积3789平方米，合计6007平方米；截至年底完成桩基工程并正式开工建设。3月，完成该公司搬迁工作，地址为长白街88号7楼。6月，红旗无线电厂地块完成预立项手续，并增补列入全市危改计划中。8月，观门口危旧房改造项目召开规划控详调整专家论证会。11月，完成全区危旧房整体改造初步规划方案。（杨晓晖 张 锋）

房产管理

【概况】 2011年，白下区住房管理工作完成房屋租赁税收2.04亿元，同比增长14%；全年累计发放流动人口房屋租赁登记证明1632户，同比增长17%；为全区43位在职干部发放住房补贴185万元；发放7个街道3878户低收入家庭住房补贴1318万元，审核发放准确率100%；全年受理低收入社会住房困难户4119户；受理南捕厅等6处拆迁工地的经济适用房申请699套，中低价商品房申请349套，产权置换房706套，合计1724套。出售直管公房502套，售出建筑面积2.61万平方米，收缴售房款1035.99万元；完成房屋大、中翻修1.6万平方米，消排险9098平方米，小修8950处，清理疏通化粪池1851座，综合维修2.5万平方米。全区有住宅小区320个，面积约1147万平方米，落实物业管理205个。8个小区实施雨污分流和出新。是年，区房改办被省住房和城乡建设厅颁发“优质服务窗口”称号。

【租赁管理】 2011年，区房产租赁管理工作坚持严格执行房屋租赁法律法规，逐步完善内部各项管理制度，大幅提高房屋租赁税代征数额。全年完成房屋租赁税收2.04亿元，同比增长14%。在册登记房屋租赁合同16455份，其中10343份在合同期内并正常纳税，6112份合同过期货面临销户。合同期内房屋租赁户中，公房4643户，私房5700户。全区房屋租赁登记面积247万平方米，其中公房175万平方米，私房72万平方米。

【流动人口房屋租赁管理】 2011年，区流动人口房屋租赁管理工作坚持多部门齐抓共管，综合治理流动人口房屋租赁管理。区租赁办与区流动人口管理办公室联合上门服务，并通过房屋租赁“三级管理”(市租赁办、区租赁办、区房屋租赁管理站)延伸管理覆盖面，提高重点楼宇、住宅小区宣传及管理覆盖面。全年累计发放流动人口房屋租赁登记证明1632户，同比增长17%。

【房改工作】 2011年，区住房和建设局会同区纪委、区政府办、区人事局、区老干部局等部门审核发放全区43名干部住房补贴，计185万元；发放全区7个街道3878户低收入家庭住房补贴，计1318万元，审核发放准确率100%。至12月底，受理全区低收入社会住房困难户4119户(其中待转“实物配租”70户，待转经济适用房2733户，只申请经济适用房233户，纯领“租赁补贴”1075户，领取“购房补贴”8户)。全年安置低保无房家庭的实物配租房源91户。至年底，累计安置实物配租340户。全区低保无房家庭住房保障已全部到位。受理南捕厅、大阳沟、仓巷、地铁三号线、金鹰三期等6处拆迁工地经济适用房申请669套，中低价商品房申请349套，产权置换房706套，共计1724套。

【直管公房管理】 2011年，区住房和建设局为直管公房住户办理公房户主变更253户，公房面积约8854平方米。收还6户经租房产权，面积290平方米。全年出售直管公房502套，售出建筑面积2.61万平方米，收缴售房款1035.99万元。全年收缴房租811.2万元，平均收缴率为94.8%。至年底，该局负责全区直管公房2051幢，住户9329户，建筑面积47.58万平方米，以及280万平方米直管公房公用部分管理。

【直管公房维修】 2011年，区房产经营公司完成房屋大中翻修1.6万平方米，消排险9098平方米，小修8950处，清理疏通化粪池1851座，综合维修2.5万平方米。二次供水水箱清洗消毒46个。更换老化电线3850米，消排险11处。清理所辖小区卫生死角、楼道杂物、垃圾300多栋；更换楼道灯1000多盏，更换楼道灯开关100多个；维修程阁老巷、西一巷高层、科巷高层、羊皮巷高层等大厦供水泵8台。签订29幢高层住宅楼电梯维保合同；新增灭火器253个；更换维修落水管1800米；维修外墙渗水5800平方米，屋面维修2.3万平方米，焊接小区大门18扇，疏通下水道2100米，维修配电箱24个，更换窨井盖18个。全年维修费用约450万元，其中日常维修150万元，化粪池疏通30万元，综合维修160万元，季节性维护50万元(包括水箱清洗消毒、老化电线更换、白蚁防治、防汛以及房屋普查等)，消排险及火灾60万元。

【物业管理】 2011年，白下区有物业住宅小区320个，面积约1147万平方米，已落实物业管理205个（其中实行市场化管理148个，白下区物业管理公司43个)，街道“两站一中心”(物业管理矛盾调解站、应急维修站、物业服务中心)托管小区14个。至年底，未落实管理形式的115个小区中有57个小区列入街道

"两站一中心"托管。全年，物业科指导全区84家物业管理三级（含三级以上）企业完成网上信息填报，初审59家物业管理三级企业换证工作，组织领导金鼎湾，长发中心、金陵尚府通过"省优"和"市优"审验；江苏省检验检疫局，清新家园、御道家园通过"国优"和"省优"复检。

【集体土地拆迁】 4月，区住房和建设局实施长相西街房屋拆迁项目，该项目占地19980平方米，内有工企单位10家，房屋面积12000平方米，截至12月，完成该项目90%；实施石杨路拓宽房屋拆迁项目，该项目占地79920平方米，内有工企单位14家，房屋面积16000平方米，截至12月，完成该项目50%。9月，实施有机废弃物处理站拆迁项目，截至12月，完成该项目85%。10—11月，完成京沪高铁线改房屋拆迁项目，该项目占地7000平方米，内有工企单位2家，房屋面积10600平方米。（朱明培）

城市建设

【概况】 2011年，白下区住房和建设局行政审批辖区内单位及个人建房；通过窗口管理，现场勘察、批前公示、核发许可证等环节，严格规范建设工程规划许可行为；全年办理各类建设工程规划许可15件，总面积1094平方米。组织编制全区城市建设方面的相关规划。编制完成《南京市白下区总体规划（2012—2030年）》《白下区城市建设"十二五"规划纲要》，完成《白下区东部地区整体发展规划》编制工作。

【出新整治】 2011年，白下区对内陶李王巷片区、侯家桥片区、张公桥片区3个片区中石鼓路201~223号、罗廊巷21~37号、石鼓路225号、汉西门大街2~18号、侯家桥小区、朝天宫西街98号，朝天宫西街102号、堂子街39~49号实施雨污分流和小区出新，涉及住宅楼45幢，建筑面积14.28万平方米。总投资1530万元，其中雨污分流投入资金700万元，小区出新投入资金830万元。

【招投标工作】 2011年，区住房和建设局组织小型项目招投标，涉及市政绿化工程、房屋整治、小区出新工程、市容市貌环境整治工程、教育、卫生出新改造工程、房屋拆除工程等。摇号招标代理40次，工程监理6次，办理工程承包项目82项，投资总额12864.75万元，实际中标金额5630.18万元，节约投资7234.57万元。

【规划监察】 2011年，白下区发挥规划引领城市建设先导作用，完成《白下区东部地区整体发展规划》编制工作，由科技园牵头开展东部地区的城市设计。协同区发展和改革局、光华路街道参与《南京市白下区光华路街道土地利用总体规划（2006—2020年）征求意见稿》修改。配合市规划局进行白下区控制性详细规划修编工作。（朱明培）

市政道路建设

【概况】 2011年，白下区进行石杨路拓宽改造工程、双麒路与五百户段出新改造工程、银龙路南延拓宽改造工程，其中竣工1条，其余2条分别完成工程量的90%；户部街—常府街—瑞金路—后标营道路综合整治工程办理竣工验收移交手续；石鼓路—淮海路—秣陵路出新改造工程完成工程量的70%。

【石杨路拓宽改造工程】 2月，区住房和建设局实施石杨路（友谊河—科技园二号路）拓宽改造工程。该工程西起友谊河路，东至科技园二号路，长约2540米，规划宽约60米，包括安江河桥、青年河桥和跨绕城公路的花园村桥共3座桥梁。总投资1.56亿元，其中拆迁费6000万，建设资金1.5亿元。至年底，完成该工程90%。

【出新改造双麒路五百户段】 5月，区住房和建设局完成双麒路五百户段出新改造工程。该工程西起星海路与双麒路交叉口，向东穿越五百户桥涵至高铁涵洞口，长约550米，宽12米，总投资450万元。

【银龙路南延拓宽改造工程】 2011年，区住房和建设局实施银龙路南延拓宽改造工程。该工程北起银龙路与光高路交叉口，向西南至宁杭高速路北侧，再折向东南至双麒路，长约600米，规划宽24米。投入资金1700万元，其中征地费600万元，建设资金1100万元。至年底，完成工程的90%。（朱明培）

环境保护

【概况】 2011年，白下区环境保护工作贯彻落实科学发展观和环保优先方针，以区长环保工作目标为主线，改善区域环境质量，解决突出环境问题，不断加大工作力度，环保工作取得新进展，为推动白下"转型发展、创新发展、跨越发展"作出贡献。全区环境空气质量优良率为91.4%；区域环境噪声均值为57.0dB（A），交通噪声均值为66.5 dB（A）；完成十字河治理工作；完成区域燃煤锅炉清洁能源改造；建成建邺路和石鼓湾2条餐饮污染控制示范街区；完成15家规模（1000平方米）以上大型餐饮集中整治任务，实现油烟在线监控；银龙东苑社区为市级绿色社区，银龙翠苑小区为绿色生态小区，二十八所社区、梅花山庄社区分别通过5星级、4星级绿色社区评定；"三同时"（同时规划、同时建设、同时验收）环评率、执行合格率100%；危险固废处置率达到100%；受理群众有效信访投诉件1721件，办结率和回复率均为100%，群众满意率达90%以上；行风评议服务对象民主测评综合满意率达99.5%。

【开展生态建设工作】 2011年，区环境保护局开展"白下环保行，送'福'到你家"、"纪念'六五'世界环境日"等主题活动；发放、张贴创模宣传资料2000份，发放问卷调查500份，召开企业创模动员会，建立和完善基础台账。督促、指导企业建立环保档案，成立2个专项行动小组，现场检查企业，发现问题及时整改，在省、市初查中获好评。区环境保护局与街道、社区共同查找绿色社区创建中的难点问题,分解任务,解决难题,在银龙社区开现场会4次,推进创建工作,治理周边5家餐饮、3家小五金店;联合区教育局,指导四方小学、朝天宫民族小学开展绿色学校创建活动,投入资金4.3万元,改造学校食堂油烟和污水处理设施。年底,银龙东苑社区通过市级绿色社区验收,银龙翠苑小区通过绿色生态小区验收,二十八所社区、梅花山庄社区分别通过5星级、4星级绿色社区评定。四方小学、朝天宫民族小学分别被命名为市级、省级绿色学校。

【加强污染源头控制】 2011年,区环境保护局发挥环评"控制闸"作用,把好环境准入关,全年审批环保项目114个,其中报告表44个,登记表70个,验收项目40个,新开工项目环评执行率100%,"三同时"执行合格率100%;加强建设项目批后管理,执法检查158家企业建设项目,5家存在问题企业制定措施、限期整改;引导企业开展清洁生产,实现污染源头控制,促进企业经济绿色增长,完成中国航天科工集团八五一一研究所清洁生产审核工作并通过验收;年审辖区内218家企业排污许可证,新核发17家;完成14家工业企业污染源更新调查工作;完成13家工业企业、8家医院环境统计工作;推进工业企业排污口规范化整治工作,定期监测废水、废气,确保稳定达标排放。

【推进"蓝天清水"工程】 2011年,白下区召开建筑施工环境管理工作会议,将扬尘管理情况纳入夜间施工审批考核中,开展施工工地扬尘问题联合执法检查。区环境保护局认真落实每日巡查信息上报制度,巡查全区各类施工工地、堆场664次,上报问题菜单8件,督促相关职能部门履行扬尘控制职能,促成2家施工工地安装自动洗轮机,苏宁电器广场、万科安品街项目2家工地为区文明施工工地;6月,解放军第四五四医院拆除2台燃煤锅炉,完成锅炉清洁能源改造;完成辖区内6个加油站的油气回收治理、改造工作任务;专项整治餐饮服务业污染,调查全区餐饮业,治理1506家餐饮业单位,完成建邺路和石鼓湾两条餐饮污染控制示范街区创建,投入创建资金61.2万元,治理22家餐饮企业的28个油烟、废水项目,治理达标率100%;完善重点污染源自动在线监控系统,完成15家规模以上餐饮企业在线监控安装工作,确保联网正常运行;投入资金200多万元,完成十字河治理工作。

【加强区域环境安全监管】 2011年,白下区制订《突发环境事件应急预案》,落实环境应急工作责任,完善应急平台,及时报送信息,开展应急演练,提高对环境突发事件的快速反应和处置能力,建立健全公共突发环境事件应急处理机制;加强危险废物处置监管,完成112家产生危废单位的网上申报工作,安全处置医疗废弃物530吨、工业危险废弃物80吨,危险固废转移申请办理率达到100%,处置率达到100%;开展医疗危废处置专项检查行动,检查63家,依法查处存在问题的11家医疗单位;规范辐射单位放射源管理,检查辖区41家辐射单位放射源39枚、Ⅱ类射线装置3台、Ⅲ类射线装置102台,完成换发辐射安全许可证工作,实行一家一档管理;开展企业环境行为评价和环境信息公开工作,在全区40家企业中进行评定,其中39家企业评为蓝色企业,1家评为绿色企业。

【查处环境违法行为】 2011年,区环境保护局强化环境日常监督管理,完成各类污染源监察190家856人次,48项新、扩、改建项目前、中、后现场监察144次,审批报告表18家,登记表30家,"三同时"执行合格率100%;全面推进排污费核征工作,征收排污费242万元;开展"严查不法排污企业,保障群众健康"、"重金属行业专项整治"、"涉铅企业整治"、"施工扬尘专项督查"及"餐饮油烟污染扰民专项整治"等行动,挂牌督办宝庆首饰总公司污水直排和新四川酒家油烟、噪声污染扰民等环境问题案件,立案查处环境违法行为35件,维护群众环境权益;高度重视环境信访工作,认真解决群众投诉,全年受理群众有效信访投诉件1721件(其中白下区"12345"政府服务呼叫中心转接件1313件、"12369"环保热线接转件231件、大城管平台交办件109件、自接13件、市局办公室批转件14件、区信访5件、各级部门及领导指示件、网络平台下载件36件),办结率和回复率均为100%;严格核定夜间施工审批,加强巡查违规施工力度,妥善处理群众夜间施工噪声类投诉1170件;中高考期间,启动"绿色护考";提高建议、提案办理质量,与代表委员充分交流沟通,确保见面率达100%,办理人大代表建议1件、政协委员提案5件,满意率100%。

【监测区域环境质量】 2011年,区环境保护局定期巡查月牙湖等区域环境,全面完成水、气、声各项环境质量监测任务,获监测数据2498个,其中环境水体监测数据1176个、环境空气监测数据330个、环境噪声监测数据992个;监测辖区工业重点污染源、一般工业企业、医院等单位的污水、废气、噪声,全年完成污水排放监测203家(次)、餐饮油烟排放监测91家(次)、固定声源监测89家(次)、锅炉大气污染物监测30家、验收监测23家,获数据2142个;加强环境监测数据质量管理工作,完成《2010年白下区重点污染源排污状况报告》《2011年白下区环境质量报告》;根据统计数据显示:空气环境质量有所好转,良好以上天数为331天,污染天数为31天,优良率为91.4%,优于85%的目标标准;全年降尘均值为13.38吨/(平方公里·月),同比下降6.67吨/(平方公里·月),降尘强度显著下降;全年降水88次,pH均值为5.64,同比上升0.14pH值,其中酸雨42次,频率为48%,酸雨强度与2010年持平;全区水环境质量存在隐患,四大水系区域内水体均为劣Ⅴ类水体,月牙湖水质同比呈重富营养化状态,小康断面考核指标中,月牙湖湖心断面年均值达标、紫金桥断面氨氮均值未达标,区域内淮海路35号点地下水质属于Ⅱ类水体,同比水质有所下降;声环境质量较稳定;全区区域环境噪声均值为57.0dB(A),交通噪声均值为66.1 dB(A),噪声环境质量达到区域环境质量标准。(薛汉华)

工业·农业

工 业

【概况】 2011年,白下区有规模以上工业企业（国有独立核算工业企业和产品年销售收入在2000万元以上的非国有独立核算工业企业)23家。按企业规模划分:大中型企业9家,小型企业14家。按企业经济类型划分:国有企业4家,集体企业2家,股份制企业12家,外商及中国港、澳、台地区投资企业5家。按企业行业划分,共12类:纺织服装和鞋帽制造业3家，化学原料及化学制品制造业2家,通用设备制造业5家,专用设备制造业1家,交通运输设备制造业4家,电气机械及器材制造业2家,通信设备、计算机及其他制造业1家，仪器仪表及文化、办公用机械制造业2家,工艺品及其他制造业2家,电力、燃气及水的生产和供应业1家。工业结构不断优化,经济效益良好。

【工业主要经济指标】 2011年,白下区23家规模以上工业企业累计完成工业总产值111.71亿元，同比增长17.5%。工业增加值累计完成26.7亿元,同比增长11.5%；销售收入累计完成124.3,同比增长15.7%;产销率97.7%;利税总额累计完成6.23亿元，同比增长-8.1%；利润总额累计完成3.8亿元，同比增长-14.5%。其中评价口径(不含金城集团有限公司）完成工业总产值87.13亿元,同比增长22.6%;工业增加值累计完成20.3亿元,同比增长20.1%;销售收入累计完成92.4亿元，同比增长22.4%;产销率97.8%;利税总额累计完成5.4亿元,同比增长15.5%;利润总额累计完成3.7亿元,同比增长11.7%。是年,白下区完成市委、市政府下达的奋斗目标；区发改局获市工业经济和信息化发展先进单位一等奖和全市工业和信息化投资先进单位。

【工业经济运行特点】 2011年,支撑白下区工业经济指标的乐金熊猫实现工业产值37.2亿元,继续保持着良好的发展势头,产值占全区总产值的33.3%;重点企业宝庆首饰由于受金价高幅上扬、多家高品质直营店开张等利好因素带动,产销规模大幅增长,全年产值突破18亿元,同比增幅达到63%;际华三五二一无纺滤毡的年生产能力不断提高，产量达147.6万平方米,年产值过4亿元;智能交通产业支柱企业南京莱斯大型电子系统公司营销规模不断扩大，空中交通管理、城市智能交通、应急指挥通信等领域产品国内市场占有率达40%以上。一批科技型企业发展迅速，自主研发能力不断加强。全年认定的省级企业技术中心5家,市级企业技术中心9家,其中南京华格电汽塑业有限公司被评定的省级企业技术中心，维格娜丝服装有限公司与江苏长天智远交通科技有限公司被认定为市级技术中心；金蝶软件获得江苏省智慧企业管理软件工程中心的批复，成为白下区第一家省级工程中心；南京通用电器有限公司产值较去年翻番,全年产值1.3亿元，并获得创新能力企业的专项奖励资金；南京四开电子企业有限公司、南京理学工程数据技术有限公司、南京壹进制信息技术有限公司、南京杰迈视讯科技有限公司等科技型企业规模也均快速扩张,发展前景良好。

【工业投资】 2011年,白下区地方及区域市属工业企业完成工业投资总额7.6

紫金(白下)科技创业特别社区大门

亿元。其中,投资亿元以上的南京乐金熊猫电器有限公司、南京莱斯信息技术有限公司厂址新建项目、南京自来水总公司水厂变频机组和供水系统改造项目,累计完成投资额6.7亿元。项目全部达产后预计可年新增工业产值10亿元、利税0.85亿元。南京莱斯信息技术有限公司《新一代空中交通管理系统改造项目》,获市产业高端化发展项目补助资金600万元。南京华格电汽塑业有限公司《高端射频天线及终端产品产业化一期改造项目》获市重点工业投资项目补助资金260万元。南京市自来水总公司《水厂电力系统设备节能更新改造项目》,获省级差别电价补助资金40万元。 (陶建平)

【"千企升级"行动计划有序推进】 2011年,白下区按照《南京市推进"千企升级"三年实施计划》(宁政发[2010]111号)文件和有关会议精神,深入推进区"千企升级"行动计划。在对企业规模、创新、管理、信息化、人才、绿色6个方面加大升级力度,积极争取国家、省、市三级扶持政策,着力培育新一代信息技术、智能交通等新兴产业。对列入白下区升级计划动态名录的近50家企业采取重点企业示范,科技企业引领的激励机制,提升企业自主创新能力,促使企业在提速增效、内生增长等方面取得突破。为驻区60多家企业进行30多项不同类型的申报工作,内容涉及名牌产品、高端制造、科技中心建设以及建立中小企业项目库等领域。积极为企业争取资金扶持。为轻工机械厂、工艺装备厂、众得利、宝庆等积极争取重大专利新产品产业化项目补助专项、省级以上新产品补助专项、成长型科技企业专型等省、市级资金扶持。在列入该区升级计划动态名录的近50家企业中近半数得到省、市两级奖励资金的扶持。经初步统计,2011年从市经信委、发改委争取到的省、市两级资金远远高于往年。列入2011年市企业研究开发项目计划的15家企业,50多个项目享受到研发费用税前加计扣除相关优惠政策,对企业在加大研发投入,加快自主创新能力建设方面起到积极作用。

【维格娜丝时装股份有限公司】 2011年,维格娜丝时装股份有限公司按照国际大牌女装的要求,升级维格娜丝品牌,从品牌标志、品牌形象、品牌定位等各个方面全面改造,并打造全新的店铺形象,进入全国最高端的商场,赞助热播的时尚都市电视剧,开展精致唯美的广告宣传。同时成立上海设计中心,聘请韩国资深服装设计师,引入国际化时尚潮流。通过系统的打造、升级和宣传,V·GRASS品牌高端的形象、时尚领先的设计理念逐步深入人心。全年实现销售额8亿元,同比增长60%以上;上缴税收将超过9000万元,同比增长65%以上。(华 蓉)

农 业

【概况】 2011年,白下区农业工作按照年度计划,稳步推进,完成全年各项工作。全年实现农业总产值263.81万元,占全年计划219.8%。其中,蔬菜上市74.7万公斤,占全年计划124.5%;实现蔬菜产值161.02万元,占全年计划178.9%;实现副业产值102.79万元,占全年计划342.6%。

【防汛工作】 2011年,光华路街道全面检查辖区内的十字河、青年河、运粮河、劈河沟等水系及肖家盘、红旗泵站等,排查辖区各河道、低洼易涝区,对抢险队伍、抢险物资实施定点、定段、定线安排。街道投资15万元,对南圩水系、劈洪沟水系实施清淤,并清运岸边渣土,同时沿光华路一侧建立永久护栏,避免渣土填埋影响泄洪。组织570人抢险队伍,其中抢险队13个390人、常备队9个180人,同时组织600人后备队承担重点河段抢护工作,并在高桥地区进行防汛演习。街道防汛办公室及各管理办公室和社区严格按照分配任务,落实到位,并逐项登记、划价造册,实现定数量、定地点、定专人负责的"三定"责任制,确保安全度汛。

【菜篮子工程】 2011年,光华路街道狠抓肉产品质量安全工作。组织辖区各社区、管理办公室、农贸市场、食品生产企业等单位负责人召开专题会议,传达区食品安全紧急会议精神,有序部署"瘦肉精"猪肉防范工作。涉农社区、管理办公室加强肉食品源头管理,切实做好620余头生猪检验检疫工作;严控饲料来源;海福巷、牌楼农贸市场严把肉产品质量关,严禁无两证(肉品品质检验合格证、动物检疫合格证)、两印(食品公司印章、兽医部门印章)猪肉上市销售。强化信息报送,发现存在疑似"瘦肉精"中毒等情况,第一时间上报街道食品安全办公室,确保食品安全。

【预防禽畜疫情】 2011年,光华路街道出资聘请兽医,免费给2500头猪接种疫苗,重点预防猪瘟、猪口蹄疫、高致病性猪蓝耳病等重大动物疾病。讲解"猪流感"防治常识,发放宣传小画册,传授防病知识。将辖区划成若干片区,每片区配备兽医,由各村农业主任带队,采取拉网式防疫。村农业主任、兽医和养殖户三方签字留存。做到防疫不漏一户,沉底盖边,杜绝动物重大疾病的发生。及时报告可能出现的私埋、私屠及部分不明原因死亡的生猪等情况。关注周边地区动物疾病动态,全年无重大疫情出现。

【惠农工程】 2011年,白下区落实农业种植补贴政策,做到不重,不错,不漏。粮食直补按照经济作物每亩81.5元标准,直接发放到农民银行卡中,兑现资金9.36万多元。 (雷志刚)

商贸·旅游

商　业

【概况】 2011年,白下区商务工作统筹内外贸经济,加快经济发展方式,推动产业融合和结构优化升级,抓住市场商机,通过实践活动,着力破解发展难题,扎实有序推进目标进程,全面完成各项任务指标。全区9家中心市场70个菜农直销摊位费,按照原固定摊位费50%征收。发展中式快餐网点6个,其中4个网点达到《南京市中式快餐建设管理标准》。接到白下区"12345"政府服务呼叫中心转来工单50多件,处理率100%,满意率91.6%。完成区人大、政协交办的13件建议提案。全年实现社会消费品零售总额477.1亿元,同比增长16.5%;服务外包执行额8700万美元,其中离岸4845万美元;外贸出口额完成67亿美元。帮助驻区企业279家申领各类资金1902万元。其中,中小企业国际市场开拓资金167万元,一般贸易出口增量部分资金102万元,进出口信用保险保费补助资金176万元,商务发展专项资金718万元,商务发展专项资金支持外经贸转型升级资金141万元,市开放型资金94万元,取得区域经济良性发展。是年,区商务局获2010年度全市市场运行监测工作先进单位一等奖;南京市内贸工作先进单位;南京市外贸出口工作先进单位等荣誉。

【完成企业改制】 2011年,区商务局完成对隶属企业南京三星美食大世界、南京建邺区饮食服务经营总公司、南京金海洋泳浴娱乐中心、南京清真安乐园菜馆、南京三星糕团店等17家国有企业的产权改制工作(简称17家企业)。17家企业从事经营范围涉及饮食服务业、建筑材料及装饰材料、金属材料、五金交电、电器机械及器材等几十种,拥有在册职员1924人。

2010年2月28日,为企业改制资产审计评估基准日,委托南京鹏宇联合会计师事务所对17家企业法定代表人离任进行经济责任审计,审计17家企业2009—2011年主营业务收入、净利润,评估固定资产和流动资产;委托南京中诚信联合会计师事务所审计17家企业全部资产;委托江苏永和资产评估有限公司做改制资产评估;委托江苏苏地仁合土地房地产评估有限公司做划拨土地使用权毛地出让价格评估;委托南京中诚信联合会计师事务所对17家企业自评估基准目至产权交割日,因持续经营产生的净资产增减情况审计。规范17家企业改制工作,聘请江苏马健律师事务所担任专项法律顾问,全程参与监督。按照改制相关法规要求,对企业专项审计报告、资产评估报告、土地估价备案、不良资产核销专项审计报告、房屋建筑物清查评估明细等审计评估结果公开公示。通过清产核资、审计评估、方案论证、盘清家底。2010年11月4日由职代会讨论通过《南京三星美食大世界等17家企业职工安置方案》,报送区人力资源和社会保障局审核备案。2010年11月17日,在南京产权交易中心挂牌向社会公开产权出让信息,同时在新华日报第三版刊登信息,向有关方面发放书面公示通知、在17家企业进行板面公示。对征集到两个以上的意向受让方,根据意向受让方提交的受让方案和对意向受让方尽职调查结果,转让方组织专家进行综合评判,依照标准确定受让方。原17家改制企业经营层和职工以全员参股的形式组团竞购成功。

2011年2月24日,通过南京产权交易中心受让方以452.9万元完成产权出让合同。产权出让包含审计评估报告中资产和负债;国有划拨土地总价扣除出让金差额部分;或有债务。对或有债务明确区相关部门对最终受让方全程监管。改制操作全程从有利于企业经营发展,有利于保护职工合法权益,规范处理国有资产出发,按照"程序公开化、操作规范化、转让市场化、手续法律化"原则,通过产权整体出让方式,彻底改变原17家国有企业性质和职工身份。5月30日,改制后企业,在白下区注册成立德聚饮食服务管理有限责任公司,遵照《公司法》规定,成立董事会、监事会和股东大会,分配股权,建立现代企业管理制度。年底,17家企业整体改制到位、职工劳动关系到位、社会保险落实到位、债权与债务处理到位。

【举办年货进社区活动】 1月22日,市供销合作总社和白下区政府在郑和公园广场举办"年货进社区"活动。以"帮助农民增收 丰富市民生活"为主题,搭建产销对接平台,各区县供销社选择规模大、信誉好的龙头企业、专业合作社、农产品协会、农民经纪人、经营大户等35家单位组团参展,重点展销有机、绿色、无公害和具有地方特色的优质农副产品60多个,为市民在家门口购买到正宗、放心年货提供便利条件。副市长陈维健、市供销合作总社主任邵强、副区长焦勇出席开幕式并致辞。

【开展送温暖活动】 2月,区商务局开展送温暖促和谐行动,为系统困难职工申请市级特困60人、区级特困151人，在帮助办理低保同时给予单位救助，列出专项资金为职工办理住院医疗保险。全局工作人员结对下属企业困难职工30人，帮扶捐款1.6万元。争取区帮扶资金72.72万元，企业自筹帮扶资金130多万元，送到下属企业1700人次困难职工手中，确保帮扶覆盖率100%。为接对社区20余户困难家庭送去价值4000余元的慰问品。

【保障食用猪肉产品安全】 3月16日，区商务局分管领导带领市场科人员逐一检查全区21家农贸市场，重点查看各家农贸市场猪肉索证索票、台账登记、市场供应及追溯系统管理情况。加强对猪肉产品流向清查力度，严禁没有验收准入证和验讫章的猪肉进场销售。3月17日，和区食品安全管理办公室各成员单位共同执法，集中销毁从双汇冷鲜肉专柜查处的10公斤含瘦肉精猪肉，下架封存全区农贸市场双汇冷鲜肉专柜300多公斤疑似问题猪肉制品，暂停从媒体曝光的猪源地采购、调入猪肉产品。同时拓宽放心猪肉产品调运渠道，做好市场肉食品供应，确保市民吃上安全猪肉产品。

【建立南京区域名特优农副产品购销平台】 3月29日，南京市供销合作总社和江苏天盾农副产品有限公司合作，在白下区金城大厦建立“南京区域名特优农副产品购销平台”。该平台主要从事菜市场连锁经营，名特优农产品展销、批发，农产品物流配送等业务。该平台围绕“菜篮子工程”，建立从田头到餐桌农产品质量安全控制和保障体系，同时提供大量就业岗位，全面提高社会、经济、生态综合效益，为市民提供安全放心、价格合理、品种齐全的农产品。

【完成外贸外包任务指标】 2011年，区商务局明确加大对国际服务外包产业支持力度和构建政策保障体系等政策措施。做好服务外包产业规划、建设和发展的协调推进，引进数字传媒、网络视听、智能交通、软件服务等产业，发展信息技术服务外包，加强与行业协会、高校、科研机构、中介合作，优化企业发展环境。通过召开座谈会、创建服务外包QQ群平台，为企业提供政策解读；组织企业参加境内外服务外包展，拓宽企业接单渠道，为企业申报服务外包技术先进型企业资格，提高离岸接单竞争力。至年底，完成服务外包执行额8700万美元，其中离岸4845万美元；完成外贸出口额67亿美元。争取到国家和省、市政府扶持资金1902万元，惠及白下区279家企业。区委、区政府向南京莱斯等6家外包企业、金城集团等5家外贸企业兑现319.2万元的外包扶持资金和外贸知名品牌培育专项资金。4家企业获评2011—2013年市级重点培育和发展国际知名品牌，金城集团有限公司获市出口创新基地建设领导小组授牌“南京市摩托车出口创新基地”。

【做好家电以旧换新工作】 2011年，区商务局按照工作职责和要求，和财政局等部门合作，规范回收销售网点备案条件、补贴审核流程和管理信息系统操作，建立网点档案和联系网络，保障以旧换新工作有序开展。对照补贴审核条件和标准，逐项审核企业销售凭证、回收和备案信息，严格审核发票、身份证等要件，完成网上审批。针对节假日期间家电旺销业务量大增情况，组织力量深入企业，接受销售企业和消费者咨询，采取集中和分散方法审核销售凭证，安排专人加强审核督查报送数据和材料，防止骗补行为，公开群众举报电话，接受社会各界监督，保证补贴回款及时到位，确保惠民利民政策落到实处。年末，全区10个家电以旧换新网点销售电视、冰箱、洗衣机、空调和电脑等五类电器74.15万台，销售额28.3亿元，销售凭证商务审核通过率达到94%，占全市审核总量36%，财政补贴兑现2.09亿元。

【完善消费品市场运行信息监测网络】 2011年，区商务局建立市级监测月报企业132家，其中商务部网上直报企业36家，市级监测日报企业6家，监测涉及批发、零售、餐饮等22个流通行业。按照监测要求，采取常态监测、节日监测和应急监测相结合的方法，提高市场监测完整性和连续性。在“春节”、“五一”、“十一”等重大节假日期间安排专人值班，收集监测企业有关数据信息，分析节日市场情况，上报消费品市场运行态势，撰写消费品市场运行分析报告十余篇，市局采用率100%。

【构建酒类流通质量追溯管理平台】 2011年，区商务局制定《酒类经营备案登记工作方案》，调取在区工商局注册登记的酒类流通经营企业信息，逐一取得联系，宣传酒类备案登记的政策法规。动员街道、社区组织督促酒类经营企业和个体工商户进行备案登记。要求批发企业按规定使用购买酒类批发随附单，落实溯源制度。通过督查整改，达到维护酒类经营市场秩序，规范经营目的。年内，网上备案登记酒类流通企业达344家，完成市局下达的目标任务。

【做好商业示范社区创建工作】 2011年，区商务局和瑞金路、五老村、月牙湖街道及有关社区相继成立商业示范社区创建办公室，修订《白下区加快社区商业发展实施意见》，统一规划部署社区商业创建工作，制定创建方案和发展规划，引进便民家政服务连锁企业进入街道、社区，建立居民服务消费信息平台，提高社区商业配套服务功能，满足居民基本生活服务需求。年内，引入社区家政服务连锁店2个，完成3个社区商业建设和改造工作，五老村街道五老村社区、瑞金路街道西华东村社区通过创建市级商业示范社区验收，月牙湖街道梅花山庄社区通过创建省级商业示范社区验收。

【建设再生资源回收站点】 2011年，白下区成立由分管区长、10个相关职能部门和7个街道组成的再生资源体系建设工作领导小组，制定白下区加快再生资源回收体系建设实施方案。区商务局将承办新建或改建再生资源回收站(点)目标任务分解到7个街道，形成由南京再生资源行业协会、承办企业、有关部门参加落实的机制。通过对上报站点实地走访评估，按照示范点、达标点分类定位，确定对持有工商营业执照的26家回收站点改建备案登记。按照《南京市再生资源回收体系建设管理规范》，在选址、建筑、车辆、分区标志，营业执照、服务公约及企业管理制度上墙公示等方面做到规范统一。年末，完成石门坎废纸分拣加工中心项目和26个统一规范的便民、环保再生资源回收站点升级改造目标。通过改造回收站点“脏、乱、差”，实现再生资源行业站点管理“上台阶、上水平、树形象”要求。

【创建绿色市场】 2011年，区商务局开展绿色市场创建活动，健全经营环境管理和监督机制，引进品牌农副产品，统一全区农贸市场台账。全区农贸市场增加品牌销售专区160平方米，累计总面积达4565平方米。年末，7家农贸市场通过市级绿色市场考核验收，其中科巷菜场、内桥菜场、尚书巷菜场为国家级绿色市场，建邺路集贸市场、红土桥菜市场、海福巷集贸市场、光华门集贸市场为市级绿色市场。

【健全食品安全管理】 2011年，区商务局组建食品安全工作领导班子，健全食品安全监测网络，建立健全食品安全管理台账，安排专人登记保管，确保食品安全可追溯，全区有一支近90人食品安全员队伍，形成有效食品安全监控网络。与区工商分局联合与全区21家农贸市场负责人签订食品安全目标责任书，组织农贸市场负责人学习《南京市蔬菜使用农药管理规定》，培训21家农贸市场53名蔬菜农残检测员操作速测灵和速测仪。为消费者所购蔬菜进行农残复检。通过宣传引导，采集经营户信息数据，开展市场业务人员基础知识培训，规范制度管理。科巷、内桥、光华门、海福巷、御河苑5家农贸市场列为肉品质量安全追溯系统建设试点单位，猪肉经营户进货凭卡，进场刷卡，销售打票，消费者凭票直接溯源。肉类蔬菜流通追溯系统投入使用后，各流通节点信息互联互通，形成来源可追溯、去向可查证、责任可追究追溯链条。全年检测蔬菜近11万笔，拦截“农残”超标蔬菜9批次近100公斤，无一起食品安全事故。6月13日—6月20日，开展“保障食品安全，构建和谐社会”宣传周活动，现场发放宣传材料，利用横幅和LED显示屏播放宣传内容，在市场宣传栏张贴食品安全宣传海报，使广大消费者了解食品安全知识，提高自我保护能力。

【保障副食品市场供应】 2011年，区商务局为确保雨雪冰冻灾害性天气、“春节”、“国庆”等特定期间副食品市场供应，多措并举，落实每日商情报告制度，保持信息畅通，随时掌握市场销售和库存情况，做到货源早确定，早储备。保证全区21家市场日投放蔬菜总量达600吨、鲜猪肉550头、水产21000公斤、鲜活家禽6100只、鲜蛋2500公斤。3月中旬，发生恐慌性抢购食盐风波，区商务局有效应对，保障食盐足量供应。5月，引进阜宁优质农产品进驻该区7家农贸市场，在科巷地区设置5家直销店经营。11月，与滁州来安县为民农作物种植专业合作社合作，开展惠民蔬菜进蓝旗街、富康社区活动。通过优质农产品直销，减少中间环节，达到惠民效果。全区副食品供应全年各时间节点货源充足，市场繁荣。

【新建星海路菜市场】 2011年，江苏天盾农副产品发展有限公司出资购买星海路8-1号房产，投资300余万元用于菜市场建设。菜场按照《南京市农贸市场设置与规范》A类标准要求建设，设置绿色专区。10月16日，营业面积达1500平方米星海路菜场投入经营，商户入住率达到60%，提供就业岗位60多个。

【落实创建文明城市迎查工作】 2011年，区商务局设置迎查办公室，建立定人、定岗、定责网络。将创建要求驻区旅游企业，把创建迎查与严格执行《旅行社条例》《导游员管理条例》相结合，开展“讲文明、树新风，创建群众满意窗口”等系列主题活动。区商务局对照测评指标和《农贸市场设置与规范》，做到每家农贸市场所有责任人在职在岗，手机24小时不关机。专人管理农贸市场周边非机动车辆停放，杜绝经营户溢摊、占道经营等问题；悬挂横幅、播放影像资料、张贴标语、发放宣传小册子，电子显示屏、广播宣传文明经营要求。修整科巷菜场南北门路面、更换场内破损地砖、灯光亮化、安装通风设施、改变垃圾转运方式等；尚书巷菜场、光华门菜场升级监控设施，做到探头全覆盖；光华门菜场场内安装空调，打造成恒温市场；内桥、羊皮巷菜场更换出新监控设施、出入口护栏、门前地下管线、更换垃圾车等。各市场根据经营品种配备相应防蝇防尘、消毒水、灭菌灯、空调等设施，定时消毒用具。落实日报制度，每天上报情况汇总，编制简报通报，实施分类指导，巩固服务规范。3家农贸市场通过省、市、区文明城市测评检查，科巷菜场获双A级评价。

【发挥工会作用】 2011年，区商务局组织开展《中华人民共和国劳动法》及集体合同等知识培训，探讨职工工资集体协商等内容，在企业开展面对面咨询指导，推行集体合同制度，确保职工劳动报酬、工作时间落实，稳定企业劳动关系。工会帮助失业、下岗、再就业困难的60名职工安排就业岗位。区副食品公司为公司全体职工交全住房公积金，上调养老金缴费标准15%，每个职工都能足额享受国家规定的“五险一金”(养老保险、医疗保险、失业保险、工伤保险、生育保险和住房公积金)福利待遇。在推进区属商贸企业改制工作中，注重处理好国家、企业、职工三者利益关系，通过召开职工代表大会、上门、打电话等方式，广泛听取职工意见和建议。三星饮食服务集团在企业改制过程中通过多次职工代表大会征求意见，完善《职工安置方案》《职工持股筹建方案》等，选出职工持股会代表，参与企业管理，保障职工合法权益。广泛开展文化活动，组织系统职工参加区14届运动会球赛、登山等竞赛项目；开展灯谜会、踏青烧烤、趣味游戏、参观小岗村等，落实好老干部、女职工等各项福利待遇和助学、医疗救助，为灾区发动募捐慰问。在区属企业开展创“工人先锋号”、“模范职工之家”等活动。悦华大酒店被区人力资源和社会保障局授予2011年度劳动关系和谐单位称号。

【组织安全监控体系建设】 2011年，区商务局建立安全生产责任网络，围绕全年工作目标，明确职责，逐级签订安全生产目标责任状，设置应急预案和应急工作机制，建立健全规范化管理，建立安全生产管理台账，每月召开一次例会，查找安全隐患，通报整改情况，阶段性总结与布置安全工作情况。组织区属商贸企业参与市总工会的安全技能竞赛，观摩区总工会安全监控体系建设示范单位成果展示，集中管理人员开展3期安全体系建设培训，强化安全责任意识。悦华大酒店投资十多万元安装新型自动烟感报警系统，添置红外感温探测器，更换疏散指示灯和应急照明设施及灭火器材，出新消防通道，维护好自动喷淋系统设备。在重要岗位设立安全生产监督卡，落实治安、消防、安全生产责任制。组成"防火情联合检查组"，借鉴和总结发生的事故和教训，制定突发事件处置预案，配合公安部门数次截获入住酒店的犯罪嫌疑人，被白下公安分局授予"治安先进单位"称号。

【银都集团实现经济效益增长】 2011年，南京银都集团有限责任公司加强经营租赁管理，修缮出新银都大楼，增加LED数字显示屏为客户提供广告信息服务，培训、考核电梯操作工及操作证年检，保障设施安全运行。通过优化软硬件条件，提高经营规范程度，确保资产增值。抓住承租大户租赁协议到期时机，吸引苏果超市、五星电器、工商银行等大型企业续租银都大楼，年增收租金116万元，同比增幅28.05%，全年实现主营收入1026.34万元，入库税金100.44万元，同比缴税增幅153.32%。首次实现租赁收入突破千万元和税金解缴突破百万元。企业及时调整工资分配，在岗人均收入增幅23.74%，下岗人均收入增幅17.19%。同时采取一系列措施，开展救助、慰问工作，做好职工医疗互助互济保险报销，为17名困难职工子女提供助学资金，走访慰问集团内离退休干部、80岁以上老人、特困职工、外派职工等700多人次，全年支出救助、慰问金60多万元。

【悦华大酒店经营管理上台阶】 2011年，悦华大酒店开发市场资源，抓特色创新项目，建立酒店业务电脑管理系统，规范流程，降低成本，提高服务水平和工作效率。酒店餐饮部严格遵循《中华人民共和国食品安全法》要求，保证食品安全。每道菜肴出菜均贴上厨师编号。成立"新品菜肴研制小组"，请名厨讲传，做市场调研，在食材运用、风味上下工夫，创新推出"金陵跳水鱼"、"酱烧香鮰鱼"、"阿公回味鸡"、"古法蒸甲鱼"、"水蛋海上鲜"等特色菜肴。酒店客房部按照三星级酒店最新标准，全面改造出新。通过会务接待，与客户签订长期合作协议；开展送餐服务；首次推出月饼礼盒，销空1400多盒。参与满座网、携程网合作团购活动；在口碑网、腾讯网、QQ空间、丁丁网上传酒店图文资讯；与南京电视台"人气美食"栏目合作推出秦淮小吃套餐和文昌鸡广告片，扩大酒店知名度。客房部前台获市商务局授予2011年度"群众满意服务窗口"称号。餐饮部和客房部营业额分别赢利483万元和299万元，同比增长17%和14%；实现利润79.65万元和113.14万元，同比增长63%和23%。偿还负债83万元，上交国家税金88万元。 （冯乐勤）

旅　游

【概况】 2011年，白下区旅游局加强旅游市场诚信体系建设，规范旅游市场监管和秩序，推动区域旅游业发展。全区星级宾馆、景区点、旅行社174家（其中旅行社144家、分公司12家、星级饭店17家，A级景区1家），旅游企业数量占全市同行近1/3。完成"白下区服务业创新发展建议"、"推动新街口商圈现代服务业集聚建设建议和措施"及"推动白下服务业发展的建议和措施"等调研项目。举办太平南路黄金珠宝节活动，引领黄金珠宝首饰时尚潮流；在新街口商圈举办各种品牌促销活动，吸引外地旅游者购物消费，同比占总量34%。组织驻区旅行社参加城际互游合作，实现资源共享、互惠共赢。年内，接待境内外游客110万人次，年创旅游收入22亿元，同比增长20%；创税2250万元，同比增长15.6%。

【拓展客源市场】 2011年，区旅游局通过"旅游爱心协会"平台，搭建区域旅行社、星级酒店和旅游景区之间沟通合作渠道；与市旅游园林局、南京晨报联合在汉中门广场、正洪街和朝天宫广场等地开展品质旅游进社区活动，组织辖区社区主任及市民40人参加市旅游园林局举办的登山活动；精心策划"魅力白下·幸福城区"宣传活动，25家旅行社现场优惠推介200余条成熟旅游线路，发放《品质旅游出行提示》、产品介绍等宣传资料2万余份；通过开设旅游讲堂、旅游咨询、品牌产品展示、现场报名出游等形式满足市民对旅游消费需求；根据区商贸旅游资源，编排特色线路，制成"白下商旅"手册指南，在各种活动中向来宾发送，提供旅行资讯和实用知识。

【开展旅游企业创优达标活动】 2011年，区旅游局加强行风建设，促进企业自律规范。结合星级饭店新标准，指导酒店开展提档升级工作，量化考核条目，提高服务质量和设施设备维护保养。同时抓市场监管投诉，营造优质旅游市场。开展创建区级"文明单位"、"青年文明号"、"三信三优"和"巾帼文明岗"创优达标活动。13家三星级以下饭店（其中三星级11家，二星级2家）通过复核达标。1家获省级"价格诚信"单位，1家获区级"青年文明号"。驻区江苏舜天海外旅游有限公司、南京银燕航空旅游有限公司、南京凤凰假期旅游有限公司和南京风华旅行社有限公司4家企业获2011—2013年南京市重点培育和发展的国际知名品牌。

【加强旅游行业监管】 2011年，区旅游局按照属地化管理原则，担负本辖区旅游投诉受理、旅游服务质量现场检查、旅游行政执法职责。通过建设专业QQ群，明确150家旅行社企业老总为质量监督第一负责人，健全旅游执法体系和质量监督网络，构建旅游执法体系，召开全区旅行社行政执法工作会，宣传贯彻《最高人民法院关于审理旅游纠纷案件适用法律若干问题的规定》，剖析旅游投诉案例，增强旅行社诚信守法经营，保障旅游者合法权益，营造"规范、有序、健康、和谐"旅游市场秩序。在全区旅游行业积极开展"旅游安全生产月"活动，落实安全生产目标管理责任制。节假日期间，深入旅游企业开展安全生产隐患排查与整治工作，提高企业旅游安全和应急工作机制。年内出动执法人员60人次，检查企业153家，下发整改通知书30家；受理旅游投诉、白下区“12345”政府服务呼叫中心和信访案件共62起，办结率100%，投诉人满意率100%，为游客挽回直接经济损失2万余元，21家旅行社、分公司、营业网点建立备案管理。

【引进江苏同洲国际旅游投资公司】2011年，区旅游局引进注册资金为500万元的江苏同洲国际旅游投资公司。该公司立足旅游电子商务开发，建立南京、上海、杭州三地约50家旅行社共享资源，以提升华东旅游行业经营水平和服务品质为目标，提供大众游、商务游、自助游、自驾游优质服务，引领华东旅游市场发展。（冯乐勤）

经济技术合作

【概况】 2011年，白下区投资促进工作以打造“最佳科技创业服务区”为目标，以“人才、项目、企业”为重点，以“打基础、促规范；抓队伍、强业务；广招商、求实效；重服务、优环境”为抓手，通过“请进来、走出去”，让更多的优秀企业了解白下，投资白下。区投资促进局设计制作专用的白下招商地图、《奋进中的白下》招商宣传片、中英文招商宣传手册、招商资源推介片和数字多媒体招商投影沙盘。牵头组织实施区《科技创新创业服务机制建设行动计划》，建立白下投资促进招商网站。集中力量服务跟踪重点项目，日本山田电机落户、南京京奥港房地产开发有限公司注册成立、际华集团华东总部、浪潮软件园等一批项目达成意向。举办新百南京中心的专场推介会。在新浪网和南京报业集团举办的上市公司领导人峰会上，新百与太原重工、风神轮胎等20家上市公司进行意向性洽谈，其中东方园林、福建鸿博两家公司实地考察新百南京中心。与17家外地驻宁商会举行“创新发展、合作共赢”联谊活动，与在宁各大商会建立联系。先后赴香港、北京、深圳、上海、济南、杭州等地，拜访考察有意向到区投资的企业总部。开展现代服务业招商，金蝶软件园项目正式签约，深圳茂业集团、雅诺信集团等一批重点项目得到有力推进。与聚光科技、三维通信等一批上市公司建立良好联系。加强与台商商会、外国驻宁办事机构的交流联系。全力为企业为项目做好服务，先后参与协调并解决内桥东环评不合格、北首巷拆迁资金不到位、金鹰三期过渡停车场、正洪大厦小业主清退、山田电机装修等企业在开发、落地、经营过程中遇到的难题，为企业创造较好的投资环境。是年，全区新办外资企业19家，增资10家，完成实际利用外资10245万美元，占年计划的102%；合同利用外资13225万美元，占年计划的102%；完成楼宇招商面积12万平方米，占年度计划的120%；引进企业1744家，注册资金36.6亿元人民币，规模以上(100万)企业487家。

【市投促委与区政府签订投资促进合作协议】 3月31日，南京市投资促进委员会与白下区政府签订投资促进合作协议。市投促委和区政府利用各自的招商资源和人才优势，通过共同举办各类投资促进活动、建立信息资源互动制度、重大项目共同推进制度、干部挂职交流制度等合作机制，不断拓展合作领域，扩大招商覆盖面，以吸引更多的世界500强企业、跨国集团到白下投资兴业。

【日本山田电机落户白下】 3月31日，日本山田电机落户签约仪式在区投资促进中心举行。区委书记陆平贵、副区长焦勇和市投促委领导参加双方签约。市投促委各处室、区相关部门和各街道负责人、相关企业代表约70人出席签字仪式。该项目总投资3600万美元，提供就业岗位约500个。

【举行外地驻宁商会联谊活动】 7月20日，白下区邀请晋商商会等17家外地驻宁商会举行“创新发展、合作共赢”为主题联谊活动，重点推介白下区投资环境、人才行动计划、科技创业特别社区和特色园区等内容。市政协副主席王建华出席活动并讲话，区四套班子领导、机关部门、街道和商会负责人约70人参加活动联谊并参观区投资促进中心、新百南京中心和5311特色园区。

【境外招商】 7月，中共白下区委书记陈勇率队赴港参加苏港现代服务业合作推介会。考察团拜访香港九龙仓集团、香港屈臣氏集团、东亚银行等企业高层，介绍白下的产业规划和投资环境，重点推介白下区的优质商务楼宇、特色产业园区、商业综合体项目。双方就在金融、商贸、物流、科技研发等现代服务业领域内的合作进行沟通和交流。总投资5亿人民币的香港雅高(南京)交通产业中心项目、香港屈臣氏增资、金碟软件园等项目签约，达成意向性合作项目8个。

【举办第二十二届白下金秋经贸洽谈会】 9月16日，白下区政府在水游城假日酒店举行以“创新跨越、合作共赢”为主题白下专场金秋经贸洽谈会，市、区领导及国内外企业界、科技界约200名代表出席此次活动。会上，重点推介紫金(白下)科技创新创业特别社区、金蝶软件科技园、创新型服务业电子商务代表—智慧新街口、区“321”人才计划等招商招才资源，推出签约发照项目20个，投资总额46亿元。

【南京京奥港房地产开发有限公司挂牌成立】 11月25日，注册资金1亿元人民币的南京京奥港房地产开发有限公司在白下区大光路街道注册成立，标志着酿酒厂地块开发正式启动。京奥港集团成立于1996年，注册资金3.1亿元人民币，总资产52.3亿元，年销售收入50亿元人民币，集建筑钢材贸易、房地产开发和金融股权投资等多领域经营的企业集团，在全国上规模民营企业排名中位居210位。京奥港集团通过土地公开招拍挂程序，以5.32亿元拍得酿酒厂地块，开发总建筑面积约3.8万平方米的高档住宅。（胡红兵）

新街口商贸商务中心区

【概况】 2011年，新街口商业步行区管理工作围绕“三个发展”(创新发展、转型发展、跨越发展)、“三个提升”(提升市容环境、提升功能品质、提升人居质量)和区创新型城区建设目标定位，全力打造新街口现代消费休闲中心和现代金融商务集聚区。实现新街口地区经济发展新跨越、提升市容环境面貌、突破项目推进和提档升级。是年，被中国城市网点建设委员会授予全国首批中国重点示范都市商圈荣誉称号。

【奥林匹克旗白下传递活动】 1月13日，由白下区委、区政府举办的五环旗下——奥林匹克旗白下传递活动在新街口正洪广场举行。活动中进行柔力球、健身球、剑舞表演，青少年奥林匹克运动会知识有奖问答，现场签名和征集笑脸活动。白下区委书记陆平贵接受会旗，拉开奥林匹克旗白下传递活动序幕。副市长、南京青奥组委会副主任陆志鹏，区四套班子领导、区街机关干部、社区居民代表、驻区企业代表500多人参加活动。

【学雷锋宣传服务月启动活动】 3月5日，由白下区委宣传部、区机关工委等单位在新街口正洪广场举行学雷锋，迎青奥，讲文明，树新风——白下区学雷锋宣传服务月启动活动。活动现场开展机关部门现场宣传咨询服务、团区委组织青年志愿者、青年文明号志愿宣传服务、驻区部队组织便民服务活动。区四套班子领导用各部门、街道、驻区部队、商家代表400多人参加此次活动。

【“3·15”广场活动】 3月13日，由省工商局、南京市工商局主办、江苏省消费者协会、南京市消费者协会、南京市商务局、白下区政府承办的纪念“3·15”国际消费者权益日咨询服务活动在新街口正洪广场举行，活动有120余家厂家、商家参加。现场进行咨询服务，受理投诉；优良企业“企业公民社会责任展示”；有奖知识竞答；现场文艺演出。省、市相关部门领导及白下区机关部门、商家企业代表约500参加了活动，副省长李小敏到会致辞。

【启动第二届购物节】 4月29日，由南京市商务局、白下区人民政府、南京日报社联合举办、市重点商贸、商务企业协办的“第二届南京购物节”启动仪式在新街口宝庆银楼尚品城门前广场举行。本次购物节活动是为进一步繁荣市场，营造热销氛围，培养消费热点，提升城市形象，实现市委、市政府“扩大内需、增加消费”的经济发展要求，推动商务经济结构优化、竞争力提升和可持续发展，开创“十二五”市商务经济良好局面。市、区相关单位和部门领导参加活动。

南京新街口百货商店股份有限公司(全景)

【“粽”情欢乐购活动】 6月3日，由白下区委、区政府主办，区委宣传部、区商务局、新管办承办的“时尚新街口，‘粽’情欢乐购”启动仪式在新街口正洪广场举行。该次活动以宣传推广新街口整体品牌的形式，共同打造“中华第一商圈”。新街口商圈内金鹰国际商城、新百、中央商场、东方商城等十大核心商家共同参与。活动呈现四大特点：主分会场联动。主会场设在新街口正洪广场，举办《仲夏端午 品味民俗》演出，分会场在各商家企业门前，结合各自特点开展丰富多彩的活动和展示。店堂内外联动。商家企业店堂外举办各类丰富多彩的活动，店堂内商品促销打折优惠不断。地上地下联动。地上活动纷呈，地下时尚莱迪也积极参与，打造新街口整体品牌。

【南京文化旅游节暨新街口时尚休闲嘉年华活动】 9月25日—27日，由南京市旅游园林局、白下区委、区政府主办，白下区委宣传部、区文化局、区商务局(旅游局)、南京新街口商业步行区管理办公室承办的南京文化旅游节暨新街口时尚休闲嘉年华活动在新街口正洪广场举行。该次活动进一步整合商贸旅游资源，凸显新街口时尚休闲旅游购物的文化内涵，加快新街口商圈商、旅、文的融合，推动区域商贸、旅游业有序健康发展，扩大新街口商圈知名度、美誉度和影响力。该次嘉年华分都市旅游、民俗文化、珠宝时尚3个篇章。副省长张卫国、副市长陈刚、市区相关部门、周边著名旅游城市旅游局领导，周边著名旅游景区(点)、南京市部分旅行社、新街口重点商家企业应邀参加活动启动仪式。 (何庆敢)

中心区部分商业企业

【南京中央商场股份有限公司】 2011年，南京中央商场（集团）股份有限公司明确目标，层层分解，实现经营业绩稳步提升。建立健全目标责任书体系，围绕全年业绩目标展开经营管理。根据董事会制定销售、管理与服务、集团发展、提档升级目标，逐层逐级地细化分解；结合各连锁店的经营和发展现状，实现扭亏增盈，确保全年目标在可控状态下有序推进完成。调整结构，整合资源，全面提升集团整体实力。集团把品牌优化、结构调整作为提升竞争力的基础工作来抓，深入挖掘现有品牌资源，优化品类组合；整合集团招商资源，为南京店提档升级、各连锁店品牌调整提供有力支撑。营销活动，彰显特色，有效拉动消费增长。各连锁店制订与业绩目标相匹配的年度营销方案，以有创意、有特色、有效性为目标，组织开展各类主题营销活动和多场VIP专享促销活动，扩大影响力。强化管理，以人为本，全面落实“七个优选法”和优进后退工作，业绩第一，效益为先；完善集团薪酬绩效和目标考核体系，加强考核的公平性、合理性和有效性。统一模式，对外拓展，加快集团发展步伐。根据集团增量发展的总体思路，以百货零售为核心，以连锁百货和城市商业综合体为重点，扩大集团规模，大力实施“内涵式增长与外延式扩张”同步发展战略。完善机制，理顺架构，加快形成发展的后续力量。聘请专业机构，遵循结构扁平化、管理矩阵化的设置原则，形成两级管理架构，建立集团化、标准化、专业化、信息化的连锁运作模式，确定集团组织架构，搭建产权明晰、规范有效的法人治理结构。为集团今后的持续发展，奠定良好的基础。是年，集团实现销售逾100亿元，同比增长22%以上，其中位于新街口核心商圈的中心店实现销售35.2亿元，同比增长15%。 （鲁　淮）

【南京新街口百货商店股份有限公司】 2011年，南京新街口百货商店股份有限公司（以下简称新百）以市场开拓为龙头，强化管理，调整结构、提升效益，充分发挥主观能动性，各项工作平稳推进。集团形成百货连锁、房地产开发、生物制药和物业管理等四大投资领域和以中心店为基础的百货连锁业，以河西和盐城项目为主导的房地产业，以生物制药为主导的医药产业的三大主导产业。新百中心店完成了裙楼2—4层改造；芜湖新百解决股权纠纷；东方商城引领高端消费；盐城龙泊湾项目开工；新百主楼——南京中心租赁面积突破3万平方米；新百药业保持良好发展势头，不断拓展销售渠道，提高研发能力和科技水平。5月，三胞集团入主新百。新百全力推进集团化改造，优化治理结构，理顺权责关系，实施流程再造，取得显著成绩。梳理组织架构，成立了集团和中心店、置业分公司，初步建立了集团化运作的机制和体系，加强对分、子公司的管控和服务；优化中心店业务流程，为中心店顺利转型，打造旗舰店和连锁发展等工作做准备；初步制定集团中长期发展战略，整合集团资源，为提升集团的整体运营效率和综合竞争力奠定基础。实施财务创新，推进集团全面预算管理，启动银行间市场的短融工作；升级信息系统，重建协同办公系统，改进ERP和CRM系统，实现对经营管理的实时监控；加强人力资源管理，推行干部竞聘上岗，修订和完善人力资源管理的各项规定，形成相对完整的人力资源管理规章制度体系。面对新的形势和挑战，南京新百以“突破创新、与时俱进”的开拓精神，以“真诚献顾客，满意在新百”的服务宗旨，全面推动企业向现代化、集团化、国际化的目标迈进。是年，集团实现销售40.77亿元。“新百”被江苏省工商行政管理局认定为全省著名服务商标，被中国国家工商行政管理局授予全国首批“重合同、守信用”先进单位，是“AAA”特级资信企业。 （鲁昌昊）

【金鹰国际南京购物中心】 4月8日，金鹰三期破土动工。该项目投资20亿元、总建筑面积20万平方米，配有高端商业、5A级写字楼、高档住宅等。11月18日，金鹰国际南京购物中心宣布与IBM合作开发智能商业系统项目。打造包含BI（商业智能）、SCM（供应链管理）、CRM（客户关系管理）、PM（精准营销）、电子商务等核心要素的智能化商业系统，使中心在增值服务、业态规划、运作管理、精准营销及电子商务等方面与国际一流水平接轨。2011年，中心遵循品牌优胜劣汰的原则，开展每年两季的楼层调整，不断优化品类布局，并对卖场顶部、通道、洗手间、扶梯等公共区域进行出新改造，强化硬件设施，积极为顾客营造整洁、舒适的购物环境。金鹰新街口店兰蔻专柜，销售业绩位列全球第一；雅诗兰黛、赫莲娜、娇兰、资生堂、SK-II、倩碧等国际知名品牌专柜销售业绩均名列全球前三；更有数十品牌专柜销售业绩位居全球、全国前列。是年，金鹰新街口店建筑面积3万平方米，年销售额40亿元，上缴税款3.35亿元。 （杜　晨）

【苏宁电器股份有限公司】 2011年，苏宁电器股份有限公司（以下简称苏宁电器）坚持市场导向、顾客核心，承诺“品牌、价格、服务”一步到位，为消费者提供丰富优质的商品。经营商品涵盖空调、冰洗、彩电、音像、小家电、通讯、电脑、数码、OA办公、厨卫等综合品类，形成店面零售、对公销售、网上购物、渠道分销等多种销售渠道，实现对上游供应商、中游分销商和下游消费者的全方位服务。苏宁电器以“苏宁易购”为品牌，依托规模采购和品牌优势，共享苏宁电器实体店面、物流配送与售后服务网络，加快建设高水准的网购平台。苏宁电器在全国建立区域配送中心、城市配送中心、转配点全国三级物流网络体系，依托WMS、DPS、TMS、GPS等先进信息系统，实现长途配送、短途调拨与零售配送到户一体化运作，平均配送半径200公里，日最大配送能力80多万台套，并率先推行准时制送货，24小时送货到户。以“网络集成化、作业机械化、管理信息化”为目标，苏宁电器在全国大力建设以“作业机械化”、“管理信息化”为特征的第三代物流基地。第三代物流基地集物流配送中心、呼叫中心、培训中心、后勤中心等于一体，支撑半径80—150公里零售配送服务及每年50亿—200亿元的商品周转量。苏宁电器做到为消费者承诺365天的电话、互联网、短信、视频等自助式、专家式的服务，利用业内最大的全国呼叫中心平台，全国统一服务热线 4008-365-365 全天 24 小时为顾客提供咨询、预约、投诉和回访等服务。与此同时，专家坐席、会员服务、电话支付、理赔服务、以旧换新通道等全方位的快速服务通道全面响应，极大地方便消费者。2011 年，苏宁电器连锁网络覆盖中国大陆 300 多个城市，中国香港和日本东京、大阪地区，拥有 1700 家店面，年销售规模 1800 亿元，员工总数 18 万人，全球 2000 大企业中国零售业第一，中国民营企业前三强、中国企业 500 强第五十一位，品牌价值 728.16 亿元。党组织覆盖到包括香港在内的全国 300 个城市，有党员 7000 多人。是年，苏宁电器党委成为江苏省首批民营企业"省、区双管"党组织，荣获全国非公有制企业"双强百佳"党组织、江苏省先进基层党组织称号。多位员工荣获国家、省、市各级劳动模范称号，董事长张近东先后荣获"优秀中国特色社会主义事业建设者"、"全国劳动模范"等称号。 （汪　峰）

【东方商城】 2011 年，东方商城秉承"服务精品，满足个性"的服务理念，不断完善、优化自身品牌经营结构，PINKO 等国际品牌的进驻，巩固了商城在高档奢侈品消费市场上的占有率，更加彰显了具有东方特色的高档品牌文化。通过新建室外 LED 屏、改造客服中心，室内外 LED 灯亮化、构筑花卉小景、美化门头环境、增设顾客休息区免费服务项目等，有效提升软件、硬件服务设施，为顾客带来更为轻松舒适的购物享受。公司经营与管理水平不断提高，各项管理更加科学化、标准化。同时为顺应市场竞争的需要，实现管理创新，商城实行了"商营合一"的营销模式，达到了利用有限的人力资源为企业创造最大利润的改革目的。是年，东方商城实现销售同比增长 21%。 （黄　欣）

【沃尔玛连锁超市南京新街口店】 2011 年，沃尔玛连锁超市南京新街口店（以下简称沃尔玛）奉行"公司回馈社区、做社区好邻居"的传统。平均每个月都会举行社区活动，服务顾客和社区。并通过每年定期举办的"沃尔玛中国社区服务周"开展形式多样的公益活动，以实际行动回馈社区居民。是年，沃尔玛的营业额达 25597 万元。 （陈宏文）

【南京时尚莱迪购物广场】 2011 年，南京时尚莱迪购物广场（以下简称莱迪）经营种类包含服装、鞋、百货、餐饮、DIY、美容美甲等项目，有经营业户 900 余户。莱迪注重与业户的沟通和合作，培养和谐共赢业户关系。多次组织业户活动，开展互动篮球赛，与业户组织联谊。重视与员工之间的沟通和合作，倡导开放、和谐的企业氛围。莱迪每一位员工都有建言献策的权利和为公司服务的义务。经常组织员工学习各种专业技能，提高员工的专业素养；同时更加注重开展学习和观摩活动，关怀员工业余生活，以此来增强莱迪的团队凝聚力，提高工作效率。2011 年，莱迪为广大顾客和业户朋友们举办多场活动。既增加商场客流量，提高商场营业额，同时提高业户的收入，为新街口时尚街区精神文明建设贡献力量。 （吴　锋）

【大洋百货】 2011 年，大洋百货南京店以经营时尚流行的中高档商品为主，营业面积达 6.6 万平方米。全馆涵盖化妆品、黄金珠宝、中外名表、流行商品、家居数码、美容美甲等业种，拥有 600 余个专柜，囊括了香奈儿、迪奥、DKNY、CK、CUESS、依恋、多样屋等众多一线品牌。大洋百货拥有一支经验丰富、精通百货经营与管理的专业团队，并借鉴数家经营达 10 年以上成功百货的先进管理体制，为顾客提供集购物、餐饮、娱乐为一体的一站式购物环境。日均客流量 5 万多人次，节假日客流量高达 10 万多人次。是年，南京大洋百货新街口店销售额达 15 亿元。 （刘一弘）

【五星电器新街口旗舰店】 2011 年，五星电器新街口旗舰店秉承百思买"以人为本"的服务理念，提升服务意识及全员素质。展开一系列培训工作，如时间管理、提升顾客满意度等课程，为卖场的日常营运工作顺利开展提供了优质平台。加强内部对顾客的服务感知，更采用顾客在线满意度调研，用心为顾客服务。新街口卖场每年都超额完成公司下达的销售及战略目标。积极参加各项社会公益活动，"抗旱救灾"、捐助"玄武区红山外来工子弟小学"、春节前"龙王庙社区送温暖"等。新街口卖场为五星电器连锁中唯一的 4C 旗舰店。无论在商品结构、终端模式还是专业服务方面都有很大的提升，顾客满意度在不断提升。是年，五星电器荣获"2011 年度中国最佳雇主企业"大奖；五星电器 CEO 王健被评为"2011 年度中国最关注员工发展企业家"；新街口卖场获得现代快报颁发的最受欢迎品牌奖。 （王彬彬）

经济调控与监督

经济调控

【概况】 2011年,白下区强化形势和政策研究,科学制定各类政策和办法,为经济和社会发展提供较好的政策引导和支撑。区发展和改革局(简称发改局)编制2011年国民经济和社会发展奋斗目标,将7大类任务分解为143个小项，完善考核办法,全面掌握时序进度。加强经济形势分析与研判,做到每月讲评分析、每季奖励兑现,半年综合分析;开展政策研究,把握区域经济发展规律和发展趋势。推动制订《白下区“千企创新升级”行动计划》《关于加快推进全区重大项目工作的暂行办法》《白下区建设创新型城区五年行动纲要》《白下区科技创业企业培育行动计划》《白下区加快构建现代产业体系行动纲要》等文件,开展白下率先基本实现现代化课题研究,编制《白下区关于率先基本实现现代化的决定》。加速推动现代服务业提速发展，发挥牵头部门的综合协调作用，促进科技与金融深度整合发展,发展小额贷款公司 、融资性担保公司,完善金融服务体系。加速重大项目推进,超前谋划项目、科学研究项目、主动创造项目，全年新开工项目29个，实现开工21个。在建项目11个。做好对重点企业的服务和扶持,加大对拟定上市企业和有上市愿望企业的帮扶力度,抓好上市企业服务工作,完善上市储备资源库;为区域内各类成长性企业申报上级扶持资金,推动企业发展。注重运用目标管理体系来推动民生工作各项任务的逐一落实,通过对民生指标与相关城区的定期跟踪和比较分析,密切联系执行目标的区各相关职能部门,力促全区民生工作的普惠机制、长效机制的建立健全,推动实施全区各项民生实事项目。 （乔明发）

【印发《白下区国民经济和社会发展第十二个五年规划纲要》】 2011年,白下区正式印发《白下区国民经济和社会发展第十二个五年规划纲要》,确立未来5年白下发展的总体目标与主要任务,即以“打造‘五大中心’,建设品质白下,实现全面跨越”为主线,以建设人民幸福城区为根本目标,按照“西优、中高、东快”推进策略,实施“创新驱动、商贸富区、科教强区、品质提升、文明和谐”5大战略,力争通过五年的努力，使白下率先基本实现现代化。全文分5个篇章:第一篇主要总结“十一五”期间成就;第二篇多层面分析“十二五”期间的发展机遇和挑战;第三篇明确指导思想、功能定位、总体目标;第四篇分析“十二五”期间白下所面临的5个方面的发展任务;第五篇确定规划实施的方式和保障规划实施的措施。

【民进党市委调研太平南路规划与建设情况】 5月19日，由民进党市委秘书长张玉祥率队的民进党市委一行领导到白下区开展调研活动，听取太平南路相关情况介绍,为向市委、市政府建言献策共同关注太平南路建设发展，征求意见和建议。副区长焦勇及区发改局、商务局、新管办等相关部门和五老村街道、洪武路街道参加会议。区发改局汇报太平南路的历史形成情况、现有的产业发展现状、当前面临的机遇与调整以及“十二五”期间发展太平南路的主要规划思路、近期打造重点。南京市白下区重大项目推进建设领导小组办公室介绍太平南路沿线的文物保护建筑，对地块开发与文物保护的有机结合提出思路建议。民进党市委领导肯定该区在太平南路改造过程中所做的工作，建议白下区在下一步的工作中要跳出白下区、新街口商圈去规划、建设太平南路商业街。（焦宁燕）

【完成《白下区率先基本实现现代化研究报告》撰写】 2011年,区发改局按照南京市率先基本实现现代化指标体系的要求,根据白下区的实际情况,围绕率先基本实现现代化的理论、内涵及实践,展开调研，制订符合该区实际情况的考核体系，探索基本实现现代化的主要路径和保障措施,撰写《白下区率先基本实现现代化研究报告》。全文分5章:第一章阐述调研的背景、意义、问题、方法;第二章界定相关概念,阐述已有理论;第三章分析白下区率先基本实现现代化水平;第四章分析白下区率先基本实现现代化路径；第五章探索白下区率先基本实现现代化体制机制保障。 （陆海华）

软件和信息化

【概况】 2011年,白下区纳入行业统计系统的软件产业企业单位81家,实现软件和信息化产业业务收入59.2亿元,同比增幅51.6%，其中软件业务收入超亿元企业8家,超千万企业22家。以中国电子科技集团公司第二十八研究所、南京莱斯信息技术股份有限公司、江苏金蝶软件有限公司为龙头的重点企业基本实现特色化、品牌化发展,软件产品和服务以智能交通、安全控制、项目管理、云存储技术及嵌入式软件为主，涵盖多项门类，综合研发实力较强。全年新引进软件企业25家，新认定“双软”企业6家，新增软件产业建筑面积2万平方米，涉软企业从业人员12000人左右，引进领军型科技软件类创业人才4人，引进和培育千人计划（软件类）2人，完成市委市政府下达的各项目标考核任务。

【提高自主创新能力】 2011年，白下区软件企业中有高新技术企业14家，专利申请量、授权量同比增长46.4%和22.8%，其中软件著作权授权数88项。多家企业获相关资质认证及优秀软件产品奖励，其中南京广安科技有限公司连续两年获得江苏省软件产品“金慧奖”称号；南京壹进制信息技术有限公司获得商用密码产品生产定点单位证书及国家信息安全产品认证证书；南京科融数据系统有限公司被评为南京市市级企业技术中心，4个产品被列为南京市自主创新产品；邦联科技获广电行业科技创新奖；3名软件企业负责人获得2011年度南京市科技创业家称号。

【项目研发与政策扶持】 2011年，白下区组织27家企业申报68个软件类省市政策项目，15家企业获得不同程度的政策扶持。其中，江苏指南针导航通信技术有限公司等企业获北斗导航民用资质；江苏金蝶软件有限公司、南京久康网络科技有限公司等企业立项研发的“智能企业管理系统”及“云健康慢病智能医护管理系统”等项目获得“南京市软件和信息服务业发展专项补助”和“江苏省现代服务业（软件产业）发展专项补助”；江苏省交通规划设计院股份有限公司、南京医药股份有限公司、江苏长天智远交通科技有限公司等企业分获多项省、市物联网示范工程项目资金扶持，共计1750万元。

【新一代信息技术产业】 2011年，白下区以云计算技术创新与应用为前瞻，着力推动新一代信息技术尤其是云计算产业的快速发展。南京云创存储科技有限公司、圣克拉（南京）科技有限公司、南京江南云网电子科技有限公司等一批以云技术研发和服务为核心技术的企业先后落户紫金（白下）科技特别社区，云计算产业在园区实现初步集聚；以中国电子科技集团公司第二十八研究所、南京莱斯信息技术股份有限公司、南京通用电器有限公司等为龙头的科研院所及企业，充分发挥物联网平台和智能交通领域技术优势，在空中管制、城市交通管理、车辆信息管理等领域形成重点产品集群。 （王炫炫）

发展服务业

【概况】 2011年，白下区围绕“率先基本实现现代化，向更高水平现代化迈进”目标，以建设创新型城区统揽全局，突出科技创新创业，狠抓经济转型升级，实现服务经济平稳增长。全区实现地区生产总值324亿元，按可比价增长12%，其中服务业增加值完成280亿元，按可比价增长12.5%；全社会固定资产投资额91亿元，其中服务业完成投资83.46亿元，占全社会固定资产投资的91.7%；实现社会消费品零售总额477亿元，同比增长16.5%，其中新街口商圈完成315.37亿元，同比增长11.6%。

【推动服务经济转型升级】 2011年，白下区制订实施《白下区建设创新型城区五年行动纲要》以及人才集聚、载体建设、企业培育、服务机制建设4个行动计划，全面推行创新型城区建设综合考核，把经济发展转入创新驱动轨道。5311厂信息技术产业园、光华科技园一期建成并招商，南京工业职业技术学院金蝶软件园启动建设。利用现代信息技术支持，大力推广B2B、B2C等电子商务等新兴产业，引导传统商业焕发现代活力，网上新街口项目完成规划，中央商场网上商城及智慧新街口项目上线运行。山田电机南京商贸有限公司、江苏天盾农业产业发展有限公司等11家总部企业落户白下。乐博琴行全国连锁发展到80余家。新增银行、投融资、保险等金融机构10家。新百南京中心招商。南京莱斯信息技术股份有限公司、维格娜丝时装股份有限公司和江苏省交通规划设计院股份有限公司3家企业上市工作报证监会审核。

【服务业创新载体建设】 2011年，白下区通过项目带动产业功能调整和业态置换，实现提质增效。新百商店完成升级改造，金陵尚府水晶街、熙南里三期实现开街，江苏银行总部大厦、苏宁电器广场、斯亚财富中心建设进展顺利，金鹰三期、杨公井、北首巷、和园饭店项目启动建设，新增服务业载体面积约80万平方米。依托白下高新技术产业园区，在全市率先挂牌成立紫金（白下）科技创业特别社区。全年新开工孵化器及科技产业项目17个，总面积45万平方米。全年在建项目实现主体封顶38万平方米，竣工12.7万平方米。成立中航金城科技城管委会，在中部地区规划建设以航空机电、新一代信息技术为产业特色的科技创新基地，完成中航科技城项目规划，启动机电总部大厦建设。

【建立科技投融资体系】 2011年，白下区政府与深圳创投、江苏弘瑞、江苏金农等10家企业签订科技金融合作协议，建立总额8亿元的股权投资基金；新组建4家小额贷款公司，资本金7.08亿元，数量居城区前列；社会融资担保机构发展到17家，资本金16亿元以上。

【提升重点企业核心竞争力】 2011年，白下区为南京白下高新技术产业园区研发（物流）服务中心、世界之窗创意产业园会购商务信息服务平台、三胞集团“网上新街口”电子商务综合信息服务平台、金鹰国际商贸购物集团“ERP系统”二期升级、中国移动江苏公司南京分公司“智慧新街口”移动商圈信息公共服务平台等项目建设申报落实国家、省和市级服务业引导资金886万元。为南京莱斯信息技术股份有限公司、维格娜丝时装股份有限公司和江苏省交通规划设计院股份有限公司3家企业落实上市补贴255万元。

【现代服务业集聚区】 12月21日，中国·江南72坊产业园获“市级现代服务业集聚区”称号。截至年底，白下区已有世界之窗创意产业园、白下高新技术产业园和新街口金融商务区3个省级现代服务业集聚区和中国·江南七十二坊产业园1个市级现代服务业集聚区，成为全省拥有现代服务业集聚区最多的区(县)。

【南京莱斯信息技术股份有限公司首次公开发行股票申请被中国证监会受理】 南京莱斯信息技术股份有限公司拟在深交所中小板市场首次公开发行股票，接受中信建投证券股份有限公司辅导，此次发行募集资金拟投资“新一代空中交通管理系统研发项目”、“移动应急指挥一体化信息交换平台研发项目”和“基于交通控制技术的智能化交通指挥信息系统研发项目”等3个重点项目经南京市经委审核并予以备案，申报材料由中国证监会转送国家发改委审核并通过。4月8日，获得中国证监会行政许可申请受理通知书。

【维格娜丝时装股份有限公司首次公开发行股票重新报会】 7月18日，维格娜丝时装股份有限公司拟在深交所中小板市场首次公开发行股票，未获发审会通过，由中信建投证券股份有限公司接棒辅导，首次公开发行股票申请文件重新上报中国证监会，发行募集资金拟投资“营销网络建设项目项目”、“研发设计中心升级建设项目”，2个项目经南京市发展和改革委员会重新审核并予以备案。

【江苏省交通规划设计院股份有限公司首次公开申请发行股票】 江苏省交通规划设计院股份有限公司拟在深交所中小板市场首次公开发行股票，接受广发证券股份有限公司的辅导，发行募集资金拟投资“提高公司研究设计及检测能力项目”、“分支机构建设项目”经南京市发展和改革委员会审核并予以备案，申报材料由中国证监会转送国家发改委审核。10月9日，获得中国证监会行政许可申请受理通知书。

【培育服务业名牌】 2011年，白下区帮助服务业企业创品牌、提质量。全年为南京市东方商城有限责任公司、江苏海外旅游有限公司、南京市城市建设开发(集团)有限责任公司3家企业申报市级服务业名牌。南京乐博乐器股份有限公司获得省级服务业名牌称号。（张 斌）

统计管理

【概况】 2011年，白下区统计工作围绕国家统计局“四大工程”建设和全区统计工作要点，不断推进统计改革创新，有力保障统计数据质量，全面提升统计服务水平。区统计局深入挖掘各类统计数据，及时提供统计信息和分析资料，客观反映区域经济社会发展状况，提供发展对策建议，发挥统计基础作用；开展统计业务培训，提高统计调查科学性，建立健全统计工作制度和管理制度；落实统计执法大检查和统计监审，开展多种形式普法宣传活动，强化统计基层基础建设，统计依法行政水平显著提升。是年，区统计局获市统计工作创新奖。

【加强统计业务培训和队伍建设】 2011年，区统计局理顺统计职责关系，完善统计管理体制，加强干部素质教育和队伍建设。组织统计部门工作人员参加在职学习，定期举办统计知识讲座，开展统计业务研讨和交流，推动统计干部一专多能。加强与基层企业统计人员的沟通联系，分专业举办统计业务培训班，宣讲统计报表制度和填报要求，普及统计法律知识，全面提升企业统计人员的业务素质和依法统计意识。以大光路街道作为联系示范点，帮助制订街道统计工作23条规范以及相关考核办法，使该街道统计工作水平在短期内迅速提高；召开基层基础工作现场会，通过典型引导、标准示范，业务指导和执法检查相结合，推进所有街道实现统计基础工作规范、完善的标准，提高基层统计工作能力、水平。全年举办统计年报业务培训班、网上直报系统业务培训班、统计法制培训班等10余个，组织全区116名企业统计人员参加统计继续教育，83人参加统计从业资格考试培训。

【开展统计“四大工程”建设】 2011年，区统计局开展以“企业一套表”为核心的“四大工程”建设，即建设基本单位名录库、数据采集处理软件系统、联网直报系统、企业一套表制度。该局成立领导小组，明确责任分工；开展宣传活动，为统计改革创造良好的社会舆论氛围；分专业开展业务培训，为“企业一套表”统计制度改革打下基础。（冯 瑶）

【统计年定报】 2011年，区统计局在统计年定报工作中注重统计数据评估审核，督促强化统计报表的及时性、完整性，保障统计数据质量。对全区各行业统计定报单位下发《2010年统计年报及2011年统计定报工作实施方案》及统计报表制度，明确统计年定报工作要求。召开12场次统计年定报工作会议，培训近千家单位统计人员，做好会议组织保障工作，确保到会率和培训效果，结合专业特点合理安排培训内容，重点讲解疑难指标的计算方法和逻辑审核规则，现场指导统计人员进行实际操作，确保熟练掌握统计报表填报技能。强化统计基层基础建设，通过强基固本推进企业统计业务水平提升。对全区统计定报单位开展定期走访和跟踪督促，加强基础工作指导，规范原始记录、统计台账的设置，严格要求报表报送的方式、时限。对企业上报数据加强评审，及时反馈查询，建立“异常查询、重点监测、专项检查”的数据监控体系，有效保障源头数据质量，为政府决策提供可靠依据。

【专项调查】 2011年，区统计局严格落实调查制度，加强部门合作，开展前期宣传、业务培训及数据审核汇总工作，获取丰富的统计信息资料，形成统计调查分析报告，为区委、区政府及相关部门提供丰富的统计信息参考。全年开展主要调查项目有：全国第一次水利普查，900户的南京市“百街万户”居民收入调查，2011年人口变动调查，南京建设人民幸福城市调查，南京市居民消费者信心指数调查，江苏法院检察院系统满意度调查，2011年党风廉政建设调查，江苏省省级机关作风建设调查，城镇住户抽样调查，大城市月度劳动力调查，外国专家

调查。 （冯 瑶 汤世玲）

【开发白下区综合数据管理平台】 5月，由区统计局与益康信达软件公司共同研发白下区综合数据管理平台，该平台通过8个采集端采集几十万个数据信息形成数据仓库，再对数据信息进行标准化处理向各版块沉淀，最终形成监测数据中心和查询服务中心。11月，该平台进行试运行，并开展全区楼宇经济调查。白下区综合数据管理平台为区委、区政府和各个部门提供快速、准确、及时的经济信息和经济预警，实现对区域内各项经济和社会发展战略性全方位的深度数据监测和数据查询服务。

【推进依法行政和统计法制建设】 2011年，区统计局落实统计行政执法责任制和统计法律事务告知制度，实行“全员执法”工作模式，加强法制技能培训和学习，规范统计调查行为，向参加企业“一套表”统计制度改革的583家企业发放法律告知书、《致企业法人的一封信》。推进统计基层基础建设，联合各街道开展企业走访和检查活动，上门指导统计台账的建立健全，规范企业统计工作制度和流程。开展2011年统计执法大检查和统计监审工作，严查弄虚作假、迟报拒报统计资料等违法行为，执法检查与法制教育、业务培训结合，提高统计对象整体工作水平。开展统计普法宣传教育，创新普法举措，利用横幅、板报、网站、标语、短信等方式开展统计法宣传，举行统计法宣传月活动，举办法制培训班，对各类企业和群众发放宣传材料，营造良好的统计法制环境。 （冯 瑶）

审计管理

【概况】 2011年，白下区审计工作以履行审计职责，扎实服务全区经济和社会发展为中心，强化审计整改、服务基层单位、探索审计方法、规范审计管理、提高审计质量、提升工作水平。区审计局全年开展审计项目48项，完成43项，完成项目中预算执行审计7项，专项资金审计调查4项，行政事业单位审计13项(其中经济责任审计13项)，政府投资审计16项，省、市交办审计项目3项。在已完项目中，查出违规金额2万元，管理不规范金额3.14亿元，核减工程结算4837万元(含中介机构审核项目)，提交审计专题报告和综合报告24篇，被批示6篇，完成审计信息73篇，被各级采用100篇(次)。是年，区审计局获得市审计系统2011年度区县审计机关考核先进奖，审计信息化工作考评三等奖，公文质量检查三等奖。

【预算执行情况审计】 2011年，区审计局完成对区财政本级2010年度预算执行情况和区信访局、科技局、民政局、物价局、体育局、团区委等6个部门2010年度部门预算执行情况审计。该次审计以预算执行审计为核心，以资金流向为主线，关注财政资金使用的绩效性，创新审计项目组织和审计资源组合。在审计项目组织中突出多类型项目相结合，即本级财政预算执行审计与专项资金审计相结合、部门预算执行审计与经济责任审计相结合。在审计资源有效组合中，打破各科室界限，统筹协调人员，实现审计数据、审计结果共享。审计结果表明，区本级财政预算执行和其他财政收支情况总体较好，能注重民生，加大对教育、社会保障、医疗卫生、住房保障等民生事项的投入，财政部门完善制度，财政管理水平有所提高，但也存在财政收入增幅难以满足财政支出需求，资金压力较大的矛盾。部门预算执行情况审计中发现的主要问题有部分主管部门未按规定要求批复所属单位预算，部分专项资金形成结余、未发挥资金效益，部分单位房租收入未缴纳相关税金，少数单位资产账实不符。区人大常委会听取了区审计局受区政府委托汇报的2010年度本级财政预算执行及其他财政收支情况审计工作报告后，肯定审计工作报告内容全面翔实，重点突出，为进一步规范收支行为、改进预算执行、提高资金使用绩效起到较好的促进作用。

【专项资金审计调查】 2011年，区审计局开展2010年度政府提供公益性岗位情况、全区科技经费使用情况、教育系统工程建设情况和城乡社区事务资金投入情况的专项审计调查，审计资金量达3亿元。从调查情况看，区政府通过“政府购岗”，强化对贫困群体、特殊群体、低收入群体的就业帮扶和服务。全区通过项目扶持补助、奖励、配套、成果转化，重大项目扶持等多种形式，对科技事业发展投入逐年增长。教育建设工程运行情况良好，流程清晰，操作规范，基本实现对建设项目的有效把控，节省了建设投资。但在城乡社区事务资金使用上还存在部分未纳入财政预算安排，小区出新及房屋整治项目未及时办理工程决算审核，市拨大额建设资金缺乏区财政部门监管等问题。

【经济责任审计】 2011年，区审计局完成领导干部经济责任审计13项(其中离任审计11项，任中审计2项)，审计查出管理不规范金额1022万元。审计中全面落实《党政主要领导干部和国有企业领导人员经济责任审计规定》精神，采取“三结合”方式，即经济责任审计与财政预算执行审计、专项资金审计相结合；经济责任审计与内部审计、社会审计相结合；经济责任审计与绩效审计相结合，有效提高审计效率。在审计内容上突出4个关注，即关注领导干部完成经济工作指标情况，关注内部控制制度的建立和执行情况，关注重大经济事项的决策和执行过程，关注执行相关经济政策、法规及财经纪律情况。进一步规范审计程序，全面推行审前公告制、落实审计进点制、全面推行“双承诺”制(被审计单位承诺、被审计人承诺)和深化审计结果公开。审计结果表明，领导干部经济责任履行情况总体较好，被审计领导干部的法规意识和民主观念逐步增强，重点经济事项决策前主动咨询和发现问题及时整改现象逐步增多；被审计单位能够自觉建立健全内部管理制度，规范经济行为。但在个别单位还存在一些不足，主要表现为：重大经济决策不够规范，会议记录不完整；存在执行收支两条线、政府采购、固定资产管理政策不严格现象；内部管理不到位，会计核算不规范、往来款清理不及时；对历史遗留问题处理不够有效。是年，区审计局按照审计署提出的"积极推进党委和政府主要领导干部同步审计"的工作要求，采取"一个审计组、一份通知书、一次进点会、一份审计报告"工作方式，在对朝天宫、洪武路办事处党政领导干部经济责任审计中，开展党政领导干部同步审计。

【政府投资项目审计】 2011年，区审计局完成政府投资建设项目审计16项，其中完成区经济适用房、大阳沟危旧房等跟踪审计的阶段性报告，审计项目送审金额4.72亿元，审定金额4.27亿元，核减4537万元，平均核减率9.61%。同时完成区政府零星工程9个项目审计，送审金额79.24万元，审定金额64.24万元，核减15万元，平均核减率18.93%。在政府投资项目审计中，突出对重点项目的跟踪审计，前移审计监督关口，从项目招标开始介入，加大对各工程招标环节的监督审核力度，主动参与重要设备、材料采购询价环节的监督，并对采购合同签订的情况提出审计建议，对施工过程中的重点环节施工方案参与论证、审核，对施工变更、签证进行复核，参与现场工程造价协调会议，对施工现场发生的造价纠纷，积极从审计角度提出合理化的专业意见和建议。审计发现存在的主要问题：工程建设超规模情况普遍，个别项目超立项规模90%；工程施工招投标过程不规范；竣工决算编制和财务管理不规范；竣工结算造价普遍不实；施工过程随意大量变更；建设项目未单独进行财务核算、编制并报送决算报表。

【省、市交办审计项目】 2011年，区审计局按照审计署和市审计局的统一部署，完成雨花台区地方性政府债务审计，配合市审计局完成白下区地方性政府债务审计。7月，完成全区"十一五"期间节能减排工作专项审计调查，全面检查和评估全区节能减排目标完成、政策法规执行、资金投入、管理、使用情况。根据省政府关于工程建设领域突出问题专项治理的工作要求，区审计局本着突出重点、量力而行的原则，将此项工作与年度审计项目相结合，把专项治理8个方面的内容作为项目审计关注的重要内容，发现问题，分析原因，提出完善制度、加强管理的审计建议，多措并举有效遏制工程结算高估冒算，节省大量政府资金。

【审计信息化建设】 2011年，区审计局升级联网审计平台，实现"财政预算、国库集中支付和各预算单位核算系统"联网，做到对白下区财政资金的实时监控和预警，全面提升审计信息化建设水平和审计效率。同时，强化计算机审计成果的运用，全年上报4篇计算机审计方法和2篇计算机审计案例，其中1篇获得省审计厅2011年度AO（现场审计实施系统）应用实例应用奖。

【审计查出问题整改】 2011年，区审计局在全区廉政工作会议和区政府常务（扩大）会议上2次通报审计工作情况，点名通报各被审计单位健全制度、加强管理、积极整改、提高资产效益的做法以及存在的问题，区政府要求全面抓好对审计指出问题的整改，切实规范内部管理，严格执行法规制度。上半年，区审计局会同区财政局、监察局，全面开展2010年审计查出问题整改落实情况专项检查，重点抽查区教育局、区卫生局、南京庆盛房地产开发公司等8家单位12个审计项目中审计查出问题的整改及建议落实情况。

【审计服务中介机构管理】 2011年，区审计局按照《白下区中介机构参与政府投资项目招标代理、工程建设监理和审计服务的管理办法》和《审计服务中介机构管理库操作细则》确定的操作流程，对41个工程项目通过抽签方式确定中介服务机构审计，送审金额4443万元。全年完成20个项目，送审金额2020万元、审定金额1734万元，核减金额285万元，核减率为14%。区审计局实行"低分淘汰、高分激励"，完成对10家中介单位两年审计项目质量考核，结合考核情况，及时修订《白下区政府投资项目审计服务中介机构考核办法》和《白下区政府投资项目审计服务中介机构管理库操作细则》，进一步强化对中介服务机构的监管和考核结果应用，有效降低审计风险，保障政府投资项目审计工作的健康发展。

【内部审计工作】 2011年，白下区内部审计协会完成换届工作，各内审机构完成各类审计项目68项，查出损失浪费金额124万元，提出审计建议45条。区卫生片内审协会分会对下属医院信息化建设资金使用的经济性、效率性、效果性开展绩效审计；配合绩效工资改革，专项审计调查各医疗单位收入及人力成本情况。区教育局会同中介机构，审计9名中小学校长经济责任。各街道都成立工程项目审计领导小组，对一般工程项目开展审计。区城管局通过对各下属单位基本情况、资金、资产、内部管理方面的审计，全面了解各单位的管理现状，建立内部财务风险责任机制和内部审计机制，规范财务管理，监管预算执行，切实提高行政效能。 （王冬美）

价格管理

【概况】 2011年，白下区价格管理工作以贴近政府，服务经济建设大局为主线，以服务企业，促进企业平稳运行为目标，以关注民生，维护群众切身利益为重点，充分发挥价格调控和价格监督与服务职能，切实维护物价基本稳定。全年区物价局继续深入贯彻稳定价格和治乱减负目标责任制，分解落实各项目标；开展行政事业性收费许可证年审工作，审核收费金额达4.48亿元；强化主副食品价格监测和信息发布工作，为市民提供"货比三家"信息服务；推进农副产品平价直销店（区）建设；推进价格公共服务；深入开展价格服务社区行活动，落实价格备案制度；加强价格监督检查，先后开展教育、医疗、卫生和商品房价格等专项检查，检查企事业单位520家，出动人员202人次，受理价格举报212件，维护消费者的合法权益。是年，区政府获市"稳定价格和治乱减负目标责任制"优秀单位，区物价局获省价格工作先进单位称号。

【扶持农副产品平价直销店】 2011年，区物价局会同区有关部门培育、扶持、发展平价直销店（区），做到"成熟一家、建成一家"，充分发挥企业自营蔬菜种植基地优势，在月牙湖地区建成龙圣农副产品平价直销店。在沃尔玛(新街口店)、北京华联(紫金店)、金润发(瑞金路店)3家大型超市开办农超对接的农副产品平价直销区。在平价直销店,市民可以购买到低于市场平均价格15%以上的蔬菜和每500克1元蔬菜。平价店(区)以优质的服务、良好的购物环境、实惠的价格赢得消费者的信任,为平抑物价、保障群众基本生活起到了促进作用。《新华日报》《南京日报》等多家媒体予以报道。

【开展惠民蔬菜进社区活动】 5月5日，区物价局与南京春辉农业开发有限公司合作，首次在月牙湖街道富丽山庄社区推出“惠民蔬菜进社区、价格服务暖人心”活动,该公司将自行生产的14个蔬菜品种、3000公斤新鲜蔬菜，以低于市场20%~40%的价格直销给居民,实行明码标价、公布监督电话、接受群众监督。惠民蔬菜进社区活动对于建立“政府倡导、企业运作、媒体监督”的惠民新模式起到积极作用。

【应对食盐事件】 3月中旬，南京市场出现食盐抢购现象,食盐一度供不应求。区物价局在第一时间内对食盐供求情况加强监测和检查,印制《关于做好食盐等部分食品抢购突发情况应对工作的通知》,发放给辖区内各超市、农贸市场及经营户，对市场与食盐相关的海产品及主副食品供应进行不间断跟踪监测,及时掌握市场动态,引导群众理性消费。区物价局加大对借机哄抬物价商家的处罚,3天查处哄抬食盐价格等方面的价格举报29件,维护市场价格秩序和食盐正常供应。

【开展价格服务进企业活动】 5月,区物价局以“服务企业、规范行为、政策宣讲”为主题,开展价格服务进企业活动。为新街口金鹰国际购物中心、中央商场、新街口百货股份有限公司、大洋百货、水游城等5家大型商场500多名企业物价负责人和物价员举办培训班；联系企业经营实际,组织学习价格法律、法规及涉企收费政策;开展互动、探讨和交流企业在价格管理中的问题与方法，帮助企业规范明码标价,完善价格管理制度,引导企业诚信经营,促进企业健康发展。

【拓展价格认证工作】 2011年,区物价局受公安、司法等部门委托,为辖区公安派出所办理164件涉案财产价格鉴证,涉案鉴证价值200万元。9月,受光华路街道委托,开展国家审计署“关于京沪高铁高桥门、牌楼地区征地拆迁补偿地面附着物的成本认证”工作,该项目内容涉及有线电视投资、自来水增容、电增容、花卉苗木补偿等4类6项。同时,该项目已拆迁,现场没有实物。接案后,该局多次走访其他区县物价局，了解比对类似情况,合理计算价格成本,最终认证金额为136万元。为国家审计署对京沪高铁征地拆迁等项目计价入股的审计报告提供依据。

【强化价格争议调解工作】 2011年,区物价局贯彻《江苏省价格争议调解处理暂行办法》和《南京市物价局价格争议调解处理暂行办法》,深化价格公共服务活动,推进价格争议调解工作,新增加价格争议调解点40个，调解点总数45个;聘请价格纠纷调解员51人,范围覆盖到社区、派出所、企业、商场、农贸市场等单位。举办调解员法律法规及相关业务培训,进一步规范价格争议调解处理行为,全年该局与调解点共同调解价格争议1331件，及时化解价格矛盾,维护社会稳定。

【加强价格举报受理工作】 2011年,区物价局通过“12345”政府服务呼叫热线、“12358”价格举报电话及消费者来信、来访等形式,受理价格举报212件,其中咨询50件,举报162件,立案130件,退还消费者4.5万余元。区物价局价格举报中心从贴近群众生活实际出发，转变工作作风,主动上门为投诉群众服务。多次到老人和病人家中受理举报、办理退款等事宜,价格举报办结率、回复率、满意率均达100%。多次获得群众表扬电话,收到表扬锦旗4面，维护了物价部门的良好形象。5月,受理赵某举报某民营医院“过度治疗”一案,举报中心通过走访当事人调查事实等工作，依照价格法有关规定,对该医院作出经济处罚。该民营医院最终全额退还治疗款8000余元。

【规范酒店客房市场价格行为】 10月,区物价局会同区商务、工商等部门召开辖区内17家二星级以上酒店负责人及物价员专题会议,学习贯彻《南京市规范酒店客房市场价格行为办法》,要求各星级酒店配备专职或兼职的价格管理责任人,建立健全价格管理台账,实行价格信息报送和重大活动期间客房调价实行备案制度。区物价局进一步加强对酒店客房价格监督管理,做好监测分析,对不明码标价、谎报原价、虚假折扣、不按备案价格执行、最高限价客房、超范围经营等违规行为开展检查,及时提醒告诫、实施查处。 (戴玲华)

工商行政管理

【概况】 2011年,白下区工商行政管理工作以“争创新街口商圈的好工商”为立足点,以“创先争优”活动为主线,深化服务，强化职能,依法行政。全年新发展企业2628户,个体工商户4411户,新增注册资本46.57亿元。新认定省、市著名商标12件,“苏果”商标被工商总局认定为全国首个零售业超市行业驰名商标。受理各类申（投）诉举报3497件，办结3420件,办结率98%,为消费者挽回经济损失215.57万元。其中,办理“12345”申(投)诉举报1016件,办结998件,办结率98.3 %。是年,该局在全区群众评议机关活动中综合排名位列第三，瑞金路工商所在街道组织的基层站所政风行风现场评议中排名第一。

【服务区域经济发展】 2011年,南京市工商管理局白下分局着眼于提升工商部门助推科学发展的能力，促进全区经济平稳较快发展。制订出台《完善“四项机制”全面对接“十二五”发展规划工作目标分解方案》,明确服务发展的思路和举措。充分利用工商部门掌握的市场主体信息，修改出台面向区政府的数据信息报送规定,对新开业企业、迁入迁出企业信息实行周报制度。优化窗口服务,落实扶持政策,主动参与招商项目,出台《关于支持中航科技城创新创业基地企业发展的若干意见》支持科技型企业发展。为缓解企业融资难题,民营经济协会牵头,先后与工商银行、民生银行等金融机构协调,举办“银企保”对接会3场,帮助33户中小企业从银行获得融资1.9亿元。

【商标发展工作】 2011年,南京市工商管理局白下分局新认定省、市著名商标12件,“苏果”商标被国家工商总局认定为全国首个零售业超市行业驰名商标。该局与有关部门协调,以政府名义出台《关于实施商标战略,加快建设创新型城区的意见》,对获得驰名商标、省、市著名商标企业予以奖励,激励企业走品牌发展之路。针对太平南路特色,推荐珠宝产业集群作为区域品牌培育基地。开展“双打”执法行动,全年办理洋河“青花瓷”商标侵权案、某酒店销售假冒“茅台”酒案等侵犯注册商标专用权案件7件,切实维护商标权利人的合法权益。

【流通领域食品安全监管工作】 2011年,南京市工商管理局白下分局开展食品经营户岗前集中教育培训,举办培训班12次,参训人员1300余人,参训率达100%;扎实推进进货查验和索证索票工作,印制下发食品安全管理台账3000份。依托食品检测等科学手段,强化监管,开展食品检测220起,立案查处食品类违法违规案件25起,罚没入库97万元,查封问题食品3700公斤。快速高效应对突发事件,在面制品专项检查、五芳斋粽子、瘦肉精、台湾饮料塑化剂、黑米蒸饭等事件中,职能科室与工商所快速反应、密切配合,有效地化解矛盾,维护市场稳定。

【维护消费者合法权益工作】 2011年,南京市工商管理局白下分局针对新街口商圈美容行业强制消费、欺诈消费问题,对重点商家发布《致美容业者的一封信》,在店内张贴消费警示提示,在市消协和龙虎网站发布消费警示,号召企业诚信经营,消费者理性消费。同时,以12315和“一会两站”维权网络体系为依托,把维权触角向街道、社区、市场、学校延伸,与南京城市广播开展放心消费进社区活动,在五老村小学建立校园维权站,建立投诉服务站112座,取得了良好的社会效益。

【楼宇清理工作】 2011年,南京市工商管理局白下分局开展楼宇清理工作,制订《关于配合五老村街道规范楼宇经济秩序的工作方案》以五老村街道楼宇清理工作为契机,以淮海路工商所为基础,整合各部门力量,以长发大厦、新世界大厦的楼宇监管为试点,探索规范楼宇经济秩序的长效机制。

【文明城市创建工作】 2011年,南京市工商管理局白下分局面对检查组入驻白下、检查前夕前店后场食品经营户监管任务刚刚明确的严峻形势,分局领导深入基层、亲临一线、靠前指挥;职能科室分片包干,与工商所通力协作,查漏补缺;工商所工作人员坚守岗位,积极履职,完成了创建任务,体现出较强的向心力和执行力。市场科利用创建契机,向区政府上报《关于要求红土桥市场和朝天宫市场办理营业执照的请示》,解决两家市场长期无照经营的难题。

【开展“四项能力”活动】 2011年,南京市工商管理局白下分局在全局开展“四项能力”活动。即激发内力,开展创先争优活动,以庆祝建党90周年活动为契机,开展一次先进事迹演讲、一次优秀党员评选、一次重温入党誓词、一次革命老区参观见学和听一次讲座等“五个一”活动,以丰富生动的活动载体,引导干部深入思考工作动机、工作动力等问题,找准观念上的差距,破除认识上的误区,激发干部的工作争先热情;引发活力,坚持日常考评、综合考核、层级管理,细化责任制考核办法,实现责任考评人人到位;强调劳动纪律考核,不断扭转工作作风;将考核结果与评先评优挂钩,并作为半年、年终兑现奖励的依据,较好地发挥了考核奖优促劣的作用;提升能力,强化班子理论学习,开展班子成员进高校自主选学活动,推进在职脱产培训和在线学习工作,干部的监管水平、业务能力得到一定提高;炼就定力,探索建立廉政风险预警机制,聘请廉政风险预警信息员,定期召开会议,专题听取对分局党风廉政建设工作的意见和建议,收集廉政风险预警信息。积极开展区预防职务犯罪先进单位创建工作,财务部门严格遵守财务纪律,按规定进行财务公开。 (张 静)

质量技术监督

【概况】 2011年,南京市质量技术监督局白下分局在编在岗人数为20人,其中公务员10人,参公人员8人,协管员2人。内设有1室1队5科,即:办公室、稽查大队、特种设备安全科、食品安全科、标准计量科、质量监督科、法制科,是南京市质量技术监督局的派出机构。全年,南京市质量技术监督局白下分局组织培育申报市以上名牌、质量奖38家。“国家级社区服务标准化试点”项目顺利通过国家级验收。在保证特种设备安全、食品生产加工安全和打击假冒伪劣商品、维护经济秩序等方面均有重大举措和创新,监管水平排在全市前列。接处投诉举报65件,回复率、满意率100%。是年,南京市质量技术监督局白下分局获得了“2011年度南京市质量技术监督系统创新工作奖”荣誉称号。

【开展电梯安全进社区活动】 5月,南京市质量技术监督局白下分局组织街道协管员、社区安全员、维保单位相关人员在标营、银龙花园、龙王庙3个社区开展多种形式的电梯安全进社区活动,现场接受咨询100多起,处理居民投诉3起,发放各种宣传手册450余份。

【妥善处理电梯突发事件】 9月29日晚19时许,位于白下路113号的洪宇大厦,因电梯年久且未按期年检发生故障无维保单位抢修,造成该大厦200多户居民生活秩序被打乱,数百居民上下楼困难。南京市质量技术监督局白下分局领导第一时间带领相关科室人员赶到现场,启动应急救援预案,协调相关部门,于当晚21时恢复电梯运行,又通宵达旦与抢修单位一道工作,于次日晨7时15分消除安全隐患,并在事后多次协调业主委员会和相关部门，更换2部老旧电梯，彻底解决该小区电梯安全隐患。

【稳步推进居民小区老旧电梯安全评估和更换】 2011年，白下区有武学园小区8台电梯、砂珠巷小区6台电梯、建康大厦6台电梯、御道街113号2台电梯、琥珀巷小区4台电梯被列入第一批老旧居民住宅电梯整治更换目录之中。南京市质量技术监督局白下分局协调市特种设备安全监督检验研究院、相关街道、区住建局等部门，安全评估上述26台电梯，为及时更换做好充分准备工作。

【开展特种设备安全专项整治】 2011年，南京市质量技术监督局白下分局摸底检查辖区内的老旧电梯，共涉及121家使用单位、1363台电梯、1万余户居民，查出无物业管理单位25家、无业委会75家、无安全管理员26家；针对普查存在的126个问题，以街道为单位建立动态监管台账，同时召集电梯安全整治工作会议，通报电梯安全运行存在的潜在隐患，以街道为单位下达隐患整改建议书，并按月上报整改结果。在辖区内40余家扶梯使用单位开展为期20天的专项整治活动，检查自动扶梯156台。开展吊运熔融、炽热金属的起重机及使用30年以上的老旧锅炉、压力容器，已报废锅炉、压力容器等专项检查，检查29家使用单位，91台(套)设备。

【加强食品安全监管网络建设】 2011年，南京市质量技术监督局白下分局按预定监管频次对辖区内的13家食品企业开展监督检查，下达整改通知书15份，提出整改49项，完成整改49项，分管领导及主要领导带队检查生产单位全年覆盖率100%；全年完成省级抽检5个批次，市级抽检8个批次，区县级抽检7个批次，合格率均为100%。快速检测5个批次，其中：小作坊1个批次，快检率50%；生产企业4个批次，快检率44%。

【开展"打非"行动】 2011年，南京市质量技术监督局白下分局制订《南京市质量技术监督局白下分局严厉打击食品非法添加剂和滥用食品添加剂工作方案》，成立"打击食品非法添加剂和滥用食品添加剂工作"领导小组，对外公布24小时投诉举报电话，在全区范围内开展多起严厉打击食品非法添加和滥用食品添加剂专项行动，签订《南京市食品及食品添加剂生产者质量安全责任书》10份，对辖区内的食品企业食品添加剂的使用起到良好的规范作用。

【"打假"工作】 2011年，南京市质量技术监督局白下分局认真履行"白下区打击假冒伪劣产(商)品领导小组办公室"的职责，协调相关部门，对辖区的制假售假行为坚决予以严厉打击。办理"打假"案件13件，罚没额10万元以上3件，打掉制假窝点近30余个，移送公安部门刑事拘留犯罪嫌疑人3人，受省市各大媒体关注、宣传40多次。

【开展"质监讲堂"进超市服务活动】 9月，南京市质量技术监督局白下分局以"质量月"为契机，在苏果超市总部培训基地组织"质监讲堂"进超市服务活动，邀请市局监督处和国家农副产品质量监督检验中心的专家为苏果超市总部质量管理团队和各大门店质量负责人就常用食品标签审查技术等日常质量安全常识进行免费培训，并现场回答苏果超市各大门店在日常工作中遇到的食品标签方面的疑难问题，受到企业欢迎。

【开展"千百诚信"计量体系建设活动】 2011年，南京市质量技术监督局白下分局在辖区内大型餐饮、超市企业中开展"千百诚信"计量体系建设宣传发动活动，并与沃尔玛、侨鸿皇冠等首批参加创建的10家示范单位签订《诚信计量承诺书》，进一步健全诚信计量档案并定期对十家单位开展巡查。全年培育申报省、市级"诚信计量"超市、餐饮饭店、集贸市场6家。

【开展公共信息标志标准化工作】 2011年，南京市质量技术监督局白下分局组织辖区内主要商业区、文化场馆、星级饭店等单位开展公共信息标志标准化工作；帮助南京市博物馆和江苏金太隆国际酒店申报第二批公共信息标志标准化达标计划市级验收；对仍未达标的中央商场、新百商店、水游城等多家单位，下达"限期整改通知书"。

【"国家级社区服务标准化试点"项目通过验收】 10月，"国家级社区服务标准化试点"项目通过国家标准化管理委员会评估验收。专家组一致认为，白下区的试点工作实、工作新，成效特别明显，将标准化的原理和方法应用到社区服务领域，提高社区服务标准化工作的效率，增强社区服务标准体系持续运行的内在动力，促进社区服务标准体系长期有效运行并持续改进。在统一的标准体系框架外，实施独具特色的"1+X"机制，以标准化评估促进服务成果共享，确保各项标准在社区服务各个环节中贯彻到底、落实到位，为建设和谐社区和创新社会管理积累了有益的经验，对全省乃至全国社区服务标准化建设工作起到较好的示范和推广作用。

【开展计量器具"两免费"检定】 5月，南京市质量技术监督局白下分局完成辖区内21家集贸市场计量器具的检定工作。该次共检定1748台电子秤，其中171台不合格，合格率达90.2%。没收"三无"(无厂名、无厂址、无质量检验合格证)电子秤15台(件)，对因质量问题而不合格的电子秤，交菜场办公室统一管理、维修；对3家公办社会福利机构的血压计等医用计量器具实施免费检测、检定服务，建立社会福利机构医用计量器具基本情况表，切实维护孤老残幼人员的切身利益和身心健康。

【开展"五二〇计量日"宣传活动】 5月20日，南京市质量技术监督局白下分局走进标营社区，现场为百姓免费检测、修理血压计达193台，现场示范如何判断血压计漏气现象，并向居民宣传日常计量小常识，受理相关咨询100余人次，发放计量宣传资料百余份。 (刘 恋)

安全生产监督管理

【概况】 2011年，白下区安全生产监督管理工作紧密围绕全区经济和社会发展目标，以深入开展“安全生产年”活动和贯彻国务院23号文件为主线，扎实推进基础性、根本性、常规性工作，区域内安全生产各项指标控制在市政府下达的控制指标以内，未发生较大以上事故或有重大影响事故。全年区域内发生各类事故56起，同比下降8.2%；死亡12人（道路交通11人、生产安全事故1人），同比下降25%；重伤19人（道路交通），同比下降17.39%。经济损失765.2万元，同比下降8.1%。全区安全生产形势继续保持平稳态势，较好地为区域经济社会发展提供安全保障。是年，区政府获南京市安全生产先进单位二等奖。

【强化安全生产责任落实】 2月，区政府召开2011年度安全生产工作会议，与25家责任单位签订安全生产责任状，制订下发《全区各街道办事处、有关部门和单位安全生产工作职责》，确保政府、部门和企业三方责任落到实处。区委、区政府高度重视安全生产工作，认真履行安全生产责任制。将安全生产工作纳入区“十二五”规划，在奋斗目标中专题下达并纳入考核。实施年度安全生产专项考核，确保安全生产工作职责明确，责任到人。

【完成烟花爆竹禁放工作】 2011年，白下区336家重点保护单位和16家烟花爆竹临时经营销售点安全无事故，未发生因燃放烟花爆竹不当造成人身伤害的事故。烟花爆竹禁放期间，发放“致市民一封信”10万份，张贴禁放公告1500份，制作禁放横幅365条，禁放标志、宣传材料2000份，有效提高市民安全燃放、文明燃放意识。区安监局、区公安分局、区工商分局和区城管局等部门组织的综合执法队，严厉打击非法运输、储存、经营烟花爆竹行为，出动执法执勤力量千余人次，整改安全隐患23处，取缔非法经营摊点38个，收缴非法烟花爆竹13箱，维护春节期间全区安全稳定。

【加大专项整治工作力度】 4月，白下区制订下发《关于做好2011年全区安全生产专项整治工作的通知》，确定整治重点单位、重点部位、重点环节，严厉打击各类非法生产经营建设行为，坚决遏制重特大事故发生。加强危险化学品专项治理，成立区民营经济协会危险化学品行业分会，建立服务管理平台；完善300余家危化品经营单位管理台账，检查105家重点经营单位，下发整改通知书6份并得到及时整改；查处“七二七”四方新村危险化学品非法储存案、“十二·三十”范家塘烟花爆竹非法储存案和高桥门地区烟花爆竹非法经营案，确保全区危化品经营处于可控状态。

【规范安全生产基础工作】 2011年，白下区建立健全行政执法责任制、行政执法过错责任追究制度、规范性文件备案审查制度、行政执法案审制度、重大行政处罚案件和事故查处报备案制度等一系列制度，规范安全执法程序。区安监局对59项行政执法事项实施阳光运行；规范受理69件危险化学品经营许可，无一差错报送市局审批核准。5月，召开全区安全监控工作体系建设现场推进会，深入企业推进指导。制订《白下区重点监管单位目标管理考核细则》，并对32家重点企业实施年度考核。在区域内8家职业危害申报企业，开展作业场所检测和从业人员体检，并完善职业健康管理台账。将区域内8个加油站（气）列入监管范围，及时完善申报登记、备案和数据更新及现场检查工作制度，推进企业安全生产主体责任落实。严格执行国务院493号令和省市有关规定，对区域内发生的生产安全事故，按照“事实清楚、定性准确、证据确凿、格式规范、资料齐全、归档及时”等要求依法查处，未发生因处理不公正而引发的社会矛盾。

【消除安全隐患】 8月，白下区根据《严厉打击京沪高铁南京段沿线危害铁路运输安全非法违法行为专项行动实施方案》的通知，区安全生产管理委员会办公室多次现场与高桥村社区协调，将停车场与高铁桥梁安全范围进行围挡隔离，完成“南京高桥村村委会在三角区内自建停车场”的高铁沿线隐患整治。8月24日至9月30日，在全区集中开展高层楼宇高空坠落隐患整治专项行动，通过专题部署、明确任务分工、建立举报投诉机制、落实主体责任、广泛宣传教育等形式集中开展高空坠物专项整治，组织具有相关资质的单位，全面检测楼宇玻璃幕墙，更换所有破损的玻璃幕墙，通道上方增设安全防护网，周边增设安全警示标志，及时消除安全隐患。11月，制订全区“城中村”安全管理综合治理工作方案，协同区相关部门、街道，开展消防安全调查、建立义务消防队、组织防火巡查、制订安全公约、培训义务消防员、检修消防水栓、配备消防器材，清理易燃物品，查处“三合一”、“多合一”等小经营场所及租赁房屋，在农贸市场画禁停线，确保消防通道畅通，使“城中村”治理取得一定成效。

【协调整改政府挂牌隐患】 2011年，市政府挂牌督办的科巷37号综合楼、麦乐迪餐饮服务有限公司，市安委会挂牌督办的环北市场安全隐患限期整改的已按期整改完毕并通过验收。4月，根据《市政府关于挂牌督办全市“不放心”高层建筑火灾隐患的通知》要求，区政府挂牌督办44幢“不放心”高层建筑火灾隐患，区政府领导召开十余次整改推进工作会议并实地督查进展情况，区安全生产管理委员会办公室协调隐患单位及相关部门，区监察局全程参与督办整改工作，并通过现场督查、专题会办等方式推动整改落实。至年底，整改完毕29幢高层18处消防隐患。

【提升全员安全意识】 4月，白下区举办“2011年白下区领导干部安全生产管理培训班”；6月，以“安全生产月”活动、“安康杯”竞赛和安全生产宣传“五进”活动为重点，围绕“安全社区”创建工作，广泛开展安全警示宣传活动；7月，组织全区安监系统行政执法人员参加市局举办的执法培训班，并取得《安全生产监管执法证》。全年围绕“不放心”高层建筑隐患整改推进工作、“1+3”安全监控体系建设推进工作、建筑施工工地安全、应急管理工作等，组织开展各类安全生产知识讲座20余次。

【强化事故应急处置能力】 6月，区政府修订《白下区重特大生产安全事故应急救援预案》,完善二级预案;明确值班举报电话(84556337)并向社会公布,确保信息畅通;重视做好全区应急管理工作,组织各类安全生产应急救援演练,提高政府应对突发事件能力和增强企业“自防自救”能力,完善生产安全事故预报预警和应急协调等机制;在新街口区域以及部分社区开展安全应急疏散和消防演练近20场次。 (安在伟)

食品药品监督管理

【概况】 2011年,白下区食品药品监督管理工作围绕保障公众饮食用药安全和改善民生主题,以“争一流、创特色、上台阶”为目标,从“强素质、求创新、促发展”入手,坚持依法行政,深化优质服务,强化队伍建设,忠实履职尽责。全年,区食品药品监督管理局(以下简称区药监局)开展食品药品安全专项整治和争创“全国药品安全示范区”活动;实施惠民工程;实现职能调整,组建区食品药品安全监督所;履行餐饮服务监管和行政许可职能,完成全年目标任务。是年,白下区被列为省创建国家级药品安全示范区试点单位,区药监局获南京市食品药品监管系统先进集体和区依法行政示范单位等称号。

【组建区食品药品安全监督所】 7月13日,区编制委员会办公室印发《关于成立区食品药品安全监督所及核定编制的通知》(白编字〔2011〕6号),成立南京市白下区食品药品安全监督所,为全民事业性质,隶属区食品药品监督管理局领导,相当正科级,核定编制14名(从区卫生监督所划入编制数8名),领导职数2名(1正1副)。8月1日,区药监局与区卫生局完成相关人员划转和工作衔接。区卫生局负责全区食品安全综合协调,承担区食品安全办公室日常工作,区药监局负责餐饮服务环节食品安全监管。按《党政领导干部选拔任用工作条例》的有关规定,配齐区食品药品安全监督所领导班子。

【实施惠民工程】 2011年,区药监局推进安全用药服务点创建工作,按照“方便群众,合理分布”的指导原则,在全区增设7个安全用药服务点,使辖区服务点数量扩大至15个。建立起设置合理、运行有效、管理规范的全区安全用药服务网络。在此基础上,区药监局紧扣“减轻群众负担、降低购药费用、真正受惠于民”主题,调研甄选全区药品零售企业,确定江苏益丰大药房连锁有限公司南京光华门店为白下区在全市首家“惠民药房”试点基地,并于9月29日正式揭牌,开展为南京市特困及低保居民免费发放“爱心抵用券”,享受平价购药基础的5%优惠,提供免费血糖检测、健康咨询和用药指导等服务活动。

【食品安全监管】 2011年,区药监局在餐饮服务食品监管职能调整前,继续履行区食安办综合协调职责,协调区政府组织召开全区食品安全委员会(扩大)会议,并与食品安全委员会成员单位签订《白下区2011年食品安全工作责任书》,部署开展“问题乳粉”、“瘦肉精”、“违法添加非食用物质和滥用食品添加剂”和“食品安全整治月”等专项检查,通过市“2009—2010年食品安全整顿工作”考核评估验收。餐饮服务食品监管职能调整后,区药监局选调机关骨干,进驻区行政服务大厅,承担餐饮服务企业行政许可,按照“边组建、边工作、边推进”的工作原则,结合“全国文明城市创建”复查与文明指数测评,采取整合监管资源、科学合理分工、实行局所联动等形式,组织开展“工地食堂”、“酒类质量”、“台湾饮料”、“学校食堂”、重大节日和重要活动期间食品安全保障等专项行动,及时消除食品安全隐患,确保群众饮食安全。

【保健食品及化妆品监管】 2011年,区药监局夯实保健食品化妆品监管基础,学习并收集保健食品、化妆品相关法规,汇总、编印成册;走访区工商、卫生等行政部门,了解保健食品经营企业底数,保健食品批件种类及处理流程等情况,采取现场填表、电话询问、当面约谈等方式调查摸底并整理已登记在册的1500多家保健食品生产、经营企业;与软件公司合作开发保健食品、化妆品监管软件,建立企业和产品数据库;按照市局有关保健食品经营企业审批登记工作的有关要求,制订《白下区保健食品经营企业审批登记申请流程》《现场验收标准》和《现场检查表》,制作《白下区保健食品经营审批申请指南》,为新开办企业办理审批登记工作提供方便,为推进电子信息化监管平台夯实基础。

【规范药械市场秩序】 2011年,区药监局坚持科学监管理念和“网格化”监管格局,创新监管方式,提高监管效率,制定下发《2011年食品药品监督管理工作目标任务分解表》,突出基本药物和高风险类医疗器械质量监管;实施基本药物评价性和监督性抽样;完善药械信用体系建设,组织召开行政相对人培训会;打击制售假劣药械违法行为,组织开展“中药饮片”、“隐形眼镜”、“安全用药服务点”、“药品冷链管理”、“药品零售企业抗菌药物销售”、“非药品冒充药品”、“家用理疗器械”和重大节日等11次专项行动。全年,立案33起(结案28起),查获假劣药品8个品种计419盒;监督检查出动5050人次,检查单位3972家;药品抽样234批次,合格230批次;换(核)发餐饮服务许可证409张、药品经营许可证13张。 (李 军)

财政·税务

财 政

【概况】 2011年，白下区财政工作紧紧围绕全区经济和社会发展各项目标任务，落实财政政策，坚持依法聚财、科学理财，不断解放思想、开拓进取，服务保障能力得到全面提升，实现“十二五”时期经济和社会发展良好开局。区财政局不断调整完善财税工作体制，围绕新一轮市区财政体制调整，制订区街财力分配和财税考核办法；围绕全区目标综合考核意见，制订税务部门和住建局的税收专项考核办法；围绕发挥街道和高新园区主体作用，制订财税工作“块抓条保”的实施办法。加大综合治税力度，税务部门充分发挥税收征管职能，做到应收尽收；街道和白下高新技术产业园区加强对重点税源企业的跟踪服务，税源管控意识逐步增强。全年实现地方财政收入30.1亿元，同比增长13.1%。是年，该局获市财政系统先进集体、市法治财政建设先进集体、市外商投资企业财政财务管理工作二等奖、市财政支出绩效评价工作考核评比三等奖等荣誉。

【财政支出】 2011年，白下区财政预算内总支出完成25.26亿元，其中区级支出17.26亿元，完成年度调整预算的100%，同比增长15.42%；市下达专项补助支出7亿元。安排社会保障和就业支出2.29亿元，同比增长21.34%。安排科学技术支出5220万元，同比增长16.65%，占当年区级支出的3%。安排城乡社区事务和节能环保支出9500万元，同比下降10.18%。

【提高财政管理水平】 2011年，区财政局加强部门预算基础信息库建设，完善人员、车辆、设备等资产的基础信息；完善行政单位公用经费支出定额，细化公务接待费、差旅费等支出定额；加强预算项目管理，在政府收支分类科目的基础上，结合区级实际，对项目支出进行明细分类。组织召开区国库集中支付改革试点单位座谈会，就改革试点中业务流转、网络运行等方面进行专题调研；协调内部各业务科室及协作单位，制订解决方案、实施计划，分步组织实施；12月，第二批13家试点单位正式上线运行集中支付业务。该局结合2012年部门预算的编制，提出细化预算编制基础信息库、支出用途进行再分类、调整行政单位公用经费支出定额、细化部门预算支出报表等具体做法，为财政预算的精细化管理提供支撑。

【缴入国库资金1.1亿元】 2011年，区财政局梳理纳入财政专户管理的资金，进一步规范财政专户资金管理，根据白下区管理状况，对纳入财政专户管理超出非税收入范围的资金，采取分类处理的办法，逐步调整规范其资金管理方式。该局制订具体实施意见，涉及全区65家预算单位4大类收入项目，全年共缴入国库资金1.1亿元。

【政府采购工作】 2011年，白下区政府通过网上公示采购信息、网上随机抽取评审专家、网上公示采购结果等方式，提高政府采购流程的透明度。全年政府采购总量为1.28亿元，比采购预算节约资金1977万元，资金节约率为13.35%。

【廉政风险点防范监控】 2011年，区财政局被区纪委确定为廉政风险点防范监控试点单位。该局成立廉政与监管风险源点排查防范工作领导小组，全面推动廉政风险点监管与控防管理试点工作。结合阳光权利运行、政府信息公开、行政执法责任制，以梳理职权流程、排查廉政风险、加强防控管理为内容，以“金财工程”信息工程的业务流程为支持，制订工作方案，寻找相关资料，指导并严格督促各科室，按照个人业务流程梳理和廉政风险源点梳理两个步骤，坚持从业务流程梳理中搜索筛选廉政风险源点，系统梳理科室内部业务、科室交叉业务和全局业务，归纳出个人廉政风险源点122项、科室廉政风险源点87项，一级风险点10个、二级风险点32个、三级风险点40个，全局廉政风险源点82项，使廉政风险防范的体系涵盖财政预算管理、资金管理、资产管理、政府负债管理、财政监督管理、会计事务管理、政府采购管理、行政管理和网络管理等方面，进一步完善内控制度，推进预警建设，增强监督实效。

【法治财政建设】 2011年，区财政局根据法治财政建设目标考核体系，分工负责落实各科室的法治财政建设工作，切实保证法治财政建设各项指标要求落实财政管理的各个环节，全面提升全区财政工作的法治化、科学化、精细化水平；建立完善考核电子台账，接受市财政局法制财政建设目标考核。以保障民生、帮扶企业、服务经济中群众最关心的法律、法规、政策为财政普法重点，扎实开展“财政法制宣传月”活动。全年财政“五

五”普法和法治财政建设工作取得较好成绩。（吉亚松）

国家税务

【概况】 2011年，白下区国家税务工作围绕“一个中心”（组织收入）、强化“两个重点”（税收征管质效和纳税服务水平）、实现“五个新突破”（组织收入质量、税源专业化管理、纳税服务、队伍建设和党风廉政建设）的工作主线，坚决贯彻落实上级各项决策部署，全面履行工作职责，以争创一流为目标，在创新中发展，在改进中提高，扎实推进各项税收工作，实现了“十二五”良好开局。坚持依法征收，以保持税收与经济稳定协调增长为目标，着力在提升组织收入质量和转变工作机制上下工夫，全面实行收入预测“五日报”，密切关注申报、征收、减免税等重点环节，提高预测准确率；分解落实收入目标，强化考核；结合税源税户特点和征管实际，着重在提升申报质量、强化非正常户管理等征管薄弱环节上下工夫，堵漏增收。扩大“重点税源直报系统”覆盖面，把税款在100万元以上的企业全部纳入直报系统，按月采集、分析企业经营、财务等方面数据；建立重点企业挂包责任制，及时掌握企业生产经营、税收变动、项目实施等方面的“活情况”，协调、解决企业发展中遇到的涉税问题。组织开展区域税源税户经济税收调研，先后撰写了《白下创新型服务业发展》《新街口、水游城、白下科技园等重点项目数据分析》等行业性、结构性、区域性为主的专题分析，为区域经济发展献计献策。全年实际组织区级税收收入224411万元，其中，增值税137121万元，同比增长15.45%；企业所得税70920万元，同比增长28.84%；免抵调库16370万元，同比增长-66.85%。

是年，白下区国家税务局在市国家税务局目标管理考核中名列第三，连续9年获得南京市国家税务系统先进集体；获“南京市2009—2011年争创无职务犯罪单位活动”先进单位、“南京市廉政文化示范点”、“白下区2010—2011年无职务犯罪先进单位”等荣誉。

【推进执法风险内部控制】 2011年，白下区国家税务局总结和系统梳理往年试点成果的基础上，以项目化管理的方式，突出主题风险应对的主导和示范作用，始终注重将风险管理与当前税收重点工作相融合，整合开展。把主题执法风险应对作为开展执法风险内部控制的主线，强化管理团队实体运作，制定并实施《税收执法风险主题应对工作规程》，规范主题应对的内涵、对象、要求和流程。确立代开普通发票、残疾人就业税收优惠政策落实、需实地核查税务事项等3个主题执法风险事项，纠正536户次执法问题，追究15人次干部的执法责任。

【强化税种管理】 2011年，白下区国家税务局开展运费发票专项治理，发现有问题企业79家，查补税款143.44万元；强化增值税重点行业低税负管理，促进行业税负率达到1.21%，比控管前提高0.69%；强化所得税汇算清缴质量管理，汇算清缴管理目标全面达标；开展资产损失专业化评审，补缴企业所得税256.59万元，加收滞纳金52.99万元。抓好税收优惠政策措施落实，全年减免税款8400万元，免税销售额67.25亿元，惠及企业3712家。强化所得税税源专业化管理，立足区域所得税管理环境，顶层设计，系统谋划，推行“属地+特征”的税源分类管理和“专业+基础”的事项分层管理，初步形成业务扁平化的分类分级运行、统一标准化的政策服务模式、防控常态化的所得税税源专业化管理运行机制。强化国际税收专业化管理，围绕税源采集、备案管理、情报分析、税收判定等6大非居民劳务税收管理事项，固化常态管理规程，采取以专业化管理团队开展风险分析、识别、应对的实体运作形式，实现非居民税收收入1,307万元，同比增长45.22%。

【提升办税水平】 2011年，白下区国家税务局以实现3个转变为重点（从实体办税为主向电子办税和自助办税为主转变，从侧重事中办税服务向事前咨询辅导和事中办税服务并重转变，从单一部门服务向全局全体部门全体干部全员服务转变），明确以办税厅为风向标，职能科室、税源管理科支撑的联动工作机制，完善《纳税人需求分析反馈制度》，全年通过各种方式收集纳税人诉求118件，税收争议21件，“12345”政府呼叫平台受理10件，各项诉求都得到及时合理解决。通过实施各有侧重的宣传辅导服务策略，帮助纳税人提高对税收政策的理解和运用能力，引导纳税人正确行使权利、履行义务。全年开展针对性培训62场次，涉及1.8万户次纳税人。切实维护纳税人权益，进一步规范各类税收执法行为，完善重点涉税事项制式调查、审批工作制度。规范下户核查行为，逐一梳理25项下户核查事项，通过固定格式的制式表格，明确规定税收管理员下户核查的具体内容，减少核查中的随意性；规范涉税文书送达，要求凡涉及纳税人权益事项的认定及变更一律以书面形式送达告知，切实维护纳税人的合法权益，全年1109项次税务行政事项改变告知方式。

【推进税源专业化管理】 2011年，白下区国家税务局把形成流程明晰、职责明确、衔接顺畅、运作高效的工作机制作为工作重点，在进一步调整和明确团队、科室、岗位工作职责与要求的基础上，科学分析、确定专业化管理对象，强化税收情报管理支撑作用，促进征管质效不断提升。通过制定完善并落实《专业化管理团队工作制度》《税源专业化分类管理办法》等运行配套制度和《专业化管理绩效评价办法》《目标管理考核办法》等工作评价制度，进一步明确“以属地+特征的税户分类为基础，以数据情报收集运用为支撑，以阶段性主题项目确定为内容，以区局管理团队实体运作为重点”的税源专业化管理模式，各税源管理科设专业化管理岗，对1120户企业实行分类管理；全年分析情报信息1.3万余条，应对情报945条，补税、加收滞纳金2517万元，情报驱动能力得到有效发挥，获市局税收情报管理示范点、省局标兵单位称号；加强管理团队力量，人员由17人扩编到38人。风险团队按月召开专家组会议，按季分析识别主题风险项目，有效加强了管理团队常态化实体运作能力。

【举办第三届“国税开放日”活动】 4月27日，白下区国家税务局举办第三届“国税开放日”活动，邀请全市纳税人代表、行风监督员、人大代表、政协委员、群众代表20余人，走进国税机关，体验税务登记、税款征收、发票领购、自助办税等税收业务操作，观摩网上办税服务厅、12366税务咨询服务热线，全方位了解国税部门各项涉税业务的办理流程和注意事项，亲身感受国税部门的服务理念和办税过程。在开放日活动中，该局还召开“征纳面对面、沟通零距离”的主题座谈会，发放特约行风监督员聘书，听取社会各界对国税部门征管、服务、党风廉政建设等方面的意见和建议。

【联合开展省第七届百姓税收意识调查】 5月26日—6月20日，由省国税局、市国税局联合主办，白下区国税局、下关区国税局、经济技术开发区国税局和高淳县国税局联合承办的江苏省第七届百姓税收意识调查工作全面开展。调查方式有：以调查问卷的形式，采取登录省国家税务局、市国家税务局网站参与调查；在全省各市国税局有关办税服务厅填写调查问卷；走入企业、院校、社区和街头开展实地调查；6月7日《南京晨报》参与答题。通过多渠道发放、回收调查问卷，汇集了全省各地、各层面百姓对税收的看法。经过统计，收回问卷4378份，其中有效问卷4259份，有效率达97.28%。

【开展“把握今天·放眼未来”系列主题活动】 10月，白下区国家税务局根据自身干部队伍实际状况，策划举办贯穿全年的“把握今天·放眼未来”系列主题活动，整个系列活动包括“昨天·今天·明天”、“扬帆奋进”、“点亮人生”、“助你助我”、“乐在白下”、“我成长·我快乐”等6个篇章，旨在通过“反思规划、共享心路、对话访谈”等形式，进一步提升干部队伍修养，充分激发干部队伍的昂扬士气，增强区局软实力，营造团队与个人共成长的共同愿景，为区局的全面、协调、可持续发展提供坚强的思想保障。（马　明）

地方税务

【概况】 2011年，白下区地方税务工作以“深化改革、创新管理”为主题，以服从系统全局和服务全区大局为工作定位，以创优争先为目标引领，不断提升依法治税、信息管税、纳税服务和干部队伍建设水平，较好地完成全年各项工作任务。全年，地税白下分局组织各项收入52.12亿元，其中税收收入26.47亿元，增幅21.53%；省级税收收入1.94亿元，增幅16.57%；市区级税收收入24.53亿元，增幅21.94%；区级税收收入19.79亿元，增幅12.69%；入库社保费25.29亿元，增幅23.47%，各项基金3696万元。该局先后被授予江苏省精神文明建设工作先进单位、南京市残疾人就业工作先进单位、白下区有功单位和优秀基层党组织等荣誉称号。

【提升税收征管质效】 2011年，地税白下分局进一步规范税户管理，做好对新办户和变更户的外部实地核查和属地化管理工作，加强对新办户登记信息的上门核查工作。将非正常户集中到专业事项所实行专人管理，通过与国税信息比对、联合清理，借助区工商行政管理局、白下公安分局、街道等部门力量，发挥集中管理、专人清理的专业化管理优势，开展非正常户清理，清理非正常户328户，清理率12.83%。实施征管改革工作，按照“科学化、专业化、精细化”要求，改革组织框架、机构职能，形成“重点税源、重点行业和特殊事项专业化、集中化管理，一般税源属地管理”的工作格局。强化以票控税，稳步推进发票换版及税控机推广。规范个体税收管理，组织完成2940户纯地税户2011年度个体定额调整工作，全年个体入库税款3395.76万元，同比增加22.5%，实现个体税收稳定增长。

【依法治税工作】 2011年，地税白下分局突显税收政策服务，先后梳理服务“科技创新型”企业等税收政策。根据区域经济社会发展需要，及时成立白下高新技术产业园区纳税人之家，梳理园区在创新升级过程中遇到的税收困难和所需的政策扶持，为地方经济发展提供政策建议和服务。积极落实税收优惠政策，共落实下岗再就业、残疾人、研发费用加计扣除等减免税779.05万元，有力地改善了民生和促进了企业发展。加强营业税管理，共征收营业税收入104521万元，同比增长18.63%。开展2010年度企业所得税汇算清缴，对1816户查账征收户、2765户核定征收户进行了汇算清缴，共补缴企业所得税5856.87万元，增长10.88%。以全员全额明细申报为抓手，做好年所得12万元以上个人所得税自行纳税申报工作，共7770人进行申报，补税461725.61元。开展“规范执法示范岗”评选活动，通过自行申报、部门评议、分局审议、表彰授牌、示范宣传等阶段，6名税务干部被评为年度“规范执法示范岗”。发挥纳税评估在日常工作中的管理作用，为组织财税收入提供保障，全年共完成评估计划1368户，评估入库税款9495.24万元。累计入库查补税款695.53万元。

【提升办税服务效能】 2011年，地税白下分局优化办税流程，全面推开“一窗式”服务，推行标准化办税服务。落实纳税服务责任制，引导干部严格执行《纳税服务责任规定》。向纳税人提供导税服务、预约服务、首问负责制、限时服务、延时服务、提醒服务等服务承诺。进一步做好“免填单”服务，办理免填单20587户次，同城通办业务4300件，提供预约服务3件。依托“纳税人学堂”强化政策培训辅导，开展纳税人权利与义务宣传，累计培训人数近3400人。组织辖区中小学生深入开展主题教育和有奖征文，学生参观2000余人，组织征文250篇。充分利用短信平台提供涉税提醒、催报催缴等服务的力度。扩大《涉税信息月报》的辅导作用，向纳税人之家寄送相关资料，使更多的纳税人及时掌握最新的税收资讯。

【开展税收宣传月活动】 4月1日，地税白下分局在新街口正洪街广场组织开展

"税收助发展、携手护民生"税收宣传月主题活动,邀请为南京发展贡献力量的"新南京人"介绍创业经验,为广大市民开展下岗再就业税收优惠政策、转业退伍军人再就业税收优惠政策、个人所得税常用税收政策等民生税收知识咨询和问答。活动期间,发放"税收助发展、携手护民生"民生税收知识手册1000余份。 (张志芳)

【规范税务登记注销管理】 2011年,地税白下分局将税务登记注销事项集中到特定事项所管理,依据被查企业近年的纳税额、所得税管辖机关、房产状况等分类细化检查内容,建立案情内容积累、研究制度。针对注销工作量大且注销稽核占比高的情况,明确注销稽核以案头稽核、询问核实、凭证抽查等为主,日常检查以账务检查、现场检查、外部调查等为主。注销稽核文书做到:纳税人资料全,受理、通知、稽核、处理、处罚、执行及回证等诸环节文书全,文书中签字、盖章、时间全;企业情况清、处理结论清、政策依据清。 (董麟 范华)

【企业所得税汇算实现双100%】 2011年,地税白下分局实行企业所得税汇算进度控制,设定累计序时进度和总申报进度两个控制指标。同时,实行汇算工作例会制度,建立督察、跟踪、通报制度,将汇算工作与强化税源监控管理手段结合起来,将汇算工作与夯实基础工作,着力提升征管效能结合起来,将所得税汇算清缴工作与新企业所得税法的宣传结合起来,提高所得税汇算清缴工作和其他工作的契合度。全年,1816户查征收户完成年度纳税申报,申报率为100%;2765户核定征收户完成年度纳税申报,申报率为100%。通过汇算,查账征收户共补缴企业所得税5856.87万元,增长10.88%。核定征收户共补缴企业所得税351.83万元,增长313%。是年,该局连续7年被评为南京地税系统企业所得税先进单位。 (夏亚非)

【开展纳税评估工作】 2011年,地税白下分局着重发挥纳税评估在日常工作中的管理作用,按照风险管理要求探索疑点筛选及推送的新办法,充分应用上级部门推送的疑点库,围绕重点税源、重点行业大力推进纳税评估工作,为组织收入工作提供有力保障。全年,完成评估计划1368户,评估入库税款9495.24万元,评估贡献率达到3.37%,评估有效性达到95.88%。其中完成了百万元以上户评估任务236户,高风险评估128户。(范华)

【加强申报管理】 2011年,地税白下分局围绕考核指标,落实税管员责任,加强实地核查。加强催报催缴和行政处罚,严格以票控税,及时做好对逾期申报户、逾期未入库户的催报催缴工作,加强对连续长期零申报户、非正常户的规范化管理,对其开票情况进行重点监控,查漏补缺。加强国地税信息比对,扎实做好数据比对工作,查找漏征漏管户,避免少申报、不申报的情况发生。是年,该局准期申报率一直保持在99%以上,企业连续零申报率下降到17.95%。 (王延)

【推行网络开票及税控开票】 2011年,地税白下分局坚持"以票控税",通过简并发票种类,强化网络开票,推行税控开票,压缩手工发票,合理定额发票的工作,建立发票管理长效机制,达到控税源、稳税基的目的。该局有网开户6032户,其中个体622户,占全市地税系统网开户的17.16%;税控开具户561户,其中个体137户,占全市地税系统税控率的19.89%。 (朱莹)

【创建群众满意基层站所】 2011年,地税白下分局各职能部门采取多种措施创建群众满意基层站所。办税服务大厅严格落实限时办结、首问责任制、服务承诺等规范服务;针对作息时间调整,做好延时服务、预约服务和早间、午间值班服务等工作。各管理所对纳税人依法申请报批事项,做到调查从速、核批及时、落实到位;开展企业、街道和社区大走访,解决纳税人疑难问题,帮助辅导账务;主动与街道建立联席会议制度,与社区开展结对共建。7月,在全区7个街道开展"群众满意基层站所"评议活动,该局参评的7个税务所在全区8家重点评议单位59个基层站所中,获2个第一名,5个第二名,综合满意率居8家参评单位之首。 (刘勇)

【开展规范执法示范岗创建工作】 2011年,地税白下分局开展规范执法示范岗创建工作,从综合素质、执法规范、效能评价、学习创新等4个方面,制订37条评价标准。评选活动实行市局和分局两级管理、两级评选,分为自查打分、部门评议申报、评议小组评议、分局审议、表彰宣传、指导检查等6个程序。每季度评选产生4—5名"季度规范执法之星",每年度评选产生6名"年度规范执法之星"。定期对规范执法岗进行授牌和表彰,规范执法岗的授牌采用流动方式进行,"季度规范执法之星"每季度考核1次,"年度规范执法之星"每年度流动1次,营造全局比规范、学规范、创规范的良好氛围,探索规范税收执法行为的有效机制。 (赵立扬)

【实施征管机构改革】 7月,根据《江苏省南京地方税务局关于推进税收征管体制改革的实施意见》(宁地税发〔2011〕72号)和《江苏省南京地方税务局关于内设机构及基层行政机构主要职责和机构设置的实施意见》(宁地税发〔2011〕73号)文件精神,地税白下分局开展机构改革工作,内设科室为办公室、人事监察科、税政法规科、征管和科技发展科,将纳税服务科并入第一税务所,将除征收所外的7个税务所调整为8个税务所,增设1个税务所,调整后总计9个税务所。 (张志芳)

科技·教育

科 技

【概况】 2011年，白下区科技工作以科技创新创业载体建设行动计划为核心，突出重点，狠抓落实。全年，申报大学科技园1家、战略性创新中心2家、科技企业孵化器2家；全区共有高新技术企业31家，公示9家。高新技术产业实现销售收入72.1亿元，占区内规模以上企业工业总产值64.8 %，同比增长6%；新签订产学研合作项目40个，其中推进企业委托高校和科研院所研发项目31个；引进世界500强企业研发中心1家；新增工程技术研究中心2家，获国家、省、市科技项目8项；有9人及2家企业获得省市人才项目；申请专利4588件，同比增长46.4%，其中发明专利1550件，同比增长30.3%。专利授权为1650件，同比增长22.8%，其中发明专利授权445件，同比增长36.1%。是年，白下区获"全国科普示范城区"称号，通过江苏省知识产权示范区验收。

【召开科技企业座谈会】 1月11日，区科技局组织召开科技企业座谈会，区内31家高新技术企业、重点培育的科技型企业以及创新创业企业的负责人出席会议。会议介绍2010年白下区高新技术产业发展情况，解读白下区出台的科技产业政策。与会企业家围绕企业自主创新能力提升、企业开展自主创新过程中难点以及对政府在推动企业自主创新方面的建议进行座谈和交流。

【省交通规划设计院有限公司获国家科技进步一等奖】 1月，由江苏省交通规划设计院有限公司等参与完成的"千米级斜拉桥结构体系、设计及施工控制关键技术"项目获得国家科学技术进步一等奖。该项由中国科研人员率先实现的斜拉桥"千米级跨越"在世界上首次提出内置式组合索塔锚固和钢混组合变截面桩两种新型结构及设计方法，为千米级斜拉桥的成功提供强有力的技术支撑。该项技术用于苏通大桥建设。

【太平南路商业街黄金珠宝"正版正货"示范街区启动仪式】 4月23日，白下区政府在新世纪广场举行南京太平南路商业街黄金珠宝"正版正货"示范街区启动仪式，太平南路商业街区黄金珠宝企业、五老村街道和社区群众150余人参加。省、市、区有关领导为"江苏省'正版正货'示范街区"揭牌。南京宝庆首饰总公司工会主席李征宇代表企业发言，并与7家黄金珠宝企业的老总在"正版正货"承诺书上签字。

【南京航空航天大学科技成果转化对接会】 4月27日，由白下区政府、南京航空航天大学联合组织的科技合作协议签字仪式暨科技成果转化对接活动在南京水游城假日酒店举行。参加此次产学研成果对接活动的有辖区40余家科技型企业负责人，南京航空航天大学14个教授团队的专家及江苏金钥匙担保股份有限公司等多家投资机构代表。区长曹永林和南京航空航天大学校长朱荻分别代表区政府与南京航空航天大学就共建科技创新平台、开展科技创新合作、共建创新创业基地、共建实习基地等内容签订区校科技合作协议。南京际华三五二一

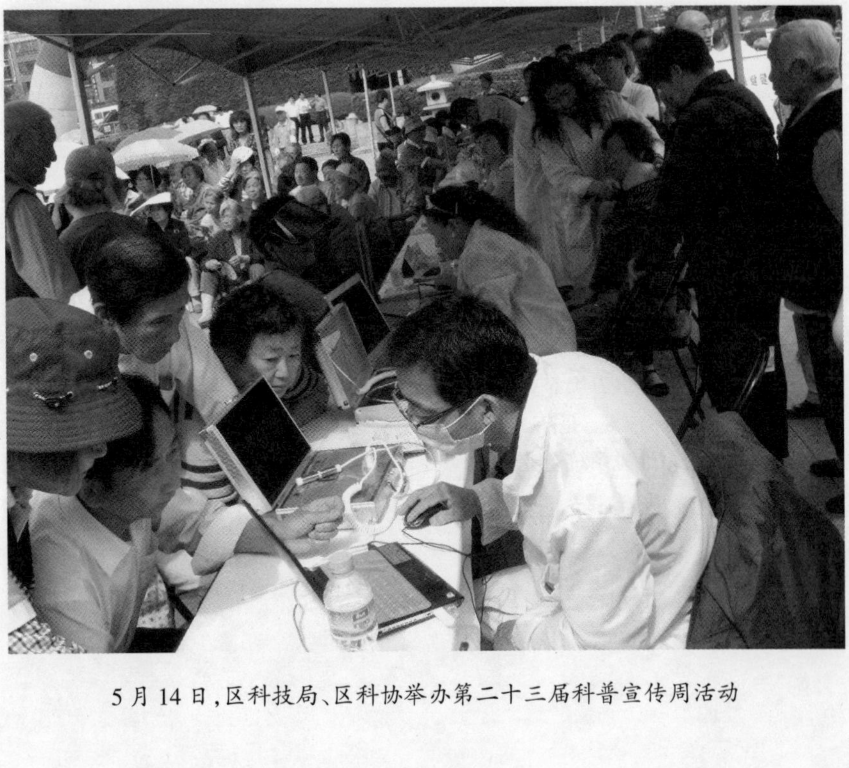

5月14日，区科技局、区科协举办第二十三届科普宣传周活动

特种装备有限公司等4家企业与南京航空航天大学相关专家团队分别就技术成果转化、产学研合作项目进行签约。南京市副市长罗群、区委书记陆平贵及市相关部门领导出席会议。

【知识产权工作会议】 4月12日，白下区召开知识产权工作会议。省、市知识产权局领导，区知识产权联席会部分成员单位、街道、中小学校、驻区部分企业、院校、科研院所、专利代理机构、专利工作先进单位(个人)、专利代理工作先进单位等单位200余人参加了会议。会议通报2010年区知识产权工作情况，部署2011年工作；表彰2010年度专利工作先进单位(个人)、专利代理服务先进单位。

【通过省级知识产权区域示范工作考核验收】 9月1日，省级知识产权区域示范工作考核验收专家组一行7人，考核验收白下区创建省级知识产权区域示范工作。副区长张雷、区知识产权局及区知识产权联席会议主要单位分管领导参加考核验收。区领导向专家组介绍该区知识产权的创造、管理、运用和保护等工作情况。专家组采用查看资料、现场提问等形式，考核验收白下区知识产权区域示范工作，一致同意通过该区成为省级知识产权区域示范工作单位。

【科技创新政策解读培训】 11月9日，白下区举办科技创新政策解读及知识产权基础知识专业培训，白下高新技术产业园区、街道、中航科技城管委会、社区等单位领导及工作人员近百人参加培训。区科技局(知识产权局)邀请市知识产权局知识产权处处长杨进根、南京市天翼专利代理有限责任公司总经理汤志武，解读南京市关于《1+8行动纲要、行动计划》中的知识产权相关政策和知识产权(专利)基础知识，同时发放专利基础知识宣传册。通过培训，初步形成由区科技局(知识产权局)牵头，各街道、社区及相关单位齐抓共管、共同促进的区知识产权工作网格化管理方式，为该区科技创新、专利数量及质量齐头并进奠定基础。 (袁忆)

南京白下高新技术产业园区

【概况】 南京白下高新技术产业园区(以下简称“园区”)总面积1.96平方公里，是南京主城区唯一的省级开发区，由创新园、服务园、创业园和南京理工大学校园组成。

2011年，园区围绕“科技、智慧、低碳”的发展理念，加快以云计算、智能交通为主导的新一代信息技术产业培育。全年14个项目开工建设，开工面积45.24万平方米，封顶面积38.43万平方米，竣工交付载体12.71万平方米，在建及建成载体总量达到90万平方米。实现税收收入3.15亿元，固定资产投资9.3亿元，实际利用外资6000万美元。围绕主导产业搭建技术服务平台，已培育1个国家级检测中心，引进4个省部级检测中心、1个国家级技术成果转移机构。是年，园区在创新型城区建设考核中获得一等奖，被区委、区政府授予2011年度创新型城区建设“有功单位”；1人被授予“有功个人”，1人被评为南京市劳动模范，6人被评为年度区优秀公务员。

【白下区东部片区重大项目集中开工仪式举行】 2月26日，白下区东部片区重点项目集中开工仪式在园区创业园内举行。包括江苏省交通规划设计院总部基地、LG全球白电研发中心项目、南京市建筑设计研究院科研楼项目在内的13个重点建设项目集群开工，拉开了园区项目载体建设的新高潮。这批项目占地398亩，总建筑面积近50万平方米，总投资近30亿元，涉及智能交通、软件设计、物联网研发、项目工程设计等产业领域，具有科技含量高、产业集中度精、占地面积少的特点。

【紫金(白下)科技创业特别社区揭牌】 9月10日，紫金(白下)科技创业特别社区建设正式揭牌启动，人才引进与服务中心、公共(技术)服务中心、科技金融服务中心等三大服务平台同时揭牌。6家学科型公司、8家社会服务中介、8家公共技术服务平台、8位领军人才项目、9家科技投融资机构同时签约。首批创业导师接受了聘书。市委书记杨卫泽为特区揭牌并发表讲话，要求园区在“人才建设、体制机制、功能体系”等方面积极探索，为全市特区建设和发展作示范。

【招才引智工作】 2011年，园区转型建设特区以来，积极搭建常态化招才引智平台，举办海外人才对接会，参与中国(南京)国际软件产品和信息服务交易博览会、中国留学人员南京国际交流与合作大会、中国南京金秋经贸洽谈会，同时深化和完善创业项目专家评审机制，推动创业者沙龙活动，实现招商引资向招才引智的转型。9—12月，成功集聚国家“千人计划”5人、省“双创计划”5人、市“321计划”26人，在12个省级以上开发区中名列前茅，为白下区在年度区县考核中赢得科技人才项目加分。

【江苏省智能交通产业技术创新战略联盟揭牌】 8月6日，“江苏省智能交通产业技术创新战略联盟”揭牌仪式在园区举行。该联盟以中国电子科技集团公司第28研究所为技术支撑，核心宗旨是联合智能交通行业企业，形成以公路交通、铁路交通、水上交通以及航空低空领域为主导的智能交通产业集群；以南京周边丰富的科教资源为重要依托，促进智能交通产学研转化；以高端人才创新创业为产业发展导向，促进南京智能交通发展。

【首创“全程覆盖、按需服务”理念】 2011年，园区围绕人才和企业需求，创新服务理念、深化服务内容、拓展服务领域，在全市率先提出并践行了“全程覆盖、按需服务”理念。发挥南理工紧密合作优势，构筑人才创业与工作“双赢”环境；签约法律、人力资源等一批社会中介机构，为企业营造全程无忧的创业环境；探索24小时项目经理制，满足海外人才全天候的需求；强化政策、资金、人才申报效率，为企业提供日常公共政务服务；围绕人才创业企业轻资产、融资难核心难题，服务企业量身定做个性化融资解决方案；整合园区平台资源，帮助人才创业企业开拓和挺进市场。

【军民融合特色平台】 2011年，园区坚持注重培育军民两用产业融合发展，已聚集以南京莱斯信息技术股份有限公司、南京捷诺环境技术有限公司为代表的多家军民融合科技企业。通过与周边军工院所合作，多项军用科技成果得以转化，深化与解放军理工大学、南京农业大学、中国电子科技集团公司第28研究所、省军区装备部等周边大学院所的"协同创新"进程，被省军区认定为省"军民融合科技创新示范园"。

【科技金融服务体系建设】 8月，园区及园区担保公司与南京银行股份有限公司成功签约，通过园区—担保—银行通力合作，为园区企业融资提供及时、个性化、综合化的解决方案，降低企业融资成本，提高资金使用效率，解决企业发展过程中的融资难的瓶颈。12月，园区科技小额贷款公司完成组建，面向园区乃至全市科技型企业提供包括小额贷款发放、融资性担保、创业股权投资等系统性金融代理服务，优化园区创业创新大环境。 （邹 媛）

部分驻园企业

【南京莱斯信息技术股份有限公司】 南京莱斯信息技术股份有限公司作为中国电子科技集团公司第二十八研究所控股高科技公司，是中国电子科技集团公司第二十八研究所走向民品市场的窗口和经济实体。公司掌握先进的开发技术和方法，具有多年大型系统工程设计、开发、集成和行业经验，主要业务领域包括指挥通信、民航空管、智能交通、劳动和社会保障以及电子政务等领域，成为白下高新重点科技型支柱企业之一。

【南京杰迈视讯科技有限公司】 南京杰迈视讯科技有限公司由白下高新自美国硅谷引进的尖端人才创业团队创立而成，由多名留美博士领军。2011年，公司拥有多项国际领先的CMOS传感器、视频处理、人工智能、模式识别等核心技术和发明专利，其专利技术用于高清视频检索、数据挖掘、商业模型统计、自动化生产、娱乐和视频通信等各个领域，是智能交通发展领域中的新军。

【南京通用电器有限公司】 南京通用电器有限公司集汽车电子产品研发、销售、生产于一体，在同行业内处于领先地位，为江苏省高新技术企业。主要产品有GPS车载定位系统、汽车行驶记录仪、智能公交系统、出租车计价器等。公司在同行业内率先通过ISO9001国际质量管理体系认证，公司旗下"圣通牌计价器"、"丝路圣通牌GPS车载终端"被评为"南京市名牌产品"，业务遍及全国400多个大中城市，国内形成较为成熟的销售以及服务体系，市场占有率常年保持全国第一。 （叶翔宇）

教 育

【概况】 2011年，白下区有区属中学12所（含民办郑和外国语学校）。其中：独立高中3所、完全中学1所、独立初中7所、中等专业学校1所；有四星级重点高中（国家级示范高中）3所、三星级重点高中（省重点高中）1所、国家级重点职业学校1所、省示范初中4所。有小学26所（含1所育智学校），其中省实验小学13所、市实验小学13所。有幼儿园46所，其中教办园9所，集体园9所，系统园10所，民办园18所。

全系统在职教职工总数3542人，其中专任教师3352人、女教师2506人。本科（含研究生）学历2740人，占总数81.7%；大专学历504人，占总数15.0%。35岁（含35岁）以下教师1552人，占总数46.3%。高级教师职称708人，占总数21.1%；中级职称1860人，占总数55.5%；初级职称733人，占总数21.9%。

中小学、幼儿园在校学生48732名。有初中班219个，7995名学生；普通高中班149个，6220名学生；职业教育班86个，2785名学生。小学有550个教学班，20022名学生。在园幼儿共计11710人（含3岁以下托班幼儿），其中，学前三年9585人，学前3年入园率118%。

全区教育用地面积58.86万平方米，校舍建筑面积44.95万平方米。其中中学用地面积34.91万平方米，校舍建筑面积23.41万平方米；小学用地面积19.32万平方米，校舍建筑面积17.04万平方米；公办幼儿园用地面积2.93万平方米，校舍建筑面积3.13万平方米；集体幼儿园用地面积9017平方米，校舍建筑面积5887平方米；局直属单位用地面积7983平方米，建筑面积7813平方米。

是年，白下区获市高中绩效评价一等奖，区教育局获市经济政治文化社会建设（"五五"普法）有功单位，白下教育网获省2010年"文明办网"创建活动"行业特色网站"称号。

【白下区获市高中绩效评价一等奖】 2011年，白下区高考本二达线469人。南京市第三高级中学达本二线113人，超额完成市确定的高线奋斗目标；南京航空航天大学附属高级中学达本二线207人，大幅度超额完成市确定的高线奋斗目标，该校高三（1）班51人参考，49人达线；南京市第五中学达本二线127人，超额完成市确定的奋斗目标；南京市第六中学和南京市行知实验中学艺体类本科达线人数也超过上年。

【《公主与皇帝》唱响金陵】 5月22日，由白下区社区培训学院"戏剧人生艺术团"倾情出演的大型传统越剧《公主与皇帝》于"金陵五月风"第五届文学艺术节期间与广大观众见面。省、市、区教育部门，戏曲家协会及南京市文联的领导观看首场演出。演出展示白下区充分利用区域内丰富的文化教育资源，以文化艺术教育人、鼓舞人、激励人，以戏剧魅力感染人、熏陶人、影响人的社区教育工作形式。

【市首家国家级"班主任工作研究室"和名班主任个人工作室落户南京市第六中学】 5月27日，《班主任》杂志社在南京市第六中学举办"班主任研究工作室"和"陈宇班主任工作室"揭牌仪式。这是《班主任》杂志社在南京市成立的首家班主任工作研究室和以个人名字命名的班主任工作室。工作室以开展教育教学研究为重点，破解新形势下班主任工作的难点问题，探索班主任工作规律，参与开发班主任培训课程及资源，承担校级班主任培训任务。

【游府西街小学承办省首期汉语国际推广储备教师培训】 7月26日，为期两周的江苏省首期汉语国际推广储备教师培训，在首批国家级汉语国际推广基地学校南京市游府西街小学举行。省教育厅副厅长丁晓昌、南京师范大学国际教育学院院长钱玉莲、教授张小峰、南京市教育局局长吴晓茅为培训班学员授课。全省各市教育局推荐的60名骨干教师参加培训。

【金基奖学基金】 2011年，南京金基房地产开发集团有限公司（简称“金基集团”）与区教育局友好协商，决定捐资500万元成立“金基奖学基金”，帮助家庭困难学生顺利完成大学学业。金基集团每年捐赠人民币100万元，捐赠期5年。8月17日，举行首次“金基奖学基金”捐赠仪式，市区领导、金基集团代表、教师及学生代表30余人出席仪式。

【庆祝第二十七个教师节表彰大会】 9月9日，白下区庆祝第二十七个教师节表彰大会在南京市游府西街小学召开。区委书记陈勇、区长曹永林等领导及区教育系统行风监督员，区政府有关部门领导、街道领导，区教育局机关科以上干部，区教育系统党政领导、特级教师、市学科带头人和市优秀青年教师代表360余人参加庆祝大会。会议表彰市师德先进群体、市优秀青年教师、区先进教育工作者、2010—2011学年教育改革发展突出贡献单位和先进单位；先进单位和个人代表作了交流发言。（祁鹤青　魏　亮）

幼儿教育

【概况】 2011年，白下区有幼儿园46所，其中教办园9所、集体园9所、系统园10所、民办园18所。全区幼儿园教职员工1445人，其中教师967人，大专及以上学历905人，有省特级教师2人，市名园长4人，市名师3人，市学科带头人10人，市青年优秀教师15人，区级骨干教师200余人。是年，白下区获“市幼儿教育先进区”。南京市第一幼儿园获“省平安校园”、“市园林式校园”、“市优秀教育科研基地学校”、“市教育科学研究基地”；梅花山庄幼儿园获“省教科研先进集体”、“市教育系统第七届师德先进群体”；石鼓路幼儿园被市教育局评为“南京市学校优秀科研室”。

【创建省市优质园】 2011年，白下区幼儿园围绕“抓创建、创特色、出精品”的工作思路，细化、优化、美化、精化管理，强化学前教育的公益性、普惠性，全面提升幼儿园办园层次和水平，以“让更多的孩子享受优质学前教育资源”为目标，实施省优质幼儿园创建。截至年底，共创建16所省优质园，省示范园、省优质园达26所。是年，王府幼儿园被评为市示范园，银龙幼儿园、伊顿幼儿园被评为市优质园。石杨路幼儿园接受省优质园验收。

【新增5所民办幼儿园】 2011年，南京市第一幼儿园和太平巷幼儿园发挥品牌资源优势，向区内外辐射优质资源，带动并促进区域学前教育水平整体提升，先后开办7所分园和1个分部。是年，新增5所民办幼儿园，其中在区域东部开办鸿意新城、江南明珠、天地花园3所幼儿园，区域西部新增第一幼儿园金陵尚府分园和由美籍华人开办的美侨幼儿园。区内46所幼儿园基本满足白下区域幼儿入园需求。

【完成幼儿助学券发放工作】 2011年，白下区开展幼儿助学券发放工作，全区3岁—6岁在园适龄幼儿中，经多次审核符合申请条件总人数为8816人，全区发放幼儿助学券合计金额1763.2万元（区级财政承担60%，约1057.92万元）。至年底，全区按时保量拨付，各幼儿园严格按要求执行，确保每月为符合条件的幼儿直接减免200元保育教育费。

【重视幼儿教师队伍建设】 2011年，白下区重视幼儿教师队伍建设，幼儿教师综合素质稳步提高，涌现出一批劳模、先进教育工作者、优秀党员和师德标兵。在省、市幼儿教师教育技能大赛、教育方案评比、优秀青年教师评比、学科带头人评比等活动中，全区教师显示出良好的竞争实力和整体水平，成绩显著。在南京市青年优秀教师评比中，全市18名幼教优秀青年教师中，白下区占6名，教师专业水平在全市占绝对优势。在江苏省第六届幼儿园优秀教育活动评比中，第一幼儿园费颖老师执教的音乐活动获第一名。

【开展“手拉手”结对帮扶活动】 2011年，区教育局根据市教育局“关于继续组织实施“百校千师携手共进计划”的要求，组织游府西街幼儿园、梅花山庄幼儿园、瑞金路幼儿园、富丽山庄幼儿园、石杨路幼儿园与溧水县商业幼儿园等结为帮扶对象，通过互动交流、听课研讨、专题讲座等，为老师们搭建平台，促进教师专业成长；增进相互了解，实现资源共享、优势互补，共同促进幼儿园、教师和幼儿的发展。游府西街幼儿园、梅花山庄幼儿园等承担省市组织的“送教下乡”活动，为市郊、淮安等地送教、开设专题讲座。

【区非物质文化遗产传承基地】 3月，梅花山庄幼儿园聘请市非物质文化遗产（皮影戏）代表性传承人张燕林为该园皮影戏艺术顾问和专业指导老师，并成立“小梅花皮影艺术团”。6月，该园成立“张燕林皮影艺术工作室”并被区文化局确立为“白下区非物质文化遗产代表性传承人名人工作室”。皮影戏作为中国的世界性非物质文化遗产，梅花山庄幼儿园作为区非物质文化遗产传承基地将长期致力于皮影戏艺术的保护和传承。

【参加教育部、联合国儿基会西部农村培训项目】 8月12日—26日，太平巷幼儿园和梅花山庄幼儿园等3名老师，参加由中国学前教育学会组织的“教育部、联合国儿童基金会中国西部农村教师培训项目”，前往贵州纳雍、广西三江开展支教活动，为近400名教师开展为期两周的教学示范和教师培训。

【推进国际化交流】 9月，南京市第一幼儿园国际部与美国ADVENT幼儿园正式结为姐妹幼儿园，双方进行互访和交流学习。11月，该园又与美国费城的“Spring side school”来访学者进行文化交流，分享美国斯坦福大学的DESIGN THINKING课程理念，双方就第一幼儿园派骨干教师赴美运用该理念进行为期1—2个月的“中国风”课程教学达成约定。太平巷幼儿园先后接待美国内布拉斯加州立大学以及哈佛大学著名幼教专家达克沃斯教授和教授斯蒂夫的参观访问。幼儿园先后就0岁—3岁婴幼儿教育、幼儿社会性培养、幼儿园管理、教师观、儿童观、教学观等问题进行交流，展示该园田野课程的成果与经验。

【梅花山庄幼儿园课程改革研究】 2011年，梅花山庄幼儿园重视教科研工作，开展教师的科研培训及幼儿园教科研骨干队伍的建设，形成全员参与教科研的良好氛围，申报的研究课题《和合理念下的幼儿园课程建构的研究》被立项为省教育科学“十二五”规划课题，在幼儿园民间文化教育特色课程的基础上，逐步建构起幼儿园整体性的课程——和合课程。该园承担“全国园本教研与园本课程”活动现场、“全国幼儿园特色教师精细化培训”活动现场、“全国幼儿园艺术教育教学研讨会”、“白下区省示范幼儿园开放活动”等十多场全国省市现场观摩研讨活动，收到与会者的好评。

【海峡两岸儿童版画作品交流展出】 7月，瑞金路幼儿园参加在南京艺术学院美术学院举行的2011南京市VS新北市第二届儿童版画交流展暨校园文化艺术特色教育研讨会，幼儿创作的十多幅版画作品参加本次展出，此项活动不仅搭建两岸儿童的友谊桥梁，切磋画艺，更进一步扩大了两岸学校校园文化艺术特色教育相互交流的渠道。

【石鼓路幼儿园课程改革研究】 2011年，石鼓路幼儿园坚持以科研为先导，加强教育研究，多项研究成果在核心期刊发表，研发的中班创意戏剧课程《丑小鸭》教师用书、指导光碟及配套的材料包由南京大学出版社正式出版；科研课题《幼儿创造性戏剧活动与体验性情感教育的融合研究》立项为省“十二五”规划重点自筹课题；《基于情感教育特色的幼儿创造性戏剧活动的研究》立项为市“十二五”规划立项课题。2名教师分别在全国戏剧课程发布会和全国音乐教育研讨会上进行公开讲座和教学展示。 （谢钰健 陆群）

小学教育

【概况】 2011年，白下区小学教育以科学发展观为指导，弘扬白下教育精神，创新工作思路，紧紧围绕“整合优化教育资源”“创新教师管理机制”“力推课堂教学改革”等方面开展工作，不断更新教育理念，优化教育策略，建构生本课堂，全力提升质量，积极推进义务教育优质均衡发展。是年，区小学教育工作取得较好成绩，17名小学教师在全国、省、市三级各类教学竞赛中获特等奖、一等奖，语文、数学、信息、美术学科在全国网络团队教研竞赛中获一等奖，其中有3个团队获金奖。区教育局被中国科协、教育部等部门评为全国青少年科技创新大赛基层赛事优秀组织单位。

【白下区成立小学教育联盟】 1月，区教育局启动新一轮教育资源整合，成立“白下区小学教育联盟”，创建南京市游府西街小学分校——火瓦巷小学，南京市五老村小学分校——马府街小学，南京市石鼓路小学分校——汉中门小学等3所优质校分校。联盟学校在全面实施素质教育，全力提升教师专业化水平、提高教育教学质量、打造学校教育品牌等方面开展有效互动，共同提高教育质量和办学品质。

【白下区新建素质教育基地】 6月，区教育局依托白下区少年宫成立“白下区素质教育基地”，素质教育基地结合生活实际、地域文化、现代科技、生命教育等方面内容，设计了多个实践活动项目。基地面向区内小学生开放，着力培养学生的创新精神和社会实践能力。截至年底全区所有小学均分批参与素质教育基地的实践活动。

【整合教育资源】 2011年，白下区全面整合教育资源，提高办学效益。5月，户部街小学、绣花巷小学一年级停止招生，户部街小学和绣花巷小学原施教区适龄儿童入学分别纳入火瓦巷小学、马府街小学。7月，户部街小学与火瓦巷小学，绣花巷小学和马府街小学教育资源全面整合，有效提高义务教育优质均衡建设水平。

【小学“希望杯”教学赛课活动】 4月，区教育局举办小学“新秀杯”教学赛课活动，全区200名工作不满6年的小学青年教师参加竞赛，竞赛涉及语文、数学、英语、品德、科学、美术、体育7个学科。在校级预赛的基础上，57名教师参加区级复赛、决赛。竞赛以“面向全体学生，打造简约高效课堂”为研究主题，探索“高效、高质”课堂的实施途径，建构有助于促进全体学生全面发展的教学模式，为全面提高教学质量奠定基础。

【小学优秀课堂教学展示活动】 10月，区教育局举办区“优秀课堂教学展示活动”，新当选的市优秀青年教师及区骨干教师展示课堂教学，特级教师、学科教研员进行评课并开设相关讲座，全区1000多名教师参加观摩研讨。进一步发挥了区内名特优教师的示范、引领作用。

【全国课堂教学观摩活动】 11月，白下区承办的全国《基于交互白板的课堂教学重构研究》课堂教学观摩活动在南京市游府西街小学举行，全国100多所中小学教师参加此次观摩研讨。白下区15名教师利用白板向与会代表进行教学展示。此次研讨活动进一步促进全区信息技术运用研究向纵深迈进，为促进课堂教学更加优质高效奠定基础。

【游府西街小学举办建校100周年庆祝活动】 10月20日，南京市游府西街小学举行建校100周年庆祝活动。活动由

《为了明天》大型文艺演出、美在路上——林慧敏与素质教育研讨会和南京市教育局主办的首届素质教育校长高峰论坛等3个部分组成。活动全面展现该校100年的变迁和成就，彰显学校实施素质的发展之路。

【石鼓路小学获首届中国百强特色学校】 12月26日，在北京召开的由《中国教育报》和《人民教育》杂志主办的"首届中国当代特色学校"表彰大会中，石鼓路小学被评选为"全国百强特色学校"。

【南京市软式垒球校际联盟成立】 6月13日，2011年世界垒球日庆祝活动暨南京市软式垒球校际联盟的成立仪式在御道街小学举行。中国垒协副主席江秀云及市、区教育局、教研室部分领导，江苏省女子垒球队及首批14个联盟校的分管领导和部分师生参加成立仪式。 （谢钰健 叶 岚）

中学教育

【概况】 2011年，白下区中学教育工作围绕提高教育质量中心，以队伍建设、课堂教学、常规管理为重点，推进教育教学质量的提升，努力打造人民满意的"幸福教育"。是年，全区有中学12所，其中独立高中3所、完全中学1所、独立初中校7所、职业中专校1所。在校初中236个班级8709人，在校高中149个班级6301人。在职教职工1875人。

【南京市第三高级中学】 2011年，南京市第三高级中学完成与南京市第六中学的整合工作，实现平稳过渡。学校再次获市高中发展性评估综合奖并蝉联市第二届校长质量管理奖。学校女排在天津举行的2011年全国中学生运动会女子排球预赛中，发挥了较好的竞技水平，以全胜的战绩夺得预赛冠军。学校业余电台"希望一号"卫星青少年科技实践活动获"全国青少年科技创新大赛"一等奖。11月，学校承办中国陶行知研究会中学教育专业委员会第十一届学术年会，取得成功。

【南京市第三初级中学】 2011年，南京市第三初级中学办学经区教育局考评，获区教学评估一等奖，语文、数学、英语教研组被评为区先进教研组。学校组织初一、初二年级161名学生赴北京参加以"胸怀成才梦、走近清华"和"感受首都、感受名校"为主题的青少年社会综合实践活动。

【南京市第五中学】 2011年，学校召开"建设人文高中"论证研讨会，以创建"以人文学科群创新为基础的人文高中"为工作核心，逐步浓厚学校人文教育特色，最终建成南京市一流的人文高中。省教育厅基教处处长马斌，市教育局副局长周文海，白下区政府副区长刁海捷等参加讨论。5月27日，南京市第五中学被南京市慈善总会授予"慈善义工团体"队旗，10人获南京市慈善总会的表彰、校长陈亭华获南京市"慈善人士"荣誉称号。

【南京航空航天大学附属高级中学】 2011年，南京航空航天大学附属高级中学再获"南京市高中教育发展性评估综合管理奖"。11月，南京市教育局在该校召开高中教学质量推进推广会，向全市推广该校的教学经验。学校何中雷、程璐两位教师在教育部体育卫生与艺术教育司、中央教育科学研究所组织的第一届全国中小学体育教师教学技能比赛中代表江苏队参赛，获得中学组一、二等奖。

【南京航空航天大学附属初级中学】 5月，南京航空航天大学附属初级中学24位学生参加市公民教育实践活动展示会，进行小组汇报，得到江苏省教研室、南京市市教研室以及其他区县教育局领导的高度赞扬，展示会给学校的德育教育带来了新的生机，提供了新的教育途径。

【南京市第二十四中学】 10月6日，南京市第二十四中学举行《成美：一首传唱百年的美丽歌谣》主题活动，庆祝建校110周年。江苏、浙江等多家媒体报道，"成美之歌"激荡起千百人心底久违的母校情结，更在师生心中留下不可磨灭的印迹。

【南京市第二十八中学】 7—9月，南京市第二十八中学进行了"校安"工程改造，拆除危旧教学楼，校园环境得到比较大的改善。9月25日，学校举行80周年校庆大会，南京市市教育局吴晓茅、白下区区委书记陈勇等市区领导参加庆典活动。

【南京市行知实验中学】 3月9日，南京市行知实验中学在南京市学校红十字工作会议上被授予"江苏省红十字示范学校"称号。学校红十字会结合学校的实际情况，以育人为目标，以"博爱"教育为重点，把红十字会的工作融入到健康教育、德育教育、素质教育和生命教育之中，使红十字会工作成为学校特色发展的新亮点，德育活动的新载体，学生实践活动的大舞台，受到了省、市两级领导的高度评价。是年，学校与南京市中山东路体校联手组建南京市唯一一支青少年男子手球队，手球队接受市教育局、体育局委托组建市手球队备战省运会。

【南京一中初中部】 8月31日，南京市瑞金路中学实现南京市第一中学托管，更名为南京市第一中学初中部。是年，学校参加在江苏省第12届"无管杯"无线电测向锦标赛和"测绘杯"江苏省定向锦标赛，获男子80M波段团体第一名和女子80M波段团体第三名；18人次获奖。 （洪 蕾）

成人与职业教育

【概况】 2011年，白下区成人自学考试主要承担：法律（专、本科）、律师（专、本科）、文秘（专、本科）、国际贸易（专科）、商务管理（本科）和工程管理（本科）、汽车维修与检测（本科）和园林（本科）等11个专业的报名考试和毕业生工作。全区有1所国家级重点职业学校：金陵中等专业学校。该校有汽车运用与维修、市场营销、多媒体技术运用3个省级示范专业，汽车运用与维修、美容美发两个省级实训基地。

【成人自学考试】 2011年，区教育局组织成人自学考试现场报名3批次、现场确认照相2批次，报名8947人、课次

16425门。组织国家级考试4场，参考总人数68455人，设全区中学为考点20所、考场2002场，查处违纪作弊109起；办理自考毕业生323人次；办理本科段资格审查和免考374人次。是年，区自学考试办公室获“考务考籍管理工作优良奖”和“学历考试规模发展优秀奖”。

【成人高校招生】 2011年，白下区成人高校招生主要承担高升专和高升本的现场报名考试工作，报名684人；设中学为考点1所，考场80场；查违纪作弊2起；被高校录取540人。是年，区成人高校招生办公室获“目标管理考核优秀奖”。（杨 斌）

【金陵中等专业学校】 2011年，金陵中等专业学校经省教育厅推荐并经教育部审核，学校正式立项成为国家中等职业教育改革发展示范学校建设单位。在中国教育报刊社组织的首届中国当代特色学校的推选评比活动中，学校获得“中国当代特色学校”的荣誉称号。是年，学校汽车钣金喷漆实训车间投入使用，为全省唯一一家拥有全新设备和实训实材车间的中等职业学校，也是中国第一家宝马钣金喷漆培训基地；8月，学校承担全国宝马钣喷大赛工作。全年学校接受信息技术、汽车技术2个专业，共170余名西藏学生在校就读。（洪 蕾）

民办教育

【概况】 2011年，白下区有民办教育机构74家，包括民办学历中学1家（南京郑和外国语学校），幼儿园17家，非学历民办教育培训机构46家。全年新审批民办非学历教育机构2家，幼儿园5家。有非学历教育机构专兼职管人员及专兼职教师3200人，幼儿园教职工532人。在园幼儿3010人；非学历培训108529人；街道社区教育培训中心年培训29000人。全年纳税800万元。

【开展民办教育机构评估工作】 2011年，区教育局教育督导评估全区民办教育机构74家，学历教育合格的1家，非学历教育合格的47家，基本合格的5家，限期整改2家，停止办学2家；民办幼儿园合格11家，基本合格的1家；新批5家；并在《金陵晚报》和白下教育网上公示。是年，区政府、市教育局、区教育局，对取得突出成绩的民办教育集体和个人给予表彰和奖励。（杨 斌 叶惠萍）

特殊教育

【概况】 2011年，白下区有南京市育智学校和南京市聋人学校2所特殊教育学校。该区特殊教育工作以“生活教学”为中心，坚持“一切为了智障儿童的生存与发展”为目标，教会智障学生学会基本知识、提高基本技能，深入实施素质教育，深化教育改革，全面提高教学质量，促进智障学生学会生活、适应社会。着眼于学生适应生活、适应社会的基本需求，开展了生活语文、生活数学、生活技能等课程的教育教学，帮助学生将来能够真正融入社会。

【南京市育智学校】 2011年，南京市育智学校有教师23人，其中省特级教师1人，省优秀教育工作者1人，省学科带头人1人，市名校长1人，市十大杰出青年1人，市好市民1人，市先进教育工作者1人，区学科带头人4人，区优秀青年教师5人，区师德标兵3人。有学生85人，全年招生16人，毕业11人。是年，学校获“省特殊教育现代化示范学校”、“市师德先进集体”、“市教科研先进集体”、“市平安校园”、“市无烟学校”等荣誉称号。

6月17日，该校校长王淑琴主持的省教育科学“十一五”规划课题“智障学生社会适应中的心理需求及教育对策的研究”在学校结题。市教育科学研究所所长刘永和等专家观看了课题研究成果材料，一致认为课题选题有价值，研究过程实在、研究成果丰富，具有较强的教育推广作用。

学校依托王淑琴特级教师工作室，开展白下区小学随班就读工作研讨会暨王淑琴特级教师工作室活动，光华东街小学陈静的《美丽的丹顶鹤》、刘美英的《让每个孩子享受教育的公平，感受教育的幸福》等开课。组织教师赴上海参加的“国际智力障碍儿童教育新趋势”的培训学习，提高教师对特殊教育的新认识，获得教育、改进特殊儿童教育的新措施。

【南京市聋人学校】 2011年，南京市聋人学校有教职工128人，班级29个，在校学生476人。普通高中（44人）和职业中专（28人）有72名学生毕业，全部参加全国聋人高等教育学校的招生考试，全部被高校录取，再次实现了高考录取率100%。被本科专业录取的为64人，其中29人被天津理工大学聋人工学院计算机科学与技术本科专业录取；8人被大专专业录取。是年，学校被教育部授予“全国特殊艺术人才培养基地”。学校门户网站获2011年省中小学优秀校园网站评比一等奖，省精神文明建设先进单位、省“模范职工之家”、市教育系统先进基层党组织、市残疾人体育工作先进集体等荣誉。学校“聋人普通高中课程建设的校本化实践与研究”获省第三届教育科学优秀成果实践探索二等奖。

由学校承担的市“十一五”南京市教育科学规划办公室立项课题《将音乐活动融入聋儿听力语言训练中的研究》《在科学体验活动中提升聋生科学素养的实践与研究》《聋人普通高中课程建设的校本化实践与研究》结题。由江苏省教育科学规划办公室立项的课题《聋校信息技术与课程整合问题的策略研究》结项。

学校参加全国特殊教育教师信息技术综合应用赛课、省青年教师教学技能比赛、市女职工计算机操作技能大赛、市初中信息技术教师优质课评比、市青年教师基本功大赛、市特殊教育学校教师课堂教学大赛等多项比赛，均取得好成绩。

学校参加第四届全国残疾人职业技能竞赛颁奖典礼暨文艺晚会，该校24名学生表演的舞蹈《上善若水》，展示学生的艺术天赋和精湛技艺，弘扬残疾人自强不息的拼搏精神。学校荣获2011年度南京市中学生龙舟大赛获特教组冠军。（刘炳俊 王淑琴）

教师管理

【概况】 2011年，白下区进一步加强教师队伍建设，严把教师入口关，认真组织考核录用优秀师范毕业生，引进省特级教师等高层次人才，并加大对教师的培养力度，为全区教育持续、快速发展提供师资保证。

【考核录用新教师】 2011年，白下区继续按照毕业生凡进必考、双向选聘、竞争上岗、择优录用的就业机制，对通过六城区考试的到区报名大学毕业生组织考核，择优录用中小学、幼儿园新教师51名，其中研究生学历9名。对录用的新教师在暑期安排为期1周的岗前培训班，并落实为期1年的新教师常规培训任务。

【引进高层次人才】 2011年，白下区通过各种途径加大优秀骨干教师引进力度，引进一批对提高教育教学质量起引领作用的高层次优秀教师。通过数月的调查了解，并通过严格组织考核，引进1名省特级教师，1名市学科带头人，1名具有博士学位的高端人才。

【加强骨干教师队伍建设】 2011年，白下区继续利用特级教师工作室和教师发展学校等形式为一线教师搭建培养平台，充分发挥名特优教师的引领作用，进一步加强区骨干教师队伍建设，为建设教育强区努力打造一支高素质的教师队伍。做出大量卓有成效的工作。利用白下教育信息网组织省特级教师和市学科带头人开展年度工作经验交流。是年，该区有32人被评为第七届“南京市优秀青年教师”。

【专业技术职务评定】 2011年，白下区教育系统教师在各类教师专业技术职务评定工作中，有45人获得小学高级教师专业技术职务，51人获得中学一级教师专业技术职务，47人获得中学高级教师专业技术职务，6人获得讲师专业技术职务，4人获得高级讲师专业技术职务，南京航空航天大学附属高级中学校长蒋国和获得教授级中学高级教师专业技术职务。初定初级职称49人、中级职称15人。 （管成军）

部分驻区高校

南京航空航天大学

【概况】 2011年，南京航空航天大学全面推进内涵建设，不断提高教育质量，取得了多项标志性成就，顺利开启“十二五”建设新征程。学校被工业和信息化部评为“十一五”期间“一提三优”工程特别优秀学校。“航空飞行器设计制造与飞行安全优势学科创新平台”项目获批教育部、财政部建设立项，学校正式成为“国家优势学科创新平台”重点建设高校。新增中国科学院院士1名。获全国优秀博士学位论文1篇，2篇提名，连续第三年获得全国优秀博士学位论文；获空客全球大学生航空竞赛总决赛冠军；在“挑战杯”第十二届全国大学生课外学术科技作品竞赛中再次位列全国第二，连续第五次捧回优胜杯。学校首个国家重点实验室——机械结构力学及控制国家重点实验室正式批准建设。学校自主研制的首颗星—“天巡一号”微小卫星成功发射并完成卫星成像任务。学校获批“江苏高校优势学科建设工程”一期项目5个；新增“十二五”一级学科江苏省重点学科5个；新增一级学科博士点5个；一级学科硕士点14个。

4月27日，区政府与南京航空航天大学签订科技合作协议

【师资队伍建设】 2011年，南京航空航天大学3人入选“千人计划”，1人被评为国家级教学名师，3人入选“新世纪优秀人才支持计划”。引进校特聘教授1名，“钱伟长讲座教授”1名。4人入选“江苏省高层次创新创业人才引进计划”，28人入选江苏省“333高层次人才工程”培养对象；14人入选江苏省高校“青蓝工程”，1团队入选“青蓝工程”科技创新团队。学校被评为江苏省高层次人才创新创业基地。

【教学与人才培养】 2011年，南京航空航天大学工程实践教育中心获批“卓越工程师教育培养计划”立项。获评国家级精品教材1部。在全国研究生数学建模竞赛中首获一等奖1项。获“全国高等学校创业教育研究与实践先进单位”称号。本科生生源质量持续向好，9个省份的理科录取线高出本一线70分以上，江苏省文理科录取线均列江苏高校第3位、全国高校前16位。就业工作良好，本科生一次就业率94.51%，升学（出国）率为35.27%。硕士研究生一次协议就业率97.4%。

【科学研究】 2011年，南京航空航天大学获批国家自然科学基金项目158项，立项数增长71.7%，获批国家社科基金项目4项。直升机某国家级重点实验室拓展提高项目、超声电机国家地方联合工程实验室、国家空管飞行流量管理技术重点实验室均获立项批复。获批“高档数控机床与基础制造装备”国家科技重大专项1项；牵头承担某科技工程研究任务3项。首获1项国家科技成果转化项目，获批某探索研究计划重大项目1项。全年获各类科技奖励40项，其中国家科学技术奖3项，国防科学技术奖16项。申请专利705项，授权专利325项。

【开放办学】 2011年，南京航空航天大学完成引智项目48项，获准建立首个“高等学校学科创新引智基地”。引聘来自30多个国家与地区的155名专家到校开展学术科研，资助382人次赴国外参加学术活动，举办7次国际学术会议。名誉教授、韩国籍专家李仁获中国政府“国家友谊奖”。在第39届日内瓦国际发明博览会上获七项大奖。

【首个国家重点实验室获批立项】 4月，南京航空航天大学“机械结构力学与控制”国家重点实验室获国家科技部批准立项，标志着我校国家重点实验室“零”的突破。该实验室以“力学”一级学科国家重点学科和“飞行器设计”二级学科国家重点学科为依托，以“飞行器结构力学与控制”教育部重点实验室和“精密驱动技术”国防重点学科实验室为核心，汇聚一支由2位中国科学院院士、3位长江学者奖励计划特聘教授、3位国家杰出青年科学基金获得者领衔的学术团队，主要从事结构动力学与控制、复杂环境下结构强度、压电精密驱动与控制、微纳尺度结构力学和智能材料/结构集成技术等方面的研究。实验室将通过力学与控制、信息和材料等学科的交叉，着力解决中国航空航天等领域重大装备中的若干瓶颈问题，提出机械结构强度振动的新理论、新方法和新技术，建设成为国内一流、国际知名的重点实验室，提升中国该技术领域的学术影响力和国际知名度。

【获3项国家科学技术奖】 2011年，南京航空航天大学3个项目获得该年度国家科学技术奖。机电学院教授朱荻团队完成的“航空发动机复杂曲面零部件精密电解加工技术”获国家技术发明奖二等奖。该成果具有重大理论和工程意义，具有完全自主知识产权，授权发明专利12项，发表学术论文36篇。机电学院教授楼佩煌团队与江苏天奇物流系统工程股份有限公司等合作，并由学校主报的“汽车装配线摩擦输送关键技术与成套装备”获国家科技进步奖二等奖。该成果具有完全自主知识产权，授权发明13项，发表论文27篇，出版专著1部，是学校产学研合作的典型。学校自动化学院参与合作完成的“高频环节逆变技术及其应用”获国家技术发明奖二等奖。

【朱荻当选中国科学院院士】 12月9日，南京航空航天大学校长、机电学院教授朱荻当选为中国科学院技术科学部院士。朱荻长期致力于电化学制造技术研究，丰富并发展电解加工理论与方法，发明摩擦辅助精密电铸技术，提出微尺度线电极电解加工等新技术。解决新型航空航天器研制中的多项关键制造难题，为国防科技工业作出贡献，提升中国电化学制造技术的国际地位。朱荻作为第一完成人，获国家技术发明奖二等奖2项；获授权发明专利29项；发表学术论文186篇；2008年，被国际权威学术机构国际生产工程科学院增选为会士。朱荻是机械制造及其自动化国家重点学科带头人，全国优秀教师，长江学者特聘教授，全国优秀博士学位论文指导教师。

【“天巡一号”小卫星成功发射】 11月9日11时21分，南京航空航天大学自主研制的“天巡一号”卫星搭载“遥感卫星十二号”被“长征四号乙”运载火箭在太原卫星发射中心成功送入太空。“天巡一号”卫星是学校自主研制的首颗卫星，历时6年研制而成。11月12日10点11分，“天巡一号”卫星将星下点实时所成图像传输到测控实验室，标志着卫星成像任务取得成功。

【学校获批“超声电机国家地方联合工程实验室”】 11月16日，国家发展和改革委员会召开“国家电子商务示范城市、国家物联网云计算试点示范、国家创新能力建设”授牌大会，由南京航空航天大学精密驱动研究所（江苏省超声电机工程研究中心）牵头联合申报的“超声电机国家地方联合工程实验室”获得授牌。该工程实验室是国内唯一的国家级超声电机技术孵化器。工程实验室将着力建成超声电机中试生产线和国家级超声电机检测中心，打造超声电机及其应用系统集成与创新基地、成果推广基地、工程测试与检测标准化基地和人才培养基地，实现我国超声电机战略性新兴产业的跨越式发展。

【国家空管飞行流量管理技术重点实验室落户学校】 11月，国务院、中央军委空中交通管制委员会批准在南京航空航天大学建设国家空管飞行流量管理技术重点实验室。该实验室以该校民航学院空管研究所为基础，围绕国家空管发展导向，追踪国际空管科技前沿，致力于飞行流量管理、空域评估等领域研究，形成飞行流特性分析、飞行流量调配技术、飞行流量管理评估和飞行流量运行管理4个研究方向，建立理论创新、技术研发、应用推广相互推动的“产——学——研——用”立体化研究体系。在首轮建设周期内，实验室围绕对国家空管具有重要意义的飞行流量管理问题，组织开展飞行流量管理的基础理论研究、前瞻性技术探索和重大关键技术攻关，为中国飞行流量管理体系建设奠定理论基础和科研支撑，为中国空管事业发展提供技术储备和人才储备。

【首个创新引智基地获批立项】 12月，由南京航空航天大学教授、中科院院士赵淳生牵头申请的“高性能压电驱动系统关键技术学科创新引智基地”作为“十二五”首批高等学校学科创新引智基地获得教育部和国家外国专家局批准立项。该基地以精密驱动技术国防重点学科实验室、江苏省超声电机研究中心、机械结构力学与控制国家重点实验室为平台，汇集压电精密驱动技术交叉学科的老中青学术骨干，并有十余名海外学者作为合作对象共同开展高性能压电驱动系统研究。 （刘　鑫）

金陵科技学院

【概况】 金陵科技学院是经教育部批准的培养高级应用型人才为主的全日制普通本科院校。2011年，学校有江宁、幕府、白下3个校区，占地面积近107万平方米，校舍总面积约50万平方米，馆藏纸质图书89万册、电子图书约3300GB，教学仪器设备总值约1.4亿元，在职教职工1000多人，全日制在校生19000余人。拥有一批全国优秀教师、政府特殊津贴获得者、省级有突出贡献的中青年专家、省级教学名师和学术造诣较深的学科带头人，数十名教师被选拔为江苏省"333高层次人才培养工程"、"青蓝工程"中青年学术带头人、"青蓝工程"优秀青年骨干教师等培养对象。

学校设有商学院、人文学院、园艺学院、动物科学与技术学院、机电工程学院、建筑工程学院、信息技术学院、艺术学院、材料工程学院、外国语学院、龙蟠学院(公有民办)等11个二级学院，另有国际教育学院、继续教育学院、公共基础课部等3个教学单位。开设涵盖经济学、文学、工学、农学、管理学等五大学科门类的40多个本科专业及专业方向。现有会计学、设计艺术学、蔬菜学、机械制造及其自动化、预防兽医学等5个校级重点学科和结构工程、旅游管理学、计算机应用技术、材料学、园林植物与观赏园艺、企业管理、电力电子与电力传动、中国古典文献学、通信与信息系统、金融学等10个校级重点建设学科，其中会计学、设计艺术学为江苏省重点建设学科；会计学专业为国家级特色专业建设点，机械设计制造及其自动化、服装设计与工程、动画等5个省级特色专业；有1个省级优秀教学团队、6个校级优秀教学团队。建有电子电工、经济管理、建筑智能化3个省级实验教学示范中心，有13个校级实验中心，共有140个实验室。承担部、省市级等科研课题200多项，获得部省级优秀教学成果奖和科技进步奖40多项，一批科技成果实现了产业化，取得了较好的经济效益和社会效益。

学校坚持"地方性、应用性、教学型"的办学定位，确立"特色办学，质量强校，人才兴校，服务社会"的办学理念和"需求向导，能力为本，知行统一，重在创新"的人才培养理念，彰显应用特色，谋求科学发展，不断完善应用型本科人才培养体系，努力培养适应区域经济建设和社会发展需要的综合素质高、实践能力强、具有开拓精神、面向生产、管理、经营和服务的高级应用型人才。学校一贯重视对外交流与合作，先后与澳大利亚、新西兰、加拿大、法国、荷兰、美国等国家的高等院校合作办学，培养具有开放思维、国际视野和参与国际竞争能力的高级应用型人才。

【获农业部"全国农牧渔业丰收奖"】 12月，江苏省"挂县强农富民工程"荣获"2008—2010年全国农牧渔业丰收奖——农业技术推广合作奖"，金陵科技学院作为参加单位榜上有名（排名第九)。江苏省实施"挂县强农富民工程"，按照"一校(院、所)一县一业、一专家一村一品"原则，组织省农科院、南京农业大学、扬州大学、金陵科技学院等34家涉农科研教学推广单位与全省40个县(市、区)对接，选派220名专家驻村开展农技推广服务工作。该校通过科研处的组织协调，联合园艺、动科、机电、建工等学院组建专家服务团队，发挥学校在生猪、蔬菜、苗木、设施维护等方面的学科和科研优势，在对接淮安市楚州区的工作，取得显著成效，受到当地政府及主管部门的好评。

【参加2011北京CDIO区域性国际会议】 5月8日至11日，金陵科技学院党委书记陈小虎应邀参加在北京召开的2011北京CDIO区域性国际会议，并在大学校长论坛上围绕"大学定位和发展理念"问题作主题报告。会议通过国际CDIO专家主旨报告、中外大学校长论坛、国内外专家学者CDIO主题报告和国内外CDIO学生项目团队成果展示等多种形式，对国际CDIO工程教育模式进行了诠释。来自中国、新加坡、日本、马来西亚、美国、比利时、俄罗斯、越南和中国台湾地区的100多所大学、UNESCO等国际组织专家学者和产业界代表约400人参加会议。

【首个由学生主持申报的国家发明专利获得授权】 2011年，金陵科技学院动物科学与技术学院4名学生研究并申报的国家发明专利"一种抗鸽毛滴虫病的中药组合物及其口服液的制备方法"获得授权。这是该校首次获得的由学生主持申报的国家发明专利授权。

【胡小红博士获国家自然科学基金青年科学基金资助】 根据8月29日国家自然科学基金委员会公布的"2011年度国家自然科学基金申请项目评审结果通告"，该校材料工程学院胡小红博士主持申报的生物医用高分子课题"具有仿生能力的角膜接触镜眼药载体的构建及其控释性能的研究"获得青年科学基金项目资助，资助额度为25万元。

【中国工程院院士贲德成为学校双聘院士】 12月14日，中国工程院院士贲德从校长聂影手中接过聘书，正式受聘为该校双聘院士。副校长宋丁全及人力资源处、学科建设办公室、信息技术学院等相关负责人参加了聘任活动。

贲德是国家机载火控雷达的创始人和学科带头人，成功主持研制了中国第一部超远程相控雷达，大大提高了中国军用飞机的作战能力并产生了巨大的社会和经济效益。2001年，贲德当选为中国工程院院士。

【学校荣获"全国学位与研究生教育信息工作先进单位"】 2011年，国务院学位委员会办公室、教育部学位与研究生教育发展中心在深圳召开学位与研究生教育信息工作会议，会议对学位与研究生教育信息工作先进单位及先进个人进行了表彰，国务院学位办副主任梁国雄、教育部学位与研究生教育发展中心主任李军出席了会议并颁奖。学校荣获"全国学位与研究生教育信息工作先进单位"。 （陈学铭）

江苏海事职业技术学院

【概况】 江苏海事职业技术学院隶属于江苏省教育厅。学院是一所专门培养海洋船舶驾驶、海洋船舶轮机管理、国际运输管理、国际贸易、港口管理、船舶制造以及计算机信息技术等高等职业技术人才的全日制普通高等院校。2011 年，学院坚持“以市场为导向、以服务为宗旨、以质量为生命”的办学理念，按照 ISO9000 国际质量管理标准模式建立船员教育与培训质量管理体系并一次性通过国家海事局专家组的审核。学院专业设置与经济社会发展及行业发展紧密结合，现设有航海技术、轮机工程、船舶与港口工程、电气工程、港航运输与港口物流、信息工程、外国语言、人文科学、思政部、体育部等 9 个系（部），专业门类 36 个。继续教育学院开办多种各类各级职业技能证书培训项目。

是年，学院立足江苏，面向河南、山东、安徽、上海、重庆、河北、江西等 27 个省、直辖市招收专科学生，有在籍学生 12000 余名。有教职工 700 余人，其中中高级职称者占专任教师的 70%以上，“双师型”教师占 86%%以上，同时还聘请了多名外籍教师，一批国内外著名的企业家和学者担任名誉教授。学院被省教育厅、财政厅确定为示范性高职院校建设单位。

【人才培养工作】 2011 年，江苏海事职业技术学院十多名教师在各类竞赛、教学成果评比中荣获省部级以上表彰，获全国体育教师说课大赛一等奖，获全国软件设计大赛一等奖，获全国国际贸易职业能力竞赛综合技能一等奖，获省级多媒体课件竞赛二等奖。在“2011 中国海员技能大比武”中，学院取得院校组团体总分第一名，由学院培训的南京远洋公司、南京油运公司、江苏远洋公司分获第一名、第五名、第六名。学院先后有 20 多名学生在全国性大学生竞赛活动中获奖，909 名学生获得省级以上奖学金，966 名学生、9 个班集体获得省级以上表彰。

【专业课程建设】 2011 年，江苏海事职业技术学院专业建设稳步推进。“航海技术”和“轮机工程技术”两个省级重点专业建设通过验收；获国家重点专业建设点 2 个；获得国家级实训基地建设项目 1 个；获省级教学改革成果二等奖 1 个；获航海教育研究会教学改革成果一等奖 1 个、二等奖 4 个。评审新增“物流管理专业”为院级重点专业，新增“热能动力设备与应用”和“交通运营管理”两个专业，进一步优化了专业布局。开展精品课程建设工作，“航海英语” 等 4 门院级精品课程通过验收；“船舶值班与避碰”等 7 门院级精品课程通过中期检查。完成 10 本院级精品教材评审，其中 2 本被评为省级精品教材。完成 9 本自编教材的结题验收工作，完成校企合作 16 本自编教材的立项评审工作。

【实训体系建设】 2011 年，江苏海事职业技术学院完成中央财政支持的职业教育实训基地—船舱工程技术实训基地建设项目申报工作，完成轮机自动化机舱主机的选型选购工作，并与瓦锡兰集团签署长期战略合作协议。新建 13 个校外顶岗实习基地，立项建设院内实验实训建设项目 19 个，立项建设资金 716.5 万元。完成 30 个实验实训室验收工作，新申报 14 个省级大学生实践创新训练项目。

【教学团队建设】 2011 年，江苏海事职业技术学院组织青年教师国外培训、国内访问学者、企业实践进修等各类培训工作。出国培训 10 人，国内外访学 4 人，挂职锻炼 30 人，全院共 397 人次参加继续教育、进修、培训。职称评定工作取得新突破，6 人获得正高职称，13 人获得副高职称，45 人获得中级职称。是年，学院在职攻读博士研究生 21 人，在职攻读硕士学位 118 人，拥有硕士及以上学历（学位）比例由 58%上升到 62%，双师素质教师比例上升到 86%，高级职称比例提高到 32%。

【科研平台建设】 2011 年，江苏海事职业技术学院省级以上课题立项 31 各，结题 10 各；院级研究课题立项 83 各，结项 31 各。论文质量取得新突破，核心期刊发表论文 54 篇，EI 收录论文 12 篇，是去年的 2.4 倍；完成海院立森东方通讯设备等 3 个研发中心建设。横向课题立项 53 个，结项 36 个。科技服务到账经费 264.2 万元，是去年的4.68 倍。学院获“全国高职高专院校科研工作先进单位”称号。

【招生就业工作】 2011 年，江苏海事职业技术学院录取分数线，名列省内高职院校前列，艺术类分数线名列省内同类院校第一。学院有毕业生 3392 名，初次就业率就达 94.37%，总就业率为 99.79%，各项就业指标均创历史新高。据麦可思 2011 年江苏省高校调查报告显示，学院毕业生就业竞争力、就业提升率、就业薪酬排名全省高职院第一。

【社会服务工作】 2011 年，江苏海事职业技术学院充分发挥航海师资力量强、培训资源丰富的优势，开展甲类高级船员适任培训工作。继续教育实现 2 年制航海职业教育招生 358 人。函授教育招生专业扩大到 4 个，招生人数达 802 人，学历教育在校生达到 1450 人。全年开设各类培训 85 班，培训人数达到 4003 人，实现经济收入 1948 万多元，学院的社会服务能力日益增强。 （宋雅兵）

江苏省戏剧学校

【概况】 2011 年，江苏省戏剧学校有从业人员 283 人，有南京长白街、百水桥和溧阳天目湖 3 个校区，内设 19 个科室。学校坚持以科学发展观为指导，学习贯彻中共十七届六中全会精神，深入开展创先争优活动，着力提高党员和教工思想素质和师德素养；以提高师资队伍素质为抓手，进一步强化以教学工作为中心的学校内涵建设；以社会主义核心价值观为内容，开展学生德育教育系列活动；进一步加强学校内部管理，加大教学投入并统筹兼顾、改善民生，着力构建和谐校园。全年学校各项工作成效明显。

【德育工作】 2011 年，江苏省戏剧学校加快创建学习型单位步伐，以理论中心组学习为引领，带动各支部和各科室的学习，进一步提升党员干部、教职员工的思想素质和职业道德。举办庆祝中国共产党成立 90 周年系列活动。开展创先争优活动，开展“创人民满意的学校、做人民满意的教师”主题实践活动，以“爱岗爱生、教书育人、改进作风、廉洁奉献”为主要内容，党员率先，带动全校，丰富内涵，增强实效。开展党员“一对一”帮辅教育学生活动，以社会主义核心价值观为内容，在全校学生中开展系列教育活动。学校召开第十六届学生代表大会，举办文学沙龙讲座和多场专题讲座以及学生专业比赛等活动，组织课外兴趣小组、文艺社团开展活动。在全国第八届、江苏省第三届中等职业学校“文明风采”大赛中，全校有49名学生获奖。2006级京剧班被评为江苏省先进班集体、2008级舞蹈班被评为南京市先进班集体，2名学生被评为省“三创”优秀学生、省优秀学生干部，2名学生被评为市三创优秀学生、1名学生被评为市优秀学生干部。

【内涵建设】 2011年，江苏省戏剧学校以四星级中职校建设指标为目标，狠抓以教学为中心的内涵建设，进一步加强专业建设，强化课堂教学管理，提高人才培养质量。对照《江苏省职业学校教学管理规范》中的标准，完善教学管理各项规章制度，推进教学管理的科学化、规范化、制度化。学校制订专业建设5年规划，继续推进全校各个专业的内涵建设。12月，戏曲表演专业被教育厅评为省级中职特色专业。加大招生工作力度，完善招生政策，完成当年招生任务，为丹阳市戏剧总团定向委培丹剧表演专业学生。12月，举办2006级小京班学生供需见面汇报演出，得到省内外艺术院团领导、专家和观众充分肯定。毕业生当年就业率达98.27%。

继续聚焦课堂教学。从严格课堂秩序入手，加强对课堂教学的日常管理和质量监控。开展“五课”研究和“两课”评比。邀请校外优秀老师作讲课示范，并请专家作点评示范，推动“五课”研究。开展全校教师教学技能考核，89名教师分专业参加声乐、器乐、影话、舞蹈、美术技能考核和基础、理论课说课考核，58名教师按规定撰写说课案，召开全校大会对考核进行总结和表彰。继续推进教研工作，完善《江苏省戏剧学校教科研成果奖励办法》，拨出经费10万元奖励教科研成果。学校与吴江市共建的“吴江市戏曲文化生态保护区”项目入选2011年度国家文化部文化创新工程。学校被定为全国中等艺术职业学校指导性教学计划编制项目组组长单位。入选省文化厅科研课题一项。在中国艺术职业教育学会第二十五次年会论文评选、第三届江苏省艺术职业教育教科研论文评选中获多项奖。

加大专业艺术实践频率、服务社会和中心工作。师生参加文化部、省文化厅等艺术比赛及大型文艺活动。创编、排练江苏经典传统武戏《虹桥赠珠》。在第二届“孔雀奖”全国中等艺术学校声乐比赛中获多项奖。社会艺术培训进一步拓展市场，艺术培训、舞蹈考级和普通话测试人数达21800人。

【内部管理】 2011年，江苏省戏剧学校以迎接省教育厅教学、学生、后勤管理规范视导为契机，对照《江苏省职业学校教学、学生、后勤管理规范》，开展自查自评，进一步加强学校内部管理规范，提升管理水平。坚持民主管理，扩大校务公开。定期召开党政联席会，重要事项、重点工作集体研究决策，形成会议纪要下发各部门，加强对重点工作的督办。学校进一步加强民主理财、财务审批和管理，顺利通过文化厅财务内部审计。发挥教代会和民主党派的作用，教代会提案和民主党派的建设性意见，95%以上得到落实和改进。进一步加强教职工日常考核，加强坐班人员劳动纪律检查和抽查。面向社会公开招聘紧缺教师，抓现有教师的培养，组织专业负责人、文化课和专业课教师参加省级各类培训，积极组织教师考察交流活动，组织教师参加各种专业比赛、展览等实践活动，鼓励教师在职进修本科和研究生学历、学位。加强学校网站宣传和对外宣传，及时反映学校活动动态及取得的成绩。重视安全工作，开展法制教育和安全检查，提高师生法律意识和自我保护能力。学校被评为南京市“民主法治单位”。

学校坚持以师生为根本，统筹兼顾、改善民生，促和谐、促发展。坚持公开、公平、公正的原则，进一步规范助学机制，做好国家助学金、奖学金和学校奖学金、学生学费减免与困难补助等工作。进一步改善师生的教学、办公和生活条件，年内完成教学楼修缮工程、学生宿舍楼维修改造工程和图形工作站教室及组网一期工程，每班教室安装多媒体教学设备，教学条件和学生生活环境得到极大改善。做好“献爱心、送温暖”工作，及时慰问伤病和有困难的教职工。教职工福利和年终奖标准有明显提高。高度重视离退休老职工工作，多为他们办实事、做好事、解难事。校工会被中国教科文卫体工会全国委员会评为全国教科文卫体系统先进工会组织。 （张天舒）

文 化

综 述

2011年，白下区文化工作以科学发展观为指导，贯彻落实省、市、区党代会精神，切实做到把思想统一到全区发展最新定位、战略部署、最新工作要求上来；着力推进全区文化事业和文化产业大发展大繁荣。开展行政效能建设活动，修改完善《局机关干部联系文化产业项目制度》，每位干部联系一个重点文化产业项目，把工作重心下移，服务好全区文化产业发展；出台《关于贯彻“块抓条保”工作的具体办法》。强化制度管理，修订和完善机关工作人员出勤制度、休假制度、公章管理制度、机关接待工作制度、机关学习制度、机关财务制度、机关档案管理制度、会议管理等制度，严格按制度办事，确保效能建设、党员承诺、机关干部联系文化产业项目。全年完成《白下信息》36篇，《白下通讯》1篇，文明和谐城区建设《工作简报》2篇，市文广新局网站采用49条，省文化市场网站采用13篇，《龙头骨干文化企业培育的实证研究》获江苏省2011年文化理论创新工程一等奖。完成白下文化网新增备案工作、2010年度立卷归档工作，获区2010年度档案管理优秀单位。办理人大代表议案、建议和政协委员提案10件，满意率、基本满意率100%。接待群众来访110余人次，完成区政府督查件16件次。认真做好白下区“12345”政府服务呼叫中心承办单位回复工作，办结承办单26件，其中文物14件，文化市场12件。是年，区文化局获白下区“12345”政府服务呼叫中心工单质量竞赛二等奖。

文化产业

【概况】 2011年，白下区有国家级文化产业示范基地1个、市级文化产业示范基地6个，涵盖综合创意产业园、网络游戏与动漫创意产业园、文化用品销售等多个类别。大众书局、创意东八区、金陵刻经处、甘家大院文化创意园区和星猫创意文化产业园5个市级文化产业基地通过文化产业园区复审。南京乐博乐器有限公司获南京文化产业创业基金扶持，授予2011年度南京市文化产业基地。熙南里金陵历史文化风尚街区推进“江南文化七十二坊”项目，南京云锦旗舰店、国香馆、第一映画馆、天下玉器馆在街区开业。江苏宁东（国际）印刷包装城建设工程完成各类验收，正式对外招商。创意东八区提档升级工程有序推进。金陵刻经处完成经版房改造。大华大戏院民国建筑恢复改造工程、中影院线、金陵尚府影城、光华创意园等10个文化产业项目建设进展顺利。文化产业增加值占国内（地区）生产总值比重8.25%。

【31个项目获省市资金扶持】 2011年，区文化局组织区域内省市文化产业引导资金申报。南京乐博乐器有限公司、江苏省演艺集团有限公司、南京城建历史文化街区开发有限公司等10家企业11个项目获得2011年度省文化产业引导资金补助1184万元，20个项目获2011年度南京市文化产业发展专项资金资助1056万元，其中“星猫系列”奖励200万元。获资助项目中占全市108项的18.52%，获资助金额占全市4382万元的24.08%。“中国江南七十二坊产业园”获市级现代服务业集聚区，白下区获南京市文化产业推进奖。

【搭建文化产业发展平台】 2011年，区文化局创办《六朝风》杂志，宣传白下文化产业发展，每季度出版1期，分送至国家文化部、省内各区县文化部门。启动白下文化产业企业库和项目库建设，同时利用白下综合数据管理平台建设机会，构建白下文化产业发展综合数据平台。

文物和非物质文化遗产

【概况】 2011年，白下区加强文物的保护、传承与利用，完成省级文保单位金陵刻经处经版楼翻修保护工程、市级文保单位李公祠大小照壁的修复、市级文保单位天后宫组修和行知馆修缮工程。配合市文物局依法行政，文物违法案件处理率达100%。出台白下区“非物质文化遗产代表性传承人——名人工作室”评选办法，促进非物质文化遗产保护工作。是年，区文化局获2011年度文物工作先进集体；获南京市第三次全国文物普查先进集体，2人获南京市第三次全国文物普查先进个人称号。

【完成第三次全国文物普查】 2011年，白下区完成第三次全国文物普查白下行政区域分布图、各社区普查点分布图、文物保护单位控制地带（紫线）划定以及第三次全国文物普查调查表、行政案卷、汇总案卷和工作报告等。调查处理文物普查中专家和市民高度关注的南捕厅、仓巷、太平南路等热点地区。逸仙桥、六朝建康都城遗址(游府西街 12 号)、工兵学校旧址 3 处，参与申报南京市第四批市级文物保护单位。

【完成文保单位修复工作】 2011 年,南京市投入资金约 40 万元,完成李公祠大小照壁及外墙抢救性修复，在靠近长白街口设立文物标志墙。7 月 21 日,通过市文物局验收并完成工程审计工作。2 月,市政府拨出专项经费 200 万元,改造金陵刻经处经版楼。至年底,完成金陵刻经处经版楼翻修保护工程。3—4 月,白下区完成市级文保单位天后宫组修和行知馆修缮工程。配合实施国家级文保单位明故宫遗址考古工作。协调做好太平南路各建设地块、金鹰三期等施工地块的地下考古挖掘、宣传保护工作。发现地下文物上报率达 100%。配合市文物局依法行政，处理文物违法案件率达 100%。采取多种措施,确保城墙安全地度过汛期，保障行人及周边居民生命财产安全。

【加强非遗保护工作】 2011 年,区文化局组织市民参观太平天国纪念馆、南京民俗博物馆、市科技馆、中华门城堡、中山陵,并开展有关文化遗产、博物馆与记忆的知识讲座、知识问答活动,提高人民群众对非遗保护重要性的认识。出台白下区"非物质文化遗产代表性传承人—名人工作室"评选办法,首批命名王殿祥、金文等 10 人为非物质文化遗产代表性传承人，并给予每人 1000 元的资助。根雕、烙画、绳结、安乐园清真小吃烹制技艺、南京梁氏接骨等 5 项内容申报南京市第二批市级非物质文化遗产名录项目。

群众文化

【概况】 2011 年,白下区完善公共文化服务体系,加大投入改善硬件设施,区文化馆顺利通过国家一级馆复评。全区 7 个街道都建成共享工程基层服务点。光华路街道成功创建南京市首批示范性文化站,配有阅览室、共享工程服务点、综合排练厅、健身房、创作室、展览厅等。朝天宫街道成功创建学习读书特色小区。瑞金路街道明故宫苑社区和朝天宫街道张府园社区成功创建南京市社区文化活动室示范点，白下区社区文化活动室示范点达 16 个。

【文化惠民活动精彩纷呈】 2011 年,白下区文化惠民品牌建设成效显著,在"享受阳光" 南京市百场公益演出启动仪式上,介绍文化惠民演出经验。《南京日报》对此专题介绍并力推白下"广场式配送"和"扶持业余团体,草根力量助力文化惠民工程" 经验。举办首届新年广场音乐会、第三届郑和公园民俗嘉年华、第四届和谐白下大戏园、第四届"凡人风尚"文明典型事迹展演、红色经典新唱响、第十七届白下都市文化节、新街口时尚嘉年华、第十三届社区文艺团队展演、第十六届白下读书节、激情广场周周演、周末相声会等品牌文化活动，全年完成文化惠民演出 200 余场。相声《孤立无援》在江苏省文化馆、淮安市文广新局主办的"2011 江苏省相声、戏剧小品比赛"中荣获表演一等奖。

【做好服务读者工作】 2011 年,区图书馆采购各类图书 9000 余册，购书经费 30 万元,报刊文献及少儿读物阅览量达 7 万余册次，为机关阅览室提供各类期刊 12 期 600 余册,新增地方文献、政府信息资料、各类工具书刊 600 余本,举办新期刊宣传 4 期,为共建单位、社区及各类社会活动提供具有宣传意义的报刊 600 余种,接待各类读者 4 万余人次。全年办新借书证 68 人,核证 391 人,借阅图书 82047 册,接待读者咨询 180 余人,接待各类读者 31280 人次，出新书介绍专栏 12 期,举办"中国共产党建党 90 周年，辛亥革命 100 周年" 宣传图片展 3 期,宣传图书 400 种,读者园地 2 期,开读者座谈会 2 次，为空十师电子对抗团更换图书 600 册，机关图书室更换图书 400 册,光华路街道建立区图书馆分馆。选送《听党话,跟党走——〈闪闪红星〉观后感》《〈红岩〉读后感—革命精神代代传》获 2011 年度全省红领巾读书征文二等奖。《共建社区图书平台·延伸公共文化服务》项目获江苏省第五届公共图书馆优秀服务成果三等奖。与新世纪电脑学校联合办班,免费为下岗职工、待业青年进行电脑培训,参训达到 300 余人次。

文艺创作

【概况】 2011 年,白下区群众文艺工作者贴近实际、贴近生活、贴近群众,创作演出了一大批具有时代性强、艺术水准

9 月 16 日,第十七届白下都市文化节开幕

高、富有地方特色的群众文艺作品，在全国、全省评选中取得好成绩。为加强对文艺团队的管理、鼓励创作更多优秀作品，制定出台业余文艺团队管理办法。是年，白下区文化馆被评为南京市“巾帼文明岗”荣誉称号。

【文艺创作取得成效】 5月21日，南京青年业余越剧团排出原创大戏《吴贻芳》进行公演，开创业余剧团排大戏的先河。参加南京市第八届少儿艺术团队文艺大赛获一等奖2个、二等奖3个、三等奖3个；选送京剧《贵妃醉酒》在江苏省第二届“白下杯”京剧小票友大赛中荣获最佳演唱奖并进入第三届“和平杯”中国京剧小票友邀请赛复赛，区文化馆获大赛最佳组织奖；南京市第二届少数民族文艺汇演，选送舞蹈《家乡好》获表演二等奖；江苏省优秀法治文艺剧本征集评选，小品《拯救》获一等奖；在中国合唱节庆祝建党90周年献礼歌会上，南京市红枫老干部男声合唱团演唱的《在灿烂阳光下》获老年组金奖，洪武合唱团在第九届中国杜鹃花展暨南京市群众歌曲比赛中获二等奖。区文化馆选送舞蹈节目《丫丫戏春》参加2011年“魅力华夏、舞动香港”全国青少年优秀节目展演，深受好评，荣获优秀表演金奖。陈金才在“江浙沪戏迷邀请赛”中获金奖，文化馆获优秀组织奖。刘德林创作诗集《远方》正式出版；“江南诗画院”创作作品达500余幅；郑和国际书画院创作百余幅作品并出版；白下区《红心向党》专场演出在第八届合唱节比赛中，荣获最佳演唱创意奖和优秀组织奖。文化馆选送相声《红歌情》在中国文学艺术界联合会、中国曲艺家协会等主办的第七届中国曲艺节展演中获评优秀节目奖。陈金晶国画《荷塘清趣》入围“五彩昆山·水墨玉峰”江苏省美术书法摄影作品大展。

【加强艺术团队管理】 2011年，区文化局充分发挥业余文艺团队在建设和谐社会中的作用，制订业余文艺团队管理办法，并根据管理办法对各团队进行综合考评。根据考核标准分定业余文艺团队等级，评出年度明星团队和艺术明星，实施以奖代补的奖励办法，重点补助经常开展文化演出活动的团队。

文化市场管理

【概况】 2011年，白下区以文明城市创建为契机，强化文化市场监管。加强队伍建设，提升执法水平。认真学习文化市场法律法规，《音像制品管理条例》《出版物市场管理条例》重新修订实施，组织执法人员进行系统学习，积极参加市局文化行政执法相关法律法规和业务技能的学习培训，切实规范执法行为，提高执法水平。

【文化执法专项行动】 2011年，白下区区域内进行网吧“单改连”工作，全区83家网吧中，有78家签约正式连锁加盟协议，连锁签约率达到94%以上。年审各类文化经营场所，印刷、复打104家，书刊（报亭）153家，电影院5家，共计262家。开展文化市场行政审批工作，行政审批59件。成立打击非法“网络共享”网站及设备产品专项治理领导小组，多次组织专项检查，未发现影音棒、影音盒相关设备产品。加强安全播出和大屏幕管理，及时处理出现的情况。全面排查网吧和书报亭等场所，分门别类梳理问题，登记造册督促整改。在全国文化市场行政执法交叉检查中，白下区受到各级领导好评。全年出动4266人次，检查网吧2192家次，娱乐场所213家次，电子游戏机室232家次，印刷企业202家次，出版物市场576家次，音像经营单位212家次，收缴非法赌博游戏机360台，取缔摊点游商66家，取缔无证游戏机室21家，收缴非法出版物446本，收缴非法音像制品120100张。拆除非法安装使用的卫星电视接收设施7座。受理举报15件，行政处罚24件，罚款金额77000元。（沈红玲）

江苏省演艺集团

【概况】 2011年，江苏省演艺集团围绕“转变方式，转换思路，加快升级”的工作目标，深化改革、奋勇前进，探索出一条具有时代特征、中国特点、江苏特色的改革创新之路。全年经营收入达到1.48亿元，同比增长18.4%；演职员工人均年收入持续增长，达到9.2万元，同比增长12.2%；完成5064场次演出，实现单场演出收入新高。是年，江苏省演艺集团蝉联“全国文化企业30强”。

【艺术创作硕果累累】 2011年，江苏省演艺集团以现实生活为基础，面向观众，面向市场，繁荣创作生产，实现艺术价值最大化。全年新创剧（节）目41台，复排剧（节）目44台，获得省级以上集体奖项35项，其中国家级奖项6项，省级奖项29项。京剧《花蕊》荣获第六届中国京剧艺术节银奖；话剧《最后的堡垒》荣获“第二届全国戏剧文化奖·原创剧目大奖”。集团公司与中国东方演艺集团联合，打造《爱之歌》中国作品合唱音乐会并在浙江、上海、安徽、江苏进行商业巡演，实现了社会效益与经济效益有机统一。

【承办重大演出活动】 2011年，江苏省演艺集团承办一系列规格高、影响深远的活动，如中国发展高层论坛2011“江苏之夜”专场文艺演出、《碧血丹心》音乐诗歌朗诵会、《茉莉飘香报春来》——江苏省首批中青年优秀演艺人才汇报演出、第八届中国音乐金钟奖民乐比赛暨2011中国江苏二胡之乡民族音乐节、庆祝中国共产党江苏省第十二次代表大会胜利召开——《阳光礼赞》文艺演出活动、江苏省暨南京市庆祝中国共产党成立90周年大型群众歌会《颂歌献给伟大的党》。

【推动公共文化服务体系建立】 2011年，江苏省演艺集团深入生活、服务基层，以“文艺惠民”、“高雅艺术进校园”和“演出季”等形式推动建立公共文化服务体系，充分发挥国有艺术院团“引领风尚、教育人民、服务社会、推动发展”作用。推出“给力新年”、“激情如歌”和“闪光的历程”3个演出季，演出63场，涵盖十余个艺术种类；“高雅艺术进校园”掀起崇尚艺术经典热潮，推动高雅艺术普及；将“送文化”与“种文化”、“育文化”紧密结合起来，推动基层公共文化服务体系建设，全年在县及县以下基层农村演出2744场，占全年演出场次的54.2%。

【加强对外交流】 2011年，江苏省演艺集团形成文化交流与贸易并重，社会效益与经济效益兼收，交流、商演等多种模式共存的对外交流体系。全年实现对外文化交流 28项，出访366人次，境外演出(讲学)230场。依托在日本及比利时的海外分公司推动一批具有中国风韵、江苏特色的文化产品进军海外。应邀赴欧洲参加"第27届肖邦艺术节"开幕式演出，在维也纳金色大厅演出《江苏风韵》——中国作品交响音乐会。

【文化产业提速升级】 2011年，江苏省演艺集团拓展演艺产业、延伸产业链，大力发展文化新兴业态，促进文化与科技、商业、旅游的整合，实现传播方式创新。官方网络平台"江苏演艺网"完成了从单一网站到新型信息发布平台的转变，"环球昆曲在线"坚持每周直播，观众遍及世界各地；"地铁昆曲"令社会零距离感受昆剧之美；"12580话剧"巡演实现文化作品的产品化。"商城木偶"、"商城扬剧"和"京韵甘熙"成为文化生活时尚新热点。少儿环保京剧《环保大圣》场场爆满，成为旅游新景点，昆剧院成为周庄古戏台唯一演出合作单位。

【人才队伍可持续发展】 2011年，江苏省演艺集团重视人才队伍建设，累计获得省级以上个人类艺术奖项175项，其中国际级奖项6项，国家级28项，省级141项。1人荣获中国戏剧表演艺术最高奖—梅花表演奖；1人入选中宣部"四个一批"人才；1人获得国务院特贴专家；3人入选全省宣传文化系统"五个一批"人才；6人入选江苏"优秀青年音乐人才"；2人作为江苏首批中青年优秀演艺人才参加国家大剧院举办的《茉莉飘香报春来》专场演出。与南京三江学院合作开设演艺学院，创新高校人才培养机制，为集团培养更多高素质实用性表演艺术人才。 （侯 焱）

档 案

【概况】 2011年，白下区档案工作以科学发展观为指导，全面实施"以人为本，服务先行，安全第一"三大战略，以档案资源体系、档案利用体系、档案安全体系三个体系建设为中心，全面加强档案工作。突出档案为民生服务，加强社区和民营企业档案工作；强化全区档案规范化管理，开展全区档案工作执法检查和档案室等级测评工作；加强档案馆基础业务建设，保障档案馆库硬件安全和档案数据安全；加强档案馆数字化建设，全面改版"白下档案·方志信息网"。利用馆藏资源提供档案利用服务，开展档案宣传工作。全年接待查档2345人次，调阅档案2729卷。是年，区档案局被南京市档案局评为2011年全市民生档案专题数据库建设先进集体。

11月29日，市档案局领导视察区档案局(馆)档案监控系统工作情况

【开展社区档案工作】 2011年，区档案局指导社区档案室开展文件归档工作，根据档案内容分为党务工作、社区服务、文化教育、计划生育等8大类，实行按年度登记编号，不定保管期限，有专柜存放。重点整理居民健康档案、残疾人档案、少数民族档案等专门档案，要求收集齐全，方便检索，能够查找方便利用。10月24日，国家档案局馆室司专业档案业务指导处处长景振华实地走访蓝旗街卫生服务中心和月牙湖卫生服务中心，察看居民健康状况电子档案和纸质档案，充分肯定白下区居民健康档案的管理与利用工作。

【加强全区档案规范化管理工作】 2011年，区档案局在全区范围内中开展星级档案室达标定级工作，通过举办业务培训班布置档案室达标测评工作，组织档案员学习《江苏省机关团体企业事业单位档案工作规范测评细则》。区法院通过省五星级档案工作测评，月牙湖街道、朝天宫民族小学等9家单位通过省三星级档案工作测评。4—5月，区档案局与区法制办公室联合开展档案执法检查，重点检查全区机关82家单位年度文件材料归档情况，其中优秀单位53家，良好单位15家，合格单位13家，整改单位1家；教育系统49所学校，其中优秀学校34所，合格学校13所，因故未查学校1所，复查学校1所。10月9日，白下区制订《南京市白下区关于加强档案工作的意见》，明确要求全区各部门把档案工作列入全年目标任务进行考核。

【开展档案征集与接收工作】 2011年，区档案局加强档案资源建设，征集全区2005年以后录像带35盘和92G声像资料进馆；征集中华人民共和国成立以来白下区发展变化史料图片数千张，并进行数字化处理，整理归档。开展机构改革中撤并单位档案进馆工作，制定《关于做好全区机构改革撤销部门档案接收工作的指导意见》，明确档案移交进馆范围、整理接收要求、档案接收程序和时间。全年接收4605件档案进馆。

【加强馆库安全管理】 2011年，区档案局加强馆库安全管理，健全档案安全工作制度，签订安全保密责任书，将安全责任落实到每一个工作人员；投资1万元更新防盗报警系统，检查、更换库房门禁电池，确保库房档案安全；投资8.7万元更换馆藏温湿度自动监控系统，确保档案储存环境符合要求，保证馆藏档案安全。9月23日，该局通过省档案局档案安全保密工作检查。

【推进档案数字化建设】 2011年，白下区推进档案数字化建设，将"基本实现档案馆数字化"列入《白下区国民经济和社会发展十二个五年规划纲要》。5月，区档案局全面改版白下档案网站。新网站更名为"白下档案·方志信息网"，设有"局馆介绍、政策法规、保管利用、地方志、学术编研"五大模块，内容涵盖"主要职责、法律法规、档案利用、白下区志、编研成果"等25个子项。至11月底，点击率超过1.4万人次。全年完成60万页全文扫描录入，新建"下放"、"干部任免"、"技术职称"等专题档案数据库，其中干部任免与技术职称专题数据库全部录入完毕，共计5.1万条人名级目录，1250卷；完成"下放档案"专题数据库12万条文件级目录录入工作。

【开展档案宣传工作】 2011年，区档案局采用多种形式，开展档案宣传工作。出版发行《南京市综合档案馆指南丛书》（白下篇）。该书涵盖区档案馆概况、馆藏档案介绍、馆藏专门档案、馆藏政府公开信息等内容，计17万字。组织南京市游府西街小学学生参加市档案局、团市委、雨花台烈士陵园管理局联合举办的"留住红色记忆，憧憬美好家园"夏令营活动，参观烈士陵园展览馆、爱国主义教育基地、观看红色经典电影、参加档案知识讲座。全年撰写论文20余篇，其中《构建和谐社区，档案工作应先行》获全市档案学术论文评比一等奖，《夏日的牵牛花》获省档案局纪念建党90周年征文比赛三等奖、区级机关工委纪念建党90周年征文比赛一等奖。60余篇工作信息在区以上刊物和网站发布，其中"南京市白下区档案局依法加强对档案管理的监督"被国家法制网站采用。 （张　燕）

地方志

【概况】 2011年，白下区地方志编纂委员会办公室（简称区地方志办公室）深入学习国务院《地方志工作条例》和《江苏省实施〈地方志工作条例〉办法》，通过网站、举办业务培训班及地方志工作会议等形式开展宣传活动。继续开展《白下区志（1986—2005）》编纂出版工作；完成2011年版《白下年鉴》出版工作；汇编2010年《白下大事记》及《白下新闻报道题录》等工作。是年，白下区通过市政府、市地方志办公室《地方志工作条例》贯彻落实督查组检查；《白下年鉴（2010年）》获中国版协主办的第五届全国年鉴编校质量检查评比一等奖。

【《白下区志（1986—2005）》付梓印刷】 2011年，区地方志办公室继续开展续修区志工作，为志书的出版发行做好准备。全办人员认真梳理市志办专家组终审反馈意见，重点解决文字冗长、交叉重复等"硬伤"，反复阅稿，做到篇目合理、体例完备、文字精练。做好志书出版相关配套工作，完成区域地图绘制，编章目录的英文翻译，版面、版芯设计以及封页、正文插图照片的选用及文字说明等工作。邀请省志办专家审查全书，并发动全局人员参与志稿审核工作，共同把好志书质量关。12月，经区政府领导批准《白下区志（1986—2005）》正式付梓印刷。

【编纂出版《白下年鉴（2011）》】 2011年，《白下年鉴》编纂与出版工作被列入区委精神文明（文化类）奋斗目标。年初，区地方志办公室认真研究2010年区委、区政府中心工作，在保持年鉴框架相对稳定基础上，科学合理调整框架，根据各单位工作重点、特点，全面、系统反映白下区年度工作，提高年鉴编纂质量。10月，《白下年鉴》经过组稿、修改、三级审稿、四次校对等环节出版发行。全书有769个条目，配以地图、照片、表格。信息资料采用"目录"、"索引"形式检索。《白下年鉴》已连续出版22期。

【开通白下档案·方志信息网站】 5月，白下档案·方志信息网开通。该网站设有"局馆介绍、政策法规、保管利用、地方志、学术编研"5大模块，内容涵盖"主要职责、法律法规、档案利用、白下区志、编研成果"等25个子项。区地方志办公室与中国学术期刊电子杂志社合作，将创刊以来的《白下年鉴》全文加入《中国年鉴全文数据库》，扩大《白下年鉴》传播范围和知名度。

【启动《白下丛书》编纂工作】 2011年，区地方志办公室创新工作思路，启动《白下丛书》编纂工作，全面、系统地反映白下区悠久的人文历史。丛书共分为《人物春秋》《史迹名胜》《地名掌故》《老字号寻踪》《诗文荟萃》5册，每册10万字左右。11月4日，区地方志办公室召开《白下丛书》编纂工作座谈会。截至年底，此项工作有序进行。 （蒋凌云）

卫 生

综 述

2011年，白下区卫生工作围绕全区经济社会事业发展战略，抢抓机遇、攻坚克难、奋发向上，医药卫生体制改革稳步推进，基层卫生服务能力显著提升，按期完成惠民医院门诊楼建设任务，全省首家慈善医院挂牌；成功创建国家级中医药工作先进单位、国家级社区卫生服务示范中心。全区有医疗机构213个，床位2686张，卫生人员6093人，其中卫生技术人员4828人，执业医生3012人，注册护士2725人。全区规划设置社区卫生服务中心9个，社区卫生服务站12个，卫生站23个，平均每千人拥有床位4.2张、卫生技术人员9.03人、医生4.7人、注册护士4.29人。医疗卫生经费投入总额9939.3万元，其中社区卫生服务专项经费2552万元，社区公共卫生服务专项经费1542万元。全年医疗门急诊量突破200万人次，医疗卫生总收入达4.1亿。是年，白下区获得全国基层中医药工作先进单位、月牙湖社区卫生服务中心获国家级社区卫生服务示范中心的称号。

【惠民医疗】 1月，南京市红十字医院（南京市惠民医院）与江苏瑞华投资控股集团有限公司合作建立“南京瑞华慈善医院”。由江苏瑞华投资控股集团有限公司出资3000万元设立慈善医疗基金，通过市慈善总会，分15年每年拨付给医院200万元。该基金主要为全市“低保”人员住院医疗费用减免后的自付部分进行支付。12月24日，全省首家为社会“低保”群体提供免费基本医疗服务的公立医院——南京瑞华慈善医院在该院正式挂牌。全年接诊惠民患者18662人次，减免费用219万元。

【卫生行风建设】 2011年，区卫生局聘请12位行风监督员，依靠社会监督力量促进卫生行风建设。开展廉政风险点防控试点工作，从源头入手，自查自控，有效预防腐败问题发生。按期完成白下区“12345”政府服务呼叫热线投诉咨询回复工作。开展“社情民意联系日”活动，为所在社区的外来务工人员发放免费体检卡100张。举办“颂歌献给党”主题文艺汇演。是年，区卫生局被区委授予“学习型领导班子先进集体”

【卫生应急】 2011年，白下区加大重大疾病防治工作力度，开展结核病、艾滋病、血吸虫等传染病防治工作。加强传染病报告和管理，全区各类传染病发病率同比下降5.7%。及时规范处理突发疫情，全年处置7起传染病疫情、34起手足口病疫情及3起疑似食物中毒事件。

社区卫生

【概况】 2011年，白下区共有社区卫生服务中心9家，承担着全区60余万人口“预防、保健、康复、健康教育、医疗、计划生育指导”六位一体的基本医疗卫生服务。是年，白下区全面推行医药卫生体制改革，全区所有社区卫生服务机构实行“基本药物、定编定岗、绩效工资”改革措施，并不断改善社区卫生服务环境、优化服务流程，更新服务模式，提升服务能力，通过基本医疗、慢病管理、健康宣教、康复指导等工作模块，实现社区卫生服务覆盖率100%，推出了全科医师团队、中医特色诊疗、健康档案管理等有影响的工作品牌。通过信息化建设，开设就医网站、健康宣教网站、社区卫生“短信呼”平台及院内就诊“一卡通”等信息化工程，提供快捷便利的就医服务。

【医疗改革工作】 2011年，白下区制订《白下区基本药物制度实施规范》《白下区基本药物采购目录》，遴选1648种基本药物。全区所有社区卫生服务机构全部实施基本药物制度，区属医疗机构基本药物累计销售10045.5万元，让利患者4398万元。完成系统事业单位绩效工资套改发放工作。全年新增项目63个，完成实施项目62个，完成率98.4%；实现收入1097.23万元，同比增长70.64%。

【中医药管理】 2011年，白下区各个医疗机构按照“项目带动、强调特色、以创促建”指导原则，从打造环境、引进人才、以考促建着手，带动全区中医药服务水平的上升。全区医疗机构年中医门急诊诊疗31.48万人次，中医门诊平均费用142.7元，中医医疗机构病床使用率46.5%，中草药销售1855.47万元，同比增长57.23%。

【医疗基础建设】 2011年，区卫生系统自筹资金，开展新一轮社区卫生服务机构出新改造，顺利完成蓝旗、止马营、淮海路、中华路等社区卫生服务中心及部分站点扩建、装修工程。开工建设东部公共卫生分中心，改造扩建银龙社区卫生服务中心，设置卫生应急、隔离病房等功能模块，应对重大传染病的防范，完善东部地区“15分钟健康服务圈”。12月24

日，惠民医院门诊楼正式揭牌启用，并启功二期工程建设。

【医政管理】 2011年，白下区医疗机构开展“三好一满意”（服务好、质量好、医德好、群众满意）主题系列活动，表彰有突出贡献的优秀护理工作者40名，在区属医疗机构内开展中医理论培训和中医护理竞赛，培训场次16次，参加677人次。全年医疗机构校验180家，变更59家，医师注册、变更注册129人次，175名医师资格考试报名，138名护士首次注册，换证，变更；接收医疗纠纷调解22起，医疗事故鉴定委托16起。

公共卫生

【概况】 2011年，白下区公共卫生工作坚持“六个落实”（人员、场地、内容、培训、指导、考核），建立公共卫生服务网络，开展慢性病管理、健康指导、计划免疫等服务项目。将餐饮服务监管工作移交食品药品监督管理局，加大监管经营性公共场所、大中小学和幼儿园、医疗市场。妇幼保健优化免费婚检一条龙服务质量，开展免费孕前健康检查项目。

【疾病预防与控制】 2011年，白下区网络报告甲乙丙类传染病16种，1341例，发病率为271.01/10万，同比下降5.70%。其中：乙类传染病报告508例，发病率为102.66/10万，同比下降23.38%，无甲类传染病报告；丙类传染病报告833例，发病率同比增加9.75%。传染病发病数居前五位的是手足口病、肺结核、梅毒、痢疾、肝炎，占总数87.84%。至10月底，腹泻病门诊诊治人数2094人次，其中肠炎1983人次；痢疾37人次；消化不良38人次，食物中毒11人；霍乱培养 510例，检索率24.36%。无伤寒霍乱病例。麻疹疫苗强化免疫应种6952人，实种6852人，接种率98.56%，全年，计划免疫门诊服糖丸17822人次；百白破17919人次；麻疹疫苗4609人次，麻风腮疫苗5514人次，乙肝疫苗14369人次，流脑疫苗接种18859人，乙脑疫苗接种10078人，甲肝疫苗接种5152人，卡介苗4333人次。截至12月，全区建电子档案47万余份，建档率达95%。启用“江苏省健康检测信息新系统”，开展重性精神病管理、儿童口腔疾病干预、学生因病缺课监测、学生安全主题教育等活动。

【卫生监督】 2011年，区卫生局保障“高、中考”、小高考、南京市供销社系统年货进社区活动、第十一届全国中学生运动会男子篮球赛、台湾青少年夏令营活动等重大活动。受理登记新办理各类卫生许可证669户（其中食品行业290户，公共场所379户），复核642户（其中公共场所362户），无1户延时办理。监督检查全区210家二次供水单位的给水设施221户次，监督检查89家大、中、小学和幼儿园201户次，监督检查美容美发、浴室、住宿业、游泳场馆等公共场所1140户次，全年行政处罚26户，罚款额为6.46万元。医疗市场监督检查378户，取缔无证医疗机构7家，行政处罚7家执业条件不规范的医疗机构，罚款1.7万元。

【妇幼保健】 2011年，白下区完成妇幼保健服务6.01万人次，妇女病普查率、治疗率均达到88%以上，孕产妇保健4614人次、覆盖率99.8%，7岁以下儿童保健18869人次、覆盖率100%。为辖区困难人群提供的妇幼保健公益服务2956人/次，减免费用10.5万元。举办保健业务培训9次，参加培训320人次，培训合格率100%。新增加25羟基维生素D检测项目，创益超过100万元，为判断儿童维生素D缺乏的原因起到关键作用。开展免费孕前健康检查为广大育龄妇女提供科学指导。 （葛志勇）

区红十字会

【概况】 2011年，白下区57个社区红十字工作站全部更名为社区红十字会。截至年底，全区有基层红十字会组织80个，团体会员单位14个。会员10595人，其中团体会员1180人，成人会员5209人，学生会员5386人，志愿者865人。建立博爱艺术团和博爱康复医疗队2支志愿服务队，志愿者48人。全年募集救灾备灾款物83.19万元，其中上交市红会捐款5.8万余元，用于公益及其他定向捐款支出57.24万余元。

【组织建设】 2011年，区红十字会深入基层，服务群众，建立持续发展长效机制。深入社区、学校调研、沟通，明确年度目标。定期召开街道、学校红十字会工作会议。加强会费收缴管理，将街道会费收缴管理细则向红十字学校全面推广，确保会费收缴稳中有升。制订社区、街道、区三级红十字志愿服务队认证规则，并对所有志愿者登记建档。召开九届二次理事会。举办3期普通市民急救培训班，有92人获得市红会救护员培训证书；举办1期红十字学校保健老师救护复训班。新发展瑞金北村小学、五老村小学分校为红十字组织；建康路小学和游府西街小学分校成功创建市级红十字示范校。

【拓展筹资渠道】 2011年，区红十字会与泰晋集团联合成立宜德红十字博爱助学基金，资助7名贫困大学新生1.4万元的款物。该基金是白下区红十字会扶贫济困专项资金之一，用于帮助南京市户籍高校贫困新生顺利入学。泰晋集团每年自愿通过区红十字会向“宜德博爱助学金”捐赠不少于人民币14000元助学款（物），期限为7年。

【开展服务宣传】 2011年，区红十字会组织开展救护知识进社区、人道关怀进敬老院、无偿捐献等系列服务宣传活动。将宣传咨询深入到高校、医院、银行、采血车旁，全年完成50例造血干细胞采样入库。开展预防艾滋病知识普及活动。先后在南京市第三高级中学和南京市行知中学2所学校开展预防艾滋病知识宣传活动；与南京农业大学社团联合进社区宣传预防艾滋病知识，入户发放宣传资料；组织部分学校开展急救和消防逃生技能演练；组织全区医务人员开展心肺复苏技能操作竞赛，4月13日和10月31日，白下区2名干细胞志愿者分别为2位白血病患者成功捐献干细胞，其中1名志愿者还成为南京市第20例造血干细胞捐献者。

【举办献血个性化小全张邮票首发式】 5月20日，白下区红十字会与市红十字会、市卫生局、市血液中心等单位在新街口万达广场联合举办"感谢您，赠送生命礼物的使者"献血个性化小全张邮票首发仪式。该套邮票是由中国邮政局正式发行的首枚以无偿献血为主题的小全张邮票。省红十字会、市政府、市红十字会有关领导、市无偿献血奖金获得者代表和无偿献血志愿工作者代表100余人参加首发式。

【开展义卖活动】 2011年，白下区13所中小学开展"博爱校园行"义卖活动，所得3.4万余元义卖款全部注入"红十字金陵宝宝博爱资金"。截至年底，已使用2.8万余元用于救助大重病贫困儿童及对口支援。

【开展救助活动】 2011年，区红十字会启动助困助学爱心基金，发放10万元款物，帮助506户困难家庭；发放13万余元助学金，帮助500名家庭困难学生。为罹患白血病的5名学生捐款17.5万元，动用"红十字金陵宝宝博爱资金"1万余元慰问4名患大病儿童；帮助"爱心之旅"援助抗日战争时期老兵2万元生活补贴；协助爱心企业家助养孤残少女；拨付白下区癌友协会和2个红十字志愿服务基地工作经费5000元；拨付蓝旗街社区卫生服务中心10万元开展红十字助医项目，帮助老年贫困脑中风患者病后社区康复训练。（郭　艳）

部分驻区医院

江苏省中医院

【概况】 2011年，江苏省中医院（又名南京中医药大学附属医院、江苏省红十字中医院），实际开放床位1119张，职工2205人，其中卫技人员1930人，教授、副教授分别为33人、53人。有博士169人，硕士370人，高、中级技术职务者各406人和468人，博士和硕士生导师各35人和108人，享受政府特殊津贴专家27人，省名中医、名中西医结合专家50人，江苏省有突出贡献的中青年专家9人，省"333工程"重点人才40人次，省卫生厅"科教兴卫"工程重点人才2人，省中医药领军人才12人，中医临床医学中心1个，省"六大人才高峰"61人。开设临床、医技科室43个，其中耳鼻喉科、儿科、急诊科、脾胃病科为卫生部重点中医专科，肾科、消化科、心内科、急诊科、耳鼻喉科、妇科、普外科、眼科为国家中医药管理局重点专科，肿瘤科、针灸康复科、风湿病科、重症医学科、护理学为国家中医药管理局重点专科建设单位，男科、推拿科、肛肠科、泌尿外科、血液科、呼吸科、肿瘤科、神经内科、皮肤科、老年医学科、药剂科等19个专科为省级中医重点专科，有省级示范专科5个，急诊科为国家中医急诊基地建设单位和中医、中西医结合急诊培训基地；中医肝胆病学、中医脾胃病学、中医肾病学、中医护理学、针灸学、中医妇科学、中医儿科学为国家级中医重点学科；拥有国家级三级重点实验室3个（分子生物学实验室、临床药理实验室、中医制剂实验室）；拥有国家药品临床基地和国家科技部"中药GCP中心"，检验科通过国家ISO15189认证，临床药理实验室通过中国ISO17025认证。全年门急诊量323.03万人次，同比增长10.5%，出院病人34204人次，同比增长6.9个百分点，床位使用率114.5%，连续9年达到100%。是年，江苏省中医院被国家中医药管理局批准为"基层常见病多发病中医药适宜技术推广省级基地"；获南京地区岗位技能大赛团体第二名，个人三等奖1名；1人获卫生部对口支援先进个人；1人获省委宣传部"三下乡"先进个人；2人获省卫生厅对口支援先进个人。

【经济管理工作】 2011年，江苏省中医院加强经济调控和管理，严格实施预算管理与财务审计，不断健医院财务管理和内部控制制度，财务收支活动均纳入财务部门统一管理，严格执行"收支两条线"，合法组织收入，合理安排支出。落实会计基础工作规范化管理标准，规范各项财务基础工作，强化日常财务工作管理，形成财务管理体系。重视部门预算、决算编制工作，加强预算执行控制力度，提高预算执行效率与资金使用效益，确保决算信息真实、准确、全面、完整。推行成本核算工作，将降低医疗成本贯穿于整个财务管理过程，开展各种专题经济分析、财务分析，提高医院经济管理水平，促进医院可持续发展。全年总收入13.7亿元，其中业务收入13.05亿元。严格执行国家价格政策，切实加强价格收费内部管理，健全价格收费监督机制，按照医疗服务价格项目、标准规范收费行为。完善价格公示制度，设置公示栏、查询机，设置价格咨询窗口，实行门诊收费清单、住院费用"一日清单"和出院结算总清单制度，增加价格收费透明度。全年平均门诊人次费用227.61元，同比增长9.2%；平均每出院病人费用14560.14元，同比增长8.4%；百元医疗收入卫生材料消耗30.24元，净资产增长率3.2%，百元业务收入积累率4.68元。

【医疗管理工作】 2011年，江苏省中医院加强医疗质量管理，实抓医疗核心制度落实，逐一审查归档病历并形成长效机制，不定期抽查运行病历；完善三级质控网络，多层次加强环节质量控制；不断强化病历书写与管理制度、会诊制度、三级查房等制度的落实。专项检查在岗执业会诊情况、病历书写、院级疑难病历讨论、临床重危病人报告反馈等，将检查情况纳入院量化考核方案，检查结果与科室、个人收入挂钩。在国家中医医院管理年活动检查中，获得976.5分。发挥中医药特色，将中医药使用情况作为重点考核内容。中药饮片使用量大幅上升，门诊中药饮片使用量同期增长4.9%，该院中医特色制剂使用收入占全院药品收入的3.57%。开展单病种管理和临床路径试点工作。加强医疗废弃物管理，明确职责，规范分类，由专人负责废弃物的收集、运输和贮存管理，各种交接记录齐全，杜绝医源性感染事件发生。加强监测网点建设，调整监测网点，完成省中医医疗质量监测分中心监测任务。

【护理工作】 2011年，江苏省中医院新修订补充护理质量标准，狠抓护理人员的“三基”培训和考核，不断强化专科护理建设，落实“责任制整体护理”模式，实行“组内责任包干”的排班分工方式，持续改善护理品质，确保护理安全。选派多名年轻护士长参加江苏省护士长岗位培训班，赴香港和外省医院参观学习，院内分片组织年轻护士长跟班学习，开阔视野，创新思路，提高管理水平，护理质量全面提升。开展多种形式的人性化服务举措，提高病人对护理工作的满意度。在全省优质护理专项检查中，该院护理工作受到专家组的表扬。

【基础建设工作】 8月，江苏省中医院自筹资金建设的门诊楼二期扩建工程全面竣工启用，宽敞的就诊环境，创新的门诊管理模式，加之导医、“一站式”等人性化便民服务，大大改善就诊环境，提升门诊服务能力，最高日门诊量达13000人次。12月18日，该院南扩工程竣工启用，该工程占地面积3.2公顷，总建筑规模12万平方米。

大楼设施齐全，设备先进，布局合理，舒适温馨。楼内设置病区20个，床位1600张，裙楼配套医技、放射、检验、药剂等医疗辅助科室。

【药械管理工作】 2011年，江苏省中医院严格药品采购、验收和价格维护，药事管理在药品采购、供应、药品质量、保证临床用药等方面取得良好效果，进一步方便和满足临床用药。将原杏苑大药房迁址至新扩建的门诊西楼一楼大厅，通过公开竞争方式，与先声再康江苏公司签订经营管理合作协议。积极引入新设备，与南京医药股份有限公司签订集成化供应链药事服务战略合作协议。制剂部完成销售3000万元，实现利润1050万元。加强药品、卫生材料和其他材料信息化管理，采用数量、金额式核算，即时反映库存状况。通过稳步推进信息化建设，病区门诊逐步推行电子病历，提高工作效率。制定后勤物资等领用标准，实施领用限额管理，减少铺张浪费。全面推行药品、设备、一次性耗材、易耗品等大宗物资的集中招标采购，充分运用网上平台，确保采购阳光操作。

【医学教育工作】 2011年，江苏省中医院加大临床人才培养力度，多层次、多途径打造一支政治素质高、业务能力强、有敬业精神的人才队伍。有7位名老中医工作室被批准为全国名老中医药传承工作室，11人被批准为省名老中医传承工作室；在各领军人才所在科室建立一支科研团队，为人才培养建立合作机制，加强与外界交流合作，促进人才层次提高；重视学科学术带头人的培养和考核，鼓励中青年学科、学术带头人申报国家级、省级各类人才项目，以项目带动人才培养，有11名专家入选省第四期“333工程”培养对象，18名专家成功申报“六大人才高峰”项目学术带头人；第二批7名全国优秀中医临床人才完成三年学习，11名省优秀中青年中医临床人才高级研修人才取得成绩；第四批师承工作取得阶段性成果；继续加强32名省老中医药专家学术经验继承人学习过程管理，加强季度考核、中期考核和年度考核工作；继续实施“青苗培养工程”，第三批25名学员参加培训期满，全部结业，17名初级中医师参加第四批学习班培训；每月组织“青苗培养工程”专题系列讲座，继续执行讲座签到、季度考核和门诊跟师学习月查岗制；持续加强住院医师规范化培训，中医、西医住院医师分别严格按中医类别和临床类要求进行培训与轮转，培训率100%；组织培训到期人员进行临床技能考核和参加省统考，总合格率为90%。

【科研工作】 2011年，江苏省中医院坚持“科教兴院”战略，加大科研教育投入，规范科研管理，积极营造科学严谨、求实创新的学术氛围。荣获国家自然基金9项，承担国家“十二五”重大专项—中药新药临床评价技术平台（南京）建设项目1项，获省部级以上科研项目19项，获得经费902万元。发表论文593篇，参加国际性学术交流153人次。“中药临床评价重点研究室”建设再上新台阶，升级“临床研究伦理审查系统”，起草并发布中医药临床研究伦理审查平台建设规范和建设质量评估要点，更新伦理委员会操作规程、制度。完善研制Ⅰ期临床研究数据采集系统，完成生物等效性临床试验模块、耐受性临床试验、临床药代动力学临床试验模块，并已经上线运行，实现Ⅰ期临床试验源数据采集电子化等。完成2项中医药临床效应评价，完善中药新药临床评价研究技术平台建设，该院国家药物临床试验机构、18个专业科室通过SFDA机构资格认定现场复核检查。推进国家中医临床研究基地建设，与国内外合作项目30项。创新管理机制，制定SOP 98项，设立重点病种温馨服务流程，提高临床研究的规范性和患者的依从性。（王苏军）

南京市妇幼保健院

【概况】 2011年，南京市妇幼保健院（又名南京医科大学附属南京妇幼保健院）有床位642张，职工1229人，其中：卫技人员999人；博士26人，硕士211人；高、中级技术职务者分别为138人和397人；博士和硕士研究生导师分别为1人和39人；教授和副教授分别为3人和14人；享受政府特殊津贴专家2人；333高层次人才3人；江苏省兴卫工程创新团队2个，江苏省医学重点人才2人，江苏省“六大人才高峰”人才3人，江苏省和南京市有突出贡献中青年专家各2人，南京市卫生局“213人才”25人。有临床、医技科室71个，其中产前诊断研究室、新生儿科为江苏省临床重点专科，中医科为全国综合医院中医药工作示范单位，妇科、儿童保健科、麻醉科为市级重点专科。卫生部四级妇科内镜手术培训基地、江苏省母婴护理培训基地、江苏省产前超声影像诊断中心、江苏省优生学质控中心、江苏省住院医师规范化培训基地、南京医科大学儿科学博士生培养基地、妇产科临床医学硕士研究生培养基地、南京市妇女保健所和儿童保健所、新生儿疾病筛查中心、新生儿室息复苏培训中心均设在该院。

是年，该院获卫生部2011年度医院改革创新奖、卫生部母乳喂养教育推广试点项目活跃进取奖、省第二届“名医民选”百姓信任医院、2007—2009年省精神文明建设工作先进集体、市统一战线为南京经济社会发展作贡献先进集体、市2009—2010年健康教育工作先进单位、市先进基层党组织、市统战部经济建设发展作贡献先进集体、市卫生系统“优质护理示范工程”优秀推进医院、市卫生局“优质护理服务”出院患者满意优秀推进奖、市卫生系统庆祝中国共产党建党90周年“红歌颂”合唱一等奖、2010年度院(所)长、主任负责制考核先进单位二等奖、中国疾控中心2011年度妇幼卫生管理最佳实践奖三等奖、第五届全国医院报刊优秀总编、“十一五”科教管理先进个人、“十一五”江苏省优秀医学人才、江苏省第三期“333工程”突出贡献奖、“江苏省第二届名医民选百姓信任的医疗专家”、2009—2010年江苏省“巾帼建功”标兵、2010年度江苏省有突出贡献的中青年专家、江苏省出生缺陷干预研究二等奖、省卫生厅2010年度“江苏省优质护理服务先进个人”、南京市社科联社科优秀成果奖等荣誉称号。

【基础管理工作】 2011年,南京市妇幼保健医院制定“十二五”发展规划,坚持保健与临床并重,服务与专业并重,质量与效率并重,保障提供公共妇幼医疗保健服务,着力提高南京地区妇女儿童健康水平。1月,新大楼正式启用,缓解医疗业务用房紧张局面,医院工作量迅速倍增,门急诊总人次、出院人数、分娩人数、手术人数,分别较2010年上升25.33%、48.81%、45.57%、24.92%。9月,该院通过第三周期江苏省三甲妇幼保健院复核评审。

坚持院科两级负责制,继续推行人力资源管理、成本核算和控制管理、SOP管理等现代科学管理,加快管理向科学化、职业化转型。配合“绩效工资”改革,完成绩效工资清算及套改工作,努力建立医院综合绩效评价系统,制定并实施产科绩效考核方案,充分调动职工工作积极性;医院信息数据集成共享平台正式启用,已完成全院主要系统数据的标准对接导出和清洗工作,将实现相关职能科室质量控制综合分析功能,有效提高医院管理效率。

以创建优质医院、深入开展“创先争优”活动为契机,加强党风行风建设,完成院党委、纪委换届改选。利用职工学校教育载体作用,引导职工端正执业态度,培养职业习惯,增强服务意识。开展争创“红五月”先进窗口、创建“青年文明号”、“星级收费员”评选和“服务病人,快乐自己”主题活动等,营造岗位争先、岗位奉献良好风尚。

推行后勤服务社会化,做好各类设备维修、保养,保障水、电、气安全供应。强化医院社会治安综合治理,新大楼采用先进的消防安全保障系统、电气火灾报警系统及以车辆图像对比为核心的多媒体综合车辆收费管理、区位引导系统,为就诊者提供现代化、智能化医疗服务和安全保障;建立能源消耗监控集成平台,做好新大楼维保;做好预算管理,认真审核各项收入来源及支出列支口径,保证预算管理工作良性运行;强化医保管理,减少医保的亏损,减轻患者的负担。

【妇幼保健工作】 2011年,南京市妇幼保健医院开展10个病种临床路径管理,进行专业化护理和健康教育,完善从孕前至产后一体化、专业化、体现人文关怀健康照护体系;启用门诊、病房、产房胎心监护联网系统;实时进行医疗文件、手术质量、药物使用规范、院内感染全程质控;加强ICU、血透、新生儿等重点部门医院感染管理;供应室开展消毒自备包密闭式回收并以集中管理模式加以处理;新大楼分别为急诊、救护车、物资、医疗废物设立出口,有效解决人员拥挤、交叉感染问题;开展床旁新生儿预防接种及听力筛查,减少新生儿交叉感染和坠床风险;运用品管圈手法,排查出护理安全问题69条,重新优化流程,给予相应整改。

整合医疗资源,促进学科一体化发展,推行大学科、标准量化、规范化体系建设,逐步形成临床保健专业中心链,进一步提高学科竞争力。整合围产保健、产科、产前诊断、超声影像、新生儿、护理等多学科专业优势,开展从孕前、产前到产后康复一条龙服务,逐渐建立内涵丰富的围产保健服务体系;以促进生殖健康为中心,统筹优化大妇科、乳腺病科、妇女保健科、生殖健康科等多科资源,贯穿女性整个生命周期,建立综合性、连续性管理模式,为女性健康提供全面服务,提高女性生命质量;以发育儿科学为基础构建学科框架,整合儿保、儿科资源,为儿童提供全方位、多层次、个体化、优质、温馨医疗保健服务,以促进儿童健康发展、疾病诊疗康复;整合医疗美容科、皮肤性病科、口腔正畸科资源,优势互补,联合宣传;中医科加强与生殖中心合作开展胚胎移植前内膜生长不良、促排卵治疗后卵巢功能调节中医治疗;麻醉范畴从妇产科拓展到美容整形、小儿泌尿妇科手术及检查麻醉;检验科新开展25羟基维生素D检测,根据新诊断标准检测总胆汁酸替代甘胆酸,以糖化血红蛋白替代糖化血清蛋白,为临床诊断提供依据;营养科承接卫生部孕产期体重管理健康教育合作项目,新设营养减肥门诊;计划生育手术室开设门诊工作站,提供患者知情选择、术前准备、术后随访等服务;泌尿外科引进射频消融术,用于治疗原发性早泄;放射科新引进钼铑靶全数字乳腺摄影机,已完成检查5086人。

在全市推行妇幼保健行业准入,将基层妇幼卫生规范化培训纳入长效管理。举办各类行业管理培训班16期,面向基层妇幼保健机构开展免费业务讲座8期,深入区县妇幼保健所讲课20人次,积极推广适宜技术,有序推进重大妇幼卫生项目。加快市、区县社区卫生信息化网络平台建设步伐,加强妇幼卫生年报及“三网监测”质控,为制定妇幼卫生政策提供准确依据。认真落实惠民医疗服务,组织参加“千名党员志愿行——服务群众零距离”活动,派驻妇科、产科等9个科别医师38人,总支农时间达103个月,长期对10家省内外妇幼保健院(所)提供对口支援,缓解当地居民看病难的问题。另派出医务人员3人到江北分院支医12个月。

【教学科研工作】 2011年,南京市妇幼保健医院积极开发人力资源,精心打造学有专长、一专多能职业队伍,通过人才成长,带动学术进步,促进医院从临床型向临床学术型转型。人才队伍建设按照“动态管理,可上可下”原则,采用滚动式培养。通过院级考核,人才队伍新增学科带头人3人,后备学科带头人34人,淘汰学科带头人4人。

该院新增科研项目64项,其中国家自然科学基金9项、江苏省自然科学基金3项；获得各类成果8项，其中江苏省科技进步三等奖1项、江苏省医学新技术引进一等奖1项、二等奖1项；获批专利8项、计算机软件著作权1项；成功申报南京市中心实验室；发表论文207篇，其中被SCI收录41篇；强化教学管理，接收南京医科大学、中国药科大学等院校各专业实习生300余人、见习生2100余人；努力培养青年教师，新增南京中医药大学硕士生导师3人；接收进修生119人；积极争取成为江苏省住院医师规范化培训临床技能考核妇产科学考点；母婴专科基地招收新学员13人，举办国家、省级继续医学教育培训项目各12项。（朱文君）

解放军第四五四医院

【概况】 2011年，解放军第四五四医院设有临床、医疗专业科室38个，病区15个，临床实验室6个，其中创伤骨科中心、糖尿病足治疗中心、临床航空医学中心、精神病立体定向外科治疗中心、药剂中心为军区级专科专病中心。开设创伤急救、重症监护、糖尿病足、血液透析、肿瘤生物治疗、体外碎石、数字化口腔、消化内窥镜、腹腔镜等临床诊疗中心；引进GE16排PET-CT、64排CT等先进大型医疗设备；成立感染病区、康复理疗科和临床支持中心；推行精细化综合绩效管理系统，运行新版电子病历系统。医院担任南京医科大学、江苏大学医学院、安徽医科大学、徐州医学院、皖南医学院、蚌埠医学院、吉林医药学院的教学实习医院。是全军交通医学研究所南京临床基地，全军第二批宇航员遴选体检定点医院，江苏省卫生厅艾滋病检测初筛实验室，江苏省新农合省级联网医院，省、市“三信三优”单位，南京市急救站分站，ISO9001-2000国际质量管理认证单位。全年，在核心期刊上发表学术论文100余篇，申报军队科技进步二等奖1项，军队医疗成果三等奖3项，军队科技进步三等奖3项，取得军区2010年度医学科研课题立项7项，基金资助万近百万元，其中重点课题1项。是年，解放军第四五四医院荣获国家2011年医院改革创新奖；被南京军区授予集体三等功。

【更新知识增强队伍素质】 2011年，解放军第四五四医院加大员工继续教育投入，为继续医学教育工作列支专项经费，培养教育卫生技术人员牢固树立“只有终身学习才能终身就业”观念，及时更新知识和技能，不断提高自身素质。全年，医生外出进修学习9人，参加学术会议131人，其中正高31人，副高43人，中级57人，药师进修参加学术会议12人，其中副高3人，中级9人，行政后勤管理人员参加学习27人。外出进修、学习人员回院后进行学术讲座，介绍国外、院外见闻、个人研究成果、传达信息，使继续教育活动能反映新理论、新知识、新方法、新技术以及相关学科领域中的新观点和新进展，加强国内外、院内外各学科间的横向与纵向联系，促进中青年骨干成长，推动医院继续教育工作。

【医疗基础管理工作】 2011年，解放军第四五四医院严格落实医疗安全相关制度和规定。建立医疗质量管理委员会、质控职能部门和科室质量控制小组三级质控体系，充分发挥各级职能，抓住环节管控，强化末端落实。医疗质量管理委员会定期召开会议，进行医护质量分析，分析医护质量检查中存在问题原因及医疗纠纷、缺陷及责任并提出改进措施和处理意见，定期在全院讲评。邀请医疗风险管理机构挪威船级社专家到院评估，构建以病人为中心的患者安全评估体系。建立单病种及临床路径管理试点，优化治疗和服务流程；每周二下午院领导带领机关到科室查找医护质量管理漏洞和医疗安全隐患，听取汇报，点评科室工作，现场解决问题；建立院长代表制度，由机关干部轮流担任院长代表，每天监督医疗质量，组织科间协调，督导诊疗秩序，接受病人咨询，受理病人意见；建立医疗纠纷错误分享机构。医院先后修订《医疗纠纷防范处理预案》《医疗事故及医疗缺陷处理办法》，进一步规范医务人员诊疗行为，强化依法行医及文明行医意识，保证医疗安全；制定《抗菌药物临床合理应用手册》，普及抗菌药物知识，规范全院合理用药；认真推进护理优质服务工程建设，成立护理质量管理委员会，指导护理质量、护理培训、护理文化建设，建立护士长轮流全院夜值班制度，评选星级护士；电话随访出院病人，指导病人用药、继续治疗及心理安慰。

【医院基础建设】 2011年，解放军第四五四医院加快基础设施建设，维修改造病员食堂和医院礼堂、营区综合管道等设施，完成3个病区及北区公共部位改造出新任务。进行手术室、供应室电蒸汽锅炉的配置，完成中央空调节能改造和电增容设备的采购安装，启动新病房楼规划设计工作。

【医院数字化建设】 2011年，解放军第四五四医院成立信息化建设领导小组和办公室，推动数字化医院建设。构建以电子病历为核心的一体化医护工作站系统、临床信息综合浏览系统、影像归档与传输系统、移动临床信息系统和电生理信息系统。探索临床路径系统、临床安全合理用药系统应用。结合门诊楼改造装修、完成门诊排队叫号系统、银医收费一卡通系统、一体化多媒体信息发布系统等。

【人才培养和引进】 2011年，解放军第四五四医院落实住院医师规范化培训体系，尝试聘请外院专家到院开展诊疗工作，鼓励员工在职学习相关领域学科知识，推行护士长竞聘上岗制度，持续派出医护人员到协和医院进修学习，聘请外院专家长期指导。成立教研组，完善教学管理制度，定期组织优秀带教老师评选，开展多媒体课件、教案和教学查房评比，提高临床带教能力。（卞文静）

南京市红十字医院

【概况】 南京市红十字医院，建于1946年。前身为中华民国红十字会总会南京市分会诊疗所，通过国际红十字会援助和会员捐赠，为全市市民提供免费医疗服务。1958年，被南京市政府正式命名为“南京市红十字医院”。1997年10月，经中国红十字会总会批准，恢复命名为“中国红十字会总会南京医院”。2002年，经南京市委、市政府批准，成为南京市惠民医院，为全市社会贫困群体提供“五免五减免三优惠”(五免:免收普通门诊挂号费、普通门诊诊疗费、门诊注射费、住院诊疗费和住院基本医疗护理费。五减半:即住院床位费、检查费、治疗费、手术费和放射费减免50%。三优惠:已参加职工医疗保险的特困病人，按一级医疗机构起付线、定额标准和自付比例执行;药品零售价再下降10%,让利于患者；对部分因病致贫的特困病人给予更大优惠。)医疗救助服务。

2011年,南京市红十字医院(又名中国红十字会总会南京医院、南京市惠民医院),下辖白下区月牙湖社区卫生服务中心,实际开放床位280张,职工477人，其中卫技人员397人，其中博士1人,硕士18人,高级技术职务者32人,中级技术职务者117人。临床、医技科室36个,分设内科、外科、骨科、妇产科、肿瘤科、血液净化中心等八个病区。其中产科是南京市医学重点专科。名老中医门诊部、痔科等为该院特色专科。该院是南京中医药大学实习医院、南京蓝天专修学院实习医院。是年,该院获省级公费医疗服务管理三等奖、南京市卫生系统先进基层党组织、南京市内保系统先进集体、完成2010年白下区经济建设和社会发展奋斗目标有功单位。

全年门、急诊总量467831人次;比2010年增长8.1%;其中惠民医疗门、急诊18662人次;出院病人7641人次,同比增长19.4%;病床使用率102.9%,同比上升8.4%;业务收入1.4亿元,同比增长19%。

【基础管理工作】 2011年,南京市红十字医院强化基础管理,提升医疗质量。全年组织“常见病诊疗新进展”为主题的学术讲座6场。组织医疗制度法规和学习,邀请医学专业人员和法律界人士进行医疗、法规等专题讲座,提高医务人员依法行医的观念,确保医疗安全。组织医务人员沟通技能培训,使医务人员学会与病人交流的方法、技巧,建立良好的医患沟通机制,营造和谐的医患关系;强化“三基”(基础理论、基本知识和基本技能)培训和考核,加强医院对基础医疗质量的管理。结合抗菌药物临床应用专项整治活动,开展抗菌药物合理应用全员培训,并组织考核。

【专科建设工作】 2011年,南京市红十字医院高度重视临床学科的专科化建设,通过引进适宜的新技术项目,加大人才引进和培养工作，培育推动特色专科建设。引进硕士研究生1名。医院拥有硕士研究生18名,博士研究生1名,硕士以上学历专业人才占全院医师总数11.9%。血液净化中心以良好的透析效果和温馨的服务吸引了140余名尿毒症患者。除常规血透外,还开展CRRT(连续性肾脏替代治疗)等新项目,成功抢救50例急危重病人。肿瘤内科开展热疗、超声刀、光动力、氩氦刀等先进的肿瘤微创技术项目,仅热疗全年开展125例。中医科新成立风湿免疫专科，为下一步更好地依托南京名老中医门诊部的专家资源奠定基础。内科充实各专科门诊力量,中高级职称专科医生坚持上专科门诊,有力推动各专科发展。

【教学科研工作】 2011年,南京市红十字医院接收院校实习生36人。由消化科主持的区级科研项目《铁代谢与胰岛素抵抗在非酒精性脂肪肝发病中的交互作用》基本结题,检验科主持的《肝癌超高危人群早期监测诊断的研究》、肾科主持的《血液透析病人TNT水平与预后相关性研究》及由妇产科主持的《计算机辅助头位难产诊断》3个项目正在进行中。全年发表论文36篇,承办国家级继续教育项目1项。

【行风建设工作】 2011年,南京市红十字医院加强以行风职业道德建设为重点的行业管理，认真贯彻落实党风廉政建设责任制,加强警示教育和监督检查,促进干部廉洁自律。积极参加市医院协会主办的“医患互信,服务改进”系列活动,组织以“加强医患沟通,提升服务质量”为主题的培训两场,观看《增强反腐倡廉宣传教育实效性》电教片，在门诊开展“窗口服务明星”评比活动。组织开展优质护理服务病区创建活动，骨外科病区成为该院首个示范病区。组织人员参加区卫生系统“三好一满意”(服务好、质量好、医德好、群众满意)演讲比赛,获第一、二名。组织参加区卫生系统纪念建党90周年文艺演出,获得一等奖。全年该院累计收到病人锦旗41面，表扬信41封。患者综合满意度达94%。

【社区卫生工作】 2011年,白下区月牙湖社区卫生服务中心扎实开展社区卫生服务工作，通过首批全国示范社区卫生服务中心的评估验收,创建南京市“全国示范社区卫生服务中心”。组织人员参加江苏省“我身边的社区卫生服务”演讲比赛,获一等奖,并代表江苏省参加全国总决赛，获优秀奖。全年中心门、急诊量108043人次,比2010年增长22.5%,业务收入1349.36万元,同比增长10.8%。

【新门诊综合楼建设工作】 2011年,南京市红十字医院根据医院整体规划建设方案,全力推进新门诊综合楼建设进程。严格按照程序做好工程招投标和跟踪审计工作。新门诊综合楼内装工程进展顺利,室外工程同步进行,截至年底基本竣工。

【参加“中国·徐州两岸四地慈善文化论坛”】 1月8日，医院为内地特邀嘉宾参加 “中国·徐州两岸四地慈善文化论坛”,并作大会交流。《大公报》等多家媒体刊发该院开展慈善医疗的创新举措。

【完成援藏医疗工作】3月14日,南京市红十字医院外科医生1人经选拔，作为南京市第五批援藏干部，赴西藏自治区墨竹工卡县医院开展医疗援助。12月21日,完成援藏任务。

【南京瑞华慈善医院挂牌成立】 2011年，南京市红十字医院积极探索社会资本参与慈善医疗建设的新模式，江苏瑞华投资控股集团有限公司经过深入调研,与医院进行多次磋商,达成合作建立“瑞华慈善医院”意向。由江苏瑞华出资3000万元设立慈善医疗基金,通过市慈善总会,分15年每年拨付给医院200万元，用于为全市低保人员住院医疗费用减免后的自付部分进行托底，实现慈善免费基本医疗。12月24日,江苏省首家为社会“低保”群体提供免费基本医疗服务的公立医院——“南京瑞华慈善医院”在该院正式挂牌成立。市委书记杨卫泽、副市长许仲梓出席揭牌仪式，并为医院揭牌。 (薛 坚)

体育

群众体育

【概况】 2011年,白下区体育工作围绕区委、区政府年度目标任务,稳步推进群众体育工作,深化全民健身体系建设,开展全民健身活动。承办"迎青奥"2011年南京市第三届全民健身节暨白下区第四届体育节活动、完成青奥会旗接交仪式;举办白下区第十三届运动会;组织参加2011年中国南京元旦健身长跑运动会;参与南京市"9·29世界步行日";举办区第二届家庭趣味体育运动会;与区机关工委共同举办"区机关干部登山比赛"、举办区第四届"福彩杯"机关乒乓球比赛、区机关干部羽毛球比赛。是年,该区有各类社会体育指导员1791人,达到30人/万人。区体育局获市第三届全民健身节先进单位。

【白下区第十三届运动会】 4—10月,白下举行区第十三届运动会。运动会由学生部、企业部、街道部、系统部等4个部组成,共进行15个大项的体育比赛。比赛包括全民健身、竞技体育、趣味体育3大类。学生部包括中小学生田径运动会、乒乓球、中学生篮球、小学生足球等4项比赛;企业部包括乒乓球、羽毛球、中国象棋等3项比赛;街道部包括趣味体育、乒乓球、中国象棋等3项比赛;系统部包括乒乓球、篮球、广播操、田径、羽毛球等5项比赛。全区1万余人参加。

【承办南京市第三届全民健身节】 5月29日,由区体育局承办的南京市第三届全民健身节暨白下区第十三届运动会家庭趣味体育比赛在大光路小学举行。区体育模特队、五老村小学、社区健身操队、铜鼓队参加开幕式表演。57个社区、114个家庭、342名运动员参加。项目有10米抛绣球、30米仙人指路、30米蟹行、30米纸衣往返接力等。 （尚永强）

【完成青奥会旗接交仪式】 1月13日,青年奥林匹克会旗进入白下区仪式在正洪街广场举行,各界群众1000多人参加。同时,白下区完成汉中门广场、南航附中体育馆和郑和公园等3个交接点的青奥旗接交仪式。 （仇新光）

竞技体育

【概况】 2011年,白下区竞技体育事业进一步发展,体教结合工作取得新成绩。全区训练网络发展进一步完善和扩大,训练制度、日常管理制度有效落实。全年,区体育局组织中小学生参加南京市14项体育比赛、组织开展全区小学生足球联赛;组织5所中小学参加市校园足球活动。

【参加市体育比赛】 2011年,白下区组织18人次参加省、市级比赛,取得较好成绩。其中艺术体操获11金、9银、8铜;射击获4枚金牌;足球获3金2银;跆拳道获1金2银;田径获3金4银6铜。向市输送田径运动员1人、跆拳道运动员8人、艺术体操运动员3人。

【组队参加省运动会蹦床比赛】 8月,白下区由8名教练员和运动员组成的代表队,代表南京市参加江苏省少儿蹦床比赛,获得女子个人金牌。 （贾晓峰）

体育场地与设施

【概况】 2011年,白下区贯彻《南京市体育经营活动监督管理办法》,配合市体育局推行体育总局《关于开展体育行业职业技能鉴定工作的意见》,开展区域内体育场馆的全面检查督促工作,抓好体育中心的管理工作。

【创建健身运动特色小区】 4—11月,区体育局在10个小区开展创建健身运动特色小区调研工作。同时,加强和完善街道、社区和各单项体育运动协会等基层体育组织建设,开展群体活动、配置健身器械。出新改造10个全民健身点。是年,瑞金路街道瑞金北村小区和大光路街道宏鹰花园小区完成创建体育健身特色小区工作,被区文明办评为示范小区。

【区体育中心】 南京市白下区体育中心是白下区政府投资兴建的多功能综合体育健身场馆,位于苜蓿园大街69~2号,建筑面积5000平方米,共4层。1楼是800平方米的室内游泳馆。游泳池长25米、宽14米,设6个泳道。游泳池备有先进的水循环和加温设备,水温可常年保持在25度左右;2楼是800平方米的综合类球馆。馆高10米,可开展篮球、排球、羽毛球等项目;3楼为"南京棋院",面积420平方米;4楼是瑜伽馆、跆拳道馆和区业余体校办公室。 （李 玲）

社会生活

人口和计划生育

【概况】 2011年，白下区人口和计划生育工作坚持计划生育基本国策，稳定低生育水平，提高人口素质。坚持创新驱动，以推进人口信息化建设、流动人口均等化服务、青春健康工程和“人口文化——和谐家园”为载体，提升人口和计划生育工作社会管理和公共服务水平。坚持民生为先，开展免费孕前优生健康检查、推进0~3岁婴幼儿早期发展工作、开展家庭健康服务、落实各项利益导向政策，有效促进社会和谐。坚持依法行政，强化基础建设，不断提高人口计生队伍职业化水平。全年出生政策符合率99%；出生婴儿性别比基本正常；孕前优生健康检查覆盖率71.41%；家庭健康服务率达94.86%；流动人口管理服务率94.38%；人口和计划生育公共服务体系覆盖率100%；社区人口和计划生育服务管理网格化率100%；人口信息化建设95.33%；人口和计划生育队伍建设95%；人口计生奖励优惠政策兑现率100%；人口和计划生育依法行政100%；人口和计划生育群众自治率92%；人均人口和计划生育事业经费投入99.88元；“世代服务——幸福家庭”工程建设率85%；“青春健康——青奥同行”工程建设率85%，“人口文化——和谐家园”工程建设率85%。全年受理白下区“12345”政府服务呼叫中心网络信访10件次，面访15件次，电话访30余次。是年，白下区获得“十一五”省人口协调发展创建工作先进县(市、区)称号；区人口与计划生育局获得省人口和计划生育工作先进集体、省人口和计划生育信访工作先进集体、“十一五”人口和计划生育工作先进集体称号。

【落实计划生育政策】 2011年，白下区落实持独生子女父母光荣证退休的企业职工一次性奖励政策，春节期间为22844人发放8223.84万元。3月，完成持独生子女父母光荣证退休的企业职工补录与初审工作，补登3882人1397.52万元；6月，完成独生子女父母死亡人员存折发放工作，发放405人145.8万元。推行“阳光计生”工程，落实独生子女父母奖励金50.08万元。发放计划生育公益金7.28万元。发放死亡伤残家庭特别扶助964人70.33万元。

【推进公共服务体系建设】 2011年，白下区将“世代服务”体系成功转型为人口和家庭公共服务平台，区人口和计划生育局聘请专业医师、专职教师、护理师等执证人员介入孕前危险因素自查/筛查、儿童早期发展促进、老年健康指导等工作。该服务平台成为提供生殖健康服务、儿童早期发展促进、老年健康指导、人口宣传教育、行政事务服务、人口信息管理、人才队伍培训、人口发展研究综合性服务机构。

【完善基层群众自治体系】 2011年，区计划生育协会注重制度建立和完善，坚持理事会和常务理事会制度，定期召开会议研究部署和总结工作；建立活动制度和评比表彰制度，定期组织协会主题活动，评比基层协会、会员小组、会长和志愿者。开展“创建先进协会、争当优秀个人”和争创“省级示范会员之家”活动，并在社区推广“村居计生专干与计生协秘书长一肩挑”做法，提高计生协服务能力。深化计生志愿服务活动。推广“计生服务零距离，生育关怀三到人”志愿者行动的先进经验，围绕生产、生活、生殖健康与计划生育困难人群开展亲情牵手结对帮扶活动、走访计生专干特困家庭、关心计生志愿者活动。截至年底，在白下高新园区及辖区6所高校建立7个基层协会组织。

【推进“世代服务——幸福家庭”工程】 6月，白下区正式启动市级免费孕前优生健康检查工作。在区“世代服务”中心为拟孕夫妇提供免费孕前筛查、体格检查、临床实验室和影像学等22项医学检查，并纳入原有的婚检“一站式”服务流程，形成集免费发放药具、免费发放叶酸、免费婚前医学检查和免费孕前优生健康检查的“一站式”工作模式。启动“世代服务——健康宝贝”工程，区人口和计划生育局以新婚夫妇、怀孕夫妇、0岁—3岁婴幼儿父母及监护人为目标人群，在全区开展0岁—3岁婴幼儿早期发展工作调研，发放调查问卷400份，走访各类幼儿园5所，召开专题座谈会3场。提高计划生育四项手术、生殖道感染防治、孕环情检查费用报销标准，全区管理对象和流动人口实行免费4项手术、免费孕环情检查，免费生殖道健康检查、免费婚孕检，家庭健康服务率达94.86%。

【开展宣教活动】 2011，区人口和计划生育局开展“青春健康与青奥同行”万人签名活动；向社区、学校发放宣传画、制作青春健康展版；与区体育局共同举办全区家庭运动会等系列活动，推进青春健康工程；以“人口文化—和谐家园”工程为载体，加大宣传力度。在银龙花园、瑞金新村建设人口文化广场2个，在5个社区建成新家庭人口文化书屋，全区基层人口学校实现全覆盖。开展人口文化社会公益性宣传和新型家庭人口文化建设成果宣传，在《金陵瞭望》《现代快报》等媒体上发表信息文章，宣传区人口计生工作。

【信息化建设】 2011年，区人口和计划生育局完善“金人工程”（是指国家全员人口统筹管理信息系统，是人口宏观管理与决策信息系统二期工程）区级人口信息库建设，由区政府办公室将各社区网络终端宽带统一升级至10兆，保障信息数据节点高效运转；开展全区全员人口信息数据库和已婚育龄妇女数据库数据清理工作3次，准确率达96%以上，人口计生信息质量有所提高；通过办证“窗口”调查、电话调查、每季度暗查形式，抽取一定比例与信息系统进行数据比对，检验信息覆盖率和准确率，督促相关街道整改存在问题。拓展实时考评系统功能，变年终一次性考评为全年过程性督导，细化《白下区人口计生工作远程考核管理系统》日常考评和专项考评分值类目，添加时间节点提示功能，方便基层操作使用。

【推行公共服务均等化】 2011年，区人口和计划生育局进一步规范区流动人口计划生育服务管理内容、流程及双向协作的内容，在光华路失地农民创业园、科巷菜场、环北大市场建立“均等化服务示范点”。运用流动人口计划生育信息平台，每周定时上网清理信息，实现信息“及时采集、实时更新、网上互换、异地查询”；定期与区流动人口管理办公室开展季度暗查，督促各街道落实流动人口计划生育相关权益。组织全区各街道开展“关怀关爱”活动，发放慰问品慰问金2万余元，免费避孕药具5000余只。在流动人口集聚地增设避孕药具发放点，各社区和市民服务中心配备二代身份证智能避孕药具箱。

【提高队伍职业化水平】 2011年，区人口和计划生育局采取分街道、分层次、有针对性对计生工作人员进行业务培训，有效提高培训效果；组织计生工作人员参加省市区举办的新闻写作、流动人口服务、规划统计、药具管理、生殖健康咨询师等专业培训，并取得资格证书。组织15名社区工作人员参加社工师考试，6人通过资格考试。全区计生工作人员持本科学历的比例达60%以上，社区计生工作人员持大专学历比例达到80%，其中49%的专干分获国家初、中级社工师资格，全区计生专干平均年龄为35岁。是年，社区计生专干月工资已提高至3460元。 （刘正为）

民　政

【概况】 2011年，白下区民政工作以保障民生为根本，以维护和谐稳定为基础，大力加强社会建设，加大困难群体救助力度，创新基层建设管理机制，深入开展“双拥共建”活动，提升社会服务水平，通过加大困难群体救助扶持力度，推进养老服务机构建设等举措，加快建设更具归属感的幸福城区，较好地履行民政“为民”责任，完成市、区两级奋斗目标。是年，区民政局先后荣获江苏省优抚工作先进单位和江苏省老龄宣传工作先进单位称号。

【加大困难群体救助力度】 2011年，白下区投入救助资金5453万元，救助4万人次，为7095人次发放低保金2744万元。启动价格上涨动态补贴机制，为优抚对象、低保对象、城市“三无”（无生活来源、无劳动能力、无法定赡养人）对象和孤儿四类人群发放物价补贴达330万元。为111名农村精简老职工调整生活补助标准，由480元调整到540元；城市20名精减老职工生活补助标准由580元调整到640元。救助流浪乞讨人员160人次。元旦、春节期间开展“情暖白下、共享阳光”助老、助残、助学、助困、助医慰问救助活动，全区筹集慰问资金1087万元，救助慰问1.9万户3.1万人。慰问标准较去年同期平均增加50元—200元，慰问经费增加23%。

【引入慈善项目化运作机制】 2011年，区民政局积极引导和鼓励社会各界参与慈善事业和社会捐助活动，实现募集款物翻番目标。金基房地产开发公司出资500万元，设立金基奖学金，用于区“爱心助学圆梦计划”，资助低保和低保边缘家庭大学生至大学毕业，他们学习期间每人可以得到9000元—24000元不等的助学金和生活费。

【防灾减灾工作取得新成果】 2011年，白下区在全市率先建成区级救灾物资储备库。通过与驻区北京华联超市（紫金店）签订物资储备协议，借助商业超市物资储备功能，储备应急救灾商品，充分发挥超市商品流通优势，确保储备的物品始终保持在质保期内。与南京际华三五

6月12日，区民政局组织退休老军医开展广场免费咨询活动

二—特种装备有限公司签订物资供货协议,公司在有库存情况下,4个小时内按照订购的救灾帐篷、棉衣裤、雨衣、雨靴、铁锹等救灾物资的货样及时供货。提升区级物资储备能力,提高灾害救助水平与保障能力。

【创新基层建设管理机制】 2011年,区民政局全面加强"一委一居一站一办"社区管理体系建设,形成"网格化管理、扁平化运行、精细化实施"工作格局;积极探索"社区、社会组织、社会工作者联动"实践路径,尝试设立公益金加强社区居民自治。开展社区考评、街道考绩、全区考试,全面推进专职社区工作者注册登记工作。落实社区工作者工资待遇和纯居民退养主任基本生活补贴。

【标准化试点项目通过验收】 10月29日,白下区"国家级社区服务标准化试点"项目在无锡市通过了由国家标准委、省发改委、省民政厅、省质监局和省社科院的领导和专家组成的考核评估组验收,考核评估组通过听取汇报、查阅资料、专家质询等方式全面评价白下区社区服务标准化试点工作实施及运行成效。专家组一致认为,白下区将标准化原理和方法应用到社区服务领域,提升社区服务标准化工作操作性、强化有效性,增强社区服务标准体系持续运行内在动力,促进社区服务标准体系长期有效运行。该试点项目以98分通过项目试点终期评估。

【为老按需服务取得新进展】 2011年,白下区建成省级(2A级)"社区居家养老服务站"40家和(3A级)光华路街道居家养老服务中心。有130名生活困难老人享受政府就餐补助,金额达8万余元;230户280名老人享受政府提供的居家养老服务;1950户2550名老人享受政府提供的"安康通"紧急呼叫援助服务。是年,全区新建4家养老服务机构,分别是常青树老年公寓、温馨老年康复中心、正阳老年护养院和雅禾老年公寓,新增床位457张。

【扎实推进双拥工作】 2011年,白下区慰问驻区部队15家,慰问资金80万元。提高优抚对象抚恤补助标准,补助金标准较上年平均增长10%。确保642名重点优抚对象抚恤补助金及时发放,全年发放优抚金1402万元。是年,接收安置军休干部65人,接收退役士兵185人,自谋职业率72%,免费职业技能培训率100%。

【规范专项事务管理】 2011年,区民政局做好社会组织登记工作,累计登记社会团体37家,民办非企业单位245家。备案社会组织846家。提升婚姻登记工作水平,至12月31日,婚姻登记5032对,离婚1619对、补办婚姻登记证件482对。开展区划地名工作,新命名地名2条,分别是新建的大光路48号建造1幢7层住宅楼新命名为"蓝天雅苑"、新建的公园路159号建造1幢25层住宅楼新命名为"凤栖园"。

【福利彩票销售再创新高】 2011年,白下区成立福利彩票管理办公室,招聘了4名专职工作人员,负责除福利彩票发行以外的各项工作。全区首批23个站点均按照规定时间在20天内完成"快3"新型福彩票种开通工作。是年,全区福彩销售金额达1.95亿元,募集公益金1300余万元。 (倪 萌)

民族与宗教

综 述

2011年,白下区民族宗教工作坚持以邓小平理论和"三个代表"重要思想为指导,全面落实科学发展观,牢固树立民族宗教工作服从服务于科学发展,以新一轮创建民族团结进步模范城市为契机,围绕区第十次党代会精神,开展民族工作示范社区达标活动,整合资源、彰显特色,倾力打造民族工作示范社区。协调处理外来少数民族在生产经营方面与城市管理产生的纠纷,做好外来少数民族流动人员服务管理工作,帮助少数民族在宁务工人员子女解决就学问题。在驻区宗教活动场所内开展平安宗教活动场所创建活动,制订《2011年白下区平安宗教活动场所创建方案》和《2011年白下区平安宗教活动场所创建检查、考评工作实施方案》,加强宗教活动场所自身管理,确保宗教活动安全有序,推进民族宗教事务社会管理,努力构建和谐的民族宗教关系,促进社会和谐稳定,团结和引导区民族宗教界为创新型城区作出应有的贡献。

是年,白下区有蒙古族、回族、满族等少数民族34个,2万余人,占南京市少数民族人口的1/4。有少数民族流动人口2000余人,散居在各个社区。辖区内有回民医院、民族小学、个体清真网点100余家。辖区内现有省天主教爱国会、市天主教爱国会、市天主教南京教区、市基督教"三自"爱国会、市基督教协会、市伊斯兰教协会6个省、市级宗教组织团体。

【宗教界代表迎新春座谈会】 1月16日,白下区在清真安乐园菜馆召开"2011年白下区宗教界代表人士迎新春座谈会"。座谈会由区政协副主席、区委统战部部长靖传华主持。副区长张雷介绍2010年全区经济社会发展等方面情况。市天主教爱国会主任汪浩、市伊斯兰教协会会长柏美林等宗教界代表人士分别发言。市民族宗教局领导肯定该区在加强宗教事务依法管理,开展平安宗教活动场所创建活动,维护民族宗教领域和谐稳定所取得的成绩,同时也希望宗教界要围绕中心、服务大局,发挥积极作用,为区域经济社会事业等方面的发展做出应有贡献。区委书记陆平贵代表区委、区政府对宗教工作提出要求。市民族宗教局与区四套班子主要领导出席座谈会。

【打造民族工作示范社区】 1月,民族宗教局事务局制订创建民族工作示范社区的实施方案,在七家湾、评事街社区开展"三和谐"(社区和谐、邻里和谐、家庭和谐)活动,发动宗教团体积极参加"光彩事业社区行"活动,为少数民族困难群众送爱心。整合朝天宫街道辖区内民族小学、回民医院、清真寺等资源,把七家湾地区作为全区民族工作重点,打造民族工作示范社区,做到资源共享、队伍共建、平台共用,形成民族工作的特色。

民　族

【"民族之家"成立八周年庆典活动】 4月2日，朝天宫街道七家湾社区举办"民族之家"成立八周年庆典活动。"民族之家"自成立以来，按照"平等、团结、互助、和谐"要求，开展民族工作。活动现场通过捐赠、文艺演出等形式，宣传党的民族政策，营造增进民族团结，共创和谐社区的良好氛围。区民宗局及街道领导参加庆典活动。

【举办民族特色活动】 5月26日，朝天宫街道七家湾社区和评事街社区在草桥清真寺举办"民族团结一家亲、粽叶飘香话和谐"传统民俗特色活动，组织本地区汉族、少数民族和部分拆迁地块居民群众及外来少数民族流动人员进行包粽子比赛、民族知识竞答；走访慰问辖区内20户困难家庭，送节日礼品。市、区民宗局和街道领导300余人参加此次活动。

【举办第六届民族风情节】 5月31日，白下区在朝天宫民族小学举办"第六届民族风情节"。小学生们表演"红歌大家唱"、齐声合唱、独唱、舞蹈、大型武术等项目。市民宗局、区政协、区委统战部、区民宗局及街道相关领导等领导参加活动。

【举办第七届"桂香 月圆 民族情"活动】 9月，朝天宫街道评事街社区"民族驿站"在草桥清真寺，开展第七届"桂香 月圆 民族情"系列活动，邀请辖区内少数民族群众和七家湾地块拆迁居民、外来少数民族代表200人，共迎"中秋"、"国庆"佳节。该社区为在场居民们每人送上一份"真情月饼"。

宗　教

【做好宗教活动场所安全检查工作】 5月13日，白下区成立安全检查小组，组织驻区各宗教活动场所做好安全检查自查自纠工作；深入道教天后宫、石鼓路天主堂等宗教活动场所进行安全检查，重点检查场所明火、用电、食品、财物管理4个方面情况。通过整改，驻区宗教场所加强设施维修和电路改造，增强安全意识。

【调研平安宗教活动场所开展情况】 6月25日，白下区委统战部，区政协民宗侨台委及区民族宗教局等有关领导视察驻区基督教莫愁路堂和三山街净觉寺，调研开展平安宗教活动场所创建活动工作情况，听取区民族宗教局开展平安宗教活动场所的情况汇报。区政协领导希望委员们一如既往地关心、支持宗教工作，共同为构建和谐白下，实现宗教和睦社会和谐稳定而努力。市基督教协会会长李兰成、市伊斯兰教协会副会长陈崇明陪同视察并参加座谈会。

【慰问驻区宗教界代表人士】 9月，白下区委统战部有关领导代表区委、区政府走访慰问市天主教爱国会主任汪皓和市基督教协会会长、基督教莫愁路堂牧师李兰成2位宗教界代表人士，向他们致以节日的问候，并勉励正在恢复中的牧师李兰成安心养病，早日恢复健康。宗教界人士感谢党和政府的关心和支持，表示要认真贯彻执行党的宗教政策，发挥信教群众带头作用，协助党和政府，共同抵御渗透，维护社会稳定，宗教和睦，为区域经济发展和社会稳定营造良好的政治环境。

【召开宗教人士座谈会】 9月，区民族宗教局在草桥清真寺召开"宗教服务社会、服务人群，与党同心同行"座谈会。宗教界人士一致认为，中国共产党的领导是历史和人民的正确选择。新中国成立后特别是改革开放以来，党的宗教政策深入人心，宗教在区域经济发展中大有可为。宗教界坚持爱国爱教，积极参与社会公益事业。宗教教职人员继承宗教界老一辈的光荣传统，继续为发展、和谐贡献力量，坚定宗教界与党同心同行的信念。区委统战部领导，驻区石鼓路天主堂、基督教莫愁路堂、草桥清真寺等宗教活动场所负责人及部分宗教教职人员参加。（许　江）

5月31日，白下区在朝天宫民族小学举办"第六届民族风情节"

人力资源和社会保障

综 述

2011年,白下区人力资源和社会保障工作紧扣建设创新型城区的奋斗目标,积极实施人才强区战略和民生保障工程,全力构建“大人才、大就业、大保障、大维权、大发展”工作新格局,解放思想、开拓创新,不断提高招才引智能力,努力营造更加活跃的科技创业氛围;提高就业服务能力,保持更加稳定的就业形势;提高社会保障能力,构建更加完善的社会保障体系;不断提高执法维权能力,优化劳动用工环境,完成各项目标任务。全年,协助268名专业技术人才申报技术职称,为5名自主创业人才申报“江苏省高层次创新创业人才引进计划”,为3位自主创业高新技术企业家申报2011年度江苏省“企业博士集聚计划”,在“321”(引进海内外领军型科技创业人才300名,培养科技创业家20名,集聚国家“千人计划”和省“双创计划”创业人才10名)人才引进计划中组织102名领军型科技创业人才参加申报。全区新增城镇就业人数19920人,完成全年目标的126%;新增城镇单位就业11710人,完成全年目标的125.9%;实现再就业6302人,完成全年目标的128.6%;帮扶困难人员就业1998人,完成全年目标的133.2%;培育自主创业者2293个,完成全年目标的163.8%;开展各类就业培训19156人,完成全年目标的137.7%。职业技能鉴定3753人次,完成全年目标的178.7%。全区基本养老保险、城镇基本医疗保险、失业保险参保率98%,养老金和失业人员保险金按时足额发放;净增单位养老保险参保人数14858人,完成全年目标的185.7%,新增灵活就业人员参保9437人,完成全年目标的125.8%,征收社会保险费8.78亿元,完成全年目标的137.2%。

人事与人才引进

【概况】 2011年,白下区人事人才工作围绕人才引领、创新驱动发展战略,加大引进人才、培养人才力度,不断加强人才队伍建设,改善人才创新创业环境,吸引集聚高层次人才和留学回国人员到白下创业,牵头组织“南京领军型科技创业人才引进计划”申报工作,开展人力资源服务机构行政许可年检和人力资源市场信息统计工作。事业单位人事制度改革扎实推进,绩效工资工作进展顺利。提升自主创新能力,拓宽引进智力渠道,与智联易才人力资源顾问有限公司签订创新创业人才引进协议,建立与高端人才沟通联系渠道,组织参加南京、广州留交会,多措并举促进人才和项目落户白下。积极组织申报南京“321人才引进计划”,为高层次科技创业人才提供项目申报和评审服务,并帮助解决企业创办、住所购房、子女就读、社会保险、资格评定等问题,营造出拴心留人的环境。是年,区人力资源和社会保障局被市委、市政府评为南京市经济政治文化社会建设先进集体称号。

【举办百企千岗高层次人才招聘会】 4月24日,白下区在南京航空航天大学体育馆举办“2011年南京·白下‘百企千岗’高层次人才招聘会”。活动主题为“为建设品质白下吸引人才,为打造智慧南京集聚人才”,实行科技型企业唱主角,充分体现公益性和服务性。此次招聘会134家单位中,科技型企业近40家,推出招聘岗位约2600个,并提供创业就业、社会劳动保险、小额担保贷款等系列服务指导和政策法律咨询。招聘活动有3000余名求职者进场,有1692人次求职者向用人单位递交求职应聘材料,达成录用协议近800人,其中90%以上拥有本科以上学历,涉及经营管理、电子通信、软件开发、医药化工等十余个专业。

【市局领导调研区人才工作】 8月3日,市人力资源和社会保障局副局长、公务员局局长吴成钢、外国专家局局长吴瑕一行莅临白下区,就高层次人才需求以及对海外人才引进工作情况进行调研,区人力资源和社会保障局汇报该区人才工作情况。市局领导肯定白下海外人才智力工作,要求进一步加大海外引才引智、引技术引项目的力度,深入宣传人才政策,宣传人才发展创业氛围,以“中国留学人员南京国际交流与合作大会”、海外人才科技创业者沙龙为依托,办好具有白下特色的人才引进和科技创新活动,吸引更多的海外人才智力,特别是高端专家项目落户在白下、创业在白下。

【做好人事人才服务工作】 2011年,区人力资源和社会保障局加大服务各类人事人才工作力度。组织3000多名高校毕业生求职者参加“2011年南京·白下百企千岗高层次人才招聘会”。全年累计接收各类大中专院校毕业生档案391份,转出96份,办理集体户籍5人,户口迁出6人。为200多名白下籍毕业生办理报到手续，出具各类信函、证明材料300余份。归类、整理、编号档案及归档材料2000多份，将材料信息录入档案管理电子数据库，使档案查询方式更加快捷方便、管理手段更加系统规范。组织企事业单位8名南京籍毕业生参加为期3个月的见习实训活动，发放见习学员生活费和综合保险补贴16416元，发放单位带教费2880元。

【公务员队伍建设】 2011年，区人力资源和社会保障局严格落实《关于进一步加强机关工作人员年休假管理的通知》，制定《白下区公务员管理培训暂行办法》，理顺管理工作机制，加强考勤管理与平时工作的考核监督，促进机关作风建设。坚持“服务大局、按需培训，开放办学、整合资源”思路，创新培训理念，探索多种培训方式，科学设置培训内容，着力抓好新招录公务员初任培训、公务员任职培训、转业干部培训等，提高公务员整体理论素质、业务能力和履行岗位职责的能力。组织科长培训、专业技能培训等，着力提高不同层次、不同类型公务员岗位履职能力。组织实施“5+X”公务员能力培训工程，引导全区公务员利用“南京公务员学习网”参加在线学习并取得学分，举办“南京市公务员在线学习网”三级系统管理员培训班。全年，公开招录公务员11名，接受军转干部安置39名，累计培训公务员600人次，合格率达100%。

【事业单位改革】 2011年，区人力资源和社会保障局扎实推进事业单位人事制度改革。制定出台事业单位岗位设置管理实施方案和指导意见，按要求核定各事业单位岗位类别和等级，举办岗位设置培训班，建立完善岗位（职位）管理制度，做好事业单位竞争上岗和人员分流工作，理顺职能，整合队伍。全区128家事业单位，有116家完成岗位设置工作，其中110家完成岗位实施工作。事业单位绩效工资工作进展顺利。组织实施公共卫生与基层医疗卫生和其他事业单位绩效工资工作，涉及全区101家单位，6000余人。（胡锴锋）

就业再就业

【概况】 2011年，白下区就业再就业工作以增加就业岗位为目标，落实再就业政策，加大资金投入，帮扶困难群体就业，探索创业就业服务新途径、新方法，积极构建稳定体面的公共“大就业”机制。组织召开重点用工企业和劳动保障服务机构对接会，摸清用工需求和意向，并通过各种渠道向社会公布，先后举办“新生劳动力就业服务社区行”、“校区行”、“园区行”、日本山田电机专场招聘会、江苏经贸学院毕业生专场招聘会、就业推荐会等系列活动。注重发挥驻区高校优势，与驻区商圈企业代表签订人才招聘定向委托协议，为企业与高校人才岗位对接架起绿色通道，为校企人才岗位有效对接搭建服务平台。加大税费减免、场地安排、创业扶持的政策落实力度，以“六进高校”（专场招聘进高校，小额贷款进高校，创业培训进高校，创业孵化进高校，创业项目进高校，政策宣传进高校）活动为载体，打造大学生就业创业服务品牌，建成市级大学生创业园。启用叫号服务和满意评价系统，规范服务大厅各窗口的办事流程，强化服务意识，提高服务满意度，确保服务零距离，办事零投诉。

【创建大学生创业园】 3月，区人力资源和社会保障局与南京兰翎人力资源有限公司合作，在南京兰翎创业园内创建白下区兰翎大学生创业园。该园区秉持“零投入、无风险、有回报”的创业帮扶理念，实行“一园五区”（白下兰翎大学生创业园；服务区、实训区、孵化区、创业区、展示区）运作模式，实现大学生创业就业“一条龙”服务。该创业园内大学生创业指导服务中心和人才市场的办证大厅可为各类人才提供劳动保障、人事代理、社会保险代理、档案托管等“一条龙”服务。其中人才市场能够确保每天5000个左右有效岗位信息供求职者选择。有43家职业介绍所，每家每天确保提供200个以上有效岗位信息。9月，市人力资源和社会保障局召集全市13个区县人社系统主要领导、市局相关处室、区县就管中心负责人在白下兰翎大学生创业园召开现场会，积极推广该园区创业模式。截至年底，兰翎大学生创业园已经成功引入49位大学生入园创业，成功注册创建35家大学生创业企业，实现创业和劳动带动就业213人。

【市人大代表组调研白下就业创业工作】 8月16日，市人大代表白下组专题调研组一行先后到大光路街道劳动保障所、南京泰鼎安全技术有限公司和区人力资源市场，实地察看白下区就业、创业工作开展情况，听取该区关于抓好就业、创业，增加就业机会，努力实现充分就业工作情况汇报。代表们在肯定白下就业创业工作同时，就继续增加就业机会提出意见和建议，坚持以创业带动就业、不断完善创业帮扶机制；紧扣全年目标任务、落实优惠政策促进就业；加强就业全程服务、积极搭建供需平台。

【举办新生劳动力就业创业服务校园行活动】 11月5日，区人力资源和社会保障局在江宁大学城江苏经贸职业技术学院校园内举办“政府搭台、多方联动、上下聚力、和谐就业”2012年毕业生招聘会。吸引包括中国电信、同仁堂药业在内148家用人单位参加，提供2700多个就业岗位，岗位月薪均达1500元以上。该次招聘会由政府召集用人单位，提出岗位适用要求，确保校园毕业生有岗申请；招聘会场地宽敞，用人单位和求职者面对面洽谈，一份求职表可以多项选择用人单位，双选竞争机制得以充分发挥，增进供需交流；设立荐优助困毕业生登记展台，为就业困难大学生提供政策咨询、就业指导和一对一就业援助。江苏经贸职业学院、金陵科技学院、南京交通职业技术学院、南京海事职业技术学院等近4000余名理工类专业毕业生参加招聘会，有近3500名学生递交求职表。

【落实政策稳定就业】 2011年，区人力资源和社会保障局健全公共投资带动就业增长机制，鼓励和促进中小企业、民营经济及各种服务业加快发展，增加就业机会。加强管理监督，优化支出结构，及时兑现社保补贴、岗位补贴、职业培训补贴，提高就业资金使用效益。依托“就业援助中心”，形成区、街、社区三级就业援助网络，完善“一对一”帮扶就业考核体系，积极落实就业帮扶制度。全年为2195 人次在职人员领取社保补贴360.55 万元，为 3.72 万人次办理灵活就业人员补贴 3415.03 万元，为 981 人次发放就业困难人员岗位补贴 88.29 万元；为 160 名大学生创业发放创业补贴 80 万元。

【开展就业服务】 2011 年，区人力资源和社会保障局建立创业综合服务体系，形成部门联动、扶持创业的协调机制。利用就业服务网络，推进就业信息向高校、企业和街道、社区延伸，动态管理高校毕业生、被征地农民、就业困难人员，有针对性地提供个性化就业服务。全区发放《中华人民共和国劳动合同法》《中华人民共和国社会保险法》等法律法规宣传资料 1 万余份，举办各种招聘会 56 场次，组织上百家缺工企业参加招聘会，成功推荐就业 8300 余人。充分发挥小额担保贷款扶持创业，促进就业积极效应，简化申请流程，扩大贷款对象，放宽二次申贷条件。全年为 53 人发放小额担保贷款 429 万元，培育创业典型 94 人，扶持自主创业 2293 人，带动就业 17268 人。 （胡锴锋）

社会保障

【概况】 2011 年，区人力资源和社会保障局坚持把服务经济发展和共享发展成果作为以人为本的基本理念，提高社会保障能力，充分发挥社会保障“安全网”和“减震器”功能。通过整合各类资源，加强部门密切配合，建立社会保险扩面征缴联运机制，积极落实被征地人员纳入城镇社会保障和未参保城镇集体企业退休人员基本养老保障工作，充分做好《社会保险法》的宣传教育和贯彻落实工作，实施城镇老年居民养老补贴发放，扩大政府扶持政策惠及面，做好企业退休人员社会化管理服务工作。

【落实社会保险扩面征缴工作】 2011 年，区人力资源和社会保障局围绕“老有所养、伤有所保、病有所医”要求，完善政策和创新机制，坚持把扩面征缴与劳动保障证书面审查、劳动保障监察日常巡查、上门服务、社会保险申报基数、企业工资年报审核等工作相结合，确保社会保险主要指标按时序进度完成。全区 6.22 万人参加城镇居民医疗保险，征收社会保险费 7.91 亿元，完成年度目标任务的 121.7%。

【解决被征地人员社保工作】 2011 年，区人力资源和社会保障局落实被征地人员纳入城镇企业职工社会保障工作，将工作平台前移至光华路街道劳保所，方便失地农民办理补缴手续。通过举办现场咨询会，发放宣传资料，组织人员上门入户开展动员活动等形式，多层次、全方位做好登记、上报、审核及各项服务工作，有 3561 名被征地人员办理社会保险补缴手续。全年，有 75398 人参加城镇居民医疗保险，为 3011 名城镇老年居民发放生活补贴 717.36 万元，为 521 名“三无”（无养老保险、无退休工资、无经济收入）人员，发放生活补贴 188.55 万元，为 426 名“三线”（在 1964—1978 年期间，支援中国中西部大规模国防、科技、工业和交通基本设施建设）回宁老军工发放生活补贴 99.54 万元，为 131 名农村老年居民发放生活补贴 10.27 万元，为 1598 名被征地农民发放生活补贴 544.71 万元。

【落实离退休人员管理服务工作】 2011 年，区人力资源和社会保障局向企业退休人员发放社会化管理服务联系卡，方便退休人员进行联系沟通，做到“一人一卡”，确保老人及时得到相关服务。企业离退休人员社会化管理工作趋向规范化、科学化、程序化。依托自我管理和互助服务组织，不断提高托管离退休老人生活质量，组织开展游园、健康讲座等各类文体活动。全年，纳入社会化管理的企业退休人员达 8.08 万人，建立老年人自管组织 856 个，开展各类娱乐活动 1.44 万人次，免费健康体检 4.92 万人。

【落实暖冬计划】 2011 年，区人力资源和社会保障局贯彻落实区委、区政府“暖冬计划”，做好全区鳏寡孤独、特困退休和下岗失业人员的春节慰问工作。给予全区 848 名孤独退休职工和 1068 特困退休人员每人 600 元和 1000 元慰问金，2 名百岁老人每人 1000 元慰问金，共 157.88 万元；向全区 3229 名在领失业救济金的失业人员，每人发放救济金 400 元，共 129.16 万元；慰问区、街道企业特困职工 1366 人，每人发放慰问金 400 元，共 54.64 万元。 （胡锴锋）

劳动维权

【概况】 2011 年，区人力资源和社会保障局坚持把构建和谐稳定劳动关系作为维护劳动者合法权益的根本途径，畅通信访、投诉、举报、仲裁的维权渠道，开展针对性维权活动，提供全方位维权服务。组织开展劳动用工情况、用人单位遵守劳动合同法情况和农民工工资支付情况等专项执法检查活动，强化行政强制、经济制约等调控措施，形成多部门联动、常态化管理工作机制。做好劳动关系和谐企业申报工作，扩大集体协商和集体合同制度的覆盖面。规范办案程序，实现仲裁办案的快立、快审、快调、快结。强化疑难复杂案件联合审查制度，统筹兼顾办案效率和办案质量。积极开展年度劳动保障书面审查工作。全面实现劳动关系从执法维权向预警处置转变，下沉与前移劳动争议调解职能，加强企业内部和行业性、区域性的调解组织建设，通过日常监察、网络比对等手段，及时主动掌握辖区内劳动关系运行情况。全年，劳动合同签订率 99.5%，集体合同审查数 1133 份，完成全年目标的 202%，工资集体合同审查数 740 份，完成全年目标的 135%。劳动保障书面审查单位 5265 户，完成全年目标的 135%，劳动监察调处简易案件数 440 件，完成全年目标的 209%；劳动争议仲裁受理案件 820 件，结案 820 件，结案率 100%。

【强化信访维稳畅通诉求渠道】 2011年，区人力资源和社会保障局坚持全心全意为人民服务宗旨，坚持“群众第一”、“求真务实”和“分级负责、归口办理”工作原则及“畅通、服务、高效、优质、奉献”工作理念，抓热点、解疑点、办难点，加强交办、督办、查办工作力度，切实解决一批关系群众工作、生活的具体问题。建立信访绿色通道，切实做好白下区“12345”政府服务呼叫中心、市长信箱、区长信箱、人社网站建议投诉平台、劳动保障咨询电话等信访连线平台反映问题的答复，借助各种媒介增加群众反映问题的渠道，形成开放式信访投诉举报机制。全年，处理白下区“12345”政府服务呼叫中心工单528次，处理群众来信34件，处理网络平台来信咨询投诉45件，接待来访28人次。

【加大执法维权监管力度】 2011年，区人力资源和社会保障局以“人性化执法维权”为宗旨，组织开展劳动用工情况、用人单位遵守劳动合同法情况和农民工工资支付情况等专项执法检查活动，强化行政强制、经济制约等调控措施。推行劳动用工登记制度，加大劳动保障监察执法力度，推行劳动保障监察“网格化”、“网络化”管理，两网化覆盖面达100%，主动监察用人单位1480户，完成全年目标任务的211.43%；新增用人单位登记数1259户，完成全年目标任务的125.9%。

【启动劳动保障书面审查工作】 2011年，区人力资源和社会保障局全面启动新年度劳动保障书面审查工作，重点检查监督辖区内各类用人单位的规章制度、劳动用工、工资分配等情况，及时发现和纠正存在问题，切实维护劳动者合法权益。做到三个结合：坚持企业自查与部门审查相结合，用人单位对照劳动保障各类法律法规进行自查，发现问题，主动纠正。区劳动监察部门对企业管理不够规范、尚须补充、完善的地方，提出意见和建议并以书面方式告知，要求企业限期改正。坚持书面审查与劳动保障“两网化”管理工作相结合，充分依托劳动保障监察网格化管理平台，把书面审查工作融入网格化管理建设中，达到书面审查和劳动保障诚信体系建设同步推进，提高劳动保障书面审查工作覆盖面和工作效率。坚持书面审查和服务企业相结合，通过书面审查及时发现用人单位在社会劳动关系方面存在的隐患或风险，指导企业改进和完善用工管理制度，达到帮助用人单位控制劳动用工风险、降低用工成本，促进劳资关系和谐稳定。

7月14日，区人力资源和社会保障局召开首届工会委员会选举大会

【开展专项执法检查工作】 6—8月，区劳动监察大队开展了一系列专项执法检查和宣传教育活动。充分利用区、街二级网格功能，积极调动劳动保障监察员工作热情，印制大量《社会保险法》普及资料进行张贴，每个二级网格设置专柜、专人，为用人单位和劳动者及社区民众宣传、解答《中华人民共和国社会保险法》相关知识。随着高温季节临近，一些特殊行业的劳资矛盾逐渐突出，区劳动监察机构紧跟季节变化，调集精干力量，对区域内20余家在建工地、80余户餐饮及生产加工业等劳动密集型用人单位，进行巡访和督查。借着专项执法检查契机，强化“人性化执法维权”意识，做到急难案件实效处理，群体案件有效处理，普通案件长效处理，保证劳资关系的和谐稳定，让劳资双方进一步融入到全社会“知法、学法、守法”的良性氛围中。

【人力资源与社会保障部等领导到区调研】 12月22日，人力资源与社会保障部调解仲裁管理司副司长、全国工商联法律部副部长等一行5人在省人力资源和社会保障厅、省工商业联合会领导陪同下到白下区调研指导非公企业劳动争议预防调解工作。调研组实地视察该区新街口商圈劳动争议调解委员会工作，召开由南京餐饮商会、苏宁电器股份有限公司、南京LG熊猫电器有限公司等10家企业和行业组织参加的劳动争议预防调解座谈会。副司长王振麒对该区能积极发挥人社部门劳动争议预防调解的牵头作用，依托劳动保障社区服务平台，联合多部门为驻区单位和劳动者提供劳动争议调解仲裁服务做法，优先安排资金，率先在全省、全国建成科技仲裁庭给予肯定和赞赏。希望白下区在非公企业，尤其是小微企业中深入开展劳动争议预防调解工作方面积累经验，发挥示范作用。 （胡锴锋）

街　道

五老村街道

【概况】 五老村街道位于白下区北部，东临内秦淮河与瑞金路街道相接，西至莫愁路，南至常府街与洪武路街道相邻。面积约1.6平方公里。辖五老村、三条巷、树德里、淮海路、新街口商业街等5个社区居民委员会，居民总户数20013户，户籍人口56096人。办事处驻长白街413号。

2011年，五老村街道完成地方一般预算收入9.61亿元，同比增幅12.65%。全年引进新成立企业795家，注册资本达7.1亿元，引进领军型科技创业人才4人，培育科技创业企业9家，发明专利授权量30件。

街道加强市容长效管理。坚持建设与整治并举、管理与服务并重，完善大市容、网格化管理，改善辖区面貌和城市环境。从强化硬件设施和规范进菜时间入手，专项整治科巷菜场，实行机关干部、城管队员24小时值班制度，有效遏制违规兑菜现象，交通拥堵压力得到缓解。加大拆违控违力度，全年拆除违章建筑72处10099平方米，基本实现新建违建"零增长"。建立物业管理"两站一中心"平台，完成辖区108个小区和院落的摸底排查工作，完成四条巷32号和淮海路31号车管、物管进小区试点工作，完成13个无物业小区的自治管理工作。

街道突出改善民生保障。全年走访慰问孤寡老人、困难老人和高龄老人373人，发放各类救助和补贴86万元。完成创业带动就业指标1768个，实现扶持创业181家，组织758人参加职业指导培训，提供创业者小额担保贷款35万元。打造"周蓉党代表大调解工作室"、"道德法庭"、"社会妈妈关爱团"、"园丁助学社"和"爱心接力"等特色为民服务品牌，定期为居民提供免费法律咨询和社区助老为老服务。

街道建立"大信访"工作格局，完善信访事项处置工作机制，开展群防群治工作，全年接待群众来信来访169起，解决矛盾纠纷859起，办理"12345"呼叫中心工单992件，办结率100%，满意率97.6%。对辖区4处5幢楼宇开展火灾隐患排查工作，安全隐患整改率98%，未发生重特大安全生产事故。

街道以"创先争优"活动为契机，开展"创建学习型党组织、学习型领导班子，争当学习型领导、学习型个人"活动、"走万家、访千企"活动、"牵手送爱心·为民办实事"暨"五大工程"等活动。加强社区党建工作，建立健全议事监督会、共建联席会、群团联系会等"三会"工作制度，出台加强社区党组织建设的措施，从制度上、机制上规范党建工作，切实发挥社区党建服务群众、促进和谐的作用。社区党组织书记述职评议群众满意率均达90%以上。

是年，五老村街道获全国文明城市复查南京市有功单位、市计划生育协会先进集体、区2011年度创新型城区建设有功单位、创新型城区建设考核一等奖等多项荣誉称号。

【实施"三位一体"责任制】 2011年，五老村街道出台街道领导、责任科室、社区三级挂包的"三位一体"责任制，实现科室与楼宇对接，切实做好对重点税户的服务与管控工作。安排专人每周走访企业，结合工作职能开展服务，定期召开街道税源工作月讲评会和季度经济工作分析会，汇总走访中发现的问题，及时帮助企业解决实际困难，促其长远发展。全年走访企业672家，解决问题情况163件。

11月16日，区委书记陈勇到五老村街道宣讲省、市党代会精神

【环境治理】 2011年，五老村街道在环境整治中以环境卫生、设施完好、楼道畅通为目标，以清楼道杂物、清小招贴、清卫生死角的“三清”为重点内容，扎实开展“小区清洁月”活动，辖区内小区环境得到改善。坚持规范化、人性化执法，开展为期1个月的晚间夜排档集中整治、水果摊点集中整治、科巷地区集中整治行动，发放《致居民的一封信》500余份，取缔占道经营500多家，规范倚门出摊1300余家，暂扣物品134件，拆除违章建筑83处1484平方米，占道经营、倚门出摊回潮现象得到有效遏制。出新改造户部街，美化辖区环境。

【行政服务中心建设】 2011年，五老村街道投入30余万元，为行政服务中心配备多媒体查询机、大屏幕液晶显示屏、电脑等工作设备，方便群众自主查询各项国家规章制度和各项业务办理流程，提高办事效率。实行“一个大厅，敞开式集中办公，提供一条龙服务”运作机制，提供国（地）税代征、政策咨询，社会救助、计生服务，劳动监察、仲裁等业务服务，实现一个窗口受理，一次性告知群众，限时办结业务，为居民群众提供“一厅式”服务。

【启动全区廉政与监管风险点防范管理实施试点工作】 2011年，五老村街道把廉政与监管风险点防范管理工作纳入党风廉政建设责任制，制订《五老村街道廉政与监管风险点防范管理实施方案》，通过明晰岗位职责、梳理工作流程、排查廉政风险、完善内控机制、搭建预警平台、突出监督重点、加大惩治力度等措施，形成以人为点、以工作程序为线、以制度为面、环环相扣的廉政与监管风险点防控机制，构建“政策阳光化、权力明晰化、责任全员化、风险明示化、管理精细化、防范一体化”的廉政与监管风险点防范管理体系。

【庆祝建党90周年】 2011年，五老村街道开展十大主题活动，庆祝建党90周年。即以“发扬党的优良传统，永葆共产党员本色”为主题，邀请老革命、老党员给全体机关干部上一堂党课；以“不灭的功勋”为主题开展一次集中走访慰问老党员、困难党员活动；以“我为党旗添光彩”为主题组织开展一次表彰优秀共产党员、优秀党务工作者和先进基层党组织活动；以“创先争优我先行”为主题开展一次征文比赛；以“情系百姓，服务群众”为主题举办“党员义务奉献日”活动；以“红色经典，激荡人生”为主题组织党员观看党史教育专题片；以“缅怀革命先烈，坚定党的信念”为主题组织党员开展重温入党誓词活动；以“重温党的历史，深化创先争优”为主题举办“庆祝建党90周年和创先争优活动党史党建知识竞赛”；以“践行周恩来精神，建功五老村街道”为主题举行演讲比赛；以“永远的旗帜”为主题举办庆祝建党90周年大型文艺演出。

【新街口商务楼宇社区】 10月8日，新街口商务楼宇社区服务中心在新百南京中心成立。通过设在新百的服务窗口，零距离、无间隙地为企业提供经济服务、民生保障、城市管理、综合治理、党的建设等五项服务。11月29日，组建新街口商务楼宇社区党委，楼宇社区党委以楼宇社区服务中心为载体，以服务新街口商务楼宇“两新”（新经济组织和新社会组织）组织为主要任务，探索党建工作与经济工作的最佳结合点，服务、促进、引导“两新”组织健康发展。 （沈 昆）

大光路街道

【概况】 大光路街道位于白下区东南部，东靠南京护城河，南至象房新村外秦淮河，西接内秦淮河，北达明御河。总面积2.22平方公里。下辖大光路、大阳沟、光华园、蓝旗新村、尚书巷、象房新村等6个社区居民委员会。居民总户数22070户，有户籍人口59669人，常住人口78926人。办事处驻大光路大光里8幢。

2011年，大光路街道新引进及回归变更企业264户，引入企业总计注册资本1.8亿元，完成地方一般预算收入2.23万元。是年，大光路街道获省级平安家庭示范街道、市城市长效综合管理考评优胜街道、市“十一五”人口和计划生育工作先进集体等荣誉称号。

【城市环境管理工作】 2011年，大光路街道坚持以改善生活环境、优化区域功能为重点，进一步深化长效管理机制，推进网格化巡防体系，实行定人、定岗、定责、全方位、全覆盖的考核制度，完善街道社区违建管控体系，确保新搭违建“零增长”。针对环卫保洁、摊点管理、违章违建、生活垃圾等老大难问题开展专项治理，全年拆除老违建1.9万平方米，新违建61处720平方米。发挥“12345”平台处理功能作用，依照首问负责、限时办结、及时反馈的要求，第一时间处理群众反映的各类问题，认真回复每一条举报，及时解决群众的合理诉求。依托“两站一中心”（物管矛盾调解站、物业应急维修服务站和物业服务中心）平台，建立社区党组织、社区居委会、业委会、物业公司等多方协同的工作模式，指导各社区做好托管试点工作，完成蓝旗社区“车管物管”进社区试点工作。落实城市环境综合整治提升计划，摸底调查16条出新街巷，做好出新前期准备工作；配合做好大阳沟危旧房改造拆迁工作，加大尚书巷菜场、五马桥周边等重点部位的环境整治力度，整体提升地区环境质量。

【社会事业】 2011年，大光路街道加强“新南京人服务中心”、“失业人员之家”等平台建设，持续开展职业技能培训促进就业再就业工作。开设各类就业创业培训班16个，新增就业岗位1549人，推荐就业368人，扶持创业176人，各类创业带动就业969人，就业率达到94%。“新南京人服务中心”，从党团活动、权益维护、文化教育、管理服务等4个方面为外来务工人员做好服务。进一步提升劳动保障服务水平，继续做好企业退休人员社会化管理服务工作，进一步完善街道社会救助体系，落实好各项惠民利民政策和帮扶措施，对残疾、年老、重病、下岗、低保等特殊困难人群予以重点保障。努力整合挖掘社会养老服务资源，巩固和提升街居托老站服务水平，在有条件的社区引导鼓励社会力量兴办老年公寓、家庭服务组织，完成残疾人安养服务站省级检查验收。

【推进辖区经济协调发展】 2011年，大光路街道按照“创新驱动，内生增长、绿色发展”的要求，帮助创意东八区文化产业园提升创新创业科技载体建设，加大对科技型或高端现代服务业重点企业的扶持力度，推动创意产业园区科技产业的提档升级，重点扶持大贺广告公司的发展，支持其与新浪网的合作，江苏新浪互联信息服务有限公司落户园区。实施科技创业人才集聚行动。贯彻落实区委高层次科技创业人才集聚行动，坚决完成区委下达的创新型领军人才引进任务。在创意产业园和体育大厦设立“科研创新孵化区”。着力打造大光路时尚休闲一条街，推动光华门城市商业副中心建设。推进项目实施，“解放1948”一期6000平方米工程完成，完成二期项目绿地规划申报及搬迁工作；金基尚城项目完成地下主体工程；公园路159号“菲呢克斯”项目封顶；完成酒精厂地块项目挂牌出让；大光路67号机床厂拆迁工作有序开展。

【提升城市管理水平】 2011年，大光路街道强化城市管理队伍建设。刊发街道城管《考评通报》，按月度对街道城市长效综合管理情况、各社区考核结果、工作计划进行公布，对重点工作进度、社区存在问题予以明确。加强考核奖惩，按考核情况进行奖惩兑现，按片区实行问责，严格队伍入口，畅通出口。优化统筹协调，增强队伍在分片区模式中对各类问题处置能力，通过片区管理与集中整治相结合的方法，减少重复执法，提升工作效率。积极探索小区物管新方法。做好小区业主委员会的指导监督工作，及时介入做好小区业主委员会成立、改选的相关备案手续，主动协调解决香格里拉东苑小区业主委员会改选中存在的矛盾，确保各业主委员会的正常运作。推进物业管理矛盾投诉调解站的正常运作，建立健全规章制度，加强与信访、综治等职能科室合作，强化与辖区各物管公司沟通联系，增强矛盾调解能力。推进小区物业管理与社区综合管理相融合，引导各社区居委会逐步参与到小区物管的监督管理中来，提升小区管理统筹性。做好违建管控。组织城管队员深入各社区走访，依托片区管理构建小区、社区、街道三级巡查网络，对辖区新违建做到及时发现、及时整改，通过拆违工作前移减少拆违难度和成本。做好分类推进，在严格控制新违建的基础上，借助出新契机逐步减少辖区老违建，配合有关部门促进小区提档升级。强化重点保障，在巩固文明创建成果的同时，加大对大阳沟30号危旧房改造项目工地等重点区域的违建管控力度，坚决遏制新搭违建滋生和蔓延。

【推进和谐社区建设不断深入】 2011年，大光路街道坚持“建设和谐社区是街道工作永恒的主旋律”理念，以群众满意幸福为导向，重点在保障改善民生、构建和谐社区、提升文明水平上下工夫，积极创新社会建设和管理模式。依托社区服务标准化项目试点工作，积极拓展社区服务内涵，按照“1+X”服务模式，在做好社区常规服务的基础上，积极创新服务项目和方式，形成更多有影响、有成效、群众欢迎的特色服务。蓝旗社区标准化建设通过国家终审。立足“共建共享”社区资源，充分发挥社区党组织核心作用，大胆探索社区、社会组织、社工“三社”联动的共筑共建模式，积极发展引导专业化社会机构提供无偿或低偿社区服务。全力做好迎接全国文明城市复查工作，推进文明和谐特色小区创建，巩固文明创建成果。积极推进文化事业发展，做实做强街道社区文化站建设，组织引导40多个社会文化团队广泛开展特色文化活动。加大各类先进典型的培育和宣传力度，营造昂扬向上、健康文明的社会风尚，不断提高市民文明素质。

【推进社区党建工作创先争优】 2011年，大光路街道以创先争优活动为主线，切实加强班子和干部队伍建设。充分利用中心组理论学习、工委会、办公会等形式加强政治学习，坚持民主生活会制度，不断完善科学民主决策机制，坚持正确的用人导向，注意关心培养，严格教育管理，全年选拔科级以上干部3名，选调1名社区书记到区机关交流。围绕“为党旗争光辉、做群众贴心人”主题，以“走访居民群众”、“公开承诺”、“服务群众”、“亮牌示范”、“创新创优”等五项活动为重点，在扩大党员参与面、提高实效性上下工夫。2011年，街道社区党组织和党员走访群众近3000户，解决群众、企业反映各类问题意见100多件。进一步规范社区党组织管理，实施《大光路街道社区党建经费使用和管理暂行规定》，扎实做好社区党组织承诺为民办实事工作，全年落实为民办实事46件。年末，社区书记绩效考核，各社区党组织负责人满意率均为100%。

深化特色党建工作。党代表在选区、星期六党员义务劳动日、社区先锋服务站等特色党建活动进一步扩大影响力，使街道、社区两级党组织凝聚力得到增强。“党代表在选区”工作成效明显，30名党代表为民办实事86件。“星期六党员义务劳动日”开展活动140多次，参与范围扩大到辖区企事业单位和共建单位多个层面，江苏高的律师事务所、大光路社区卫生服务中心、辖区物业管理公司等单位常年参加结对社区的义务劳动日活动，在群众中的影响不断增强。非公党建以园区、楼宇企业为重点，以创建“活力和谐企业”为内容，发挥党建指导员、园区联络服务站的作用，街道按照“关爱党员、凝聚力量、助力企业、服务发展”的原则，引导开展以承诺服务、带头创新、帮带新员工、树立和谐新风等为主要内容的创先争优活动，定期开展服务进楼宇、进园区活动，“企业支持党建工作、党建服务企业发展”成为共识。街道区域内非公企业党建工作实现全覆盖。社区“先锋服务站”拓展爱心帮扶、矛盾调解、法律咨询、医疗保健等服务项目，参与党员群众志愿者近千人，正越来越受到社区居民和群众的欢迎。党务公开工作积极推进，2011年，先后有5批各地代表团到街道交流党务公开工作，依托社区先锋网（点击量达72万以上）开展互动服务，基层党务工作更加公开透明。

坚持抓好党风廉政建设。领导干部做表率，认真落实“一岗双责”，深入学习

《廉政准则》，带头作出廉政承诺，自觉接受监督，引导广大党员干部认真执行廉洁自律各项规定，没有发生违法违纪问题；坚持教育防范，把廉政教育作为基础性工程常抓不懈，召开党风作风建设会议，工委会专题学习传达上级精神，组织5次典型教育宣传展演活动；严格制度执行，认真贯彻区委《关于加强街道社区反腐倡廉建设的工作意见》，强化厉行节约、重大事项报告、述职述廉等制度落实，制订《大光路街道2011年职务消费实施办法》，加强行政效能监察，依靠制度提高管人管事实效。

【推进综合治理工作不断加强】 2011年，大光路街道继续落实和强化领导挂包责任制，进一步建立和完善重点上访人员、重大矛盾纠纷、突出治安问题的研究会办制度，加强综治成员单位、群防群治等3个体系建设，与各职能科室、辖区13个综治成员单位、6个社区居委会签订二级综合治理工作责任书，各单位内部签订三级综合治理责任书100份，确保年初提出的二级、三级责任书签订率达100%。群防群治巡防队伍常年保持在1400人以上，确保各项重大活动、敏感时期实现“四个不发生”。坚持领导定期接访和机关干部联系群众工作制度，以社区综治办建设为契机，做细做实社区警务治安、信访调解、帮教服务等工作，深入开展平安社区创建，扎实推进消防、车管“六进社区”活动，切实把矛盾纠纷消化在社区，把稳定和谐构建在基层。（方大勇）

洪武路街道

【概况】 洪武路街道紧邻新街口商贸商务圈，东至大中桥内秦淮河，西至中山南路，南至建康路，北至常府街、户部街。区域面积约2.73平方公里，居民总户数30928户，总人口94483人，暂住人口33549人，下辖等致和街、王府园、王府南园、建康新村、火瓦巷、武学园、龙王庙、马府街、申家巷、棉鞋营等10个社区居委会，办事处设在白下路260号。

2011年，洪武路街道完成地方一般预算收入55853万元，同比增长13.13%。新注册企业635家，引进企业128家，注册资金78296万元。其中，注册资金1000万元以上企业12家；500万元以上企业25家。引进领军型科技创业人才1人，科技型企业家1人。

街道按照城市管理长效化、精细化的要求，以网格化巡防管理为基础，进一步创新管理机制，落实长效，组织和开展城市管理工作；街道探索小区物管新方法，做好小区物业指导工作。推进81个无物管小区的管理，发动居民群众开展自治，指导成立业主委员会，新成立业主委员会13个。街道先后投入20余万元，扶持改造棉鞋营43号等11个小区。推进文思新村等2个小区车管、物管进小区试点工作。

街道创新社会管理，优化社会服务，增补5名社工为副主任，其中1名为大学生社工；调整部分社工岗位，优化人员配备；通过“洪武社工展才艺，和谐颂歌献给党”的社工才艺秀，全方位提高社工能力和素养，集体凝聚力得到进一步加强，提升社工综合素质；组织召开社区主任座谈会，探索社会化管理和网格化管理的做法。

街道与科室、社区和驻区单位签订综合治理责任书，细化工作目标，完善组织网络，定期督查，纳入年终考核。坚持领导干部维护稳定联系点制度和综合治理分片包干制度，以“小区治安协会”、“物管自治”等群防群治新机制为载体，整合25支群众义务巡逻队参与巡逻防范，开展“平安创建”和“法制创建”活动。

是年，洪武路街道获第二批全国社区教育示范街道、省级社区教育示范乡镇（街道）、省安全生产监管系统先进集体、第六次全国人口普查省级先进集体等荣誉称号。

【与南京大学信息管理系党委结对共建】 5月12日，洪武路街道党工委与南京大学信息管理系党委签署“共建共创协议书”，双方党组织正式建立长期共建关系，把洪武路街道打造为南京大学的大学生社会实践基地和党团员教育基地，在实现资源共享的基础上创新人才培养模式。根据协议，南京大学信息管理系每年派出20名在校学生到街道10个社区参加社会实践，帮助社区工作，20位大学生分别受聘为洪武路街道社区党组织书记助理和社区主任助理，由街道为其颁发聘书；街道社区书记、主任受聘为南京大学信息管理系大学生社会实践导师，街道制订专门的管理规定和培训方案，负责兼职学生的组织培训、指导帮带，全面提高学生社会实践能力。南京大学信息管理系主要领导、白下区委组织部领导参加了签字仪式并讲话。

【完成党代表换届选举工作】 6月10日—7月12日，洪武路街道开展党代表换届选举工作，经过宣传发动，组织实

5月27日，洪武路街道举办社区工作者手工作品展

施，按照候选人推荐遴选、组织审核、考察公示及差额选举的办法，选举产生21名白下区第十次党代会代表。选举大会应到会党员779名，实到会党员759名，参选率达97.4%。

【民生工作】 2011年，洪武路街道为718户低保家庭累计发放保障金400余万元；大重病救助225人32.8万元；专项救助378人10.6万元。春节、中秋节等节日慰问各类对象2000多户100余万元；1—6月办理老年证249个，为25位独居高龄老人提供家政服务；8月，高温期间各社区重点走访空巢、独居老人共486人，发放绿豆、白糖等防暑降温品，价值9700多元；社区企业离退休人员纳入社会化管理16009人，完成99.38%（年度目标为96%）；企业离退休人员免费健康体检10026人，完成100.26%；培育自主创业大学生29人、培育自主创业344个、开展失业人员特色活动4场、创业带动就业2383人、援助困难人员就业331人、再就业培训678人次、办理市民卡2299张；接待投诉咨询16次，参与成功调解劳动争议34次，办理失地人员参加社会保险96人。

【城市管理】 2011年，洪武路街道清理倚门出摊300余处，清理各主次干道的招贴800余张，清理小区内积存的垃圾和杂物5卡车，确保周边地区道路整洁通畅；全年拆除违法建筑194处16674平方米。开展文明城市大检查迎查工作，街道调拨专款10余万元，雇佣60多人，出动人员600余人次，车辆58次，清理小招贴1000余张、清运各类杂物、垃圾100余车，彻底改善老旧小区的脏、乱、差环境。

【“银发会所”揭牌】 9月29日，洪武路街道在武学园社区广场举办以“会所凝聚爱老真情，互助传颂敬老美德”为主题的第二十五个老人节庆祝活动暨“银发会所”揭牌仪式。“银发会所”是在武学园社区原办公用房的基础上出新改造建立。街道整合“银发餐桌”和“银发会所”资源，分别与北京清大德人南京服务站、崔武律师事务所等单位共建合作，增设健康保健、法律援助的内容；拥有一支3人的心理咨询师队伍，为老人提供心灵慰藉；依托社区文艺团队为老人提供休闲娱乐和社会参与的平台。

【成立街道维护稳定办公室】 10月14日，洪武路街道挂牌成立维护稳定办公室（简称维稳办），和街道信访办公室合署办公，两块牌子一套班子；街道工委副书记、政法委书记任维稳办主任。同时，成立以街道工委书记为组长的维稳工作领导小组，执行“谁主管，谁负责”，坚持“分级管理，责任到人”；把维稳工作作为年度目标考核项目，与各社区，街道相关科室建立街道涉稳事项联动机制，明确社区主任，街道科室负责人的责任，形成一级抓一级，一级对一级负责的制度。街道领导实行挂片联系点制度，负责协调矛盾纠纷调处，具体指导社区开展信访工作。对于重点人员和群体性事项实行街道、科室、社区三级包案制，形成齐抓共管，全方位开展信访维稳工作的良好氛围。至年底，完成4个重点项目的风险评估工作。

【党员干部现代远程教育】 2011年，洪武路街道做好党员干部现代远程教育工作。将远程教育工作列为社区年度党建工作重点内容，成立远程教育工作领导小组，并配备2名熟悉设备操作维护的社工担任管理员，确保各项工作正常运转。制定远程教育站点管理办法及教学资源管理、设备使用等7项工作制度，接受党员群众监督，建立“三簿一册”（设备运行维修情况记录簿、学习记录簿、信息反馈记录簿、点名签到册）台账制度，依托《党员专业志愿者服务平台使用记录簿》等规范化表格，及时记录工作开展情况。在确保完成“每月至少2小时党员集中学习”基础上，满足党员群众个性化需求，开展科普知识、道德建设、文化艺术等教辅活动，全年开展各类培训100余场，依托“南京党员远程服务平台”答疑解惑功能，将每周一、三、五设为站点“开放日”，社区党员群众可就疑难问题，自行与“网上专家”沟通。10月，洪武路街道致和街社区被评为全省首批“党员干部现代远程教育示范站点”。（李小平）

瑞金路街道

【概况】 瑞金路街道位于白下区中部，东至中山门城墙，南到明御河、蓝旗街东段，西靠龙蟠中路，北依中山东路。面积2.1平方公里。辖瑞金新村社区、瑞金北村社区、西华东村社区、明故宫苑社区、南航社区、标营社区、中山门社区等7个社区居委会。有居民总户数20114户，总人口77137人。

2011年，瑞金路街道完成地方一般预算收入2.19亿元，同比增幅13%。全年新引进企业112家，其中百万以上注册企业16家，千万以上注册企业6家。成立瑞金科技城管委会，初步明确瑞金科技城十大载体八大功能园区的总体定位。

街道坚持民生为先，探索社会管理服务新模式，建立社区“三级网格”服务工作法。全年发放各类救助及补贴261.6万元，接受经济适用房申领77户。落实被征地人员社会化保障政策、一次性补缴15年养老保险费政策；扶持自主创业173人，带动就业1421人，培育区级创业典型2人，市级创业典型1人。成立瑞金新村社区“残疾人之家”，建成率达70%。

街道推行网格化城市管理模式，开展“无占道经营、无倚门出摊规范经营示范街（巷）和示范户”活动。完成瑞金北村40~57幢、瑞金路2、4号院和御道街小区3个小区的出新，拆除各类违章搭建约8400平方米。有序推进“车管、物管进社区”工作，在无物管小区瑞金北村小区和御道街小区成立业主委员会，按照相关程序选聘物业服务企业，实行专业化的物业管理。重视生态环境建设，南航、标营社区申报市五星级绿色社区。全年接受市（区）委书记信箱、市（区）长信箱以及政府12345热线等各类工单1136起，回复率达到100%。

全力维护地区的政治和社会稳定，落实综治信访维稳措施。完成3年创建工作，对在建工地、菜场、高层楼宇等重点场所定期开展安全检查。努力化解矛盾纠纷，全年调处各类矛盾纠纷271起，调处率、受理率100%，调处成功率98%。整治金润发超市周边环境，清理西华东村社区内的“黑旅社（馆）”，排查化解部分居民因小区改造出新车棚问题等产生的纠纷。

进一步加强基层党组织建设和干部队伍建设，出台《社区党建工作量化考核细则》，促进社区党建工作的规范化和经常化。以“百日行动”为契机，使非公企业党的组织覆盖面达到35%，工作覆盖面达到100%。组织瑞金路地区区第十次党代会代表的换届选举，建立党代表特色工作站。组织开展纪念建党90周年庆祝表彰系列活动，激励爱党爱国热情。依法、按进度推进人大代表换届工作，组织人大代表开展进选区述职和接待选民活动，组织政协委员开展结对社区活动。探索非公企业党工共建新模式，在瑞金路友谊商务大厦成立联合党支部和工会联合会。认真做好国防教育、民兵整组、民兵训练和冬季征兵工作，完成3个社区民防进社区的落实工作并通过验收。配备街道团工委兼职副书记，推选10名团代表出席区第十三次团代会。

是年，瑞金路街道获2006—2010年省社会治安综合治理先进集体、市“十一五”人口和计划生育工作先进集体、市实施“十一五”妇女发展规划先进集体、2011年度城市长效综合管理考评优胜街道、2008—2010年市流动人口服务管理工作先进集体等荣誉称号。（傅　静）

【庆祝建党90周年表彰大会】 6月26日，瑞金路街道在南京航空航天大学职工活动中心多功能厅举行纪念建党90周年庆祝表彰大会。会上表彰7个先进基层党组织、26名优秀共产党员、8名优秀党务工作者、6个学习型党组织建设先进单位以及14名学习型党员先进个人。街道科以上党员干部现场签署党员干部公开承诺书，社区的党员群众进行“欢歌劲舞”文艺展演及“丹青颂党恩”书画现场表演。（王翠红）

【成立楼宇企业联合党支部和楼宇工会联合会】 7月15日，瑞金路街道友谊商务大厦楼宇企业联合党支部和楼宇工会联合会成立。友谊商务大厦楼宇企业联合党支部和楼宇工会联合会的成立，有利于大厦内各企业加强横向联系，相互促进、共同发展、共同提高，切实履行社会责任；有利于广大党员、职工群众理性合法地表达利益诉求，最大限度地调动好、发挥好广大职工群众的积极性、主动性和创造性，共谋促进企业繁荣发展。（谭晓莉）

【开展“规范经营示范街（巷）和示范户”活动】 2011年，瑞金路街道按照“退路入室、清路治乱、用路有序、还路于民”的要求，改善瑞金路地区市容市貌。街道坚持以人为本、关注民生、服务社会、强化措施、标本兼治的原则，开展“无占道经营、无倚门出摊规范经营示范街（巷）和示范户”活动。通过选树规范经营典型和强化市容执法管理“两手抓”的方法，采取入户宣传、领导见面、点位考核以及强制取缔等多种举措，加强对重点地段的治理力度，变难点为示范，达到以点带面，以重点带一般，以局部带全局的管理效果。活动先后被市内多家新闻媒体报道。（刘明真）

【完成白下区第十次党代会代表换届选举】 2011年，瑞金路街道制定区第十次党代会代表换届选举的实施方案和选举工作进度表，划分9个选区，并确定瑞金新村选区为公推直选试点单位。经过候选人推荐、考核、审查等环节后，各选区分别召开党员大会或党员代表大会，以无记名投票方式，采用差额选举的办法，选举产生19名出席区第十次党代会代表，确保区第十次党代会顺利召开。（王翠红）

【瑞金科技城管委会揭牌】 9月19日，在白下区召开的创新型城区建设动员大会上，市委副书记陈绍泽为中航科技城创新创业基地管委会（现为瑞金科技城管委会）揭牌。瑞金科技城位于白下区中部核心地区，管委会成立以来，搭建了“软硬”兼备的综合服务平台；科学谋划了8大特色鲜明的功能园区；园区建设如火如荼，南工院金蝶大学科技园启动开工，现代信息产业园一期2.7万平方米紫荆大厦，中航科技城一期开工筹备中；招商工作成果显著，江苏中粮、江苏金蝶等总部型企业，浪潮宇航、亮典、江苏天盾等大企业相继落地。（伏　波）

【无物管小区托管试点工作】 2011年，瑞金路街道推进“物管、车管进小区”工作，在瑞金北村小区开展无物管小区托管试点工作。街道和社区利用宣传栏、党员会议、居民活动等方式，广泛宣传对小区进行托管的目的、为小区托管提供的服务以及需要居民配合的事项，争取群众的支持。11月1日，成立瑞金北村社区物业服务中心，招聘10名工作人员（含安保人员及保洁员），制定考核细则，从工作台账、卫生保洁、菜单整改等6个方面规范考核标准，促进社区服务中心管理制度化。同时，街道还划拨2万元专项经费，指导社区服务中心与白下区房屋维修中心签订应急维修合同，与小区业主委员会签订托管服务合同，形成齐抓共管的工作机制，促进托管小区各项工作的落实。（刘明真）

【建立社区“三级网格”管理服务制度】 2011年，瑞金路街道探索社会管理服务新模式，制定“瑞金路街道网格化管理服务构架”和7个社区的“网格化管理服务责任人及区域划分”及“服务示意图”。在网格化管理中，社区被划分为三级网格（一级网格负责人为街道挂包领导，二级网格负责人为该网格责任社工和社区民警，三级网格责任片区团队由居民代表、楼幢长和积极分子组成），社区服务、社区管理和社区自治等社区工作全部纳入到网格中，确保社区服务管理横向到边、纵向到底，形成“人往格中去、事在网中办、服务零距离”的新型社会服务管理新模式，较好地实现社区、社会组织、社工“三社联动”新局面。（孙美莲）

月牙湖街道

【概况】 月牙湖街道位于白下区东南部，东到童卫路，西至明城墙及中和桥路，南临秦淮河，北接宁杭公路，面积为5.64平方公里。街道下设卫桥南航、梅花山庄、月牙湖、二十八所、富丽山庄、苜蓿园、富康、金泰、石门坎等9个社区居委会。居民总户数16304户、总人口44837人。办事处驻苜蓿园大街118号。

2011年,月牙湖街道完成地方一般预算收入12982万元,完成社会固定资产投资7.8亿元,完成社会消费品零售总额6.3亿元,引进企业174户,注册资金1.8亿元,1人通过2011年度南京领军型科技创业人才综合评审。是年,月牙湖街道围绕"建设群众更具幸福感和归属感的创新型城区"的总体要求,坚持"绿色、繁荣、和谐、幸福"地区发展战略定位,迎难而上,抢抓机遇,争先进位,较好地完成区委区政府下达的目标任务,确保地区的安全稳定。是年,街道先后获市法制宣传教育先进集体、市人口与计划生育先进集体、区社会治安综合治理先进街道等16项荣誉。

【经济工作】 2011年,月牙湖街道注重梳理地区资源,建立纳税企业、闲置资源和人脉资源档案,强化对重点企业的跟踪服务。组织辖区5家企业参加白下区金秋洽谈会,参加第四届中国留学人员南京国际交流与合作大会,收集参与大会的留学生信息和可创业项目100余项。摸清173户楼宇经营企业基本情况和纳税情况,动态维护属地企业数据库,并对梳理出的32家外区纳税企业做好转引。街道与江苏经贸职业技术学院合作,探索高等职业教育与科技产业园区建设深度融合的政、校、企新型合作模式,引进电子商务、互联网、物联网、创意产业等高科技创新企业和企业总部,完成2万平方米"现代服务大厦"科技创新创业载体建设,招商面积1.5万平方米,入住企业45家,其中新注册的科技创业企业8家。街道设立人才工作办公室,抽调1名工作人员专人负责人才引进工作,筹建辖区人才资源库。

【城市管理工作】 2011年,月牙湖街道完成各类市容保障任务211次,拆除各类违法违章建筑88处8104平方米,新增公用绿地3000平方米,取缔占道经营、夜市排档314个,清理乱批乱挂、乱涂乱画、乱堆乱放等"三乱"69800余处,出新设置临时占道经营早点摊群,出新早点车36家,完成修旧点、早点车出新61家。街道"两站一中心"(物管矛盾调节站、物业应急维修服务站和物业服务中心)工作有序开展,调处鑫园、苜东街19号、雅舍园等处涉及物业纠纷11起,调解成功率达90%以上,维修应急无人管理小区下水、窨井、围墙20余处,继续推进物管进小区工作。是年,街道修订和完善街道防汛应急工作预案,重点加强观门口地区隐患的排查,提早完成排洪沟清淤、泵站垃圾清理、排洪沟附近违建拆除等任务。坚持监控点24小时值班制度,屯储储备物资3吨,储备使用黄沙700余袋,出动车辆124辆次,人员400余人次,地区汛期实际无大面积、长时间积水现象。城市管理在市级长效综合考评中排名始终位居前列。

5月5日,月牙湖街道开展蔬菜直营进社区工作

【民生工作】 2011年,月牙湖街道办理就业证8620人,就业率94%,组织技能培训班11个,培训人数415人,失业金申领1184人次,定期公示率100%。帮扶就业困难人员实现就业121人,推荐就业250人,创业带动就业2962人,灵活就业补贴人员517人。全年累计发放低保金152.97万余元,累计新增低保17户33人。完成救助救济、春节慰问655户,发放慰问金51万余元。发放失地农民生活补贴、医疗补贴1463人次42.93万元,发放残疾人补助金、慰问金6.09万元。是年,街道"失业人员之家"获"南京市四星级失业人员之家",劳保所劳动监察中队获"南京市先进中队"荣誉称号。

【安全稳定工作】 2011年,月牙湖街道完善"链式"工作体系,健全"矛盾纠纷大调解"平台,完善"突发性事件预防处置"、"社会稳定风险评估"、"社会矛盾排查化解"三大工作机制,从源头上降低、消除各类不稳定因素。全年接待来访200余人次,处理信访件36件,其中办理市委书记信箱信访件1件,市长信箱信访件21件,区长信箱10件,信访局交办的信访件11件,按时办结率100%,区领导批示件和"网上信访"件的办结率100%。按照"谁主管、谁负责"和"属地管理"的原则,落实安全生产目标管理责任制,从严、从细、从实做好安全生产监管工作,与区内22家安全生产重点单位逐一签订安全生产责任书,针对不同层次人员组织安全生产宣传教育30余场次。重点开展观门口地区"城中村"安全综合治理,制订消防安全和居民防火安全公约,成立30人的义务消防队,配备灭火器、水带、水枪等消防器材,设置"消防通道"、"禁停线"等标志,集中清理占道摊点及安全通道疏通。

【党建工作】 2011年,月牙湖街道选派年纪轻、能力强的党员充实到社区党组织干部队伍中,配强社区力量。全年,公开承诺为民办实事90余件，认领服务岗位600余个。街道探索片区组建法，按党员类别、特长等创设特色党支部或党小组，新增设各类特色党支部15个，非公企业党组织覆盖率达70%以上。组织开展"三争一创"活动，以网格化管理为平台，以"党员民生责任区"、"党员家庭服务站"为载体，按照"核心作用广发挥，组织设置广覆盖，党员责任广承诺，主题活动广动员，服务功能广完备，保障措施广到位"的街道党建"六广"模式，构建区域化党建工作新格局，以城市基层党建创新带动社会管理创新。深化党风作风纪律教育，深入开展党风廉政教育，召开街道机关作风建设暨党风廉政建设大会，统一思想认识，逐步完善《街道税收考核办法》《财务工作制度》等十余项制度，推进规范化管理，形成"机制管人、制度管事"的良性循环。

【规范"12345"工单办理】 3月22日，月牙湖街道出台《"12345"工单办理流程》，加大工单办理协调力度，明确专人负责，组建街道督查组，加大对工单的跟踪和督办力度。实施分类管理，实行首问负责制。全年接收办理工单647件，其中咨询类17件，求助类工单47件，建议类12件、表扬类3件，投诉类506件。按时回复585件次，退单57件次，回复督办件2件次，回复回头看督办件工单32件次，按时回单率100%。

【组建行业工会】 4月13日，月牙湖地区洗修车行业工会联合会成立，16家企业的35名代表经过选举，产生首届工会委员会委员5名，经费审查委员会委员3名。4月14日，美发行业工会联合会成立，20家企业的42名会员代表参加大会，选举产生首届工会委员会委员5名，经费审查委员会委员3名，女职工委员会委员3名。

【首次开展工资集体协商】 5月12日，月牙湖街道美发行业工资集体协商现场观摩会召开，首次开展工资集体协商。辖区内20家美发企业推荐的4位企业方代表和第一届美发行业工会会员代表推选的4位员工方代表进行集体谈判，协商确定该街道2011年度美发行业月最低工资和技师等级工作标准。

【党代表换届选举工作】 2011年，月牙湖街道科学制定党代表选举工作实施方案，细化程序、步骤、工作内容和时间节点，采取自下而上、上下结合、充分酝酿的办法，集中多数党组织和党员的意见，严格按照党代表资格条件，对代表候选人逐一进行考察，认真听取所在单位党组织、党员及群众的意见，并征求纪检、综治、计生、信访、派出所等部门意见，确保代表候选人的先进性、广泛性和代表性。5个选区选出党代表15名。

【完成苜蓿园社区服务中心建设】 7月，月牙湖街道苜蓿园社区服务中心建成并投入使用。该中心投资200余万元，使用面积500余平方米，设有综合服务大厅、残疾人励志家园、托老中心、调解中心、学习报告厅、世代服务站、多功能活动室等多个功能室，为居民服务和活动提供了良好的条件。

【推进垃圾分类试点工作】 10月，月牙湖街道梅花山庄、二十八所社区作为全市第一批垃圾分类试点单位，组织实施垃圾分类工作。街道在小区内举办广场宣传活动，由物业、社区骨干51人组成分类指导员队伍，配发分类垃圾桶500个，免费发放垃圾袋56.6万只，分类工作取得阶段性成果。

【开办农副产品平价店】 9月18日，龙圣生态农副产品平价直营店正式营业。该平价直营店位于在苜东街9号，经营60多个品种的新鲜蔬菜，平均价格低于市场价格，其中有5个品种的蔬菜价格低于1元。9月30日，省委书记罗志军和省政府有关部门领导，在市委书记杨卫泽和区委书记陈勇陪同下现场视察该店，对直营店的销售模式和起到的积极作用给予充分肯定。

【文明城市创建】 2011年，月牙湖街道迎接公共文明指数测评国查1次、省查2次、市查5次、区查4次。街道按照"狠抓基础、创新方法、多措并举、突出重点、全员发动"的工作思路，通过广泛发动、全面参与、加强督查，完成历次迎查任务，特别是国查期间组织参与问卷调查，取得了满意成绩。开展文明和谐小区创建工作，月牙湖社区第四干休所获"孝老爱亲"示范小区称号，卫桥南航社区卫桥新村小区获"平安守法"先进小区称号。 （王舒源）

光华路街道

【概况】 光华路街道位于白下区东南部，东接绕城公路，西至苜蓿园大街，南与江宁、秦淮区接壤，北与玄武区连接。面积10.4平方公里。辖区紫金、高桥、银龙东苑、银龙花园、银龙南苑、银龙翠苑、庆华、四方新村、海福巷、戎苑等10个社区委员会。街道有居民总户数15081户，总人口38548人。办事处驻联合村18号。

2011年，光华路街道完成地方一般预算收入14154万元，同比增长146.68%，净增加4658万元。地方一般预算收入超100万元以上企业12家，比上年净增加5户，新引进企业175家，总注册资本21380万元，其中注册资本金500万元以上的企业13家。街道围绕"东快"战略的实施，快速做大经济体量，扭转财税压力，盯紧大户挖潜，加快LG等企业产业转型，为中长期发展集聚潜力，确保"十二五"期间高质量运作。是年，光华路街道获2006—2010年白下区法制宣传教育先进集体。

【党建工作】 2011年，光华路街道开展党员结对帮扶活动，安排辖区党员或志愿者与社区孤寡独居老人、家庭困难党员建立帮扶关系，为帮扶对象提供精神抚慰和经济物质帮助；推进党建载体品牌创新，确保1个社区党组织至少有1个主导的党建载体品牌；挖掘社区党建资源，与辖区企业、物管、结对的区街机关党组织联系，协商确立党建工作落实办法，落实"村社对接"，共同推进社区党建工作；推进志愿者服务工作，组建志愿者服务队，义务为社区居民群众提供服务，不断密切党群关系；开展“党员义务奉献日”活动，协调安排社区居民党员、在职党员和驻区单位党员等，组织开展法律服务、医疗服务、义务劳动等活动；开展“服务进社区”活动，立足建设平安家园，加大社区防火防盗等警示宣传力度，切实维护地区安全稳定。

【经济工作】 2011年，光华路街道强化对辖区重点项目的跟踪服务，采取“三定、四联、五必访”（三定：定人、定责、定指标；四联：加强联谊、全员联动、单位联席、问题联办；五必访：规模企业必访，异地纳税企业必访，新引进、新转户企业必访，税收动态异常企业必访，遭遇难度的企业必访）工作方法，切实做好地区商务楼宇招商工作；积极从外区转引税源，拓展税源集聚途径，形成新的税收增长点；做好维格纳斯等即将上市企业的服务工作，并对区外经营、区内纳税的企业进行跟踪服务，争取企业注册地不变，力争做到在外企业税收不外流。

【创新型城区建设】 2011年，光华路街道推进创新型城区建设，加大服务企业力度，依托解放军理工大、军农路创意街区等平台，发挥集体资产优势，推动创新型服务业建设；加强人才引进和项目推进，完成引进领军型人才2人；社会事业围绕“一委一居一站一办”（社区党委、社区居委会、社区服务站、综治办）的管理模式，推进社区“网格化、扁平化、服务化”管理与服务的转型；依托银龙社区现有办公用房，借助地区路网建设和规划调整新建的部分养老、托残等社区配套设施，引进社会中介组织，以经营社区服务的理念重点打造1~2个社区服务连锁品牌；大力发展社区服务业，实现惠民富民与产业发展的双赢；党建工作创特色，在完善现有银龙论坛、居民代表座谈会、党员之家等民意诉求渠道的基础上，探索建立社区党员、居民网络参政议事平台，梳理地区民生实事工程，不断提升党建科学化工作水平。

【文化建设】 2011年，光华路街道按照科学、创新、和谐发展的整体思路，坚持经济建设与社会建设共同发展，辖区的政治建设和文化建设得到全面推进。街道依托失地农民服务中心，投入170万元，建成文化体育活动中心，设有文化活动多功能厅、图书阅览室、公共电子阅览室（含文化信息资源共享工程基层服务点）、文联创作室、舞蹈排练厅、乒乓球室、健身房、桌游室和多功能展厅；有文化长廊、艺术之窗、书报专栏等宣传橱窗，配置音响和投影设备。街道范围内拥有2个大型室外文化广场，16个全民健身点，常年坚持开展活动，举办《金色华章》《祝福祖国》《党的光辉照我心》《红色经典新唱响》《银龙大舞台》等大型广场文艺演出，形成了文化大发展大繁荣的良好局面。是年，街道文化站被南京市政府评为示范文化站。

【人才工作】 2011年，光华路街道针对辖区土地资源相对充裕，街道自有房产较多的特点，重点推进“一核三园”（一核为熊猫通信工业园及周边区域；三园分别是光华创意园、失地农民创业服务中心孵化园，杨庄村委会创业苗圃园）建设。以解放军理工大学院士工作站等为重点，吸引高端人才；以熊猫电子装备、光华科技创意园、LG公司等为平台，集聚研发人才；以金陵中专、工业职业技术学院等院校基地为补充，培养储备实用性人才。确保完成年度引进领军型创业人才2人。街道出资设立300万元“春风基金”，对接区“天使基金”计划，有效放大社会资本的效应；联系民生银行，以信用贷款等方式，实现“银企对接”，用于扶持企业创新创业，帮助孵化企业克服资金瓶颈。街道租赁100套房屋作为创业人才公寓，免费或低偿供给创业者使用；运用街道自有房产的租金杠杆，对创新性企业减免租金，对缺少资金的创业者，给予1万—50万元不等的补助或低息借款。

【城市管理】 2011年，光华路街道开展城管专项整治工作。清理青年河污染，组织城管执法队员、协管员等50余人，打捞青年河水面漂浮物，清运两岸垃圾30吨；组织人员清理国土储备地内垃圾，监督3个责任店家自行清理积存垃圾，派保洁员对周边3家单位上门收集垃圾；街道在双麒路沿线开展 “环境综合整治月”活动，协调区城管、派出所等单位，彻底清理该路段两边陈旧性渣土、垃圾死角，清理登记外来流动人口、废品收购站，同时整治疏导乱停乱放渣土车、营运黑车，修建围墙隔离栏，增派人员加大对渣土偷倒、乱搭乱建行为的管控力度，改变城郊结合部环境面貌。专项整治辖区违章建筑，全年拆除各类违建30处1700多平方米，其中老违建5处200多平方米；新违建25处1500多平方米。

【社区建设】 2011年，光华路街道在四方新村建成占地面积2000平方米的社区服务中心，主要承担社区服务和公益事业管理职能，并通过完善软硬件设施，建成养老中心和医疗站点等工作。针对银龙1~4期经济适用房小区建设失地农民多、贫困群体多、信访重点人员多等特点，坚持以“银龙论坛”为依托，充分利用辖区维稳小分队、党员志愿者等力量，采取包片包户、楼幢长效管理等工作制度，确保实现辖区经适房片区和谐稳定。通过发展服务类、活动类社区民间组织，不断健全社会化服务体系，进一步完善“军嫂沙龙”、“网通家园”等载体建设，逐步形成区域民生服务品牌。

【民生实事】 2011年，光华路街道开展再就业培训，组织下岗女工参加“失业女工专场招聘会”；开展GYB（产生你的企业想法）创业、“育婴师”培训等就业培训活动，累计参加人数385人；组织4场招聘会，达成就业意向人数53人。开展为老服务，为238名老人办理“人寿民安”关怀工程（居家老人意外伤害保险），完成异地休闲养老96人，为40位老人办理居家养老服务，为70名困难独居老人安装安康通系统。关爱服务残疾人，在“三助一免”（助行、助听、助视；免费吃药）工作中，免费捐赠轮椅10辆、盲杖8支、拐杖5支、助听器4台、白内障手术5人，免费发放安装康复器材14台。注重未成年人教育，举办“平安家庭”、“五好文明家庭”评比，在9个社区建立“家庭美德推广中心”，组织开展“童心迎青奥，快乐我成长”乒乓球比赛、“我是社区小主人”主题绘画比赛、快乐假日读书活动等。

【计划生育工作】 2011年，光华路街道通过宣传栏、板报等媒体，组织大型宣传活动和文艺演出等方式宣传晚婚晚育、育龄妇女生殖健康知识等婚育文化。实施出生干预工程，为500余名新婚夫妇开展孕前危险因素筛查，降低新生儿缺陷发生率；关注育龄妇女生殖健康，“十一五”期间累计为3305名育龄妇女提供免费RTI检查。落实计生家庭奖励优惠政策。全年为19名困难家庭独生子女赠送国寿康健学生、幼儿人寿保险；为5个执行计生困难家庭发放计生公益金4500元；为37家企业拷贝持证独生子女父母一次性奖励名单3865人，个人登记120人；为67人报销计划生育四项手术费用10372元。

【劳动保障工作】 2011年，光华路街道做好被征地人员保障工作。邀请南京市人力资源和劳动社会保障局农保中心、区人力资源和劳动社会保障局人员，讲解政策、现场咨询，动员辖区居民参保。街道劳保所做好被征地人员信息比对、身份认定及信息补录、登记参保工作；对遗失征地拆迁协议的人员，协调相关街道办理被征地人员转接企业保险登记，对户籍在外区者，出具相关证明予以参保。全年办理被征地人员社保补缴2711人，其中2004年以前被征地1966人，2004年以后被征地745人。

【食品安全监管】 2011年，光华路街道按照“政府推动、部门联动、统筹协调、分工合作”的工作机制，开展食品安全监管工作。通过与各社区、管理办签订食品安全责任书，采取日报、旬结、月查等方式，严格落实安全责任制。将日常监管与专项整治相结合，强化源头管理，加大对种植、养殖过程的监管力度，整治辖区无证无照小作坊，并对存栏的1411头生猪进行O型口蹄疫、猪瘟疫病等疾病防治工作，及时消除食品安全安全隐患。 （雷志刚）

朝天宫街道

【概况】 朝天宫街道位于新街口西南侧，东起中山南路，西至秦淮河，南到升州路、水西门大街，北自汉中路、莫愁路、石鼓路。面积2.853平方公里，总户数35503户，总人口91681人。辖张府园、俞家巷、秣陵路、冶山道院、绒庄新村、评事街、七家湾、止马营、安品街、陶李王巷、汉西门等11个社区居民委员会，办事处驻大香炉34号。

2011年，朝天宫街道完成地方一般预算收入39809万元，增幅13%；完成社会消费品零售总额97304万元，同比增幅29.4%。街道推进创新型城区建设，引进科技创业人才2名，新增创新载体5000平方米。帮扶困难人员就业441人，完成计划的100.23%；培育自主创业320人，完成计划的106.67%；培育自主创业大学生31名，完成计划的110%；创业带动就业1945人，完成计划的104.43%；再就业培育798人次，完成计划的122.77%。正式启用社会救助系统和低收入家庭经济信息核对系统。完成1263户低保家庭的最低收入保障标准上调工作。

加强基层党建工作，开展系列活动庆祝建党90周年。组织街道干部深入社区，了解社情民意，走访企业3012家，深入群众家庭386户，解决群众反映的问题287件。全年接“12345”工单1341件，办结率100%，群众满意率为71%。党建带动团建工作，全年成立10家非公企业团组织。充分发挥党建共建联席会的作用，有效整合资源开展服务群众工作。

是年，朝天宫街道先后获南京市文明城市复查“立功单位”、全国第六次人口普查南京市先进集体、南京市征兵工作先进单位、南京市红十字宣传先进单位、南京市总工会颁发“模范职工之家”等荣誉称号。

【服务经济工作】 2011年，朝天宫街道清查辖区内所有楼宇企业入驻情况，为产业置换打好基础。全年引进2名领军型科技创业人才，并通过市级审查。街道实行办事处领导、科室、社区三级挂包走访企业制度，结合“社情民意联系日”活动，每季度上门走访驻辖区企业，为企业提供服务。积极稳步推进安品街项目合并规划、仓巷危旧房改造项目拆迁工作、南京工艺装备厂项目规划等重点工作。梳理辖区棚户区的基本情况，完善10个待开发地块的基础资料。为南京工艺装备厂项目积极引进合作伙伴与厂方进行洽谈，邀请上海田子坊投资咨询公司等3家公司的负责人实地考察，促使4家企业与南京工艺装备厂达成初步合作意向。

【党建工作】 2011年，朝天宫街道组织全体党员干部精读《南京人》和《创业的国度：以色列经济奇迹的启示》，通过党员民主生活会等多种形式畅谈学习心得、交流学习经验。严格落实学习制度，制定培训课表，通过科长大讲堂、邀请专业老师授业等多种形式，切实提高干部队伍政治素养和业务水平。分层次、分类别召开街道领导班子、科室长、社区书记、社区党员等多场学习讨论会，深入学习中共十七届五中全会精神、“十二五”规划纲要、区十次党代会精神等。围绕纪念建党90周年开展系列活动，即：上好一堂党课、开展一次集中大走访、组织一次“看红影唱红歌”活动、举办一次入党积极分子座谈会、开展一次“党员先锋”实践活动、举行一次“向党旗致敬”主题活动、寻访一批老战士、表彰一批先进、举办一台主题文艺汇演，通过丰富的活动形式，推进创先争优活动。向市创先争优专栏分别推荐了9个党组织、8名党员典型。各社区党组织结合社区群众不同层次，有针对性地组织群众融入到社会大家庭中，开展形式活跃、丰富多彩的文体、培训、讲座、帮扶等有特色的活动，提升居民群众对社区、对政府的信任感和认同感。

【完成第十次党代会代表选举工作】 7月10日—12日，朝天宫街道分9个选区分别召开党员大会或党员代表大会，根据区委《关于产生中国共产党南京市白下区第十次代表大会代表的意见》分配的名额，以无记名投票方式，采用差额选举的办法，选举产生22名朝天宫街道出席中国共产党南京市白下区第十次代表大会代表。6月下旬区党代会代表选举工作部署会后，街道工委组织学习相关文件，吃透精神，谋划预案，及时成立街道领导小组，研究制定街道实施方案和工作流程，明确换届选举工作的时间节点和进度安排。街道领导班子成员分别挂包各个社区，各社区成立换届工作组。换届选举工作启动后，各社区分别制作多条宣传横幅，营造良好氛围。采取分片包干等方式，划分若干宣传小组，动员党员骨干上门入户深入开展宣传。对外出打工、外出学习党员和住院、生活不能自理等行动不便党员，分别采取电话联系、网上沟通、上门宣传等方式，确保每一名党员知道党代表换届选举相关安排。按照上级要求，把握好候选人推荐、党员宣传发动等重点环节。严格按照《中国共产党章程》《中国共产党基层组织选举工作暂行条例》《关于党的地方各级代表大会若干具体问题的暂行规定》等规定，以及市、区委组织部关于党代表换届选举工作的有关要求开展工作。

【开展"三比三促三争当"主题实践活动】 2011年，朝天宫街道开展"三比三促三争当"（比能力，促进思想解放，争当开拓创新的标兵；比业绩，促进转型发展，争当实干创业的标兵；比形象，促进作风转变，争当服务创优的标兵）主题实践活动，组织全体干部以《转型——国际创新型城市案例研究》等4本书，以及党代会报告为主要学习内容，通过"社区书记讲坛"、每周三集中学习、互动式教育、学习先进地区经验做法等多种方式，开展专题学习。以"推进创新驱动，实现转型发展"为主题，结合工作实际，分层次组织专题讨论。通过讨论活动消除思想瓶颈和观念壁垒，激发创新活力。积极开展为民服务公开承诺，把惠民办实事作为深化创先争优活动的出发点和落脚点，广泛开展"公开承诺为民办实事"活动。建立社区党委（总支）、党支部二级联诺机制，每个党组织至少作出一项为民服务公开承诺。把承诺、亮诺、履诺和评诺紧密结合，从群众关心关注的热点问题出发，务实创新，服务群众，落实承诺，典型带动，大力提升为民服务水平。深化党建特色品牌培育，围绕创新型城区建设，注重将形式多样、富有特色的主题实践活动与品牌创建结合起来，加强品牌宣传，放大品牌效应。深化培育"松鹤驿站"、"党员责任楼"、爱心奉献志愿者服务等一批特色品牌，推进党建特色工作再上新台阶。深化"六个家园"创建，抓好典型，以点带面，重点培育"美观家园"、"文明家园"、"平安家园"的建设，实现地区党员群众满意度不断提升，促进党的群众工作的整体推进。定期组织考核，以个人自评、党员互评、领导点评和群众评议等方式，对党建工作目标落实情况和创先争优活动成效进行考核。充分运用考核结果，实施三个挂钩，即：与评先评优挂钩，与干部提拔使用挂钩，与经济利益挂钩，使党建目标考核看得见、摸得着、感受得到。通过强化党建目标管理，为基层党组织建设增强动力，激发广大党员工作热情，从而形成人心顺、风气正、凝聚力强的党建工作氛围。

【推进城市管理】 2011年，朝天宫街道推进无物管小区自治，15个小区完成自治或托管工作。街道推进小区出新和街巷出新工作，完成木料市、大香炉、堂子街3条特色街巷出新工作。配合完成侯家桥、陶李王巷，石鼓路、汉西门大街、罗廊巷、柏果树道路雨污分流工程。启动第一批9个小区出新任务，辖区环境面貌得到较大提升。加强大市容管理力度，不断完善网格化、精细化管理，变被动承办为主动靠前沟通，积极处置群众反映的问题。全年拆除非法广告牌、拔挂建筑物1300多处3790平方米；清理建筑垃圾1170车，杂物507车；组织开展298次不间断拉网式综合整治，出动车辆1560台次、人员7580人次，规范倚门占道经营6274家次，取缔流动摊点2841个，暂扣占道经营物品6985件。结合全市大拆违活动，普查和核定辖区内286处56025平方米违法建筑，拆除违建3.5万平方米。

【开展社会救助】 2011年，朝天宫街道正式启用社会救助系统和低收入家庭经济信息核对系统。街道有低保户1237户、2137人，新增76户，退出105户，调整85户，全年累计发放低保金811.15万元，同比上年度下降10%，实现保障对象的负增长。推进医疗救助工作，办理大病救助587人次、发放救助款106.23万元；办理专项救助621人次、发放救助款16.86万元；办理临时救助139人次、发放救助款9.08万元；办理重残补贴116人次、5.56万元；办理低收入住房320户、低保边缘家庭认定309户。街道拓展社会救助渠道，依托"慈善超市"、"爱心家园"在辖区内有针对性地开展帮扶救助服务，同时发动辖区内单位，爱心人士参与"慈善一日捐"活动。做好高龄老人生活补贴发放工作，街道为3183名80岁至89岁老人发放高龄补贴183.84万元；为435名90岁以上老人发放高龄补贴51.69万元。街道有持证残疾人1422人，其中66人符合低保边缘户条件，297户残疾人纳入到最低生活保障，101人享受重残救助政策。

【信访维稳应急工作】 2011年，朝天宫街道落实领导干部"三访"（接访、下访、约访）及包案制度，定期开展不稳定因素排查，完善稳定风险评估机制，主动地化解信访积案。做好重点信访人员稳定工作，有效化解泰仓巷2~10号楼因长年不缴水电费停电、同坤大厦因天然气未通气等因历史遗留问题，彻底解决安品街地块"天一居"项目因阳光权维权事件。针对地区特点，制订安全生产、防火防灾、卫生安全、社会求助、应对突发事件等工作预案；街道应急保障队伍开展应急演练，保障地区安全稳定。

（王光华）

光荣榜

全国先进个人（含各系统表彰）

姓　名	所在单位	荣誉称号	表彰单位
李建成	白下区环卫所	全国“五一”劳动奖章	中华全国总工会

全国先进集体

受表彰单位	荣誉称号	表彰单位
白下区	全国科普示范城区	中国科学技术协会
白下区残疾人联合会	全国“十一五”残疾人康复工作先进单位	中国残疾人联合会
白下区司法局	2011年人民调解宣传工作先进单位	司法部基层工作指导司
白下区人民检察院	2011年度全国检察宣传先进单位	最高人民检察院、检察日报社
白下区人民检察院	全国检察机关文明接待室	最高人民检察院

江苏省先进个人

姓　名	所在单位	荣誉称号	表彰单位
孙智胜	白下区信访局	2011年江苏省信访系统优秀信访工作者	省信访局
蒋玉梅	白下区委老干部局	全省关心下一代工作先进工作者	省关心下一代工作委员会、省精神文明建设指导委员会
金　维	白下区政法委员会	全省政法系统优秀党员干警	省政法委员会
邱建陵	白下区统计局	第六次人口普查先进个人	省第六次人口普查办公室
刘鉴钟	白下区统计局	第六次人口普查先进个人	省第六次人口普查办公室
祝　捷	白下区统计局	第六次人口普查先进个人	省第六次人口普查办公室
王　红	白下区科技局	省全民科学素质工作先进个人	省全民科学素质工作领导小组办公室
朱龙根	白下区科技局	省知识产权政务信息工作先进个人	省知识产权局
韩琴芳	白下区人力资源和和社会保障局	江苏省优秀仲裁员	省人力资源和和社会保障厅、省劳动人事争议仲裁委员会
陈子琴	白下区民政局	江苏省尊老爱老先进个人	省老龄工作委员会办公室
杨　颉	白下区民政局	江苏省民政工作先进个人	省民政厅
何远征	白下区司法局	2007—2010年全省司法行政系统先进个人	省司法厅

孙　军	白下区司法局	2006—2010年全省法制宣传教育先进个人	省委宣传部、省司法厅等3家单位
严玉兰	白下区司法局	全省社区矫正工作先进个人	省综治委特殊人群服务管理工作领导小组
余祥忠	白下区司法局月牙湖司法所	2006—2010年全省法制宣传教育先进个人	省委宣传部、省司法厅等3家单位
范承继	白下区人口和计划生育局	江苏省"十一五"计划生育药具优质服务先进个人	省人口和计划生育委员会
张　源	白下区人口和计划生育局	全省人口和计划生育系统先进工作者	省人力资源和社会保障厅、省人口和计划生育委员会
王晓燕	白下区人口和计划生育局	全省人口和计划生育系统先进个人	省人口和计划生育委员会
李建红	白下区人口和计划生育局	全省人口和计划生育系统先进个人	省人口和计划生育委员会
沈　元	白下公安分局	江苏省优秀共青团干部	共青团江苏省委员会
冯子龙	白下公安分局法制大队	二等功	省公安厅
潘昌庆	白下公安局分局刑警大队	全省执法示范岗位	省公安厅
蒋自有	白下公安分局瑞金路派出所	江苏省先进工作者	省委、省政府
蒋自有	白下公安分局瑞金路派出所	全省公安机关廉政标兵	省公安厅
钱定才	白下公安分局月牙湖派出所	2006—2010年社会治安综合治理先进个人	省委、省政府
钱定才	白下公安分局月牙湖派出所	二等功	省公安厅
钱定才	白下公安分局月牙湖派出所	全省公安机关优秀共产党员	省公安厅
钱定才	白下公安分局月牙湖派出所	2009—2010年全省公安派出所工作"111"工程社区民警标兵	省公安厅
林爱明	白下公安分局淮海路派出所	2009—2010年全省公安派出所工作"111"工程优秀派出所长	省公安厅
陈佐元	白下公安分局朝天宫派出所	全省公安机关"说理执法能手"称号	省公安厅
裴　玫	白下区人民法院	全省法院调解能手	省高级人民法院
朱教莉	白下区人民法院	二等功	省高级人民法院
葛静静	白下区月牙湖街道	第六次全国人口普查先进个人	省统计局、省人口普查领导小组办公室
严玉兰	白下区月牙湖街道	第六次全国人口普查先进个人	省统计局、省人口普查领导小组办公室
王景红	白下区朝天宫街道	全省关心下一代工作先进工作者	省关心下一代工作委员会、省精神文明指导委员会办公室
徐曙光	白下区朝天宫街道	第六次全国人口普查先进个人	省统计局、省人口普查领导小组办公室
陶孝敏	白下区朝天宫街道	第六次全国人口普查先进个人	省统计局、省人口普查领导小组办公室
丁　祎	白下区朝天宫街道	第六次全国人口普查先进个人	省统计局、省人口普查领导小组办公室
冯　超	白下区朝天宫街道	第六次全国人口普查先进个人	省统计局、省人口普查领导小组办公室
薛　柯	白下区朝天宫街道	第六次全国人口普查先进个人	省统计局、省人口普查领导小组办公室
李皓然	白下区朝天宫街道	第六次全国人口普查先进个人	省统计局、省人口普查领导小组办公室
田　甜	白下区朝天宫街道	第六次全国人口普查先进个人	省统计局、省人口普查领导小组办公室
陆婷婷	白下区朝天宫街道	第六次全国人口普查先进个人	省统计局、省人口普查领导小组办公室
奚　琴	白下区朝天宫街道	第六次全国人口普查先进个人	省统计局、省人口普查领导小组办公室

庞　菲	白下区朝天宫街道	第六次全国人口普查先进个人	省统计局、省人口普查领导小组办公室
徐美芳	白下区朝天宫街道	第六次全国人口普查先进个人	省统计局、省人口普查领导小组办公室
王翠萍	白下区朝天宫街道	第六次全国人口普查先进个人	省统计局、省人口普查领导小组办公室
史　芸	白下区朝天宫街道	第六次全国人口普查先进个人	省统计局、省人口普查领导小组办公室
芮　莉	白下区朝天宫街道	第六次全国人口普查先进个人	省统计局、省人口普查领导小组办公室
赵　欣	白下区朝天宫街道	第六次全国人口普查先进个人	省统计局、省人口普查领导小组办公室

江苏省先进集体

受表彰单位	荣誉称号	表彰单位
白下区	“十一五”全省人口协调发展创建工作先进县(市、区)	省人口和计划生育领导小组
白下区	“十一五”全省残疾人工作先进区	省残疾人工作委员会
白下区法制办公室	2010—2011 年县级政府法制工作先进集体	省法制办公室
白下区法制办公室	2011 年度全省政府法制信息工作先进集体	省法制办公室
白下区法制办公室	县级政府法制工作规范化建设示范单位	省法制办公室
白下区信访局	2005—2009 年度全省信访系统先进集体	省人力资源和社会保障厅、省信访局
白下区老龄工作委员会办公室	全省老龄宣传工作先进单位	省老龄工作委员会办公室
共青团白下区委员会	2010 年度全省共青团工作创新创优成果奖三等奖	共青团江苏省委员会
白下区妇女联合会	江苏省家庭教育工作示范单位	省妇女联合会
白下区妇女联合会	2011 年度省妇联宣传工作先进单位	省妇女联合会
白下区妇女儿童工作委员会	江苏省实施妇女儿童发展规划先进集体	省妇女儿童工作委员会
白下区科技局	2011 年江苏省知识产权政务信息工作先进单位	省知识产权局
白下区科技局	2011 年江苏省知识产权工作先进集体	省知识产权局
白下区科技局	省级知识产权区域示范工作单位	省知识产权局
白下区物价局	2010 年度全省价格工作先进单位	省物价局
白下区司法局	全省刑释解教人员安置帮教工作先进集体	省综治委特殊人群服务管理工作领导小组
白下区人口和计划生育局	全省人口和计划生育工作先进集体	省人口和计划生育委员会
白下区人口和计划生育局	省人口和计划生育信访工作先进集体	省人口和计划生育委员会
白下区纪律检查委员会	全省纪检监察先进集体	省委、省政府
白下公安分局	2005—2010 年全省公安执法优秀单位	省公安厅
白下公安分局	二等功	省公安厅
白下公安分局洪武路派出所	维护妇女权益示范岗	省妇女联合会
白下区人民检察院	江苏省廉政文化建设示范点	省纪律检查委员会、省委宣传部等 8 家单位
白下区瑞金路街道	2006—2010 年全省社会治安综合治理先进集体	省委、省政府
白下区月牙湖街道	“十一五”时期计划生育药具工作先进集体	省人口和计划生育委员会
白下区朝天宫街道	江苏省价格诚信单位	省物价局

南京市先进个人

姓　名	所在单位	荣誉称号	表彰单位
孙晓红	白下区妇女联合会	南京市经济政治文化社会建设（“五五”普法）先进个人	市委、市政府
郁　晖	白下区司法局	市“五五”普法有功个人	市委、市政府
孙伯礼	白下区司法局瑞金路司法所	市“五五”普法先进个人	市委、市政府
李建红	白下区人口和计划生育局	“十一五”人口和计划生育工作先进个人	市委、市政府
叶　静	白下区食品药品监督管理局	南京市经济政治文化社会建设（“五五”普法）先进个人	市委、市政府

南京市先进集体

受表彰单位	荣誉称号	表彰单位
白下区	2011年度平安南京建设先进区	市委、市政府
白下区	全市2006—2010年法制宣传教育先进集体	市委、市政府
白下区人力资源和社会保障局	南京市经济政治文化社会建设（“五五”普法）先进集体	市委、市政府
白下区人口和计划生育局	“十一五”人口和计划生育工作先进集体	市委、市政府
白下区五老村街道	“十一五”人口与计划生育工作先进集体	市委、市政府
白下区瑞金路街道	“十一五”人口与计划生育工作先进集体	市委、市政府
白下区月牙湖街道	“十一五”人口与计划生育工作先进集体	市委、市政府
白下区月牙湖街道	南京市2006—2010年市法制宣传教育先进集体	市委、市政府
白下区朝天宫街道	文明城市复查“立功单位”	市委、市政府
白下区朝天宫街道	南京市征兵工作先进单位	市政府、南京警备区

2月9日，白下区举办先进典型事迹报告会

统计资料

白下区 2011 年
地区生产总值完成情况

表 1　　　　单位:亿元

项目	数额	增长%
地区生产总值	324.35	12.0
第一产业		
第二产业	43.60	9.2
其中:工业	20.12	11.9
建筑业	23.48	7.0
第三产业	280.74	12.5
其中:交通运输仓储	5.92	20.0
信息传输、计算机服务和软件业	3.43	6.0
批零贸易业	137.26	14.5
住宿餐饮业	14.56	10.0
房地产业	31.63	7.2
其他服务业	87.93	11.8

注:完成年计划 74.5%;地区生产总值增幅为可比价。

白下区 2011 年
社会消费品零售总额

表 2　　　　单位:万元

项目	数额	增长%
在地口径	4771408	16.5
其中:评价口径	3744204	13.3
其中:新街口商圈	3153740	11.6
按行业分		
一、批发业	324089	18.3
1.限额以上企业(单位)	63226	78.9
2.限额以下企业(单位)和个体	260863	9.4
二、零售业	3037092	11.0
1.限额以上企业(单位)	1862117	12.7
2.限额以下企业(单位)和个体	1174975	8.5
三、餐饮业	352119	28.3
1.限额以上企业(单位)	141515	15.1
2.限额以下企业(单位)和个体	210604	39.0
四、住宿业	30904	52.9
1.限额以上企业(单位)	20281	13.5
2、限额以下企业(单位)和个体	10623	352.3

白下区 2011 年
全社会固定资产投资完成情况

表 3　　单位：万元

项目	数额	增长%
全社会固定资产投资总额	910673	-3.4
城镇固定资产投资	353313	73.0
房地产开发投资	557360	-24.5
农村非农户固定资产投资	-	-
按产业分		
第一产业	-	-
第二产业	76111	130.2
工业投资	76111	130.2
第三产业	834562	-8.2
按经济类型分		
国有经济	512128	4.3
非国有经济	398545	-11.7
外资	129565	86.0
私营、个体经济	183232	43.4
按隶属关系分		
中央、省属	119479	19.5
市、区、县属	426507	6.3
本年新增固定资产	677863	57.5

白下区 2011 年
房地产开发投资完成情况

表 4

项目	单位	数额	增长%
房地产开发投资额	万元	557360	-24.5
土地购置费	万元	153089	-52.2
1.按工程用途分			
住　宅	万元	366818	-30.0
办公楼	万元	71066	165.3
商业用房	万元	77123	-42.5
其　他	万元	42353	-20.1
2.房屋建筑面积			
施工面积	万平方米	558.0	15.7
住　宅	万平方米	389.5	18.5
竣工面积	万平方米	146.3	26.4
住　宅	万平方米	114.3	36.1
3.商品房销售面积	万平方米	92.5	41.2
住　宅	万平方米	90.7	49.7
4.房屋销售额	万元	504861	8.3
住　宅	万元	427419	18.9
5.土地开发面积	万平方米	9.2	-

白下区 2011 年规模以上工业企业主要经济指标完成情况

表 5

单位：万元

项目	总产值		增加值		销售收入		利税		利润		产销率%
	2011 年	增长%	2011 年	增长%	2011 年	增长%	2011 年	增长%	2011 年	增长%	
在地口径	1117085	17.5	266613	11.5	1243693	15.7	62318	-8.1	38593	-14.5	97.7
其中：评价口径	871302	22.6	203697	20.1	924266	22.4	54553	15.5	36797	11.7	97.8
高新技术	321350	4.7	88089	-9.3	393951	3.7	18813	-34.1	11417	-40.2	97.7
大 中 型	1048026	17.5	249036	9.9	1171357	15.8	56526	-7.3	35815	-12.3	97.8
私　营	45683	38.6	12328	72.3	43151	29.6	5273	8.0	3194	-0.6	94.8
按行业分											
一、轻工业	673506	24.5	142965	27.0	731593	23.7	27904	12.7	19286	7.2	98.0
二、重工业	443579	8.3	123647	-2.4	512100	6.0	34414	-20.1	19307	-28.9	97.2
按经济类型分											
一、国有企业	207477	7.3	74632	-1.7	239510	11.8	19748	9.2	12619	7.0	96.5
二、集体企业	186465	65.0	56196	67.0	202945	53.1	5331	33.5	2004	-1.3	96.4
三、股份制企业	337352	7.3	94309	0.2	409516	3.9	22513	-35.7	9991	-52.8	96.8
四、外商和中国港澳台投资企业	385790	17.0	41476	17.0	391723	17.3	14726	36.7	13979	37.8	99.8

白下区2011年政府为民办实事启动及进展情况

表6

序号	目标内容	责任单位	进度情况
1	开展各类职业、就业技能培训1万人以上	人社局	职业培训11030人次，就业技能培训18945人次
2	新增城镇单位就业11150人，实现再就业6150人，帮助困难人员实现就业1500人。	人社局	新增城镇单位就业11810人，实现再就业6300人，帮助困难人员实现就业1915人
3	建成1家街道居家养老服务中心	民政局	由光华路街道落实并完成
4	新增养老床位450张	民政局	完成新增养老床位457张
5	每个街道建立1个残疾人托养服务机构	残联	完成
6	救助特困残疾人家庭600户	残联	救助残疾人1561人(户)，金额65.41万元，超额完成
7	规划建设区残疾人托养中心	残联	完成调研论证，与有关部门沟通，拟整合现有资源，制定规划方案
8	实施学校抗震加固工程	教育局	金陵中等专业学校实训楼、南京市第二十八中学、南京市第三高级中学(文昌校区)办公楼加固均已完成，汉中门小学教学楼、慧园街小学教学楼、马府街小学教学楼、三条巷小学北教学楼于11月底全部完工。全年抗震加固工程达2000平方米
9	建成银龙花园五期小学、六期幼儿园	教育局	工程完工
10	发放幼儿园助学券	教育局	顺利发放，达到目标
11	惠民医院门诊楼竣工并投入使用，启动整体规划二期工程	卫生局	12月28日，门诊楼正式投入使用，同时启动整体规划二期工程
12	社区卫生机构全面落实国家基本药物制度	卫生局	按要求全面落实国家基本药物制度
13	开展免费孕前优生健康检查工程，检查率达80%以上。	卫生局	南京市城区试点单位，该工程通过市人口计生委考核评估
14	发放企业退休职工计划生育一次性奖励	计生局	全区企业及个人整合发放人数3882人，区政府已完成确认书的签订工作，将由市统一进行发放兑现
15	实施17个老旧小区出新整治	住建局	完成8个老旧小区房屋整治工程
16	全区2万平方米以上无物管小区物业管理覆盖率过95%	住建局	目标任务已完成
17	经济适用房五期北扩项目主体封顶、六期南扩项目完成地上5层，安置1600套。	住建局	白靛地块：完成地下工程。经济适用房六期项目完成交付1600套经济适用房
18	落实提高“老军工”、“老知青”、“老职工”生活困难补助。	人社局	人均每月增加40元生活困难补助费
19	提高退养社区居委会主任等部分群体生活待遇	人社局	完成
20	提高被征地人员社会保障水平	人社局	人均每月增加30元生活保障费

白下区2011年开放型经济完成情况

表7　　　　单位:万美元

指标名称	2011年
实际使用外资	10245
外贸出口额	670000
服务外包合同额	8700
服务外包执行额	4700
对外承包劳务营业额	7860
新批企业(家)	——

注:服务外包数据为企业实报数,待商务部服务司认定。

12月6日,区委书记陈勇调研白下区综合数据管理平台

白下区 2011 年财政收支一览表(决算)

表 8

单位:万元

项　　目	2011 年	2010 年	比去年+%	项　　目	2011 年	2010 年	比去年+%
财政总收入合计	565604.22	498748.17	13.40	二、财政支出	252623.15	205823	22.74
地方收入合计	301034.82	266102.23	13.13	1.一般公共服务	30646.1	27385	11.91
一、一般预算收入	301034.82	266081.29	13.14	2.外交		0	0
1.国税:	79054.71	66742.59	18.45	3.国防	10.9	151	-92.78
增值税	40933.09	38372.78	6.67	4.公共安全	7458.9	6492	14.89
企业所得税	38121.62	28369.81	34.37	5.教育	66714.62	52991	25.90
2.地税:	197882.66	177746.52	11.33	6.科学技术	6037.48	4900	23.21
营业税	100054.57	94134.06	6.29	7.文化体育与传媒	1184.29	913	29.71
企业所得税	17505.07	16129.25	8.53	8.社会保障和就业	47266.15	39054	21.03
个人所得税	38905.45	33869.49	14.87	9.医疗卫生	14847.65	11969	24.05
房产税	23921.93	20698.31	15.57	10.环境保护	1295.55	1291	0.35
印花税	5685.73	4471.17	27.16	11.城乡社区事务	34822.65	18629	86.93
车船税	11809.91	8444.24	39.86	12.农林水事务	362	230	57.39
3.财政:	24106.81	21600.59	11.60	13.交通运输		0	
罚没收入	1635.28	1269.78	28.78	14.资源勘探电力信息等事务	15988.21	14689	8.84
行政性收费	4770.32	2873.06	66.04	15.商业服务业等事务	12962.99	12912	0.39
国有资产经营收益	7192.9	12881.99	-44.16	16.住房保障支出	6420.79	8422	-23.76
国有资源有偿使用收入	10508.31	4575.76	129.65	17.其他支出	6604.87	5795	13.98
4.专员办退税	-9.36	-8.41	11.30				
二、基金收入	0.00	20.94	-100.00				

说明:截至 12 月底,累计出口退税 208207.56 万元。(其中免抵调减 5427.12 万元)

白下区2011年人口自然情况表

表9

街道名称	户数（户）	总人口(人)				出生人口(人)		死亡人口(人)		人口自然增长(‰)
		合计	男	女	性别比(%)女=100	人数	出生率(‰)	人数	死亡率(‰)	
合计	160013	462451	231857	230594	100.55	3773	8.15	2614	5.65	2.50
五老村	20013	56096	27435	28661	95.72	406	7.22	353	6.27	0.94
洪武路	30928	94483	46814	47669	98.21	705	7.43	526	5.54	1.89
大光路	22070	59669	29511	30158	97.85	494	8.33	356	6.00	2.33
瑞金路	20114	77137	42132	35005	120.36	511	6.57	325	4.18	2.39
月牙湖	16304	44837	22108	22729	97.27	459	10.31	186	4.18	6.13
光华路	15081	38548	18897	19651	96.16	461	12.17	216	5.70	6.47
朝天宫	35503	91681	44960	46721	96.23	737	8.00	652	7.08	0.92

白下区 2011 年教师结构情况

表 10 单位:人

项目		中学		小学		幼儿园		全系统	
教职工总数 3542		人数	百分比(%)	人数	百分比(%)	人数	百分比(%)	人数	百分比(%)
教师数		1663	49.6	1415	42.2	274	8.2	3352	100.0
其中:女教师		1087	43.4	1148	45.8	271	10.8	2506	74.8
学历	研究生	92	5.5	28	2.0	8	2.9	128	3.8
	本科	1395	83.9	1019	72.0	198	72.3	2612	77.9
	大专	160	9.6	281	19.9	63	23.0	504	15.0
	中专	3	0.2	77	5.4	5	1.8	85	2.5
	高中及以下	13	0.8	10	0.7			23	0.7
年龄	35 岁以下	671	40.3	728	51.4	153	55.8	1552	46.3
	36~45 岁	567	34.1	478	33.8	85	31.0	1130	33.7
	46~54 岁	314	18.9	163	11.5	30	10.9	163	4.9
	55 岁以上	111	6.7	46	3.3	6	2.2	708	21.1
职称	高级	621	37.3	67	4.7	20	7.3	1860	55.5
	中级	752	45.2	948	67.0	160	58.4	1773	52.4
	初级	274	16.5	374	26.4	85	31.0	733	21.9
	未聘	16	1.0	26	1.8	9	3.3	51	1.5
离、退休		3412							

白下区 2011 年幼儿园基本情况

表 11

幼儿园名称	性质	教工(人)	班级(人)	幼儿(人)	幼儿园名称	性质	教工(人)	班级(个)	幼儿(人)
白下区梅花山庄幼儿园	教办园	28	8	260	白下区常府幼儿园	集体园	18	9	291
白下区石杨路幼儿园	教办园	31	6	186	白下区实验托儿所	集体园	31	10	354
白下区富丽山庄幼儿园	教办园	28	8	230	白下区淮海幼儿园	集体园	28	10	353
白下区太平巷幼儿园	教办园	63	19	620	白下区柏果树幼儿园	集体园	21	7	215
南京市第一幼儿园	教办园	89	21	601	白下区朝天宫幼儿园	集体园	20	6	180
白下区游府西街幼儿园	教办园	26	7	226	白下区东方智能鑫园幼儿园	民办园	44	12	345
白下区瑞金路幼儿园	教办园	29	7	223	白下区银龙幼儿园	民办园	37	11	316
府西街小学附属幼儿园	教办园	21	7	200	白下区中兴苑幼儿园	民办园	19	5	178
石鼓路小学附属幼儿园	教办园	26	8	246	白下区五洲幼儿园	民办园	33	11	290
南京市公安局幼儿园	系统园	28	7	196	白下区月牙湖幼儿园	民办园	36	9	186
南京市示范托儿所	系统园	17	4	66	白下区天坛新寓幼儿园	民办园	14	4	104
南京市商业幼儿园	系统园	31	8	276	白下区御水湾幼儿园	民办园	46	12	392
中电集团第二十八研究所幼儿园	系统园	32	8	230	白下区奥星幼儿园	民办园	45	11	259
南京航空航天大学幼儿园	系统园	29	15	484	白下区大地幼儿园	民办园	33	9	222
南京军区联勤部机关幼儿园	系统园	50	13	470	白下区恒隆花园幼儿园	民办园	41	11	309
南京军区总医院幼儿园	系统园	28	8	240	白下区伊顿慧智幼儿园	民办园	24	6	126
解放军理工大学通信工程学院幼儿园	系统园	34	12	356	白下区东恒阳光幼儿园	民办园	34	7	119
解放军理工大学工程兵工程学院幼儿园	系统园	57	14	437	白下区鸿意星城幼儿园	民办园	37	8	270
解放军第八一医院幼儿园	系统园	27	8	237	南京奥星幼儿园	民办园	17	4	61
白下区文昌巷幼儿园	集体园	19	10	323	白下区江南明珠幼儿园	民办园	24	5	114
白下区五老村幼儿园	集体园	19	11	343	白下区天地阳光幼儿园	民办园	15	4	56
白下区王府园幼儿园	集体园	23	7	232	白下区美侨幼儿园	民办园	27	5	57
白下区体育艺术幼儿园	集体园	11	7	231					

白下区 2011 年小学基本情况

表 12 单位：人

校名 \ 项目	教职工数	班级	学生数	一年级		二年级		三年级		四年级		五年级		六年级	
				班级	人数	班级	人数	班级	人数	班级	人数	班级	人数	班级	人数
游府西街小学	128	51	2116	10	432	10	333	8	334	8	326	8	319	9	372
游府西街小学分校(户部街小学)	68	25	664	4	125	4	102	4	101	5	110	4	101	5	125
慧园街小学	41	17	523	2	85	2	67	3	81	3	88	3	92	3	110
建康路小学	40	15	467	2	81	3	77	2	65	2	70	3	85	3	89
五老村小学分校(绣花巷小学)	49	18	478	4	97	3	69	2	66	3	83	3	82	3	81
三条巷小学	54	19	774	3	125	3	114	2	83	3	117	4	163	4	172
五老村小学	87	38	1753	6	289	6	287	6	281	6	291	7	302	7	303
大光路小学	42	15	576	3	122	2	88	3	95	3	102	2	87	2	82
光华门小学	31	11	354	2	59	2	40	1	40	2	69	2	72	2	74
光华东街小学	49	24	643	4	125	4	109	4	103	4	96	4	117	4	93
育智小学	23	9	84	1	6	1	8	1	7	1	9	1	10	1	9
鑫园小学	39	17	448	3	65	3	71	3	66	3	75	3	84	2	87
瑞金路小学	63	25	1114	4	170	4	174	4	161	4	192	4	181	5	236
御道街小学	46	18	696	3	126	3	121	3	110	3	111	3	113	3	115
瑞金北村小学	90	39	1814	7	327	6	285	6	261	7	328	7	330	6	283
后标营小学	43	17	600	3	130	3	115	3	98	2	70	3	81	3	106
中山小学	59	24	942	4	172	4	164	4	121	4	162	4	172	4	151
月牙湖小学	49	18	617	3	116	3	117	3	86	3	88	3	117	3	93
四方新村小学	51	21	883	4	179	5	189	3	111	3	127	3	138	3	139
银龙花园小学	46	23	952	4	192	4	173	4	182	4	158	4	147	3	100
石鼓路小学	65	25	1095	5	231	4	169	4	168	4	179	4	163	4	185
建邺路小学	46	17	496	3	100	3	86	3	74	3	81	3	83	2	72
秣陵路小学	40	18	440	3	82	3	60	3	77	3	78	3	74	3	69
石鼓路小学分校(汉中门小学)	51	22	540	4	110	3	75	3	74	4	98	4	91	4	92
府西街小学	48	20	541	3	79	3	85	3	67	3	84	4	113	4	113
朝天宫民族小学	45	16	539	2	65	2	68	3	95	3	89	3	111	3	111
合计	1393	562	20147	96	3690	91	3246	88	3007	93	3281	96	3428	95	3462

备注：育智学校，七年级 1 个班 11 人，八年级 1 个班 12 人，九年级 1 个班 12 人。

白下区 2011 年中学基本情况

表 13　　单位：人

学校	教职工数	班级数	学生总数	初中								高中							
				合计		初一		初二		初三		合计		高一		高二		高三	
				班	人	班	人	班	人	班	人	班	人	班	人	班	人	班	人
南京市第一中学	243	55	2481	17	688	7	246	5	217	5	225	38	1793	12	581	14	660	12	552
南京市第三高级中学	432	73	3142	34	1436	14	577	10	412	10	447	39	1706	15	630	12	544	12	532
南京市第五中学	156	33	1482	/	/	/	/	/	/	/	/	33	1482	11	462	11	496	11	524
南京市第六中学	/	25	954	9	314	/	/	4	151	5	163	16	640	/	/	8	310	8	330
南京航空航天大学附属高级中学	206	38	1753	/	/	/	/	/	/	/	/	38	1753	13	597	12	534	13	622
南京市行知中学	228	46	1405	23	676	8	229	7	204	8	243	23	729	8	295	6	168	9	266
南京市第二十八中学	98	18	481	18	481	6	138	6	157	6	186								
南京市第三初级中学	119	38	1496	38	1496	14	561	12	494	12	441								
南京市第二十四中学	106	24	755	24	755	9	313	8	237	7	205								
南京市瑞金路中学	69	13	411	13	411	/	/	6	211	7	200								
南京航空航天大学附属初级中学	107	30	1206	30	1206	10	402	10	421	10	383								
南京郑和外国语学校	125	30	1246	30	1246	10	428	10	413	10	405								
金陵中等专业学校	229	89	3241																
小计	1875	457	17572	219	8021	71	2648	73	2700	75	2672	149	6310	47	1984	49	2052	53	2274
总计	2118	512	20053	236	8709	78	2894	78	2917	80	2898	187	8103	59	2565	63	2712	65	2826

白下区社会教育机构情况

表14

序号	机 构 名 称	地址	法定代表人
1	南京市创新专修学校	太平南路333号金陵御景园十六楼	唐双杰
2	南京万凡艺术专修学校	大阳村31号	万 凡
3	南京奥尔文化体育专修学校	复成里21号	程瑞峰
4	南京飞音吉他音乐专修学校	区长白街348号201	赵长贵
5	南京青少年素质专修学校	中山南路289号	储 晋
6	南京天达教育专修学校	中山东路54号	汪 涵
7	南京现代教育专修学校	苜蓿园大街89号	郭永林
8	南京月牙湖文化艺术培训学校	苜蓿园大街112号	钟 萍
9	南京韦博国际语言专修学校	金鹰国际商城12楼	高征宇
10	南京雅格吉他培训学校	头条巷50号1幢201室	孙若愚
11	南京月光吉他培训学校	瑞金北村6栋402室	张松玉
12	南京130体育艺术进修学校	解放路20号	李育林
13	南京华美语言与艺术培训中心	延龄巷20号	谢海龙
14	南京琴星艺术培训学校	御道街69号	王瑞华
15	南京市金陵万国进修学校	游府西街46号	滕东升
16	南京白下区少儿艺术培训学校	娃娃桥3号	阮秀珍
17	南京市白下区戴氏教育专修学校	洪武南路396号	戴国斌
18	南京时代新语教育专修学校	中山南路89号	殷学宁
19	南京金才教育专修学校	中山东路国贸10层	连少东
20	南京沃尔得外国语专修学校	中山南路98号	刘 杰
21	南京群英教育培训学校	瑞金路48号	方菲菲
22	南京伯利兹教育专修学校	金鹰国际商城35楼	薛福阳
23	南京旭文语言教育培训学校	瑞金路25号	杜椹榕
24	南京知音音乐艺术专修学校	洪武路239号	朱鹤松
25	金陵科艺培训中心	长白街219号	汤韶红
26	南京美丽前程教育培训中心	二条巷1号104室	贡 兵
27	南京中山科技艺术培训中心	瑞金路25号	孙德民
28	求实综合素质培训中心	白下路193号	吴咸礼

续表 14

序号	机　构　名　称	地址	法定代表人
29	南京白下新思维培训中心	秣陵路 128 号	林燕敏
30	南京中山科技艺术培训中心	瑞金路号	孙德民
31	南京创业电脑培训中心	升州路 292 号	吴玉民
32	南京山木教育培训中心	中山东路 18 号	宋丽萍
33	南京理工大科技园创新创业培训中心	光华路 1 号	冯光荣
34	南京众腾企业管理教育培训中心	大光路 27 号	王利国
35	南京房地产教育培训中心	中华路 110 号	黄晓牛
36	南京博瑞教育培训中心	王府大街 69 号	杜椹榕
37	南京叶子音乐培训中心	苜蓿园大街 112 号	叶　丹
38	南京新思路教育专修学校	洪武路 50 号	王金华
39	南京萝卜娃教育培训中心	太平南路 2 号	高　耘
40	南京吴华舞蹈艺术培训中心	石鼓路 33 号	吴　华
41	南京德爱教育培训中心	金融国际中心 13B	王　榕
42	南京快乐星猫教育培训中心	丰富路 163 号	曹　薇
43	南京宁才教育培训中心	五老村 63 号	韩国红
44	南京朝日外语培训中心	中山东路 18 号	曹全保
45	南京艺杰艺术培训中心	光华路 114 号	周　杰
46	南京市白下区晨曦教育培训中心	绣花巷 8 号	翟永清
47	南京优学教育培训中心	石鼓路 42 号	袁俊乐
48	南京麦克米兰教育培训中心	中山南路 98 号 9 楼	何　艳
49	南京新动态语言文化教育培训中心	中山南路 48 号 18 楼	余晓娥
50	南京好年华外语培训中心	金鹰国际商城 26 楼	李　梅
51	南京文登现代教育培训中心	丰富路 163 号 9 楼	吴　彬
52	南京零点星艺术培训中心	龙王庙 18 号	陈慧芬
53	南京学大教育专修学校	解放路 101 号	李如彬
54	南京伟卓新教育培训中心	洪武路 38 号	高大伟
55	南京衍坤教育培训中心	游府西街 46 号	滕　霄

白下区文物保护单位情况

表 15

保护级别	文物名称	时代	地址
国家级(4)	南京明城墙(白下段)	明代	月牙湖旁
	堂子街太平天国壁画	太平天国	堂子街 108 号
	甘熙宅第	清代	南捕厅 15、17、19 号
	明故宫遗址	明代	午朝门前后
省级(14)	朝天宫	明、清	朝天宫 6 号
	罗廊巷太平天国建筑及壁画	太平天国	罗廊巷 17 号
	天朝总圣库、英王府遗址	太平天国	升州路 416 号
	天主教堂	清末	石鼓路 112 号
	金陵刻经处	清同治	淮海路 35 号
	基督教莫愁路堂	民国 25 年(1936 年)	莫愁路 390 号
	净觉寺	清代	升州路 28 号
	南京大华大戏院旧址	民国 24 年(1935 年)	中山南路 67 号
	童寯住宅	民国 36 年(1947 年)	文昌巷 52 号
	基督教圣公会圣保罗堂	民国 11 年(1922 年)	太平南路 396 号
	玄津桥	明代	逸仙桥南侧
	中南银行南京分行旧址	民国	白下路 155 号
	上海商业储蓄银行旧址	民国	建康路 145 号
	张佩纶宅	清代	白下路 273 号
市级(27)	卞壶墓碣	北宋	朝天宫
	曾公祠	清代	九条巷 8 号
	清真寺	清代	甘雨巷 26—32 号(由太平南路迁入)
	南唐宫城及护龙河遗址	南唐	张府园、洪武路
	白下路清代建筑	清代	白下路 101 号
	行知馆	民国 13 年(1924 年)	白下路 193 号
	李鸿章祠堂	清代	四条巷 77 号
	内桥	南唐	中华路北端
	大中桥	明代	白下路东
	朱状元巷清代住宅	清代	朱状元巷 32、34 号
	淮清桥	明代	建康路与长白街交汇处
	天后宫	清代	升州路 488 号
	原国立中央政治大学门楼	民国	建邺路 168 号
	原国民政府财政部旧址	民国	中山东路 128 号
	常府街 30 号民国建筑	民国	常府街 30 号
	基督教青年会旧址	民国	中华路 26 号
	仁寿里民国建筑	民国	仁寿里 18、20、22、24 号
	复成新村 14 号民国建筑	民国	复成新村 14 号
	中国银行南京分行旧址	民国	白下路 23 号
	原天山协会旧址	民国	利济巷 30 号
	高二适故居	民国	六合里 3 号
	绫庄巷 31 号古民居	清代	绫庄巷 31 号
	九龙桥	清代	通济门外
	古四眼井	南唐	汉西门大街
	六朝建康都城遗址	六朝	游府西街小学(游府西街 12 号)
	工兵学校旧址	民国	海福巷 1 号
	光华门堡垒遗址	民国	光华门外
区级(17)	古井	明代	古钵营 11 号(井栏于甘熙宅第内保存)
	头道高井	明代	丰富路朗诗熙园内
	天坛埂遗址	明代	石门坎
	锦绣坊 21 号古建筑	清代	王府园小区内
	公共体育场原址	民国	公园路 42 号
	育才学校旧址	清代	白下路 177 号
	铜管闸原址	明代	中山门外
	中和桥	明代	光华门外
	逸仙桥	民国	中山东路
	古井	明代	承恩里 40 号(井栏于文化馆内保存)
	双眼井	清代	建康路 1 号(原裱画廊 7 号)
	明德书院	民国元年(1912 年)	莫愁路 419 号
	神乐观古井	清代	石门坎观门口(井栏于南京市博物馆保存)
	黄杨树	清代	王府园 43 号
	广玉兰	清代	复兴巷 5 号
	银杏树	清代	白下路 147 号
	白玉兰	清代	复成新村 16 号
区控(1)	紫藤		郑和公园内

白下区歌舞娱乐场所情况

表16

序号	场所名称	经营地址	联系电话
1	南京缤纷年代餐饮投资管理有限公司	中山南路49号商茂世纪广场9—10楼	86893729
2	南京歌城娱乐连锁有限公司	洪武路199号负一层	86988019
3	南京香巷娱乐有限公司	白下区延龄巷119号	86641968
4	南京优客娱乐有限公司	御道街113号负一层	13913854046
5	南京欢乐迪娱乐中心	砂珠巷小区02幢三、四层	13182888662
6	南京火神娱乐中心	洪武路26号（天丰大厦三楼）	13905196688
7	江苏飞达文化娱乐有限公司　时光隧道迪斯科舞城	太平南路354号（原白下会堂）	84403158
8	南京市白下区亚马逊娱乐中心	瑞金路 25号	13305179266
9	南京乐富豪娱乐有限公司	瑞金路3号	13905173036
10	南京蓝梦歌舞厅有限公司	升州路292号一楼	13338602786
11	南京群星会娱乐服务有限公司	白下路264号	85115168
12	南京瑞金歌舞厅	瑞金路3号	84615550
13	南京申嘉企业文化发展有限公司白下分公司	中山东路218号三层	13338618125
14	南京泉水叮咚音乐茶座	游府西街35号	84454264
15	南京博仁娱乐有限公司	解放路46号2楼	84681618
16	南京乐豪娱乐中心	中山南路101号	85275118
17	南京麦乐迪娱乐有限公司	洪武路50号	84782680
18	南京波特曼夜总会	文昌巷131号	86643929
19	南京玖玖金柜娱乐连锁有限公司	太平南路279号7—8楼	18951665198
20	南京钻石年代花样年华餐饮文化娱乐有限公司第二分公司	汉中路169号金丝利喜来登酒店三楼	86795500
21	南京侨鸿国际酒店管理有限公司天上人间俱乐部	汉中路89号（金鹰店）	84716156
22	南京滚石娱乐中心	娃娃桥15号二楼	84692957
23	南京千呼万唤娱乐有限公司	建邺路82号	84218234
24	南京艺工娱乐中心	莫愁路329号	86586329
25	江苏金太隆国际酒店有限公司	中山东路160号	18651810640

续表 16

序号	场所名称	经营地址	联系电话
26	南京贰零壹玖娱乐有限公司	王府大街 63 号负一层	84201550
27	南京爱晚亭娱乐中心	建邺路 116 号二楼	13805187902
28	南京市白下区都世情娱乐中心	瑞金路 25 号院内	84518668
29	南京歌府生平餐饮娱乐有限公司	王府大街 136 号	84217728
30	南京华世博纪大酒店有限公司	御道街 33 号	85076388
31	南京市白下区金都域娱乐中心	石鼓路 107 号	86950055
32	江苏华盈国际酒店有限公司	淮海路金銮巷 9 号	84205401
33	南京优歌美地娱乐有限责任公司	中山东路 18 号 6 楼	13951679758
34	南京无限时代夏心娱乐有限公司	太平南路 2 号日月大厦三楼	15195788888
35	江苏天盛大酒店	中山南路 238 号	84466633
36	南京新动感娱乐有限公司	莫愁路 227 号	13605191072
37	南京市白下区天后宫娱乐中心	大光路 186 号	84622229
38	南京多佐娱乐有限公司	汉中路 145 号 4 层	13851708998
39	南京酿造集团有限公司行宫饭店	太平南路 102 号	84550702
40	南京钻石年代花样年华餐饮文化娱乐有限公司	汉中路 169 号金丝利喜来登大酒店四楼	86795500
41	南京金麦克娱乐有限公司	洪武南路 330 号	58711999
42	南京市白下区夜宴娱乐中心	中山南路 234 号负一层	13770777090
43	南京高润商贸有限公司	抄纸巷 4 号 106 室及 1~10 号地下室	84414199
44	南京皇都娱乐有限公司	虎踞南路 100~5 号	13222725959
45	南京楷天大酒店有限责任公司	大光路 188 号	13805169465
46	南京铭座娱乐有限公司	洪武路 239 号负一层	13621581880
47	江苏省东泉兄弟文化发展股份有限公司新街口分公司	石鼓路 42 号建华大厦裙楼五层	18651822227
48	南京苏歌娱乐有限公司	后标营路 98~7 号	13390909096
49	南京神韵金陵文化传播有限公司	中山南路 101 号	84502820
50	南京金钱豹娱乐有限公司(南京君豪娱乐有限公司)	三元巷 1 号	84460120
51	南京十二金玉文化娱乐发展有限公司	石鼓路 38 号	84711179
52	南京市建邺区建筑工程有限公司新街口饭店	俞家巷后 45 号	84209259

白下区社区卫生服务中心（站）基本情况

表 17

街道名称	序号	社区卫生服务中心（站）名称	地址	法定代表人/负责人	联系电话	业务用房使用面积（平方米）	工作人员（人）		编制床位数（张）
							小计	卫技人员数	
朝天宫街道	1	止马营社区卫生服务中心	莫愁路 394 号	余庭源	84460408	9271	183	169	132
	2	七家湾回民社区卫生服务站	安品街 10 号	王　原	86620638	1072	24	21	31
	3	朝天宫社区卫生服务中心	丰富路 27 号	王　原	84201247	6080	149	108	130
五老村街道	4	长白街社区卫生服务站	长白街 642 号	郭　强/张　杰	84404953	600	28	24	—
	5	淮海路社区卫生服务中心	程阁老巷 20 号	郭　强	84418624	5900	111	95	100
月牙湖街道	6	月牙湖社区卫生服务中心	苜蓿园大街 230 号	廖亚萍	84853919	6000	43	37	50
洪武路街道	7	马府街社区卫生服务站	五福巷 16 号	孔宝安/刘民惠	84406602	220	9	7	—
	8	洪武路社区卫生服务站	火瓦巷 5 号	孔宝安/任宝珍	84573319	120	8	7	—
	9	中华路社区卫生服务中心	中山南路 321 号	孔宝安	52335531	1600	51	46	—
	10	王府园社区卫生服务站	东王府园 6 号	孔宝安/周达富	86623668	110	9	6	—
瑞金路街道	11	蓝旗社区卫生服务中心	蓝旗新村 17 幢旁	肖云华	84613740	1580	56	51	—
	12	瑞金新村社区卫生服务站	瑞金新村 64 幢	肖云华/王健梅	84585412	540	17	14	—
大光路街道	13	大光路社区卫生服务中心	八宝前街公园新寓 4 幢	刘　萍	84645357	1525	27	24	—
光华路街道	14	石门坎社区卫生服务中心	海福巷 20 号	唐福顺	84873617	3250	70	62	23
	15	银龙社区卫生服务中心	高桥门 177 号银龙花园 157 幢	唐福顺/裴　静	84657290	2400	32	28	45
	16	银龙花园社区卫生服务站	银龙花园小区	唐福顺/王　青	84296896	240	5	5	—
	17	银龙东苑社区卫生服务站	银龙花园小区三期	唐福顺/陆海涛	84873617	360	4	4	—
	18	四方新村社区卫生服务站	四方新村 3 幢	唐福顺/龚习兵	84873617	120	2	2	—

公安白下分局派出所情况

表 18

单位名称	地址	联系电话
淮海路派出所	洪武路 131 号	84427260
大光路派出所	大光路 102 号	84427264
瑞金路派出所	瑞金北村 50 幢	84427268
五老村派出所	仁寿里 10 号	84427276
洪武路派出所	城佐营 18 号	84427272
建康路派出所	建康新村 13 幢	84427293
月牙湖派出所	苜蓿园大街 116 号	84427253
光华路派出所	万达新村 1 幢	84427275
朝天宫派出所	白衣庵 9 号	84420660
止马营派出所	莫愁路 397 号	84420669

白下区再就业对照表

表 19

项　目	2010 年	2011 年
新增城镇就业(人)	15925	19517
实现再就业(人)	7921	6302
帮扶困难人员就业(人)	1985	1998
市场推荐就业(人)	14820	15313
再就业培训(人)	6808	7272
发放失业救济金(万元)	761.64	1058.57

白下区社会保险对照表

表 20

项目	2010 年	2011 年
新增参加养老保险(人)	14583	13858
完成征缴金额(亿元)	6.02	8.78
自由职业者参加医疗保险(人)	8921	10122

文件目录选编

中共白下区委

白委〔2011〕1 号　关于在区人大、政协会议期间建立临时党委的决定
白委〔2011〕5 号　关于南京市白下区第十六届人民代表大会第四次会议选举结果的报告
白委〔2011〕8 号　关于给予刘明华开除党籍、开除公职处分的批复
白委〔2011〕9 号　关于成立白下区青奥会工作领导小组的通知
白委〔2011〕10 号　关于给予徐寿华开除党籍处分的批复
白委〔2011〕11 号　关于调整推进白下区重大项目建设领导小组的通知
白委〔2011〕17 号　关于成立中共南京市白下区委社会建设工作委员会的请示
白委〔2011〕20 号　关于南京市白下区总工会五届十四次全委会选举结果的批复
白委〔2011〕21 号　关于调整白下区维护稳定工作领导小组成员的通知
白委〔2011〕25 号　关于调整白下区社会稳定风险评估工作领导小组成员的通知
白委〔2011〕28 号　关于成立石鼓路中医文化养生特色街工作领导小组的通知
白委〔2011〕35 号　关于调整区处理信访突出问题及群体性事件联席会议领导小组成员的通知
白委〔2011〕37 号　关于成立建设学习型党组织学习型领导班子工作协调小组的通知
白委〔2011〕52 号　关于召开中国共产党南京市白下区第十次代表大会的通知
白委〔2011〕53 号　关于区人大常委会党组成员调整的通知
白委〔2011〕54 号　关于区政府党组成员调整的通知
白委〔2011〕55 号　关于区政协党组成员调整的通知
白委〔2011〕57 号　关于中国共产党南京市白下区第十次代表大会和中国共产党南京市白下区第十届委员会第一次全体会议、纪律检查委员会第一次全体会议选举结果的报告
白委〔2011〕58 号　关于白下区出席中国共产党南京市第十三次代表大会代表选举结果情况的报告
白委〔2011〕59 号　关于中共南京市白下区委 2011 年上半年工作总结及下半年工作任务的报告
白委〔2011〕68 号　中共南京市白下区委关于落实巡视反馈意见整改方案的报告
白委〔2011〕69 号　关于区委常委工作分工的通知
白委〔2011〕72 号　关于成立中航科技城创新创业基地管委会的通知
白委〔2011〕80 号　中共南京市白下区委员会关于第十三届市委、市纪委组成人员候选人初步人选酝酿推荐情况及建议人选的报告
白委〔2011〕83 号　关于白下区酝酿产生出席中国共产党江苏省第十二次代表大会代表候选人预备名单初步人选的情况报告
白委〔2011〕89 号　关于成立白下区选举委员会的通知
白委〔2011〕91 号　关于成立白下区开展“三争一创”实践活动领导小组的通知
白委〔2011〕94 号　关于区政协党组成员调整的通知
白委〔2011〕106 号　关于同意共青团南京市白下区第十三届常务委员会委员及书记、副书记候选人的批复
白委〔2011〕107 号　关于同意在共青团南京市白下区第十三次代表大会期间成立临时党总支的批复
白委〔2011〕124 号　关于共青团白下区第十三届委员会第一次全体会议选举结果的批复
白委发〔2011〕1 号　中共南京市白下区委关于印发《南京市白下区 2011 年社会主义政治建设工作目标》的通知
白委发〔2011〕8 号　中共南京市白下区委员会 南京市白下区人民政府关于表彰 2010 年度完成区经济和社会发展奋斗目标有功单位、有功个人的决定
白委发〔2011〕11 号　中共南京市白下区委 南京市白下区人民政府关于表彰 2010 年度全区信访工作先进集体、先进个人的决定
白委发〔2011〕12 号　关于印发《白下区 2011 年文明和谐城区（文化）建设工作目标》的通知
白委发〔2011〕13 号　中共南京市白下区委 南京市白下区人民政府关于表彰 2010 年度白下区法治创建工作先进集体的决定
白委发〔2011〕15 号　中共南京市白下区委 南京市白下区人民政府关于表彰 2010 年度白下区社会治安综合治理和平安创建工作

先进集体、先进个人的决定
白委发〔2011〕16号 中共南京市白下区委员会 南京市白下区人民政府关于给予2010年白下区优秀公务员奖励的决定
白委发〔2011〕17号 关于印发《白下区2011年国民经济和社会发展奋斗目标》的通知
白委发〔2011〕18号 中共南京市白下区委 南京市白下区人民政府关于进一步加强新时期信访工作努力促进社会和谐稳定的意见
白委发〔2011〕19号 中共南京市白下区委 南京市白下区人民政府关于贯彻落实中纪发〔2009〕9号、10号文件的实施意见
白委发〔2011〕20号 关于白下区堂子街地区环境综合整治情况的报告
白委发〔2011〕21号 关于开展公开选拔白下区区管领导干部工作的通知
白委发〔2011〕23号 中国共产党南京市白下区第九届委员会第三十九次全体会议关于召开中国共产党南京市白下区第十次代表大会的决议
白委发〔2011〕25号 关于贯彻市委杨卫泽书记在区县"十二五"发展座谈会上讲话精神的意见
白委发〔2011〕30号 中共南京市白下区委 南京市人民政府关于贯彻《关于加强地方县级和城乡基层宣传文化队伍建设的若干意见》的实施意见
白委发〔2011〕31号 关于开展纪念建党90周年系列活动的通知
白委发〔2011〕32号 中共南京市白下区委关于开展新一轮解放思想大讨论活动的决定
白委发〔2011〕34号 关于召开中国共产党南京市白下区第十次代表大会的通知
白委发〔2011〕35号 关于产生中国共产党南京市白下区第十次代表大会代表的意见
白委发〔2011〕36号 关于试点开展公推直选白下区第十次党代会代表工作的实施意见
白委发〔2011〕37号 中共南京市白下区委员会关于表彰先进基层党组织、优秀共产党员、优秀党代表和优秀党务工作者的决定
白委发〔2011〕38号 中共南京市白下区委员会关于表彰白下区首批"学习型党组织、学习型领导班子建设工作"先进集体、先进单位和先进个人的决定
白委发〔2011〕39号 关于成立区清理和规范庆典、研讨会、论坛活动工作领导小组的通知
白委发〔2011〕40号 关于学习宣传和贯彻落实胡锦涛总书记"七一"重要讲话及市委十二届二十二次全体(扩大)会议精神的意见
白委发〔2011〕41号 中国共产党南京市白下区第九届委员会第四十次全体会议关于召开中国共产党南京市白下区第十次代表大会的决议
白委发〔2011〕42号 白下区贯彻落实市委十二届二十二次全会精神的报告
白委发〔2011〕43号 关于开展领导干部下基层活动的实施意见
白委发〔2011〕44号 中共南京市白下区委关于新形势下加强区委常委会自身建设的意见
白委发〔2011〕45号 关于中国共产党南京市白下区第十次代表大会召开情况的报告
白委发〔2011〕46号 关于中共南京市白下区委常委专题民主生活会的情况汇报
白委发〔2011〕47号 关于印发陈勇同志在区第十次党代会上的报告和杨春燕同志代表区纪委所作工作报告以及大会决议的通知
白委发〔2011〕48号 关于对市公安局白下分局《关于成立白下区反恐怖工作协调小组的请示》的批复
白委发〔2011〕49号 关于成立白下区行政权力网上公开透明运行工作领导小组的通知
白委发〔2011〕51号 中共南京市白下区委员会关于进一步加强全区信访工作的意见
白委发〔2011〕52号 关于选调机关优秀年轻干部到街道、园区工作的通知
白委发〔2011〕53号 中共南京市白下区委员会 南京市白下区人民政府关于建立领导干部接访下访约访制度的实施意见
白委发〔2011〕54号 中共南京市白下区委员会 南京市白下区人民政府关于表彰2010—2011年白下区先进教育工作者的决定
白委发〔2011〕55号 中共白下区委关于落实省委巡视组反馈意见的整改方案
白委发〔2011〕57号 关于印发《白下区建设创新型城区五年行动纲要》《白下区高层次科技创业人才集聚行动计划》《白下区科技创新创业载体建设行动计划》《白下区科技创业企业培育行动计划》《白下区科技创新创业服务机制建设行动计划》等五个文件的通知
白委发〔2011〕58号 中共南京市白下区委 南京市白下区人民政府关于推进创新型城区建设的意见
白委发〔2011〕59号 中共南京市白下区委员会 南京市白下区人民政府关于加强全区督察工作的意见
白委发〔2011〕60号 中共南京市白下区委员会 南京市白下区人民政府关于开展全区各级干部"社情民意联系日"工作的暂行办法
白委发〔2011〕61号 关于批转《中共白下区委宣传部、白下区司法局关于在全区公民中开展法制宣传教育的第六个五年规划》的通知
白委发〔2011〕62号 关于同意召开共青团南京市白下区第十三次代表大会的批复
白委发〔2011〕63号 关于印发《关于在全区开展廉政风险防控工作的实施意见》的通知
白委发〔2011〕64号 关于印发《白下区党员和国家工作人员问责实施办法》的通知
白委发〔2011〕65号 关于印发《关于进一步健全和完善领导干部谈心谈话制度的意见》的通知

白委发〔2011〕66号 关于成立新街口商务楼宇社区等两家党委的请示
白委发〔2011〕67号 中共南京市白下区委 南京市白下区人民政府关于加强社会建设创新社会管理优化社会服务的意见
白委发〔2011〕68号 白下区关于贯彻落实《杨卫泽同志在十三届市委第一次常委会上的讲话》精神的报告
白委发〔2011〕69号 关于成立白下区督察工作领导小组的通知
白委发〔2011〕70号 关于深入学习贯彻市第十三次党代会精神的意见
白委发〔2011〕71号 中共南京市白下区委转发《区人大常委会党组关于做好区人民代表大会换届选举工作的意见》的通知
白委发〔2011〕72号 关于成立白下区党的十七届六中全会精神和省、市党代会精神宣讲小分队的通知
白委发〔2011〕73号 中共南京市白下区委 南京市白下区人民政府关于申报省社会治安安全区的报告
白委发〔2011〕74号 中共白下区委关于建立区委常委、副区长“三争一创”实践活动联系点制度的通知
白委发〔2011〕75号 中共白下区委关于开展“三争一创”实践活动的意见
白委发〔2011〕76号 中共南京市白下区委员会 南京市白下区人民政府关于加强机关思想作风建设提升执行力的意见
白委发〔2011〕77号 关于进一步发挥街道主体作用的意见
白委发〔2011〕78号 中共南京市白下区委 南京市白下区人民政府关于表彰全区“五五”普法先进集体、先进个人的决定
白委发〔2011〕79号 关于印发《白下区民生幸福行动计划》《白下区创新基层社会管理行动计划》《白下区创新基层社会服务行动计划》《白下区创新城市基层党组织建设行动计划》等四个文件的通知

中共白下区委办公室

白委办发〔2011〕2号 关于上报2011年全区重点调研课题的通知
白委办发〔2011〕3号 中共南京市白下区委员会办公室 南京市白下区人民政府办公室关于转发《南京市白下区关于教育资源整合的意见》的通知
白委办发〔2011〕4号 白下区关于进一步加强出国（境）审批管理的办法
白委办发〔2011〕7号 关于申报2009—2010年全市优秀调研成果的通知
白委办发〔2011〕8号 关于开展区委换届工作调研的通知
白委办发〔2011〕9号 关于开展领导包案处理突出信访问题及群体性事项工作的通知
白委办发〔2011〕10号 关于在全区开展“信访积案化解攻坚年”活动的实施意见
白委办发〔2011〕12号 中共南京市白下区委办公室关于印发《2011年区委中心组理论学习和区管领导干部自学理论安排意见》的通知
白委办发〔2011〕15号 关于印发2011年区委重点调研课题的通知
白委办发〔2011〕18号 关于组织开展专项保密检查的通知
白委办发〔2011〕21号 中共南京市白下区委办公室 南京市白下区人民政府办公室关于印发《白下区2011年反腐倡廉建设工作任务及责任分工》的通知
白委办发〔2011〕22号 中共南京市白下区委办公室关于印发《2011年全区国家安全工作要点》的通知
白委办发〔2011〕23号 关于印发《关于进一步加强白下区政法综治基层基础建设的实施意见》的通知
白委办发〔2011〕24号 中共南京市白下区委办公室 南京市白下区人民政府办公室转发区文明委《关于白下区进一步净化社会文化环境，促进未成年人健康成长的任务分工》的通知
白委办发〔2011〕27号 关于印发《白下区2011年度绩效考核奖励办法》的通知
白委办发〔2011〕29号 关于转发中共南京市委、市政府《领军型科技创业人才引进计划》和《科技创业家培养计划》的通知
白委办发〔2011〕30号 关于开展区第十次党代会精神宣讲活动的通知
白委办发〔2011〕31号 关于开展“我为白下创新型城区建设献一策”活动的通知
白委办发〔2011〕32号 关于印发《白下区纪委、区监察局纪检监察工作室对联系单位开展监督的实施办法（试行）》的通知
白委办发〔2011〕35号 关于加强重大事项报告的通知
白委办发〔2011〕36号 中共南京市白下区委办公室 南京市白下区人民政府办公室关于印发《南京市白下区机构编制委员会办公室主要职责、内设机构和人员编制规定》的通知
白委办发〔2011〕38号 中共南京市白下区委办公室 南京市白下区人民政府办公室关于加强区12345群众诉求办理工作的通知
白委办发〔2011〕39号 关于印发《白下区高层次科技创业人才集聚行动计划实施细则》的通知
白委办发〔2011〕40号 关于印发《白下区“12345”政府服务热线首接负责制实施办法（暂行）》的通知
白委办发〔2011〕41号 中共南京市白下区委办公室 南京市白下区人民政府办公室关于印发《南京市白下区关于加强档案工作的意见》的通知

白委办发〔2011〕42 号　中共南京市白下区委办公室 南京市白下区人民政府办公室关于健全社会稳定风险评估和决策失误责任追究机制的实施意见

白委办发〔2011〕43 号　关于做好 2012 年度党报党刊征订工作的通知

白委办发〔2011〕44 号　关于印发《白下区首接首办责任制暂行办法》的通知

白委办发〔2011〕45 号　关于印发《白下区督察工作考核办法(试行)》的通知

白委办发〔2011〕46 号　关于明确督察工作网络成员职责的通知

白委办发〔2011〕47 号　中共南京市白下区委办公室 南京市白下区人民政府办公室关于对年终检查考核工作实施"扎口管理"的通知

白委办发〔2011〕48 号　中共南京市白下区委办公室 南京市白下区人民政府办公室关于印发《白下区 2011 年度创新型城区建设考核办法》的通知

白委办发〔2011〕49 号　关于印发《区委"三争一创"实践活动领导小组办公室各工作组成员及职责分工》的通知

白下区人民政府

白政发〔2011〕2 号　关于印发《白下区专职社区工作者待遇调整方案》的通知

白政发〔2011〕3 号　关于省审计厅反映省中医院南扩工程征地拆迁中存在问题的调查核实及整改情况的报告

白政发〔2011〕15 号　关于 2010 年白下区区长环保工作目标责任制实施情况的报告

白政发〔2011〕16 号　关于做好白下区 2011 年春节期间烟花爆竹有限开禁工作的通知

白政发〔2011〕17 号　关于表彰 2010 年度白下区突出贡献纳税单位的决定

白政发〔2011〕19 号　关于给予徐寿华开除处分的批复

白政发〔2011〕21 号　《关于区政府推进科技创新工作情况报告的审议意见》处理情况的报告

白政发〔2011〕24 号　关于调整白下区"12345"政府服务呼叫中心工作领导小组成员的通知

白政发〔2011〕25 号　关于调整白下区安全生产委员会成员的通知

白政发〔2011〕27 号　区政府关于印发 2011 年主要工作目标任务分解落实方案的通知

白政发〔2011〕28 号　关于印发《白下区 2011 年市级重点考核目标表》及《白下区 2011 年国民经济和社会发展奋斗目标一级分解表》的通知

白政发〔2011〕29 号　关于印发《全区各街道办事处、有关部门和单位安全生产工作职责》的通知

白政发〔2011〕30 号　关于印发《2011 年白下区安全生产工作意见》的通知

白政发〔2011〕31 号　关于表彰 2010 年度全区安全生产工作先进单位和先进个人的决定

白政发〔2011〕32 号　关于表彰 2009—2010 年人大建议和政协提案办理工作先进单位、先进工作者的决定

白政发〔2011〕35 号　关于成立白下区再生资源回收体系建设工作领导小组的通知

白政发〔2011〕38 号　关于调整区知识产权联席会领导小组的通知

白政发〔2011〕39 号　关于调整创建省级知识产权示范区领导小组的通知

白政发〔2011〕40 号　关于调整区知识产权工作领导小组的通知

白政发〔2011〕42 号　关于调整区全面推进依法行政工作领导小组的通知

白政发〔2011〕43 号　关于印发白下区《2011 年人力资源和社会保障工作要点》的通知

白政发〔2011〕44 号　关于印发白下区《南京市被征地人员社会保障办法》实施方案的通知

白政发〔2011〕45 号　关于成立白下区第十三届运动会筹备委员会的通知

白政发〔2011〕48 号　关于成立白下区科技小额贷款组织试点和推进工作领导小组的通知

白政发〔2011〕49 号　关于成立白下区被征地人员社会保障工作领导小组的通知

白政发〔2011〕50 号　关于调整白下区食品药品安全委员会的通知

白政发〔2011〕51 号　关于我区高桥门经济适用住房违反规划要求有关情况和整改意见的报告

白政发〔2011〕54 号　关于调整区突发公共事件应急管理委员会成员的通知

白政发〔2011〕57 号　关于印发《白下区行政事业单位国有资产管理实施意见》的通知

白政发〔2011〕60 号　《关于区政府关于城市长效综合管理工作情况报告的审议意见》处理情况的报告

白政发〔2011〕61 号　《关于区政府住宅区物业管理改革工作情况报告的审议意见》处理情况的报告

白政发〔2011〕64 号　关于印发《白下区国民经济和社会发展第十二个五年规划纲要》的通知

白政发〔2011〕65 号　关于成立白下区信息化和工业化融合工作领导小组的通知

白政发〔2011〕66 号　关于调整白下区防汛指挥部的通知

白政发〔2011〕67 号　关于审定并上报《南京市白下区光华路街道土地利用总体规划(2006—2020 年)》的请示

白政发〔2011〕70 号　关于调整白下区住宅区物业管理工作领导小组的通知
白政发〔2011〕72 号　关于对《"2·10"南京乐金熊猫电器有限公司部品车间机械伤害死亡事故调查报告》的批复
白政发〔2011〕73 号　关于表彰白下区 2010 年度专利工作先进单位（个人）和专利代理服务先进单位的决定
白政发〔2011〕76 号　区政府关于挂牌督办全区"不放心"高层建筑火灾隐患的通知
白政发〔2011〕78 号　关于上报《白下区城市建设"十二五"规划纲要》的报告
白政发〔2011〕83 号　关于成立区创建国家森林城市工作领导小组的通知
白政发〔2011〕91 号　关于石杨路学校建设项目有关情况的报告
白政发〔2011〕94 号　关于成立白下区渣土联合管理工作领导小组的通知
白政发〔2011〕96 号　关于调整白下区"三信三优"竞赛活动评委会组成人员的通知
白政发〔2011〕97 号　关于成立区道路交通管理委员会的通知
白政发〔2011〕98 号　关于调整白下区环境保护委员会组成人员的通知
白政发〔2011〕104 号　《关于对区政府"五五"普法验收和"六五"普法规划工作情况报告的审议意见》处理情况的报告
白政发〔2011〕105 号　白下区政府关于有关部门与区民主党派、工商联开展对口联系工作的意见
白政发〔2011〕106 号　关于调整区街财政管理体制的通知
白政发〔2011〕109 号　关于成立白下区献血工作领导小组的通知
白政发〔2011〕115 号　关于调整白下区稳定价格和治乱减负目标责任制领导小组的通知
白政发〔2011〕116 号　关于调整白下区稳定价格和治乱减负目标责任制考核小组的通知
白政发〔2011〕117 号　关于 2010 年区价格调控和治乱减负目标责任制执行情况的考核通报
白政发〔2011〕118 号　关于组织实施 2011 年全区稳定价格和治乱减负目标责任制的意见
白政发〔2011〕129 号　关于对 2011 年度重大火灾隐患整改工作实行政府挂牌督办的通知
白政发〔2011〕132 号　关于印发《白下区重特大生产安全事故应急救援预案》的通知
白政发〔2011〕136 号　关于龙台大厦违建玻璃房问题调查情况及处理意见的报告
白政发〔2011〕141 号　关于江苏弘业期货经纪有限公司等三家企业有关情况的报告
白政发〔2011〕142 号　关于区政府领导成员工作分工的通知
白政发〔2011〕143 号　关于解决南捕厅地块房屋现状问题的请示
白政发〔2011〕148 号　关于全区开展创建安全街道工作的意见
白政发〔2011〕150 号　关于中国人民财产保险股份有限公司南京市分公司有关情况的报告
白政发〔2011〕151 号　关于同意南京市白下区危旧房开发公司改制方案的批复
白政发〔2011〕154 号　关于同意无偿划转区危旧房公司国有产权的批复
白政发〔2011〕157 号　白下区政府、秦淮区政府关于区界白下秦淮段行政区域界限联合检查工作报告
白政发〔2011〕158 号　关于《关于区政府办加强公共卫生服务体系建设工作情况报告的审议意见》处理情况的报告
白政发〔2011〕159 号　白下区政府关于成立迎接国家环境保护模范城市复核工作领导小组的通知
白政发〔2011〕160 号　关于印发《白下区迎接国家环境保护模范城市复核工作方案》的通知
白政发〔2011〕161 号　关于实施白下区马府西街地块危旧房改造的请示
白政发〔2011〕162 号　关于成立白下区使用正版软件工作领导小组的通知
白政发〔2011〕164 号　关于调整白下区食品安全委员会的通知
白政发〔2011〕168 号　关于市伊斯兰教协会太平南路营业用房拆迁遗留问题有关情况的报告
白政发〔2011〕173 号　关于印发《白下区创新国家药品安全示范区实施方案》的通知
白政发〔2011〕174 号　关于调整白下区绿化委员会组成人员的通知
白政发〔2011〕176 号　关于《关于对区政府 2010 年财政预算执行及其他财政收支情况审计工作报告的审议意见》处理情况的报告
白政发〔2011〕177 号　关于华泰紫金投资有限责任公司有关情况的报告
白政发〔2011〕181 号　关于调整光华科技产业园管委会的通知
白政发〔2011〕184 号　对《关于区国资中心申请发行企业债券的请示》的批复
白政发〔2011〕185 号　关于落实市政府复核意见办理情况的报告
白政发〔2011〕187 号　关于聘请潘春雷等 13 名同志为白下区人民政府兼职督学的通知
白政发〔2011〕190 号　《关于白下区 2011 年上半年国民经济和社会发展计划执行情况报告的审议意见》处理情况的报告
白政发〔2011〕192 号　关于江苏银茂控股等企业有关情况的报告
白政发〔2011〕195 号　关于太平天国壁画艺术馆拆迁工作的建议

白政发〔2011〕196号　关于《关于对区政府2011年上半年财政预算执行情况报告的审议意见》处理情况的报告
白政发〔2011〕198号　对《关于设立太平南路产业集群商标品牌培育基地的请示》的批复
白政发〔2011〕200号　关于解决大鹏实业公司遗留问题的请示
白政发〔2011〕204号　白下区政府关于成立东部地区城市设计工作领导小组的通知
白政发〔2011〕205号　关于《关于全区重大项目推进工作情况报告的审议意见》落实情况的报告
白政发〔2011〕207号　关于成立区属国有企业清产核资专项工作领导小组的通知
白政发〔2011〕208号　关于调整白下区区属商贸企业体制改革工作领导小组的通知
白政发〔2011〕209号　白下区人民政府关于2011年度推进依法行政工作情况的报告
白政发〔2011〕211号　关于广泛开展"慈善一日捐,济困送温暖"活动的通知
白政发〔2011〕213号　关于调整白下区服务外包工作领导小组成员的通知
白政发〔2011〕214号　关于成立白下区垃圾分类工作领导小组的通知
白政发〔2011〕216号　关于对2011年度重大火灾隐患整改工作实行政府挂牌督办的通知
白政发〔2011〕218号　关于江苏银茂控股(集团)有限公司、南京长岛建设工程有限公司有关情况的报告
白政发〔2011〕224号　关于调整白下区清理拖欠工程款和民工工资领导小组的通知
白政发〔2011〕225号　关于成立白下区民营经济工作领导小组的通知
白政发〔2011〕226号　关于推行企业(单位)一套表统计制度改革的通知
白政发〔2011〕228号　关于2011年白下区区长环保工作目标责任制实施情况的目标
白政发〔2011〕229号　关于对西白菜园重要近现代建筑风貌区保护方案进行审查的请示
白政发〔2011〕233号　关于申请出口退税财力专项补助的报告

白下区人民政府办公室

白政办发〔2011〕1号　关于印发《2011年白下区"两节"救助及走访慰问活动实施方案》的通知
白政办发〔2011〕2号　关于成立光华路街道银龙翠苑社区居委会的批复
白政办发〔2011〕3号　关于印发《白下区2011年政府集中采购目录及标准》的通知
白政办发〔2011〕5号　关于转发《市政府办公厅转发市财政局市监察局关于政府采购供货产品实行网上竞价采购的实施意见的通知》的通知
白政办发〔2011〕6号　关于印发《区政府2011年一季度工作要点》
白政办发〔2011〕8号　关于实施石杨路(友谊河路—科技园二号路段)拓宽改造工程的通知
白政办发〔2011〕9号　关于实施2011年第一批街巷整治出新工程的通知
白政办发〔2011〕10号　关于做好2011年版《白下年鉴》组稿工作的通知
白政办发〔2011〕11号　关于转发《市政府办公厅关于进一步严肃政府机关及公务人员工作纪律的通知》的通知
白政办发〔2011〕12号　关于实施2011年第一批街巷整治店招店牌出新工程的通知
白政办发〔2011〕13号　关于做好2011年江苏省劳动模范和先进工作者推荐评选工作的通知
白政办发〔2011〕14号　关于做好全区网络信息安全保障工作的通知
白政办发〔2011〕17号　关于做好2010年度政府信息公开年度报告工作的通知
白政办发〔2011〕18号　关于调整白下区服务外包工作领导小组成员的通知
白政办发〔2011〕19号　白下区12345政府服务呼叫中心运行和管理工作实施意见
白政办发〔2011〕20号　白下区12345政府服务呼叫中心成员单位考核评价暂行办法
白政办发〔2011〕21号　关于设立区12345政府服务呼叫中心值班座席的通知
白政办发〔2011〕22号　关于印发《白下区第十三届运动会工作方案》的通知
白政办发〔2011〕26号　关于实施朝天宫西街环境综合整治工程的通知
白政办发〔2011〕27号　关于印发《2011年白下区防汛工作方案》的通知
白政办发〔2011〕28号　关于印发《2011年白下区行政监察工作要点》的通知
白政办发〔2011〕30号　关于印发《区政府2011年二季度工作要点》的通知
白政办发〔2011〕32号　关于定期填报政府信息公开情况表的通知
白政办发〔2011〕33号　关于实施白甸泵站进水涵改造工程的通知
白政办发〔2011〕35号　关于实施撇洪沟—永丰河水系连通工程的通知

白政办发〔2011〕36 号　关于印发《南京市白下区严厉打击食品非法添加和滥用食品添加剂工作方案》的通知
白政办发〔2011〕37 号　关于印发《2011 年白下区行政效能建设工作实施方案》的通知
白政办发〔2011〕38 号　关于转发《白下区"物管、车管"进小区工作实施意见》的通知
白政办发〔2011〕39 号　关于转发区住建局、监察局《关于推进政府投资小型建设工程发包方式改革实施方案》的通知
白政办发〔2011〕40 号　关于实施 2011 年第二批街巷整治出新工程的通知
白政办发〔2011〕42 号　关于成立白下区消防安全委员会的通知
白政办发〔2011〕43 号　关于转发《白下区"物管、车管"进小区工作考核办法》的通知
白政办发〔2011〕44 号　关于印发《白下区 2011 年社会消费品零售总额目标分解及考核办法》的通知
白政办发〔2011〕45 号　区政府关于深化"安全生产年"活动的通知
白政办发〔2011〕47 号　关于转发区住建局、监察局《白下区政府投资小型建设工程发包方式改革实施细则（暂行）》的通知
白政办发〔2011〕48 号　关于加快推进"不放心"高层建筑火灾隐患整改工作的通知
白政办发〔2011〕50 号　关于实施大光路环境综合整治工程的通知
白政办发〔2011〕51 号　关于转发《白下区"圆梦计划"实施意见》的通知
白政办发〔2011〕52 号　关于实施鑫园三期绿地建设工程的通知
白政办发〔2011〕55 号　关于印发《白下区政府债务管理实施意见（暂行）》的通知
白政办发〔2011〕57 号　关于转发《市政府办公厅关于进一步加强值班和窗口单位服务工作通知》的通知
白政办发〔2011〕58 号　关于印发《区政府 2011 年三季度工作要点》的通知
白政办发〔2011〕59 号　关于区人大代表对区政府物价管理工作提出的意见和建议处理情况的报告
白政办发〔2011〕60 号　关于转发《白下区老旧高层电梯整治工作实施意见》的通知
白政办发〔2011〕61 号　关于实施南卫巷绿地建设工程的通知
白政办发〔2011〕62 号　关于转发《白下区楼宇经济调查方案》的通知
白政办发〔2011〕63 号　关于"凤栖园"地名命名的批复
白政办发〔2011〕65 号　关于实施内秦淮河流域雨污分流及水环境整治工程—户部街 13 号小区污水收集系统建设工程的通知
白政办发〔2011〕66 号　关于开展网站信息安全等级保护工作的通知
白政办发〔2011〕67 号　关于印发《关于实施商标战略，加快建设创新型城区的意见》的通知
白政办发〔2011〕69 号　关于转发《白下区深化消防安全"五大"活动开展"清剿火患"战役工作方案》的通知
白政办发〔2011〕70 号　关于印发《白下区"城中村"安全管理综合治理工作实施方案》的通知
白政办发〔2011〕71 号　区政府办公室关于开展课题调研的通知
白政办发〔2011〕72 号　关于印发《白下区 2012 年部门预算编制方案》的通知
白政办发〔2011〕73 号　关于编制 2012 年白下区国民经济和社会发展奋斗目标的通知
白政办发〔2011〕74 号　关于转发《南京市市级行政事业单位资产配置标准》和《常用固定资产使用年限表》的通知
白政办发〔2011〕75 号　关于印发《全区开展联系市民服务百姓走访活动方案》的通知
白政办发〔2011〕76 号　关于印发《区政府 2011 年四季度工作要点》的通知
白政办发〔2011〕77 号　关于印发《白下区关于应对当前经济形势保持经济平稳健康运行的意见》的通知
白政办发〔2011〕78 号　关于印发《白下区生活垃圾分类工作试点方案》的通知
白政办发〔2011〕79 号　关于做好白下区 2012 年春节期间烟花爆竹有限开禁重点保护单位和部位摸排工作的通知
白政办发〔2011〕80 号　关于对区行政服务中心进驻单位等进行调整优化的通知
白政办发〔2011〕81 号　关于转发《2011—2012 年白下区扫雪防冻工作方案》的通知
白政办发〔2011〕82 号　关于转发《市政府办公厅关于印发 2012 年政府集中采购目录及标准的通知》的通知
白政办发〔2011〕83 号　关于印发《2012 年白下区"两节"救助及走访慰问活动实施方案》的通知

白下区人大常委会

白人发〔2011〕1 号　对区人大常委会办公室《关于上报 2011 年区人大常委会办公室工作要点的请示》的批复
白人发〔2011〕2 号　白下区人大常委会 2011 年工作要点
白人发〔2011〕3 号　关于印发《2011 年白下区人大常委会会议议题》和《2011 年区人大常委会主任会议议题》的通知
白人发〔2011〕4 号　关于调整南京市白下区第十六届人大常委会主任、副主任和委员工作分工的通知
白人发〔2011〕5 号　关于调整南京市白下区第十六届人大常委会各工作委员会组成人员的通知

白人发〔2011〕6 号　关于区人大常委会各工作委员会职责修订及同区“一府两院”对口联系部门(单位)调整的通知
白人发〔2011〕8 号　白下区第十六届人大常委会第二十三次会议纪要
白人发〔2011〕10 号　白下区第十六届人大常委会第二十四次会议纪要
白人发〔2011〕12 号　白下区第十六届人大常委会第二十五次会议纪要
白人发〔2011〕15 号　关于接受陆平贵辞去白下区第十六届人民代表大会常务委员会主任、代表职务的请求的决定
白人发〔2011〕17 号　白下区第十六届人大常委会第二十六次会议纪要
白人发〔2011〕18 号　南京市白下区人民代表大会常务委员会关于批准 2010 年白下区财政决算的决议
白人发〔2011〕19 号　白下区第十六届人大常委会第二十七次会议纪要
白人发〔2011〕20 号　南京市白下区人民代表大会常务委员会关于加强法制宣传的决议
白人发〔2011〕22 号　白下区第十六届人大常委会第二十八次会议纪要
白人发〔2011〕24 号　南京市白下区人大常委会党组关于做好区人民代表大会换届选举工作的意见
白人发〔2011〕26 号　白下区第十六届人大常委会第二十九次会议纪要
白人发〔2011〕27 号　南京市白下区人民代表大会常务委员会关于区人民代表大会换届选举问题的决定
白人发〔2011〕28 号　南京市白下区人民代表大会常务委员会关于成立区选举委员会的通知
白人发〔2011〕32 号　关于提请批准白下区第十七届人大代表名额分配方案的报告
白人发〔2011〕33 号　关于启用南京市白下区选举委员会印章的通知
白人发〔2011〕34 号　白下区第十六届人大常委会第三十次会议纪要
白人发〔2011〕37 号　关于补选陈勇为南京市第十四届人民代表大会代表的报告
白人发〔2011〕38 号　白下区第十六届人大常委会第三十一次会议纪要
白人发〔2011〕42 号　关于批准南京市白下区 2011 年国民经济和社会发展计划部分目标调整方案的决议
白人发〔2011〕43 号　关于批准南京市白下区 2011 年区级财政预算调整方案的决议
白人发〔2011〕45 号　白下区第十六届人大常委会第三十二次会议纪要

白下区人大常委会办公室

白人办发〔2011〕2 号　白下区第十六届人大常委会第四十次主任会议纪要
白人办发〔2011〕3 号　南京市白下区人大常委会关于加强与区人大代表联系的通知
白人办发〔2011〕7 号　白下区第十六届人大常委会第四十二次主任会议纪要
白人办发〔2011〕10 号　关于转发区人大代表物价管理工作专题调研报告的通知
白人办发〔2011〕11 号　白下区第十六届人大常委会第四十四次主任会议纪要
白人办发〔2011〕12 号　关于转发《区人大代表对区政府物价管理工作提出的意见和建议处理情况的报告》的通知
白人办发〔2011〕13 号　白下区第十六届人大常委会第四十七次主任会议纪要
白人办发〔2011〕14 号　关于开展《南京市城乡居民最低生活保障条例》执法检查的通知
白人办发〔2011〕15 号　白下区第十六届人大常委会第五十次主任会议纪要
白人办发〔2011〕16 号　关于成立白下区人大办公室督察小组的通知

政协白下区委员会

白协〔2011〕2 号　关于政协南京市白下区第十届委员会第四次会议选举结果的报告
白协〔2011〕4 号　关于政协十届四次会议委员意见建议汇总的报告
白协〔2011〕5 号　政协南京市白下区委员会关于调整《政协街道工作委员会组成人员》的通知
白协〔2011〕6 号　政协南京市白下区委员会 2011 年度常委会议议题
白协〔2011〕7 号　政协南京市白下区委员会各专门委员会 2011 年度工作计划
白协〔2011〕8 号　政协南京市白下区委员会 2012 年度调研课题
白协〔2011〕9 号　政协南京市白下区委员会各街道政协工委 2011 年度工作计划
白协〔2011〕10 号　关于印发《良好开端 日臻完善——全区街道政协工作调研报告》的通知
白协〔2011〕15 号　关于表彰区十届政协优秀委员的决定
白协〔2011〕16 号　关于表彰 2010—2011 年优秀提案的决定

文件选编

关于印发《白下区纪委、区监察局纪检监察工作室对联系单位开展监督的实施办法（试行）》的通知

白委办发〔2011〕32 号

各党组、党（工）委，区机关各部门、各直属单位：

《白下区纪委、区监察局纪检监察工作室对联系单位开展监督的实施办法（试行）》经区委、区政府同意，现印发给你们，请结合工作实际认真贯彻执行。

中共南京市白下区委办公室
南京市白下区人民政府办公室
2011 年 8 月 29 日

白下区纪委、区监察局纪检监察工作室对联系单位开展监督的实施办法（试行）

第一章 总 则

第一条 为进一步强化区纪委、区监察局纪检监察工作室的监督职能，增强对联系单位重点工作领域及重要工作事项的服务和监督，进一步明确监督内容，规范监督程序，推进联系单位党风廉政建设和反腐败工作，有效预防腐败，根据《关于印发〈白下区纪委、区监察局派驻机构实行统一管理方案〉的通知》（白委办发〔2010〕61 号，以下简称《通知》）精神，结合工作实际，制定本实施办法。

第二条 开展监督工作以邓小平理论和"三个代表"重要思想为指导，坚持用科学发展观统揽全局，坚持贯彻标本兼治、综合治理、惩防并举、注重预防的方针，按照中央、省、市纪委的部署和区第十次党代会的精神，建立健全"监督检查创新、作风纪律严明、制度体系支撑、服务能力提升"四项保障机制，全面推进全区反腐倡廉建设与实施创新驱动，建设创新型城区，走在全市"三个争第一"前列的深度融合，努力构建具有白下特色的纵向到底、横向到边的全程参与、全程监督、全程保障工作责任体系，不断推动和完善惩防腐败体系建设。

第三条 实施监督的主体为区纪委、区监察局纪检监察工作室（以下简称"工作室"）。

第四条 监督的对象主要为区直机关部门，各街道、系统及其所属单位的领导班子、党员干部。

第二章 工作室与纪工委的职责分工

第五条 工作室重点对联系单位涉及重大问题决策、干部任免、重大项目安排和大额度资金使用等的制度执行、程序履行情况进行监督。街道、系统党工委对本单位的党风廉政建设和反腐败工作负全面领导责任。街道、系统纪工委协助党组织加强党风廉政建设，负责日常的宣传教育预防等工作，并协助工作室开展工作。主要履行以下工作职责（未设纪检组织的机关部门除下列第 5 项，其他参照执行）：

（一）抓好中央、省、市、区有关党风廉政建设政策、法规、制度在本单位的贯彻落实。

（二）负责本单位党风廉政宣传教育活动的组织、考核。

（三）协助抓好本单位惩防体系建设和党风廉政建设责任制的落实，制定、完善党风廉政相关制度。

（四）加强对本单位党员干部的管理、监督，增强党员干部的民主决策意识、依法行政意识和服务意识，转变工作作风，提高工作效率。

（五）按照有关规定，受理涉及本单位及人员违纪违法的检举、控告和申诉，单独或会同有关部门进行案件调查，并对违纪违法人员进行处理。

（六）独立或配合工作室做好区纪委、区监察局交办的信访举报件的查办回复工作，核查涉及本单位及人员的案件线索并及时上报。

（七）其他应承担的职责和领导交办的事项。

第三章 工作室监督的主要内容

第六条 按照区第十次党代会精神和《通知》要求，参照《关于白下区区管领导班子重大事项集体研究执行情况报告、回复、评议制度的意见》（白委办发〔2008〕54 号）中所规定的重大事项，工作室对联系单位开展监督的重点工作领域及重要工作事项包括以下内容：

（一）落实目标责任。对贯彻落实党的路线方针政策，遵守

党的章程和国家法律，维护党的纪律，贯彻执行民主集中制和党风廉政建设责任制，落实区委、区政府及上级有关部门重大决策和工作部署，推进年度奋斗目标完成开展监督。

（二）干部廉洁自律。对涉及重大事项集体研究，执行个人重大事项报告制度，执行严禁收受礼金、有价证券、支付凭证情况以及婚丧喜庆操办报告等情况开展监督。

（三）廉政制度体系。对推进党务公开、政务公开，构建权力阳光运行机制，建立完善风险防控超前预防和动态监控机制情况开展监督，及时发现和解决影响全区发展大局和创新驱动战略执行的苗头性、倾向性问题，提升政策措施执行力。

（四）资金管理使用。对资金的使用管理制度执行，履行政府采购、工程建设招投标程序等情况开展监督。

（五）干部选拔任用。对联系单位推荐区管后备干部人选、选拔任命科级干部、下属单位负责人、人员录（聘）用及推荐各类评优评先等程序及制度执行情况进行监督。

（六）维护群众利益。加强联系单位纪律作风建设，发挥“12345”政府服务热线功能，推进重点民生项目和维护人民群众切身利益。对联系单位涉及公共突发事件和重大信访问题的处理情况，对群众意见较集中，反映较强烈问题的整改及健全制度、堵塞漏洞情况等进行监督检查。

（七）“三公”消费改革。监督联系单位因公出国（境）经费、公务用车购置及运行费和公务招待费的财政拨款、支出情况和向社会公开情况，以及相关职务消费制度执行情况，保障职务消费总额得到有效控制。

（八）其他重点事项。需由集体决定的重大事项及领导交办的重要事项落实情况。

第四章　工作室监督的形式和办法

第七条　工作室依照“规范、高效、全面、配套”原则，针对不同情况，分别选择恰当形式开展监督。包括：列席会议、全程跟踪、绩效评估、明察暗访等。为保证监督工作取得实效，工作室除重点采用列席联系单位民主生活会，参加联系单位涉及重点工作领域及重要工作事项相关会议外，还可采取日常走访了解，定期收集重点情况报告、报表，查阅有关资料，开展专项检查，挂牌督办，评析工作报告，受理并核查信访举报线索，备案留存，制定下发《意见建议书》并监督整改落实情况，以及其他形式实施监督。

第八条　涉及本办法第三章“工作室监督的主要内容”所列“落实目标责任”、“干部廉洁自律”、“廉政制度体系”、“资产财务管理”、“干部选拔任用”部分，需要工作室参加的民主生活会、党工委会、办公会等会议，各联系单位须提前3个工作日向工作室通报，工作室根据实际情况进行安排。

第九条　涉及本办法第三章“工作室监督的主要内容”所列“维护群众利益”部分的相关事项，各联系单位须在第一时间通报，工作室派员开展监督、调查或审查。

第十条　涉及本办法第三章“工作室监督的主要内容”所列各联系单位年度奋斗目标推进情况、反腐倡廉制度建设情况、“三公”消费情况等，工作室可根据需要，采取适当形式进行督查。

第十一条　涉及本办法第三章“工作室监督的主要内容”所列，以非参会方式开展的监督活动，工作室须提前3个工作日通报被监督单位（紧急任务或暗访除外），被监督单位应按照工作室要求及时提供相关资料，安排相关人员积极配合工作室工作。

第十二条　监督过程中，工作室对重大、疑难问题由监督人员形成书面意见，经集体讨论后形成集体意见，以《意见建议书》形式在5个工作日内反馈。被监督单位超过5个工作日未收到反馈意见的，视同工作室不持异议。

第十三条　各联系单位对工作室反馈意见持异议的，或对工作室的监督不认可的，可与工作室协商，协商不成，报请区纪委常委会裁定。

第十四条　对于联系单位违反党和国家政策法令，以及违反区委、区政府决策决议的行为，工作室可直接报请区纪委常委会研究决定是否下发《检查建议书》或《监察建议书》予以纠正。收到《检查建议书》或《监察建议书》的单位如无正当理由，必须无条件执行。

第十五条　涉及信访、举报、案件等方面的调查，按照《信访条例》、《中国共产党案件检查条例》等相关规定办理。

第五章　责任追究

第十六条　工作室对联系单位实施监督是适应反腐倡廉形势发展需要，改革纪检监察管理体制和工作机制的创新举措。各联系单位主要领导要把支持和配合工作室工作作为贯彻落实党风廉政建设责任制，切实履行“一岗双责”的具体体现，确保监督工作取得实效。对于违反规定，造成严重后果的，除追究当事人责任外，有下列行为的，还将追究有关领导责任：

（一）单位领导在组织、人员、时间等方面对工作室监督工作不支持、不配合，刻意逃避监督的；对应召开党工委会、办公会集体研究的事项采取回避，搞暗箱操作或个人说了算，产生不良后果的。

（二）对单位所发生的重大突发事件、重大信访问题、重要案件线索隐瞒不报，逃避监督的。

（三）提供有关工作资料、报表不及时、不准确，藏匿、篡改、伪造资料，甚至拒不提供有关资料的。

（四）对工作室提出的整改意见和建议，没有正当理由，不按规定程序反映，拒不纠正的。

第十七条　出现第十六条所列相关问题，工作室将采取约谈、批评教育等方式进行处理。问题严重的，报请区纪委常委会同意，进行诫勉谈话、通报批评，或按照有关规定提出问责建议。

第十八条　工作室出现下列不履行、不正确履行监督职责行为，造成一定影响的，将对有关责任人追究责任：

（一）对联系单位发生严重违纪问题隐瞒不报、压案不查的。

（二）对明令禁止的违纪行为和不正之风发现后不制止、不通报、不纠正的。

（三）对区纪委、区监察局部署工作落实不力的。

第六章　附　则

第十九条　本办法由区纪委、区监察局负责解释。

第二十条　本办法自发布之日起施行。

关于加强区12345群众诉求办理工作的通知

白委办发〔2011〕38号

各党组、党(工)委、区机关各部门、各直属单位:

市12345政府服务热线开通以来,区委、区政府主要领导高度重视、多次批示,既肯定了我区12345群众诉求办理工作的进步,也对加强下一步办理工作提出了具体的要求。在区领导的高度重视和关心下,近期我区群众诉求办理质效显著提高。但是仍有个别单位的领导和承办人,思想认识不足,重视程度不够,工作责任心不强,缺乏群众工作能力,直接造成诉求问题得不到彻底解决,导致全区综合排名靠后。为了落实区委、区政府主要领导的指示,强化服务民生,为群众排忧解难,现就进一步加强12345群众诉求办理工作提出如下要求,请遵照执行。

一、查找问题,对症下药

全市12345工作以3月1日为考核起点,我区共接收群众诉求总派单数为7989件。尽管9、10两月办理有明显进步,未办结件仅有9件,但中心开通以后我区沉淀的不满意件、发回重办件、未答复市民件三类工单高达800件。前期工作不力造成我区综合得分低的"窟窿"回填困难,急需弥补。分析原因,主要有以下两类:

1.少数单位内部制度建设仍不健全,管理上松懈混乱,至今还存在人员配备不强、责任分工不明等问题。有的无明确承办负责人;有的要求区级平台转派工单给本单位下属科室,造成群众诉求办理严重超期。

2.少数承办人员责任心不强、态度不端正,想方设法从本部门法规政策中寻章摘句试图推诿扯皮,直至区领导签批重办;或者办理工单敷衍拖拉,直到办理时限最后一天,区级平台多次催促才回复,严重影响效率。

以上问题,请各单位自查自纠,切实提高办理成效。

二、提高认识,强化责任

全区12345工作一边承载党委、政府的要求,一边肩负着办理群众诉求责任。区委陈书记批示:"12345"投诉处理工作,不仅仅为投诉群众解决困难,也体现出我们干部的群众观念、工作作风,以及我们政府运行机制效率问题。区政府曹区长也明确指出:要总结12345办理工作经验,逐步形成工作规范,提高工作效率。近日,区委办公室将下发第二期领导重要批示内容,要求全体12345成员单位必须进一步提高思想认识,增强做好12345群众诉求办理工作的责任感和紧迫感,以提高群众满意率为目标,主动为群众排忧解难,确保群众反映的问题事事有回音、件件有落实;要选好配强办理队伍,进一步完善配套制度建设。个别组织机构仍不健全的单位,要迅速组建工作网络,为做好全区12345工作奠定基础。

三、真抓实干,提升质量

1.高标准、严要求把关诉求办理质效。各成员单位对不属于本单位办理范围内的诉求,必须在收到工单24小时内退单至区级平台;对咨询、求助类工单和投诉、建议类工单分别在1个工作日和5个工作日内回复,回复超期的统一计入区级平台超期统计,年底考核时予以公布。成员单位必须在给区级平台的回复中注明何时何人以何种方式回复诉求人,以及诉求人满意度,并报分管领导审批签字后方可回复区级平台。对于电话无法联系到的诉求人,要上门与诉求人沟通,实在联系不到的在回复中注明本单位负责人电话以供诉求人联系。对于诉求人不满意的诉求,要深入分析不满意原因后继续办理直至诉求人满意为止;确实因客观原因无法令诉求人满意的,要查找法律或政策依据申请"五类诉求"。

2.迅速开展"回头办"行动。近期已清理出全年不满意工单共800件,于近日以督办函方式发到各责任单位,务请抓紧重新办理,并于2011年11月15日前办理至群众满意,我区将集中提请市级平台重审,以补回过去的扣分。不能如期按质完成的单位,请相关主要领导、分管领导同时向区委、区政府领导逐项报告说明;确因客观原因不能办结的工单,请对照市督查办要求,各自申请五类诉求;不满意工单较多的单位,要迅速成立专门班子,突击办理、回复诉求群众,争取群众的理解。

3.严格规范办理程序,主动做好协办工作。以往不满意工单中,部分是因为承办人员不按办理规范填报、回访、上报等原因造成发回重办。各单位要调整选派责任心强、综合素质高、群众工作能力强的同志到承办岗位;确因查办需要,涉及多部门协办的工单,各成员单位要主动配合做好协办工作。《区12345工作首接负责制实施办法(暂行)》根据三定方案并参照各区县办法已制定下发,既往下派的工单和今后工单分解将严格按首接负责制办理,严禁拒接工单、协而不办。对推诿不办造成不良后果的责任人,将严肃查处并提请问责。

中共南京市白下区委办公室
南京市白下区人民政府办公室
南京市白下区监察局
2011年10月24日

关于印发《白下区高层次科技创业人才集聚行动计划实施细则》的通知

白委办发〔2011〕39号

各党组、党(工)委,区机关各部门、各直属单位:

经区委、区政府同意,现将《白下区高层次科技创业人才集聚行动计划实施细则》印发给你们,请结合工作实际,认真贯彻落实。

中共南京市白下区委办公室
南京市白下区人民政府办公室
2011年10月24日

白下区高层次科技创业人才集聚行动计划实施细则

第一章 总 则

第一条 根据《白下区建设创新型城区行动纲要》精神,为实施白下区高层次科技创业人才集聚行动计划,制定本细则。

第二条 本细则所指的高层次科技创业人才是进入 “南京321计划”的领军型科技创业人才和科技创业家,以及在我区开展科技创业的国家“千人计划”和省“双创计划”入选者。

第三条 白下区高层次科技创业人才集聚行动计划的工作目标是:以战略性新兴产业、现代服务业发展和重点产业转型升级为导向,从2011年起,用5年时间,加快引进一批高层次科技创业人才,包括引进300名领军型科技创业人才,培养20名科技创业家,集聚10名国家“千人计划”和省“双创计划”创业人才。

第四条 在区人才队伍建设领导小组领导下,实施白下区高层次科技创业人才集聚行动计划。

成立区人才队伍建设办公室,设在区委组织部,负责统筹协调全区人才工作和推进实施人才强区战略,重点组织实施10名国家“千人计划”和省“双创计划”创业人才的集聚行动,牵头进行高层次科技创业人才引进培养的目标分解和工作考核。

成立区领军型科技创业人才引进计划专项办公室,设在区人社局,负责与市领军型科技创业人才引进计划专项办公室对接,重点协调和实施300名领军型科技创业人才引进工作,以及牵头协调落实领军型科技创业人才相关扶持政策。

成立区科技创业家培养计划专项办公室,设在区科技局,负责与市科技创业家培养专项办公室对接,重点协调和实施20名科技创业家培养工作,以及牵头协调落实科技创业家相关扶持政策。

按照“统一协调、分项落实”的原则,在区人才队伍建设办公室的牵头组织下,两个专项办公室负责受理领军型科技创业人才和科技创业家的引进培养、组织申报、政策兑现;街道、园区负责按照区人才队伍建设办公室下达的目标任务,明确专人负责,确保落实高层次科技创业人才的引进培养;各部门要按照职责分工,承担或落实相应工作。

第二章 申报条件

第五条 领军型科技创业人才申报。符合《南京市领军型科技创业人才引进计划》规定的海外留学归国人才、港澳台及外籍人才、国内高层次人才。分两类进行申报:

初创式申报人,是已经或计划在我区创办企业的主要负责人,个人投入企业的实收资本不少于100万元(含技术入股);

嫁接式申报人,须担任引进企业项目负责人以上职务,持有新设立企业30%以上的股份。

第六条 科技创业家申报。符合《南京市科技创业家培养计划》规定的条件,申报人是在我区创办企业的主要负责人,企业研发投入达到同等规模高新技术企业标准(即近三个会计年度的研发费用总额占销售收入总额的比例:最近一年销售收入小于5000万元的,不低于6%;在5000万元至2亿元的,不低于4%;在2亿元以上的,不低3%。其中在中国境内发生的研发费用总额所占比例不低于60%。企业注册成立时间不足三年的,按实际经营年限计算)。列入国家“千人计划”和南京市领军型科技创业人才引进计划的,优先组织申报。

第七条 国家“千人计划”和省“双创计划”人才申报。符合国家、省相应人才计划申报规定的条件,计划或已经在我区进行科技创业的高层次人才。

第三章 申报与评审程序

第八条 南京市领军型科技创业人才引进计划实行常年网上申报,每年集中评审两次。我区领军型科技创业人才申报由区人社局负责会同有关部门组织实施,主要程序如下:

1.组织发动。根据市相关公告,在全区范围内开展申报宣传动员,确保符合条件的高层次科技创业人才全部知晓申报工作。

2.报名登记。接受报名咨询,组织申报人登录南京市领军型科技创业人才申报系统按要求填写、提交申报材料。

3.资格初查。对申报人学历经历、科技成果、专利技术及企业注册信息等进行初步审核,将符合条件的申报材料提交市人社局。

4.技术评审和综合评审。配合市有关部门和专家做好技术评审及面试、实地考察工作,确定拟资助人员。

5.对接洽谈。区委组织部(人才办)、区人社局组织尚未落户的拟资助人员与街道、高新园区、企业进行项目洽谈。

6.公示公布。配合市人社局做好拟资助人员的公示工作。被正式列为引进计划的领军型科技创业人才,协调落实区级资助扶持。

第九条 南京市科技创业家培养计划实行网上集中申报，每年评审一次。我区科技创业家申报由区科技局负责会同有关部门组织实施，主要程序如下：

1.组织发动。根据市相关公告，在全区范围内开展申报宣传动员，确保符合条件的高层次科技创业人才全部知晓申报工作。

2.报名登记。接受报名咨询，组织申报人登录南京市科技创业家培养计划申报系统，按要求填写、提交申报材料。

3.资格初查。配合市科委对申报材料内容进行初步审核、认定，确定进入综合评审的人选。

4.综合评审和实地考察。配合市有关部门和专家做好综合评审和实地考察工作，确定拟培养人员。

5.公示公布。配合市科委做好拟培养人员的公示工作，被正式列入培养计划的科技创业家，协调落实区级资助扶持。

第十条 国家“千人计划”和省“双创计划”实行网上集中申报，计划的申报由区委组织部（人才办）负责会同有关部门组织实施，主要程序如下：

1.组织发动。根据中央、省相关公告，在全区范围内开展申报宣传动员，确保符合条件的高层次科技创业人才全部知晓申报工作。

2.报名登记。接受报名咨询，组织申报人登录国家“千人计划”网和江苏人才工作网，按要求填写、提交申报材料。

3.资格初查。对申报人学历经历、科技成果、专利技术及企业注册信息等进行初步审核，将符合条件的申报材料提交市委组织部（人才办）。

4.技术评审和综合评审。配合上级有关部门和专家做好技术评审和综合评审工作。

5.公示公布。配合做好拟扶持人员的公示工作。正式入选国家“千人计划”或省“双创计划”的科技创业人才，落实区级资助扶持。

第四章 政策兑现

第十一条 区人社局牵头负责针对领军型科技创业人才的政策兑现，根据领军型科技创业人才的扶持政策和发展需要，协调相关单位落实政策、提供服务。

1.入选市重点扶持项目的，市区共担兑现200万元的启动资金，按照市、区财政各50%的规定，由区财政局落实100万元的区级配套资金，并在此基础上另外拨付50万元的区级专项扶持；入选市扶持项目的，市区共担兑现100万元的启动资金，按照市、区财政各50%的规定，由区财政局落实50万元的区级配套资金，并在此基础上另外拨付30万元的区级专项扶持。

2.根据项目需求和市金融办的协调，入选市重点扶持项目的，区发改局落实不低于300万元的创业投资和不低于300万元的融资担保；入选市扶持项目的，区发改局落实不低于150万元的创业投资和150万元的融资担保。

3.为入选者提供不少于100平方米工作场所和不少于100平方米人才公寓，3年内免收租金或给予相应的租房补贴。高新园区引进或以街道名义引进但落户园区的，由园区负责落实。街道引进并就地落户需给予租房补贴的，由区财政局和项目引进街道按各50%的比例落实。

4. 区工商分局报请市工商局落实技术成果入股的相关规定以及企业法人资格和企业经营资格可相对分离事项。

5.根据人才需求，对从国内高校院所离岗来（在）白下创业的入选者，由区人社局报请市人社局协调其原单位为其保留三年原有身份，或由南京市按事业身份集中托管其档案；三年后，可协调其回原单位工作，或由南京市考核选拔，安排到市属高校等事业单位工作。

6.根据人才需求，区委组织部（人才办）报请市委组织部（人才办）为符合条件的入选者协调落实在宁高校院所教授、研究员岗位；区科技局报请市科委整合在宁高校院所研发资源，向入选者开放，并提供相关费用补贴；区人社局报请市人社局为入选者建立创新创业导师团，对入选者进行精细化培养，并提供导师津贴。

7. 区发改局报请市发改委落实对社会创投机构的奖励，对投资入选者项目期限超过2年的，按其投资总额的1%给予奖励。

8.区发改局报请市金融办落实以下项目：社会创投机构投资发生损失的，按实际投资损失的30%给予风险补偿；给予为入选者项目提供融资担保业务的社会担保机构累计担保额2.5%的补贴；给予入选者项目科技保险保费30%—50%的补贴；根据知识产权的评定分别给予50万元、100万元、200万元的知识产权质押贷款。

9.按市区现行财政体制有关规定，区财政局在入选项目获利之日起三年内，按企业所得税区级地方留成部分给予奖励。

10、对首次在我市购买自住商品房的入选者，区财政局按市区现行财政体制有关规定，按自入选之日起五年内个人所得税区级地方留成部分，给予购房补贴。

11.入选者符合有关政策规定进口境内不能生产或性能不能满足需要的部分科研设备及合理数量的生活自用物品，由区人社局报请市人社局协调南京海关给予免税优惠，或由区财政局按市、区财政各50%的比例按实际纳税额给予关税补贴。

12.区人社局报请市人社局落实为入选者及配偶、子女办理“南京蓝卡”，协调落实相关市民待遇及特殊政策；区公安分局报请市公安局为入选者办理相应期限的居留签注、许可或《外国人永久居留证》以及境外驾照换领；区卫生局报请市卫生局为入选者提供免费健康体检及疗养，设立医疗服务绿色通道；区教育局负责落实入选者子女区内入学事项及相关费用减免，协调区外学校就读事项。

第十二条 区科技局牵头负责针对科技创业家的政策兑现，根据科技创业家的扶持政策和发展需要，协调相关单位落实政策、提供服务。

1. 根据入选项目的实际需求，区发改局协调落实不低于1000万元的融资担保，并按当年实际还贷额度和银行基准利率，给予不超过两年的贷款贴息；引入社会创投资金的，根据企业实际需求，报请市金融办协调市科技创业投资基金按30%—50%匹配入股。

2.入选者所创企业进入企业加速器和中试基地的，免收2

年场地租金或给予同等额度补贴。高新园区引进或以街道名义引进但落户园区的，由园区负责落实。街道引进并就地落户需给予补贴的，由区财政局和项目引进的街道按各50%的比例落实。

3. 入选者创办企业参照执行国家高新技术企业所得税优惠政策，对企业所得税差额部分，区财政局根据市区现行财政体制规定，按区级地方留成部分给予补贴。

4.区发改局、区科技局报请市发改委、市经信委、市科委等落实涉及的市级产业和科技计划优先支持事项。

5.入选者企业新建市级“三站三中心”等的，给予20万元—100万元资助；新建省级以上“三站三中心”等的，按上级财政资助额 1:1 的比例给予配套奖励。以上资助和配套项目按市、区财政各50%比例，由区财政局落实区级资助和配套奖励。

6. 入选者及企业团队核心成员和科技领军人才首次在我市购买自住商品房的，根据现行市区财政体制的规定，按入选或引进之日起5年内个人所得税区级地方留成部分，由区财政局给予购房补贴。区科技局报请市科委对企业团队核心成员和科技领军人才进行认定。

7.区科技局报请市科委制定个性化培养专案，为入选者及其企业提供创业辅导和知名机构专业化咨询顾问服务，组织入选者在境内外开展科技创业专题培训，并给予培训费用和交通费用补贴。

8. 入选者同时享受领军型科技创业人才引进计划相关扶持政策。

第十三条 区委组织部(人才办)负责协调落实国家“千人计划”和省“双创计划”创业人才相关扶持政策。落户我区后入选国家“千人计划”的创业人才，区财政局拨付100万元的区级专项扶持，入选省“双创计划”的创业人才，区财政局拨付60万元的区级专项扶持。

第十四条 对尚未入选国家“千人计划”、省“双创计划”及“南京321计划”，但项目发展有良好预期的科技创业人才，为提高招商引才的成效，可特事特办给予适当的项目前端扶持。

1. 由科技型人才领衔的符合我区引进方向、发展前景较好、落户意愿需进一步争取的科技创业项目，为确保“留得下、留得住”，项目引进单位(街道、园区)可根据实际情况向区政府提出前端扶持申请，由区政府研究确定给予适当额度的启动资金扶持。

2.对部分具有新领域、新产业、新模式特征的科技创业重点项目，项目引进单位(街道、园区)可提请区科技局进行专家评审，由区科技局在一周内组织专家对项目的技术水平、团队能力和市场前景进行综合评估。根据专家评审意见，项目引进单位(街道、园区)在2日内向区政府提出前端扶持申请，由区政府研究确定给予适当额度的启动资金扶持。

3.区委组织部(人才办)、区发改局、区人社局、区科技局、区投促局共同参加科技创业重点项目的专家评审并结合专家意见为项目引进单位提出扶持建议。区科技局负责建立科技专家资源库，落实评审会议组织工作和专家评审费用。

4.街道引进的项目前端扶持额度为10万—30万元，园区引进的项目前端扶持额度为10万—100万元，前端扶持资金由项目引进单位(街道、园区)自行落实。前端扶持资金在项目注册落地时即日兑现，或由项目引进单位根据实际情况先行兑现。街道引进但落户园区项目和特别重大项目的前端扶持额度、资金来源由区政府另行专题研究。

5.已享受我区前端扶持的科技创业人才，在项目落地后如入选国家、省、市重点人才计划，分别由区委组织部(人才办)、区人社局和区科技局牵头，依本细则相关条款的标准提请区财政局补足区级专项扶持，不重复享受区级扶持。项目引进单位(街道、园区)拨付的前端扶持资金，由区财政局给予该单位等额补助。

第十五条 在落户我区创业之前已入选国家“千人计划”或省“双创计划”的科技创新创业人才，可在引进洽谈阶段由项目引进单位(街道、园区)向区政府提出特别扶持申请，由区政府明确意见后2日内由区财政局先行兑现100万或60万元的区级专项扶持，或在项目注册落地时即日兑现。该类人才中特别重大项目的扶持额度、兑现时间、资金来源可由区政府一事一议、另行明确。

第十六条 领军型科技创业人才由街道引进，但街道载体资源对项目的落地承载能力达不到要求的，必须优先向园区集中，街道负责、园区配合共同做好人才项目落地服务工作，引才指标各按50%纳入街道、园区统计考核。根据白政发〔2008〕280号文精神，引入企业产生的税收，30%纳入街道税收统计考核。

第十七条 除第十四条、第十五条规定的前端扶持和特别扶持项目外，其他区级配套或专项扶持与市级扶持政策同步兑现，一般在30日内完成。

第十八条 设立区“千人计划”人才开发奖，鼓励举荐已入选国家“千人计划”的人才落户我区进行科技创业，推荐引进并促成落户的，项目落户单位可对发挥关键作用的社会引荐人给予5万元奖励。

第十九条 加强扶持对象的持续跟踪服务，区委组织部(人才办)和区人社局、区科技局分类建立扶持对象绩效考核档案，实行项目进展和经营业绩的季报制度，加强扶持资金运作情况的跟踪，确保各项扶持政策与措施落到实处。

第二十条 本细则扶持政策与其他文件政策类同的，按就高但不重复原则享受。

第五章 组织保障

第二十一条 区委组织部(人才办)负责全区高层次科技创业人才引进培养的规划指导、协调推进，牵头建立并实施相关推进机制。

第二十二条 建立高层人才引进培养机制。构建党委政府领导、组织统筹协调、园区重点推进、街道全力落实、部门各司其职、社会广泛参与的高层次科技创业人才引进培养机制，提高党管人才的规范化、制度化、科学化水平；积极发挥两个专项办公室作用，协调相关职能部门，在信息服务、业务指导、政策落实、环境优化方面为园区、街道引进培养高层次科技创业人才创造条件；拓展引才渠道，组织开展或积极参加招才引智境内外推介会和各类引才活动。

第二十三条 建立人才工作合作交流机制。每年召开一次人才沙龙、海内外高端人才中介服务机构座谈联谊会、全市高校科研院所组织人事处长白下年会；深化实施与重点高校之间人才（干部）双向挂职锻炼；在区内建立人才工作例会制，交流信息，通报进度，推进工作。

第二十四条 建立人才政策宣传推介机制。利用新闻媒体广泛宣传白下发展环境和人才政策；制作白下人才政策对外宣传手册，整理汇编人才引进扶持政策；通过高招会、留交会等各类高层人才交流平台加强宣传；建立白下人才工作网，并整合区政府门户网站、招商网站相关栏目，加强人才政策和人才工作信息的推介，建立人才服务网上综合平台。

第二十五条 建立人才信息双向报送机制。区委组织部（人才办）和两个专项办公室加强和省、市部门的沟通，积极掌握高层次人才信息并实时向园区、街道推送。园区、街道每月向区委组织部（人才办）报送高层次科技创业人才信息采集表，区委组织部（人才办）负责区内外高层次科技创业人才信息的汇总分析和服务对接。

第二十六条 建立人才信息分类管理机制。按照区内、国内、海外标准分类建立全区高层次科技创业人才信息数据库，区内人才数据库涵盖已在白下工作的硕士或副高以上的高层次科技创业人才和后备高层次人才；国内人才信息数据库、海外人才数据库分别涵盖通过各类渠道掌握的符合我区产业发展方向、来区创业或为我所用可能性较大的国内、海外高层次科技创新创业人才。同时建立人才工作与科技创业专家库，发挥专家学者对我区人才工作和科技创业的智囊作用。对入库人才和专家，通过各种联络形式，大力宣传我区投资环境和人才引进政策。

第二十七条 建立高层人才挂钩服务机制。对我区已入选"南京321计划"或已初步具备入选条件的重点人才，由区四套班子领导分别挂钩联系，高位协调解决高层次科技创业人才在发展、生活等方面的问题；街道、园区要与人才同步建立专人、专线联系制度，加强与人才、企业的交流沟通，为高层次人才构建良好的公共关系平台；实施政策通报制度和问题调处办理制度，及时了解并掌握人才需求，着力为企业排忧解难；加强对企业文化建设的指导服务，为项目和人才提供更多人文关怀。

第二十八条 建立人才服务品牌创新机制。加强人才工作创新，导入项目管理理念，鼓励各单位在人才机制、人才引进、人才培养、人才服务等方面的立项创新。区委组织部（人才办）强化项目的跟踪督导，力争推出一批人才工作创新品牌，扩大人才工作效能。借助媒体有计划、有重点地开展人才工作创新理念、先进典型和成功经验等的宣传，营造人才发展的良好氛围。

第二十九条 建立人才工作督察落实机制。由区委组织部（人才办）和区纪委（督察办）开展经常性人才工作专项督察，督察对象为区人才队伍建设领导小组全体成员单位，重点督察各单位贯彻执行区高层次人才集聚行动计划情况、人才工作体制、机制完善及创新情况、指标任务完成情况。对督察中发现的问题，以《人才工作督察专报》形式报区委区政府。

第三十条 建立人才工作目标考核机制。实施人才工作年度目标分解和绩效考核，区委组织部（人才办）和两个专项办公室按照《白下区高层次科技创业人才集聚行动计划目标考核办法（试行）》，对区机关部门、街道和高新园区工作任务完成情况进行考核，结果报区人才队伍建设领导小组审定。

第六章 附 则

第三十一条 本细则由区人才队伍建设办公室负责解释。区机关各部门、街道、园区可根据本细则精神，制定出台相关工作制度。

第三十二条 本细则自下发之日起施行。

附件：白下区高层次科技创业人才集聚行动计划目标考核办法（试行）

关于印发《白下区建设创新型城区五年行动纲要》《白下区高层次科技创业人才集聚行动计划》《白下区科技创新创业载体建设行动计划》《白下区科技创业企业培育行动计划》《白下区科技创新创业服务机制建设行动计划》等五个文件的通知

白委发〔2010〕57号

各党组、党（工）委，区机关各部门、各直属单位：

《白下区建设创新型城区五年行动纲要》《白下区高层次科技创业人才集聚行动计划》《白下区科技创新创业载体建设行动计划》《白下区科技创业企业培育行动计划》《白下区科技创新创业服务机制建设行动计划》等五个文件已经区委、区政府研究同意，现印发给你们，请认真贯彻落实。

中共南京市白下区委员会
南京市白下区人民政府
2011年9月15日

白下区建设创新型城区五年行动纲要

面对空间资源有限、传统产业优势减弱、环境约束趋紧的发展困境，依靠投资驱动的传统增长模式，已不能适应白下率先基本实现现代化、走在全市“三个争第一”前列的新目标新要求；面对南京聚焦“四个第一”，加快发展创新型经济和服务经济的第三次重大机遇，唯有进一步发挥中心城区的优势，坚定创新驱动，让科技、人才成为经济发展的主动力，让科技创新创业成为经济增长“倍增器”、发展方向“转换器”和产业升级“助推器”，才能真正实现转型跨越，又好又快地推进现代化建设。当前全国42个城市已启动创新型城市建设，南京市作出了打造中国人才与科技创新名城的重大决定，为贯彻落实中共南京市委十二届二十二次全会和区第十次党代会精神，着力增强区域创新能力，率先建成创新型城区，特制定本行动纲要。

建设创新型城区，就是把创新驱动作为白下经济社会发展的核心战略，发挥好人才第一资源、教育第一基础、科技第一生产力、创新第一驱动力的作用，推动区域创新人才集聚、创业效益明显、创造活力迸发、创优氛围浓郁，在创新基础、创新能力、创新环境等综合创新水平上居于全市前列，着力打造一批具有国际竞争力、引领产业发展的科技创新企业，成为南京乃至全省创新型服务业发展标志区、科技金融创新发展示范区，建成科技创新创业活跃、古都历史文化彰显、现代都市气息浓郁、国际化新形象初显、群众更具幸福感和归属感的创新型城区，实现老城区复兴，再创黄金发展期。

一、指导思想

全面贯彻落实科学发展观，深入实施创新驱动战略，坚持人才引领、科技创业、制度先试、园区先行，以高层次领军型人才培养引进为重点，引领创新型城区建设；以产业技术创新为主攻方向，加快建立现代产业体系；以载体建设为重要抓手，着力优化创新发展空间布局；以体制机制创新为根本保障，加快营造创新创业环境，坚定走具有白下特色的“创新驱动、内生增长、绿色发展”之路，推进创新型城区的建设。

二、行动准则

——坚持解放思想。培育创新精神，强化创新引领，突破束缚，大胆创新，按照“先行先试”的精神，不为定势所困，不为视野所限，不为困难所惧，敢闯敢冒，持之以恒地推进创新驱动。

——坚持整体推进。坚持以科技创新为核心推进全方位创新，集聚创新型人才、建设完善创新创业载体、培育科技创业企业、搭建创新服务平台、创新体制机制，全面推动创新发展。

——坚持重点突破。按照“有所为有所不为”的原则，集中有限资源，突出工作重点，在具有相对优势的关键领域争取重大突破，着重推动传统产业提档升级与创新型服务业的突破，在重点领域实现跨越式发展。

——坚持以人为本。以人才引领来推进创新型城区建设，把建设创新型城区与解决居民就业创业、增加居民财富、共享经济社会发展成果结合起来，与促进社会事业发展结合起来，与转变生产生活方式、完善城区基础设施结合起来，构建更加和谐稳定的创业、工作和生活环境。

——坚持市场化运作。坚持市场机制调节和政府引导推动相结合，充分发挥市场在资源配置中的基础性作用，突出企业在创新型城区建设中的市场主体地位，通过规划、政策等手段加强政府引导与实施，不断增强区域经济活力和整体竞争力。

三、发展目标

今后五年，通过加快创新型城区建设，努力实现四个新突破：

1.在发展创新型服务业上实现新突破。加快建设全省现代服务业中心标志区，到2015年，创新型服务业增加值占服务业增加值比重达30%；科技服务业总收入翻两番。

2. 在引进创新型人才和培育创新型企业上实现新突破。到2015年，实现高层次人才占比翻一番；在孵科技企业数翻两番。

3.在构建区域创新体系上实现新突破。到2015年，构建较为完善的创新体系，全社会研发投入占地区生产总值比重达到4.5%，发明专利授权量翻两番。

4.在创新体制机制上实现新突破。坚持制度先试、政策再造、环境优化，建立健全组织保障机制、责任机制和考核机制。到2015年，科技进步贡献率达60%以上。

四、空间布局

以一批特色鲜明的现代服务业集聚区为重要依托，以两个科技创业特别社区为主要载体，以大学科技园、创新中心等为重要支撑，大力推动大学校区、产业园区（包括现代服务业集聚区、科技创业特别社区、大学科技园和创新中心）、公共社区“三区融合”、“联动发展”。

五、实现路径

通过实施高层次科技创业人才集聚行动计划、科技创新创业载体建设行动计划、科技创业企业培育行动计划、科技创新创业服务机制建设行动计划等四大行动计划，加快建设现代服务业集聚区、科技创业特别社区、大学科技园、创新中心等载体；大力引进人才技术，着力建设孵化器、加速器；完善公共服务、专业服务、政府扶持等服务体系；加快体制机制创新，实现资源集聚整合、企业孵化培育、环境优化提升、产业提档升级，推进创新型城区建设。

六、重点任务

（一）加快产业技术创新，着力构建现代产业体系

1.巩固提升现有产业优势。深入实施现代服务业提速计划，大力发展金融业、现代商贸业、商务服务业、文化创意业等产业。力争到2015年，全区服务业增加值占GDP比重达95%。

2.推动电子商务业跨越发展。充分发挥新街口众多著名商业企业的品牌效应，利用线下门店的信用优势，大力推广第三方专业化电子商务平台及开放式移动电子商务平台，积极发展基于网络的消费者网上购物、商户网上交易、电子在线支付和各种商务交易活动的综合网络信息服务平台。

专栏一:电子商务业建设目标

建设要点:扶持领军型企业建立电子商务平台。建设“网上新街口”、“移动商圈”平台并投入运营。打造以电子商务为特色的光华科技园,培育一批骨干电子商务企业,建设中小型电子商务企业集聚地
到2012年,新街口网络销售额达到100亿元
到2013年,新街口网络销售额达到180亿元
到2014年,新街口网络销售额达到300亿元
力争到2015年,新街口网络销售额达到400亿元,成为全省重要的电子商务企业集聚地

3.着力培育新一代信息技术产业。加快发展云计算服务和物联网应用,培育形成一批云计算、物联网软件和运营服务重点企业,重点突破云计算和物联网关键核心技术,拓展服务应用市场,鼓励在政府公共服务、城市管理等领域开展示范应用。

专栏二:新一代信息技术产业建设目标

建设要点:扶持龙头企业,全力支持企业打造云存储系统、智能监控、图像识别示范等工程,快速提升业内知名度及产业规模,形成一批在全国范围拥有较高知名度的服务提供商
到2012年,实现新一代信息技术产业主营业务收入55亿元
到2013年,实现新一代信息技术产业主营业务收入65亿元
到2014年,实现新一代信息技术产业主营业务收入80亿元
到2015年,实现新一代信息技术产业主营业务收入100亿元

4. 积极发展研发设计业。坚持设计创新和技术创新相结合,围绕南京市战略性新兴产业发展重点,大力培育智能交通、航空研发等产业,加快形成具有白下特色的设计创新体系和一流的研发设计中心。

专栏三:研发设计业建设目标

建设要点:发挥在智能交通、航空研发领域的技术优势,在空中管制系统、城市交通管理系统、车辆信息管理系统等领域形成重点产品集群,实现包括车辆智能化、公共交通智能等项目产品的研发和工程项目的总体总包
到2012年,实现研发设计业主营业务收入50亿元
到2013年,实现研发设计业主营业务收入60亿元
到2014年,实现研发设计业主营业务收入70亿元
到2015年,实现研发设计业主营业务收入85亿元

5.大力发展科技服务业。建立以资产为纽带,专业化分工协作,产学研主体和科技创新服务机构的利益共享机制,构建技术、市场、资本融合的科技服务产业链。积极推动科技服务业与高端制造业相融合,促进产业链向研发和服务两端延伸。引导各类科技中介加快发展,积极培育科技成果转化、科技信息咨询与管理、科技金融、知识产权等服务企业和机构。

专栏四:科技服务业建设目标

建设要点:重点培育、集聚一批从事科技企业孵化、科技信息咨询、科技金融、知识产权、检验检测等科技服务的企业和机构
到2012年,科技服务业总收入达10亿元
到2013年,科技服务业总收入达13亿元
到2014年,科技服务业总收入达16亿元
到2015年,科技服务业总收入达20亿元

(二)加快区域融合联动发展,着力优化创新发展空间布局

立足区位特点、资源禀赋和创新基础,依托区域高校创新资源、信息资源与人才资源,将产业园区(现代服务业集聚区、科技创业特别社区、大学科技园、创新中心)建成资源整合、成果转化、技术转移、企业孵化的创新创业载体。

6.加快形成一批特色鲜明的现代服务业集聚区。以新街口功能提升为核心,以高品质楼宇为依托,加快发展商务服务、总部经济、金融业、文化创意、酒店旅游业等现代服务业,打造金融集聚区、总部经济集聚区、都市旅游产业区、演艺文化产业区等一批特色鲜明的现代服务业集聚区。大力发展集购物、休闲娱乐、商务办公为一体的新型城市综合体。

专栏五:现代服务业集聚区建设路径

建成江苏银行总部大厦、苏宁电器广场、金鹰三期、中城国际广场、和睿大厦、水平方等一批重大项目

7.全力打造紫金(白下)科技创业特别社区。以高新园区为龙头,接受城市中心和麒麟生态科技城的共同辐射,建设科技创业特别社区,形成创新产业、创新人才的集聚高地。完善大学校区、高新园区与周边社区的协作配套能力,打造高层次教育配套设施与商贸设施。以光华路为轴,引导解放军理工大学、熊猫通信工业园等驻区单位串联打造都市产业园带,形成“三区融合”、“联动发展”的良好局面。

专栏六:紫金(白下)科技创业特别社区建设路径

2011 年,新增载体面积 15 万平方米

2012 年,新增载体面积 20 万平方米

2013 年,新增载体面积 13 万平方米

2014 年,新增载体面积 15 万平方米

到 2015 年,特区核心区(高新园区)载体建设面积达到 70 万平方米,辐射带动周边创业载体 26 万平方米,特区核心区(高新园区)培育科技创业企业 500~700 家,毕业企业 250 家

8.大力推动中航科技城创新创业基地建设。在北至中山东路、西到龙蟠中路、东到中山门城墙、南至瑞金路和蓝旗街的约 2 平方公里范围内,建设以南京航空航天大学、中航科技城为核心,以航空科技研发、现代电子信息技术为主导产业的“中航科技城创新创业基地”。聚集高端航空科技人才,引导推动 5311 厂、南京工业职业技术学院等社会资源建设科技创新创业载体,形成以航空研发为主题,带动多个产业领域发展的产业集群。

专栏七:中航科技城创新创业基地建设路径

2011 年,新增载体面积 3 万平方米

2012 年,新增载体面积 3 万平方米

2013 年,新增载体面积 2 万平方米

2014 年,新增载体面积 3 万平方米

到 2015 年,中航科技城创新创业基地载体面积达到 20 万平方米,培育科技创业企业 150 家,毕业企业 100 家

9.共同建设大学科技园。引导高校创新资源向大学科技园转移,顺畅创新与创业、创新与产业的成果转化渠道,建设高新技术企业孵化、创新创业人才培养集聚的重要载体。

专栏八:大学科技园建设路径

南京理工大学科技园,建设导向:成果转化及产业化、科技企业孵化(智能交通与军民两用技术),2011 年完成市审核

南京航空航天大学科技园,建设导向:成果转化、大学生创业与孵化(航空科技研发),2012 年年底启动,2013 年完成 0.5 万平方米建设

江苏经贸职业技术学院大学科技园(光华路校区),建设导向:成果转化、科技企业孵化(互联网与电子商务),2011 年启动,2011 年年底完成 2 万平方米建设;2011 年完成认定

南京工业职业技术学院大学科技园(中山东路校区),建设导向:成果转化、科技企业孵化(软件与信息技术),2011 年启动并于年底完成认定。2012 年完成中山东路校区建设,2014 年完成军农路校区建设

10.建设战略性新兴产业创新中心。按照“创新、高效、务实、包容”的原则,采取“产业技术研究院+学科型公司”的院地、校地结合模式,建设产业创新中心,促进高校院所优势学科知识技术化、核心共性技术工程化,加快技术成果产业化进程。

专栏九:战略性新兴产业创新中心建设路径

与中电科 28 所共建通用航空产业创新中心

与中电科 55 所共建微电子产业创新中心

与江苏华东地质建设集团共建地下空间管理与控制创新中心

与江苏省交通规划研究院共建智能交通创新中心

与南京航空航天大学共同建设航空科技产业创新中心

11.建设新型孵化服务体系。实施"跃升"和"孵鹰"两大计划，建立从预孵化—创业孵化—加速孵化的全程孵化服务链，打造从创业苗圃—孵化器—加速器的完整孵化服务载体。根据各街道都市产业园区、企业集聚区的发展定位，选择建立综合型、专业型孵化器。按照"创业导师+专业孵化+创业投资"服务模式，营造适合科技创业的局部优化环境，提高创新创业企业的成活率和成功率。

专栏十：孵化器建设路径
2012年，完成南京工业职业技术学院（中山东路校区）、紫荆大厦、高新园区孵化大楼市级综合孵化器认定
2013年，完成国际人才创业大厦市级综合孵化器认定
2014年，完成云计算中心市级综合孵化器认定
到2015年，建成南京工业职业技术学院、紫荆大厦、高新园区孵化大楼、国际人才创业大厦、云计算中心等市级科技企业孵化器

（三）大力引进培养高层次人才，引领创新型城区建设

12.大力引进人才。推进白下"321"人才计划，坚持人才引领，实施人才优先发展策略，依托现代服务业集聚区、科技创新创业特别社区、大学科技园、创新中心等载体，引进领军、紧缺科技创业人才，培养一批具有示范引领作用的科技创业家。

13.培养重点人才。通过政策支持、环境改善、平台搭建、社会氛围营造等措施，抓好拔尖人才培养工程，重点培育一批优秀创新人才和团队，调动创新主体带动区域发展的积极性和创造性，引领和激发全社会的创新活力。

14.探索"创新在高校、创业在园区"模式。鼓励人才在高校、园区之间双向流动，努力实现人才与产业融合、人才与环境融合、人才与文化融合，建成创新创业活跃、高层次人才向往汇聚的人才宜聚城区。

15.建立人才评价激励机制。把握不同领域创新型人才的特点和成长规律，改革和完善人才评价方法，探索人才资本产权激励办法，鼓励创新型人才以专利、发明、技术、资金等要素投资入股并参与分配，完善重实绩、重贡献的薪酬激励机制。

专栏十一：引进培养人才路径
制订出台年度《人才项目评审制度》《高层次创新创业人才名册》《项目评审专家库》《创业导师库》
成立"特区创业精英俱乐部"与"海归英才沙龙"
>筹办好软博会的主题论坛——"首届中国云计算大会"和留交会主题论坛，组织参加各类引才活动。组织开展招才引智境内外推介会和各类引才活动
到2012年，引进海内外领军型科技创业人才达80名以上
到2013年，引进海内外领军型科技创业人才达150名以上
到2014年，引进海内外领军型科技创业人才达220名以上
到2015年，引进海内外领军型科技创业人才达300名，培养科技创业家达20名，集聚国家"千人计划"和省"双创计划"人才达10名

（四）发挥自主创新主体作用，加快科技创业企业培育

16.培育科技创业企业。发挥载体集聚功能，吸纳整合区域创新资源，通过打造研发、孵化、试制等功能完备的产业载体，提供良好的公共服务和专业服务，大力扶持培育科技企业快速成长，打造一批规模成长型企业和行业龙头企业，提升区域科技企业规模实力。

专栏十二：科技企业培育路径
制定企业培育辅导计划；建立拟上市企业动态数据库，按分类和梯度实行动态管理
到2012年，引进、培育科技创业企业200家左右，力争培育2家科技型企业上市
到2013年，引进、培育科技创业企业400家左右，力争培育3家科技型企业上市
到2014年，引进、培育科技创业企业700家左右，力争培育5家科技型企业上市
到2015年，引进、培育科技创业企业1000家，培育高新技术企业、创新型企业100家，力争培育9家科技型企业上市

17. 增强自主创新能力。鼓励企业引进国内外先进技术装备，引导企业不断增加研发经费投入，大力开展技术改造，努力实现从引进消化吸收再创新转向自主创新、从面向自身发展转向引领行业发展。支持企业建立工程技术研究中心、技术中心，促进各类创新要素向创新型企业集聚，帮助企业特别是创业企业和中小企业开发新产品，优化产品结构，提高市场竞争力。

专栏十三:增强自主创新能力路径

到 2012 年,建成企业技术中心、工程技术研究中心等企业创新平台 16 个
到 2013 年,建成企业技术中心、工程技术研究中心等企业创新平台 29 个
到 2014 年,建成企业技术中心、工程技术研究中心等企业创新平台 42 个
到 2015 年,建成企业技术中心、工程技术研究中心等企业创新平台 60 个,引进世界 500 强和中国 500 强企业研发机构 5 家

18.实施名牌带动战略。按照“政府培育、企业自主、市场运作、政策扶持”的原则,扶持科技型中小企业技术创新和管理创新,形成一批拥有自主知识产权和知名品牌、具有核心竞争力的创新型企业。

(五)构建创新服务体系,营造良好的创新环境

19.政务服务平台。以满足企业和人才的需求为目标,以建设开放式政务服务为重点,着力提高行政效率和服务水平,减少行政审批项目,提高政府服务效能,推进审批、许可、监管的快速高效衔接,提高执行力,提高行政透明度和行政效率,为区域创新提供优良的服务。

专栏十四:政务服务平台建设路径

整合区行政服务中心、区投资促进中心两个载体,建立创新创业服务专区,实行“一厅办理、一章通关”
建立创新服务、产学研合作、技术服务为一体的企业网上服务平台

20.专业技术平台。引导大学、研究所利用现有的国家工程研究中心、国家重点实验室、省部级重点实验室,以及驻区企业的“院士工作站”、“博士后工作站”和高端技术实验平台,向全区企业开放大型科学仪器、分析检测设备,提供技术服务、检测等开放性专业服务,为科技创新创业企业发展提供专业技术服务。

21.科技金融平台。创新财政支持科技金融投入方式,建立以科技创业种子基金、创投基金(公司)、科技小贷公司等为支撑的区级科技金融服务平台,提高财政资金使用效益;通过政策引导、资金参股和风险补偿等手段,培育和引进一批担保机构、小额贷款公司、融资租赁公司等新型金融机构,鼓励创业投资机构落户与投资,鼓励各类创业投资基金集聚。

专栏十五:科技金融平台建设路径

设立“白下区科技创业种子基金”、“白下区科技创业投资引导基金”
2012 年,力争引进 10-20 家风投、创投等金融机构参与区域科技型企业孵化。引进各类股权投资基金 1-2 家,规模超过 20 亿元
2013 年,力争新引进 10 家风投、创投等金融机构参与区域科技型企业孵化。引进各类股权投资基金 1-2 家,规模超过 40 亿元
2014 年,力争新引进 10 家风投、创投等金融机构,分别筛选区域内企业 30 家和 VC、PE 对接。引进各类股权投资基金 2-3 家,规模达到 60 亿元
到 2015 年,引进各类股权投资基金规模突破 100 亿元;各类融资性担保机构、小额贷款公司力争形成 30 亿元资本金规模。为区域内中小企业提供 50-80 亿元规模的融资、投资及担保等金融服务

22.政策服务平台。细化和落实国家、省市创新发展相关政策,积极争取省市各类政策扶持,制定出台各类专项扶持政策,逐步形成较为完善的政策体系。

专栏十六:政策服务平台建设路径

制定人才引进、企业培育、载体建设等专项政策
做好与省市政策衔接,积极争取上级政策扶持
建立政策会审制度,对政策执行情况进行会审,并逐年对政策修订完善

七、保障机制

23.组织领导。成立区创新型城区建设领导小组,建立定期协调会商制度,研究解决创新型城区建设中的重大问题,协调特别社区、各街道等建设主体之间关系,建立统筹有序的推进秩序;成立科技创业特别社区管理委员会,具体负责特别社区建设推进工作。

24.责任机制。

——建设主体责任。特别社区管委会及各街道作为创新型城区建设主体,具体负责创新型城区建设各项工作,管委会和街道有权对区各部门提出工作内容和工作要求,并将其列为督查问责事项。特别社区管委会及各街道对企业、人才实行“保姆式”服务,负责会同区委组织部、区科技局对科技型企业及高层次人才进行认定,并与四个牵头部门衔接,做好“一章通关”服务以及政策落实等有关工作。

——牵头部门责任。四大行动计划分别由区委组织部、区发改局、区科技局、区投促局牵头推进,牵头部门要明确年度和

季度推进计划，将计划分解落实到特别社区管委会、各街道和各直接责任部门，并组织推进；牵头部门要与上级对口部门积极沟通，争取省市各项政策，并在园区规划、项目审批、人才认定、企业培育等方面积极争取上级支持。

——区各部门责任。有分解任务的各直接责任部门要围绕目标任务抓好落实，要明确推进计划和工作措施；区其他部门要围绕各自职能，发挥主动性、积极性和创造性，为创新型城区建设提供多方位支持和服务。

25.考核机制。以简政放权为核心，积极发挥特别社区和街道的主体作用，明确工作重点，对特别社区管委会和街道分别制定专门的考核方案，实施差异化考核；各牵头部门、直接责任部门创新型城区目标任务完成情况纳入年度考核，重点考核市对区下达的指标任务完成情况、为园区和街道服务情况以及为人才和企业服务情况。

26.营造创新文化环境。借鉴吸收发达国家和地区的创新文化理念，增强社会公众创新创业意识，积极营造先行先试、敢于突破常规、敢于超越、宽容失败的创新氛围，做到干事有激情、做事高标准、遇事敢负责、处事能坚韧，合力推动创新型城区建设。

白下区高层次科技创业人才集聚行动计划

为大力实施创新驱动战略，充分发挥人才对全区经济社会发展的引领带动作用，努力集聚高层次科技创业人才，特制定白下区高层次科技创业人才集聚行动计划。

一、行动目标

为加快打造创新型城区，“十二五”期间，白下区将重点依托两个科技创新创业基地、四个大学科技园、五个战略性新兴产业创新中心，实施白下“321”高层次科技创业人才集聚行动计划，即到2015年，引进海内外领军型科技创业人才300名，培养科技创业家20名，集聚国家“千人计划”和省“双创计划”创业人才10名。

二、引进对象

本集聚行动计划所称的高层次科技创业人才是指在我区电子商务、新一代信息技术、设计研发等战略性新兴产业领域和科技服务业等重点领域开展科技创业，并进入南京“321计划”的领军型科技创业人才和科技创业家，以及在我区开展科技创业的国家“千人计划”和省“双创计划”入选者。

南京领军型科技创业人才每年集中评审两次，由市人社局组织实施。区人社局具体负责组织、指导我区领军型科技创业人才的引进和申报。申报人需具有硕士以上学位或副高以上职称，且符合下列条件之一：

（一）国际国内某一学科、技术领域内的学术技术带头人，拥有市场开发前景广阔、高技术含量的科研成果；

（二）拥有独立自主知识产权或掌握核心技术，技术成果国际先进国内领先，具有市场潜力并能进行产业化生产；

（三）具有海内外自主创业经验，熟悉相关产业领域，能带技术、带项目、带资金来（在）白下创业。

其中，下列人员可直接列入南京领军型科技创业人才引进对象：

（一）中国科学院院士、中国工程院院士，国家“千人计划”特聘专家、江苏省“双创计划”入选者；

（二）在世界500强企业担任中级以上职务或中国500强企业担任高级职务的专业技术人才和经营管理人才；

（三）在国外著名高校、科研院所担任相当于副教授以上职务的专家学者；

（四）全国“985”、“211”高校和在宁高校、科研院所的教授、研究员。

南京科技创业家每年集中评审一次，由市科委组织实施。区科技局具体负责组织、指导我区科技创业家的引进和申报。科技创业家同时享受领军型科技创业人才引进计划的相关政策。申报人需入选国家和省市重点人才计划，且具备下列条件：

（一）具有国际化视野和持续创新能力，拥有核心自主知识产权，技术成果在国内外处于领先地位；

（二）项目有良好的市场前景，初步具备规模生产、实现产业化的条件。

国家“千人计划”和省“双创计划”创业人才是指入选国家、江苏省重点人才计划，拥有自主知识产权或掌握核心技术，具有海外自主创业经验，熟悉相关产业领域和国际规则的创业人才。

三、创业方式

（一）初创式

由海内外高层次科技创业人才来（在）白下自主创办企业，或以技术成果作价和自带资金入股投资为主、社会资本参股共同创办企业。同时担任创办企业的主要负责人，个人投入企业的实际资本不少于100万元。

（二）嫁接式

由本地企业引进海内外高层次科技创业人才，受聘担任引进项目负责人以上职务，同时持有不少于20%的企业股份或期权，能连续为企业服务3年以上。

四、扶持政策

（一）企业初创扶持

经市级评审入选的创业项目，分为重点扶持项目和扶持项目。

1.高层次科技创业人才入选南京“3000人计划”重点扶持项目的，在市级给予200万元启动资金（其中区财政需承担100万元）的基础上，区级再给予50万元的专项扶持。根据项目需求，依托区科技创业种子（天使）投资基金和区科技创业投资引导资金，与市金融办共同落实不低于300万元的创业投资和不低于300万元的融资担保。（责任单位：区发改局、区财政局、区人社局、区科技局）

2.高层次科技创业人才入选南京“3000人计划”扶持项目的，在市级给予100万元启动资金（其中区财政需承担50万元）的基础上，区级再给予30万元的专项扶持。根据项目需求，依托区科技创业种子（天使）投资基金和区科技创业投资引导资金，与市金融办共同落实不低于150万元的创业投资和不低

于150万元的融资担保。(责任单位:区发改局、区财政局、区人社局、区科技局)

3.入选国家“千人计划”的创业人才,区级给予100万元的专项扶持,入选省“双创计划”的创业人才,区级给予60万元的专项扶持。同时入选国家“千人计划”、省“双创计划”和市“321计划”的,按最高标准给予专项扶持,不重复资助。(责任单位:区人才办、区财政局)

4. 为高层次科技创业人才提供不少于100平方米的办公用房和不少于100平方米的人才公寓,3年内免收租金或给予相应的租房补贴。(责任单位:区人社局、区科技局、区财政局、高新园区、相关街道)

5.技术成果入股的,协调市工商局按不高于注册资本70%作价入股;增资时,技术成果入股投资比例不作限制。申领企业法人营业执照时,企业法人资格和企业经营资格登记可相对分离。(责任单位:区工商分局)

(二)科教特色扶持

协助市人社局、市科委为高层次科技创业人才提供以下科教特色扶持:

6.协调区域内高校、科研院所每年拿出一定的教授、研究员岗位,提供给有意向且符合条件的高层次科技创业人才。(责任单位:区人社局)

7.整合区域内高校、科研院所图书资料、研发平台和公共技术服务平台,向高层次科技创业人才开放。(责任单位:区科技局)

8.由成功企业家和科技创业家组成创业导师团,与高层次科技创业人才进行结对辅导。(责任单位:区人社局)

(三)金融财税扶持

9.高层次科技创业人才创办企业获利之日起3年内,企业所得税地方留成部分给予全额奖励。(责任单位:区人社局、区科技局、区财政局)

10. 高层次科技创业人才首次在我市购买自住商品房的,按入选市“3000人计划”之日起5年内个人所得税地方留成部分给予购房补贴。(责任单位:区人社局、区科技局、区财政局)

11.高层次科技创业人才符合有关政策规定进境的部分科研设备和合理数量的生活自用物品,协助市人社局协调海关部门免征进口税收,或由区财政给予50%税费补贴。(责任单位:区人社局、区科技局、区财政局)

12. 为科技创业家提供企业加速器和中试基地,并免收2年场地租金或给予同等额度补贴。(责任单位:区科技局、高新园区、相关街道)

13.科技创业家创办企业参照执行国家高新技术企业税收优惠政策,企业所得税区级差额部分由区财政给予全额补贴。(责任单位:区科技局、区财政局)

14.科技创业家企业新建省市级“三站三中心”以及承担省级以上产业和科技专项的,区财政按50%比例兑现资助和落实配套奖励。(责任单位:区科技局、区财政局)

(四)特别政策扶持

15.为强化招商引智的竞争优势,确保人才引进和项目落地,可对项目发展有较好预期,但尚未入选国家“千人计划”、省“双创计划”及市“321计划”的科技创业人才,由项目引进单位提出特别扶持意见,报区政府研究确定后先行给予适当额度的资金扶持;同时建立高效、专业的项目初审机制,对部分新兴产业项目的技术水平和市场前景,依托科技专家资源库,组织相关专家论证初审后,由项目引进单位向区政府提出特别扶持意见。(责任单位:区科技局、区财政局、高新园区、相关街道)

16.已享受预先扶持的科技创业人才,在项目落地后入选国家、省市重点人才计划,依据本计划相关条款的相应标准资助补足,不再重复资助。(责任单位:区人才办、区人社局、区科技局、区财政局)

17.对特别优秀人才,可按“一事一议、灵活处理”的原则,在扶持标准和兑现时间上进一步放宽。(责任单位:区人才办、区人社局、区科技局、区投促局、区财政局、高新园区、相关街道)

(五)生活配套服务

18.协助市人社局为入选者及配偶、子女办理“南京蓝卡”。(责任单位:区人社局)

19.高层次科技创业人才子女需在我区入托及义务教育入学的,安排就读区内公办学校,免收国家规定以外的任何费用。要求在本区民办学校和本市其他区县就读的,帮助协调解决。就读国际学校或国际班的,按公办教育生平均经费标准给予补贴。(责任单位:区教育局)

20.高层次科技创业人才及配偶、子女在区属医院享受医疗绿色通道服务。(责任单位:区卫生局)

五、目标考核

坚持定量考核和定性评估相结合、综合测评和民意调查相结合,制定考核办法,确立全区人才引进考核评价体系。

(一)对高新园区、各街道的考核。园区、街道是全区人才引进的主要平台,结合各单位的引才目标,对园区、街道完成白下“321”人才计划目标任务情况进行定量考核,完成年度目标,得相应分值;未完成,按比例扣分;超额完成,按比例加分。对园区、街道组织领导、工作体系、人才投入、人才服务等情况开展定性评估,主要对照考核内容,综合实际,给定相应分值。(责任单位:区人才办)

(二)对各职能部门的考核。职能部门必须切实为园区、街道的招才引智工作提供指导、支持和服务,由园区、街道对职能部门政策兑现、工作指导、服务创新情况进行综合测评;由科技创业人才对职能部门的服务水平和服务质量进行满意度打分。(责任单位:区人才办)

(三)考核结果的运用。综合测评考核结果纳入全区经济和社会发展目标考评体系,作为各单位党政领导班子和领导干部年度考评、选拔任用及有关奖惩的重要依据。(责任单位:区委组织部、区人才办、区发改局)

六、组织保障

(一)加强组织领导

1.成立区人才工作办公室,设在区委组织部,负责统筹协调全区人才工作和推进实施人才强区战略,重点组织实施10

名国家“千人计划”和省“双创计划”人才的集聚行动，牵头组织绩效考核，并负责制定和落实区、部门领导与入选者挂钩服务制度。

2.成立区领军型科技创业人才引进计划专项办公室，设在区人社局，负责与市领军型科技创业人才引进计划专项办公室对接，重点协调和实施300名领军型科技创业人才引进工作，以及牵头协调落实领军型科技创业人才相关扶持政策。

3. 成立区科技创业家培养计划专项办公室，设在区科技局，负责与市科技创业家培养专项办公室对接，重点协调和实施20名科技创业家培养工作，以及牵头协调落实科技创业家相关扶持政策。

4.按照“统一受理、分项办理”的原则，在区人才队伍建设办公室和两个专项办公室的牵头组织下，各部门、园区、街道按照职责分工，承担或落实相应工作。

（二）明确工作责任

5. 区人才工作办公室要会同各专项办公室和招才引智重点部门，着眼我区重大战略决策、产业发展计划、重点建设项目以及重点产业领域，开展高层次人才需求调查，编制引才目录和服务手册，通过各人才中介机构、人才市场网以及海外专业协会广泛发布。坚持“请进来”和“走出去”相结合，不断拓宽引才渠道，提高引才成效。两个专项办公室前移服务关口，建立对有发展前景的高层次科技创业人才的预评初审机制。

6.区机关各部门、园区和街道结合自身实际，按照行政服务“效率最高、服务最优”的要求，进一步细化实施办法，主要领导对人才引进工作负总责；设立专门机构，配备专职人员具体实施白下“321”人才工作计划；明确“十二五”期间人才集聚年度推进任务，细化工作责任，制定工作方案，落实具体措施，确保白下“321”人才计划各项目标任务全面完成。

（三）营造浓厚氛围

7.强化我区人才引领战略的宣传引导，在全区范围内营造激励创新、鼓励创业、尊重人才、善待人才的浓厚氛围。

8.大力宣传白下“321”人才计划及相关政策，及时总结推广典型事例、创新做法，促成创新成果不断涌现、创新创业人才不断集聚。

本计划由区人才工作办公室负责解释。此前规定与本计划精神不一致的，以本计划为准。

白下区科技创新创业载体建设行动计划

为最大限度地开发、利用现有创新创业载体资源，努力创造适合科技创业的条件，现就实施科技创新创业载体建设行动制定以下计划。

一、行动目标

至“十二五”末，建设两个基地，即高新园区科技创业基地和中航科技城创新创业基地，并在高新园区科技创业基地内倾力打造紫金（白下）科技创业特别社区。在全区范围内，合作建设4个大学科技园、5个战略性新兴产业创新中心，通过市级以上认定的科技企业孵化器5家，建设孵化器、加速器、中试用房及相应配套设施等载体面积达100万平方米。

二、行动计划

结合区域科技创业资源分布、产业基础、建设条件，按照“统筹规划、合理布局、特色鲜明、配套协作”的原则，实施科技创新创业载体布局。发挥政府主导作用，充分利用和大力引导社会资源参与科技创新创业载体建设。

（一）高新园区科技创业基地［紫金（白下）科技创业特别社区］

依托白下高新技术产业园区，整合周边载体资源，通过建设科技创业孵化器、加速器、中试用房、配套服务设施等载体，打造“紫金（白下）科技创业特别社区”。

在特区的建设过程中，以高新园区为核心，吸纳光华路街道可用载体资源，进而向月牙湖街道、大光路街道、洪武路街道、五老村街道、朝天宫街道特色产业园辐射，形成以“一核多点”为布局的高新园区科技创业基地。

高新园区按照特别社区“特殊的制度创新、特别的政策支撑、特定的区域载体、特有的功能体系”建设特点，研究编制紫金（白下）科技创业特别社区建设与发展规划，制定人才引进、载体建设、企业培育、综合服务等特区政策与管理体系。牵头组建特区开发公司和特区创业服务中心，并按照“集约化、专业化、信息化、社区化、国际化”标准建设和运营。特区开发公司具体承办特区的开发建设、运营管理和各类服务平台的建设。特区创业服务中心具体承办特区创业孵化及企业服务。

各相关街道应充分梳理、引导辖区内可用社会载体资源，结合产业定位，在高新园区统一规划下建设各类综合性、专业性科技企业特色产业园。

到2015年，基地核心区（特别社区）载体建设面积达到70万平方米，辐射带动周边各街道内创业载体26万平方米，基地核心区（特别社区）培育科技创业企业500—600家，毕业企业200—300家，培养科技创业家12名，基地内各相关街道各培养1名科技创业家。高新园区科技创业基地建设进度计划详见附表1。

（二）中航科技城创新创业基地

依托瑞金路街道，在北至中山东路、西到龙蟠中路、东到中山门城墙、南至瑞金路和蓝旗街的约2平方公里范围内，建设以南京航空航天大学、中航科技城为核心，以航空科技研发、新一代信息技术为主导产业的“中航科技城创新创业基地”。

在中航科技城创新创业基地内，充分引导、推动社会资源建设科技创新创业载体。根据已有、在建、规划建设的载体存量，分阶段引导、推动5311厂标营厂区（含紫荆大厦）、南京工业职业技术学院中山东路校区、8511研究所后标营办公区、南京航空航天大学校本部（御道街校区）、南京轻工机械厂中山东路厂区、中航科技城一期（中航科技大厦）等资源建设各类科技企业孵化器、加速器和特色产业园。先期重点推进中航科技城、5311厂标营厂区、南京工业职业技术学院中山东路校区的建设。

设立中航科技城创新创业基地管理委员会，办公室设在瑞金路街道。由管委会办公室牵头研究编制基地建设与发展规划，统筹推进基地内各创新创业载体的建设。到2015年，中航科技城创新创业基地载体面积达到20万平方米，培育科技创业企业100—200家，毕业企业50—100家，培养科技创业家2名。中航科技城创新创业基地建设进度计划详见附表2。

（三）大学科技园

按照大学校区、科技园区、公共社区“三区融合、联动发展”的思路，依托高校优势学科集成创新资源，按照“孵化器+加速器+产业园”模式，区校合作开展大学科技园建设。大学科技园以科技成果转化、高新技术企业孵化、创新创业人才培养集聚为主要任务。

由白下高新技术产业园区负责推进光华路1号南京理工大学科技园载体建设，通过新建，实现新增载体面积4万平方米，重点用于科技企业孵化与军民两用技术成果转化与产业化。由瑞金路街道负责推进南京航空航天大学科技园建设，利用御道街校区载体改造或在大学周边寻找合适载体，重点用于大学生创业与航空科技成果转化。由瑞金路街道负责推进南京工业职业技术学院大学科技园中山东路校区改造，努力实现规划改造载体面积5万平方米，重点用于信息技术类科技企业孵化与成果转化。由月牙湖街道负责推进江苏经贸职业技术学院大学科技园光华校区改造，在完成一期“现代服务大厦”2万平方米载体建设基础上，努力推动后续4万平方米校区改造，用于互联网及电子商务类科技企业孵化与学院信息技术成果转化。区校企共建大学科技园进度计划详见附表3。

（四）市级以上科技企业孵化器

以促进科技成果转化、培育高新技术企业和企业家为宗旨，以科技型创业企业为服务对象，推动科技企业孵化器建设。构建并完善创业服务体系，培育战略性新兴产业的早期企业，服务于区域产业升级和经济结构调整，促进经济发展方式转变。

原则上，孵化器集中在紫金（白下）科技创业特别社区和中航科技城创新创业基地内建设。按照市科技企业孵化器建设标准，将南京工业职业技术学院大学科技园、5311厂紫荆大厦、以及高新园区里的国际人才创业大厦、云计算中心、孵化大楼等5个创业载体建设成为市级科技企业孵化器。优先支持紫金（白下）科技创业特别社区内的科技创业孵化载体申报市级科技企业孵化器。

（五）战略性新兴产业创新中心

以市场为导向，以优势学科知识技术化、核心共性技术工程化、产业前瞻技术引领化为主要任务，区政府与院校、研究院所、大中型企业按“产业技术研究院+学科型公司”模式共建战略性新兴产业创新中心。

由高新园区牵头，依托中电科28所在高新园区内建设的通用航空产业园，建设通用航空产业创新中心。由高新园区牵头，与省交通规划研究院共建智能交通创新中心，创新中心落户于高新园区。由月牙湖街道牵头，推动华东地质建设集团建设城市地下空间管理与控制创新中心，创新中心落户于石门坎108号，推动企业建设创新中心大楼和人才公寓。由瑞金路街道牵头，与南京航空航天大学共建航空科技产业创新中心，中心落户中航科技城创新创业基地。与中电科55所共建微电子产业创新中心，中心落户在55所。战略性新兴产业创新中心共建计划详见附表5。

三、政策支持

各类科技创新创业载体除按照南京市相关文件规定享受政策扶持外，结合白下区实际，制定以下政策。

（一）创新创业载体入驻对象应是在辖区范围内注册的以下单位：科技创业企业（含创意设计企业）、软件与服务外包企业、各类公共技术服务平台以及法律法规规章规定的其他从事科研设计活动的企事业单位和科技中介服务机构。

（二）鼓励民企、民资创办、运营各种形式的孵化器，并按市场化方向建立健全孵化器的管理体制和运行机制。孵化器建设纳入区重大项目，在规划、立项、审批、建设等方面给予重点支持，积极帮助推进。

（三）鼓励各类孵化器积极引进科技创业人才，被市有关部门评为高层次人才后，除人才本身享受相关政策外，将该企业的当年度区级贡献的10%一次性奖励给载体管理团队。

（四）鼓励载体运营公司对在孵科技型企业进行股权投资，谋求长期收益，同时缓解中小企业资金困难。

（五）鼓励各类孵化器申请认定为省、市级科技企业孵化器，对符合条件的，积极组织和帮助其申报市级以上的认定。通过市以上科技企业孵化器认定的，给予孵化器运营管理单位一次性10万元奖励。

（六）科技创业特别社区内的市级以上孵化器、加速器，自认定之日起，三年内其营业税、所得税、房产税和城镇土地使用税地方留成部分给予全额补助。

（七）新建的大学科技园管理公司和战略性新兴产业创新中心产生的营业税、企业所得税，自注册成立五年内，地方留成部分给予全额补助。

（八）经市级以上认定的科技企业孵化器内的企业在孵期间或毕业后一年内被认定为高新技术企业、创新型企业、技术先进型服务企业，每认定1家，在市级资金给予一次性奖励孵化器运营管理单位10万—20万元的基础上，给予一次性5万元奖励。（培育单个企业不重复奖励）。

（九）对于在创新创业载体内由载体运营单位建设的经市以上认定的各类技术服务平台、公共服务平台、投融资服务平台，按照市区平台建设扶持政策给予载体运营单位奖励扶持。

本计划由区科技局负责解释。

白下区科技创业企业培育行动计划

为引导和激励各类人才创办科技企业，以提升自主创新能力为核心，培育一批成长性好、竞争能力强的科技创业企业，发展壮大一批能够支撑白下未来发展的科技创业主体，形成规模示范效应，现制定如下科技创业企业培育行动计划：

一、行动目标

到2015年，引进、培育科技创业企业1000家；重点培育高新技术企业、创新型企业、技术先进型服务企业、双软企业等

100家，力争辅导上市9家；建成企业技术中心、工程技术研究中心等企业创新平台60家；引进世界500强和中国500强企业研发机构5家。

二、培育对象

科技创业企业是指由科技人员（团队）投资为主、携带创新成果（项目）创办的企业，具有独立的法人资格、健全的财务会计核算和管理体系，近5年内在白下区行政区域范围内依法注册的企业，均为本计划培育对象，培育期限为5年。符合以下条件之一者可列入重点培育对象：

（一）以高新技术产业、创新型服务业和科技服务业为主要培育方向。重点支持从事电子商务、新一代信息技术、技术研发与设计、科技企业孵化、科技咨询、科技金融、文化创意等企业和机构。

（二）通过高新技术企业、创新型企业、技术先进型服务企业、双软企业、专利试点（示范）企业等认定的企业。

（三）获得国家、省、市创新基金项目资助或受到风险投资关注的企业。

三、实现路径

以实施"人才引领、科技创业、制度先试、园区先行"四大关键举措为主要路径，引导和激励各类人才创办科技企业，建立支持科技创业企业由小到大迅速成长的梯次推进机制，以解决科技创业企业在技术创新、投资融资、组织管理、市场开发等方面的瓶颈问题。实施"百企入库"工程，择优确定100家作为重点培育对象，建立科技创业企业培育和拟上市企业数据库，按分类和梯度实行动态管理，制定相对应的培育辅导计划，对重点企业开展"一企一策"指导，基本布局为：

（一）依托紫金（白下）科技创业特别社区的集聚、孵化、辐射和带动作用，大力引进和培育从事物联网（智能交通）、云计算应用、文化创意等科技创业企业500—600家，其中重点培育高新技术企业、双软企业等60家；引进世界500强和中国500强企业研发机构2家。

（二）依托中航科技城创新创业基地，以南工院-金蝶软件园、5311厂现代信息技术产业园等在建和规划中的载体存量，以及光华科技园、创意东八区、海事学院产业园等多点布局的科技创业载体，引进和培育以新一代信息技术、电子商务、软件研发和服务、文化创意为重点方向的科技创业企业400家，其中重点培育高新技术企业、双软企业等30家；引进世界500强和中国500强企业研发机构1家。

（三）依托以新街口现代服务业集聚区为核心的楼宇载体，以培育一批骨干电子商务企业为重点，大力发展细分领域的专业电子商务、科技咨询、金融服务等服务企业和机构，以及其他企业总部等，培育科技创业企业100家，其中重点培育高新技术企业、双软企业等10家；引进世界500强和中国500强企业研发机构2家。

四、政策措施

充分利用创新创业载体做好内育外引，推进培育计划落实，从设立的"白下区科技创业种子基金"和"白下区科技创业投资引导基金"专项中统筹安排一定的资金，通过项目配套、奖励和其他政策支持等形式，重点支持成长性好的科技型创业企业。

（一）*支持孵化企业*。重点扶持各孵化器在孵企业，对在孵期间或毕业后在加速器内发展的企业，被首次认定为高新技术企业、创新型企业、技术先进型服务企业和双软企业，且近两年销售收入或净利润平均增长率达30%以上的，一次性给予10万元以内的奖励，同时落实国家相关税收优惠政策。特别社区内的在孵企业及毕业后在加速器内发展的企业，按照相关培育政策执行。

（二）*鼓励自主创新*。重点支持企业公共服务平台建设、关键共性技术攻关、技术改造、信息化建设、品牌培育、标准化建设等项目；对驻区企业拥有自主知识产权的国家和省级自主创新产品，年销售达到3000万元以上的，自认定之日起3年内，该产品新增地方财政留成50%，由市、区财政予以补助，用于企业研发投入；对高校院所以其优势学科的专业实验室、工程技术中心、检测中心等，与创业园区联合共建专业技术支撑平台、创业实训基地，符合市级标准的，其服务费用市、区两级财政予以全额补贴。

（三）*推进科技成果转化*。实施专利技术产业化发展战略，推进已签署协议的产学研合作项目尽快实施，在资金扶持、科技计划立项、企业及产品资质申报等方面优先支持；对经认定的专利技术产业化示范基地和以核心专利技术形成国际、国家或者行业标准的分别给予财政补助。

（四）*实施品牌战略*。加强自主品牌建设和商标专用权保护，鼓励、引导和推动企业创建名牌产品和争创著名、驰名商标，对新获得省级名牌、著名商标、新产品和出口品牌企业落实相关政策奖励；鼓励品牌型、规模型、成长型企业入驻科技创新创业基地，对新引进的年纳税额在1000万元以上的企业、企业总部（地区总部），给予税收留区财力部分首年全额扶持，后两年50%的扶持；对贡献特别突出的企业，实行"一事一议"。

（五）*支持"三站三中心"建设*。鼓励重点企业与高校、科研机构共建企业院士工作站、博士后科研工作站等多形式的技术联盟，企业每建立一家院士或博士后工作站且正常运行的，根据其使用情况、行业影响及贡献度，一次性给予10万元建设补贴或奖励。对获省有关部门同意组建并通过验收的省级工程技术研究中心、企业技术中心、工程中心等，科技成果在地应用的，给予不超过100万元的建设补助，经主管部门评估或考核为优秀的，区财政按上级奖励额度给予适当配套。

（六）*加快研发机构引进*。对符合我区重点产业发展方向、新引进的世界500强和中国500强非独立研发机构，由市、区分别一次性给予200万元和100万元奖励；对新引进的世界500强独立研发机构，由市、区一次性给予500万元奖励；对新引进的中国500强独立研发机构，根据其投资额分阶段由市、区给予500万元奖励（其中第一年给予不低于200万元的奖励）；同时对将其相关产业与独立研发机构同步引进的企业，由市、区一次性给予200万元追加奖励（以上奖励市、区各按50%

比例承担)。

(七)强化金融支持。建立政府与金融机构的沟通协调机制,搭建银企对接合作平台,灵活运用债权和股权等多种金融工具,形成满足培育企业融资服务需求的多层次、多形式的金融服务链。对担保机构为科技创新型企业、中小企业创新活动、留学归国人员创业等提供融资担保服务的,予以年累计担保额2%的补贴。鼓励驻区科技创业企业进入资本市场,对境内外证券市场首发成功上市企业,除落实总额为200万元中介费用补贴外,可根据企业在本区实际投资额和贡献度,给予企业高管人员30万元奖励。

(八)提供个性化服务。整合科教资源,对科技创业企业开展创业辅导、管理培训、信息咨询、人才引进、资本市场运作、知识产权和国内外新技术动态等方面的培训和辅导服务。鼓励社会力量兴办各类科技中介机构,构建包括企业研发、科技成果转化及自主知识产权保护在内的科技服务体系,为企业提供研发、咨询、服务、转化等方面的服务。

五、培育管理

(一)建立工作机制。为确保计划落实,建立由区发改局(经信办)、科技局、人社局、投促局、财政局、统计局、高新园区及各街道为主要成员的科技创业企业培育工作网络,由区发改局(经信办)牵头,各单位、街道和园区指定专人负责具体实施工作。

(二)明确工作职责。区发改局(经信办)负责制定年度培育目标,牵头建立科技创业企业培育库;负责双软企业、拟上市企业培育;落实相关扶持政策;协调投融资服务;牵头年度考核工作。区科技局负责高新技术企业、创新型企业和技术先进型服务企业培育;负责组织开展科技项目、知识产权业务培训;负责协助相关政策落实;协调落实科技中介服务。区人社局负责协助各创新创业载体运营管理单位、入园企业开展人力资源业务培训与服务;扶持大学生创业,落实相关创业、就业政策。区投促局负责引进符合区产业方向和载体功能定位的优质企业、国内外研发机构;负责提供科技创业相关公共服务。区财政局负责牵头审核兑现各类扶持、奖励和项目补助,落实并监督财政扶持资金兑现到位。区统计局负责相关指标统计和数据提供。区高新园区负责紫金(白下)科技创业特别社区科技创业企业培育及政策制定与落实。各街道负责属地企业全程管理与服务。区工商、税务、环保、安监等职能部门协同合作,提高服务水平,为科技创业企业提供优良的发展环境。

(三)建立挂扶联系制度。对重点培育的企业进行一对一挂扶指导,跟踪服务,及时协调解决企业发展中存在的困难和问题,确保科技创业企业培育计划的落实和推进。

(四)建立绩效考评制度。把科技创业企业的培育工作列入相关部门、街道及园区主要领导干部绩效考核的重要内容,结合挂扶部门所联系企业的工作情况,区委、区政府将各部门、街道及园区工作绩效列入年度考核。

本计划自发布之日起施行。列入培育对象企业在享受国家及省、市相关政策扶持的同时,可享受本政策扶持;同一企业本区政策不重复享受,额度不超过企业年度纳税额区级财政留成部分;当年已享有项目补助的,抵扣上级规定配套。本计划所涉及扶持政策如遇国家、省、市政策体制调整相应调整。本计划由区发改局(经信办)负责解释。

白下区科技创新创业服务机制建设行动计划

为更好地服务于全区科技创新创业主体,创造良好的投资创业环境,现就科技创新创业服务机制建设制定如下行动计划。

一、行动目标

以"最佳投资区"为目标,以流程再造、高效运作为原则,以人才、企业、项目为重点,整合科技创新创业服务资源,完善科技创新创业服务手段,提高科技创新创业服务能力,不断提升创业投资软环境水平,实现在白下创新创业效率最高、成本最低、配套最全、服务最优。

二、重点工作

建立以人为本,集引进前、引进中、引进后为一体的立体式服务,实现服务模式由被动式变为主动式,变管理者为服务者,变准入制为代理制,发挥全区科技金融业、科技服务业优势,为科技创新创业提供最优服务和最佳环境。

(一)加强基础工作,促进创新创业需求与资源第一时间对接

——掌握人才、企业、项目需求。建立区街挂包人才、企业、项目制度,采取零时差约访、定期走访、随来随访、及时回访等方式,全方位第一时间掌握在人才创业、企业发展、项目推进中的个性化需求,建立"一户一档"式需求档案,由专人负责,跟踪动态管理。采取举办区人大和政协企业界代表座谈会、驻宁商会和台商商会联谊会、外国驻宁机构负责人座谈会等方式,广泛掌握人才、企业、项目等各类资源的需求信息。

——摸清资源信息。以园区和街道为主体,做到产业定位清、区域规划清、载体信息清、企业变动清。以区招商网站为载体,以各园区、街道为网格,将区域内园区、楼宇等资源按照可控资源、社会资源、在建资源和可置换资源等标准进行分类,并配中英文介绍,建立完整的招商资源数据库,链接各园区、街道网站,同时设专职人员进行动态维护管理,各园区、街道通过点对点网格化管理模式,实现信息互通、资源共享。

——有效对接需求与资源。发挥区投资促进中心平台的枢纽作用,园区、各街道引进的人才、企业、项目能就地在园区、街道落地的,直接进行服务对接;引进后因产业定位、载体限制等原因不能就地落户的,由区投促中心在全区范围内提供资源信息供人才、企业比选。并建立引进方与落地方指标结并的相关政策措施。

(二)重视服务流程,建立科技创新创业政务服务

——提供以服务人才为中心的"保姆式"政务服务。想人才之所想,急人才之所急,打造让人才更具归属感的创业环

境。设置人才服务专员，及时与人才办进行有效对接，采取事前问需、事中上门、事后延伸等方式，在第一时间为人才提供一对一“保姆式”服务。给予科技创业型企业家、科技创新带头人、科技成果转化应用人才相应的税收优惠、科研保障和金融信贷等扶持政策，并在政策允许范围内给予医疗保险、配偶就业、子女上学、住房等方面的优先安排或资助。对我区急需的高层次人才，采取急事急办、特事特办、一事一议的“超常规”服务。联合工会、劳动仲裁、知识产权等部门加大对人才在科技研发、项目承包、创业、兼职、流动等活动中的法律保护力度。

——提供以创业投资企业为中心的“全程式”代理服务。用心爱护企业、用心服务企业、用心培育企业，实行“专区接待、大厅办理、一章通关”。变柜台被动式受理为开放式主动服务，设立企业创业助理，承办企业项目审批、工商注册、税务登记等“一揽子”事务，并面向科技企业，提供技术合同登记、创新基金项目受理、高新技术企业申报、高新技术成果转化认定、技术转移服务、知识产权服务、科技政策宣传等“一条龙”服务，开通“科技服务热线”，实行24小时全天候汉、英双语服务。组建科技创新创业服务团队，全程办理企业入园、入住手续，协助企业与政府相关部门建立联系渠道，帮助企业与银行、贷款公司、担保公司等建立正常的合作通道。组织专家开展经常性技术培训、创业指导、信息咨询，在“科技创业企业”入库筛选、项目资助中服务在前、工作在前，提高成功率。

——提供以项目为中心的“按需式”办理服务。坚持以把服务做到极致的精神加强重大项目推进，紧扣项目进度的时间节点，建立长效跟踪服务机制。大力推行“零障碍”服务和首问责任制，对内消除梗阻，统一行动，对外形成合力，争取上级支持，大力破解在土地规划、基础设施配套等方面的瓶颈，吸引研发基地和总部企业项目落户。

（三）整合社会资源，提供科技创新公共技术服务平台

——加强主导产业公共专业技术服务平台的集聚。以科技特别社区为主体，重点支持新一代信息技术产业等相关的公共专业技术服务平台的建设，为中小企业提供技术研发、设计、加工、检测、试验等专业技术支持。

——充分利用社会公共专业技术平台资源。以资源互补、双方受益、共同发展为原则，在对各类科技资源进行分类的基础上，全方位建立合作关系。针对现有的省市“两站一中心”平台以及大学、科研机构、企业的各级各类重点实验室、工程技术研究中心、大型科学仪器中心、分析检测中心等专业技术机构，通过建立企业租用大型科学仪器设备、实验室补贴机制等，以满足全区高新技术研发及其产业发展需要，为区域人才、企业、项目提供社会化公共技术服务。利用人才服务专员、企业创业助理等，及时了解企业需要的技术服务，并寻找相应的科研支撑力量，搭建人才、企业与技术平台合作的桥梁。

（四）发挥区域优势，打造科技创新投融资平台

——引进创新资本。引导和培育一批天使投资基金、科技小额贷款公司等科技金融机构，引进国内外跨国公司或投资机构以有限合伙制等形式组建风险投资机构、创业投资机构，不断满足科技企业对创新资本的需求。设立创新投资引导基金，引导社会资本加大对种子期、起步期科研项目的投入。加快发展信用担保机构，吸引民间资本充实担保机构资本金，扩大信用担保机构规模，对为科技创新提供融资担保服务的担保企业，将予以担保补贴。

——搭建融资桥梁。采取科技创新服务网、项目推介会、银企对接会等形式，为科技企业和投资公司、金融机构搭建沟通交流的桥梁，提供安全、便捷、有效的投融资信息。建立政府与金融机构常态化沟通机制，通过贷款贴息等优惠政策，鼓励银行加大对科技创新企业投资的贷款力度，降低信贷门槛、增加信贷品种、简化信贷手续等。

——鼓励上市融资。鼓励具备条件的高科技企业进入资本市场直接融资，通过股票上市、企业债券、产业投资基金、项目融资、股权置换等方式筹措发展资金。为企业提供融资策划、辅导服务，推荐项目意向投资者，协助谈判、撮合交易，对列入上市辅导计划的企业，优先推荐申报国家、省级科技项目。2012年、2013年，分别选取3—5家科技企业与投资机构对接，凡在国内外证券市场挂牌上市，予以相应政策奖励。

（五）充分依托市场，为科技创业企业提供高水平的中介服务

——提供企业初创阶段服务。借助中介机构专业力量，帮助企业解决初创阶段市场信息不对称、投入盲目、内部机构不完善等难点与问题，用较低的成本为初创企业提供成长所需的有关法律、会计、融资、人力资源管理、企业发展策划、市场预测等系列服务，解决企业成长中遇到的各种问题，提高初创企业的成功率。

——提供企业成熟阶段服务。与国内外知名猎头公司、中介公司（或会计事务所、律师事务所）建立战略合作关系，签订科技人才引进、商业资源信息提供、企业风险咨询等合作协议，并为企业科技孵化、科技成果转化提供成果鉴定、价值评估、可行性分析、法规咨询、交易组织、金融支持等环节的中介全程服务。以提升企业在市场中的核心竞争力为目标，搭建广泛的国际交流平台，为成熟企业开阔国际视野与增强国际化发展理念提供完善的支持与服务。

三、考核机制

建立服务人才、企业、项目的绩效考评机制，以服务对象满意度、引进企业数量与质量、对创新型城区建设的贡献度等为标准，针对各责任主体的职责分工，实行差异化绩效评价指标和考核办法，建立月检查、季讲评、年总结等制度，全面推动服务水平提升。

本计划由区投资促进局负责解释。

关于推进创新型城区建设的意见

白委发〔2011〕58号

建设创新型城区是白下贯彻省、市最新精神的根本要求，是中心城区发展的必然选择，是改变传统发展模式下增长乏力局面的迫切需要，为全面落实区第十次党代会总体部署，加快推进创新型城区建设，现制定如下意见。

一、指导思想

深入贯彻落实科学发展观，倾全区之力，实施创新驱动战略，以聚焦人才、聚焦企业（主导产业）、聚焦园区"三个聚焦"为着力点，以大学校区、产业园区、公共社区的"三区融合、联动发展"为主要形式，进一步创新体制机制，有效整合招商资源、工作资源、政策资源、空间资源和干部资源，加快建设创新人才集聚、市场要素汇集、创新主体活跃、创新服务完善、创新生态良好的创新型城区，在创新基础、创新能力和创新环境等综合创新水平上居于南京主城前列。

二、推进原则

一是统筹谋划、规划先行。创新型城区建设是系统工程，必须通盘考虑、规划先行。由分管领导牵头，成立由发改、科技、投促、高新园区、各街道等参加的工作小组。完善空间规划，进一步调整和优化区域空间布局，依托现有的区域科教创新资源禀赋，以空间布局调整促进区域联动和协调发展；完善产业发展规划，主攻高科技创新产业和创新型服务业，加快产业升级，构建现代高端产业体系。

二是资源集聚、要素融合。以园区为龙头、以街道为主体，相关部门协同服务，进一步梳理全区现有的资源载体，明确产业方向，明确功能定位，明确运行模式，并做到人才与项目对接，项目与载体对接。加快推进紫金（白下）科技创业特别社区、中航科技城创新创业基地建设，加快推进重点服务业项目和都市产业园区、专业楼宇建设。并由载体建设协调部门牵头整合调配资源，研究财税补偿机制。

三是强化服务、创优环境。以投资环境最好、创业环境最优、服务效率最高为标准，突出按需服务、全天候零时差服务和专员式服务，为科技创新创业建立科技金融、人力资源、创业培训、财务代理、专业中介、技术支撑、法律咨询等政务服务、社会服务、技术服务平台，打造以"孵化器+加速器+产业园"为链条的新型科技企业孵化服务体系，畅通政产学研金紧密结合的渠道，着力营造全覆盖、保姆式、无障碍创业环境。

四是分段落实、科学评估。创新型城区建设要循序渐进分阶段推进，将目标任务细化到每个年度，每个年度末要对当年目标任务完成情况进行评估，并对下一年度目标任务进行重新修正。未来五年我区创新型城区建设分为三个阶段进行：第一阶段是从目前到2012年年底。创新型城区建设的体制机制建立，探索形成推进模式。工作布局展开，主导产业确立，产业更替启动，载体建设加快，创新服务体系基本建立。第二阶段是2013年到2014年年底。创新型城区体制机制、推进模式较为成熟，主导产业加快发展，产业更替加速，载体建设初显规模，创新型服务体系较为成熟，创新文化氛围初显，创新要素加快集聚。第三阶段是2015年，创新型城区体制机制完善，推进模式运转流畅，主导产业初现规模，产业更替成果初显，载体初步建设完成，创新服务体系近趋完善，创新文化氛围较为浓厚，创新型城区建设成果初显。

三、组织领导

一是成立白下区创新型城区建设工作领导小组，由区委、区政府主要领导任组长，相关区领导任副组长，各相关部门主要负责同志以及各街道党政主要领导为成员。领导小组下设人才工作、科技创新、产业发展、企业服务四个办公室（具体见附件）。

二是依托科技创业特别社区建设，建立大学、特别社区、街道组成的三区联动联席会议制度，定期协商涉及规划、建设、发展等方面的重大问题。

三是建立区内外高校、科研院所、重点企业有关领导、相关专家组成的咨询委员会，汇集和调动各类创新主体力量，为我区建设创新型城区提供智力支持和资源推介。

四、体制机制

1.建立紫金（白下）科技创业特别社区的特别体制机制。

一是建立"三区融合，联动发展"的领导体制。成立紫金（白下）科技创业特别社区建设与发展领导小组，组长由区委、区政府主要领导担任，副组长由区委、区政府分管领导和相关领导担任。下设人才引进与服务中心、公共（技术）服务中心、科技金融服务中心和开发办公室。建立南京理工大学、高新园区、光华路街道组成的三区联动联席会议制度，探索相互兼职的工作机制。

二是建立高效、灵活的工作机制。特别社区实行特别机制。落实高新园区作为省级开发区的管理权限，按照"非禁即可、非限即许"的原则，营造特别社区发展的特殊政策环境。打破条条框框，建立有利于特别社区高效灵活运转的扁平化的运作机制。打破园区工作人员的身份限制、级别限制，重新调配人员，实行末位淘汰，做到一切有利于园区发展，一切有利于创新创业。切实减少对特别社区发展的干扰，区内的各类评比，凡与特别社区发展无关的，一律不允许下放到特别社区。

三是建立面向全区的运作平台。要充分发挥特别社区在科技创新中的龙头作用，立足全区打造三个平台：一是依托城市中心区的金融集聚优势，打造科技创新金融服务平台；二是依托特别社区成熟高效的服务机制建立开放式公共服务平台，实行一站式、一体化服务，不仅为特别社区的人才和企业服务，同时为白下"321"计划和"245"计划的各个园区提供服务；三是整合资源打造服务全区的资本运作平台，为创新型城区建设提供有力保障。

四是建立绩效与收入挂钩的权、责、绩三合一考核机制。在赋予园区区级权限的同时，进一步明确园区的工作责任和工作标准，区里成立专家组，对人才引进、企业落户、资金扶持等实行评估；园区要承担全区50%以上工作目标，并逐步提高到70%。园区实行全员考核制，园区主任、书记由区委、区政府进行考核，其余人员由园区进行考核。赋予园区二级考核权限，做到人人有指标，事事有标准，工作绩效与收入严格挂钩，探索实行政府雇员制和年薪制。

2.明确资源主体不在政府的各类园区、楼宇的体制机制。

建立中航科技城创新创业基地管委会。一是管委会主要职责。负责统筹协调推进创新创业基地相关工作。管委会主任由区委、区政府主要领导担任，副主任由区委、区政府分管领导和有关领导担任。管委会下设办公室，由区政府分管领导兼任主任，瑞金路街道工委书记任副主任，具体工作人员组成以瑞金路街道为主，并从全区范围抽调部分干部。二是根据不同需求，有针对性地搭建开发运作和服务平台。按照科技创业特别社区的标准，搭建开发运作平台，做到政策主导、产业引导。进一步搭建资源共享和按需服务的平台，将业主单位的要求与科技城发展的目标有效对接。第一时间为人才提供"保姆式"服务，第一时间为业主单位提供外部支持，有力推动科技城的建设。三是建立高效灵活的运作模式。管委会在区委、区政府的统一领导下，以"三区融合、联动发展"为方向，坚持规划先行，探索一切有利于科技城建设的运作模式，积极主动开展各项工作。管委会原则上享有高新园区的区内所有权限。

明确各类都市产业园区发展的体制机制。区发改局（经信办）牵头负责全区都市产业园建设的规划、协调和指导。都市产业园所在地块的企业、院校是园区建设、管理的主体，所在街道是做好服务的第一责任单位，要与有关部门、企业、院校一道，做好本区域都市产业园的规划、建设、招商和管理，同时负责协调上级相关部门，落实税收及相关配套政策。要积极探索适应不同园区特色和业主要求的运作模式，一是定期上门，了解需求。处理好房屋产权人、开发商和通过招商引进的入园企业三方面的利益关系，向都市产业园转型。二是搭建公共服务平台。为各类园区提供招商招才推介，为入驻企业提供一站式、代理式服务。三是引进专业化的中介服务组织。鼓励各行业协会、中介机构积极参与都市产业园的建设，配合企业参与项目的前期策划、评估、可行性论证和招商等，并做好统计、调研等服务工作，促进都市产业园建设规范化、法制化和市场化。

明确各类楼宇发展的体制机制。区投促局牵头负责全区楼宇发展的规划、协调和指导。所在街道是做好服务的第一责任单位，提升市场主体（房地产开发公司、楼层业主、楼宇物业和楼内企业）在楼宇经济中的主体性和积极性，引导市场主体自觉参与到楼宇经济工作中，共同推动楼宇经济的发展。一是摸清底数。由属地街道牵头，完善"一幢楼宇、一套档案、一个联络员"的基本工作方式，全面掌握、及时更新楼宇信息，建立楼宇入驻企业数据库、楼宇招商信息数据库、楼宇税收数据库，实现信息共享。二是引导业主打造专业化、特色化楼宇。坚持"政府引导、市场运作、培育精品"的发展思路，合理定位辖区重点楼宇，实施品牌化战略，对硬件设施和周边环境进行改造，并明确楼宇的产业方向和主题特色。三是推动优质企业入驻。制定对楼宇业主、委托招商机构、物业管理公司的奖励政策，实行奖励与招商引资贡献挂钩机制，积极引进总部型企业以及行业龙头企业，提高楼宇企业的入住率和经济贡献率。

五、完善各类保障

1.确立街道主体地位。全力强化街道推进创新发展的主力军作用。一是进一步强化街道主体责任。街道承担人才引进、载体建设和整合、产业发展、企业服务的主要任务，全面实行属地化管理和服务。二是进一步提升服务街道的水平。健全挂钩联系机制和服务支持体系。实行区领导挂钩联系街道制度和集体调研制度，对街道提出的问题以菜单化、项目化方式明确责任领导和相关部门协调解决。三是进一步完善责任体系。形成以街道为片区，机关部门全方位协助配合的工作机制，建立挂钩区领导、部门主要负责人和街道党政领导"三方同责"制度。

2.明确部门职责。要牢固树立没有园区和街道的发展就没有全区发展的观念，把工作重点转向帮助园区、街道制定发展战略、优化发展环境、解决实际问题上来。把减轻街道基层负担作为"硬任务"，清理相关评比，精简条块会议。把部门服务街道情况作为年终考核重要内容，实行"一把手"信任投票，让街道对机关部门一把手的信任度测评。每年机关思想作风建设评议中，突出街道、基层评议部门的比重。各部门要凝聚力量，一是建立区内协作机制。建立重点人才、重大项目、重点工作联审联办制度。建立人才信息、载体信息、项目信息共享机制，最大程度优化资源，提升效率。二是建立区外合作机制。各部门要积极争取上级政府部门、高校企业的支持，与国际一流中介机构建立合作关系，与先进地区建立定期联系交流制度，与科研院所建立合作关系。

3.完善考核机制。加快制定既符合区情实际，又能引导创新型城区建设的指标考核体系。把人才、项目引进作为创新型城区发展的重要抓手，把人才、载体、产业、服务等各项工作任务转化为实在的项目，把目标任务分解到每季度、每月、每周，明确工作标准和具体责任人员，实行工作任务项目化，项目考核刚性化。一是对全区七个街道及高新园区采取定量考核和定性评估相结合的考核办法，定量考核其承担的目标任务完成情况，定性评估组织领导、工作体系等情况，并针对不同的资源禀赋、产业定位实行"7+1"全面差异化考核。二是对区机关部门采取综合测评和民意调查相结合的考核办法，测评其所牵头工作完成情况，开展服务水平和服务质量满意度问卷调查，建立起街道（高新园区）、企业、公众评价机制，以考核为抓手引导全区上下形成建设创新型城区的强大合力。

4.强化督查机制。一是建立周例会、月报告、季点评制度。各推进主体责任单位每周召开例会，及时解决推进中存在问题；区创新型城区建设工作领导小组每月召开一次会议，听取相关部门和街道、园区工作推进情况汇报，督促相关目标任务的完成，研究和落实推进创新型城区建设中的具体事宜；区四套班子领导联席会每季度对创新型城区工作进行总结点评。二是建立大督查机制。出台《关于加强全区督查工作的意见》、《白下区党员和国家工作人员问责实施办法》，全面整合区有关部门的督查力量，成立督查办。督查要有针对性和实效性，突出项目督查、效能督查和专项督查，不仅查推进情况，更要查责任落实情况和部门服务创新主战场的情况，严格实行问责，推进机关效能显著提升，以增强部门和街道的执行力。

5.干部队伍保障。把实践创新驱动作为第一导向，着力建设一支适应创新型城区建设要求，"想干事、会干事、敢干事、干成事"的干部队伍。一是干部资源向创新型城区建设的主战场倾斜。坚持在基层一线锻炼干部，在全区选调一批机关优秀年轻干部到街道、园区工作，选拔任用干部重点放在具有一线工作经历的同志，鼓励大学和科研院所的人员到区内挂职，把干部队伍建设成推进创新驱动的骨干力量。二是干部能力在创新型城区建设的主战场提升。不断健全干部学习机制，定期组织领导干部学习班、专题培训等，增加创新型城区建设相关学习内容。组织干部外出学习考察，分批到上海杨浦等发达地区挂职锻炼，帮助干部开阔眼界、开阔思路、开阔胸襟，切实提高干部推进创新型城区建设的工作能力。三是干部评价在创新型城区建设的主战场体现。以创新驱动实绩和群众认可为标准，进一步完善领导班子和干部考核评价机制，在推进创新型城区建设中培养、发现、检验和使用干部，动员全区广大干部群众"干事有激情、做事高标准、遇事敢负责、处事能坚韧"。

中共南京市白下区委员会
南京市白下区人民政府
2011年9月17日

关于开展全区各级干部"社情民意联系日"工作的暂行办法

白委发〔2011〕60号

为进一步弘扬党和政府密切联系群众的优良传统和作风，提高各级干部联系基层、服务群众的能力和水平，根据《关于开展领导干部下基层活动的实施意见》(白委发［2011］43号)、《关于建立领导干部接访下访约访制度的实施意见》(白委发［2011］53号)文件精神，经区委、区政府研究决定，就全区各级干部深入基层、联系群众工作有关具体事项明确如下：

一、指导思想及目标任务

以邓小平理论、"三个代表"重要思想为指导，全面贯彻落实科学发展观，认真学习胡锦涛总书记建党九十周年重要讲话，牢固树立群众观念，坚持群众路线，进一步动员全区广大干部深入社区、深入群众，不断改进工作、转变作风、下移重心、服务群众，努力为民排忧解难，促进社会管理，共同构建和谐社会，努力做到感情上贴近群众、思想上尊重群众、作风上深入群众、工作上依靠群众、生活上关心群众，确保深入社区工作常态化、规范化、制度化，为实现"三个争第一"新目标奠定坚实基础。

二、人员、时间和地点

(一)人员

1.区各套班子全体领导；

2.区、街全体干部；

3.各直属单位领导班子全体成员；

4.各系统下属单位的领导班子成员。

(二)时间

1.区四套班子领导在每月做好深入基层开展工作的同时，原则上每月固定一个半天，集中深入社区，与群众面对面工作，具体时间为每月第二个星期四下午，直接到所联系街道的社区或所分管的基层单位。深入社区工作量大的领导，应视情增加次数或延长时间。

2.区、街全体干部、各直属单位领导班子成员在开展正常工作的同时，每月集中深入基层不少于一天，时间为每月第二个、第四个星期二下午。发改、财政、投促、高新园区等经济条口部门的全体干部深入社区的时间可自行安排。

3.各系统应在时间同步的前提下，有重点地安排下属单位领导班子成员深入社区。

(三)地点

1.社区；

2.居民家中；

3.下属单位、驻区企业单位。

三、主要内容、形式、流程及工作机制

各级干部要根据工作要求、工作职责、工作分工、工作重点等，有针对性地深入社区开展工作，圆满完成工作任务。

(一)主要内容

1.了解社情民意。要带着深厚感情、带着政治责任、带着敬畏之心深入社区、深入群众，通过与基层、驻区单位、群众的进一步接触，广泛征求他们的意见、建议，切实了解和掌握他们最关心、反映最强烈的现实问题，切实掌握各类矛盾纠纷和不稳定因素，切实做到经济社会发展向上攀升、联系群众向下扎根。要深入开展人民建议征集工作，充分挖掘人民群众宝贵的智力资源，积极引导群众参与社区民主议事活动，为全区各项建设献计献策。

2.热情接待群众。要牢固树立群众观念，主动与群众交朋友，切实将群众的事当成自己的事，群众的困难看做自己的困难，通过深入社区，现场接待群众，让群众心里有依靠、意见有处提、冤屈有处诉、怨气有处解，切实把群众诉求解决好、群众利益维护好、群众情绪疏导好，最大限度增加和谐因素。

3.宣传政策法规。要深入细致地做好群众思想政治工作，通过深入社区，与群众零距离、面对面接触，向群众广泛宣传党和政府的各项惠民政策，做到家喻户晓，切实保障群众的知情权。要加强风险评估工作，与群众利益密切相关的重大政策出台前应广泛征求群众意见、建议，做到问计于民、问需于民，特别是要及时收集重大政策出台后群众的意见、建议，使各项决定决策真正反映民情、体现民意。

4.解决热点问题。要与“千名党员进千户”、“结对帮扶”、“信访干部与信访群众一助一牵手”等活动结合起来，重点解决群众反映强烈的热点问题、基层关心的问题以及重大疑难信访问题，努力做到“四个到位”，即有政策依据的解决到位、生活困难的帮扶到位、没有政策依据的疏导到位、无理要求的教育到位。

5.推动重点工作。要以一种等不起的紧迫感，慢不得的危机感，坐不住的责任感，深入推动“服务项目、服务人才、服务发展、服务企业、服务群众”五服务活动，进一步关心和服务全区重大建设项目，不断谋划发展的新思路、新办法，帮助基层、企业排忧解难，破解发展难题，努力为区域经济社会发展创造良好条件。

6.夯实基础工作。要创新思维能力，打破思维定势，改变思维习惯，通过深入社区，变领导者为服务者，变等群众来办事为主动为群众办事，变企业找服务为干部送服务，不断推动社会管理创新方式，强化基层基础工作，营造更具归属感的创业环境、生活环境，努力为“和谐稳定争第一”奠定坚实基础。

7.加强班子建设。要围绕抓班子、带队伍、强基础的要求，通过深入基层，着重加强基层班子的政治建设、思想建设、组织建设、能力建设、作风建设、廉政建设，切实提高发现问题、解决问题以及驾驭复杂局面的能力和水平，努力减少矛盾和问题上行。

（二）主要形式

1.定点下访。区四套班子领导到联系街道的社区；机关部门各级干部到明确的“双结共建”社区；街道干部及直属单位领导班子成员到明确的挂钩社区，做到“四必去”：群众反映问题多的地方必去，工作推进有难度的地方必去，重大政策出台后可能引发利益冲突的地方必去，发生重大事件的地方必去；“四必清”，基本情况清、思想动态清、主要诉求清、服务需求清。区住建、教育、城管、商务、文化、卫生等系统不仅要深入社区，还要着力解决好本系统下属单位的问题。区机关工委要适时调整机关部门、直属单位所联系的社区，以更好地服务群众。

2.公开接待。各级干部深入社区接待群众时，应提前两天在社区显著位置公示接待干部姓名、职务及接待时间、地点等，当场处理群众反映的问题。

3.实地走访。各级干部要采取不打招呼、不预先通知、不安排陪同等方式，直接深入基层、驻区单位、企业、居民小区、居民家中，主动上门听取他们意见、建议，了解真实情况，掌握最新信息，帮助他们解决实际问题。

4.带题下访。各级干部应事先选择一些重点问题，深入实地、深入现场进行处理。深入社区前要制定解决方案，突出解决问题，特别是要解决久拖不决、久访不息的重点问题。同时要与接待对象预约时间和地点，并将接待领导的姓名、职务告知接待对象。

5.现场办公。可利用适当场所，由与群众联系密切的职能部门现场为民答疑解惑、现场为民办实事，进一步畅通渠道、方便群众。

（三）工作流程

1.预报计划。区四套班子领导深入社区计划，由各套班子办公室根据区领导工作实际，负责拟定计划。区、街及直属单位应于每月 25 日前将下月深入社区计划，报区委组织部、机关工委、监察局备案。

2.认真梳理。各级干部要按照初定的深入社区计划，及时与社区进行对接，有针对性地制订实施方案，保证有方法、有步骤、有目的地完成工作。

3.主动公示。各级干部确定本月深入社区方式为公开接待群众的，应提前通知社区在一定范围内进行公示，便于群众监督。

4.详细记录。各级干部要详细、全面地做好深入社区的记录，切实将各类情况、各种问题听清楚、记清楚、摸清楚，为妥善处理问题奠定基础。

5.明确责任。一是区四套班子领导深入社区时涉及需处理解决的问题，由该名区领导负责处理，直至问题彻底解决。二是应由本单位处理的问题，由该名干部负责处理。三是应由其他单位处理的问题，由该名干部报本单位，经本单位统一整理后上报区机关工委，由区机关工委会同区委办、政府办、组织部、信访局、监察局以及涉及问题处理的责任单位研究会办，交相关职能部门处理。有关职能部门要将处理情况及时上报区机关工委和通报给深入社区的单位或该名干部。深入社区的该名干部要负责跟踪掌握处理进展情况，及时反馈相关社区及当事人。

6.限期办理。各级干部在深入社区过程中，应依法从快办理有关事项，早日答复群众。凡能当场处理答复的问题，应当场处理答复；当场不能答复的，应在一周内办结；复杂问题在一个月内办结；特殊情况应主动与群众沟通，取得谅解；重大问题向区委、区政府书面报告。对不符合现行政策法规的诉求，该名干部应耐心解释，对重复投诉的应报区机关工委备案。

7.及时反馈。所有问题均由深入社区的该名干部负责及时反馈当事人，做到件件有答复、事事有回音，坚决杜绝不作为、乱作为的现象。

8.严格督办。区领导深入社区有明确处理意见的，由四套班子办公室负责跟踪督办，并将有关单位的办理情况，及时报告区领导。各单位干部深入社区的情况，由所在单位明确专人负责跟踪督办，并利用领导班子办公会、局务会等形式通报情况，讲评工作。

9.跟踪回访。各级干部特别是领导干部对深入社区过程中已经处理的问题应进行回访，检查有关措施和处理意见是否全部落实到位，有无新情况出现、新矛盾产生。

10.报告情况。各单位应于当月5日前将上月深入社区的情况书面报区机关工委。

（四）运行机制

1.建立健全领导负责制。深入社区、联系群众工作由各单位的主要领导负总责。各级领导干部特别是区四套班子领导要发扬带头示范作用，亲力亲为，率先垂范，确保这一“民心工作”落到实处。

2.建立健全首接责任制。第一次接待群众或企业为首接责任人，由该名干部按照“一条龙”办理的模式，负责接待登记、摸清诉求、协调处理、答复反馈、跟踪回访等。能答复的问题应立即答复，涉及多个单位或其他部门处理的问题应上报本单位分管负责人；对转办事项，首接责任人应全过程中跟踪，直至问题解决，不得拖延、推诿、扯皮。

3.建立健全“五包”工作制。为提高深入社区的实效，建立健全各级干部“五包”责任制，即：包掌握情况、包思想教育、包问题化解、包督查督办、包案结事了。

4.建立健全限期反馈制。对于群众反映的问题，要严格按照时限要求，由该名干部与责任单位联系协调后，该上门答复的主动上门答复，该给予书面答复的及时给予书面答复，该进行公示的尽快进行公示。

5.建立健全督查督办制。按职责分工，分级开展专项督查督办。可采取电话督查、实地督查、专项督查、联合督查等方式，重点检查深入社区工作是否开展、活动是否真实、措施是否到位、责任是否落实、台账是否健全，切实做到“五必督”，区领导有批示的必督、越级上访的必督、有明确处理方案的必督、群众反映强烈的必督、工作不力或久拖不决的必督。

四、考核办法及考核结果运用

实行深入社区月度考核工作，具体由区机关工委会同有关部门组织实施。

1.每月对各单位深入社区的绩效情况进行量化考核，并将工作绩效纳入公务员年度绩效考核范畴。

2.对成效显著的单位给予通报表扬；对深入社区工作中好的做法、经验和典型认真总结推广；对责任不落实的单位给予通报批评；对造成严重影响的追究有关领导和人员的责任。

3.每月考核结果报区四套班子领导，并作为干部选拔任用的一项重要参考依据。

五、有关要求

1.提高思想认识。深入社区是各级干部特别领导干部下基层的重要组成部分。因此要充分认识到深入社区的重要意义，通过深入社区这个载体，切实做到服务基层、服务群众。要本着循序渐进、持之以恒的原则，及时转变观念，克服畏难情绪，在实践中探索，在实践中完善，在实践中创新，以深入持久地推动这项工作。

2.加强组织领导。成立区深入基层工作领导小组，由区委书记陈勇、区长曹永林任组长；区委副书记苏宇红，区委常委、组织部部长刘凡，区委常委、纪委书记杨春燕，区委常委、政法委书记车明军，区委常委姜宸，副区长张雷、朱建国任副组长。成员单位为区委办、政府办、组织部、信访局、机关工委、监察局。领导小组下设办公室，设在区机关工委。各单位也要相应建立健全领导小组，主要领导亲自抓，完善“统一领导，齐抓共管，各司其职，跟踪督办”的领导体制和工作机制，并结合自身实际，制定具体实施方案。

3.严格落实责任。要严格落实首接责任制和“谁主管、谁负责”责任制，按照职责分工，切实履行职能，加强沟通协调，形成工作合力，努力提高基层和群众的满意度。

4.遵守工作纪律。深入社区工作要力戒走过场，切实做到群众问题领导必管，群众不走领导必在，重大问题领导必究。要严格遵守各项纪律特别是群众工作纪律，把握政策、讲求方法、文明接待、严格自律、做好表率，每次深入社区做到轻车简从，不得增加群众、基层或企业负担。

5.注重工作实效。要将帮助基层解决实际问题、为民排忧解难摆在深入社区的首要位置，即使一时解决不了的重大问题或历史遗留问题也要缓和矛盾，积极研究解决方案。要进一步落实“三解三促”（了解民情民意、破解发展难题、化解社会矛盾，促进干群关系融洽、促进基层发展稳定、促进机关作风转变）要求，用真心、真情赢得广大群众的信任，力求“三个避免”，即避免形式主义、避免问题解决不了群众不信任、避免基层反映的问题又返回基层。

6.健全相关台账。各级干部要注重深入社区工作的资料整理和归档工作，认真填写记录本，建立健全工作台账，台账内容应包括时间、地点、对象、活动内容和群众反映的问题、下一步工作举措等。

中共南京市白下区委员会
南京市白下区人民政府
2011年9月17日

关于印发白下区《南京市被征地人员社会保障办法》实施方案的通知

白政发〔2011〕44号

区政府各部门、各街道办事处，各直属单位：

经区政府研究同意，现将区人社局拟定的白下区《南京市被征地人员社会保障办法》实施方案印发给你们，请认真遵照执行。

2011年3月4日

白下区《南京市被征地人员社会保障办法》实施方案

为更好地贯彻市政府《南京市被征地人员社会保障办法》（宁政发〔2010〕254号）文件精神，积极稳妥落实被征地人员社会保障待遇，根据"分类实施、统账结合、制度衔接、保障基本、适时调整"的原则，确保2011年上半年完成被征地人员参保工作，特制定本实施方案。

一、加强组织领导，形成工作合力

为保证我区被征地人员社会保障工作顺利开展，决定成立白下区被征地人员社会保障工作领导小组，区政府区长曹永林任组长，常务副区长张立新、副区长张雷任副组长，区政府办公室、区委宣传部以及区发改、住建、财政、民政、人社、信访、公安等部门和各街道主要负责人为成员。领导小组办公室设在区人力资源和社会保障局，徐梅局长任办公室主任。领导小组办公室抽调相关部门工作人员，做好组织协调工作，并建立相关工作制度：一是专题会议制度。办公室原则上每月召开一次工作例会，通报工作进展情况，研究解决具体问题；二是信息快报制度。从启动工作开始，各街道每周一次向办公室报送相关信息，及时上报实施中存在的问题和工作进度；三是应急预案制度。建立各类应急预案，完善预防措施，妥善处理各类突发事件，保证整体工作有序推进。

二、开展政策宣传，强化业务培训

一是区人社局牵头组织各街道三月份开始对街道、社区劳动保障经办机构工作人员、社区工作者进行业务知识培训，让经办人员尽快掌握政策，熟悉业务流程，做好被征地人员社会保障的各项准备工作。

二是通过在居民小区门口张贴通知和社区宣传橱窗等形式宣传被征地人员有关政策，对《被征地人员社会保障办法》、《被征地人员社会保障实施细则》的主要精神和被征地人员普遍关心的问题进行解读和答疑，做好新老政策的衔接工作。

三是走村入户，逐一发放《致被征地人员的一封信》和《被征地人员社会保障政策100问》，对被征地人员进行面对面宣传，给他们算好早纳入早受益的明白账。

四是区政府在三月上旬召开被征地人员社会保障领导小组会议，全面部署该项工作，各街道明确专人负责，及时组织人员成立专门工作班子，做好应对群众信访和维护社会稳定工作，确保把好事办好。

三、细化操作流程，明确责任分工

1.被征地人员在3月31日前携带本人身份证、户口簿、征地补偿安置协议、征地花名册等资料，到现户籍所在街道劳动保障所办理信息采集，对本人原登记的"被征地农民基本信息"进行核对。

2.区住建局为被征地人员身份认定、信息采集工作的责任单位，对身份认定和征地信息的真实性、有效性、全面性负责，提供征地档案资料查阅和核对工作。区公安分局、人社局等部门做好数据采集和认定的配合工作。

3.区人社局为被征地人员社会保障的牵头部门，根据各街道上报的身份认定和征地信息的真实性、有效性数据进行认真核对、汇总、建库，将被征地人员基本信息花名册及数据经区政府审核后报市国土局，在4月10前完成对已纳入基本生活保障的2004—2010年被征地人员基本信息重新梳理工作，先行操作该类被征地人员纳入城镇社会保障的申请参保工作，信息不全的由住建部门重新核对修订；在6月31日前完成1983年~2004年征地人员纳入城镇社会保障的申请参保工作，对其中手续不够完善的征地人员，由国土部门核实每个项目的实施时间、实施范围、补偿标准及相关人员基本信息。人社部门要建立被征地人员的社会保障管理系统，及时做好养老、医疗、失业等各项保险的参保登记、保费收缴和待遇领取等工作。

4.各街道为身份认定和信息采集的具体实施单位，应认真进行被征地人员基本信息的核对，重点核对被征地人员的姓名、身份证号码、性别、安置时间、安置方式、一次性自谋职业费或劳动力安置补助费金额、现户籍所在区、现居住地、联系电话等信息，确保上述信息齐全，准确。对"被征地农民基本信息"数据不全、未采集或重复采集的人员，街道应对其征地信息核对后，重新录入到国土部门下发的信息录入系统中，生成被征地劳动年龄段人员社会保险费补缴核定数据，告之补缴年限、补缴金额、基本生活保障个人账户资金承担金额、个人需缴费金额、基本生活保障统筹账户资金承担金额。申请人签字确认后，由街道劳动保障所在社会保障信息系统中对该人员的补缴信息进行确认，统计造册，集中公示，无异议后上报区人社局审核。

5.区财政局建立筹资机制，做好资金测算，在预算中足额安排专项资金，确保这一惠民政策真正落到实处。

6.区公安分局为被征地人员的户籍认定责任单位。由于征地的时间跨度长，不少原征地拆迁的村组进行了区划调整，户籍情况比较复杂，公安部门要按《办法》规定的要求，积极做好人员身份和户籍的确认工作。

7.区民政局、信访局等部门协助做好政策解释、信访接待等工作，确保稳定。

开展被征地人员社会保障工作是市委、市政府全面落实城乡统筹的务实之举，是关注民生、改善民生的创新之举。各相关职能部门要高度重视、积极配合、互相协作，高质量、高标准地把这项惠民工程做实、做细、做好，确保我区被征地人员社会保障工作顺利完成。

附　录

新闻报道题录

2011 年在报刊发表的有关白下区的部分文章题录

报刊名称	时间	内容	作者
南京日报	2/1	地铁三号线启动拆迁新补助标准很给力	毛　庆
南京日报	4	江苏万邦总部基地落户白下高新园区	毛　庆
新华日报	5	南京“新年第一拆”各方叫好	蔡　嘉　顾巍钟
现代快报	△	70 套产权置换房优先供给拆迁户	钟晓敏
南京日报	7	南京惠民医院新楼今年建成投用	毛　庆　柏　璇
金陵晚报	△	白下区护旗手继续火热征集	曾亚莉
南京晨报	△	白下区少年宫扩容 5 倍落户城东	孙　文
江南时报	△	新街口“面子”工程列入“十二五”	黄　勇
金陵晚报	8	今年将对区内学校实施抗震加固	曾亚莉　祝鲲鹏
南京晨报	9	看看家门口今年怎么变 各区“两会”列民生菜单	祝鲲鹏　倪　敏
南京日报	10	新街口“最牛”广告牌昨起强拆	宁成贤　周爱明
现代快报	△	年夜饭要给全家人一个惊喜!	钟晓敏　施向辉
扬子晚报	11	106 名“南京好市民”公示	王　子　薛　玲
现代快报	△	成绩最差的他，感动了最多的人	黄　艳
南京日报	12	白下区马府街、火瓦巷、汉中门小学将成名校分校	钱红艳
现代快报	△	打造“五大中心”，建设品质白下	蔡　嘉　祝鲲鹏
金陵晚报	△	白下区——打造中央金融与高端商贸商务区	祝鲲鹏　曾亚莉
南京日报	14	常怀好心肠	伏健章
南京日报	△	“救孕妇”交警还有很多感人故事	侯锦阳　宁交轩
金陵晚报	△	紧抓青奥契机 建设品质白下	蔡　嘉　祝鲲鹏　曾亚莉
金陵晚报	15	民间运动打花棍源自“古人按摩”	曾亚莉　陈　剑
金陵晚报	16	去年白下区 75 万元出新群众健身点	姜　丽　曾亚莉
扬子晚报	17	劳模吹萨克斯 “李小龙”展截拳道	郑幼明　杨奉焓
金陵晚报	△	小银燕蹦床上演绎“空中芭蕾”	蔡　嘉　祝鲲鹏
金陵晚报	18	白下区打造三大特色文化广场	蔡　嘉　祝鲲鹏

注:“△”表示同日

现代快报	△	书法能人新春送“福”	缪 钦 钱 坤
现代快报	△	昨天期末考 游小两百多学生免试	黄 艳
金陵晚报	19	“社区服务一站通”开全国先河	曾亚莉 祝鲲鹏
金陵晚报	△	杨公井演艺街区风貌初现	蔡 嘉 祝鲲鹏
扬子晚报	20	白下区建设“大新街口商务区”	王 娟
金陵晚报	△	五老村街道设“道德法庭”	曾亚莉 钱奕羽
南京日报	21	“感动南京”2010年度人物揭晓	朱晓露 施 轩
金陵晚报	△	青奥新增高尔夫球橄榄球赛	姚媛媛
金陵晚报	22	青奥 我来奉献	曾亚莉 倪 明
金陵晚报	23	“红领巾”写春联为青奥献礼	曾亚莉 倪 明
金陵晚报	△	人才公寓解决创业人才住房问题	蔡 嘉 祝鲲鹏
金陵晚报	24	南京小学生对青奥的祝福	曾亚莉 倪 明
南京日报	25	锲而不舍让“老赖”乖乖还钱	朱晓露 白 法
金陵晚报	△	世界冠军想做2014年青奥志愿者	曾亚莉 祝鲲鹏
南京日报	26	“天宫一号”向中小学生征集 太空实验方案	钱红艳
扬子晚报	27	28名环保“小换客”走进止马营社区	王 娟
现代快报	△	这些居民都喜欢说“我也没做什么”	钟晓敏 施向辉
南京日报	28	始终用心用情用力照料好困难群众	刘 远 侯锦阳
扬子晚报	△	送奶工雪天摔伤 拓博送来爱心款	季宇轩
金陵晚报	31	春节前 白下送环保进社区	梁世萍
南京日报	1/2	白下一民企设爱心助学基金	周 凯 毛 庆
南京日报	9	经适房里年味足	毛 庆 崔 晓
金陵晚报	10	白下区举办先进事迹报告会	曾亚莉 祝鲲鹏
江南时报	△	“在新家过年特别高兴！”	黄 勇 乐 涛
南京日报	13	白下:作风考核结果作为干部任用重要依据	柏 璇 毛 庆
金陵晚报	△	高中应由分级管理变市直管	施婷婷 吉沐耘
人民日报	14	绽放在社区的『山楂花』	申 琳
光明日报	△	让患者放心的医生	郑晋鸣 韩灵丽
金陵晚报	△	古董修鞋机藏身文昌巷	刘 玥 叶 菁
扬子晚报	17	白下区招聘小学和幼儿园新教师34名	王 璟
江南时报	△	“原地回迁”破解旧城改造难题	黄 勇
金陵晚报	18	白下民俗嘉年华看民俗“闹”元宵	尹海啸
金陵晚报	△	与青奥同行大学生社工联欢	倪 萌
南京日报	24	金鹰三期拆迁项目完工	毛 庆
扬子晚报	27	麒麟地区年内增7条道路对接主城	蔡 嘉 祝鲲鹏
金陵晚报	△	全国最大智能洗衣机生产基地落户白下区	曾亚莉 祝鲲鹏
南京日报	28	白下区东部地区13个重点项目集中开工	毛 庆 柏 璇
现代快报	△	社区爱心医疗队 学雷锋成习惯	施向辉
南京日报	2/3	咬住“人民幸福”根本目标全面推进“十二五”发展各项建设	李 冀 韦 铭

新华日报	4	南京相声俱乐部免费开放	张粉琴
金陵晚报	6	白下区启动"学雷锋月"宣传服务月活动	祝鲲鹏 钱奕羽
现代快报	△	这位"活雷锋",免费服务38年	蔡 嘉 刘 军
扬子晚报	7	大爱护工郭素梅	盛学军 宋 峤
现代快报	△	招聘会上就业年龄普遍放宽	王 凡
南京晨报	9	爱笑的漂亮女检察官却是疑犯眼里的"黑脸"	肖水金 冒 群
南京晨报	10	"脏、乱、差"的堂子街已经亮堂多了	李立立 史 遥
扬子晚报	11	堂子街将建明清文化街区	蔡 嘉 祝鲲鹏
南京日报	14	地铁三号线常府街站昨起围挡	葛 妍
扬子晚报	△	回家第一句话永远是"爸爸妈妈我们回来了"	孔小平
南京日报	16	月牙湖地区成立消防志愿者俱乐部	沈 元
扬子晚报	17	月牙湖12名残疾人征"摄影师"	李 冲
南京日报	20	全国和谐社区建设标准研讨会在宁召开	徐 涛 倪 萌
南京日报	21	树立安全发展理念,落实企业主体责任	曹永林
南京日报	△	白下:为科学发展贴上"幸福标签"	柏 璇
南京日报	△	南京相声俱乐部获民企冠名	邢 虹
南京日报	△	走进"刘瑞示范标准岗"	黎铭铭
南京日报	22	下大力气整治主城棚户区市民生活环境高水平地规划和建设青奥村和青奥城	李 冀
南京晨报	23	朱善璐表扬12345接线员为南京争光	成 岗
现代快报	24	"快乐课后"班让外来工子女放学后有了好去处	施向辉
现代快报	△	"服务你我他,爱心在身边"	钟晓敏
现代快报	25	小区有个花仙子每年送邻居几百盆花	倪 萌 钟晓敏
南京日报	27	用诗歌与鲜花感怀先人	徐 涛 倪 萌
南京日报	30	金陵中专将增车身修复专业	钱红艳 谈 洁
金陵晚报	△	李鸿章祠堂照壁将得到"抢救"	姜晶晶
江南时报	31	南京文博建设"软硬"并举	黄 蕾 乐 涛
南京日报	1/4	和谐社区新标准将更注重"创新"	倪 萌 徐 涛
扬子晚报	△	好人老孙,我们又来看你了	蔡 嘉 祝鲲鹏
扬子晚报	7	太平南路添3栋高层商业楼	仇惠栋
金陵晚报	△	小学生举办爱心画展	李 花 宋美佳
南京日报	8	聚集"三大板块",提升科学发展品质	毛 庆 柏 璇
现代快报	△	5月,去朝天宫集邮、赏币、淘古书	李 谷
南京日报	9	新街口商圈将添地标式建筑	毛 庆 柏 璇
南京日报	10	坚持民生优先 更高标准更大力度建设人民幸福城市	李 冀
金陵晚报	△	白下区:聚焦"三大板块"建设幸福城区	祝鲲鹏 曾亚莉
南京日报	14	创先争优给力白下全面发展	祝鲲鹏 张阳阳
南京日报	16	白下建立慈善超市救助新模式	倪 萌 徐 涛
扬子晚报	△	六中操场下将建300个停车位	仇惠栋

金陵晚报	△	今天我们相约郑和公园见	孙 玮 孙娓娓
金陵晚报	△	资源丰富的洪武路街道	孙娓娓
金陵晚报	18	南京拟推选表彰10—15名道德模范个人	姚 聪
金陵晚报	△	用女儿的心照顾公婆	戴寒芳 解士东
金陵晚报	△	老人楼里的"一元钱"老师	戴寒芳 解士东
金陵晚报	△	我们街道文艺团体有120多个	孙 玮 孙娓娓
金陵晚报	△	街道有事大家来帮忙	孙 玮 孙娓娓
南京日报	19	34场精品演出供市民免费欣赏	朱 凯 杜文双
南京日报	△	探访金陵刻经处	储福金
扬子晚报	21	一句话"稳住"30多位上访群众	蔡 嘉 王 娟
现代快报	△	耗时一年，"摸"遍南捕厅	胡玉梅
南京日报	22	白下区：扣紧任务指标营造文明氛围	肖 珊 蔡 嘉
南京日报	△	白下鼓楼江宁新增125处电子警察	宁交轩
扬子晚报	△	微笑劝导最管用	姚 兰 仇惠栋
金陵晚报	23	今天 银龙花园等你乐翻天	管 伟 张 燕
金陵晚报	△	"孝老爱亲"是我们小区特色	管 伟 张 燕
新华日报	25	三个女人一顿饭	颜 芳
南京日报	△	企业招聘现场贴出晋升路线图	肖 珊 祝鲲鹏
扬子晚报	△	300人抢45个教师岗位	祝鲲鹏 薛 玲
金陵晚报	△	为了婆婆，做菜分时放调料	大光路街道
金陵晚报	△	"我的青春闪亮新街口"	解士东 潘思佳
金陵晚报	△	白下区好市民事迹展演	解士东
金陵晚报	△	标营社区实施明天工程	解士东
金陵晚报	△	生活在我们社区很幸福	周 晶 管 伟
扬子晚报	26	南京市第五中学：优质师资打造小班化"精品高中"	朱 姝
南京日报	27	朝天宫地下停车场"五一"正式对社会开放	吕宁丰 姚 峰
现代快报	△	86岁老人社区办报当"总编"	钟晓敏 施向辉
南京日报	28	迅速展开工作布局 加快推进"两个率先"	左中甫 宋广玉 张 璐
扬子晚报	△	大华电影院终将改造，是恢复戏院影院还是兼顾电玩商场？	姚 兰 仇惠栋
南京日报	30	白下：多举措惩治工程领域腐败	许震宁
扬子晚报	△	南京三中六中合并成"新三中"	王 璟
金陵晚报	△	白下区举办青年红歌赛	姚媛媛
扬子晚报	1/5	揣着柔软的心倾情做慈善	龚 轩 薛 玲
南京晨报	2	淮海路老小区7月楼道灯要亮了	蔡 嘉 倪 敏
南京日报	3	白下加快推进科技成果转化对接	肖 珊 蔡 嘉
南京日报	4	瑞金路中学更名为"一中瑞金路校区"	钱红艳
扬子晚报	△	警方贴出"凡客体"防盗防骗传单	沈宫轩 于英杰
现代快报	5	金陵刻经处经版楼动"手术"	胡玉梅
江南时报	△	南京城东道路工程全面开工	黄 勇

南京日报	6	杀害续广军的凶手一审被判无期	赵兴武 朱晓露
南京日报	△	白下区龙王庙社区建消息树守望邻里	倪 萌 徐 涛
扬子晚报	7	儿科推拿中医获誉“圣手童心”	祝鲲鹏 徐 兢
金陵晚报	△	白下区启动“凡人风尚”文明典型事迹展演活动	姜晶晶 柏 璇
现代快报	△	20年来,她每天都给儿子揉腿	祝鲲鹏 钟晓敏
现代快报	△	社区广播站 奶奶级居民当主播	蔡 嘉 钟晓敏
现代快报	△	独居老人系红丝带	钟晓敏
现代快报	9	有困难,找保洁员!	祝鲲鹏 钟晓敏
江南时报	10	新街口投14亿再建150米高楼	黄 勇
江南时报	△	大华大戏院将在“护罩”里修复	黄 勇
南京日报	11	五中给品德优秀学生颁奖学金	钱红艳 谈 洁
金陵晚报	△	明起有6场样板戏	柏 暄 施婷婷
扬子晚报	13	一番讨价还价最低月薪定为1200元	龚 轩 薛 玲
现代快报	△	游府西街小学 两千多学生镇定地“逃生”	钟晓敏
金陵晚报	14	苜蓿园大街南下即将全面施工	姜晶晶
现代快报	15	中山门社区举办“七彩文化艺术节”	钟晓敏
南京日报	16	如何解决追求不高的问题	张 璐 陆 轩
南京日报	△	内河河坡成了“私家菜园”	张 敏 周爱明
金陵晚报	△	撒播甘霖的“医生爷爷”	潘思佳
现代快报	△	小区唱响红色经典你在台上唱我在台下哼	施向辉
南京日报	17	白下、玄武部分初中学区扩大	钱红艳
现代快报	△	小区里乱停车,巡逻大妈“贴条”	田雪亭
现代快报	△	玄武、白下2011年小升初方案出炉	黄 艳
南京晨报	△	居民“执法”警察“协助”小区停车规矩了	宁公宣 王业全
金陵晚报	18	玄武白下公布小升初招生办法	郝 也
金陵晚报	△	“汤姆猫”在视频中“咆哮”各类电信诈骗	徐 宁
江南时报	△	朝天宫古玩城建筑回到明清式	黄 勇
扬子晚报	20	“解放南路”,有这条路吗?	裴 睿
现代快报	△	社区科普周,志愿者上门查隐患	张于冰 张 璐
金陵晚报	23	自制垃圾钳每天义务捡垃圾	解士东 陈亚义
现代快报	△	李公祠大照壁“骨质疏松”大动手术	胡玉梅
南京日报	24	白下区召开“1+3”安全监控工作体系建设推进会	安在伟
南京日报	△	新街口商圈矛盾纠纷“一站式”解决	徐 涛
南京日报	25	下午3点到游府西街小学听“感恩”	孔小平
金陵晚报	△	“白下杯”京剧小票友选拔赛 即将开赛	陈 曦
扬子晚报	27	环保达人爱观察爱动脑	王宛璐
金陵晚报	△	白下区:用“非遗”贺建党90周年	祝鲲鹏 苏丽萍
南京晨报	△	南京市第五中学:弘扬平民教育,打造精品小班	黄 欢
南京日报	28	白下4所民办园还可接纳599名幼儿	钱红艳

南京日报	△	新街口文化宫广场每周日将有免费演出	工 萱 马 金
南京日报	30	白下区举办迎青奥家庭趣味体育赛	朱 彦 崔 晓
现代快报	△	你看，这一张张“亲子脸”像不像	钟晓敏 施向辉
南京日报	31	“让每一个孩子健康快乐地成长”	李 冀
金陵晚报	△	杨卫泽“六一”节前夕走访学校、幼儿园	施婷婷
金陵晚报	△	南京大烟囱如何改变形象？	宋新莉
南京晨报	△	秣陵路小学让每个孩子都有伴儿	邵 丹
扬子晚报	1/6	小艺术家莫愁湖畔开启“红色穿越”	郑幼明 吴 俊
扬子晚报	2	“汤姆猫”穿上警服了用南京话告诉孩子提防“老拐子”	裴 睿
扬子晚报	△	300名小学生水世界里免费学游泳	徐 兢 刘 浏
南京日报	3	南京女交警走红网络	罗顺平 孙 琳
江南时报	△	南京白下区今日回收废旧电池	徐 昇
扬子晚报	4	太平南路又添央企新贵	王 颖 钟贵轩
南京日报	7	白下区探索建立全国和谐社区建设指导标准体系	张 璐
南京日报	△	白下双麒路开展环境整治月活动	江 瑜
金陵晚报	△	小长假经济活跃消费给力	孙 玮
南京日报	9	5位新任区委书记谈“施政思路”	毛 庆 储笑抒
金陵晚报	10	南京相声人摸出自己的一条路	陈 曦
现代快报	△	郑大爷的“蜗居”我们帮他装修	顾春安 钟晓敏
南京日报	13	推动残疾人培训就业再上新台阶	刘 远
南京日报	△	白下区命名10家非遗传承人名人工作室	毛 庆 柏 璇
金陵晚报	△	老专家送健康进社区	倪 萌 姚媛媛
现代快报	△	两个83岁的老人办了一个红色邮票展	王 凡 钟晓敏
南京日报	14	把简单的事做好就不简单	周爱明 宁成贤
现代快报	16	吃饭“囫囵吞枣”我们帮王大爷换假牙	顾春安 钟晓敏
金陵晚报	17	贯彻落实“四个第一”全面建设幸福白下	祝鲲鹏 刘 军
金陵晚报	△	白下赛区军歌嘹亮激情演出点燃全场	刘萌萌 苏丽萍
现代快报	18	老人开个唱 听众个个意犹未尽	钟晓敏 施向辉
南京日报	20	我市五区获评“全国科普示范区”	张 璐
现代快报	△	西祠堂巷究竟有谁家祠堂	王 凡 施向辉
南京日报	23	居民的“好当家”	柏 璇
扬子晚报	25	跳舞老太意外摔伤交警背她送医院	李海勇
南京日报	26	84岁老人“七一”前实现入党夙愿	计方胜 周以平
现代快报	27	照片一般，故事感人	钟晓敏
南京日报	29	一社区医院年门诊量堪比“三甲”	毛 庆 柏 璇
现代快报	△	这位老党员是居民心中的“110”	沙 黎 钟晓敏
现代快报	△	主城又“抠”出一个地下车库	赵丹丹
扬子晚报	1/7	本报“红歌溯源”唱进社区	郑幼明
扬子晚报	△	六中地下车库开建	姚 峰 薛 玲

扬子晚报	2	穿警服的汤姆猫"伤不起"啊	于英杰
南京日报	7	把亏损企业带成"千万元户"	储笑抒 柏 璇
现代快报	△	热心公益的七个小娃娃	毛丽萍
南京日报	9	白下12选区试点公推直选党代表	毛 庆
扬子晚报	11	常州小伙报警:前女友在宁想自杀白下民警满大街苦寻轻生女	裴 睿
扬子晚报	△	新街口一批银行将有保安"高手"巡防	白景轩 裴 睿
现代快报	△	父子修鞋摊传承的不仅是手艺还有善心	钟晓敏 袁竹涵
南京日报	12	以学习推进检察院各项业务工作	柏 璇
扬子晚报	△	大华电影院10月开始改造	刘彧扬 仇惠栋
南京日报	13	以"双创双争"为抓手打造学习型党组织	柏 璇
南京日报	△	白下区:挖掘历史渊源打造特色街巷	秋光训 顾小萍
金陵晚报	△	三期南、北地块将建小型博物馆	孙梅欣
现代快报	△	白下区民办幼儿园现可接纳636名幼儿	黄 艳
南京日报	15	白下区筹集300多万元助学款	许 琴 钱红艳
扬子晚报	△	程阁老巷一院内隐藏50平方米违建 老人及时举报终被拆除	王 敏 孔小平
扬子晚报	△	白下区低收入家庭大学新生可申领助学金	王 璟
南京日报	18	白下成立首个楼宇联合党支部	张 茹 毛 庆
现代快报	20	他们许下承诺确保贫困生都上得起大学	钟晓敏
南京日报	21	打造两个科技创业特区,率先建成创新型城区	毛 庆 柏 璇
南京日报	22	120名中小学教师接受"汉推"培训	钱红艳 刘笑阳
南京日报	△	南京新百,都市圈的商业原点	周 锋 范晓林
扬子晚报	△	剪纸、舞扇、腰鼓都得学	王宛璐 张 琳
南京日报	24	打造让群众有幸福感和归属感的创新型城区	柏 璇 毛 庆
南京日报	△	白下:建设全省现代服务业中心标志区	柏 璇 毛 庆
南京日报	△	工作一小时,湿透全身衣	周爱明 常兴安
金陵晚报	△	白下区实施创新驱动战略建设创新型城区	刘 军 曾亚莉
现代快报	△	白下5年新建保障房100万平方米	蔡 嘉 刘 军
南京晨报	△	国际白下:让新街口一圈一圈变大	蔡 嘉 刘 军
扬子晚报	26	58个社区都将成为省标和谐社区	蔡 嘉 王 娟
扬子晚报	△	楼顶抢搭出300平方米违建	张 敏 向 峰
扬子晚报	△	夫妻吵架枕下藏刀白下警方微博劝架	沈 元 裴 睿
新华日报	27	南京开出首张违建罚单	敏 峰 玮 超
南京日报	28	首届"南京好青年"评出	肖 珊 蒋熙韬
南京日报	30	我市7家二级医院转型为社区卫生服务中心	卫 轩 查金忠
扬子晚报	△	4岁女童窗边喊"妈妈救命"	李海勇
金陵晚报	4/8	中小学生参加红色夏令营	祝鲲鹏
现代快报	△	亲,白下公安又招反扒便衣啦!	白景轩 陶维洲
现代快报	5	两岁半女童乐乐新街口走丢 寻人微博一夜被转发7000多次	陶维洲
扬子晚报	6	金陵尚府门前绿岛向日葵盛开	徐福庚 范晓林

新华日报	7	智能交通产业联盟在南京成立	祝鲲鹏　颜　芳
金陵晚报	8	“城中村”社区民警和他的“凡客体”	宁公宣　段仁虎
南京日报	15	新百转型迈向现代城市综合体	曹丽珍
扬子晚报	△	白下区党代表监督干部选举	宁纪宣　何广阔
扬子晚报	△	清理路面牛皮癣协管员一天弯腰500多次	任贵林　孔小平
南京日报	16	白下“新视野”讲坛搭建全新学习平台	毛　庆　柏　璇
南京日报	△	首届中国云计算技术与应用大会将在宁举行	毛　庆　高蓉蓉
金陵晚报	△	文明督查进网吧抽查全合格	潘思佳　高　洋
金陵晚报	△	白下区：65个问题限期整改	曾亚莉　邱凌子
南京日报	17	让青春闪亮新街口	王　茸　王成兵
南京日报	△	未来5年，用于引才创业资金超亿元	毛　庆
金陵晚报	△	白下区高桥地块经济适用房建设规划	辛　颖
金陵晚报	△	陈光标向五老村慈善超市等捐赠款物	曹　娟　姚媛媛
扬子晚报	18	女大学生成了新街口“小灵通”	薛　玲
南京日报	21	“孩子的事就是我的事”	吴　昊　王　茸
南京日报	24	四大行动，全面激发科技创新创业活力	柏　璇　毛　庆
南京日报	26	84岁老太四楼坠落 58岁大妈伸手去接	李天泽　王成兵
南京日报	27	救人大妈薛明秀被授见义勇为称号	李天泽　王成兵
南京日报	29	高水平规划一体化开发加快推进东部地区建设	刘　晓
南京日报	△	主攻创新型服务业，构筑服务经济高地	柏　璇　毛　庆
现代快报	△	胖MM开时装包店月赚3万	项凤华
扬子晚报	30	货车撞人逃逸 救助基金先垫付再追偿	罗盛平　郭一鹏
南京日报	1/9	瑞金路中学换上“一中”金字招牌跑出去择校的又赶紧跑回来报到	黄　艳　赵　杰
扬子晚报	△	文津桥新护栏开裂缘于未过保养期太“脆弱”	蔡　嘉　祝鲲鹏　王　娟
扬子晚报	△	南京三所中学名校开学亮出新貌	王　璟
南京日报	5	提供优质社会服务，建设群众更具归属感的幸福城区	柏　璇　毛　庆
金陵晚报	△	100多万建街道居家养老服务中心	姚　聪
现代快报	6	固原与南京：新街口的班会课	黄　艳　赵　杰
南京日报	11	紫金（白下）科技创业特别社区启动建设	张　璐
南京日报	△	“每个孩子都是天使，一个也不能被放弃”	毛　庆　储笑抒
现代快报	△	爱心进社区2000盒月饼送老人	钟晓敏　王　凡
新华日报	13	南京建立首个“科技社区”	祝鲲鹏　顾巍钟
南京日报	14	日本电器巨头山田电机将来南京卖家电	毛　庆　柏　璇
扬子晚报	△	熊猫“神奇变脸”：建大型商业综合体 大华“华丽回归”：升级五星级影院	董婉愉　王　娟　宋　峤
现代快报	△	白下金洽会聚焦新街口	蔡　嘉　祝鲲鹏
南京晨报	△	南京将再建3个三甲医院	蔡　嘉　倪　敏
金陵晚报	15	新街口户部街惊现古代遗址	于　峰　段仁虎
现代快报	△	特殊的爱，给特殊家庭的孩子	屈宝珍
东方卫报	△	开展“无占道经营、无倚门出摊规范经营示范街（巷）和示范户”活动	刘伟娟

南京日报	16	白下金洽会签下46亿元项目	毛 庆 伯 璇
金陵晚报	△	白下打造亿元“智慧新街口”	刘 军 曾亚莉
金陵晚报	△	白下都市文化节昨日开幕	刘 军 曾亚莉
现代快报	17	逛新街口将可提前订车位	蔡 嘉 钟晓敏
新华日报	19	南京白下:从商贸大区向创新型城区转型	蔡 嘉 祝鲲鹏
南京日报	△	围绕绿色人文宜居,提升环境文化品质	伯 璇 毛 庆
南京日报	21	白下成我市唯一获批的“试点区”	倪 萌 许 琴
南京日报	22	加快创新型城区建设步伐走具有白下特色的创新驱动之路	毛 庆 柏 璇
金陵晚报	△	电子商务销售将达400亿	施婷婷 肖瑜晞
现代快报	△	地铁挺方便来新街口尽量少开车	钟晓敏
南京晨报	23	游小火小两校长互相串门去上课	刘 颖
扬子晚报	24	洋快餐一锅油8天没更换	于丹丹
现代快报	26	一台纯草根演出,让老人乐了	王 凡 倪 敏
南京日报	27	户部街工地发现南宋皇室行宫遗址	朱 凯 崔 晓
现代快报	△	四个街道试点工作已启动	朱俊俊
现代快报	28	太平南路首饰文化节开幕	笪 颖
现代快报	△	想看民国电影,也请到熙南里来	胡玉梅 施向辉
南京日报	29	白下区成立“银发会所”	柏 璇 毛 庆
南京晨报	△	社区汤医生早门诊一开30年	华琳月 刘 莉
南京日报	1/10	把惠民生促和谐保稳定工作做得更好	顾雷鸣 马 金
扬子晚报	△	罗志军在南京考察蔬菜平价店	顾雷鸣
现代快报	2	让百姓“骂骂咧咧来,欢欢喜喜走”	陶维洲
南京日报	5	白下:全力实施“四大行动”加快打造创新载体	毛 庆 柏 璇
现代快报	△	90后记者给九十后爷爷记血压	曾 偲 陈 萍
南京晨报	6	御水湾花园:3岁左右幼儿的PK舞台	刘彩云 乔 淳
南京晨报	△	富丽山庄:老人孩子其乐融融	刘彩云 乔 淳
扬子晚报	7	新婚夫妻穿汉服表演“茶道”	郑幼明
现代快报	9	白下区确定“社情民意联系日”	祝鲲鹏 钟晓敏
南京日报	10	白下:创先争优活动助推创新型城区建设	张阳阳
扬子晚报	11	“楼宇族”也可享受“社区服务”	祝鲲鹏 薛 玲
南京晨报	△	“琐事”下楼就能办新街口商圈有了“总管”	蔡 嘉 倪 敏
扬子晚报	12	社区主任为保洁员修饭桌	陈 婧
南京日报	16	“5年前参会更多是学习,这次要为幼儿教育呼吁”	毛 庆
南京日报	17	我市开展世界标准日宣传活动	倪 萌 许 琴
南京晨报	△	瑞金新村丰富居民业余生活	华琳月
南京日报	19	保质保量建好保障房	张 璐
南京日报	△	白下区:完善设施建设“幸福城区”	王锡球 朱 彦
南京晨报	△	新街口停车位要增收费要调 教育优质资源向老城东倾斜	倪 敏 邵 丹
扬子晚报	20	南京最大玉博物馆落户南捕厅街区	杨 文

新华日报	21	百岁游小正当年	葛灵丹
南京日报	△	白下城管开展桥洞卫生专项整治	张　敏　周爱明
金陵晚报	△	连续三年开办科普大学讲座	周　超
南京日报	24	白下:以创新型城区建设推动率先基本实现现代化	张　璐　柏　璇
扬子晚报	28	“绿色建筑”落户白下	蔡　嘉　王　娟
扬子晚报	△	警方搞笑微博教你“社区找车位”	徐　醒
扬子晚报	1/11	南京动漫产业化的一个成功范例	祖六四
南京日报	3	市委宣讲团宣讲市十三次党代会精神	马　金　吕宁丰
南京日报	4	白下区开评班主任带头人	钱红艳
南京日报	8	在宁穆斯林群众欢度古尔邦节	毛　庆
南京日报	10	白下创新社区管理优化社会服务	毛　庆　柏　璇
现代快报	12	36个歌友给80岁老帅哥过生日	钟晓敏
南京日报	14	续广军“走”后,他的团队更忙了	查金忠
南京日报	△	紫金(白下)科技创业特别社区签约18个人才项目	毛　庆　钱宏生
南京日报	15	我市将评选和谐示范品牌社区	施民轩　许　琴
扬子晚报	△	警花手绘小地图送问路人	罗盛平　郭一鹏
扬子晚报	△	大学生进社区表演手语“跪羊图”	王育昕　陈俊池
南京日报	16	白下选派15名优秀干部赴上海杨浦挂职锻炼	柏　璇　毛　庆
南京日报	△	白下:优先确保南京日报订阅经费足额落实	柏　璇　毛　庆
扬子晚报	17	让孩子们在家门口上好学校	王　璟
南京日报	19	以领先的理念争先的精神创先的团队做出率先的业绩	毛　庆
南京日报	20	全面开展“三争一创”,打造现代化国际性人文绿都核心区	柏　璇　毛　庆
现代快报	21	武林大会,高手竞技	钟晓敏　施向辉
现代快报	△	快报采购10吨海安大白菜南大学子帮忙送到困难居民家	钟晓敏　施向辉
南京晨报	△	金鹰携手IBM打造世界级智能商业系统	黄　欢
金陵晚报	22	9名少先队员组团来参加	孙　玮　李　凯
扬子晚报	23	社区办的“公民学院”一岁了	王　娟　宋耀生
南京日报	25	充分发挥历史文化资源优势 推动文化大发展大繁荣	李　冀　肖　珊
南京日报	△	非法兑菜点整治,严堵还要巧疏	王　骁　周爱明
现代快报	28	给家人织件毛衣,温暖这个冬天	仲　茜　钟晓敏
南京晨报	△	快来围观 好玩实用的社区行来了	刘　颖　刘　莉
南京日报	29	纪检监察工作室破解基层“监督难”	马　金　白纪轩
新华日报	30	新街口商务楼宇成立社区党委	顾巍钟
南京日报	△	加大党建创新力度提升城市基层党建科学化水平	毛　庆　柏　璇
扬子晚报	△	白下首创商务楼宇建党委	祝鲲鹏　王　娟
南京日报	1/12	以科学发展、改革创新新业绩全面推动创新型城区建设	柏　璇　毛　庆
南京日报	2	以和谐稳定新成效增强群众的幸福感和归属感	柏　璇　毛　庆
南京日报	5	以党建创新为白下新一轮科学发展提供组织保障	柏　璇　毛　庆
金陵晚报	△	拒绝单独吃饭和艾滋病患者同吃	姜晶晶　白文萱

南京日报	7	南京“中国好人”微博群昨开通	江 瑜
南京日报	8	“中国好人”微博群资助“卖房救子”家庭	江 瑜
现代快报	△	感觉把20年穿的衣服都叠了一遍 打包志愿者昨天“累并感动着”	钟晓敏 施向辉
现代快报	9	潜逃俄罗斯13年 民警QQ聊天劝回	徐 涛
现代快报	12	烧得好的菜都加了“料”	钟晓敏 施向辉
江南时报	14	白下民办教育首开民主评选先进	梅 楠 叶惠萍
扬子晚报	15	保洁员收拾垃圾袋捡一沓现金交民警	裴 睿
南京日报	16	游小将在澳洲建更多孔子课堂	钱红艳
现代快报	△	八旬老人义务捡垃圾	钟晓敏
现代快报	17	大华电影院将恢复旧称“大华大戏院”	马薇薇
南京日报	19	司机扶起倒地老太被指肇事 目击者向警方作证澄清真相	任贵林 侯锦阳
扬子晚报	△	城东石杨路将变8车道	陈 郁 张 叶
新华日报	20	转型升级,从量的增长转向质的跃升	江锡民 浦敏琦
南京日报	25	全省首家公立慈善医院昨挂牌	张 璐 郭 明
新华日报	26	南京特困群体有了免费医院	仲崇山
南京晨报	27	白下警方很萌很给力抓贼、防范、大走访一个都不少	白景轩
南京日报	28	千余户居民昨入住银龙花园六期经适房	毛 庆
金陵晚报	△	洪武高层将整改消防设施	蒋 慧
金陵晚报	29	社区民警自创“凡客体”教防盗防骗	高 洋
扬子晚报	△	新物管管好了老小区居民排队来交物业费	祝鲲鹏 王 娟
扬子晚报	△	凡人善举至深感动	杨民仆 金震寰
扬子晚报	△	这家理发店的店主已90岁了	贾晓宁
金陵晚报	30	明故宫遗址公园挖出皇宫道路	于 峰 周 俊
南京日报	31	市红十字医院每年接生1300名婴儿	查金忠 薛 坚
南京晨报	△	南京10区“一把手”推荐年度汉字	成 岗

《金陵瞭望》题录

期刊目录	题录名称	作者
第六期	科技让反腐倡廉更给力	徐有勤 何广阔
第八期	白下:“三道关口”为“一把手行权套上“紧箍咒”	徐有勤 何广阔
第十一期	满怀激情负重奋进 聚合“三力”开创未来	陆平贵
第十一期	推进社区建设 打造“三个光华”	王国平
第十一期	共驻共建强基础 创先争优促和谐	张佳军 米 晅
第十一期	小讲坛做出廉政大文章	徐有勤 何广阔
第十四期	固本强基注重实效 白下国税廉政文化建设彰显特色	宁国轩
第十四期	廉政党课要“顶天”和“立地”	杨春燕
第十四期	党员干部应追求的幸福价值观	伏健章
第十四期	白下区:用“非遗”贺建党90周年	
第十六期	致力“六个坚持”全面提升党风廉政建设水平	白纪轩

第十六期	资源整合添助力 关爱民生促和谐	李翔翔 刘 峰
第十九期	为又好又快推进现代化建设而努力奋斗	陈 勇
第十九期	“创新”，为白下“幸福”战略“亮剑”	张宝俊 施 韬
第十九期	牢记使命服务群众 努力做好新时期宣传思想文化工作	汪祥明
第十九期	加强道德修养坚持廉政从政	张佳军 张 洁
第十九期	白下：在科学谋划中高点定位全面拓展工作空间	徐有勤
第二十期	打造让群众有幸福感和归属感的创新型城区	
第二十二期	执政为民应成为党员干部的座右铭	陈 勇
第二十二期	注重四个“围绕”为白下“创新发展”提供坚强组织保障	刘 凡
第二十二期	党务公开：让党心、民心、民利贴得更近	徐有勤 吴 军
第二十五期	让执行力成为创新发展的强大引擎	井晓方
第二十七期	以创新型城区建设的生动实践，展开率先基本实现现代化决战攻坚	陈 勇
第二十七期	全力推进白下区光华路街道跨越式发展	吴 斌
第二十七期	注重内控 加强防范 积极探索党风廉政建设新途径	区国税局
第二十七期	以人为本“立”“行”并举	杨晓燕

2011年在报刊发表的有关白下区的部分图片题录

报刊名称	时间	内容	作者
南京晨报	5/1	安全检查	虞海风 高爱平
南京日报	7	刷陀螺健身取暖	吴 彬
南京日报	17	朝天宫——南京历史文化名城地标	吴 彬
新华日报	20	甘熙故居“穿”上新衣	余 萍
南京日报	21	他们，感动南京	陶 月 王成兵
南京日报	18/2	熙南里二期揭开面纱	杜文双
扬子晚报	△	民俗嘉年华	刘 浏
东方卫报	△	闹元宵	祝鲲鹏 丁 亮
南京日报	5/3	服装秀展风采	徐 琦
南京日报	7	婆媳互动庆“三八”	杜文双
新华日报	8	社区举办厨艺大比拼活动	余 萍
南京日报	△	“康乃馨行动”	黄 华 赵 滨
扬子晚报	9	看望孤寡老人	裴 睿
江南时报	△	医疗队走进社区	乐 涛
南京日报	14	教你识别假币	王成兵
扬子晚报	25	运水车一天跑13趟 常府街半小时除一次尘	熊超群 吴 俊
南京日报	7/4	小学生走进警营	沈 元 王成兵
江南时报	△	“警营开放日”	乐 涛
南京日报	13	西藏文化节	陈 晨 杜文双
南京晨报	16	慧园街小学人人会书法	孙 文 高爱平
南京日报	21	老党员喜看新变化	杜文双

江南时报	22	第四届“和谐白下大戏园·扬剧展示年”系列活动	乐 涛
南京日报	24	太平南路成黄金珠宝“正版正货示范街区”	杜文双
南京日报	27	保洁员欢聚一堂迎“五一”	祝鲲鹏 杜文双
江南时报	4/5	红歌赛	秦怀珠
南京晨报	10	送书到军营	刘 莉
江南时报	12	第21次全国助残日广场活动	乐 涛
扬子晚报	13	白下区今明有“红色经典”演出	祝鲲鹏 王 娟
现代快报	△	游府西街小学正进行演练	施向辉
南京日报	18	我市开展“城市节约用水宣传周”活动	龚节宣
南京日报	19	百岁庆典	崔 晓
南京日报	23	端午前夕粽子热销	杜文双
南京晨报	28	“迎六一亲子水世界嘉年华”活动	高爱平
扬子晚报	31	百本图书赠残疾儿	王 娟
江南时报	1/6	“护蕾行动”进校园	乐 涛 李 健
扬子晚报	2	游府西街幼儿园小朋友庆“六一”	朱 姝
南京晨报	3	“唱支红歌给党听”广场演出	邵 丹
扬子晚报	4	厨艺大赛	宋 峤
南京日报	13	宣传消费维权知识	张 静
江南时报	16	“红心向党”大合唱比赛	乐 涛
南京日报	5/7	听前辈讲故事	王成兵
江南时报	6	少先队员代表看望抗日英雄	乐 涛 王光华
南京日报	8	“国学”夏令营开营	吴 彬
南京日报	18	夏日商场,景观也清凉	徐 琦
南京日报	18/8	暑期“小啄木鸟”在行动	戴 玲
扬子晚报	27	白下区举行反腐倡廉专场文艺演出	何广阔 王 娟
南京日报	4/9	走进育智学校	储笑抒
扬子晚报	7	中秋送温情 军民一家亲	宋 峤
江南时报	8	98岁谢奶奶笑得好甜	乐 涛
南京日报	16	大闸蟹上市啦!	徐 琦
新华日报	26	“2011南京新街口时尚休闲嘉年华”	郎从柳 王 新
南京晨报	6/10	猜谜有惊喜	刘彩云 乔 淳
扬子晚报	14	汉中门小学排演样板戏	刘 浏
江南时报	19	应急救护培训进社区	乐 涛
江南时报	21	游府西街小学百年校庆	乐 涛
东方卫报	10/11	水游城灭火疏散演练	杨 娜 张 宁
江南时报	15	绘图指路	乐 涛
江南时报	9/12	楼道逃生及灭火演练	乐 涛
扬子晚报	13	现场为癌友提供咨询、义诊	李 静
东方卫报	19	辛亥百年书画展	张 宁

索 引

说 明

1、本索采用分析索引方法，按索引词首字汉语拼音音序排列，首字音调相同按第二字音序排列，依次类推。

2、由类目、分目、副分目标题作索引词的均用黑体字标明。索引词后的阿拉伯数字表示内容所在页码，数字后的拉丁字母a、b、c分别表示左、中、右栏。

3、索引词后第二个页码表示"参考"内容所在位置。

4、"特载"、"专文"、"大事记"、"光荣榜"、"统计资料"、"文件目录选编"、"文件选编"、"附录"及"彩页"中的一些内容未作索引。

条目索引

A

B

C

D

F

G

H

J

K

L

T

W

X

南京市白下区教育局

1. 24中百年校庆
2. 2011年世界垒球日庆祝活动暨南京市软式垒球校际联盟的成立仪式在御道街小学举行
3. 江苏省志愿者ABC活动在学校设立活动站
4. 何中雷、程璐获得全国第一届体育教师教学技能大赛一、二等奖
5. 澳大利亚艺术家在第一幼儿园与老师、孩子们交流
6. 南京市游府西街小学隆重举行建校一百周年庆祝活动
7. 梅花山庄幼儿园的师生们在老艺术家的指导下表演皮影戏
8. 金陵中专被授予“江苏省职业院校技能大赛先进学校”
9. 成立“白下区小学教育联盟”——火瓦巷小学
10. 瑞金路幼儿园的幼儿在教师指导下开展泥塑活动
11. 太平巷幼儿园精彩纷呈的“田野创造节”
12. 区教育局依托白下区少年宫成立“白下区素质教育基地”
13. 22011年三初被评为省绿色学校
14. 区教育局举办小学“新秀杯”教学赛课活动
15. 音乐特色园游府西街幼儿园师生与外国友人共享艺术活动

紫金（白下）科技创业特别社区

高科技人才创业中心

南理工科研孵化楼

未来几年，借助南京“1+8”文件和“科技九条”东风，园区力争建成南京乃至全省占用资源比较少，自主创新能力比较强，具有爆发力的核心技术培育地和关键工序集成地，占据产业分工高端位次，走出一条资源集约、智力密集、产业高端、环境友好的创新发展路子，打造产业与城区功能彰显、创新与创业氛围浓郁、经济与社会发展强劲的增长极。进而发挥辐射带动作用，为推进白下东部“三区融合、联动发展”做出努力。

白下321大厦——国际人才孵化器

软件与信息产业中心

云计算技术应用与服务创新基地

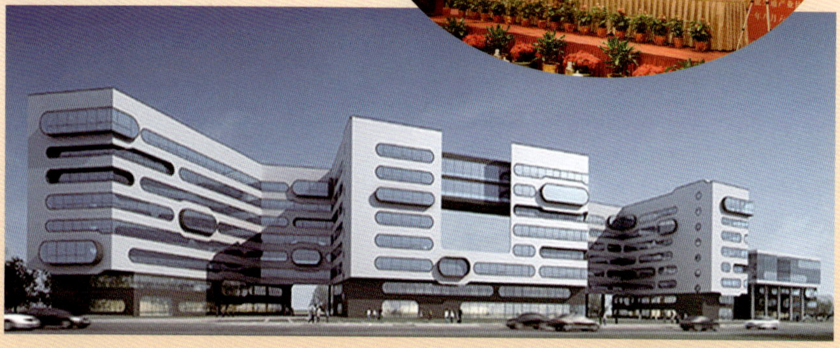

智能交通产业大厦

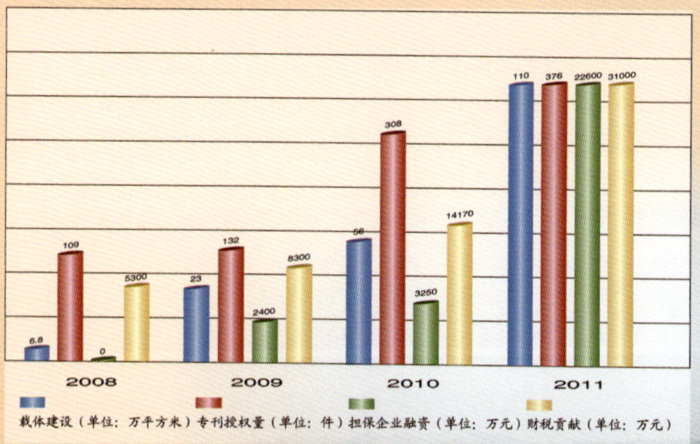

热火朝天的建设场景

天安数码城——天安科技创新中心

企业代表——云创存储科技

南京市工商局白下分局

南京市工商局白下分局积极推进创先争优活动，号召党员同志特别是窗口岗位的同志在工作时间、工作场所按要求佩戴党徽，亮明党员身份，接受群众监督。图为：党员干部在庄严的党旗下佩戴党徽。

南京市工商局白下分局积极开展千企业活动，通过送法进企业、服务进企业等活动，了解企业需求、听取企业对工商工作的意见和建议。图为：分局工作人员前往省著名商标企业，为企业介绍知识产权保护政策。

2011年，分局紧紧围绕市局党组工作部署，牢固树立服务地区经济社会发展的大局观念，以“争创新街口商圈的好工商”为立足点，以“创先争优”活动为主线，深化服务， 强化职能，依法行政，较好地完成了各项工作任务。在区群众评议机关活动中综合排名再次上升，位列第三。瑞金路工商所在街道组织的基层站所政风行风现场评议中排名第一。全年新发展企业2628户，个体工商户4411户，新增注册资本46.57亿元，位居全市第一。全年新认定省、市著名商标12件，“苏果”商标被总局认定为全国首个零售业超市行业驰名商标。受理各类申（投）诉举报3497件，办结3420件，办结率98%，为消费者挽回经济损失215.57万元。其中办理12345申（投）诉举报1016件，办结998件，办结率98.3%。

2011年，分局着眼于提升工商部门助推科学发展的能力，积极促进全区经济平稳较快发展。制定出台了《完善“四项机制”全面对接“十二五”发展规划工作目标分解方案》，明确了服务发展的思路和举措。出台《关于支持中航科技城创新创业基地企业发展的若干意见》支持科技型企业发展。为缓解企业融资难题，先后与工商银行、民生银行等金融机构协调，举办“银企保”对接会3场，帮助33户中小企业从银行获得融资1.9亿元。

以政府名义出台了《关于实施商标战略，加快建设创新型城区的意见》，对获得驰名商标、省、市著名商标企业予以奖励，激励企业走品牌发展之路。

2011年，全年开展食品检测220起，立案查处食品类违法违规案件25起，罚没入库97万元，查封问题食品3700公斤。以12315和“一会两站”维权网络体系为依托，把维权触角向街道、社区、市场、学校延伸，与南京城市广播开展放心消费进社区活动，在五老村小学建立校园维权站，共建立投诉服务站112座，取得了良好的社会效益。

2011年南京市工商局白下分局领导班子

局长、党组书记：陶洪亮

副局长：宋战美 2005.3.16任

刘建美 2003.01.28任

崔永元 2011.03.01任

卞元清 2011.03.01任

熊茂林 2011.01.11任

纪检组长、副局长：刘建美

2012年2月14日宁工商党组【2012】11号文件：

南京市工商局白下分局局长、党组书记陶洪亮同志因年龄原因退居二线，由郑育林同志接任南京市工商局白下分局局长、党组书记一职。

南京市质量技术监督局白下分局

副局长（主持工作）

胡　华

副局长

杨克明

2011年，南京市质量技术监督局白下分局共组织培育申报市以上名牌、质量奖38家，位列主城八区第一。“国家级社区服务标准化试点”项目顺利通过了国家级验收。在保证特种设备安全、食品生产加工安全和打击假冒伪劣商品、维护经济秩序等方面均有重大举措和创新，监管水平排在全市前列。2011年，南京市质量技术监督局白下分局获得了“2011年度南京市质量技术监督系统创新工作奖”荣誉称号。

开展“质监讲堂”进超市服务活动。2011年9月，以“质量月”为契机，在苏果超市总部培训基地组织“质监讲堂”进超市服务活动，邀请市局监督处和国家农副产品质量监督检验中心店的专家为苏果超市总部质量管理团队和各大门店质量负责人就常用食品标签审查技术等日常质量安全常识进行免费培训，并现场回答了苏果超市各大门店在日常工作中遇到的食品标签方面的疑难问题，受到企业欢迎。

开展“千百诚信”计量体系建设活动。全年对辖区内大型餐饮、超市企业进行宣传发动，并与沃尔玛、侨鸿皇冠等首批参加创建的10家示范单位签订了《诚信计量承诺书》，进一步健全了诚信计量档案并定期对十家单位开展巡查。全年共培育申报省、市级“诚信计量”超市、餐饮饭店、集贸市场6家。

开展“5.20计量日”宣传活动。5月，南京市质量技术监督局白下分局走进标营社区，现场为百姓免费检测、修理血压计达193台，现场示范如何判断血压计漏气现象，并向居民宣传日常计量小常识，受理相关咨询100余人次，发放计量宣传资料百余份。

稳步推进居民小区老旧电梯安全评估和更换。按照南京市老旧居民住宅电梯整治工作领导小组的要求，2011年白下区共有武学园小区8台电梯、砂珠巷小区6台电梯、建康大厦6台电梯、御道街113号2台电梯、琥珀巷小区4台电梯被列入第一批更换目录之中，南京市质量技术监督局白下分局积极协调南京市特种设备安全监督检验研究院、相关街道、区住建局等部门，对上述26台电梯全部进行了安全评估，为及时更换做好充分准备工作。

加强食品安全监管网络建设。全年对辖区内的13家食品企业，按预定监管频次开展监督检查，共下达整改通知书15份，提出整改49项，完成整改49项，分管领导及主要领导带队检查生产单位全年覆盖率100%；全年完成省级抽检5个批次，市级抽检8个批次，区县级抽检7个批次，合格率均为100%，快速检测5个批次，其中小作坊1个批次，快检率50%，生产企业4个批次，快检率44%。

认真履职，重拳打假。共办理“打假”案件13件，罚没额10万元以上3件，打掉制假窝点近30余个，移送公安部门刑事拘留犯罪嫌疑人3人，受省市各大媒体关注、宣传40多次，在社会上起到了较好的反响。

南京市白下区国税局

白下区国家税务局局长　庞宝林

南京市白下区国家税务局目前内设6个职能科室，分别为办公室、人事教育监察科、政策法规科、征收管理科、收入核算科、纳税服务科；下设6个税源管理科（即税源管理一至六科）、1个办税服务厅。现有在职干部职工118人。2011年，在区委区政府的正确指导和关心支持下，区局围绕“一个中心”（组织收入）、强化“两个重点”（税收征管质效和纳税服务水平）、实现“五个新突破”（组织收入质量、税源专业化管理、纳税服务、队伍建设和党风廉政建设）的工作主线，全面履行工作职责，以争创一流为目标，在创新中发展，在改进中提高，扎实推进各项税收工作，连续第九年被评为南京市国税系统先进集体。区局全年实际组织区级税收收入22.4亿元，为区域经济社会发展提供了坚强保障，实现了“十二五”良好开局。

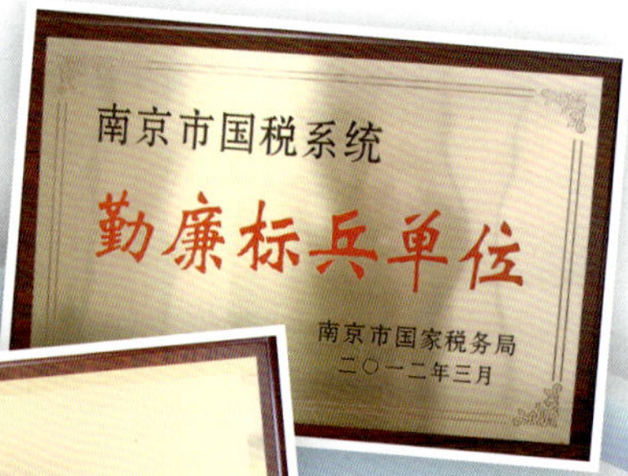

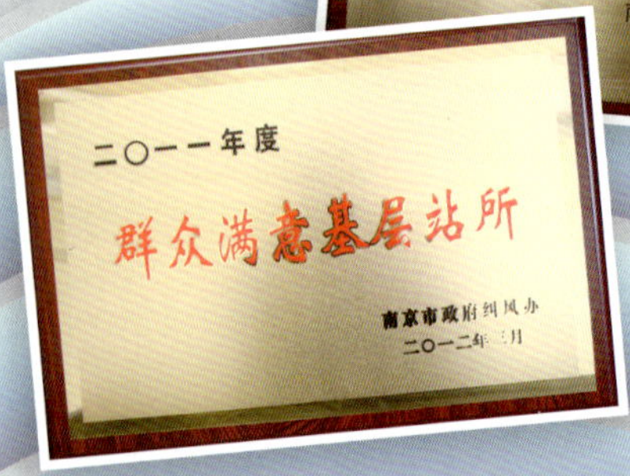

国家税务总局副局长解学智（左三）到局视察

国税开放日

主题教育活动

走进政风热线

上门服务企业

关爱农村留守儿童

南京市白下地方税务局

加强建筑安装企业的项目管理

白下高新园区纳税人之家揭牌成立

进园区送政策，倾听企业呼声

开展创建群众满意基层站所活动

南京市白下地方税务局成立于1994年11月，主要负责白下区范围内9个地方税种、社保费及7项省、市政府代征基金（费）的征收管理工作，下设4个职能科室、8个基层所和1个办税服务大厅。共有干部职工146人，党员116人，占总人数的79.45%。大学本科以上学历116人，占总人数的79.45%。26人取得注册会计师、注册税务师、律师等“三师”资格，43人取得经济师、会计师等中级以上职称，专业化人才比例达到47.26%。

多年来，白下地税局以区域经济发展作为依托，以加强税收征管为抓手，做到应收尽收，组织收入总量实现了逐年增长，从1995年的8502万元，增长到2011年的52.12亿元，15年间累计完成各项收入超过200亿元，为全市地方税收收入的增长和区域经济社会发展做出了应有的贡献。近年来，白下地税局先后荣获“全国税收宣传月活动优秀创新项目”奖、“江苏省地税局依法治税示范单位”、“南京市文明单位”、“南京市建设新南京有功单位”、 南京市市级机关作风建设优质服务窗口等荣誉称号，先后产生了1个全国青年文明号（所）、3个省级巾帼文明示范岗（科所）、2位南京市“五一劳动奖章”获得者。

纳税服务开放日纳税人代表参观办税服务厅

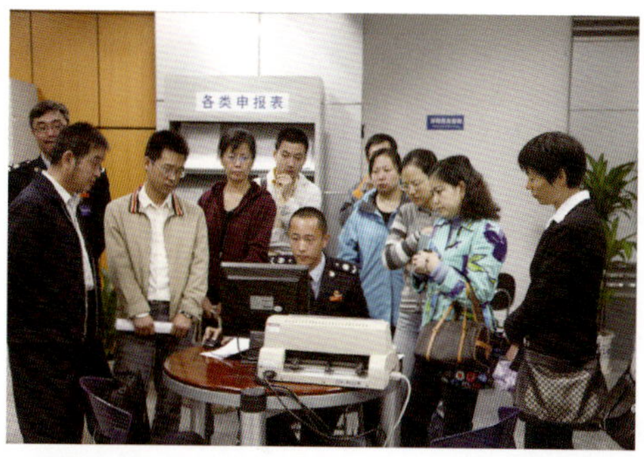

开展三八妇女节康乃馨税收咨询活动

南京市公安局白下分局

2011年以来，在市局党委和区委区政府的坚强领导下，全区公安机关紧紧围绕建设“平安白下”、“和谐白下”、“法治白下”大局，始终坚持“求真务实、固本强基”的工作指导思想，以全面提升公安核心战斗力和基层基础建设水平为目标，以大力推进社会管理创新和侦查方式转变创新为突破口，以深入开展“春雷行动”、“清网行动”为抓手，全面深化实施“社区六进”工作，着力加强警务信息化、打击专业化、防范社会化、队伍正规化、执法标准化建设，公安机关综合打防效能显著攀升，公安工作实现了质的飞跃，圆满完成了市局和区委区政府下达的各项目标任务，确保了全区的平安和谐，为全区经济社会又好又快发展作出了积极贡献。在全市公安工作绩效目标考核中，分局百名民警逮捕数、查处黄赌毒娼数、追回历年逃犯数以及案件防控等核心考核指标数据在全市排名前列，并在一季度以全市同类地区总分第一的好成绩，夺得全市公安机关绩效考核季度优胜红旗。市局专门发来贺电，对分局“清网行动”专案抓捕组成功抓获公安部B级命案逃犯惠国目给予祝贺表扬，并被省厅授予集体二等功荣誉。市委常委、政法委书记刘志伟，副市长、市局徐珠宝局长先后深入我区，视察调研“社区六进”工作，对分局以物管进社区深化“社区六进”的做法和成效给予充分肯定和赞扬。队伍中涌现出以被省公安厅授予个人二等功的社区民警钱定才为代表的一大批先进集体和个人，先后有9个集体、49名个人受到上级公安机关和各级党委政府表彰。

区公安分局

特警
特警

POLICE

白下区人民检察院

2011年，白下区人民检察院围绕“强化法律监督，维护公平正义”工作主题，深入推进三项重点工作，全面履行法律监督职责。依法打击各类刑事犯罪，批准逮捕392件486人、提起公诉450件569人；积极查办和预防职务犯罪，立案查处贪污贿赂和渎职侵权案件12件14人，为国家和企业挽回经济损失700余万元；进一步强化法律监督工作，依法对刑事侦查活动、法院审判活动、刑罚的执行和监管场所管理活动进行监督；在执法办案的同时，注重涉案矛盾纠纷的化解，做好检调对接和刑事被害人救助工作；积极推进“阳光检务”，加强代表委员联络和人民监督员工作，密切检察机关与人民群众的联系，不断延伸法律监督工作触角；强化内部监督制约机制，从纪检监察、检务督查和案件管理等方面，不断推进科学化和规范化管理，努力打造一支“忠诚、为民、公正、廉洁”的检察队伍。先后获得“全国检察宣传先进单位”、“全国检察机关文明接待室”、“江苏省廉政文化建设示范点”、“南京市先进检察院”等各级集体表彰19次，个人表彰51人次。

图片说明

1. 1月26日，最高人民检察院曹建明检察长亲临我院案管中心调研
2. 薛薇检察长在市民广场接待并倾听群众呼声
3. 反贪工作获得市检察院表彰
4. 党员干警慰问市福利院孤残儿童
5. “检察开放日”活动
6. 案管大厅“一站式”服务

白下区人民法院

2011年11月25日，白下法院民一庭邀请妇联、当事人所在社区工作人员及群众代表参加一起继承纠纷的座谈会。参与各方在了解案情后对当事人双方进行了劝说，为达成调解奠定了基础

2011年10月27日，白下法院组织南京市工商行政管理局白下分局、南京市白下区住建局及街道物业科、淮海路派出所、天安港力物业公司、业主代表在天安国际大厦就如何多方面、多渠道的破解“住改商”困局召开座谈会

白下法院民四庭在不到三个月的时间内，成功调处一起因拆迁安置补偿引起的群体性拆迁纠纷，并在结案32天后将补偿款落实到位。2011年12月12日，15名原告中的代表送来锦旗，对法院工作表示感谢

[概况]

2011年，白下法院在区委的领导、区人大及其常委会的监督下，以服务全区转型发展创新发展为中心，充分履行各项审判职能为白下区和谐、稳定、发展提供司法服务和保障。全年共新收各类案件7875件，结案7944件。先后获得集体三等功等14项集体表彰，另有12位干警获得省、市、区各级嘉奖。

[审判工作]

积极通过刑事审判工作打击犯罪、帮扶帮教，着力推进区治安防控网络建设；着力推进司法服务联系网络建设，打造金融业司法服务品牌项目；妥善审理关涉群众切身利益的劳动就业、社会保障、教育、医疗、住房、消费等领域的纠纷案件，切实维护人民群众的基本生活保障；抽调业务骨干成立拆迁案件巡回法庭，积极配合重大项目建设，做好拆迁纠纷协调、调解工作，有效促进区域经济与社会发展。

[注重矛盾化解工作]

充分发挥“两室四网十平台”的合力，促进矛盾纠纷的调解解决。全年以调解和经调解以撤诉方式结案的民事案件3553件，调撤率66.72%；诉前调解案件3742件，调解成功2439件。注重涉诉信访矛盾的化解，对重点信访案件建立院长定期逐案过堂的督办机制；对重点交办的进京访案件实行院领导亲自包干、亲自化解的责任制；对未及时化解的信访案件进行跟踪、通报。全年成功化解市法院交办的集中化解涉诉信访案件；3件区政府交办的集中化解涉诉信访案件；　10件中政委交办的进京访案件，圆满完成了上级交办的信访工作指标。

[深化社会管理创新]

贯彻落实区“加强社会建设、创新社会管理、优化社会服务”大会精神，进一步落实巡回审判、就地审判制度，通过就地开庭、宣判、以案释法等形式，提供更大程度的便民诉讼机制。积极开展走访人大代表、政协委员，法官进社区、进企业以及社情民意联系日等活动，主动收集社会各界对法院工作的意见和建议。开展7次“法院开放日”活动，接待人大代表、政协委员和社会群众来院旁听案件庭审10余次。积极参与六五普法，围绕人民群众和社会各界关注的热点、难点法律问题，开展各种专题宣传活动9次，在各媒体刊载宣传文章200多篇，广泛开展法制宣传教育。

白下区人民武装部

胡锦涛主席在玉树重灾区接见区抗震救援民兵连部分民兵

省委常委、省军区政委李笃信少将参观区高新技术产业园区

李建业市长在“7.28”燃爆事故现场看望我区民兵

7月22日下午，特邀国防大学教授徐焰少将来区作国防形势教育报告

2011年，区人武部在警备区党委和区委、区政府的领导下，坚持以科学发展观为指导，着眼扎实推进军事斗争准备，按照“实战化标准、常态化准备”的思路和要求，抓基层打基础，狠抓工作落实，各项建设稳步推进。一是党管武装坚强有力。区委、区政府认真落实党管武装制度，坚持把国防后备力量建设纳入经济社会建设发展通盘考虑、统一筹划，积极为武装工作破难题，区人武工作呈现出党委领导、政府主抓、军地联动的良好局面。二是政治工作扎实有效。扎实开展“加强党性修养，锤炼思想作风”教育，积极参加区组织的“加强机关干部作风建设”教育整顿，不断强化党员干部抓大事谋全局的政治意识、立足本职干事业的尽责意识和争先创优的进位意识。三是战备训练成效显著。按照“四位一体”要求，组建了140人维稳处突应急分队和800人抗洪抢险应急队伍，民兵遂行多样化军事任务能力得到提升；严格落实战备制度，及时修订完善各类战备预案；扎实开展军事训练，先后组织8批次460名民兵预备役人员进行专业集训，并圆满完成了市委议军会上“抗震救灾”课目演练任务；狠抓岗位练兵活动，现役干部在上级组织的比武考核中，多项成绩排名靠前。四是安全管理毫不松懈。部党委坚持每月召开一次安全形势分析会，查找安全隐患和事故苗头，定期组织开展学条令、训队列、整纪律等活动，不断强化全体人员依法从严治军意识；严格落实安全保密规定，狠抓人、车、枪、弹、密管理，确保了人武系统的安全稳定。五是国防教育深入开展。聘请著名军事专家、国防大学教授徐焰将军为全区科以上干部作《国家周边安全形势》报告；组织区街两级各套班子成员和企事业单位领导到部队过“军事日”，指导辖区各类学校组织开展学生军训活动，结合“第11个全民国防教育日”，开展多种形式国防教育活动，积极营造全社会关心支持国防和军队建设氛围。六是服务大局积极作为。动员组织民兵预备役人员1200多人次参与文明创建、综合治理等活动，积极为白下创建“群众更具幸福感和归属感的创新型城区”作贡献。七是征兵工作成效明显。区专门召开征兵工作部署会，明确任务，签定责任；充分利用政府网、短信平台、户外视频等大力宣传新《兵役法》和省市有关征兵政策规定，并把全区208高考落榜生名单下发街道、社区进行重点发动，动员家长送子入伍、鼓励适龄青年卫国参军；严格征兵纪律，坚持“六公开、四公布”，主动接受监督，确保了区连续41年无责任退兵。

区抗震救援民兵连在玉树实施救援

组织抗震救援应急分队训练

严把征兵体检关

白下区食品药品监督管理局

区药监局领导班子坚持以建设一支“政治过硬、业务精良、作风清正、纪律严明、行动快捷”的食品药品监管队伍为目标，以依法行政、文明执法为突破口，狠抓干部队伍建设，加强政治业务学习，提升科学监管水平。

区药监局在食品监管职能未调整前，充分发挥区食安办组织监督和综合协调作用，多次召开全区食品安全委员会会议，部署开展各类食品安全专项行动，及时消除食品安全隐患，确保群众饮食安全。

图为白下区副区长刁海捷同志与市药监局副巡视员夏扬同志为惠民药房揭牌

区药监局紧扣“减轻群众负担、降低购药费用、真正受惠于民”主题，大力实施药品惠民工程，率先在全市成立白下区首家惠民药房试点基地，为南京市特困及低保证居民提供“爱心抵用券”、健康咨询和用药指导等服务活动。

区药监局全面履行餐饮服务环节食品监管新职能，组织开展学校和托幼机构食堂食品安全“整治月”行动，召开全区分管校长和食堂负责人专业培训会，全面启动学校食堂监督量化分级管理，进一步优化学校食堂食品安全监管模式，全面提高学校食堂食品安全管理水平。

白下区食品药品监督管理局内设4个科室，分别为综合科、餐饮安全监管科、药品医疗器械监管科、保健食品化妆品监管科；下设白下区食品药品安全监督所，为全民事业性质。现有在职干部职工29人。主要职能为：承担餐饮服务、药品零售、保健食品经营企业的行政许可，依法对餐饮服务环节食品、药品、医疗器械、保健食品、化妆品实施监督管理，处置突发事件和查处违法行为，监测药品不良反应、医疗器械不良事件和药物滥用，配合有关部门监测药品、医疗器械和保健食品广告。

2011年，是白下区食品药品监督管理机构在新的体制下、履行新职能的起步之年。在区委、区政府的正确领导下，该局领导班子牢固树立政治意识、大局意识、服从意识和争先创优意识，始终以“争一流、创特色、上台阶”为目标，从“强素质、求创新、促发展”入手，抓班子、带队伍、夯基础、见成效，顺利完成食品安全监管职能调整，组建区食品药品监督所，全面履行药品零售、餐饮服务和保健食品行政许可新职能，圆满完成上级交给的各项工作任务。

该局坚持以保障公众饮食用药安全为中心，以整顿和规范辖区食品药品质量和市场秩序为主线，认真贯彻落实市、区关于加强食品药品安全工作的决策部署，紧紧围绕创新型城区建设的目标要求，大力开展食品药品安全专项整治行动，有效解决群众饮食用药安全的突出问题和制约监管工作开展的难点问题，努力打造食品药品安全放心城区，为维护社会和谐稳定、促进辖区食品药品产业又好又快发展做出积极贡献。

是年，该局被区委区政府授予区依法行政“示范单位”称号，被市药监系统评为全市食品药品监管工作“先进集体”，实现六连冠的目标梦想。

区药监局坚持科学监管理念，严厉打击食品药品领域违法违规行为，深入持久地开展各类专项整治行动，确保辖区百姓饮食用药安全。

图为执法人员对集体食堂开展专项检查

图为执法人员对医疗机构使用基本药物的质量安全进行监督检查

区药监局坚持每月开展食品药品安全知识进社区服务咨询活动，通过资料发放、展板布置、现场答疑等形式，多渠道宣传、全方位普及食品药品安全知识。

图为白下区副区长刁海捷同志与市药监局局长助理姚伟伟同志为新所成立揭牌

2011年8月，区药监局履行餐饮服务环节食品安全监管新职能，组建区食品药品安全监督所。

白下区五老村街道

1. 市委常委、政法委书记刘志伟调研街道工作

2. 市委组织部徐金万部长和区委陈勇书记为新街口商务楼宇社区党委成立揭牌

3. 区委书记陈勇到街道宣讲省、市党代会精神

五老村街道位于白下区北部，东临内秦淮河与瑞金路街道相接，西至莫愁路，南至常府街与洪武路街道相邻。面积约1.6平方公里。辖五老村、三条巷、树德里、淮海路、新街口商业街等5个社区居民委员会，居民总户数2.02万户，户籍人口5.7万人。办事处驻长白街413号。

2011年，五老村街道完成地方一般预算收入9.61亿元，同比增幅12.65%。全年引进新成立企业795家，注册资本达7.1亿元，引进领军型科技创业人才4人，培育科技创业企业9家，发明专利授权量30件。

街道加强市容长效管理。坚持建设与整治并举、管理与服务并重，完善大市容、网格化管理，改善辖区面貌和城市环境。从强化硬件设施和规范进菜时间入手，专项整治科巷菜场，实行机关干部、城管队员24小时值班制度，有效遏制违规兑菜现象，交通拥堵压力得到缓解。加大拆违控违力度，全年拆除违章建筑72处10099平方米，基本实现新建违建“零增长”。建立物业管理“两站一中心”平台，完成了辖区108个小区和院落的摸底排查工作，完成四条巷32号和淮海路31号车管、物管进小区试点工作，完成13个无物业小区的自治管理工作。

街道突出保障改善民生。全年走访慰问孤寡老人、困难老人和高龄老人373人，发放各类救助和补贴86万元。完成创业带动就业指标1768个，实现扶持创业181家，组织758人参加职业指导培训，提供创业者小额担保贷款35万元。打造“周蓉党代表大调解工作室”、“道德法庭”、“社会妈妈关爱团”、“园丁助学社”和“爱心接力”等特色为民服务品牌，定期为居民提供免费法律咨询和社区助老为老服务。

街道建立“大信访”工作格局，完善信访事项处置工作机制，开展群防群治工作，全年接待群众来信来访169起，解决矛盾纠纷859起，办理“12345”呼叫中心工单992件，办结率100%，满意率97.6%。对辖区4处5幢楼宇开展火灾隐患排查工作，安全隐患整改率98%，未发生重特大安全生产事故。

街道以“创先争优”活动为抓手，开展“创建学习型党组织、学习型领导班子，争当学习型领导、学习型个人”活动、“走万家、访千企”活动、“牵手送爱心·为民办实事”暨“五大工程”等活动。加强社区党建工作，建立健全议事监督会、共建联席会、群团联席会等“三会”工作制度，出台加强社区党组织建设的措施，从制度上、机制上规范党建工作，切实发挥社区党建服务群众、促进和谐的作用。社区党组织书记述职评议群众满意率均达90%以上。

是年，五老村街道获全国文明城市复查南京市有功单位、市计划生育协会先进集体、区2011年度创新型城区建设有功单位、创新型城区建设考核一等奖等多项荣誉。

4. 市社建委许宏书记调研街道工作

5. 新街口商务楼宇社区服务中心成立仪式上讲话

白下区洪武路街道

洪武路

水游城

法律诊所

与明朝开国年号同名，处处散发着历史文化韵味的同时又不乏彰显现代气息的洪武路街道，地处新街口与夫子庙两大商圈之间的繁华地段，东起大中桥内秦淮河，西至中山南路，北延常府街、户部街、羊皮巷，南临建康路、升州路。地域面积2.73平方公里，常住居民10.2万人，3.1万户，下辖有10个社区居委会。

2011年，洪武路街道紧紧围绕“富裕洪武、文化洪武、和谐洪武”的奋斗目标。同时结合开展“创优争先”实践活动，狠抓领导班子建设，坚持全面落实党风廉政建设，完善机构，惩防并举，不断强化治本抓源头工作。“筑牢新堡垒，建强新核心”，努力打造一支“干事有激情，做事高标准，遇事敢负责，处事有坚韧”的富有精气神的干部队伍，较好地完成了年初确定的经济发展和重点工作目标任务，为2012年“创新驱动、转型发展”开创了街道工作的新局面。

九二五公馆

邻里驿站

白下区光华路街道

2011年12月5日白下区委陈勇书记参观光华路街道文化活动中心现场

曹永林区长走访四方新村社区

区人大王洪星主任调研辖区金陵中等专业学校

光华路街道位于白下区东南部，东接绕城公路，西至苜蓿园大街，南与江宁、秦淮区接壤，北与玄武区连接。辖区有10个社区居民委员会。现有总人数为8.08万人，其中流动人口和寄住人口占了近一半。辖区面积10.4平方公里，是白下面积最大的街道。银龙地区是经适房集中片区，弱势群体多，已经成熟的银龙1至6期入住了近3万人，加上5期北扩，银龙地区要容纳拆迁安置和复建安置6、7万人。该片区基础设施却相对滞后，基础建设存在较多缺项，如等级医院，银行网点学校配套等都没有。街道在银龙路投资3000多万元建立失地农民服务中心，为辖区失地农民提供就业、岗位技能培训、法律援助等服务。依托失地农民服务中心建成文化体育活动中心，设有文化活动多功能厅、图书阅览室、公共电子阅览室（含文化信息资源共享工程基层服务点）、文联创作室、舞蹈排练厅、乒乓球室、健身房、桌游室和多功能展厅；有文化长廊、艺术之窗、书报专栏等宣传橱窗，免费向居民开放，丰富了群众精神生活。光华路街道是白下最具发展潜力，最有可能承载重大项目的“潜力股”，随着城市化建设不断推进，大校场机场搬迁、明外郭-秦淮新河风光带建设、南部新城、麒麟生态科技城启动等重大机遇的来临，特别是高新园区的产业辐射带动等，为街道实现经济结构转型、可持续发展和扩展区位优势奠定基础。

光华路街道是白下唯一的涉农街道。街道目前尚有农民637户、约1750人，农村工作还有资源、资产、资金以及生产生活管理，包括水系维护、防汛防疫、发放农资补贴、土地管理、征地拆迁等。

1

2

3

4

图片说明

1.2011年6月29日，光华路街道在银龙花园社区广场，举办《党的光辉照我心》纪念建党90周年文艺汇演

2.2011年5月14日光华路街道“银龙大舞台”走进银龙东苑社区活动现场

3.2011年10月23日，光华路街道体育代表队，参加白下区第十三届运动会开幕式，向主席台致敬

4.光华路街道投资3000万元建设的失地农民服务中心

白下区朝天宫街道

区委书记陈勇视察朝天宫街道工作

朝天宫街道位于南京市新街口西南侧，东起中山南路，西至秦淮河，北自汉中路、莫愁路、石鼓路，南到升州路、水西门大街。面积2.853平方公里，户籍人口92810人，常住人口111239人，流动人口近4万，总户数47877户。辖11个社区居民委员会。

街道地处老城区，存在困难人群多，低保户多，弱势群体多的状况，共有低保户数1342户、2257人，占全区三分之一。针对地区现状，街道2011年正式启用社会救助系统和低收入家庭经济信息核对系统，完成了1263户低保家庭的调标工作，并通过发展区域经济、加大共建共创力度、拓展信息网络等措施，不断增加就业岗位，特别是与区域内企业建立用人意向机制，签订用人意向协议，最大限度的为“零就业家庭”和毕业大学生实现就业，同时，加大创业街建设，提供相关政策扶持，帮助协调处理在创业中遇到的问题，为失业人员提供良好的创业平台。2011年推荐帮扶困难人员就业441人；培育自主创业320人；培育自主创业大学生31名；创业带动就业1945人；再就业培育798人次。

为了改变老城区的旧面貌，街道大力推进小区出新和街巷出新工作。2011年完成了木料市、大香炉、堂子街三条特色街巷出新工作。配合完成了侯家桥、陶李王巷，石鼓路、汉西门大街、罗廊巷、柏果树道路雨污分流工程。第一批9个小区出新任务已启动，辖区环境面貌得到较大提升。

为推动创新型城区的建设，街道积极培育科技创新载体和引进高端人才。成功引进2名领军型科技创业人才，我街道引进的南京东南大学赵力教授的物联网技术和高端语音芯片技术研发成为白下区2011年唯一获南京市321重点扶持项目，为白下区人才引进与创新型城区建设再立新功。

1

2

3

4

5

图片说明：
1. 朝天宫街道庆祝中国共产党成立90周年歌咏比赛
2. 朝天宫街道庆祝建党90周年
3. 朝天宫街道工会“女职工周末学校”挂牌仪式
4. 朝天宫街道科级干部竞争上岗
5. 朝天宫街道科级干部大讲堂授课
6. 朝天宫街道小巷兵站军民共庆迎佳节
7. 朝天宫街道喜迎奥林匹克会旗传递
8. 朝天宫街道“家庭拒绝邪教”专题活动启动仪式

8

6

7

南京市白下区妇幼保健所

白下区妇幼保健所是一家集拥有保健、技术指导、科研培训为一体的医疗保健机构。目前有正式职工30人，其女职工25人，提供面向基层、面向群体的妇女儿童保健服务，在区计生局的指导下，以妇女儿童的健康为目标，全面开展创优争先活动，取得了非常显著的成绩。

一、免费婚检、免费孕前优生健康检查工作特色突出

婚检是把好优生的第一关，白下区妇幼保健所为全区免费婚检单位，2009年更在南京市率先推出了免费婚检和生殖健康咨询服务、民政婚姻登记一站式服务，方便服务对象自觉参检，大幅提高了婚检率，2011年又配合区计生局推出了免费孕前优生健康检查，构筑预防出生缺陷的第一道防线。围绕“人性化、规范化、服务型”，将婚孕检工作做出了特色，通过独创的“专业引导，友情建议”、开展“一对一”的温馨化服务,用独特的以提供高水平的婚孕检服务来提高婚检率的务实做法，切实把免费婚检免费婚检这一民心工程做好、做实、做出了成效。开展一站式婚检服务至今，参加免费婚检人数超过8000对，将婚检率由15.32%提高至80%左右，她们的工作为数千家庭减少和避免了因疾病可能带来的不幸，为家庭和社会和谐做了实实在在的贡献，服务对象满意度调查显示群众满意度为100%，在南京市做出了影响，做出了品牌，做出了特色，也做出了很好的成绩，为降低出生缺陷率，提高区域内的出生人口素质，有效应对婚检率大幅下滑的形势，做出了令全市瞩目的卓越贡献。

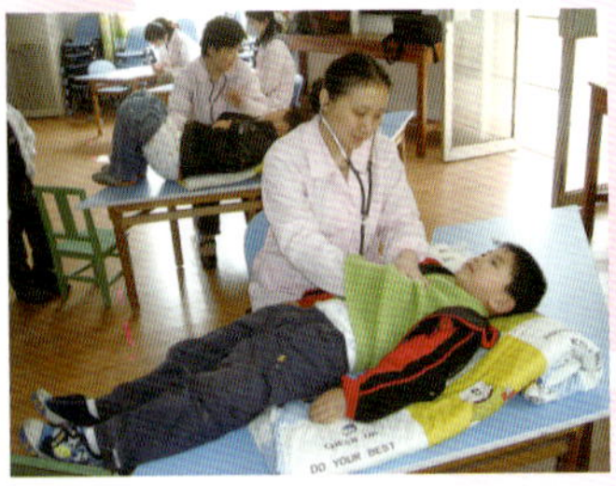

婚孕检中心的特色服务获得了各级领导的肯定和认可，获得了群众的一致赞扬，也引起了社会的广泛关注，先后有十余家媒体包括广播、电视、报纸、网络都做了专题报道，给予了很高的认可和评价。曾接待国家、省市区各级领导多次来中心视察，几十家同行来参观、学习，对中心的主动服务意识、便民利民的举措、温馨周到的服务都给予了充分的肯定。通过她们的服务，树立了政府主办的妇幼保健机构的公益形象。她们在平凡的岗位上发挥着重要的作用，做出了不平凡的贡献。

二、妇幼保健服务水平明显提升

以创建规范化妇幼保健机构，积极推进流动人口建卡制度，使流动人口与当地人口同宣传、同服务，不断提高孕产妇和儿童系统管理覆盖率。2010年通过江苏省甲等妇幼保健所的评审，几年来，我区孕产妇死亡率，婴儿死亡率，孕产妇、儿童两个系统管理率均达到省市管理指标。

三、托幼机构卫生保健工作更趋完善

为切实保障儿童身心健康，全区托幼机构卫生保健合格率达100%，在全市位居先进行列。认真做好新入托入园和每年一次的幼师体检工作，使保教老师持证上岗率达100%，新生入托入园检查率达100%，六一体检率100%。提高儿童保健质量，造福万千家庭。

四、保障妇女身心健康有声有色

为把保健知识普及到为每个公民，我们组织医务人员进行各类免费讲座、咨询；常年免费开展孕妇学校、家长学校，年直接受教育人数千人次；制作孕期保健、文稿十余篇。我们积极开展社会公益工作，实行困难群体的免费妇女病普查、免费儿童体检等，每年对企事业单位减免妇女病普查费用约数万元，进一步扩大社会影响，提高了单位的知名度和美誉度。

五、妇幼保健事业的发展前景灿烂

我们拥有一支整体素质好、业务精、甘于奉献的妇幼保健队伍。过去的几年，全所职工努力创造了温馨、安全又人性化的环境，合理的服务流程、完善的科室布局,提供紧跟社会发展又满足不同需要的保健服务项目和便民措施,得到了服务对象的高度赞赏，取得了良好的社会美誉。服务对象满意度调查表明,我所的综合满意率达到99%。2010年成功创建江苏省甲等妇幼保健所、白下区巾帼文明岗，2012年又获南京市巾帼文明岗。未来，我们将以科学发展观为统领，树品牌、求实效，创特色、求发展，继续深入创建活动，全面实现单位建设新发展，更好地服务全区妇女儿童。

白下区军队离退休干部第三休养所

1. “医疗保健知识宣讲团”送健康进社区

2. 老专家现场为居民诊疗

3. 合唱组在迎春茶话会上表演节目

白下区军队离退休干部第三休养所座落于繁华的中山东路上，东邻秀丽的钟山风景区，西连新街口商贸中心，与著名的南京军区南京总医院隔街相望。三所成立于2000年1月1日，主要接收对象是第四批、第五批移交的南京军区联勤部机关、联勤部16分部和南京军区南京总医院等部队单位的离退休干部。建所以来共接收离退休干部238名。

三所自成立以来，在上级民政部门的领导和关心下，依靠组织，团结并发动老同志开展自我管理，自我教育，把老同志“两个待遇”真正落到实处，工作中坚持政治关心与生活照顾相结合，以离休退休干部健康长寿、永葆本色为目标，不断提高服务保障和教育管理水平。在实际工作紧紧围绕“组织放心、休干满意、团结协作、创新求实”的十六字方针，开展军休服务管理工作，赢得了休干的普遍支持与认同。

白下三所制度健全、组织完善。按照《党章》和相关规定通过民主选举成立了基层党组织和管委会，共同参与军休所的管理。在重大问题上坚持民主集中制原则，涉及休干重大利益的事情及时召开总支会、管委会，广泛听取休干意见。休干们也积极向所里献计献策，变被动参与为积极主动。所里围绕通讯报道工作成立了书画、摄影、歌唱等兴趣小组，休干们每周有安排，每月有活动。所里发扬离退休干部医疗专家多、科室全、经验丰富等优势，每年都组织2—3次义诊，不仅实现社会资源共享，更进一步弘扬军休老党员、老干部、老专家发挥余热反哺社会的精神。

白下三所在确保好休干“两个待遇”的前提下，在工作中不断创新。2009年率先试行了军休干部管理系统并在全区范围内推广，此举极大地提高了干休所的工作效率，从而推进军休所工作向集约化、高效化、规范化发展。

目前白下三所将围绕民政局“创新服务理念、打造优良传统、提升服务满意度”的要求，结合进一步深化创先争优活动在军休工作中树立新的标杆。

4. 摄影小组外出采风

5. 书画组举办书法交流笔会

白下区教师进修学校

南京市白下区教师进修学校位于南京市白下区三条巷92号-1，是隶属于白下区教育局的全民事业单位，是白下区教师职后培训的基地。学校下设中学教研室、小学教研室、幼教教研室、教科室、培训处、信息中心等部门，集教学研究、教育科研、教师培训、现代教育技术于一体，承担着对全区中学、小学和幼儿园教学质量的管理和监控工作，对全区教学、教育科研、教师培训、学校信息化的研究、管理和指导工作。

白下区教师进修学校是南京市教育局授予的“十五”、“十一五”师训、干训先进集体，为白下教师的专业成长提供了有力支撑。

接受南京市优秀教科室验收

在人大附中交流学习

新教师培训

承办江苏省网络管理员培训

白下区教师进修学校注重科研引领，近年来，教科室先后被南京市教育局评为“南京市区县示范教科室”、“南京市区县优秀教科室”，独立承担了8项省、市级规划课题的研究，课题研究结合学校工作内容，真正做到了研究解决实际问题，同时参与基层学校完成国家级、省级课题多项，有多位教师的论文发表或在省市获奖，教师的整体水平在不断提高。

白下区教师进修学校注重教师培训，积极创新培训模式，丰富培训内容，全面开展了全区各类教师培训活动，根据教育改革及一线教师的需求，学校每年均策划、组织诸多培训项目，有学校管理者培训班，班主任培训班，德育工作者培训班，新教师岗培班，学科骨干教师培训班，特级后备人才培训班，心理教育培训班等。

白下区教师进修学校重视网络培训机制的完善，“白下教育网”已成为教师自主学习、远程研讨、在线交流、资源共享的极佳场所，网上“菜单式”培训项目深受一线教师欢迎，“白下教育网”2010年在全国首届教育门户网站评比中荣获“县级五十佳网站”（南京仅此一家）。

南京金陵中等專業學校

NANJING JINLING SECONDARY VOCATIONAL SCHOOL

建校近百年的南京金陵中等专业学校座落于紫金山南麓，以追求卓越为远大理想、以永不言弃的攀登精神为坚定信念、以职业教育的历史重任为己任、以坚韧不拔的意志开拓创新，逐渐形成以理想、信念、责任、意志为核心价值观，以“厚德、 笃行、精技、致业”为校训的“山”文化内涵。 学校是国家级重点中等职业学校、全国中等职业学校德育工作先进集体、国家改革发展示范项目建设单位、江苏省四星级中职校、省高水平示范性中职校。学校设有汽车技术、信息技术、现代服务三大专业部。汽车技术专业是中德合作项目，省级示范专业、省级品牌专业，是国家级汽修紧缺人才培训基地、宝马培训基地、上海通用ASEP项目学校、丰田TEAM21项目学校。信息技术专业类中“数字媒体技术及应用”专业是省级示范专业，与IT行业紧密结合，有与印度合作的NIIT软件设计专业，与南理工科技园数码艺术中心合作的数码影视专业。现代服务专业类中，有省级示范专业市场营销和形象设计，还有旅游、财会等专业，市场营销与宝马集团合作开办宝马非技术和非技术“学徒工”培训项目。形象设计与省美发美容协会及知名企业组成省职教集团，是省级美容美发实训基地。学校还是国家职业技能鉴定所、计算机应用技能考核站、汽车维修专项技能培训考核站。

学校注重技能培养，在省、国赛中屡创佳绩，2012年省赛荣获19金16银13铜，2011年国赛2金4银2铜。近七年百余名学生获得全国文明风采大赛一等奖，学校获“助学政策、助我成才”等多项国家级奖项。

学校师生参加全国文明风采大赛颁奖大会

2012年省技能大赛获得19金16银13铜

我校为宝马南京培训基地

汽修实训大楼　致业楼拔地而起

南京市第二十八中学（南京五中初中）

外教来校进行外语教学

南京市第二十八中学创建于1931年，地处水西门内，安品街58号，毗邻朝天宫。校园占地面积7000多平方千米，建筑面积6000余平方千米。校园环境优美，现代化教学设施齐全。2012年初，“南京五中初中”在我校挂牌。目前学校有教学班18个，全部实施“小班化”教学。

80年悠久的办学历史，为28中孕育了优良而深厚的文化传统。学校及班级文化建设富有特色。2001年，南京市教育局批准我校创办“爱心班”以来，在各级领导关心支持下，经过全校教职工的共同探索，“爱心班”不仅成为学校的品牌，“爱心育人”理念更是成为二十八中人自觉的行为。学校始终秉承“爱心育人”的办学理念，关注每一个孩子学业提升和全面素质的培养。关注平民家庭品学兼优的学生，关注弱势学生群体，不抛弃、不放弃。学校有一支由市区优秀青年教师、学科带头人及教育硕士为主体的优秀教师队伍。他们有爱心，有责任心，业务能力强，师德素养高。已成为学校办学质量稳步提升的中坚力量。

作为南京市初中“小班化教学”实验学校，我校近年来办学水平不断提升。先后荣获江苏省优秀家长学校，南京市德育先进学校，白下区文明单位，区综合治理先进学校，区先进基层党组织等荣誉称号。学校2009—2011年中考均全面超额完成学校发展奋斗目标，教学质量居全区前列，在全市小班化实验学校中遥遥领先。连续三年获得区“初中教育教学质量评估”一等奖。2011年更被评为“白下区教育改革发展突出贡献单位”。办学质量让家长满意，使学生自豪！并获得上级的认可，社会的关注。南京市教育局吴晓茅局长欣然为我校题词：“培德智体，为平民百姓育桃李；立身言行，历八十征程播爱心”。

近年来，学校办学思路进一步拓展。江苏省首个“ABC外国志愿者活动基地”落户我校。新东方英语与我校联合办学，进一步强化了英语教学。江苏悠仙美地饮食有限公司在我校设立“爱梅•国扬”奖励基金，每年拿出十万元用于奖励优秀学生。进一步激发了学生的学习热情。二十八中学将伴随着改革的步伐，踏着时代的强音，不断向着更高的目标迈进，焕发出新的活力与光彩！

突出贡献奖

奋发进取的数学教研组
——青年文明号

理想教育

南京市第二十四中学

2011年南京市第二十四中学被评为南京市素质教育示范初中、南京市平安校园、南京市绿化先进单位、白下区档案管理优秀学校，学校成为“海外孔子学堂”基地学校，荣获第六届全国中小学创新作文大赛优秀组织奖。

2011年学校接待了数十家来自俄罗斯、日本、香港、新疆、内蒙古、山东、浙江等国内外的教育代表团。

2011年10月6日，学校成功举办主题为《成美：一首传唱百年的美丽歌谣》的建校110周年庆典晚会，从北京到台北，从扬子到钱江，成美之歌激荡起千百人心底久违的母校情结，更在师生心中留下不可磨灭的印迹；《扬子晚报》在学校校庆前后先后两整版报道我校校庆活动，南京移动电视宣传片全天8次播放学校校庆活动近两个月，浙江的《钱江晚报》也先后2次报道我校新校歌《成美之歌》。

学校以课堂教学形式建设高效课堂为突破口，推进质量提升，实现从“教的课堂”到“学的课堂”的转变。为此学校9月、10月、11月先后选派近20人次到昌乐、山西新绛等地学习，召开3次高效课堂经验分享会，开设10余节高效课堂观摩课，2011届中考高效课堂实验班九年级（4）班全体教师以最高标准兑现中考奖励，将小班化课堂教学改革进一步推向深入。

学校德育以体验式主题教育活动为载体，先后开展了“领袖暑期优秀学生训练营”、“托起明天的太阳”大型公益活动、“邀请韩国学生到我家做客”、“纪念‘12.13’”、“‘丁香花开，香飘成美’与雨花台烈士陵园共建丁香班、姚爱兰班、孙晓梅班”、“2012，我与梦想有个约定”等活动，德育课题《体验式教育在初中学校的校本研究初中体验教育的校本实践研究》通过江苏省规划立项课题成为江苏省“十二五”规划立项课题。

学校学生在新加坡-中国少儿双语演讲比赛中南京赛区初中组二等奖；在新加坡英语口语大赛中1位同学荣获二等奖；1位同学荣获中央电视台“希望之星”南京赛区初中组二等奖；第十六届全国中小学生绘画书法作品比赛中1名同学荣获一等奖；电脑制作竞赛中2名同学荣获市二等奖，3名同学荣获区一等奖，；白下区初二英语“魅力词汇”竞赛中2名同学荣获区一等奖；南京市中小学机器人竞赛2位同学在基本技能项目中获得第一名；学校篮球队在参加白下区初中组比赛荣获第二名。

学校1位教师被评为“南京市优秀青年教师”，1个班级被评为“南京市先进班集体”，2个教研组被评为“白下区先进教研组”，2个班级被评为“白下区优秀志愿服务集体”，2位教师被评为“白下区教育先进个人”，3位教师被评为“白下区教学先进个人”，1位教师被评为白下区优秀共产党员，5位教师被评为“白下区优秀教育工作者”，1位教师荣获“第4届全国中小学主题班会大赛”一等奖，2位教师荣获南京市赛课一等奖，1位教师荣获“南京市机器人基本技能项目”一等奖，1位教师荣获“白下区中学语文基本功比赛”一等奖，5篇论文在国家级刊物上发表，4篇论文在省级刊物上发表，2节国家级公开课，1节省级公开课。

图片说明

1.2011年1月南京市“百年老校”文化推新课题在我校结题。我校校园改造出新为该课题实践成果之一

2.2011年1月国培班的新疆中小学教师到校培训。图为鲁正贞老师（中）与学员进行互动式交流

3.2011年4月内蒙古莫力达瓦旗教育团到校观摩。图为吴虹校长（左一）向来宾介绍学校建设情况

4.2011年8月市区信息专家到我校开展网络学习研讨，在信息化课堂教学实践的第一步。图为吴虹校长（中）在研讨会上发言

5.2011年8月香港叶建源教授到校开设专题讲座，打开我校小班化实践的国际化视野

6.2011年9月省级校长培训班在我校举行。图为互动式培训场景

7.2011年10月建校110周年庆典活动场景

8.2011年12月我校与雨花台烈士陵园共建丁香班、姚爱兰班、孙晓梅班

南京市游府西街小学

游小，奋力走向小学教育改革的前头

党支部书记、校长　万代红

南京市游府西街小学建于1911年，是首批江苏省实验小学、江苏省模范学校，国家汉办命名的国家级汉语国际推广基地学校。目前，学校2069名学生，128名教职员工。第一个百年，学校先后提出了“文明校园、学习乐园、生活家园”、“为学生六年着想，对学生一生负责”、“儿童世界、世界儿童”的办学主张。第二个百年，学校又推出了《儿童成长支持计划》，明确提出打造“适性教育”办学特色。《中国教育报》曾以《游小，永远走在小学教育改革的前头》为题在全国全面介绍了学校实施素质教育的经验。

《人民日报》、《新华日报》、《扬子晚报》、《南京日报》和诸多的电视媒体多次报道学校素质教育经验。胡锦涛总书记、温家宝总理曾亲切接见学校师生，国家及省市领导李源潮、罗志军、王国生、季建业等曾亲自到校视察，并给予褒奖。国家督学，原国家教委副主任柳斌来校视察后，对学校实施素质教育的做法给予高度评价，欣然题词：科学的、正确的教育思想在这里结出了丰硕的成果。省委常委南京市委书记杨卫泽寄语游小：要瞄准世界开放国内知名江苏一流南京标志的目标再创辉煌展新篇！

南京市石鼓路小学

南京市石鼓路小学创办于清光绪元年（1875年），由法籍传教士倪怀伦负责，设在天主堂内，当时无校名，隶属于天主教会。民国十九年，由校董事会主席、中国籍神甫张四维于石鼓路100号天主堂内创设私立类思小学。南京解放后，改名为石鼓路小学。目前的石鼓路小学是一所易地重建的新校，位于新街口地区东南侧。学校作为江苏省首批实验小学，先后获得中国特色教育理念与实践项目学校、中国少年儿童平安行动示范学校、全国优秀红领巾小社团、江苏省绿色学校、江苏省青少年科技教育先进集体、江苏省平安校园、江苏省依法治校示范学校、江苏省优秀少先队集体、南京市文明单位、南京市“金陵书香校园”、南京市基础教育改革先进集体等荣誉。长期得到社会各届人士的关注。是一所功能设施齐全、高标准、高质量、环境优美、深受师生喜爱的现代化学校。

目前学校占地面积约10000平方米，建筑面积8280平方米，有25个教学班，1095名学生，64位教师，其中特级教师1名，省优秀青年教师1名，市学科带头人3名，市优秀青年教师9名，获得区学科带头人和区优秀青年教师称号教师37名。

石鼓路小学的130多年的发展，堪称南京小校发展“活化石”，特别是自改革开放以来三十多年，学校始终坚持“儿童就是美”的立美教育办学理念，充分发挥教育整体效能，积极构建健康的、善良的、充实的、积极向上的文化校园。全面提高学生素质，逐步形成了以教科研为先导，以教学为中心，立美教育为特色的教育办学模式。

由儿童版画教学起步发展至立美教育的学校特色，历经20余载，日久弥新。在长期引导学生感受生活之美，创造艺术之美，营造心灵之美中，师生共长，美美与共。

今天，东风桃李，石小人用青春托起童年；明天，巨木成林，我们让心灵畅享和谐！

学校地址：南京市秣陵路128号 邮政编码：210004 服务电话：84209298
交通路线： 312路、48路、4路、804路、83路、中六线、43路、地铁2号线上海路站。

南京市建康路小学

南京市建康路小学紧邻美丽的夫子庙秦淮风光带。她创建于1935年。一代又一代的园丁辛勤培育，培养出了一批又一批合格的建小毕业生。

市区领导参加我校举办的大型广场展演活动

建康路小学拥有一个朝气蓬勃、锐意进取的领导群体，拥有一支师德高尚、业务精良的教师团队。近年来学校的办学特色明显，办学成效显著，先后被评为南京市实验小学、南京市红旗大队、南京市器乐艺术活动中心，还多次被评为白下区文明单位、白下区教科研工作先进集体等。

校长兼书记　袁霞

学校十分重视教师队伍建设，经常开展市、区教学观摩研讨活动，教师们积极参加省、市、区各种教学竞赛、教师基本功比赛均获一二等奖，数百名学生在各类竞赛中喜获佳绩，获得了广泛的社会赞誉。在“为每一位学生的发展奠定坚实基础”的办学理念的指导下，学校形成了教师爱岗敬业、学生勤奋好学的良好氛围。

建康路小学校管乐团创建于1998年，它在省内外、甚至全国都享有较高声誉。曾被授予“中国少年先锋队鼓乐团一级分团”、“南京市小学生管乐团”等称号，代表着南京市小学生管乐演奏的最高水平。学校管乐团多次参加省、市、区和全国的大型比赛和演出，均获佳绩。多年来，为各类中学输送了大量优秀的毕业生，赢得了良好的社会声誉。

教师节前夕，教师们重温教师誓言

学校管乐团的学生们在各种比赛和演出中一展风采

校国旗班的学生踏着雄壮的乐曲，举行升旗仪式

学校经常举办各种教学研讨活动。图为学校“建康杯”教学竞赛

学校经常开展各种活动，图为学生英语课本剧表演

中国电信南京分公司白下区局

南京电信白下区局
党员重温入党誓词

南京电信白下区局
骨干员工培训

南南京电信白下区
局工会活动

中国电信南京分公司是有着百年历史的电信企业，清光绪七年（1881），清政府的江南官电局在南京创办电报，清光绪二十六年（1900），创办了市内电话，开创了官办电话之先河。经过一个多世纪电信人的辛勤耕耘，中国电信南京分公司已具有当今世界最先进的电信设备和传输手段，建立起通达世界各地的立体化通信网络。南京电信分公司白下区局作为南京电信白下区域管理部门，成立于2006年12月，现有员工90名，其中党员18人。服务范围为南京市行政区划白下区域，东至童卫路、光华门到绕城公路，南至升州路到健康路，西至虎距南路，北至汉中路、中山东路出中山门到卫岗童卫路。

南京电信白下区局秉承“用户至上，用心服务”的服务理念，积极推进“智慧南京”建设，聚焦教育、医疗卫生、交通、环保、公共安全等民生领域发挥自身信息融合优势，推动国民经济与社会信息化进程，为白下区范围内的政企客户、公众客户、校园客户和个人客户提供专业化的信息服务，让客户尽情享受信息新生活。南京电信白下区局坚持聚焦客户、加快转型、品牌统领、深化融合，认真贯彻落实南京电信公司“1235”发展战略，切实抓好营销、发展、服务和安全生产等各项工作，凝心聚力、开拓创新，为区域的社会经济发展贡献力量，实现企业与地方的共赢。近年来，南京电信白下区局先后荣获江苏省“服务质量明察暗访好评奖”、南京电信公司“安全生产先进集体”、“先进基层分工会”等荣誉称号。

杭州银行南京分行

定位中小企业 塑造经营特色 努力提升综合竞争能力

杭州银行南京分行党委书记、行长　李家永

杭州银行南京分行成立于2010年4月16日，地处繁华的新街口商业区——中山南路239号。南京分行是杭州银行在全国范围内开设的第六家分行，也是在长三角区域设立的首家省会城市分行，标志着杭州银行在长三角区域以沪宁杭为中心的战略布局初步成型。

自开业以来，杭州银行南京分行切实加快战略转型的步伐，整合结构、改革创新，坚持以负债业务为中心，以拓展业务渠道为手段，以中小企业为重点，紧紧围绕效益和效率，推动特色业务发展，实施差异化经营，不断强化内控管理，经营管理水平稳步提升，实现了效益、质量和规模的协调发展。截至2011年12月末，分行拥有服务网点3家（含筹建中1家），分行负债总额85.12亿元，资产总额为86.53亿元，累计实现账面营业利润1.41亿元，信贷资产质量良好，不良率为零。

在支持地方经济发展的同时，杭州银行南京分行还竭诚为南京市民提供亲和、便捷的金融服务，展现出了良好的社会形象，不断得到社会各界的认同和青睐。仅2011年杭州银行南京分行就先后荣获“诚信服务窗口单位”、“江苏省平安金融单位”、“平安金融创建优秀组织奖”、“中小企业融资服务最具前瞻性品牌”、“最佳电子银行服务奖”、“最佳网上银行”、“2011年度银行品牌推广人物”、“2011年度金融领军人物”、“南京市公安局治安保卫先进集体”等多项殊荣。

杭州银行南京分行将继续秉承总行“诚信、创新、效率、尊重、责任”的价值理念，坚持“市民银行、中小企业主办银行”的市场定位，积极配合南京市委、市政府制定的社会经济发展战略，大力拓展先进制造业、现代服务业、商贸流通和科技产业的中小企业客户群体；在实践中不断完善金融服务，开拓创新，打造特色，实施差异化经营，以一流的品牌、一流的服务、一流的管理、一流的信誉为南京的经济建设和社会事业发展做出更大的贡献。

南京市副市长李琦一行莅临我行视察并指导工作

联合政府部门召开推介会，推动科技金融发展

支持地方经济发展，加强银企合作

心贴市民，开展便民金融宣传

分行营业部　标准化网点建设　标准化服务

寶慶银楼®

SINCE 1818

宝庆银楼---六朝古都南京的一张历史文化名片

江苏宝庆银楼珠宝有限公司（以下简称“宝庆银楼”）是集珠宝首饰零售、批发、研发加工为一体的大型品牌珠宝商。“宝庆”牌产品涵盖钻石、黄金、翡翠、铂金、K金、银饰、摆件等。“宝庆”牌产品为江苏省名牌产品；“宝庆”商标为中国驰名商标。总部坐落于南京太平南路107号。在江苏、上海、安徽等地拥有品牌专卖店近200家，经营规模和综合实力居全国珠宝首饰行业前列。

“宝庆银楼”创始于清·嘉庆年间，近200年以来，“宝庆银楼”虽历经风雨沧桑，但始终凭借独特的文化底蕴和精湛工艺，引领时代珠宝消费潮流，获誉中国四大银楼之一。2006年，“宝庆银楼”被商务部评定为全国首批“中华老字号”。2008年，宝庆银楼金银细工技艺被国务院公布为“国家级非物质文化遗产”，并先后被授予全国珠宝玉石首饰行业优秀放心示范店、中国黄金行业先进集体、江苏省及南京市“文明单位”等多项殊荣。

作为六朝古都南京的一张历史文化名片，宝庆银楼现以步入跨越式发展阶段，市场规模快速拓展，自主经营和加盟连锁同步推进，宝庆品牌将由目前江苏第一品牌，发展成为国内外最具竞争力的著名品牌之一。

总部地址：中国·南京市太平南路107号 | WWW.BAOQING.COM.CN | 400-881-4040

解放军第四五四医院

（无假日门诊医院）

获国家“2011医院改革创新奖”

60周年院庆

2012年2月28日，赞比亚外长亲切接见我院援赞医疗专家

中央电视台报道我院内分泌科生物清创新疗法

解放军第四五四医院为综合性三级甲等医院，始建于1951年，是南京市城镇职工医保定点医院，南京市居民医保定点医院，白下区公费医疗定点医院，南京市急救站分站，南京市劳动能力鉴定检查定点医院，省、市“三信三优”单位，省卫生厅艾滋病检测初筛实验室，省新农合省级联网医院，全军第二批宇航员遴选体检定点医院，全军交通医学研究所南京临床基地，第二、第四军医大学、安徽医科大学、江苏大学医学院、皖南医学院、蚌埠医学院、吉林医药学院教学医院，医院率先导入国际先进的质量管理体系并通过ISO9001-2000国际认证。

医院现有高级专业技术职务人员120名，高学历人才96名，有6名技术干部享受国家政府特殊津贴。医院设有临床、医疗专业科室38个，病区15个，临床实验室6个，其中创伤骨科中心、糖尿病足治疗中心、临床航空医学中心、精神病立体定向外科治疗中心、药剂中心为军区级专科专病中心。开设创伤急救、重症监护、糖尿病足、血液透析、肿瘤生物治疗、体外碎石、数字化口腔、消化内窥镜、腹腔镜等临床诊疗中心。现有美国GE16排PET-CT、西门子1.5T超导磁共振、GE64排螺旋CT、美国医科达直线加速器、头部伽玛刀、西门子S-2000彩超、C型臂X线数字减影机、数字胃肠、DR、CR、准分子激光角膜屈光治疗系统、功能神经外科立体定向治疗系统、外周血干细胞分离机、体外碎石机、腔内钬激光碎石机、关节镜治疗系统、臭氧治疗机、电子腹腔镜、电子超细胃镜、肠镜、电子十二指肠镜、经颅多谱勒仪及脑干诱发电位仪等大型医疗设备。

医院新病房大楼突出低碳、节能、绿色、环保的建设理念，利用地源热泵原理，拥有先进的节能空调系统，全天候保持舒适的恒温恒湿状态。并采用双层幕墙设计，形成良好的通风，提高隔音能力。所有病房的热水器均为太阳能，光照全部使用LED节能灯并采用光导照明系统和智能控制系统，白天将自然光线引入室内，可将照度自动调整到工作最合适的水平。

医院以“尊重生命、真诚关怀”为理念，奉行“以病人为中心，以质量为原则，以满意为标准”的质量方针，致力于为军队和地方患者提供精致的服务。经过60年的发展，现已成为南京地区一所具有较强人才优势、较好设备条件、较高医疗技术水平、完备的卫勤保障能力以及集医、教、研为一体的综合性军队医院。

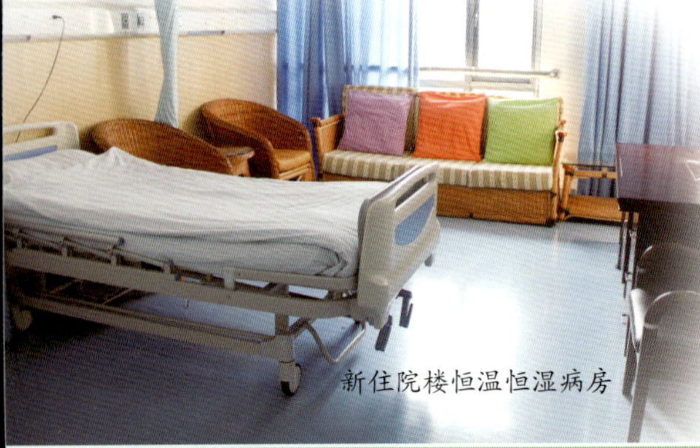

新住院楼恒温恒湿病房

社区义诊

南京白下房产经营有限责任公司

白下房产经营公司领导班子在“纪念建党九十周年红歌会”上

2011年南京白下房产经营有限责任公司认真贯彻区委、区政府工作的总体要求，在白下区住建局的正确领导下，以深入开展创先争优活动为主线，认真贯彻市、区党代会精神，服务发展、关注民生、提升品质、促进和谐，积极应对挑战，破解难题，真抓实干，较好地完成了全年工作。

一、自加压力，扎实推进，房屋管理工作成效显著。

截止2011年12月，养护全区50万平方米的直管公房及附属设备；维修已售公房230万平方米的公共部位；承担上述280万平方米公房的季节性维修和消排险工作。通过24小时便民维修服务、“12345”政务热线、社情民意调查等渠道解决群众关心的热点和难点。

二、知难而上，攻坚克难，物业管理工作提档升级。

管理46个老旧小区，承担安全护卫、设备维修、电梯养护以及部分保洁工作，下属物业公司通过整合人力资源、加强日常管理、拓展创收渠道等方式进一步提升物业管理水平，力争让从业人员干得安心、小区业主住得舒心、上级领导看得放心。

三、严格监管，注重质量，房屋综合整治再创佳绩。

按照“组织领导到位、推进落实有力”的原则，房屋整治与雨污分流采取同步实施，在项目选定、规划设计、质量把关、组织协调、工程验收等每个环节切实提高房屋综合整治科技创新的管理水平，积极打造我区小区出新科技创新的精品工程、示范工程。

四、周密部署，特色鲜明，党建创新工作广受好评。

将创先争优活动作为深入学习实践科学发展观活动的延续，与增强贯彻落实区委、区政府决定决议以及区住建局工作目标紧密结合，根据公司特色进一步明确争创目标。围绕总支改选、建党九十周年、党代表选举，创造性的开展工作，努力提高党建工作的影响力，坚持思路创新、方法创佳、工作创优，坚持树立标杆、高点定位、务实奋进，力争发挥党的政治核心作用和监督保证作用。

下属便民房屋报修服务公司倡导规范管理，提高服务质量

下属白下区物业管理公司强化标准建设，保障住用安全

房屋整治构筑全新城市风景，小区出新焕发居住美好新颜

OWN BEAUTIFUL CUSTOM IN COMEI
最美的你
康美定制
康美国际形象代言人：温碧霞
2012汇聚全球整形美容力量
亚洲连锁品牌，领衔世界之美
康美国际整形，亚洲整形美容连锁品牌，中国医师协会整形美容分会会员机构，旗下拥有广州、南宁、北京10余家整形美容连锁机构。南京康美以8000平米整形美容Mall之姿，汇聚来自美国、德国、荷兰、韩国、日本等地的200余位国际专家，被第三军医大、大连医科大、宜春医学院国内医学教育三大高等学府指定为临床教学基地，9年来，成就了524097位求美者完美蝶变
Meets
Most Beautiful
In Comei
在康美遇见最美的自己
4个大洲
15个国家
200位整形医师
本次大会吸引了美国、韩国、日本、荷兰、以色列等15个国家、200余位整形权威参会，中国医师协会美容与整形医师分会会长李世荣、全球妙桃丰胸第一人Brian M. Kinney（美国）、爱贝芙发明人 Gottfried Lemper（荷兰）、国际医学美容专家Joseph Lepselter（以色列）、国际顶级五官雕塑大师福田庆三（日本）、韩国明星脸改造专家李海英（韩国）、亚太平洋地区整形美容外科学会委员郝立君（美籍）、台北医学大学附设医院整外专科医师蓝绍梓（台湾）及高建华、江华、李青峰、王志军、韩岩、宋建星、陈存富、艾玉峰、刘玮、杨蓉娅、刘洪臣、董帆、曹孟君、蔡景龙等中国整形美容业界泰斗级专家均将汇聚南京，签约康美国际，成为康美特聘专家。
康美国际经典项目：乳房整形 减肥塑形 除皱 鼻部整形
唇部整形 眉部整形 眼部整形 瘦脸 脸型修改 像束激光美肤
深蓝紧肤 祛斑去痣 彩光嫩肤 口腔美容 冰点脱毛 机能抗衰老
400-600-6262
Add:南京市洪武路288号 / Http:www.kmzx.com

朗诗集团股份有限公司

南京朗诗国际街区

朗诗欧洲科技公司

杭州朗诗美丽洲

长兴研发基地

新一代产品效果图

朗诗集团股份有限公司创立于2001年12月24日，是一家从事绿色科技地产及相关产业的专业性集团公司。公司较早地进入绿色科技地产这一细分市场，通过应用绿色建筑科技手段，实现节能、环保、健康、舒适、安全、经济等住宅功能，提升住宅产品的人性化指标。

公司开发的首个科技住宅项目——南京朗诗国际街区，是目前国内最大的节能舒适、绿色科技住宅小区。该项目奠定了公司成为绿色科技地产领军企业的坚实基础。在良好的市场反应及客户认可下，公司专注开发有别于传统住宅的高舒适度低能耗科技住宅，先后进入南京、无锡、杭州、苏州、常州、上海、绍兴、武汉和成都市场，全国化战略布局初步成型。2011年朗诗欧洲技术公司在法兰克福成立，旨在整合国外先进的绿色建筑技术、人才。

朗诗现已形成在纵向价值链上形成以地产开发为主、以建筑科技和物业服务为辅的一体两翼经营模式。企业架构逐步向集团控股型方向演变，集团下辖地产公司、科技公司、物业公司三个战略业务单元，形成地产开发、科技研发、物业经营三足鼎立的格局。

朗诗自成立起，陆续成为“中国科技地产联盟主席单位”、“中国建筑业协会建筑节能分会常务理事单位”、“中国绿色建筑委员会绿色房地产学组创始会员单位”、“中国人居环境委员会副主任委员单位”、“德国绿色建筑委员会成员”，在行业标准制定方面发挥积极作用。公司先后获得了“中国人居环境成就特殊贡献企业”、“第五届精瑞住宅科学技术奖”、“华夏建筑科学技术一等奖”、国家三星绿色建筑设计标识等业内权威奖项；公司的多个开发项目被住房和城乡建设部列为科学技术项目和国家“十一五”科技支撑计划、“可再生能源应用典范楼盘”；朗诗承担的节能技术研究课题——“城市住宅节能关键技术研究及示范工程”被认定为国际先进水平。朗诗地产由于在低碳减排、人居环境方面所做的贡献，先后成为气候组织成员、世博会零碳馆战略合作伙伴和联合国环境规划署“气候中和网络”成员，成为中国低碳经济变革的驱动力之一。

下一个十年，朗诗集团的发展方向将从从资源禀赋型转变为战略协同型，将努力成为以技术服务为核心能力的多种业务协同发展的享有广泛声誉的绿色集团。目前，已开始探索养老地产、节能技术输出、绿色金融业务等。

南京金陵建筑装饰有限责任公司

Nanjing Jinling Construction Decoration Co., LTD.

公司董事长 孙恫强 先生

南京金陵建筑装饰有限责任公司（以下简称“金陵建筑装饰”）成立于1987年，是国内成立较早、规模较大的专业装饰公司。

“金陵建筑装饰”主营公共建筑装饰的设计与施工，具有国家核准的“建筑装饰专项工程设计甲级”、“建筑装修装饰工程专业承包壹级”、“建筑幕墙工程设计与施工壹级”资质，并全面通过ISO9001、ISO14001、GBT28001体系认证。

公司拥有29个分公司、办事处，3个子公司。管理人员200余人，其中，国家一、二级注册建造师60余人，专业设计人员80余人。拥有3000平方米的办公场所及5000平方米的幕墙后场和材料仓库。

“金陵建筑装饰”承接的工程项目质量优秀、领域众多、遍及全国。年年入选“中国建筑装饰百强企业”；年年被评为“重合同、守信用”及“AAA”级资信企业；年年获得中国建筑装饰业最高荣誉——“全国建筑工程装饰奖”，并被授予“全国建筑装饰奖明星企业”、“南京市文明单位”等称号，公司施工的“中国人民解放军第101医院病房大楼”工程更荣膺中国建筑业工程质量的最高荣誉——“鲁班奖”。公司在社会各界的关心支持下经营稳健、发展迅速。2011年，公司产值突破9亿元，利税总额达到4500万元，又相继成立了六家外地分公司。

公司从一点一滴做起，坚持走发展之路的同时，不忘以实际行动回报社会。为南京市高淳县捐建希望小学；组织全体员工为汶川地震灾区捐款、捐物；积极参与所在地区街道的综合治理和环境改造；关心职工疾苦，帮扶社会弱势群体。“金翼181孙恫强帮困基金”2010年成立以来，已经走访了62户困难家庭和125位孤寡老人。勇担社会责任的“金陵建筑装饰”得到了社会各界的高度评价。

“金陵建筑装饰”坚持用精品工程美化世界，以诚信服务感动客户，建优质平台铸就员工的核心价值观。以“精益求精，打造高品质环境；追求卓越，成为行业内典范”的公司愿景，又好又快的发展，全力以赴为实现上市目标而奋斗！

“金翼181孙恫强帮困基金”慰问行

1 | 2
3 | 4

1. 公司荣誉室
2. 国优——常州体育馆
3. 江西省十佳工程之一——江西艺术中心大剧院
4. 五星级酒店——南京苏宁银河索菲特酒店

地址：南京苜蓿园大街31号 电话：025-84852165 传真：025-84611644 网址：www.jlizzs.com

中国电子科技集团公司第二十八研究所

重点实验室

部分指控设备

空管系统展示

中国电子科技集团公司第二十八研究所（以下简称二十八所），位于江苏省南京市城东紫金山麓，始建于一九六四年，一九七八年由辽宁锦州迁至江苏南京，是我国专业从事军、民用电子信息系统工程的总体设计、软件开发、系统集成以及系统配套设备研制、生产的骨干研究所。

全所设有10余个研究部、1个设备制造部，并设有博士后工作站和信息系统工程重点实验室，投资控股南京莱斯信息技术股份有限公司、溧阳二十八所系统装备有限公司，在职职工2400余人，科技人员1600余人，研究员级高工和高级工程师共300余人，国家、省部级有突出贡献中青年专家、享受政府特殊津贴专家70余人。全所占地面积48万M2。建所四十多年来，已先后成功研制、生产、装备了一大批具有先进水平的军用指挥自动化系统和航管系统。与此同时，民品产业快速发展，基本形成以空中交通管制系统、城市交通控制系统、人（民）防应急通信系统、城市应急系统、劳动与社会保障信息系统、行业软件研制与开发、方舱等七大行业为主的多元化发展战略格局，并且拓展到地震、气象应急信息系统，社会征信系统，数字城市等新兴的信息化建设领域。国际市场开拓取得显著成绩，多项指控系统和雷达录取设备出口海外。

建所以来，二十八所已先后取得各类科技成果1000余项，获得国家级和省部级科技进步奖200余项，其中国家科技进步特等奖2项、一等奖3项、二等奖6项，部、省科技进步特等奖9项。为我国国防现代化建设和国民经济信息化发展做出了重要贡献，曾荣获中共中央、国务院、中央军委颁发的某装备发展建设工程重大贡献奖。

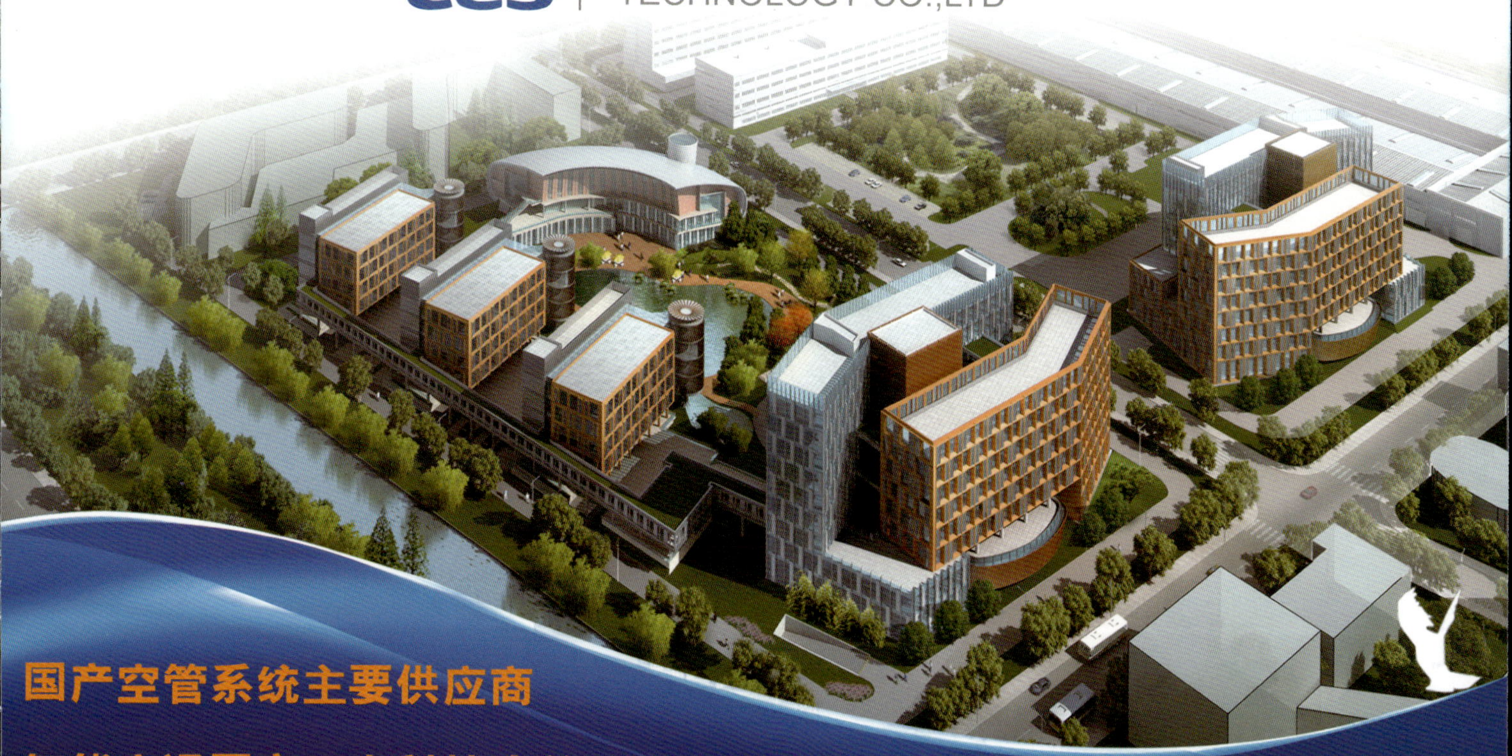

江苏指南针导航通信技术有限公司

江苏指南针导航通信技术有限公司是一家专业从事北斗卫星导航、通信及授时产品研发和生产的高科技企业。公司以“超越自我，基业长青”为核心理念，坚持以人为本，科技创新，自主研发和生产北斗导航、通信和高精度授时系列产品，能够按需为客户提供基于北斗系统的导航通信和授时等全面解决方案。

公司实行董事会领导下的总经理负责制，有研发、生产、销售、采购等完善的组织架构。公司已先后通过ISO9001:2008质量管理体系认证、保密资格单位认证、北斗导航民用服务资质认证等，并被评为江苏省高新技术企业。公司建有完善的北斗产品生产线，搭建有授时检测系统、微波暗室、高低温与湿度试验室、老化房及全套高精度测试设备，为产品的研制和生产提供了有力的保障。公司执行5S管理制度，树立产品质量是企业生命的理念，追求产品质量精益求精，服务市场以诚信为本。

公司的“追星者”系列产品和基于北斗系统的解决方案已成功应用于森林防火、武警边防、渔业渔政、海洋监测、水文监测、气象预警、移动通信授时和电力通信授时等多个领域。公司与南京多家科研院所建立了产、学、研一体的良性合作模式，保证时刻把握北斗导航通信领域的科技前沿。

公司将紧跟北斗系统全面建设的发展大趋势，不断致力于推出创新性产品和完善解决方案，努力将公司打造为北斗导航通信产业的佼佼者。

233G授时模块

233M授时模块

233T授时模块

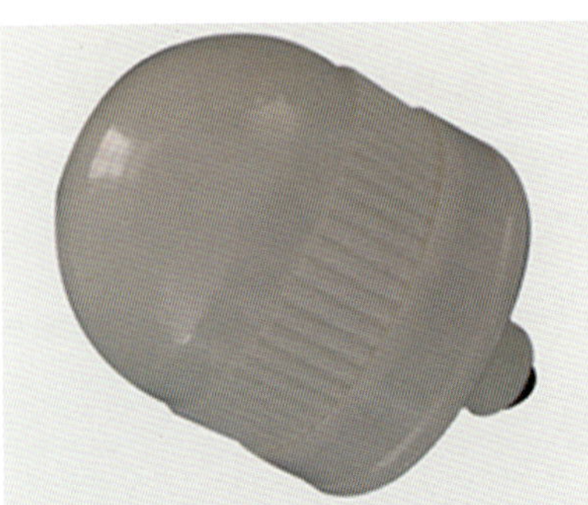

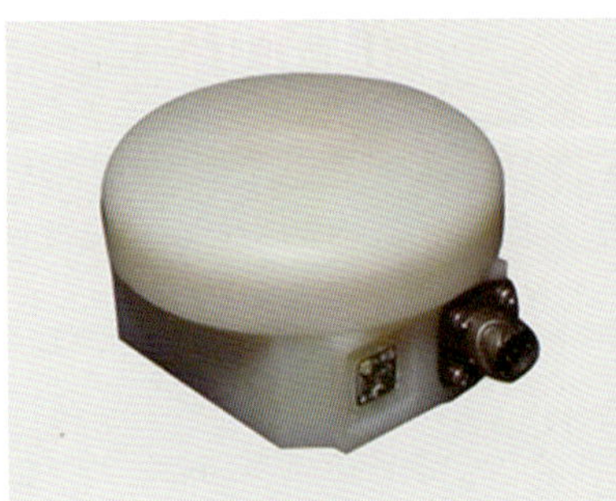

CDS-441F型光纤拉远GPS北斗双模授时接收机

用户机在森林防火中的应用

1 | 2
3

1. CDT-441H(M)型一体式北斗GPS双模用户机
2. CDT-442H型一体式北斗GPS双模用户机
3. CDT-143型便携式北斗用户机

南京奥尼斯机电工程有限公司

公司英才

党群风采

烟气排放达标处理项目

机电设备工程项目

废污水排放达标处理项目

净化室建造项目

南京奥尼斯机电工程有限公司是位于南京的一家集机电设备安装、环境治理、建筑装饰及建筑智能化等工程领域的技术咨询、设计、施工、维保为一体的综合性系统工程承包商。

公司自2008年1月成立以来，本着“拼搏、进取、开拓、超越”的企业精神，内练硬功、外树形象，并依托南京工业大学的技术支持，先后承建了一批有影响力的机电设备安装项目及大气排放达标处理、废污水排放达标处理等环保工程项目，其中部分项目的施工工艺技术水平处于全国领先地位，得到了业主、行业和社会的广泛好评，树立了公司在环境治理及机电设备安装工程领域良好的品牌形象。

在短短几年时间里，公司先后取得了机电设备安装、建筑智能化、环保工程、建筑装修、城市及城市道路照明等工程专业承包资质，并具有环境工程专业设计资质的合作资源，是南京市环境科学学会的会员单位。

随着公司管理能力的不断提升，公司先后取得了《ISO9001：2008质量管理体系》、《ISO14001：2004环境管理体系》及《GB/T28001-2001职业健康安全管理体系》的资格认证，公司的成功取证为打造精品项目和提供优质服务提供了有力的保障。

公司在做好自身经营发展的同时，也积极打造“和谐社会、和谐公司、和谐家园”的绿色企业文化，并得到政府的大力表彰，先后多次被评为南京市白下区“工商联”优秀会员企业；公司党团工会组织及员工多次被评为“优秀党员”、“优秀团员”、“优秀团支部”、“先进党支部”、“青年文明号”等荣誉称号，展现了公司和员工积极向上的良好风貌。

随着市场结构的不断细分和客户价值需求的不断提升，公司近年来一直全力向“专业化、科技化、高端化”的市场拓展，重点开拓“高、精、尖”的机电设备安装项目、关系民生的废污水达标排放处理与烟气脱硫、脱酸、脱硝达标排放处理以及地（水）源热泵节能空调等洁净新能源类项目市场，继续秉承“诚实守信创造顾客价值、科技创新建设生态环境”的经营理念，立足“长三角”，辐射“皖、赣、豫、鲁、鄂”，面向国内外，为广大客户提供我们专业、高效、优质的服务。

南京斯坦德通信股份有限公司

南京斯坦德通信股份有限公司注册资金4230万元人民币，现有员工300余人(其中具有教授1名、博士2名、硕士4名、本科以上学历200余人)。我司是集通信技术服务外包、云计算和物联网硬件平台开发、销售于一体的综合性企业。

企业宗旨：做值得信赖的合作伙伴。

公司发展方向

（1）云计算和物联网系统硬件平台开发

“云桥”高速网络系统集成（高速网络传输、交换和存储）；智慧园区系统研发和集成

（2）服务外包业务

通信网络、通信设备维护及网络优化服务；WLAN产品（AP、放大器、合路器）生产、销售与系统集成；市场调研服务外包

2010年公司获得中国通信企业协会首批“通信网络维护服务发展潜力企业”的光荣称号。

我司2011年获得国家工信部“通信信息网络系统集成企业乙级资质证书”。

公司董事长胡永生2011年获得中国通信企业协会颁发的通信网络外包维护服务“领军人物”奖。

“云桥”产品简介

“云桥”高速并行文件存储产品，是南京斯坦德通信股份有限公司自主研发的系列产品，可实现物联网行业平台信息中心内海量数据高速、安全存储、交换、处理和信息中心间海量数据远距离高效传输，形成企业私有云和行业云平台的具体应用解决方案。单机柜产品可实现1.2PB有效存储、20GB/s吞吐能力、40Gb传输带宽和小于1.5微妙系统延时。

“云桥”并行存储产品是通过服务器集群应用、超高速网络技术（万兆以上）以及并行文件系统相结合，实现所有存储设备协同工作，共同对外提供数据存储及业务访问的一个系统，可满足企业内海量数据存储交换、多媒体文件存储及并行访问、非结构化数据高速存储和交换、行业平台海量数据安全云存储等需求。

“云桥”存储的主要技术特点：

（1）采用双重并行处理机制

（2）基于弹性存储卷构建，简化存储资源管理

（3）具有高扩展性，实现存储容量与性能线性增长。

（4）广泛的通用接口支持，具有良好的应用兼容性

（5）高可用性，实现服务器与磁盘的双重冗余机制

（6）采用infiniband技术，可以实现网络高安全性

（7）高速网络交换，采用RDMA技术，实现通信流量网卡卸载

（8）方便便捷的管理模式，提供友好的图形界面管理

企业发展

2010年8月6日，南京斯坦德公司入驻南京市白下高新园区，斯坦德物联网大厦项目总投资9800万元人民币，占地11亩，用于公司总部研发、系统集成、销售及管理中心。

2012年4月17日公司与南京市紫金（白下）科技创业特别社区建设发展有限公司、嘉兴时代精选创业投资合伙企业投资签订了增资协议，并与江苏省高性能计算学会（江苏省高校联盟）签署了“产学研”战略合作协议。标志着公司的发展掀开了崭新的篇章，对今后的发展壮大增添了新的能源和动力。公司与白下高新技术产业园区计划在2012年7月成立白下区紫云云计算和存储体验中心。

江苏首屏信息产业有限公司

SHOUPING 首屏科技

部分软件产品有

- 首屏呼叫中心系统软件
- 首屏电话录音系统软件
- 首屏物流管理系统软件
- 首屏信用卡催费管理系统软件
- 首屏航空票票务管理系统软件
- 首屏会员卡管理系统软件
- 首屏企业办公管理系统软件
- 首屏进销存系统软件

江苏首屏信息产业有限公司是一家融网络营销、软件服务外包、通信增值应用、教育培训等互联网服务为一体的信息产业集团。拥有南京首屏科技有限公司、南京首屏信息有限公司、南通首屏计算机科技有限公司、南通首屏信息技术有限公司等几家全资子公司。

在近几年的创新发展中，公司互联网信息技术服务发展迅速同时，不断加大软件服务外包业务，在2008年，南京市外经局授予首屏科技“南京市服务外包20强单位”荣誉称号。2009年，南通市外经局授予南通首屏计算机有限公司“南通市服务外包十强单位”荣誉称号。2011年公司年收入已达到4亿元以上，2012年业务规模预计将超过6亿元，目前已成为江苏省最具规模及最具发展的互联网及软件服务公司之一。

在高速成长的过程中，江苏首屏信息产业有限公司凭借着亲切、开放、严谨的公司文化和科学规范的管理，凝聚了一支500多人的高素质团队，他们在产品开发、推广和维护方面默契合作，深刻理解“以客户为中心”的含义，将“服务”贯穿于公司运作和管理的每一个细节，为广大客户提供更专业、更高效和更全面的服务，赢得客户广泛的信任和支持。公司目前服务客户已突破10000家，多次接到客户感谢信、锦旗。被白下区区委区政府评为“白下区文明单位”，全面提升了我公司在互联网及软件服务行业中的地位。

江苏首屏信息产业有限公司成长的过程，就是服务客户并和客户一起不断成功的过程！我们用心、努力作好每一件事，满怀信心迎接每一次挑战。我们坚信，只要以市场为导向，以创新为动力，以质量求生存，以发展求壮大，我们就一定会赢得更好的明天。

南京富吉安鞋帽有限责任公司

南京富吉安鞋帽有限责任公司是一家专业从事鞋类商品出口销售的自有品牌外贸型企业。

公司主要经营各类室内工艺鞋、玩具鞋、注塑鞋、沙滩拖鞋等，主要出口地区有：欧洲、美国、南美、澳大利亚、中东等30多个国家和地区，国外客户累积达到200多家。本公司于2008年进入南京市外贸企业150强,2012年获得南京市知名品牌企业称号，年出口额逐年递增。

现公司拥有近1200平米的样品陈列室，鞋样数以万计，被国外客户称为“中国最大最全的室内鞋样品间”。公司在扬州设立打样中心，为公司源源不断设计新的款式。

公司为了持续、稳步发展，于2004年在国内注册“富吉安”“FJA”中英文商标；于2008年在境外成功注册“富吉安”“FJA”商标。并于2008年通过国际质量管理体系（ISO9001）、环境管理体系（ISO14001）认证。

公司每年与国外参展主办机构联系，直接从组委会申请参展摊位，德国杜赛尔多夫鞋展（摊位面积达120平米）、意大利加答鞋展（摊位面积达30平米），一年各2次，加大宣传力度，同时提高产品质量、服务质量，力争把“富吉安”品牌打造成国际知名品牌。

南京子墨环境设计顾问有限公司

子墨环境设计顾问
ZI MO Environment design adviser

南京子墨环境设计顾问有限公司由业内资深室内建筑师创立按股份制管理的专业设计公司，现具有国家乙级设计资质，主要为客户提供专业的室内、景观设计服务，我们立足于南京，项目已拓展至江苏地区、北京、浙江、安徽、拉萨及其他地区。曾经服务过的项目涉及：宾馆酒店、会所、办公空间、售楼处、样板房、高端别墅。专注、专业、专心是我们一如既往的追求，近年来已荣获众多国内行业奖项。

公司自进行多元化经营战略规划以来已持股：南京贝椏装饰工程有限公司上海麒宝木业有限公司。

南京贝椏装饰工程有限公司　作为一家专业的装饰工程管理公司，一直致力于装饰工程施工管理的创新与突破。工程项目涉及：宾馆酒店、会所、办公空间、售楼处、样板房、高端别墅的室内装饰工程施工。自创立以来已完成了众多品质优良的精品工程。

上海麒宝木业有限公司　是一家生产高档木门木饰面及木制家具的现代化集成木业。公司拥有二万多平米的研发制造加工中心，先后从欧洲、台湾成套引进具有当今国际先进水平的生产设备，采用国际先进的生产工艺，保证了公司的加工能力和产品加工精度。公司在“精益求精、以人为本”的企业精神指引下，建立了全方位的质量保证体系，并通过了ISO9001:2000国际质量管理体系认证，产品经国家权威检测部门检测为达标产品。公司重视产品环保要求，并完全达到国家标准。本公司为2007年中国木门三十强企业，并被推荐为中国木材流通协会木门专业委员会常务理事单位，荣获中国木门重点推荐品牌等荣誉称号。

汤志刚

室内建筑师

中国室内设计学会会员

南京室内设计学会会员

ADD:江苏 南京 光华东街6号 世界之窗创意园9#楼

Tel:025-84486197　Fax:025-84483097-806

E-mail:zimo_design@126.com

Http://www.zimodesign.com

南京广顺网络通信设备有限公司

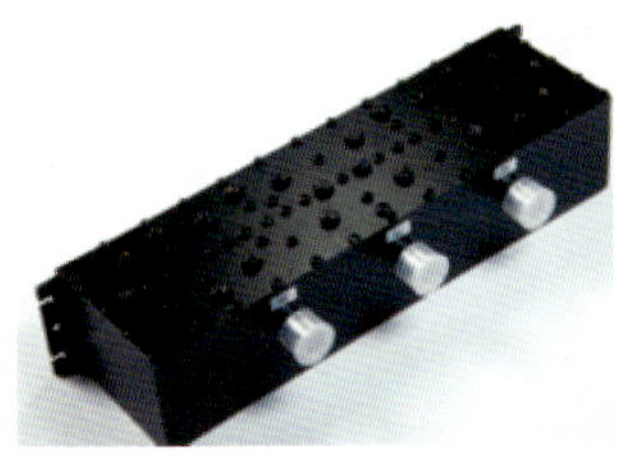
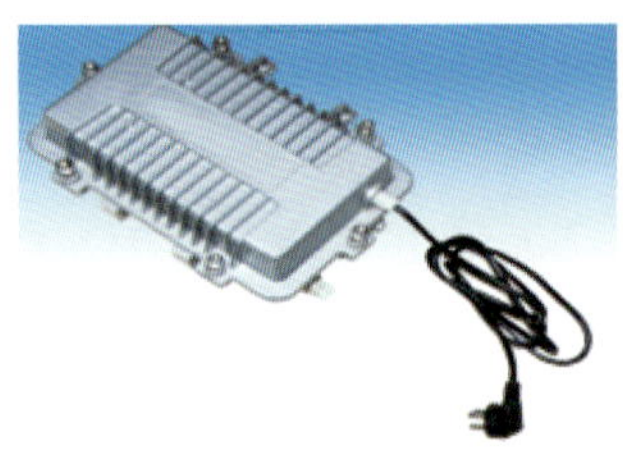

南京广顺网络通信设备有限公司创建于2004年12月，是无线通讯网络优化及覆盖解决方案专业提供商，是无线通信设备、网络优化设备研发生产商。公司现有产品涵盖整个2G、2.5G、3G等移动通讯制式，包括：GSM、CDMA、PHS、WLAN、TD－SCDMA、WCDMA、CDMA2000、TETRA、DCS、LTE等系统的监控平台、信号采集器、光纤直放站、射频直放站、基站增强器、干线放大器、天线、功率分配器、功率耦合器、滤波器、合路器、多系统合路设备POI等。

本公司位于南京理工大学科技园孵化大楼，建筑面积4000平方米，公司拥有各类生产、调试、检测设备（美国惠普公司、RS公司、泰克公司的仪器仪表）30台套；产品研制开发技术力量雄厚，其中高级职称以上及大、中专毕业生占80%；产品远销南亚、欧洲及美洲，并与近100多家用户建立了友好合作关系，同时因系统解决方案完善、产品体积小、技术指标及可靠性高等特点得到客户的一致好评。

几年来，公司一直本着“以质量求生存，以诚信求发展，用户第一，服务至上”以及“技术更新，品质更优”的原则，不断提高全体员工的质量意识，建立健全完善质量管理体系，以优质的产品质量、更高的产品信价比服务于社会，深受广大用户信赖。

在国家大力开发网络通信设备市场之际，公司以此为契机，凭借我们“尽全力满足客户要求”的诚意，精益求精的专业精神，立足于长三角洲等，着眼于全国并向国际开发，努力为祖国网络通信行业发展做出自己的贡献。

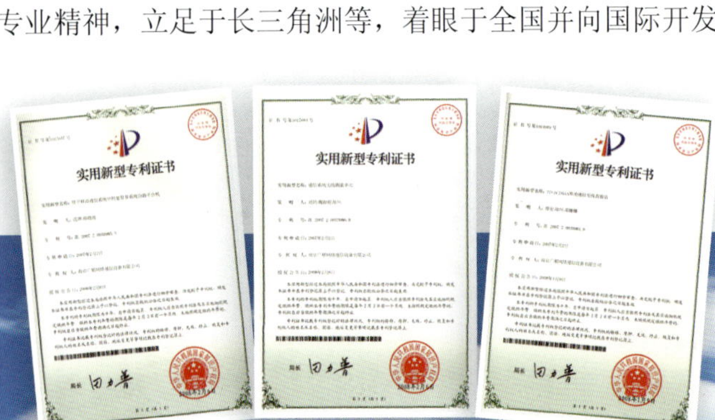

实用新型专利

地址：南京市白下区光华路1号南理工科技园孵化大楼3楼
电话：025-86983808（总机）　　025-84303996
传真：025-84373987　　邮编：210014
网址：http://www.njgrownsun.com

南京乔康生物科技有限公司

Kangcare

一直致力于改善人的体质与外观，做环保健康的高品质生活方式倡导者——南京乔康生物科技有限公司，坐落于新街口繁华商圈，专长健康、天然的活性化学品研究与开拓。凭借丰富的技术和经验，历经五年的风雨历程，已经跻身于优秀供应商之列的乔康公司立志做活性原料应用专家，用心呵护人类健康和美丽。

我们的宗旨是开发和供应已被验证有效的活性原料，如天然维生素系列，透明质酸，辅酶Q10，DHA，植物提取物等。这些优质原料有助于您日常的营养与护理，补充和强化了除日常膳食之外的健康和美丽必需。

乔康为企业提供结合科学为基础的健康美容产品设计策略，给客户最贴近市场的产品建议和解决方案，并用不断的跟踪服务、技术支持和创新建议，帮助客户成功。一站式服务的供应链，及对全球市场和健康美容产业发展趋势的了解和洞察，保证乔康可以为客户提供适应当地市场的差异化产品和服务。现阶段客户已经遍及全球，产品销往欧美，东南亚及澳洲。

优秀的供应离不开强大的技术支持，乔康的团队，拥有来自分析化学、生物化学、精细化学、药物学和营养学等领域的杰出研发人才。在技术交流层面，乔康与著名高校研究所如南京大学，功能性生物分子研究所，南京工业大学，国家生化中心，江苏省工业生物技术创新中心保持紧密合作，更在南京大学建立了研发实验室。

2012年必将是乔康丰收的一年，也是承上启下的一年，我们相信，一个更加专业、领先、优秀和美好的乔康团队必将在激烈的市场搏击中，走出一条更宽广的服务社会的道路；我们也将秉承乔康“关怀，共享，至善”的核心文化理念，用天然的技术，造就天然的健康和美丽。

Natural Health & Beauty, Nature's Way

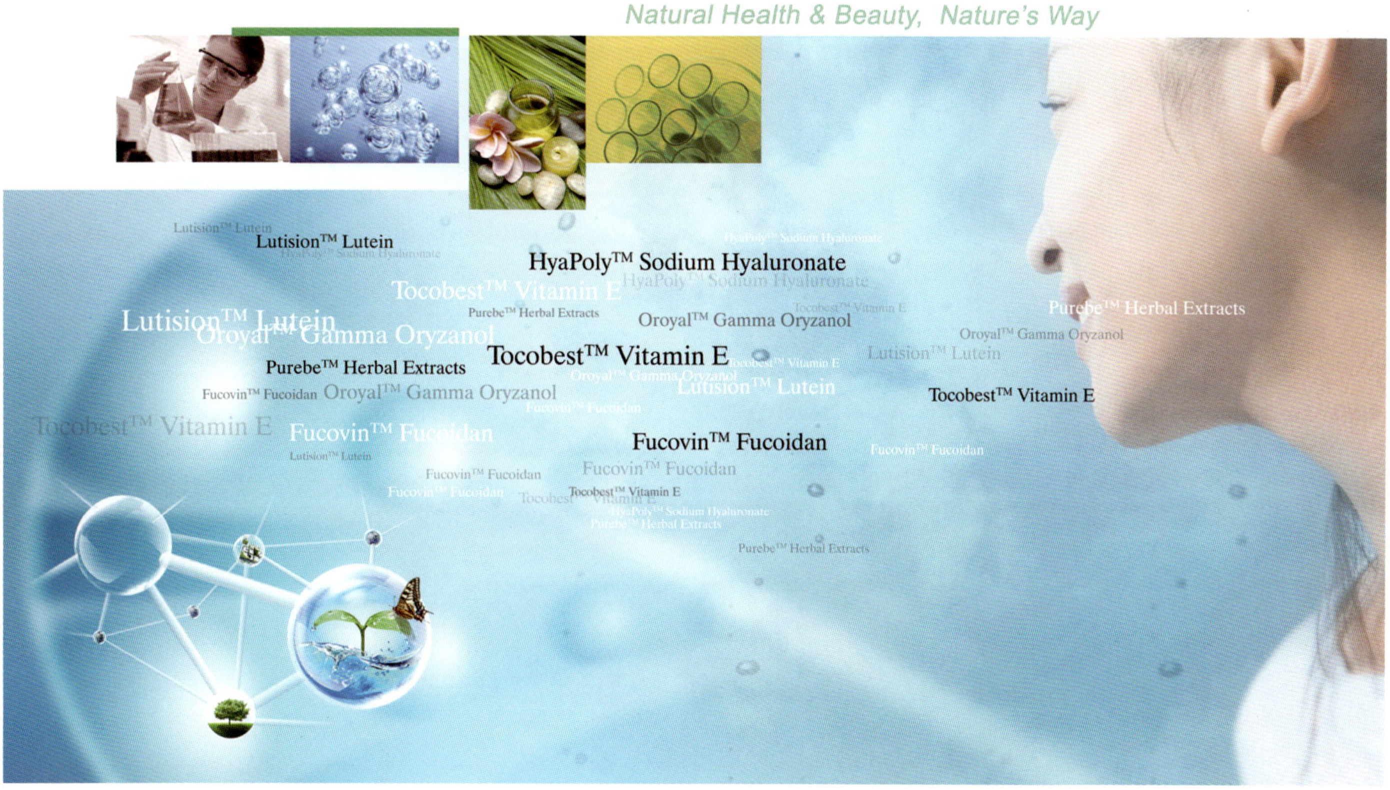

地址：洪武路38号正洪大厦1304　电话：025-84650384、84846149　传真：025-84650149

江苏华德通信技术有限公司

公司总经理张焱先生参加世界TETRA年会

江苏华德通信技术有限公司为在江苏省工商局注册的专业从事无线通信产品技术开发、研究、技术服务及应用推广的高科技公司，注册资金1000万元。公司具有无线电管理局批准的无线电通信系统设计组网资格证，是无线电管理局批准的无线电通信产品定点销售单位。为摩托罗拉公司无线通信产品授权指定代理商及金牌服务代理商。

公司拥有多名具有中、高技术职称技术人员，并拥有一整套现代化的、完备的用于产品开发、研究及维修的仪器设备。公司与南京多家研究院所及高校在通信产品的开发研究及技术支持等诸多方面进行了广泛的合作，并开发研究出多项高科技产品，如GPS定位系统、无线数传产品等。

我公司与交通行业具有多年的合作经验，近年来完成了省内数条高速公路通信系统工程的施工和日常维护，确保其系统的畅通。同时我公司还向四川、安徽、黑龙江、江西、辽宁等地区的移动通信系统用户提供产品和售后服务。

我公司近年来主要项目业绩有：南宁城市应急联动中心800兆数字集群系统、上海机场（浦东、虹桥）、杭州机场、南昌昌北机场摩托罗拉800兆数字集群系统工程及扩展工程、连云港港口800兆数字集群系统工程、上海电信（政务网）800兆数字集群政务共网世博园区设备安装及保障相关工程、攀钢集团、上海宝钢800兆数字集群系统。在举世瞩目的上海世博会中，我公司成功地向世博组委会、上海机场提供了先进可靠的数字集群系统和专业完善的支持保障服务。

江苏华德通信技术有限公司本着“开发一流通信，提供一流服务，创一流效益”的企业精神，更广泛地服务于大众，服务于社会，造福于中国发展的通信事业，竭诚为社会各界广大客户服务，共创美好的明天。

1. 技术人员机房施工图
2. 南宁市城市应急联动中心
3. 公司所获荣誉及证书
4. 大小交换机设备
5. 苏州阳澄湖基站外景图

中国东方资产管理公司南京办事处

总经理　于家钦

南京办事处是中国东方资产管理公司在江苏省的派出机构，下设苏州、无锡、南通、徐州、淮安、连云港、镇江、南京、扬泰、资产经营一部、二部等十二个商业化业务经管部门，分别管理所辖地区的商业化业务、可疑类资产处置及各项综合业务。

办事处拥有一支良好的专业人才队伍，大部分员工拥有执业律师、企业法律顾问、注册会计师、注册资产评估师、证券从业等专业执业资格，可为银行和企业提供专业的不良资产催收、商业化业务推荐等工作。

南京办事处累计接收银行不良资产535亿元，累计收现112亿元，办事处员工有丰富的不良资产处置清收经验。自2010年以来，办事处从原先主攻不良资产处置向资产处置和其他金融服务兼营方面转型，累计完成信贷资产转让近50亿元、推荐省内多家知名企业完成金融租赁业务、固定收益类业务数十亿元，为多家省内企业解决了中、长期的融资需求，赢得当地政府、银行和企业的多重认可，办事处也取得良好的工作业绩，在总公司的多项业务考核中名列前茅。

首届中国宿迁经贸洽谈会上，南京我行与东方管理公司、市政府签订三方合作协议

中国东方资产管理公司南京办事处与“中国医药城”管委会签署战略合作协议

南京商茂投资集团

南京商茂投资集团有限公司始建于1992年，现已经成长为一家以房地产投资为主，多种产业形式并进的企业集团，旗下拥有9家企业，其中海外投资企业一家。经营范围涵盖了房地产开发、物业管理、外贸、建筑材料、酒店客房、餐饮健身等诸多领域。

2001年商茂集团在南京新街口建成了60层的商茂世纪广场，该大厦连续五年获得江苏第一高楼的桂冠，并且以其璀璨的灯光亮化工程成为新街口商圈的标志性建筑。从2003年以来，商茂集团响应政府号召一直致力于南京市保障房建设，累计建成和在建项目达200多万平方米，解决了低收入群及中山陵地区拆迁百姓的居住问题，为打造中山陵名片做出了积极贡献。2004年，商茂集团率先响应政府“走出去”的号召，带领企业走出国门，在美国投资创办企业。

多年来，商茂集团不仅为区域经济税收和地方就业做出了贡献，而且积极承担社会责任，奉献爱心，长期参与“光彩事业”扶弱济困、抗震救灾、社会主义新农村建设、扶持妇女创业就业等活动，累计捐款捐物近1000万元。

集团先后荣获：南京市文明单位、南京商贸改革开放30年最具影响力企业、南京市民营企业纳税大户、江苏省民营企业纳税百强、江苏省精神文明先进集体，并连续9年获得白下区“重点纳税企业”称号……

如今，商茂人又站在了一个更高的起点，积极发扬“厚德、奉献、自律、创新”的商茂精神，以商通四海的气魄、茂盛蓬勃的生命力，依托强势品牌，努力并实现着“走向全国、走向世界”的宏远目标。

经典案例

南京淘淘巷商业管理有限公司

“淘淘巷”是由南京淘淘巷商业管理有限公司打造的“国内首家网络实体经营街区”，是全国首家网络社区线下实体店联盟。淘淘巷是一种创新型的电子商务模式，从网上走到网下，从网店到实体店铺，它既是电子商务另一种模式的探索，也形成了对传统行业的新挑战，它利用互联网无时空限制的优势，实现了与电子商务的亲密接触。它将网络经营与实体经营有机结合，充分的发挥了两者的资源优势，打造了线上、线下交易平台，开创了全新的商业经营模式。

目前，淘淘巷正式运营项目位于新街口商圈洪武路135号淮海大厦，总营业面积约8000平米，自2003年创立以来，淘淘巷以其独特的商业模式，吸引了全南京近千家特色商铺，业态品种丰富，日均人流量逾万人次，创造了百户年营业额过百万的“优质经营户”。淘淘巷作为一种全新的商业模式，凭借其强劲的品牌和良好的口碑支持，不仅吸引了大批创业者的目光，更是得到省市区各级领导的重视与关怀。于2008至2011年期间，分别荣获“白下区创业示范基地”、“创业指导中心”和“创业就业指导站”的称号。淘淘巷已逐渐发展成为中小创业者的理想场所。

淘淘巷，与传统商业不同的是其独特的购物空间和氛围，时尚新颖的流行理念，创意十足的个性商品， 吸引了众多时尚年轻的消费群体，淘淘巷已逐渐成为南京时尚达人的购物标签性场所。

淘淘巷服务热线：
025-84516900

上海鹏欣（集团）有限公司

上海鹏欣（集团）有限公司是一家集房地产开发、矿产实业、现代农业和股权投资等于一体的民营企业集团。在集团“产业多元化、产品差异化、布局全球化、资产证券化”的发展路线指引下，目前已拥有全资、控股子公司几十余家，资产规模超百亿元，员工逾4000人。

集团房地产开发板块已经形成了以城市综合体和高品质住宅、工业、旅游等产品全线覆盖的发展格局，开发总面积近300万平方米。“白金湾”、“城市经典”、“一品漫城”、“浦江智谷”等一批高品质的住宅、办公楼盘的完成，使鹏欣在沪上享有盛誉；而以“南京水游城”为代表的城市综合体的打造和运营，引起了国内外广泛关注，也让鹏欣的品牌影响力越来越大，为企业在商业地产领域发展树立了标杆；上海、天津、武汉、盘锦等数个城市综合体的相继开发，更为集团树立“水游城”为品牌的商业发展战略打下了坚实的基础。

近年来，集团注重资源性项目的开拓，积极响应国家“走出去”的战略对外发展号召，努力探索“走出去”的战略思路，在南美、非洲以及亚洲各国投资和参股了几个大型矿业和几十万亩现代产业化的农场项目，为实现集团多元化发展战略提供了有力保障。

为实现资本对接，鹏欣集团逐渐搭建了国内、国外的有关资本运作平台，为对外发展、寻求战略合作，使企业国际化的道路越走越宽广。

多元开拓的鹏欣集团将勤奋创业、稳中求进。她始终不变的追求是：比期待更精彩！

苏果超市有限公司

SG苏果 优秀的零售连锁企业品牌/苏果

CHINA RESOURCES SUGUO

- 苏果超市成立于 1996 年 7 月，是中国最具规模的零售连锁企业集团之一。旗下拥有华润苏果购物广场、苏果社区店、苏果标准超市、苏果生活超市、苏果便利店、“好的”便利店等主力业态。
- 经过十五年的飞速发展，连锁店铺已超过 2000 间，网络覆盖苏、鲁、豫、皖、冀、鄂六省，直接和间接安排就业近 100000 人。2010 年，华润苏果直营店进军江西、湖北等省份。2011 年销售规模为 421 亿元。2011 年苏果品牌价值飙升至 100.76 亿元。多年来，苏果一直坚持区域集中发展、多业态组合、低成本扩张、开拓农村市场、直营加盟双轮驱动等五大战略，使企业获得了超常规发展，走出了一条具有自身特点，符合当地实际的民族连锁商业发展之路。同时，积极创新业态、创新营销、创新管理、创新激励，弘扬企业文化，使企业发展呈现出蓬勃生机和无限活力。
- 苏果长期致力于农村市场开拓，60% 的网点开设在县及县以下农村，50% 的销售来自农村市场，苏果的做法和经验得到了党和政府高度评价。国务院总理温家宝同志对苏果发展先后三次作出重要批示，并两度亲临苏果视察指导。商务部和中华全国供销合作总社分别在江苏召开现场会，总结推广苏果经验。
- 到 2015 年，苏果将拥有连锁店铺总数 3000 家，直营销售总额突破 450 亿元。展望未来，苏果将继续加快推进自身发展战略的实施，不断巩固“全国一流、区域第一”市场地位，真正实现“中国苏果，百姓生活”的品牌定位。

请继续关注并支持我们的成长与发展 / 苏果超市有限公司 / 地址:南京市解放路55号 / WWW.SUGUO.COM.CN

苏果服务热线 | 40018 12345

南京小金鹰大酒楼有限公司

南京小金鹰大酒楼有限公司，现由王府总店（石鼓路56号建华大厦）贵宾楼（汉中路108号）喜庆楼（中山东路239号）三家分店组成，它的前身是下岗职工陈忠丽，带领她的两个儿子开办的。

1988年1月，陈忠丽在南京工具厂内退下岗，两个儿子也在家待业，于是以小儿子的名字命名开办了“逢春烟酒百货店”不久由于生意做的不错，又为大儿子领一个餐饮经营许可证，与其爱人的两个姐妹在石鼓路合开了“三喜酒家”，当时的“三喜酒家”只有六名员工，8张桌子，28平米的经营面积。陈忠丽的餐饮业的生崖就从这样一个小店开始。辗转10年几经变迁，陈忠丽开设的酒家由“三喜酒家”变更为“新街园酒店”，在92年又改为“江南春酒楼”。1993年1月8日又接转了别人的“金鹰大酒楼”开业（王府大街9号）；老店新开不换牌，一直延用至今；1996年决定拓展“金鹰”铸造品牌，成立金鹰大酒楼有限公司，于2000年1月8日用其丈夫尹崇亮和她自己名字命名“金鹰大酒楼亮丽宫”开业（王府大街体仁里2号）；2003年底又在汉府街（中山东路239号办了“金鹰大酒楼喜庆楼”；2004年9月28日又在金轮大厦（汉中路108号）开业了“金鹰大酒楼贵宾楼”，2005年1月8日因拆迁，又选址（石鼓路56号建华大厦3-4-5层）开业了“金鹰大酒楼王府总店”。至此，金鹰大酒楼在南京成功地开办了三家酒店，完成了三足鼎立的经营布局。现共有员工350多人，拥有总经营面积11000多平方米，就餐席位达2400个左右。

在24年经营过程中，金鹰大酒楼始终坚持“菜肴赢人、价格服人、服务感人、以诚待人”的服务宗旨。以经营淮扬、京苏菜肴为主要产品，精心研制、保质保量。赢得了广大顾客的好评，也得到了各级领导的肯定。二十多年来，金鹰大酒楼在继承和发杨老传统的前题下创新新品种，到目前为止可制做几百道新老菜肴，其中创新出十大金牌菜肴，如：金牌猪手、双色土豆球、天目湖鱼头汤、素三鲜明炉等，深受顾客的欢迎。因此经营状况越来越好，公司的规模也得到了很大的发展。二十多年来公司先后也获得很多荣誉和光荣称号；如:中国十佳酒家、国际餐饮名店、中华餐饮名店、全国绿色餐饮企业、中国饭店管理成就奖、中华餐饮名店、江苏餐饮名店、优秀私营企业、南京市三八红旗先进集体、三信三优文明企业、重合同守信用企业等等。

目前金鹰大酒楼的全体员工在陈忠丽董事长的带领下，在各级领导的重视关心下，正在同心协力，抓管理重质量，响应市餐饮商会争创著名品牌的活动，提挡升级创效益上台阶，为发展现代服务业做出更大贡献。